桥梁工程方向研究生教材

桥梁结构有限元分析

Finite Element Analysis of Bridge Structures

重庆交通大学　周水兴　王小松
同　济　大　学　赵　林
长　安　大　学　郝宪武　　　　主编
浙　江　大　学　徐荣桥
湖　南　大　学　李立峰

中　南　大　学　戴公连　杨孟刚　等　主审

人民交通出版社股份有限公司
China Communications Press Co.,Ltd.

内 容 提 要

本书是桥梁工程方向研究生教材之一，由重庆交通大学、同济大学、长安大学、浙江大学、湖南大学共同编写，中南大学主审。全书共10章，主要内容包括：概述，弹塑性力学及有限元基础，杆、梁、索单元，弹性力学中的平面和空间问题，等参数单元，板壳单元，几何非线性和材料非线性，桥梁结构有限元建模，桥梁结构动力效应，结构稳定问题。

本书可作为土木工程专业桥梁工程方向研究生的教学用书，同时可供本学科的科研人员和有关工程技术人员参考。

图书在版编目(CIP)数据

桥梁结构有限元分析 / 重庆交通大学等主编. — 北京 : 人民交通出版社股份有限公司, 2018.5

ISBN 978-7-114-14554-4

Ⅰ. ①桥… Ⅱ. ①重… Ⅲ. ①桥梁结构—有限元分析 Ⅳ. ①U443

中国版本图书馆 CIP 数据核字(2018)第030570号

桥梁工程方向研究生教材

书　　名：桥梁结构有限元分析
著 作 者：重庆交通大学　同济大学　长安大学　浙江大学　湖南大学
责任编辑：卢俊丽　李　喆
责任校对：宿秀英
责任印制：张　凯
出版发行：人民交通出版社股份有限公司
地　　址：(100011)北京市朝阳区安定门外外馆斜街3号
网　　址：http://www.ccpress.com.cn
销售电话：(010)59757973
总 经 销：人民交通出版社股份有限公司发行部
经　　销：各地新华书店
印　　刷：北京鑫正大印刷有限公司
开　　本：787×1092　1/16
印　　张：22.25
字　　数：524千
版　　次：2018年5月　第1版
印　　次：2018年5月　第1次印刷
书　　号：ISBN 978-7-114-14554-4
定　　价：62.00元
(有印刷、装订质量问题的图书由本公司负责调换)

出版说明

随着我国研究生招生规模的持续扩大,以及“双一流”建设的开展,各高校对研究生培养质量越来越重视。教材建设是教学的重要环节之一,做好教材建设是提高人才培养质量的重要保障。相比于本科教材,桥梁工程方向研究生教材规划建设相对薄弱,已不能满足教学实际需要。在此背景下,高等学校交通运输与工程教材建设委员会桥梁工程分委员会决定组织编写一套适用于新时期研究生教学需要的教材。

2016年10月28日在长安大学举行的高等学校交通运输与工程教材建设委员会桥梁工程分委员会第三次会议上,经主任委员葛耀君教授倡议,决定启动桥梁工程方向研究生教材的多校联合编审工作,并指定同济大学葛耀君教授、西南交通大学李亚东教授、重庆交通大学向中富教授作为联合编审组召集人。考虑各学校研究生教学的共性以及对教材需求的紧迫程度,经讨论确定的第一批联合编审的研究生教材有《高等桥梁结构试验》、《桥梁结构有限元分析》、《钢桥理论与设计》和《组合结构桥梁理论与设计》。2016年12月24日在西南交通大学召开了桥梁工程方向研究生教材第一次编审研讨会,制定了“参编自愿、合编共用、编用合一”的原则,并确定了各教材联合编审组,具体为:《高等桥梁结构试验》的主编单位为福州大学、武汉理工大学、重庆交通大学、东北林业大学,主审单位为同济大学;《桥梁结构有限元分析》的主编单位为:重庆交通大学、同济大学、浙江大学、湖南大学、长安大学，主审单位为中南大学；《钢桥理论与设计》的主编单位为西南交通大学、长沙理工大学、长安大学、河海大学，主审单位为同济大学、北京交通大学；《组合结构桥梁理论与设计》的主编单位为东南大学、同济大学、长沙理工大学、北京交通大学，主审单位为西南交通大学、长安大学。2017年10月16日，在东南大学召开了桥梁工程方向研究生教材第二次编审研讨会，会议对四本教材的编写质量及进度进一步提出了相关要求。

为确保教材的编写质量，编审工作由编审单位共同参与、同步进行，即主审单位全程参与教材大纲、样章和正文的审查、修改和编写工作，开创了新的教材编审模式。

本系列教材汇集了国内主流院校研究生教学的经验和成果，贯彻了研究生教学和科研的要求，从规划、编写、审查到出版共有20多所高校和企事业单位参与，在编写过程中得到了主编单位和主审单位的大力支持。希望该套教材的出版能为我国桥梁工程专业研究生人才培养起到积极的作用，为我国桥梁工程事业的发展做出贡献。

高等学校交通运输与工程教材建设委员会

桥梁工程分委员会

2018年1月

序

《桥梁结构有限元分析》教材是在“高等学校交通运输与工程教材建设委员会——桥梁工程分委员会”的统一部署和指导下开展编审工作的。2016年10月28日在长安大学举行的分委员会第三次会议决定，启动桥梁工程专业研究生教材的多校联合编审工作，确定第一批联合编写的研究生教材有《高等桥梁结构试验》《桥梁结构有限元分析》《钢桥理论与设计》和《组合结构桥梁理论与设计》四部，并指定重庆交通大学向中富教授担任《桥梁结构有限元分析》教材联合编审组召集人，先后召集了编审组五次研讨会和五轮书稿审核，最终完成本教材的编写和审核工作。

2016年12月24日，在西南交通大学举办了“桥梁工程方向研究生教材”第一次编写研讨会暨《桥梁结构有限元分析》教材编审组第一次研讨会，会议制定了多校联合编审原则——“参编自愿、合编共用、编用合一”，即教材的参编单位可以自愿申请，多校参与联合编写教材，参编单位承诺使用；选定本教材主审单位——中南大学，主编单位——重庆交通大学、同济大学、长安大学、浙江大学以及湖南大学，分工负责教材编审工作；明确了编写思路——“注重基础、强调应用、内容全面、兼顾不同院校使用”，由此确定教材编写内容包括应具备的弹塑性力学及有限元基础、弹性力学中的平面和空间问题等基础知识；应掌握的各类单元、几何非线性和材料非线性以及桥梁结构有限元建模分析等基本分析能力以及可选讲的桥梁结构动力效应和结构稳定问题等难度更高的结构分析能力。布置了书稿大纲和样章的编写工作。2017 年 2 月 28 日，完成了书稿第一轮审核工作——编写大纲审核。

2017 年 4 月 1 日，在重庆交通大学召开了本教材编写组第二次研讨会，会议就详细大纲进行了深入讨论，同时明确了下一步的工作和要求；会议对样章及其章节的内容提出了修改意见与建议；会议讨论确定了编审时间安排，应出版社要求，将交付出版的时间确定为 2017 年年底。2017 年 8 月 10 日，完成了书稿第二轮审核工作——部分初稿审核。

2017 年 5 月 13 日，在中南大学召开了本教材第三次编审组研讨会。主审单位参加会议，并决定在后续编写过程中邀请主审单位全程参与。会议就 2017 年 4 月 1 日会议上提出的《桥梁结构有限元分析》教材的详细大纲与样章分别进行了交流和讨论。决定本教材由 10 章组成，包括：概述，弹塑性力学及有限元基础，杆、梁、索单元，弹性力学中的平面和空间问题，等参数单元，板壳单元，几何非线性和材料非线性，桥梁结构有限元建模，桥梁结构动力效应以及结构稳定问题。并决定了各章的分节；会议讨论了编审时间安排，调整提前了主要时间节点，明确全书初稿 8 月 31 日提交。2017 年 9 月 6 日，完成了书稿第三轮审核工作——全书初稿审核。

2017 年 9 月 8 日，在人民交通出版社召开了本教材第四次编审组研讨会，会议结合主审单位初步审查意见，讨论确定了书稿需要统一修改的内容，明确了全书正文、图表和公式等的格式；会议对各章书稿需要调整和修改的内容逐一进行了讨论，详细列出了每位编写人员的修改内容；会议确定书稿完成和提交出版的时间提前到 11 月 30 日。2017 年 10 月 15 日，完成了书稿第四轮审核工作——全书修改稿审核。

2017 年 10 月 16 日，在东南大学召开了“桥梁工程方向研究生教材”第二次编写研讨会暨《桥梁结构有限元分析》教材编审组第五次研讨会，会议讨论确定了书稿需要再次统一的修改内容；会议对各章书稿内容再次进行了详细讨论，特别注意了内容重复，个别知识点疏漏，与桥梁工程的针对性以及文字和语句方面的问题；会议决定不再举行集中的编审研讨会，由各编写人对所编写的章节再次梳理、修改后送主审单位、出版社及召集人。2017 年 11 月 10 日，各编写人针对主审单位、出版社及召集人意见，再一次对书稿进行了修改；随后进行了统稿，并于 2017 年 11 月 30 日完成了书稿第五轮审核工作——全书书稿定稿，并提交人民交通出版社出版。

在此，特向各院校及编写人员、主审人以及出版社对本教材编写出版所付出的辛勤劳动表示衷心的感谢。由于联合编审组成员专业水平有限，虽然尽了最大的努力，五次召开编审组研讨会、五轮审核书稿，但仍然难以保证书稿质量不存在问题，特别是编写中难免有错漏之处，敬请同行专家和专业读者批评指正。

向中富

重庆交通大学

2017 年 11 月

前言

《桥梁结构有限元分析》是面向土木工程专业研究生(包括硕士生和博士生)的一门专业课程。有限单元法是解决复杂边值问题的一种有效方法,已成为桥梁工程结构分析的主要手段。《桥梁结构有限元分析》的任务是让学生了解有限单元法的发展,掌握有限元法的基本理论知识,熟悉有限元分析的基本过程、方法及工程应用,具备桥梁工程设计、施工以及服役中结构分析的基本技能。同时,可供从事桥梁及土木工程专业设计、施工、科研、管养等技术人员参考。

本教材是在具有结构有限元分析相关教材知识的基础上,针对桥梁工程发展实际与研究生学习需要,通过多校合作编写而成,全书共分为10章,其中:第1章概述,第2章弹塑性力学及有限元基础,第3章杆、梁、索单元,第4章弹性力学中的平面和空间问题,第5章等参数单元,第6章板壳单元,第7章几何非线性和材料非线性,第8章桥梁结构有限元建模,第9章桥梁结构动力效应,第10章结构稳定问题。

本教材的编写单位有重庆交通大学、同济大学、长安大学、浙江大学以及湖南大学,其中第1章由重庆交通大学周水兴教授编写,第2、9章及附录由同济大学赵林教授编写,第3章由重庆交通大学王小松教授编写,第4章由长安大学郝宪武教授编写,第5、6、7章由浙江大学徐荣桥教授编写,第8章由重庆交通大学周水兴教授和湖南大学李立峰教授共同编写,第10章由湖南大学李立峰教授编写。

全书由重庆交通大学周水兴教授和向中富教授统稿，中南大学戴公连教授、黄方林教授、杨孟刚教授、文颖副教授、周智辉副教授以及邹云峰讲师主审。

由于编者水平有限，教材中难免有差错和不当之处，敬请专家同行和读者批评指正。

编者

2017 年 11 月

目录

第1章 概述

引言:有限单元法是求解复杂边值问题的一种有效方法,本章回顾了有限单元法的发展情况,重点介绍了开展有限元分析的基本过程及其应用,最后扼要介绍了国内外通用的有限元软件和桥梁工程专业软件。

1.1 有限单元法及其发展简况

自然界中的许多工程分析问题,如固体力学中的位移场和应力场分析、电磁学中的电磁场分析、传热学中的温度场分析、流体力学中的流场分析,这些都可归结为在给定边界条件下求解其控制方程(常微分方程或偏微分方程)的问题。求解控制方程的方法有解析法和数值法。对于给定的问题,如果经简化后可将方程和边界条件转化为能够处理的问题,用具体的表达式来获得问题的解答,这样的求解方法称之为解析法。然而,能用解析法求出精确解的只有少数方程性质比较简单、几何边界相当规则的情况,过多的简化可能导致不准确的甚至错误的解。绝大多数的科学研究和工程技术问题,由于其几何形状、边界条件、材料特性和外部荷载的复杂性和不规则性或者问题的某些非线性特征,很少能得到解析解。在广泛吸收现代数学、力学理论的基础上,借助于计算机来获得满足工程要求的数值解,即数值模拟技术。

目前在工程技术领域中常用的数值模拟技术方法有:有限单元法、无限单元法、边界元法、无网格法、样条有限元法、离散单元法和有限差分法。但就其实用性和应用的广泛性而言,主要是有限单元法。

1.1.1 有限单元法

有限单元法是将求解区域看作由许多在节点处互相连接的子域(单元)所构成,其分析模型是给出基本方程的(子域)分片近似解。有限单元法起源于20世纪40年代。1943年,Richard Courant 在求解扭转问题时,将截面划分为若干三角形区域,在各三角形区域设定一个线性的翘曲函数,通过定义在三角形域上的分片连续函数,利用最小势能原理求得了圣维南扭转问题的正确解。由于当时计算机尚未出现,并没有引起人们的注意。之后,人们认识到 Richard Courant 工作的重大意义,并将1943年作为有限单元法的诞生之年。1955年,德国出现了第一本关于结构分析中的能量原理和矩阵方法的书,为后续有限元研究奠定了重要的基础。1956年,M. J. Turner、R. W. Clough、H. C. Martin 和 L. J. Topp 在分析飞机机翼强度时,系统研究了离散杆、梁、三角形的单元刚度表达式,将矩阵位移法推广应用于弹性力学平面问题中,第一次采用三角形单元求解平面应力问题。1960年,R. W. Clough 教授进一步处理了平面弹性问题,将应用范围扩展到飞机以外的土木工程中,首次使用有限单元法(Finite Element Method,简称FEM)一词,并得到广泛认可。到20世纪60~70年代,随着计算机和软件技术的发展,有限单元法也随之迅速发展起来。在此期间,力学家和数学家对有限单元法进行了全面深入的研究,包括有限单元法在数学和力学领域的理论依据,证明了有限单元法是基于变分原理的里兹法的另一种形式,确认了有限单元法是处理连续介质问题的一种普遍方法;单元的划分原则,形状函数的选择及协调性;有限元方法涉及的数值计算方法及其误差、收敛性和稳定性;计算程序设计技术等。我国学者对有限单元法的创建和发展做出了不少贡献,20世纪60年代初,冯康与西方国家几乎同时,独立地发展了有限单元法理论,1964年,创立了数值求解偏微分方程的有限单元方法,形成了标准的算法形态,编制了通用的工程结构分析计算程序。1965年,冯康提出了基于变分原理的差分格式,标志着有限单元法在我国的诞生。1967年,辛克维奇(O. C. Zienkiewicz)教授与张佑启(Cheung)教授出版了世界上第一本有限元法著作《The Finite Element Method in Structural Mechanics》,研制了英国第一套有限元软件并应用于 Clywedog 水坝的计算。1971年,卞学璜指出,对某些边值问题,有限单元法和有限差分法的方程组是一致的,但有限单元法比一般的瑞利—里兹法更灵活,在不规则区域和非匀质问题中比差分法更方便。1981年起,龙驭球针对位移型有限元的"协调之谜",建立了广义协调理论与广义协调元,从根本上解决了有限元法中非协调不收敛的难题,把后验式"分片检验"方法变成预先的理论保证,重新发现被传统方法排斥在外的上百个高性能结构新单元模型。2004年,针对麦克尼尔细长梁问题,提出了基于四边形面积坐标的广义协调元 AGQ6,彻底解决了四边形单元网格的畸变敏感问题,广泛应用于壳体三重非线性大变形分析、金属板壳成形、金属罐刺穿冲击断裂等问题中;提出的分区混合有限元法,破解了应力奇点计算难题,成为迄今为止计算代价最小、精确度最好的奇异问题有限元分析方法。

然而,有限元方法与其他近似数值方法一样,都存在算法的可靠性和有效性低的问题。有限元分析结果的误差来自于分析过程的各个环节,其中一个主要的误差来源是模型的离散化,网格剖分的质量对分析结果的精度有决定性影响。单凭经验、直觉和猜测的网格剖分,存在分析效率低和可靠性低等问题。1971年,Oliverira 通过极小化能量,利用最优节点分布,讨论了网格的优化问题,提出了在应变能密度变化最大的区域加密网格或增设插值函数的高阶自由度，奠定了自适应有限单元法的基础。自适应有限单元法是以误差估计与自适应网格改进技术为核心，通过后验误差估计进行自动调整算法以改进求解过程的高效率、高可靠性的数值方法。分析之初，只需定义描述问题几何特性的初始网格和可接受的误差水平，由程序自动对误差较大的区域产生满足要求的网格。自适应有限元法涉及的主要技术问题有误差估计、网格自适应改进以及瞬态问题的时间步长自适应调整等。自适应有限元法中有 h-法、p-法、h-p 组合法。h-法不改变单元阶次，仅在局部区域进行网格加密以提高求解精度。p-法是在需优化的区域中不改变划分网格的大小，仅通过逐次增加单元的阶次来提高精度。h-p 组合法是在需要优化的区域内，将网格尺寸和单元的阶次同时改进，以达到网格参数 h、p 的最优配置，从而高效提高网格精度。

1.1.2 其他数值方法

为适应不同工程问题的求解，克服有限单元法的某些不足，相继提出了多种数值分析方法，如边界元法、无限单元法、无网格法、显式/隐式有限元法、离散单元法、刚体弹簧单元法、界面元法、超级有限元法、样条有限元法、动态有限元法、随机有限元法、时间域有限元法、非协调有限元法、混合有限元法、间断 Galerkin 有限元法、有限条(带)法、刚塑性有限元法等。

边界元法：也称边界积分方程法，是 20 世纪 60 年代发展起来的一种新数值方法。与有限元法在连续体域内划分单元的基本思想不同，边界元法仅在定义域的边界上划分单元，用满足控制方程的函数去逼近边界条件，因此边界元与有限元相比具有单元和未知数少、数据准备简单等优点。边界元法分为直接法和间接法两种基本类型，大量工程分析中多采用直接边界元法。边界元法适用于求解高维、奇异、耦合、无限域等复杂问题，在岩土地质工程、地下结构、流—固耦合、海洋工程、热传导技术和电磁场等工业技术领域应用广泛。

无限单元法：也称无界单元、无穷单元法，是在有限元基础上发展起来的一种计算方法，主要用于数值模拟无限或半无限域问题，如工程地震中地震波的传播、地面结构与地基的相互作用分析，海洋工程中波浪与结构相互作用分析，水库、岩土、地下结构、地质力学的分析等。无限元法包括两大类，一类是离散型无限元，它是在有限元基础上将计算域边界处的单元沿外法向无限延伸而成，由于单元是无限的，因此其形函数不再是原来简单分片多项式插值函数，而沿无限方向引入解析函数，故属于半解析数值方法的一种，一般简称为无限元法。这类无限元往往和一般有限元分区联合应用。另一类是半解析型无限元，它是在半解析有限元基础上延伸发展形成的，某些方向解析、某些方向离散的半解析单元法中，如果解析方向是沿无限方向，即构成这类无限元。因此，半解析型无限元往往有一个以上方向采用解析函数，并且沿无限方向采用的是解析函数级数。这种单元是半解析单元法与分向半解析法的一种，可以和半解析有限元分区耦合使用，也可以独立应用。

无网格法：无网格法兴起于 20 世纪 90 年代，与基于网格的有限元等方法不同，无网格法用一组点来离散求解区域，直接借助于离散点来构造近似函数，可以彻底或部分消除网格，不需要网格的初始划分和重构，不仅可以保证计算的精度，而且可以减小计算的难度。基于网格的数值方法，如有限差分法、边界元法、有限元法，在用拉格朗日法求解金属冲压成形、高速冲击和爆炸、裂纹动态扩展、流固耦合、形状优化等涉及特大变形或需要不断进行网格重构的问题时，不仅会产生畸变和扭曲，而且严重影响解的精度。无网格法也存在一些固有缺陷，如无网格近似函数一般很复杂，其计算量较大；大多数的无网格近似函数不具有插值特性，其本质边界条件的施加比有限元繁琐等。目前已有30多种以加权余量法为主线的无网格法，主要区别在于所采用的加权余量法和试探函数，常用试探函数有移动最小二乘法、核函数与径向基函数。整体方程有配点法、最小二乘法、伽辽金法。伽辽金法是应用最广、最稳定的无网格法之一。

显式/隐式有限元法：显式/隐式有限元法只需对可以简化为对角阵的质量矩阵求逆，没有增量步内迭代收敛问题，可以一直计算下去。显式计算具有时间步长很小、误差累积、不存在迭代不收敛的问题、计算量随计算规模基本呈线性增长的特点。这种计算方法的代表软件有ABAQUS。隐式计算具有时间步长增量较大、每个荷载步都能控制收敛，避免误差累积；存在迭代不收敛的问题、计算量随计算规模增大而呈超线性增长的特点。

离散单元法：离散单元法也称为散体单元法，最早是1971年由Cundall提出的一种不连续数值方法模型。这种方法的优点是适用于模拟离散颗粒组合体在准静态或动态条件下的变形过程。离散单元法不是建立在最小势能变分原理上，而是建立在最基本的牛顿第二运动定律上。它以每个刚体的运动方程为基础，建立描述整个破坏过程的显式方程组后，通过动力松弛迭代求解。

刚体弹簧单元法：刚体弹簧单元法最早于1976年由Kawai提出，最初意图是以较少的自由度来求解结构问题。它把体系分解为一些均布在接触面上的弹簧系统联系起来的刚性元，刚性元本身不发生弹性变形，因此结构的变形仅能储存在接触面的弹簧系统中。由于刚体弹簧元单元间的作用力通过单元界面上弹簧传递，可以直接得到界面的作用力，因此在岩土界面分析等领域也有着较好的应用。

1.2 有限单元法分析的基本过程

有限单元法的分析过程，概括起来可以分为以下几个步骤。

1）结构的离散化与单元类型选择

结构的离散化是有限单元法分析的基础。所谓离散，就是将一个连续的求解域人为地划分为一定数量的单元(Element)，单元又称网格(Mesh)，单元之间的连接点称为节点(Node)，单元间的互相作用只能通过节点连接。通过离散，一个连续体被分割为由有限数量单元组成的组合体，如图1-1所示。对于由杆件通过节点连接而成的杆系结构，可以取每根杆件作为一个单元。但若求解域是一个连续体，不仅需要将连续体划分为具有相关节点的等价系统，还需要选择最适当的单元类型来最接近地模拟实际的物理性能。

单元类型的选择取决于实际受载条件下物体的物理构成，也取决于分析人员所期望的对实际行为的近似程度。有限单元法中常用的单元类型有以下三种：

(1)线单元：由杆(或桁架)和梁单元组成。

(2)二维单元(平面单元)：由基本的三角形或四边形线性单元和含有边中节点的二次单元组成。

(3)三维单元：由基本的四面体单元和六面体单元与有边中节点或面中节点的高阶单元组成。

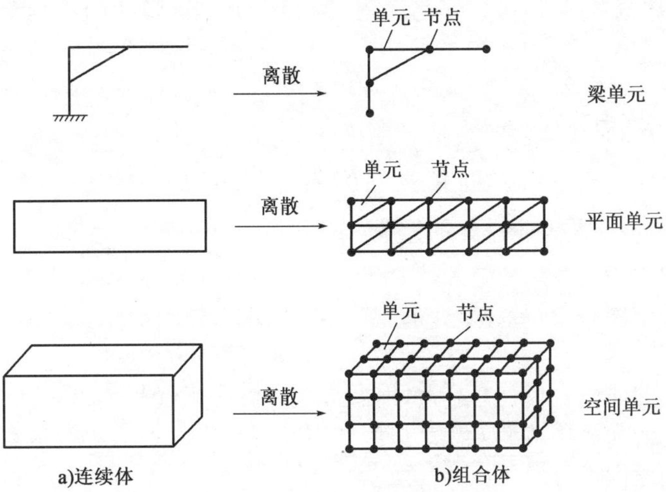

图 1-1 连续体的离散

2)选择位移函数

有限单元法中单元体的位移、应变和应力是用节点位移来表示的,在分析连续体问题时,假定单元中位移的分布是节点坐标的某种简单的函数,这种函数称为位移函数或位移模式。

选择合适的位移函数是有限单元法分析中的关键,线性、二次和三次多项式是单元分析中常用的位移函数,一方面多项式的数学运算比较方便;另一方面由所有光滑函数的局部来看都可以用多项式逼近。多项式项数和阶次的选择取决于单元的自由度和有关解的收敛性要求。一般地,多项式的项数应等于单元的自由度数,它的阶次应包含常数项和线性项。

根据所选择的位移函数,可以导出用节点位移表示单元内任一点位移的关系式,其矩阵形式是:

$$\boldsymbol{f} = \boldsymbol{N}\boldsymbol{\delta}^{\mathrm{e}} \tag{1-1}$$

式中:$\boldsymbol{f}$——单元内任一点的位移列阵;

$\boldsymbol{\delta}^{\mathrm{e}}$——单元的节点位移列阵;

$\boldsymbol{N}$——形状函数矩阵,它的元素是位移坐标的函数。

每个单元可重复使用同一个通用的位移函数,因此有限单元法是这样一种方法:一个连续量,如整个物体内的位移,用一个离散的模型来近似,而此离散模型是由有限域或有限单元内定义的分片连续函数组成的。

3)分析单元的力学特性

选定位移函数后,就可以进行单元力学特性分析,它包括三部分内容。

(1)利用几何方程,由位移表达式(1-1)导出用节点位移表示单元应变的关系式:

$$\boldsymbol{\varepsilon} = \boldsymbol{B}\boldsymbol{\delta}^{\mathrm{e}} \tag{1-2}$$

式中:$\boldsymbol{\varepsilon}$——单元内任一点的应变列阵;

$\boldsymbol{B}$——单元应变矩阵。

(2)利用物理方程,由应变的表达式(1-2)导出用节点位移表示单元应力的关系式:

$$\boldsymbol{\sigma} = \boldsymbol{D}\boldsymbol{B}\boldsymbol{\delta}^{\mathrm{e}} \tag{1-3}$$

式中:$\boldsymbol{\sigma}$——单元内任一点的应力列阵;

$\boldsymbol{D}$——单元材料有关的弹性矩阵。

(3)利用虚功原理建立作用于单元上的节点力和节点位移之间的关系式,即单元的刚度方程:

$$\boldsymbol{R}^{e}=\boldsymbol{k}^{e}\boldsymbol{\delta}^{e} \tag{1-4}$$

式中:$\boldsymbol{k}^{e}$——单元刚度矩阵,并有

$$\boldsymbol{k}^{e} = \iiint \boldsymbol{B}^{T}\boldsymbol{D}\boldsymbol{B}\,\mathrm{d}x\mathrm{d}y\mathrm{d}z \tag{1-5}$$

式(1-5)的积分应遍及整个单元的体积。

4)计算等效节点力

作用于实际连续体的力,是从单元的公共边界传递到另一个单元的,但连续体经过离散化后,假定力是通过节点从一个单元传递到另一个单元。因此,这种作用在单元边界上的表面力以及作用在单元上的体积力、集中力等都需要等效移植到节点上去,即用等效的节点力来代替所有作用在单元上的力。移植的方法是按照作用在单元上的力与等效节点力,在任何虚位移上的虚功都相等的原则进行。

5)组装单元方程得到总体方程,并引入边界条件

使用直接刚度法将各个单元的刚度方程加在一起得出整个结构的总体方程。在直接刚度法中所隐含的是连续和协调概念,要求结构保持完整,在结构任何一处不发生撕开。

组装后的总体方程写为矩阵形式为:

$$\boldsymbol{K}\boldsymbol{\delta}=\boldsymbol{R} \tag{1-6}$$

式中:$\boldsymbol{K}$——整体刚度矩阵;

$\boldsymbol{R}$——荷载列阵,由作用于各单元的等效节点力列阵集合而成;

$\boldsymbol{\delta}$——整个结构的节点位移列阵。

由于整体刚度矩阵 $\boldsymbol{K}$ 中含有刚体移动,是一个奇异矩阵,因此必须引入边界条件,使结构固定。

6)求解未知节点位移和计算单元应力

方程(1-6)在引入边界条件后,形成一组联立代数方程组。根据方程组的性质(线性或非线性),可用消元法(如高斯消元法)、迭代法(如高斯—赛德尔迭代法)解此方程,求出未知节点位移,然后根据前面给出的关系计算节点的应力和应变以及单元的应力和应变。

7)计算结果的整理与输出

有限元的计算结果是大量的数值数据,通常很难直接分析计算结果的正确性和合理性,甚至判断不出是否得到了预期的结果。因此,必须对有限元计算结果进行再分析、再处理。

有限元分析的后处理可以分为数值处理和图形处理两类。

数值处理是将有限元分析的数值结果转化为工程中常用的形式或设计师熟悉的形式,有时也对计算结果进行再加工,如二维单元的应力修匀,使之更可信或精度更高。图形处理则是将有限元计算的数值结果用变形图、等值线图、彩色云图、节点变量变化图等图形直观地表示出来。

1.3 有限元法的应用

1.3.1 静力分析与动力分析

根据荷载对结构所产生的动力效应大小的不同,荷载可分为静力荷载和动力荷载,相应的

分析分为静力分析和动力分析。

静力分析是结构分析的基础,用于求解结构在静力荷载作用下的内(应)力、变形、支反力等。静力分析不考虑惯性的影响,但可以计算固定不变的惯性荷载,如结构自重、二期恒载、离心力以及可近似等价为静力作用的随时间变化的荷载,如风荷载中的静风荷载。

动力分析用于计算结构在自由振动和强迫振动下的动力特性和动力响应,包括模态分析和动力响应分析。模态分析是计算结构在自由振动下的动力特性,即结构的固有频率和振型;动力响应分析是计算在动力荷载作用下的结构响应,包括地震分析、撞击分析、谐波分析、谱分析、瞬态动力分析等。

1.3.2 整体分析与局部分析

整体分析是指建立集上部结构、下部结构、基础及地基于一体的计算。整体分析是开展结构设计与验算最基本的分析。在整体分析中是否需要建立下部结构、地基和基础,不仅与桥梁结构本身有关,还与地质情况、分析类型等相关,如简支梁桥和内部超静定、外部静定的下承式拱桥,由于基础变位和墩台变形不影响上部结构受力,开展静力分析时通常只需建立上部结构的模型。但若计算汽车制动力对桥墩内力的影响时,由于支座类型和桥墩高度会影响制动力在下部结构中的分配,因此需建立集上部结构、支座和下部结构于一体的模型。建造在地质条件差(如软土地基)的地区的超静定桥梁,为考虑地基变形对桥梁的影响,须将地基与基础一并建立在模型中;当地质条件良好、基础刚度大时,可忽略地基和基础的变形,其对计算结果影响很小,视地基和基础为刚体,这种情况下仅需建立上部结构和下部结构的分析模型。

开展地震动力响应分析时,由于不同的岩土性质对地震波的传递不同,须建立整体分析模型。

局部分析是针对结构中的部分构件或区域开展的分析,以期获得更加精确的结果。局部分析通常是在整体分析完成的基础之上进行,但若结构或构件受力明确,则可直接建立模型进行分析,如计算简支梁桥在自重荷载和汽车荷载的效应时,仅建立上部结构模型实际就是一种广义的局部分析。局部分析在构造复杂或结构新颖的桥梁计算中经常采用,如连续梁桥和连续刚构桥承台、零号块的精细化分析就属局部分析。局部分析的关键在于边界条件的模拟。

随着计算机性能和有限元程序功能的不断提高,也可开展集整体分析与局部分析于一体的综合性分析,如在钢—混结合梁斜拉桥中,主梁总体采用梁单元,对需要深入考察受力的部分梁段,采用由板单元或实体单元、连接单元等构成的复合单元,该方法的优点在于避免了局部分析中边界条件的模拟。

在大型复杂结构分析中常采用子结构分析法,它是把原结构分为几个区域,每一个区域称为一个子结构。这些子结构在它们的公共边界上互相连接,先分析子结构,通过静力凝聚消去子结构内部的自由度,然后进行整体分析,这时只需考虑结构的约束边界及相邻子结构公共边界上的自由度,由此降低了原问题的计算规模。此外,还可以在子结构中再套子结构,称为多重子结构。

疲劳是指反复应力作用下裂纹或裂纹群的产生和逐步扩展所导致的结构部件破坏的现象。疲劳通常分为高周疲劳和低周疲劳两类。高周疲劳是指当荷载的循环(重复)次数较高(如 $1\times10^4 \sim 1\times10^9$)的情况下产生的疲劳,应力通常比材料的极限强度低。低周疲劳是指在循环次数相对较低时发生的疲劳。疲劳寿命计算方法有 S-N 法(Stress-Life)、E-N 法(Strain-

Life)、LEFM 法(裂纹扩展方法)。

疲劳分析的目的是应用相应的疲劳损伤理论预测构件的疲劳寿命。ANSYS FE-SAFE、MSC/FATIGUE、I-DEAS、NASTRAN 等通用软件均可进行疲劳分析。

1.3.3 线性分析与非线性分析

1)线弹性问题

线弹性问题基于小变形假定,分析模型建立在未变形的结构上,即所谓的一阶分析问题。线弹性问题中材料的应力与应变为线性关系,满足广义胡克定律;应变与位移也为线性关系。线弹性问题可归结为求解线性方程组的问题。

2)非线性问题

非线性问题与线弹性问题有很大不同,主要表现在以下三个方面:①非线性问题的方程是非线性的,需要迭代求解;②线性问题不适用叠加原理;③非线性问题不总有一致解,甚至没有解。

以上三方面的因素使非线性问题的求解过程比线弹性问题更加复杂、更具有不可预知性。

桥梁工程中的非线性问题主要有以下三种形式。

(1)材料非线性问题

材料的应力与应变为非线性关系,但当应变与位移很微小时,可以认为应变与位移呈线性关系,这类问题属于材料非线性问题。桥梁工程中较为重要的材料非线性问题有:非线性(包括分段线弹性)、弹塑性、黏塑性及蠕变等。

分析材料非线性问题时,应给出材料的应力—应变本构方程。图 1-2 所示为钢材的几种常用本构模型。其中,理想弹塑性模型和线性强化弹塑性模型分别适合于塑性应变不太大的低碳钢和一般合金钢弹塑性变形问题的简化计算;刚塑性模型适用于估算结构最大承载能力,此时弹性应变相比于塑性应变十分小,故可忽略,认为应力达到屈服应力前材料不变形。

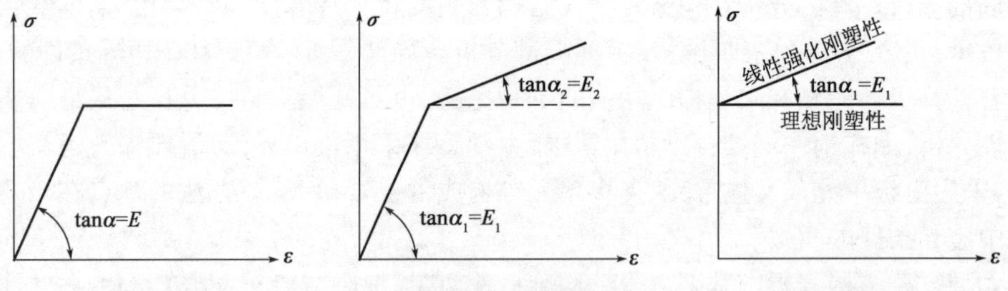

图 1-2 钢材本构模型

(2)几何非线性问题

当物体的位移较大时,应变与位移之间不再是线性关系,结构本身会产生大位移或大转动,而单元中的应变却可大可小。这类问题包括大位移大应变问题及大位移小应变问题,如结构的弹性屈曲问题属于大位移小应变问题。开展几何非线性分析,需将计算模型建立在变形后的结构之上,属二阶分析问题。

桥梁工程中常见的几何非线性问题有:斜拉索垂度效应、梁柱效应和大位移效应。

①斜拉索垂度效应。

斜拉索在自身重力作用下会产生下垂,其端部位移一部分由材料变形引起,另一部分受拉索垂度影响,造成索力与位移之间的非线性关系。随着张拉力的增加,垂度逐渐减小,轴向刚度增大。当采用直杆单元建模时,必须考虑斜拉索的垂度效应。桥梁结构分析中,通常采用 Ernst 提出的等效弹性模量法,也可采用多段杆单元法、多节点曲线单元法和悬链线索单元法来考虑斜拉索的垂度效应。

②梁柱效应。

梁柱效应又称 P-δ 分析。斜拉桥的主梁、桥塔,拱桥的拱圈等构件均承受弯曲和轴向力的组合作用。这些构件即使在材料满足胡克定律的条件下也会呈现非线性特性。一方面,轴向力的存在会引起附加弯矩,使构件发生更大的弯曲变形,从而影响构件的弯曲刚度;另一方面,弯矩的存在也会引起轴向变形,改变杆件的轴向长度,从而影响其轴向刚度,这种压弯相互作用称为梁—柱效应。梁—柱效应使结构的整体刚度发生变化。

③大位移效应。

结构刚度较小的桥梁(如悬索桥)在荷载作用下主缆、加劲梁会产生较大的位移,导致结构的几何位置发生较大改变,只有将分析模型建立在变形之后的结构上才能得到正确的结果。通常把这种现象称为大位移效应。

大位移效应分为大位移小应变和大位移大应变。在大多数的大位移问题中,结构内部的应变是微小的;金属成型过程中的有限塑性变形、弹性体材料受荷载作用下可能出现的较大非线性弹性应变,属于大位移大应变问题。

此外,采用生死单元法或激活/钝化方法分析施工过程的结构内力和变形时,因结构刚度发生了变化,也属于几何非线性问题。

(3)其他非线性问题

①状态非线性问题。

图 1-3 所示为直杆右端放置一长为 l 的杆件,拉伸杆与右边杆件端部之间有微小间隙 Δ,在拉力 P 作用下的变形关系为:

$$P(d)=\begin{cases}\dfrac{EA}{L}d & (d\leqslant\Delta)\\[2mm] \dfrac{EA}{L}d+\dfrac{E_1A_1}{l}(d-\Delta) & (d>\Delta)\end{cases}$$

上式表明,应变与位移、应力与应变之间的关系都是线性的,节点力与节点位移之间的关系在分段加载过程中也是线性的,但在整个过程中却表现为节点力与节点位移之间的非线性关系,即 $k(d)d=P$。

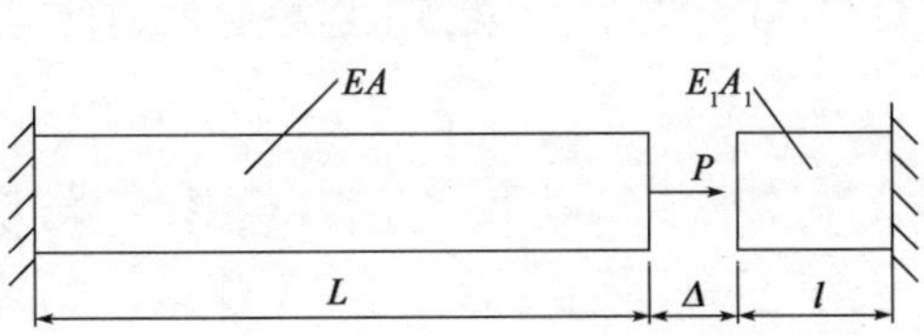

图 1-3　状态非线性问题

通常把这种与结构所处的状态相关的非线性问题称为状态非线性问题。接触问题是最为常见的状态非线性问题。在模拟船舶撞击、汽车撞击桥梁时,接触和摩擦的作用不可忽视,需按接触问题进行分析。

②边界非线性问题。

通常边界条件为刚性支承,即边界条件自身不会随荷载引起的结构变形而变化,但当采用与地基接触的只受压/受拉的非线性边界条件时,边界条件就会随荷载引起的结构变形而变化,这时结构的荷载—位移的非线性关系就称为边界非线性问题。

实际工程中的非线性问题可能同时包括两种或三种非线性问题,如计算桥梁极限承载力时,就必须同时考虑材料非线性和几何非线性。

1.3.4 稳定分析

结构或构件受到荷载作用时,在原有形状下应保持稳定的平衡,若在荷载作用下其原有形状下的平衡丧失了稳定性,称为结构或构件的失稳。历史上曾有不少桥梁因失稳造成垮塌。

按结构的失稳现象可分为个别构件的失稳、构件的局部失稳、部分结构或整个结构的失稳三类。按失稳方向可分为平面内失稳和平面外失稳。在矢跨比较小的扁拱中,由于拱圈压缩变形的影响,在较小的临界荷载作用下会发生跳跃屈曲或跳跃失稳。

稳定问题包括第一类稳定和第二类稳定两大类,第一类稳定属平衡分支问题,在数学上表现为求特征值问题,其临界荷载可近似作为第二类稳定的上限。第二类稳定属极值问题,是结构达到破坏时能承受的最大荷载(极限荷载、临界荷载)。

此外,稳定问题还可分为动力稳定与静力稳定。上述稳定性概念是指静力稳定。动力稳定按能量特征可表述为:一个受外荷载作用的体系,在正阻尼情况下,体系的位能随时间而衰减时,则该体系是动力稳定的;在负阻尼情况下,体系的位能随时间而增大,则体系是动力不稳定的。

稳定分析的目的就是要求出结构或构件在丧失平衡稳定性时的临界荷载。稳定分析分为弹性稳定分析和弹塑性稳定分析,前者计算失稳时的屈曲荷载和失稳模态,后者计算结构达到破坏时的极限承载力。

1.3.5 施工过程分析

大跨度桥梁或复杂桥梁在施工过程中通常都要经过多个体系转换后才能达到最终的结构体系。施工过程中受到结构自重、预应力荷载、索力、体系转换、风荷载、温度以及临时荷载等多个因素的共同影响,结构中的内力、变形、稳定性也在不断变化。为确保施工安全,了解不同施工阶段的受力状况,并使成桥线形、内力、索力等力学指标与设计目标一致,故需要开展施工过程分析。此外,桥梁施工监控必须进行施工过程分析。

1.4 有限元软件介绍

20 世纪 70 年代后,有限单元法得到了快速发展,应用范围已扩展到建筑工程、地质工程、海洋工程、机械工程、生物力学、声学、物流等多个领域。由变分法有限元扩展到加权残数法与能量平衡法有限元,由弹性力学平面问题扩展到空间问题、板壳问题,由静力平衡问题扩展到稳定性问题、动力问题和波动问题,由线性问题扩展到非线性问题;分析的对象从弹性材料扩展到塑性、黏弹性、黏塑性和复合材料等,由结构分析扩展到疲劳分析、结构优化、设计自动化,从固体力学扩展到流体力学、传热学、电磁学、声学、激光、生物力学等;由单一物理场扩展到多物理场的耦合。在大型结构物力学仿真、环境模拟(数值风洞)、生物器官组织力学特性模拟等方面也取得了长足发展。有限单元法的工程应用如表 1-1 所示。

有限单元法的工程应用　　表 1-1

研究领域	平衡问题	特征值问题	动态问题
结构工程学、结构力学和宇航工程学	梁、板、壳结构的分析； 复杂或混杂结构的分析； 二维与三维应力分析	结构的稳定性； 结构的固有频率和振型； 线性黏弹性阻尼	应力波的传播； 结构对于非周期荷载的动态响应； 耦合热弹性力学与热黏弹性力学
土力学、基础工程学和岩石力学	二维与三维应力分析； 填筑与开挖问题； 边坡稳定性问题； 土壤与结构的相互作用； 坝、隧洞、钻孔、海洞、船闸等的分析； 流体在土壤和岩石中的稳态渗流	土壤—结构组合物的固有频率与振型	土壤与岩石中的非定常渗流； 在可变形多孔介质中的流动—固结； 应力波在土壤和岩石中的传播； 土壤与结构的动态相互作用
热传导	固体和流体中的稳态温度分布		固体和流体中的瞬态热流
流体动力学、水利工程学和水源学	流体的势流； 流体的黏性流动； 蓄水层和多孔介质中的定常渗流； 水工结构和大坝分析	湖泊和港湾的波动(固有频率和振型)； 刚性或柔性容器中流体的晃动	河口的盐度和污染研究(扩展问题)； 沉积物的推移； 流体的非定常流动； 波的传播； 多孔介质和蓄水层中的非定常渗流
核工程	反应堆安全壳结构的分析； 反应堆和反应堆安全壳结构稳态温度分布		反应堆安全壳结构的动态分析； 反应堆结构的热黏弹性分析； 反应堆和反应堆安全壳结构的非稳态温度分布
电磁学	二维和三维静态电磁场分析		二维和三维时变、高频电磁场分析

有限单元法采用矩阵形式来表达基本公式,便于计算机编程。到 20 世纪 80 年代,国际上较大型的面向工程的有限元通用程序就达几百种,其中著名的有 ANSYS、NASTRAN、ABAQUS、ADINA、MARC、ASKA、SAP 和 COSMOS 等,这些程序的规模达几万条甚至几十万条语句,功能不断完善,不仅包含多种条件下的有限元分析程序,而且带有功能强大的前处理和后处理程序。由于有限元通用程序使用方便、计算精度高,其计算结果已成为各类工业产品设计和性能分析的可靠依据。大型通用有限元分析软件不断吸收计算方法和计算机技术的最新进展,将有限元分析、计算机图形学和优化技术相结合,已成为解决现代工程学问题必不可少的有力工具。

1.4.1 通用软件

目前，国际上大型通用有限元软件有 ANSYS、ABAQUS、ADINA、MSC/NASTRAN、MSC/MARC、SAP2000、PRO/MECHANICS、IDEAS 等，这些软件单元种类丰富，计算功能强大，既能开展结构的静力、动力、稳定的线性与非线性分析，也能进行多物理场耦合分析。下面简要介绍桥梁结构中应用较为广泛的几个通用软件。

1）ANSYS

ANSYS 软件是融结构、流体、电场、磁场、声场分析于一体的大型通用有限元分析软件，由世界上最大的有限元分析软件公司之一的美国 ANSYS 开发。ANSYS 整个产品线包括 ANSYS Mechanical 系列、ANSYS CFD（FLUENT/CFX）系列、ANSYS ANSOFT 系列、ANSYS Workbench 和 EKM 等，它们能与多数 CAD 软件接口，实现数据的共享和交换，如 Pro/Engineer, NASTRAN, I-DEAS, AutoCAD 等，是现代产品设计中的高级 CAE 工具之一。

该软件主要包括三部分：前处理模块、分析计算模块和后处理模块。前处理模块提供了一个强大的实体建模及网格划分工具，用户可以方便地构造有限元模型；分析计算模块包括结构分析（可进行线性分析、非线性分析和高度非线性分析）、流体动力学分析、电磁场分析、声场分析、压电分析以及多物理场的耦合分析，可模拟多种物理介质的相互作用，具有灵敏度分析及优化分析能力；后处理模块可将计算结果以彩色等值线显示、梯度显示、矢量显示、粒子流迹显示、立体切片显示、透明及半透明显示（可看到结构内部）等图形方式显示出来，也可将计算结果以图表、曲线形式显示或输出。

ANSYS 提供了参数化设计语言（APDL）编程功能，它与图形操作界面一样，能够完成所有的 ANSYS 分析过程，同时也是 ANSYS 优化设计、自适应网格划分以及二次开发的主要基础。

2）ABAQUS

ABAQUS 是一款功能强大的非线性有限元力学分析软件，它融结构、传热学、流体、声学、电学以及热固耦合、流固耦合、热电耦合、声固耦合于一体，可以分析复杂的固体力学、结构力学系统，特别是分析非常庞大复杂的问题和模拟高度非线性问题，不但可以解决单一零件的力学和多物理场分析，同时可以做系统级的分析。

ABAQUS 软件主要由人机交互的前后处理模板 ABAQUS/CAE 和两个主求解模块 ABAQUS/Standard、ABAQUS/Explicit 组成，其中 ABAQUS/Standard 是隐式求解器，能求解从简单的线弹性分析到复杂的多步骤非线性分析，拥有丰富的单元类型和材料模型；ABAQUS/Explicit 是显式求解器，是进行瞬态动力学分析的有效工具，适合求解冲击和其他高度不连续问题。

此外，ABAQUS/Design 是 ABAQUS/Standard 的附加模块，用于设计灵敏度分析（DSA），可以用来进行优化设计。

3）SAP2000

SAP2000 程序是由 Edwards Wilson 创始的 SAP（Structure Analysis Program）系列程序发展而来的一款结构分析软件。该程序提供了逐步大变形分析、多重 $P\text{-}\delta$ 效应、特征向量和 Ritz 向量分析、索分析、单拉和单压分析、Buckling 屈曲分析、爆炸分析，针对阻尼器、基础隔震和支承塑性的快速非线性分析，用能量方法进行侧移控制和分段施工分析等，是土木工程领域分析结构在地震作用下动力响应的主流软件之一。

SAP2000 提供了钢框架、混凝土框架、铝框架、冷轧钢框架的设计，能基于虚功原理实现对侧向位移的截面优化、自动或用户定义的荷载组合与设计分组、交互式的设计与查看等功能。此外，SAP2000 还含有海岸分析与桥梁分析模块。2000 年起，又与中国建筑科学研究院合作，加入了中国规范，推出了中文版 SAP2000。

1.4.2 桥梁专业软件

目前国内外桥梁专业软件已较为成熟，商业化程度高，常用的桥梁专业软件有 Midas/Civil、桥梁博士、GQJS、TDV、Larsa、Sofistik、Lusas、Strap 等。

1) Midas/Civil

Midas/Civil 是 Midas Family Program 系列产品之一，该软件自 1996 年开始研发，2011 年 11 月首次发布，目前最新版本为 Midas/Civil 2017。

Midas/Civil 为大型空间有限元分析软件，适用于桥梁结构、地下结构等结构的分析与设计。针对桥梁结构，Midas/Civil 结合中国规范与习惯，在建模、分析、后处理、设计等方面提供了很多便利的功能，在科研、生产中有广泛应用。

Midas/Civil 的功能和特点有：

(1) 提供菜单、表格、文本、拖拉、导入 CAD 和部分其他程序文件等灵活多样的建模功能，提高了用户的工作效率。

(2) 提供了包含中国在内的多个国家的材料和截面数据库，以及混凝土收缩和徐变规范以及移动荷载规范。

(3) 单元类型丰富，除了杆、梁、板、实体单元外，还提供了受拉/只受压、间隙、钩、索、加劲板轴对称等工程结构特有的单元类型。

(4) 除了静动力分析、屈曲分析、几何非线性分析、静动力弹塑性分析、热传导分析外，结合桥梁工程特点，还可开展动力边界非线性分析、索力优化、移动荷载、支座沉降、水化热、施工阶段、联合截面施工阶段等分析。

(5) 后处理中可以根据设计规范自动生成荷载组合，也可以添加和修改荷载组合，并能在结构分析完成后对多种形式的梁、柱截面进行设计和验算。

2) 桥梁博士

桥梁博士系统是国内自主开发的一个集可视化数据处理、数据库管理、结构分析于一体的综合性桥梁结构设计与施工计算系统。该系统按照桥梁设计与施工过程进行开发，密切结合桥梁设计规范，充分考虑了各种结构的复杂组成与施工情况，可以开展钢筋混凝土及预应力混凝土连续梁桥、刚构桥、拱桥、桁架梁桥、斜拉桥等多种桥型的计算。该系统提供的调索与调束模块，可快速实现斜拉桥斜拉索索力和预应力钢束的配束计算。该系统设置的前支点和后支点挂篮操作，极大地方便了采用悬臂施工桥梁的建模和计算，这是该程序的一大特色。

3) GQJS

GQJS 是一款公路桥梁结构设计系统，由交通运输部公路科学研究院开发，适用于可作为平面杆系处理的桥梁结构体系，如：简支梁、简支—连续梁、连续梁、连续刚构、连续拱、桁架结构、T 形刚构、斜拉桥以及框架结构等。该系统内置了预应力混凝土、钢筋混凝土、混凝土、钢、砖石等材料，可以开展不同结构体系和不同材料组成的组合构件分析，也可开展大跨径桥梁悬臂施工、顶推法施工、临时支架组装等施工阶段分析。

【思考题】

1. 简述“有限元”的定义。
2. 在有限元中“离散”是什么含义？
3. 列举并简要说明有限元方法的一般步骤。
4. 举例说明通用软件和专用软件的区别。
5. 举例说明有限单元法在土木工程中的应用。

本章参考文献

[1] Robert D. Cook, David S. Malkus, Michael E. Plesha, et al. Concepts and Applicatation of Finite Element Analysis[M]. 4th Edition. John Wiley & Sons. Inc. ,2000.
[2] H. Kardestuncer (Editor-in-Chiel). Finite Element Handbook[M]. McGraw-Hill, Inc. ,1987.
[3] 郭书祥. 自适应有限元方法及其工程应用[J]. 力学进展,1997,27(4):479-488.
[4] 张雄,刘岩,马上. 无网格法的理论与应用[J]. 力学进展,2009,39(1):1-36.
[5] 谢贻权,何福保. 弹性和塑性力学中的有限单元法[M]. 北京:机械工业出版社,1983.
[6] Dargl L. Logon. 有限元方法基础教程[M]. 3 版. 北京:电子工业出版社,2003.
[7] 龙驭球,龙志飞,岑松. 新型有限元论[M]. 北京:清华大学出版社,2004.
[8] 刘宁. 可靠度随机有限单元法及其工程应用[M]. 北京:中国水利水电出版社,2001.
[9] 卓家寿. 不连续介质力学问题的界面元法[M]. 北京:科学出版社,2000.
[10] 刘相华. 刚塑性有限元——理论、方法及应用[M]. 北京:科学出版社,2013.

第 2 章

弹塑性力学及有限元基础

引言:本章分为弹塑性力学基础和有限元基础两部分。在学习本章前,读者需了解弹塑性力学的基本知识。弹塑性力学是固体力学中的重要基础理论,是描述材料性质的重要基础理论,本章主要介绍小位移范围内的弹塑性力学知识,有关大位移的介绍则在第 7 章中展开。本章第一节介绍了弹塑性力学的核心概念——应力与应变,第二节介绍了材料的本构关系,第三节进一步介绍了一些经典的屈服函数与准则形式,第四节介绍了有限单元法及基本方程的建立,其核心为微分方程数值解法。本章内容是后续章节的理论基础。

2.1 应力应变

2.1.1 应力与平衡方程

某点的应力状态由该点上全部应力矢量 $\boldsymbol{T}$ 的总体确定。由于过一点可作无数个截面,所以 $\boldsymbol{T}$ 有无数个值,一般情况下它们互不相同。这些无数个 $\boldsymbol{T}$ 值表征了该点的应力状态。然而,可以证明,只需知道三个互相垂直面上的应力矢量 $\boldsymbol{T}_x$、$\boldsymbol{T}_y$ 和 $\boldsymbol{T}_z$,就可以由该点的平衡条件得出该点任意平面的应力矢量。

应力矢量不一定垂直它所作用的平面,因此可以将应力矢量分解成两个分量:一个分量垂直于法线为 $\boldsymbol{n}$ 的平面,称为正应力;一个分量平行于该平面,称为剪应力。作用在三个互相垂

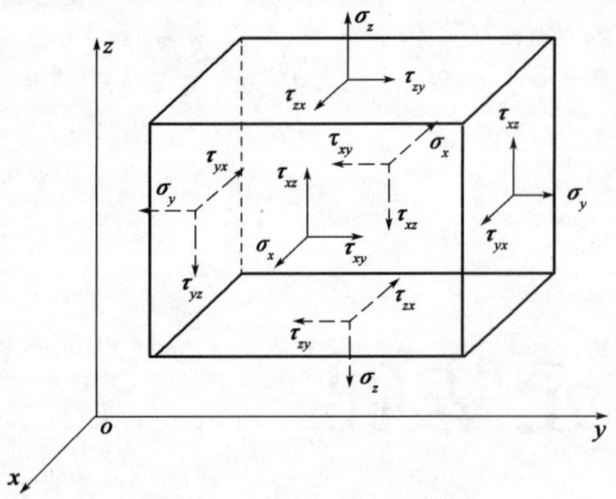

图 2-1　应力分量及其正方向

直平面上的应力矢量分别沿三个坐标轴分解得到的应力分量矩阵，见式(2-1)，各应力分量的物理含义如图 2-1 所示。

$$\boldsymbol{\sigma}=\begin{bmatrix}\sigma_x & \tau_{xy} & \tau_{xz}\\ \tau_{yx} & \sigma_y & \tau_{yz}\\ \tau_{zx} & \tau_{zy} & \sigma_z\end{bmatrix} \tag{2-1}$$

如果应力矢量垂直于它所作用的平面，即这一平面上只有正应力而无剪应力，则这一平面称为主平面。其法线方向称为应力主方向，其上的应力称为主应力。如果三个坐标轴方向都是主方向，则称这一坐标系为主坐标系，相应的空间称为主应力空间。

从考虑物质单元体的力矩平衡出发，可以证明应力分量矩阵是对称的。将上述平面设定为主平面，则 $\boldsymbol{n}$ 表示主平面的单位法向矢量，n_x、n_y、n_z 表示矢量 $\boldsymbol{n}$ 的方向余弦，因此主平面上的应力矢量 $\boldsymbol{T}=\sigma\boldsymbol{n}$。用 T_x、T_y、T_z 表示应力矢量 $\boldsymbol{T}$ 在三个坐标轴的分量大小，则应力矢量 $\boldsymbol{T}$ 的分量大小可用式(2-2)～式(2-4)表示。

$$T_x=\sigma_x n_x+\tau_{xy}n_y+\tau_{xz}n_z \tag{2-2}$$

$$T_y=\tau_{yx}n_x+\sigma_y n_y+\tau_{yz}n_z \tag{2-3}$$

$$T_z=\tau_{zx}n_x+\tau_{zy}n_y+\sigma_z n_z \tag{2-4}$$

由此可知，主应力 σ 是应力矩阵 $\boldsymbol{\sigma}$ 的特征值，$\boldsymbol{n}$ 是 $\boldsymbol{\sigma}$ 的特征矢量。可以证明必有三个相互垂直的应力主方向，对应三个主应力，并且存在三个应力不变量。特征方程和三个应力不变量见式(2-5)～式(2-8)。

$$\sigma^3-I_1\sigma^2+I_2\sigma-I_3=0 \tag{2-5}$$

$$I_1=\sigma_x+\sigma_y+\sigma_z \tag{2-6}$$

$$I_2=\begin{vmatrix}\sigma_y & \tau_{yz}\\ \tau_{zy} & \sigma_z\end{vmatrix}+\begin{vmatrix}\sigma_x & \tau_{xz}\\ \tau_{zx} & \sigma_z\end{vmatrix}+\begin{vmatrix}\sigma_x & \tau_{xy}\\ \tau_{yx} & \sigma_y\end{vmatrix} \tag{2-7}$$

$$I_3=\begin{vmatrix}\sigma_x & \tau_{xy} & \tau_{xz}\\ \tau_{yx} & \sigma_y & \tau_{yz}\\ \tau_{zx} & \tau_{zy} & \sigma_z\end{vmatrix} \tag{2-8}$$

在材料建模中，通常将应力分为两部分，一部分为静水应力或球应力，另一部分为偏应力。

静水应力的大小对于坐标轴可能的所有方向都相同，静水应力可以用式(2-9)表示。

$$p=\frac{1}{3}(\sigma_x+\sigma_y+\sigma_z)=\frac{1}{3}I_1 \tag{2-9}$$

偏应力可以定义为从实际应力状态中减去静水应力，偏应力是一个纯剪状态。显然，在所有方向上减去一个常数正应力不会改变其主方向，所以偏应力与原应力的方向是一致的。与实际应力类似，偏应力也存在三个不变量，偏应力不变量与应力不变量之间的关系见式(2-10)～式(2-12)。

$$J_1=0 \tag{2-10}$$

$$J_2=\frac{1}{3}(I_1^2-3I_2) \tag{2-11}$$

$$J_3 = \frac{1}{27}(2I_1^3 - 9I_1I_2 + 27I_3) \tag{2-12}$$

弹性体在荷载作用下应力分量的正负号规定为：如果某一个面的外法线方向与坐标轴的正方向一致，这个面上的应力分量就以沿坐标轴正方向为正，与坐标轴反向为负；相反，如果某一个面的外法线方向与坐标轴的负方向一致，这个面上的应力分量就以沿坐标轴负方向为正，与坐标轴同向为负。应力分量及其正方向如图 2-1 所示，独立应力分量列阵见式(2-13)。

$$\bar{\boldsymbol{\sigma}} = \begin{pmatrix} \sigma_x \\ \sigma_y \\ \sigma_z \\ \tau_{xy} \\ \tau_{yz} \\ \tau_{xz} \end{pmatrix} = (\sigma_x \quad \sigma_y \quad \sigma_z \quad \tau_{xy} \quad \tau_{yz} \quad \tau_{xz})^{\mathrm{T}} \tag{2-13}$$

弹性体 V 域内任一点沿坐标轴 x、y、z 方向的平衡方程可以表示为式(2-14)～式(2-16)。

$$\frac{\partial \sigma_x}{\partial x} + \frac{\partial \tau_{yx}}{\partial y} + \frac{\partial \tau_{zx}}{\partial z} + \bar{f}_x = 0 \tag{2-14}$$

$$\frac{\partial \tau_{xy}}{\partial x} + \frac{\partial \sigma_y}{\partial y} + \frac{\partial \tau_{zy}}{\partial z} + \bar{f}_y = 0 \tag{2-15}$$

$$\frac{\partial \tau_{xz}}{\partial x} + \frac{\partial \tau_{yz}}{\partial y} + \frac{\partial \sigma_z}{\partial z} + \bar{f}_z = 0 \tag{2-16}$$

2.1.2 应变与位移协调

在应力分析中，一点的应力状态由通过该点作无数个截面，且由每个截面得知相关的应力矢量来确定。同样，一点的应变状态定义为通过此点的物体线段（纤维）长度所有变化的总体以及由此点放射的任何两线之间夹角所有变化的总体。可以证明，一旦已知通过一点且平行于一组相互垂直坐标轴的三条线上的长度和角度的变化，就能计算出物体中通过该点的任何线段的长度变化以及由该点放射的任何两线之间夹角的变化。

相应于纯变形的相对位移矢量称为应变矢量，应变矢量用 $\boldsymbol{\delta}$ 表示。与应力分析一样，任一纤维 $\boldsymbol{n}$ 的应变矢量 $\boldsymbol{\delta}$ 可分为两部分：其一在纤维方向，称为正应变；其二位于与纤维正交的平面内，称为剪应变。与坐标轴 x、y 和 z 方向上三条纤维相关的应变矢量可分解为三个坐标轴方向上的分量。与方向 x 相关的应变矢量 $\boldsymbol{\delta}_x$ 在三个坐标轴方向上的分量为 ε_x、ε_{xy} 和 ε_{xz}，同理可得到与方向 y、z 相关的应变矢量在三个坐标轴方向上的分量。与三个坐标轴方向上三条纤维相关的应变矢量沿三个坐标轴分解得到的应变分量矩阵见式(2-17)。

$$\boldsymbol{\varepsilon} = \begin{bmatrix} \varepsilon_x & \varepsilon_{xy} & \varepsilon_{xz} \\ \varepsilon_{yx} & \varepsilon_y & \varepsilon_{yz} \\ \varepsilon_{zx} & \varepsilon_{zy} & \varepsilon_z \end{bmatrix} \tag{2-17}$$

在应力分析中，阐述了主应力的概念。同样，在应变分析中也存在主应变。在不计刚体转动的条件下，若某方向的纤维变形后方向不变，则该方向称为主应变方向，主方向的正应变称为主应变，在主方向上剪应变为零。

运用与求主应力类似的方法可以导得主应变的特征方程和三个应变不变量，见式(2-18)～

式(2-21)。

$$\varepsilon^3 - I_1'\varepsilon^2 + I_2'\varepsilon - I_3' = 0 \tag{2-18}$$

$$I_1' = \varepsilon_x + \varepsilon_y + \varepsilon_z \tag{2-19}$$

$$I_2' = \begin{vmatrix} \varepsilon_y & \varepsilon_{yz} \\ \varepsilon_{zy} & \varepsilon_z \end{vmatrix} + \begin{vmatrix} \varepsilon_x & \varepsilon_{xz} \\ \varepsilon_{zx} & \varepsilon_z \end{vmatrix} + \begin{vmatrix} \varepsilon_x & \varepsilon_{xy} \\ \varepsilon_{yx} & \varepsilon_y \end{vmatrix} \tag{2-20}$$

$$I_3' = \begin{vmatrix} \varepsilon_x & \varepsilon_{xy} & \varepsilon_{xz} \\ \varepsilon_{yx} & \varepsilon_y & \varepsilon_{yz} \\ \varepsilon_{zx} & \varepsilon_{zy} & \varepsilon_z \end{vmatrix} \tag{2-21}$$

与应力一样,应变也可以分为两部分:与体积变化相关的球体部分和与形状变化(畸变)相关的偏斜部分。静水应变用式(2-22)表示。

$$p' = \frac{1}{3}(\varepsilon_x + \varepsilon_y + \varepsilon_z) = \frac{1}{3}I_1' \tag{2-22}$$

偏应变不变量与应变不变量之间的关系见式(2-23)~式(2-25)。

$$J_1' = 0 \tag{2-23}$$

$$J_2' = \frac{1}{3}(I_1'^2 - 3I_2') \tag{2-24}$$

$$J_3' = \frac{1}{27}(2I_1'^3 - 9I_1'I_2' + 27I_3') \tag{2-25}$$

通常,对剪应变使用另一种工程定义符号。工程剪应变 γ 定义为变形前相互垂直的两纤维间总的夹角变化。因此,对于纯变形,$\gamma_{xy} = \gamma_{yx} = 2\varepsilon_{xy}$。同样,可得 $\gamma_{xz} = \gamma_{zx}$ 和 $\gamma_{yz} = \gamma_{zy}$。

弹性体在荷载作用下任一点的位移可由沿直角坐标轴方向的 3 个位移分量 u, v, w 来表示,其矩阵形式用式(2-26)表示。

$$\boldsymbol{u} = \begin{pmatrix} u \\ v \\ w \end{pmatrix} = (u \quad v \quad w)^{\mathrm{T}} \tag{2-26}$$

应变的正负号与应力的正负号相对应,即应变以伸长时为正,缩短为负;剪应变是以两个沿坐标轴正方向的线段组成的直角变小为正,反之为负。图 2-2 的 a),b)分别为正的 ε_x 和 γ_{xy} 应变状态。

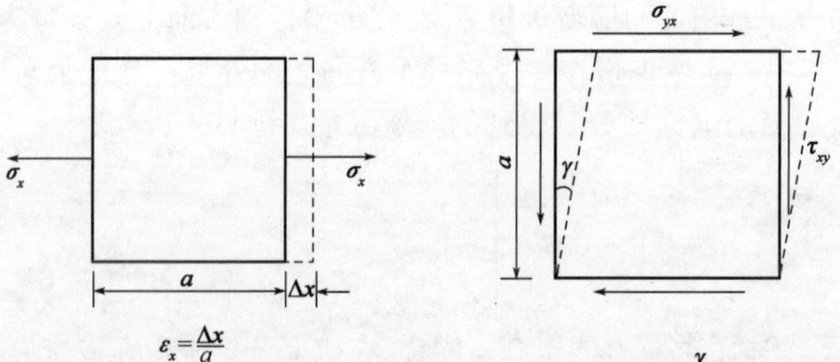

a)正应变　　b)剪应变

图 2-2　应变的正方向

独立应变分量列阵见式(2-27)。

$$\bar{\boldsymbol{\varepsilon}} = \begin{pmatrix} \varepsilon_x \\ \varepsilon_y \\ \varepsilon_z \\ \gamma_{xy} \\ \gamma_{yz} \\ \gamma_{xz} \end{pmatrix} = (\varepsilon_x \quad \varepsilon_y \quad \varepsilon_z \quad \gamma_{xy} \quad \gamma_{yz} \quad \gamma_{xz})^{\mathrm{T}} \tag{2-27}$$

在微小位移和微小变形的情况下，略去位移导数的高次幂，则应变向量和位移向量间的几何关系可以用式(2-28)～式(2-33)表示。

$$\varepsilon_x = \frac{\partial u}{\partial x} \tag{2-28}$$

$$\varepsilon_y = \frac{\partial v}{\partial y} \tag{2-29}$$

$$\varepsilon_z = \frac{\partial w}{\partial z} \tag{2-30}$$

$$\gamma_{xy} = \frac{\partial u}{\partial y} + \frac{\partial v}{\partial x} = \gamma_{yx} \tag{2-31}$$

$$\gamma_{yz} = \frac{\partial v}{\partial z} + \frac{\partial w}{\partial y} = \gamma_{zy} \tag{2-32}$$

$$\gamma_{xz} = \frac{\partial u}{\partial z} + \frac{\partial w}{\partial x} = \gamma_{zx} \tag{2-33}$$

在应力分析中，已经指出必须建立平衡方程，以保证物体总是处于平衡状态。因此，在应变分析中，必须有某些条件强加于应变分量，以保持变形体连续，此类约束称为协调条件，对于单连域的协调式可写为式(2-34)～式(2-39)。

$$\frac{\partial^2 \varepsilon_x}{\partial y^2} + \frac{\partial^2 \varepsilon_y}{\partial x^2} = 2\,\frac{\partial^2 \varepsilon_{xy}}{\partial x \partial y} \tag{2-34}$$

$$\frac{\partial^2 \varepsilon_y}{\partial z^2} + \frac{\partial^2 \varepsilon_z}{\partial y^2} = 2\,\frac{\partial^2 \varepsilon_{yz}}{\partial y \partial z} \tag{2-35}$$

$$\frac{\partial^2 \varepsilon_z}{\partial x^2} + \frac{\partial^2 \varepsilon_x}{\partial z^2} = 2\,\frac{\partial^2 \varepsilon_{zx}}{\partial z \partial x} \tag{2-36}$$

$$\frac{\partial}{\partial x}\left(-\frac{\partial \varepsilon_{yz}}{\partial x} + \frac{\partial \varepsilon_{zx}}{\partial y} + \frac{\partial \varepsilon_{xy}}{\partial z} \right) = \frac{\partial^2 \varepsilon_x}{\partial y \partial z} \tag{2-37}$$

$$\frac{\partial}{\partial y}\left(-\frac{\partial \varepsilon_{zx}}{\partial y} + \frac{\partial \varepsilon_{xy}}{\partial z} + \frac{\partial \varepsilon_{yz}}{\partial x} \right) = \frac{\partial^2 \varepsilon_y}{\partial z \partial x} \tag{2-38}$$

$$\frac{\partial}{\partial z}\left(-\frac{\partial \varepsilon_{xy}}{\partial z} + \frac{\partial \varepsilon_{yz}}{\partial x} + \frac{\partial \varepsilon_{zx}}{\partial y} \right) = \frac{\partial^2 \varepsilon_z}{\partial x \partial y} \tag{2-39}$$

以上 6 个协调式就是为保证单连域中应变分量给出单值连续位移解所需的必要且充分的条件。

2.2 本构关系

2.2.1 弹性应力—应变关系

弹性力学中，应力应变之间的转换关系称为弹性关系，其方程称为本构方程。对于各向同性的线弹性材料，应力应变之间的关系可用矩阵表示为式(2-40)。

$$\boldsymbol{\sigma}=\boldsymbol{D}\boldsymbol{\varepsilon} \tag{2-40}$$

其中，$\boldsymbol{D}$ 称为弹性矩阵。它完全取决于弹性体材料的弹性模量 E 和泊松比 ν，可用式(2-41)表示。

$$\boldsymbol{D}=\frac{E(1-\nu)}{(1+\nu)(1-2\nu)}\begin{bmatrix} 1 & \frac{\nu}{1-\nu} & \frac{\nu}{1-\nu} & 0 & 0 & 0 \\ & 1 & \frac{\nu}{1-\nu} & 0 & 0 & 0 \\ & & 1 & 0 & 0 & 0 \\ \text{对} & & & \frac{1-2\nu}{2(1-\nu)} & 0 & 0 \\ & & & & \frac{1-2\nu}{2(1-\nu)} & 0 \\ & & \text{称} & & & \frac{1-2\nu}{2(1-\nu)} \end{bmatrix} \tag{2-41}$$

为表征弹性体的弹性，也可采用剪切弹性模量 G 和拉梅常数 λ，它们和 E，ν 的关系见式(2-42)和式(2-43)。

$$G=\frac{E}{2(1+\nu)} \tag{2-42}$$

$$\lambda=\frac{E\nu}{(1+\nu)(1-2\nu)} \tag{2-43}$$

因此物理方程中的弹性矩阵 $\boldsymbol{D}$ 亦可表示为式(2-44)。

$$\boldsymbol{D}=\begin{bmatrix} \lambda+2G & \lambda & \lambda & 0 & 0 & 0 \\ & \lambda+2G & \lambda & 0 & 0 & 0 \\ & & \lambda+2G & 0 & 0 & 0 \\ \text{对} & & & G & 0 & 0 \\ & & & & G & 0 \\ & & \text{称} & & & G \end{bmatrix} \tag{2-44}$$

物理方程除用弹性矩阵表达外，还可以采用式(2-45)的形式表示。

$$\boldsymbol{\varepsilon}=\boldsymbol{C}\boldsymbol{\sigma} \tag{2-45}$$

其中，$\boldsymbol{C}$ 是柔度矩阵。$\boldsymbol{C}=\boldsymbol{D}^{-1}$，它与弹性矩阵是互逆关系。

2.2.2 材料的塑性性质

金属材料的塑性破坏是由晶体滑移或错位导致的，塑性变形不引起金属材料体积的改变，而且拉伸和压缩的塑性特征性状几乎一致。对于混凝土、石材、土等其他工程材料，其塑性破坏时内部发生的现象与金属材料的微观现象有很大区别，塑性性状包含体积变化，并且拉、压特性也存在很大差别。然而，这些材料在压力荷载作用下的典型应力—应变曲线却展现了与典型弹塑性材料相似的特征，所以，通过作些修正，金属材料塑性理论的概念适用于这类材料，并且已经提出了许多有关这些材料的基于塑性的本构模型。弹塑性材料的单轴特性可以反映出材料大部分的塑性性质，因此通过阐述弹塑性材料在单轴作用下的基本特征就可以得到一些弹塑性材料的模型。

图 2-3a）为弹塑性材料在单轴荷载作用下的典型应力—应变关系。由图可见，在初始阶段直到 P 点前，σ 与 ε 呈线性关系，变形是可以恢复的，P 点对应的应力为比例极限；PQ 阶段，σ 与 ε 不再呈线性关系，但是荷载卸除后变形仍可完全消失，Q 点对应的应力为弹性极限或屈服点；Q 点之后，材料开始累积永久应变，即使完全卸除荷载，变形也不会完全消失，这种永久应变称为塑性应变。P 与 Q 点间的差别一般很小，在建立本构模型时，比例极限一般被看作弹性极限。超过屈服点后，应力—应变曲线斜率随着荷载增大稳定且单调地减小，最后变为负值。在峰值荷载之前的非线性材料特性称为强化，峰值荷载之后的阶段称为软化。

某些材料具有一种重要且独特的性能，称之为延性，它的应力—应变曲线可用如图 2-3b）所示的两条直线表达。屈服点之前，材料处于弹性状态，超过屈服点，材料产生塑性流动，在应力不增加的情况下应变显著增大，这种特性称为理想弹塑性，这种材料称为理想塑性材料。

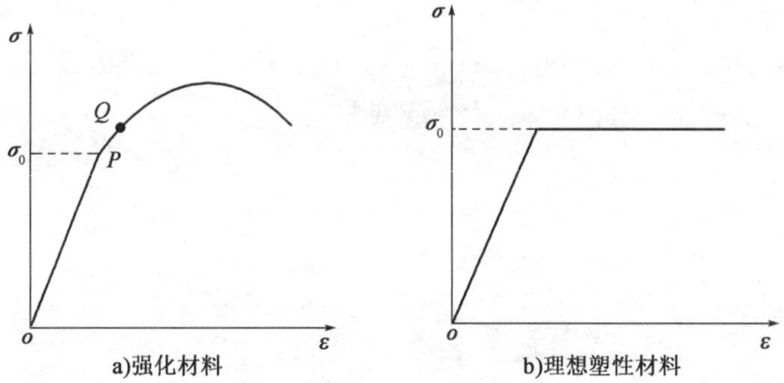

图 2-3 弹塑性材料单调加载应力—应变特性

弹塑性材料在卸载和再加载下的应力—应变特性如图 2-4 所示。如果在弹塑性阶段减小荷载，应变仅弹性减小，并且斜率等于初始加载时的弹性斜率；当荷载完全卸除时，仍存在塑性应变 ε^{p}，而弹性应变 ε^{e} 消失，再加载至 R 点，这一过程具有与卸载过程相同的线弹性关系，超过 R 点的变形包括弹性和塑性应变，R 点的应力称为后继屈服应力，R 点称为后继屈服点，P 点的应力称为初始屈服应力，P 点称为初始屈服点。对于理想塑性材料也有同样的现象，只是初始屈服应力和后继屈服应力都相等。

对于单调加载来说，初始荷载的加载方向对弹塑性材料的响应差别很小，材料在拉伸和压缩时的特性几乎一致，然而强化型材料受拉超过初始屈服点后再反向加载时，后继压缩屈服应力小于初始压缩屈服应力，具体如图 2-5 所示，这种由于预加塑性拉伸荷载而使压缩屈服应力降低的现象称为 Bauschinger 效应。

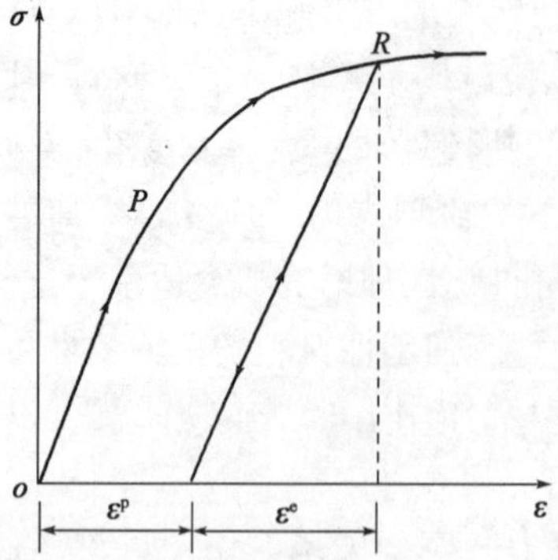

图 2-4 卸载和再加载过程的应力—应变特性

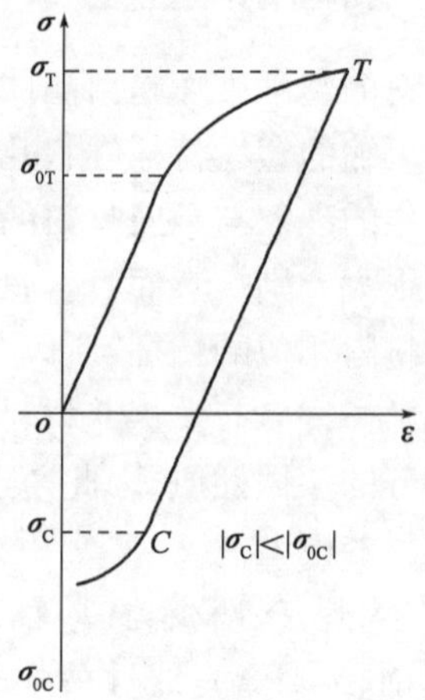

图 2-5 Bauschinger 效应

2.2.3 全量形式的应力—应变关系

为了获得塑性变形问题的解答,必须模拟材料应力—应变特性。要达到这一目的,必须在保持材料本质特征的前提下对其理想化。下面介绍以全量应力—应变表示的理想模型。本节的讨论限于拉伸变形,对于压缩的情形必须作适当变换,这些模型能比较容易地应用于简单弹塑性问题。

1)理想弹塑性模型

对于理想弹塑性材料,可以用图 2-6a)表示,当应力达到屈服应力 σ_0 以后,不需要增加任何荷载,变形就能自由增加,因此单轴应力—应变关系可表达为:

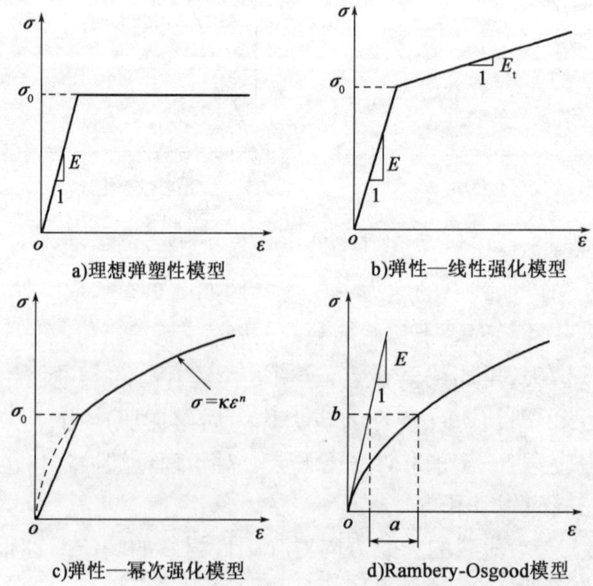

图 2-6 全量应力—应变模型

$$
\begin{cases}
\varepsilon = \dfrac{\sigma}{E} & (\sigma < \sigma_0) \\
\varepsilon = \dfrac{\sigma_0}{E} + \lambda & (\sigma = \sigma_0)
\end{cases}
\tag{2-46}
$$

式中:E——杨氏模量;

λ——一正标量。

对于结构钢,这一模型得到了广泛应用。

2)弹性—线性强化模型

此模型如图2-6b)所示,连续曲线同两条直线近似,以在屈服点 σ_0 为一突然折断点代替光滑过渡曲线,开始的直线部分的斜率为杨氏模量 E;第二个直线部分以理想化方式描述强化阶段,斜率为 E_t,它比 E 小很多。对于单调拉伸荷载,应力—应变关系有如下形式:

$$
\begin{cases}
\varepsilon = \dfrac{\sigma}{E} & (\sigma \leqslant \sigma_0) \\
\varepsilon = \dfrac{\sigma_0}{E} + \dfrac{1}{E_t}(\sigma - \sigma_0) & (\sigma > \sigma_0)
\end{cases}
\tag{2-47}
$$

作为这一模型的延伸,也可以构造由几个线性部分组成的分段线性模型。

3)弹性—幂次强化模型

如图2-6c)所示,很多材料的强化特性是非线性的,用简单的幂次表达式可以表达为:

$$
\begin{cases}
\sigma = E\varepsilon & (\sigma \leqslant \sigma_0) \\
\sigma = k\varepsilon^n & (\sigma > \sigma_0)
\end{cases}
\tag{2-48}
$$

式中,k 和 n 是与所得试验曲线拟合得最好的材料常数。注意 k 和 n 这两个材料常数并不是独立的,因为应力—应变曲线在 $\sigma = \sigma_0$ 点必须连续,也必须满足 $\sigma_0 = k\,(\sigma_0/E)^n$ 的条件。

4)Rambery-Osgood 模型

此模型如图2-6d)所示。式(2-49)所示非线性应力—应变曲线形式可用于描述弹塑性性质。

$$
\varepsilon = \frac{\sigma}{E} + a\left(\frac{\sigma}{b}\right)^n \tag{2-49}
$$

式中,a、b 和 n 为材料常数。尽管对屈服点没有明确定义,但初始曲线斜率取值为杨氏模量 E,随着应力的增加,斜率单调减小。

2.2.4 增量形式的应力应变关系

前节描述的模型适用于各种弹塑性材料。事实上,很多分析都已应用了这类模型。然而,对于与加载历史相关的塑性特性,如 Bauschinger 效应,这些模型却无法考虑到。所以,这些模型的应用一般限于单调加载问题,对于那些包含卸载和逆向加载的问题,需要考虑增量方法。

1)加载准则

2.2.2 节的阐述表明,通过突然改变荷载方向,通常都能进入弹性阶段,这在图2-7的应力—应变曲线中可概略地反映出来。图中,弹性阶段的上、下边界分别用字母 T 和 C 表示,且 $\sigma_T > \sigma_C$;σ_C 和 σ_T 是后继屈服应力,可能是相应于 C_0 和 T_0 的应力,或者也可能是 C_1 和 T_1 等。于是,在塑性加载的任一阶段,建立弹性范围 $\sigma_C < \sigma < \sigma_T$,并且假定其边界(即 σ_T 和 σ_C)不

变,除非是施加弹性范围以外的应力 σ,即 $\sigma > \sigma_T$,或 $\sigma < \sigma_C$。

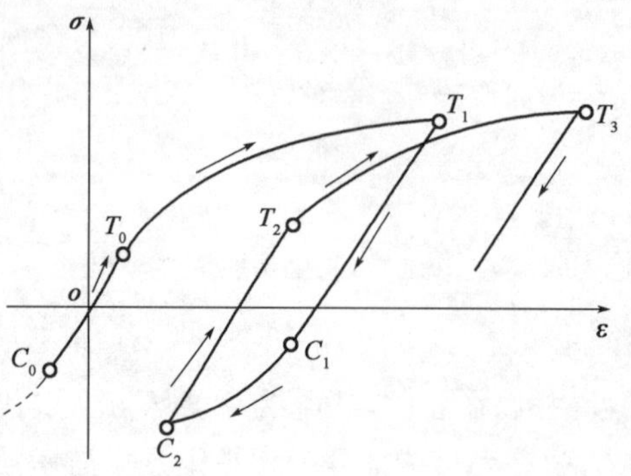

图 2-7　弹性状态、塑性状态加载准则

我们定义的弹性状态是指存在于弹性阶段的任何应力状态,而塑性状态指处于当前弹性阶段边界的应力状态,如图 2-7 中的点 T_0、C_0、T_1 或 C_1 等。对于弹性应力状态,$\sigma = \sigma_T$ 或 $\sigma = \sigma_C$,可以发现纯弹性响应,任何作用的应力改变只会引起弹性应变的改变。相反,对于一个塑性应力状态,弹性或塑性特性都可能出现。

假设一塑性状态应力 σ 上施加一应力增量 $\mathrm{d}\sigma$,如果由于 $\mathrm{d}\sigma$ 而使应力状态移出弹性阶段,那么称此过程为加载,此时弹性和塑性应变都会改变;相反,如果应力状态退回弹性阶段,则称为卸载,此时只有弹性应变产生。区别加载和卸载过程的条件称为加载准则。

为了解弹塑性材料的边值问题,必须将加载准则用数学表达式来描述,为此,我们定义一个函数 f,使其满足:

$$\begin{cases} f<0 & (\text{弹性状态}) \\ f=0 & (\text{塑性状态}) \end{cases} \tag{2-50}$$

函数 f 称为屈服函数或加载函数。例如 $\sigma_T = -\sigma_C = k$, f 将具有以下形式:

$$f = \sigma^2 - k^2 \tag{2-51}$$

利用此函数,加载准则可表示为:

$$\begin{cases} f=0 \text{ 且 } \mathrm{d}f>0 & [\text{加载(弹塑性特性)}] \\ f=0 \text{ 且 } \mathrm{d}f<0 & [\text{卸载(弹性特性)}] \end{cases} \tag{2-52}$$

其中:

$$\mathrm{d}f = \frac{\partial f}{\partial \sigma}\mathrm{d}\sigma \tag{2-53}$$

由式(2-51)有:

$$\mathrm{d}f = 2\sigma \mathrm{d}\sigma \tag{2-54}$$

很容易证明准则式(2-52)与式(2-51)和式(2-54)耦合,并把变形过程作了精确分类。

也存在既不是加载也不是卸载的过程,称之为中性变载,由 $f=0$ 或 $\mathrm{d}f=0$ 来定义。当然,这在单轴的情况下是不重要的,因为不管是应力还是应变都不改变。然而,对于多轴加载的情况,中性变载却是有意义的,后面将会看到。

前述一直默认材料为强化型。对于理想弹塑性材料,应力永远不会超过初始屈服应力,$\mathrm{d}f$ 不可能取负值,因此,加载准则式(2-52)失效。在这里应注意到,不太困难就可推导出适用于理想塑性材料的基于应变的加载准则。然而,对于多维情况,要构造出根据应变的加载函数并非易事,时至今日,对于不同的材料已提出和发展了多种加载函数,但它们都定义于应力空间,所以,即便是在应变空间发展加载准则,应力空间中的加载函数也应使用。这样的准则确实可能存在,且可由下式给出:

$$\begin{cases} f=0 \text{ 且 } \mathrm{d}B>0 & (\text{加载}) \\ f=0 \text{ 且 } \mathrm{d}B=0 & (\text{中性变载}) \\ f=0 \text{ 且 } \mathrm{d}B<0 & (\text{卸载}) \end{cases} \tag{2-55}$$

其中：

$$dB = \frac{df}{d\sigma}Ed\varepsilon \tag{2-56}$$

Chen 等（1991 年）已详细叙述了这个准则，式（2-55）适用于强化材料和理想塑性材料，也适用于软化材料。对于强化材料，可以很容易证明式（2-52）和式（2-55）准确地提供了与有关变形类型完全相同的结果，因为 $d\sigma d\varepsilon > 0$ 总能满足。

2）流动法则

当应力状态 σ 与应力增量 $d\sigma$ 之和 $\sigma + d\sigma$ 超出弹性范围时，就会产生塑性应变。试验结果表明，$d\varepsilon^p$ 的符号与 $d\sigma$ 一致，这表明，若 $d\varepsilon^p$ 被认为是叠加于应力空间上的塑性应变空间中的一个矢量，那么 $d\varepsilon^p$ 就是在弹性范围边界上的外向矢量，如图 2-8 所示。所以可将塑性应变增量 $d\varepsilon^p$ 表示为：

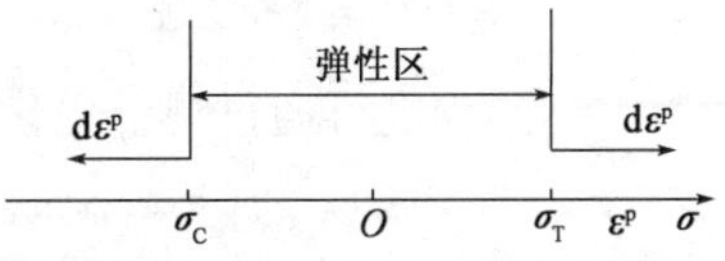

图 2-8 弹性区与塑性应变增量

$$d\varepsilon^p = d\lambda \frac{\partial f}{\partial \sigma} \tag{2-57}$$

其中，$d\lambda$ 为非负标量。

式（2-57）在形式上与理想流体的流动问题相似，称为流动法则。上面使用了屈服函数 f，但也可用另一个不同于 f 的函数。为了区分这两类流动法则，前者称为关联流动法则，而后者称为非关联流动法则。该流动法则定义了塑性应变增量的符号（方向），但没有给出关于其大小的信息。

尽管上面阐述的内容都是针对强化材料的，但式（2-57）也可用于理想塑性材料，因为 $d\varepsilon^p$ 对于这类材料也是外向矢量。

3）强化法则

如图 2-7 所示，当加载时，强化材料的弹性区会随应力而改变，因而上、下后继屈服应力或弹性区边界也必然成为应力历史的函数，但后继屈服应力不会受弹性变形相关应力历史部分的影响。结果，后继屈服应力仅仅依赖于加载期间的应力历史部分，即塑性加载历史，或者等效地称为塑性变形历史。为了描述材料单元的当前状态，必须完整记录塑性的加载历史，那么问题变为如何用简单且逼真的方式去确定屈服应力与塑性加载历史的函数关系，这也是塑性公式推导的主要内容，现已提出各种模型来描述这种关系，称它们为强化法则。

下面将阐述一些简单但经常应用于实际的强化法则。为简化起见，假定材料为弹性—线性强化，且拉、压初始屈服应力在数值上都等于 σ_0。

假定材料单元的拉伸应力增至 $\sigma_T(>\sigma_0)$，依据假定的特定强化法则，所得的后继屈服压应力也会不同。对于极端情况，假定弹性区保持不变，那么在 $\sigma = \sigma_T - 2\sigma_0$ 处发生压缩屈服，这就是我们所知的随动强化法则，因为弹性范围在应力空间仅作刚体移动。图 2-9 中路径 *OABCD* 即反映了这种强化法则。与随动强化法则有关的加载函数在数学上可表达为：

$$f(\sigma,\alpha) = (\sigma - \alpha)^2 - \sigma_0^2 \tag{2-58}$$

式中，α 为反应力，它与塑性加载历史有关。运动强化准则体现了理想的 Bauschinger 效应。

另外一种极端情况称为各向同性强化法则，如图 2-9 中路径 *OABEF* 所示。关于产生拉伸强化特性的机理，假定拉伸和压缩的作用相同，那么压缩塑性流动开始于 $\sigma = -\sigma_T$，其中，压缩

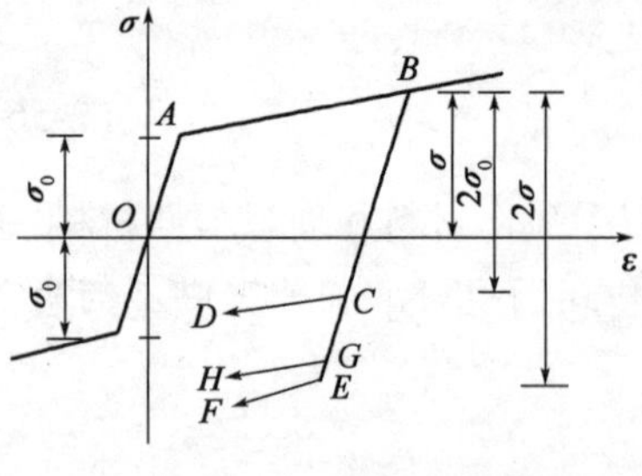

图 2-9　各种强化法则

屈服应力和弹性区在数值上都增大了。这种规则的加载函数在数学上可表述为：

$$f(\sigma,k)=\sigma^2-k^2 \tag{2-59}$$

式中，k 是增(强化)函数，它定义了弹性区的大小。很明显，各向同性强化法则与试验所得的 Bauschinger 效应相斥。

混合型或相关型强化法则类型可假定为这两种极端强化法则的综合，如图 2-9 中路径 $OABGH$ 所示。Bauschinger 效应的不同程度可通过混合强化法则来模拟，这种强化法则的加载函数可表达为：

$$f(\sigma,\alpha,k)=[\sigma-(1-M)\alpha]^2-[(1-M)\sigma_0+Mk]^2 \tag{2-60}$$

式中，M 为混合强化参数，从 0～1 变化。注意：随动强化法则和各向同性强化法则分别相应于 $M=0$ 和 $M=1$。

4）强化参数

如前所述，需要记录塑性加载历史。本节中，应力历史用强化参数这一标量的当前值来表示，并记为 k，尽管应用于本构模型的强化参数不限于一个，而可以是多个，对于实际工程应用，很多情况下都只有一个参数。在第一部分，尽管扩展为几个强化参数是直接而且容易做到的，为阐述的简要，假定一个单一的强化参数。

一个常用于实际中的典型强化参数称为有效塑性应变 ε_{p}。定义为：

$$\varepsilon_{\mathrm{p}}=\int\sqrt{\mathrm{d}\boldsymbol{\varepsilon}^{\mathrm{p}}\mathrm{d}\boldsymbol{\varepsilon}^{\mathrm{p}}} \tag{2-61}$$

有效塑性应变 ε_{p} 可看作塑性应变的积累，它的值不会减小，所以整个塑性加载历史就可以表现出来。

强化特性可以称为应变强化或者加工强化，这些命名与应用的强化参数有关，当应用有效塑性应变 ε_{p} 作为强化参数时，强化特性称为应变强化，式(2-61)和流动法则式(2-57)表明强化参数的增量 $\mathrm{d}\kappa$ 一般可表达为：

$$\mathrm{d}\kappa=h\mathrm{d}\lambda \tag{2-62}$$

其中，h 为标量函数。特别地，我们注意到，对于有效塑性应变 ε_{p}：

$$h=\sqrt{\frac{\partial f}{\partial\sigma}\frac{\partial f}{\partial\sigma}} \tag{2-63}$$

5）一致性条件

在塑性变形中，保持于弹性区边界上的应力状态，即处于塑性状态。换句话说，当材料单元发生弹塑性变形时，不得不改变弹性区，以便使流动应力状态处于弹性区的边界上。这种情况的数学表达式为：

$$f(\sigma+\mathrm{d}\sigma,\kappa+\mathrm{d}\kappa)=0 \tag{2-64}$$

以增量形式可重新写为：

$$\frac{\partial f}{\partial\sigma}\mathrm{d}\sigma+\frac{\partial f}{\partial\kappa}\mathrm{d}\kappa=0 \tag{2-65}$$

这些方程称为塑性理论的一致性条件，该一致性条件有助于确定塑性应变增量的大小。

对于理想塑性材料，因为保持弹性区不变，因而强化参数未出现，甚至不需定义强化参数，通过简单地把式(2-64)和式(2-65)中的与强化参数 κ 有关的项删掉,可得到理想塑性材料的一致性条件。

6)增量应力—应变关系

材料在弹性状态的特性是纯弹性的,所以,对于这种情况的增量应力—应变关系可表示为:

$$d\sigma = Ed\varepsilon \tag{2-66}$$

式中,E 为弹性模量。甚至当材料处于塑性状态时,对于卸载情况式(2-66)仍适用。

在加载阶段,弹性应变和塑性应变都发生。假设应变增量 $d\varepsilon$ 可以分解为弹性应变增量 $d\varepsilon^e$ 和塑性应变增量 $d\varepsilon^p$,即

$$d\varepsilon = d\varepsilon^e + d\varepsilon^p \tag{2-67}$$

由于较适合于当荷载完全移走后塑性应变仍存在的情形,可假定应力增量 $d\sigma$ 只与弹性应变增量 $d\varepsilon^e$ 有关,即

$$d\sigma = Ed\varepsilon^e \tag{2-68}$$

那么,联立式(2-67)、式(2-68)与关联流动法则式(2-57),可得到:

$$d\sigma = E\left(d\varepsilon - d\lambda\frac{\partial f}{\partial \sigma}\right) \tag{2-69}$$

利用式(2-69)与式(2-62)及一致性条件式(2-65),得到:

$$d\lambda = \frac{\dfrac{\partial f}{\partial \sigma}}{\left(\dfrac{\partial f}{\partial \sigma}\right)^2 E - \dfrac{\partial f}{\partial \kappa}h} Ed\varepsilon \tag{2-70}$$

将式(2-70)代入式(2-69)得到:

$$d\sigma = E_t d\varepsilon \tag{2-71}$$

其中,E_t 是切线模量。由下式给出:

$$E_t = E\frac{-\dfrac{\partial f}{\partial \kappa}h}{\left(\dfrac{\partial f}{\partial \sigma}\right)^2 E - \dfrac{\partial f}{\partial \kappa}h} \tag{2-72}$$

用式(2-62)及式(2-65)代替式(2-70),可以得到非负标量 $d\lambda$ 和应力增量 $d\sigma$ 的关系为:

$$d\lambda = -\frac{\dfrac{\partial f}{\partial \sigma}}{\dfrac{\partial f}{\partial \kappa}h} d\sigma \tag{2-73}$$

联立式(2-73)与式(2-57),可得到塑性应变增量 $d\varepsilon^p$ 的相应表达式:

$$d\varepsilon^p = \frac{\left(\dfrac{\partial f}{\partial \sigma}\right)^2}{\dfrac{\partial f}{\partial \kappa}h} d\sigma \tag{2-74}$$

那么,由式(2-67)、式(2-68)和式(2-74),可将应变增量 $d\varepsilon$ 表示为应力增量 $d\sigma$ 的表达式:

$$d\varepsilon = \frac{d\sigma}{E} + d\varepsilon^p = \frac{1}{E_t}d\sigma \tag{2-75}$$

式中：

$$\frac{1}{E_{\mathrm{t}}}=\frac{1}{E}\frac{\left(\frac{\partial f}{\partial \sigma}\right)^{2}E-\frac{\partial f}{\partial \kappa}h}{-\frac{\partial f}{\partial \kappa}h} \tag{2-76}$$

很显然，通过简单地求式(2-72)的倒数，即得式(2-76)，但对于多维情况，这里提出的处理方法会方便很多，因为刚度及柔度为四阶张量，故求其倒数一般较繁琐。

如果将有效塑性应变 ε_{p} 作为强化参数，那么由相应的强化法则可得：

对于随动强化

$$\frac{\partial f}{\partial \kappa}=\frac{\partial f}{\partial \alpha}\frac{\mathrm{d}\sigma_{\mathrm{e}}}{\mathrm{d}\varepsilon_{\mathrm{p}}}\frac{\mathrm{d}\varepsilon^{\mathrm{p}}}{\mathrm{d}\kappa} \tag{2-77}$$

对于各向同性强化

$$\frac{\partial f}{\partial \kappa}=\frac{\partial f}{\partial k}\frac{\mathrm{d}k}{\mathrm{d}\varepsilon_{\mathrm{p}}} \tag{2-78}$$

其中，$\mathrm{d}\sigma_{\mathrm{e}}/\mathrm{d}\varepsilon_{\mathrm{p}}$ 及 $\mathrm{d}k/\mathrm{d}\varepsilon_{\mathrm{p}}$ 反映了塑性变形阶段应力改变的方式，也可通过单调加载情况的试验数据来确定，这些项称为塑性模量，可表示为 E_{p}，并有

$$\mathrm{d}\sigma=E_{\mathrm{p}}\mathrm{d}\varepsilon^{\mathrm{p}} \tag{2-79}$$

其中：

$$E_{\mathrm{p}}=\frac{\mathrm{d}\sigma_{\mathrm{e}}}{\mathrm{d}\kappa}=\frac{\mathrm{d}k}{\mathrm{d}\varepsilon_{\mathrm{p}}} \tag{2-80}$$

通过式(2-67)、式(2-68)、式(2-71)和式(2-79)，很容易证明三种模量之间的下述关系：

$$\frac{1}{E_{\mathrm{t}}}=\frac{1}{E}+\frac{1}{E_{\mathrm{p}}} \tag{2-81}$$

上述应力—应变关系是对于强化材料而言的。对于理想塑性材料情况，弹性性状可用相同的方式来描述，但在加载过程中，应力和弹性应变保持不变，即 $\mathrm{d}\sigma=\mathrm{d}\varepsilon^{\mathrm{e}}=0$，而塑性应变可无限增加。

2.3 屈服函数与屈服准则

2.3.1 屈服函数

在单轴应力状态下，材料的弹性极限由两个屈服应力点来定义，在组合应力状态下，弹性极限成为应力空间中的一条曲线、一个面或超曲面。屈服函数的数学表达见式(2-82)。

$$f(\sigma_{ij})=0 \tag{2-82}$$

屈服函数是屈服准则的数学表达，函数 f 的特定形式与材料有关，其含有若干个材料常数。函数 f 称为屈服函数，$f=0$ 的面称为屈服面。在硬化阶段，屈服面的大小、形状和位置都可能改变。所以为了明确起见，初始状态的屈服面和屈服函数分别称为初始屈服面和初始屈服函数，而相应硬化阶段的面和函数分别称为后继屈服面和后继屈服函数。应该注意，可以用“加载”这个词来替代“屈服”，比如用加载面替代屈服面。

2.3.2 屈服准则

对于各向同性材料,主应力的方向不重要,因为三个主应力值 σ_1、σ_2、σ_3 已足够确定唯一的应力状态,那么屈服准则可用式(2-83)或用式(2-84)来表示。

$$f(\sigma_1, \sigma_2, \sigma_3) = 0 \tag{2-83}$$

$$f(I_1, J_2, J_3) = 0 \tag{2-84}$$

式中,I_1、J_2 和 J_3 分别为应力张量 σ_{ij}的第一不变量、偏应力张量 s_{ij}的第二和第三不变量。

屈服准则可由试验确定,由金属的一个重要试验发现,静水压力对屈服的影响并不显著,从而忽略静水压力的影响可使屈服函数简化为式(2-85)。

$$f(J_2, J_3) = 0 \tag{2-85}$$

式(2-85)被认为是与静水压力无关的各向同性材料屈服准则的最一般形式。

对于各向异性材料,其各方向的材料特性都不同,那么主应力的方向起决定性作用,从而各向异性材料的屈服准则必须服从 $f(\sigma_{ij}) = 0$ 的形式。

1) Tresca 屈服准则

第一种用于金属材料组合应力状态的屈服准则由 Tresca 于 1864 年提出。该屈服准则假定,当一点的最大剪切应力达到极限值则发生屈服。若以主应力表达这一准则,则在屈服时三个主应力两两之差值绝对值的一半中的最大值达到 k,这一准则的数学表达式为式(2-86)。

$$\max\left\{\frac{1}{2}\left|\sigma_1 - \sigma_2\right|, \frac{1}{2}\left|\sigma_2 - \sigma_3\right|, \frac{1}{2}\left|\sigma_3 - \sigma_1\right|\right\} = k \tag{2-86}$$

如果材料常数 k 由单轴试验确定,则 k 与单轴加载屈服应力 σ_0 的关系见式(2-87)。

$$k = \frac{\sigma_0}{2} \tag{2-87}$$

在偏平面上 Tresca 准则的图形如图 2-10a)所示,由于 Tresca 准则与 I_1 无关,故可将屈服面演绎成如图 2-10b)所示主应力空间的规则平行六面棱柱体。

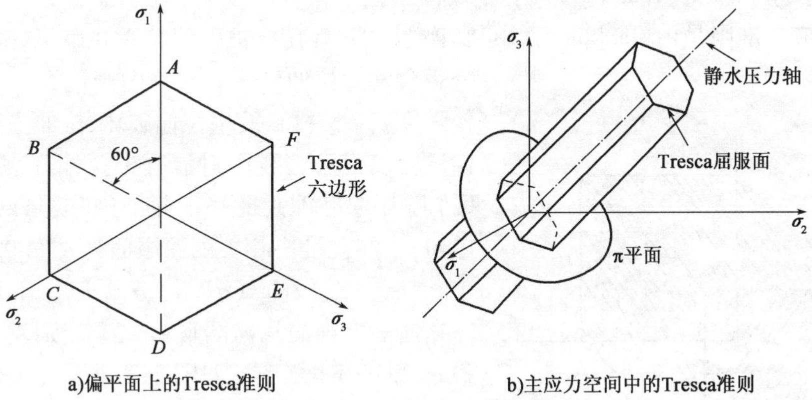

a)偏平面上的Tresca准则　　b)主应力空间中的Tresca准则

图 2-10　Tresca 准则的图形描述

2) von Mises 屈服准则

八面体剪切应力或畸变应变能可以用来代替最大剪切应力,1913 年提出的 von Mises 屈服准则正是基于式(2-88)。

$$\tau_{\mathrm{oct}} = \sqrt{\frac{2}{3}J_2} = \sqrt{\frac{2}{3}}k \tag{2-88}$$

式中，k 为材料常数，它代表纯剪试验中的屈服应力。与 Tresca 准则不同，该屈服准则也受中间主应力的影响，式(2-88)可以重新写为式(2-89)或式(2-90)。

$$f(J_2) = J_2 - k^2 = 0 \tag{2-89}$$

$$(\sigma_1 - \sigma_2)^2 + (\sigma_2 - \sigma_3)^2 + (\sigma_3 - \sigma_1)^2 = 6k^2 \tag{2-90}$$

在单轴拉伸时，屈服发生于 $\sigma_1 = \sigma_0, \sigma_2 = \sigma_3 = 0$。将这些值代入上述方程，则有式(2-91)。

$$k = \frac{\sigma_0}{\sqrt{3}} \tag{2-91}$$

这种材料的屈服函数不包含 I_1 和 J_3，所以，von Mises 准则可用于对静水压力和相似角或 Lode 角不敏感的材料。在偏平面上，von Mises 准则的图形如图 2-11a)所示，在主应力空间中 von Mises 准则的屈服面为如图 2-11b)所示的圆柱体。

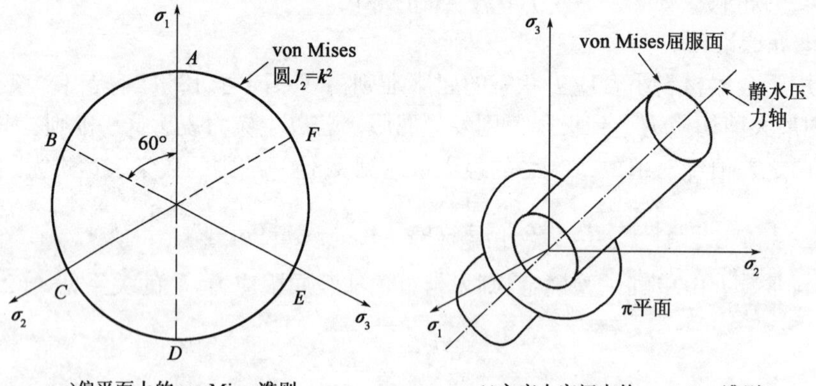

a)偏平面上的von Mises准则　　b)主应力空间中的von Mises准则

图 2-11　von Mises 准则的图形描述

3)最大拉应力准则(Rankine 准则)

最大拉应力准则是由 Rankine 于 1876 年提出的，现在已被普遍接受并用于确定脆性材料是否会发生拉伸破坏。它表明当最大主应力达到拉伸强度 f'_t 时，材料发生拉伸破坏，拉伸强度由简单拉伸试验确定。实践中对混凝土拉伸开裂(断裂过程区)起因的判断就是基于此准则(见 Yamaguchi 等，1990)。与此准则相关的屈服面为式(2-92)。

$$\max(\sigma_1, \sigma_2, \sigma_3) = f'_t \tag{2-92}$$

这一准则的几何图形由三个分别垂直于 σ_1、σ_2 和 σ_3 轴的平面组成，如图 2-12 所示，其表面一般称为拉伸破坏面或(简单)拉伸断裂面。此外，这一准则还可表达为式(2-93)。

$$f(I_1, J_2, \theta) = 2\sqrt{3J_2}\cos\theta + I_1 - 3f'_t = 0 \quad (0° \leqslant \theta \leqslant 60°) \tag{2-93}$$

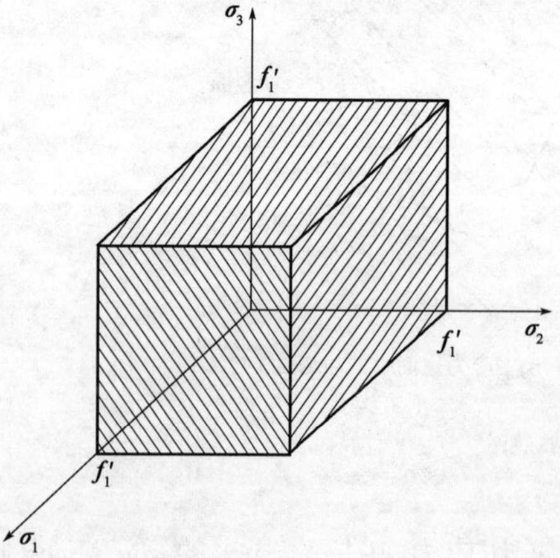

图 2-12　主应力空间中的 Rankine 准则

它明显地反映了 Rankine 准则的静水压力相

关性。

4) Mohr-Coulomb 准则

源于 1990 年的 Mohr 准则是基于最大剪应力为屈服决定性因素的假设。与 Tresca 准则相比,剪应力 τ 的临界值不是一个常数,而是在那一点上同一平面中正应力 σ 的函数,可表示为式(2-94)。

$$|\tau| = h(\sigma) \tag{2-94}$$

式中,$h(\sigma)$是由试验确定的函数。

此准则在偏平面上的图形如图 2-13a)所示,在主应力空间中的屈服面为如图 2-13b)所示的不规则六面椎体。

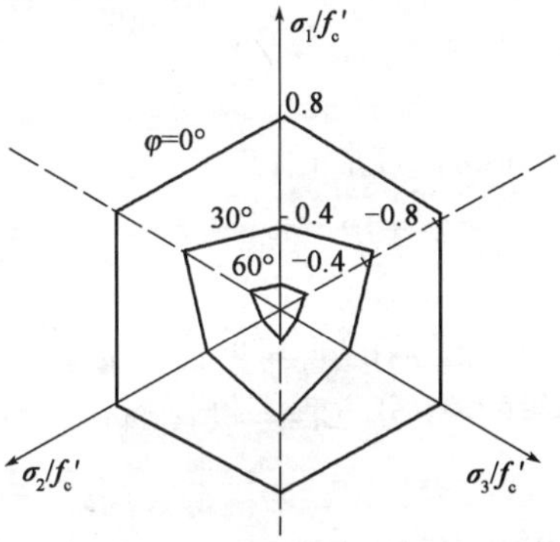

a)偏平面上的Mohr-Coulomb准则

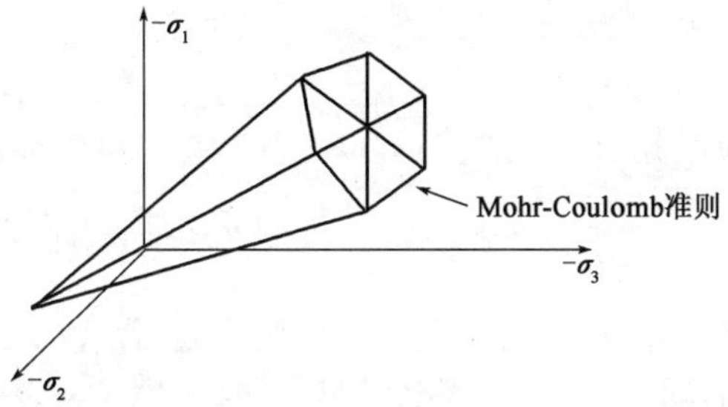

b)主应力空间中的Mohr-Coulomb准则

图 2-13 Mohr-Coulomb 准则的图形描述

5) Drucker-Prager 准则

于 1952 年正式提出的 Drucker-Prager 准则,是对 von Mises 准则的简单修正,它考虑了静水压力对屈服的影响。这一准则的数学表达式为式(2-95)。

$$f(I_1, J_2) = \alpha I_1 + \sqrt{J_2} - k = 0 \tag{2-95}$$

式中,α 和 k 为材料常数。当 α 为零时,则 Drucker-Prager 退化为 von Mises 准则,故 Drucker-Prager 准则也称为广义的 von Mises 准则。

此准则在偏平面上的图形如图 2-14a)所示,在主应力空间中的屈服面为如图 2-14b)所示的直立圆锥。

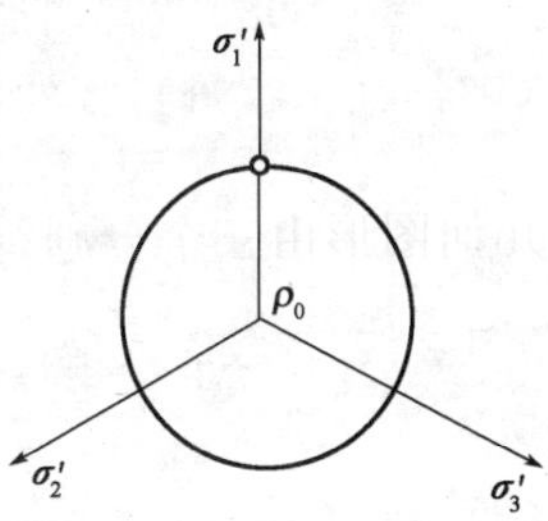

a)偏平面上的Drucker-Prager准则

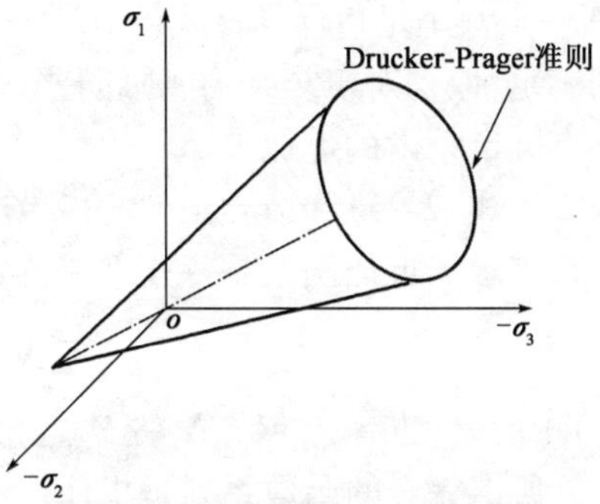

b)主应力空间中的Drucker-Prager准则

图 2-14 Drucker-Prager 准则的图形描述

2.4 有限单元法的基本原理与方程

2.4.1 微分方程的等效积分形式

桥梁工程中的许多问题,常常是以未知场函数应满足的未知方程和边界条件的形式提出来的,可以一般地表示为未知函数 $\boldsymbol{u}$ 应满足式(2-96)和式(2-97)这两个微分方程组。

在全域范围 Ω 内

$$\boldsymbol{A}(\boldsymbol{u})=\boldsymbol{0} \tag{2-96}$$

在边界 Γ 上

$$\boldsymbol{B}(\boldsymbol{u})=\boldsymbol{0} \tag{2-97}$$

对应微分形式的式(2-96)和式(2-97),可以列出下面的积分形式:

$$\int_{\Omega}\boldsymbol{v}^{\mathrm{T}}\boldsymbol{A}(\boldsymbol{u})\mathrm{d}\Omega+\int_{\Gamma}\bar{\boldsymbol{v}}^{\mathrm{T}}\boldsymbol{B}(\boldsymbol{u})\mathrm{d}\Gamma=0 \tag{2-98}$$

可将 $\boldsymbol{v}$ 和 $\bar{\boldsymbol{v}}$ 视为对残差的加权函数,若式(2-98)对于任何的 $\boldsymbol{v}$ 和 $\bar{\boldsymbol{v}}$ 均成立,则微分方程必然在域内任一点都能得到满足,此时这种积分表达形式与微分方程等价,我们将该式称为微分方程的等效积分形式。

在很多情况下,可以对式(2-98)进行分部积分得到另一种形式:

$$\int_{\Omega}\boldsymbol{C}^{\mathrm{T}}(\boldsymbol{v})\boldsymbol{D}(\boldsymbol{u})\mathrm{d}\Omega+\int_{\Gamma}\boldsymbol{E}^{\mathrm{T}}(\bar{\boldsymbol{v}})\boldsymbol{F}(\boldsymbol{u})\mathrm{d}\Gamma=0 \tag{2-99}$$

式中,$\boldsymbol{C}$、$\boldsymbol{D}$、$\boldsymbol{E}$、$\boldsymbol{F}$ 是微分算子,它们中所包含的导数的阶数较式(2-98)的 $\boldsymbol{A}$ 低,这样对主函数 $\boldsymbol{u}$ 只需要求较低阶的连续性就可以了,在式(2-99)中降低 $\boldsymbol{u}$ 的连续性要求是以提高 $\boldsymbol{v}$ 和 $\bar{\boldsymbol{v}}$ 的连续性要求为代价的。在式(2-98)中对 $\boldsymbol{v}$ 和 $\bar{\boldsymbol{v}}$ 并无连续性要求,适当提高对其连续性的要求并不困难,因为它们是可以选择的已知函数。这种通过适当提高对任意函数 $\boldsymbol{v}$ 和 $\bar{\boldsymbol{v}}$ 的连续性要求,以降低对微分方程场函数 $\boldsymbol{u}$ 的连续性要求所建立的等效积分形式称为微分方程的等效积分"弱"形式。它在近似计算中,尤其是在有限单元法中是十分重要的。值得指出的是,从形式上看,"弱"形式对函数 $\boldsymbol{u}$ 的连续性要求降低了,但对实际的物理问题却常常较原始的微分方程更逼近真正解,因为原始微分方程往往对解提出了过分"平滑"的要求。

在求解域 Ω 中,若场函数 $\boldsymbol{u}$ 是精确解,则在域 Ω 中任一点都满足微分方程式(2-96),同时在边界 Γ 上任一点都满足边界条件式(2-97),此时等效积分形式(2-98)或其弱形式(2-99)必然严格地得到满足,但是对于复杂的实际问题,这样的精确解往往是很难找到的,因此人们需要设法找到具有一定精度的近似解。

对于微分方程式(2-96)和边界条件式(2-97)所表达的物理问题,假设未知场函数 $\boldsymbol{u}$ 可以采用近似函数来表示。近似函数是一族带有待定参数的已知函数,一般形式是:

$$\tilde{\boldsymbol{u}}=\sum_{i=1}^{n}\boldsymbol{N}_i\boldsymbol{a}_i=\boldsymbol{N}\boldsymbol{a} \tag{2-100}$$

式(2-100)中的 $\boldsymbol{a}_i$ 是待定参数;$\boldsymbol{N}_i$ 是称之为形函数的已知函数,它取自完全的函数序列,是线性独立的。所谓完全的函数系列是指任一函数都可以用此序列表示。近似解通常选择使之满足强制边界条件和连续性的要求。

显然,在通常 n 取有限项数的情况下,近似解是不能精确满足微分方程式(2-96)和全部边界条件式(2-97)的,它们将产生残差 $\boldsymbol{R}$ 及 $\overline{\boldsymbol{R}}$,即

$$\boldsymbol{A}(\boldsymbol{Na}) = \boldsymbol{R} \quad \boldsymbol{B}(\boldsymbol{Na}) = \overline{\boldsymbol{R}} \tag{2-101}$$

残差 $\boldsymbol{R}$ 及 $\overline{\boldsymbol{R}}$ 亦称为余量。在式(2-98)中用 n 个规定的函数来代替任意函数 $\boldsymbol{v}$ 和 $\bar{\boldsymbol{v}}$,即

$$\boldsymbol{v} = \boldsymbol{W}_j \quad \bar{\boldsymbol{v}} = \overline{\boldsymbol{W}}_j \quad (j = 1,2,\cdots,n) \tag{2-102}$$

从而可以得到近似的等效积分形式:

$$\int_\Omega \boldsymbol{W}_j^{\mathrm{T}} \boldsymbol{R} \mathrm{d}\Omega + \int_\Gamma \overline{\boldsymbol{W}}_j^{\mathrm{T}} \overline{\boldsymbol{R}} \mathrm{d}\Gamma = 0 \quad (j = 1,2,\cdots,n) \tag{2-103}$$

式(2-103)的意义是通过选择待定系数 $\boldsymbol{a}_i$,强迫余量在某种平均意义上等于零。$\boldsymbol{W}_j$ 和 $\overline{\boldsymbol{W}}_j$ 称为权函数。使余量的加权积分为零就得到了一组求解方程,用以求解近似解的待定系数 $\boldsymbol{a}$,从而得到原问题的近似解答。

采用使余量的特定加权积分为零来求得 $\boldsymbol{a}$,从而得到微分方程近似解的方法称为加权余量法(Weighted Residual Method,WRM)。加权余量法是求微分方程近似解的一种有效方法。按照对权函数的不同选择可得到不同的加权余量的计算方法,并赋予不同的名称。常用的权函数的选择有以下几种:配点法、子域法、最小二乘法、力矩法、Galerkin 法。

(1)配点法。

$$\boldsymbol{W}_j = \delta(\boldsymbol{x} - \boldsymbol{x}_i) \tag{2-104}$$

若 Ω 域是独立坐标 $\boldsymbol{x}$ 的函数,$\delta(\boldsymbol{x} - \boldsymbol{x}_i)$ 则有如下性质:当 $\boldsymbol{x} \neq \boldsymbol{x}_i$ 时,$\boldsymbol{W}_j = \boldsymbol{0}$,但有

$$\int_\Omega \boldsymbol{W}_j \mathrm{d}\Omega = I \tag{2-105}$$

这种方法相当于简单地强迫余量在域内 n 个点上等于零。

(2)子域法。

此方法的实质是强迫余量在 n 个子域的积分为零。

(3)最小二乘法。

当近似解取为 $\tilde{\boldsymbol{u}} = \sum_{i=1}^{n} \boldsymbol{N}_i \boldsymbol{a}_i$ 时,权函数 $\boldsymbol{W}_j = \dfrac{\partial}{\partial \boldsymbol{a}_j} \boldsymbol{A}(\sum_{i=1}^{n} \boldsymbol{N}_i \boldsymbol{a}_i)$。

此方法的实质是使得函数

$$\boldsymbol{I}(\boldsymbol{a}_i) = \int_\Omega \boldsymbol{A}^{\mathrm{T}}(\sum_{i=1}^{n} \boldsymbol{N}_i \boldsymbol{a}_i) \boldsymbol{A}(\sum_{i=1}^{n} \boldsymbol{N}_i \boldsymbol{a}_i) \mathrm{d}\Omega \tag{2-106}$$

取最小值,即要求 $\dfrac{\partial \boldsymbol{I}}{\partial \boldsymbol{a}_i} = 0 (i = 1,2,\cdots,n)$。

(4)力矩法。

此方法是强迫余量的各次矩等于零,通常又称此法为积分法。

(5)Galerkin 法。

利用试函数作为权函数,即

$$\int_\Omega \boldsymbol{N}_j^{\mathrm{T}} \boldsymbol{A}(\sum_{i=1}^{n} \boldsymbol{N}_i \boldsymbol{a}_i) \mathrm{d}\Omega - \int_\Gamma \boldsymbol{N}_j^{\mathrm{T}} \boldsymbol{B}(\sum_{i=1}^{n} \boldsymbol{N}_i \boldsymbol{a}_i) \mathrm{d}\Gamma \quad (j = 1,2,\cdots,n) \tag{2-107}$$

由以上分析可见,加权余量法可以用于广泛的方程类型;选择不同的权函数,可以产生不同的加权余量法;通过等效积分的“弱”形式,可以降低对近似函数连续性的要求。如果近似函数取自完全的函数系列,并满足连续性要求,当试探函数的项数不断增加时,近似解可趋近

于精确解。

2.4.2 虚功原理

虚功原理是虚位移原理和虚应力原理的总称。虚位移原理是平衡方程和力的边界条件的等效积分“弱”形式,虚应力原理则是几何方程和位移边界条件的等效积分“弱”形式。

1)虚位移原理

首先考虑平衡方程在计算域内满足

$$\sigma_{ij,j} + \bar{f}_i = 0 \quad (\text{在 } V \text{ 内}) \quad (i=1,2,3) \tag{2-108}$$

并满足力的边界条件

$$\sigma_{ij} n_j - \bar{T}_i = 0 \quad (\text{在 } S_\sigma \text{ 上}) \quad (i=1,2,3) \tag{2-109}$$

可以利用式(2-98)建立与它们等效的积分形式,平衡方程相当于 $\boldsymbol{A}(\boldsymbol{u})=\boldsymbol{0}$,力的边界条件相当于 $\boldsymbol{B}(\boldsymbol{u})=\boldsymbol{0}$。权函数可不失一般地分别取真实位移的变分 δu_i 及其边界值(取负值)。这样就可以得到与式(2-99)相当的等效积分:

$$\int_V \delta u_i(\sigma_{ij,i} + \bar{f}_i)\mathrm{d}V - \int_{S_\sigma} \delta u_i(\sigma_{ij} n_j - \bar{T}_i)\mathrm{d}S = 0 \tag{2-110}$$

δu_i 是真实位移的变分,就意味着它是连续可导的,同时在给定位移的边界 S_u 上 $\delta u_i=0$。对上式体积分中的第一项进行分部积分,并注意到应力张量是对称张量,则可以得到:

$$\begin{aligned}\int_V \delta u_i \sigma_{ij,j}\mathrm{d}V &= \int_V (\delta u_i \sigma_{ij})_{,j}\mathrm{d}V - \int_V \frac{1}{2}(\delta u_{i,j} + \delta u_{j,i})\sigma_{ij}\mathrm{d}V \\ &= -\int_V \frac{1}{2}(\delta u_{i,j} + \delta u_{j,i})\sigma_{ij}\mathrm{d}V + \int_{S_\sigma} \delta u_i \sigma_{ij} n_j \mathrm{d}S\end{aligned} \tag{2-111}$$

通过几何方程,式中 $(\delta u_{i,j} + \delta u_{j,i})/2$ 表示的正是应变的变分,即虚应变 $\delta\varepsilon_{ij}$,代回式(2-111),就得到它经分部积分后的“弱”形式:

$$\int_V (-\delta\varepsilon_{ij}\sigma_{ij} + \delta u_i \bar{f}_i)\mathrm{d}V + \int_{S_\sigma} \delta u_i \bar{T}_i \mathrm{d}S = 0 \tag{2-112}$$

式(2-112)体积分中的第一项是变形体内的应力在虚应变上所做的功,即内力的虚功;体积分中的第二项及面积分分别是体积力和面积力在虚位移上所做的功,即外力的虚功。外力的虚功和内力的虚功的总和为零,这就是虚功原理。现在的虚功是外力和内力分别在虚位移和与之相对应的虚应变上所做的功,所以得到的是虚功原理中的虚位移原理。它是平衡方程和力的边界条件的等效积分“弱”形式。它的矩阵形式是:

$$\int_V (\delta\boldsymbol{\varepsilon}^{\mathrm{T}}\boldsymbol{\sigma} - \delta\boldsymbol{u}^{\mathrm{T}}\bar{\boldsymbol{f}})\mathrm{d}V - \int_{S_\sigma} \delta\boldsymbol{u}^{\mathrm{T}}\bar{\boldsymbol{T}}\mathrm{d}S = 0 \tag{2-113}$$

虚位移原理的力学意义是:如果力系(包括内力 $\boldsymbol{\sigma}$ 和外力 $\bar{\boldsymbol{f}}$ 及 $\bar{\boldsymbol{T}}$)是平衡的(即在内部满足平衡方程 $\sigma_{ij,j} + \bar{f}_i = 0$,在给定外力边界 S_σ 上满足 $\sigma_{ij} n_j = \bar{T}_i$),则它们在虚位移(在给定位移边界 S_u 上满足 $\delta u_i = 0$)和虚应变[与虚位移相对应,即它们之间服从几何方程 $\delta\varepsilon_{ij} = (\delta u_{i,j} + \delta u_{j,i})/2$]上所做的功的总和为零。

2)虚应力原理

现在考虑几何方程式(2-114)和位移边界条件式(2-115):

$$\varepsilon_{ij}=\frac{1}{2}(u_{i,j}+u_{j,i}) \tag{2-114}$$

$$\varepsilon_{ij,kl}+\varepsilon_{kl,ij}-\varepsilon_{ik,jl}-\varepsilon_{jl,ik}=0 \tag{2-115}$$

它们分别相当于 $\boldsymbol{A}(\boldsymbol{u})=\boldsymbol{0}$ 和 $\boldsymbol{B}(\boldsymbol{u})=\boldsymbol{0}$。权函数可以分别取真实应力的变分 $\delta\sigma_{ij}$ 及其相应的边界值 δT_i,$\delta T_i=\delta\sigma_{ij}n_j$,在边界 S_σ 上有 $\delta T_i=0$。这样构成与式(2-98)相当的等效积分:

$$\int_V \delta\sigma_{ij}\left[\varepsilon_{ij}-\frac{1}{2}(u_{i,j}+u_{j,i})\right]\mathrm{d}V+\int_{S_u}\delta T_i(u_i-\bar{u}_i)\mathrm{d}S=0 \tag{2-116}$$

类似虚位移原理的推导,对式(2-116)进行分部积分,可以得到

$$\int_V \delta\sigma_{ij}\varepsilon_{ij}\mathrm{d}V-\int_{S_u}\delta T_i\bar{u}_i\mathrm{d}S=0 \tag{2-117}$$

式(2-117)第一项代表虚应力在应变上所做的虚功(相差一负号),第二项代表虚边界约束反力在给定位移上所做的虚功。为和前述内力和给定外力在虚应变和虚位移上所做的虚功相区别,这两项虚功,从力学意义上更准确地说应称之为余虚功。因此式(2-117)可称为余虚功原理,或虚应力原理。它的矩阵表达式形式是:

$$\int_V \delta\boldsymbol{\sigma}^{\mathrm{T}}\boldsymbol{\varepsilon}\mathrm{d}V-\int_{S_u}\delta\boldsymbol{T}^{\mathrm{T}}\bar{\boldsymbol{u}}\mathrm{d}S=0 \tag{2-118}$$

虚应力原理的力学意义在于:如果位移是协调的(即在内部连续可导,因此满足几何方程,并在给定位移的边界 S_u 上等于给定位移),则虚应力(在内部满足平衡方程,在给定外力边界 S_σ 上满足力的边界条件)和虚边界约束反力在它们上面所做的功的总和为零。

虚位移原理和虚应力原理均表述了力系平衡的必要而充分的条件。在导出两个原理的过程中,未涉及物理方程(应力—应变关系),所以虚功原理不仅可以用于线弹性问题,而且可以用于非线弹性及弹塑性等非线性问题。但是应指出,虚位移原理和虚应力原理所依赖的几何方程和平衡方程都是基于小变形理论的,所以它们不能直接应用于基于大变形理论的力学问题。

2.4.3 最小势能原理

弹性力学变分原理包括基于自然变分原理的最小位能原理和最小余能原理,以及基于约束变分原理的胡海昌—鹫津九广义变分原理和 Hellinger-Reissner 混合变分原理等。下面介绍最小位能原理和最小余能原理。

1)最小位能原理

最小位能原理的建立可以从上节已建立的虚位移原理出发。后者的表达式是:

$$\int_V(\delta\varepsilon_{ij}\sigma_{ij}-\delta\mu_i\bar{f}_i)\mathrm{d}V-\int_{s_\sigma}\delta\mu_i\bar{T}_i\mathrm{d}S=0 \tag{2-119}$$

其中的应力张量 σ_{ij},利用弹性力学的物理方程代入,可得到:

$$\int_V(\delta\varepsilon_{ij}D_{ijkl}\varepsilon_{kl}-\delta u_i\bar{f}_i)\mathrm{d}V-\int_{s_\sigma}\delta u_i\bar{T}_i\mathrm{d}S=0 \tag{2-120}$$

因为 D_{ijkl} 是对称张量,利用单位体积应变能公式,则有:

$$(\delta\varepsilon_{ij})D_{ijkl}\varepsilon_{kl}=\delta\left(\frac{1}{2}D_{ijkl}\varepsilon_{ij}\varepsilon_{kl}\right)=\delta U(\varepsilon_{mn}) \tag{2-121}$$

由此可见,式(2-120)中体积分的第一项就是单位体积应变能的变分。

在线弹性力学中,假定体积力 $\bar{f}_i$ 和边界上面力 $\bar{T}_i$ 的大小和方向都是不变的,即可从位势函数 $\phi(u_i)$ 和 $\psi(u_i)$ 导出,则有:

$$-\delta\phi(u_i)=\bar{f}_i\delta u_i \quad -\delta\psi(u_i)=\bar{T}_i\delta u_i \tag{2-122}$$

将式(2-121)和式(2-122)代入式(2-120),就得到:

$$\delta\Pi_{\rm p}=0 \tag{2-123}$$

其中:

$$\begin{aligned}\Pi_{\rm p}=\Pi_{\rm p}(u_i)&=\int_V[U(\varepsilon_{ij})+\phi(u_i)]\mathrm{d}V+\int_{s_\sigma}\psi(u_i)\mathrm{d}S\\&=\int_V\left(\frac{1}{2}D_{ijkl}\varepsilon_{ij}\varepsilon_{kl}-\bar{f}_iu_i\right)\mathrm{d}V-\int_{s_\sigma}\bar{T}_iu_i\mathrm{d}S\end{aligned} \tag{2-124}$$

$\Pi_{\rm p}$ 是系统的总位能,它是弹性体变形位能合外力位能之和。式(2-123)表明:在所有区域内连续可导的并在边界上满足给定位移条件式(2-115)中可能位移中,真实位移使系统的总位能取驻值。还可以进一步证明,在所有可能位移中,真实位移是系统总位能取最小值,因此式(2-123)所表述的称为最小位能原理。

证明最小位能原理是很方便的,以 u_i 表示真实位移,u_i^* 表示可能位移,并令

$$u_i^*=u_i+\delta u_i \tag{2-125}$$

将它们分别代入总位能表达式(2-124),则有:

$$\Pi_{\rm p}(u_i)=\int_V[U(\varepsilon_{ij})-\bar{f}_iu_i]\mathrm{d}V-\int_{s_\sigma}\bar{T}_iu_i\mathrm{d}S \tag{2-126}$$

和

$$\begin{aligned}\Pi_{\rm p}(u_i^*)&=\int_V[U(\varepsilon_{ij}^*)-\bar{f}_iu_i^*]\mathrm{d}V-\int_{s_\sigma}\bar{T}_iu_i^*\mathrm{d}S\\&=\Pi_{\rm p}(u_i)+\delta\Pi_{\rm p}+\frac{1}{2}\delta^2\Pi_{\rm p}\end{aligned} \tag{2-127}$$

其中,$\delta\Pi_{\rm p}$ 和 $\delta^2\Pi_{\rm p}$ 分别是总位能一阶和二阶变分。它们的具体表达式如下:

$$\begin{cases}\delta\Pi_{\rm p}=\int_V[\delta U(\varepsilon_{ij})-\bar{f}_i\delta u_i]\mathrm{d}V-\int_{s_\sigma}\bar{T}_i\delta u_i\mathrm{d}S\\ \frac{1}{2}\delta^2\Pi_{\rm p}=\int_V U(\delta\varepsilon_{ij})\mathrm{d}V=\int_V\frac{1}{2}D_{ijkl}(\delta\varepsilon_{\rm ij})(\delta\varepsilon_{kl})\mathrm{d}V\end{cases} \tag{2-128}$$

由于 u_i 是真实位移,根据式(2-123)可知,$\Pi_{\rm p}$ 的一阶变分 $\delta\Pi_{\rm p}$ 应为0。二阶变分 $\delta^2\Pi_{\rm p}$,式(2-128)中只出现应变能函数。由于应变能是正定的,除非 $\delta u_i\equiv0$,则恒有:

$$\delta^2\Pi_{\rm p}>0 \tag{2-129}$$

因此有:

$$\Pi_{\rm p}(u_i^*)\geqslant\Pi_{\rm p}(u_i) \tag{2-130}$$

上述等号只有当 $\delta u_i\equiv0$ 时,即可能位移就是真实位移时才成立。当 $\delta u_i\neq0$,即可能位移不是真实位移时,系统总位能总是大于取真实位移时系统的总位能。这就证明了最小位能原理。

2)最小余能原理

最小余能原理的推导步骤和最小位能原理的推导类似,只是现在是从虚应力原理出发,作

为几何方程和位移边界条件的等效积分"弱"形式的虚应力原理在2.4.2节中已经得到，表达如下：

$$\int_{v}\delta\sigma_{ij}\varepsilon_{ij}\mathrm{d}V-\int_{s_u}\delta T_i\bar{u}_i\mathrm{d}S=0 \tag{2-131}$$

将线弹性物理方程代入上式，即可得到：

$$\int_{v}\delta\sigma_{ij}C_{ijkl}\sigma_{kl}\mathrm{d}V-\int_{s_u}\delta T_i\bar{u}_i\mathrm{d}S=0 \tag{2-132}$$

同样，C_{ijkl}也是对称张量，并已知单位余能表达式，所以式(2-132)体积分内被积函数就是余能的变分。这是因为

$$\delta\sigma_{ij}C_{ijkl}\sigma_{kl}=\delta\left(\frac{1}{2}C_{ijkl}\sigma_{ij}\sigma_{kl}\right)=\delta v(\sigma_{mn}) \tag{2-133}$$

而式(2-132)面积分内被积函数，在给定位移$\bar{u}_i$保持不变的情况下是外力的余能。这样一来，式(2-132)可以表示为：

$$\delta\Pi_{\mathrm{c}}=0 \tag{2-134}$$

式中，

$$\begin{aligned}\Pi_{\mathrm{c}}=\Pi_{\mathrm{c}}(\sigma_{ij})&=\int_V V(\sigma_{mn})\mathrm{d}V-\int_{s_u}T_i\bar{u}_i\mathrm{d}S\\&=\int_V\frac{1}{2}C_{ijkl}\sigma_{ij}\sigma_{kl}\mathrm{d}V-\int_{s_u}T_i\bar{u}_i\mathrm{d}S\end{aligned} \tag{2-135}$$

它是弹性体余能和外力余能的总和，即系统的总余能。式(2-134)表明，在所有在弹性体内满足平衡方程，在边界上满足力的边界条件的可能应力中，真实的应力使系统的总余能取驻值。还可以证明，真实位移使系统总位能取最小值类同的步骤，证明在所有可能的应力中，真实应力使系统总余能取最小值，因此式(2-134)表述的是最小余能原理。

【例2-1】 图2-15a)为一个弹簧系统，其总势能为：

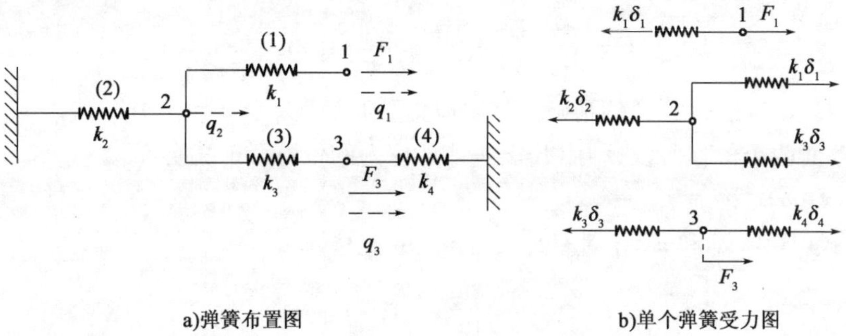

a)弹簧布置图　　b)单个弹簧受力图

图2-15　弹簧体系

$$\Pi=\frac{1}{2}k_1\delta_1^2+\frac{1}{2}k_2\delta_2^2+\frac{1}{2}k_3\delta_3^2+\frac{1}{2}k_4\delta_4^2-F_1q_1-F_3q_3$$

其中，δ_1，δ_2，δ_3及δ_4是4个弹簧的伸长量，由于$\delta_1=q_1-q_2$，$\delta_2=q_2$，$\delta_3=q_3-q_2$，$\delta_4=-q_3$，有

$$\Pi=\frac{1}{2}k_1(q_1-q_2)^2+\frac{1}{2}k_2q_2^2+\frac{1}{2}k_3(q_3-q_2)^2+\frac{1}{2}k_4q_3^2-F_1q_1-F_3q_3$$

其中，q_1，q_2，q_3分别为节点1,2,3的位移。对于这一具有3个自由度系统的平衡，让Π对

q_1,q_2,q_3 取极小值,可以得到3个方程:

$$\frac{\partial \Pi}{\partial q_1}=k_1(q_1-q_2)-F_1=0$$

$$\frac{\partial \Pi}{\partial q_2}=-k_1(q_1-q_2)+k_2q_2-k_3(q_3-q_2)=0$$

$$\frac{\partial \Pi}{\partial q_3}=k_3(q_3-q_2)+k_4q_3-F_3=0$$

将这些平衡方程写成矩阵形式 $\boldsymbol{Kq}=\boldsymbol{F}$,有:

$$\begin{bmatrix} k_1 & -k_1 & 0 \\ -k_1 & k_1+k_2+k_3 & -k_3 \\ 0 & -k_3 & k_3+k_4 \end{bmatrix}\begin{pmatrix} q_1 \\ q_2 \\ q_3 \end{pmatrix}=\begin{pmatrix} F_1 \\ 0 \\ F_3 \end{pmatrix}$$

另一方面,如果我们对系统的每一个分离节点写出平衡方程,如图2-15b)所示,有:

$$k_1\delta_1=F_1$$

$$k_2\delta_2-k_1\delta_1-k_3\delta_3=0$$

$$k_3\delta_3-k_4\delta_4=F_3$$

两种方法得到的控制方程完全等价。可以清楚地看出,采用势能方法得到的控制方程,是按一种规范流程来得到的,而未采用分离自由体进行分析,这种方法在处理大规模和复杂系统时更为出色。

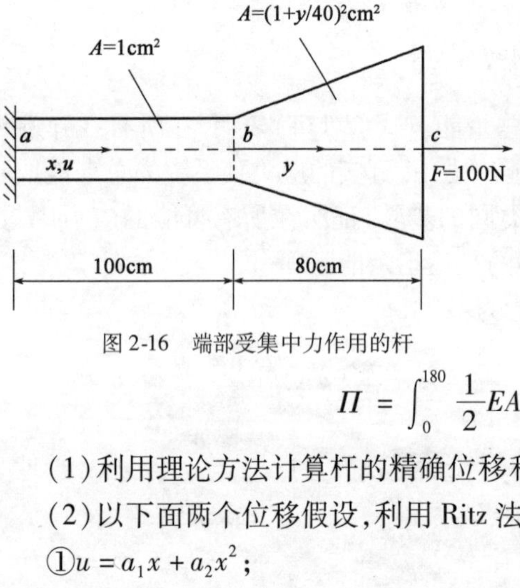

图2-16 端部受集中力作用的杆

【例2-2】 如图2-16为一根变截面杆,其在 $x=0$ 处固结($u|_{x=0}=0$),在 $x=180$ 处作用集中力 $R=100\text{N}$。利用图中的符号,结构的总势能为:

$$\Pi=\int_0^{180}\frac{1}{2}EA\left(\frac{\mathrm{d}u}{\mathrm{d}x}\right)^2\mathrm{d}x-100u\Big|_{x=180}$$

(1)利用理论方法计算杆的精确位移和应力分布情况。

(2)以下面两个位移假设,利用Ritz法计算杆内的位移和应力分布。

①$u=a_1x+a_2x^2$;

②分段式(式中 u_b 和 u_c 分别为 b 点和 c 点的位移)。

$$u=\frac{xu_\mathrm{b}}{100}\quad(0\leqslant x\leqslant 100)$$

$$u=\left(1-\frac{x-100}{80}\right)u_\mathrm{b}+\left(\frac{x-100}{80}\right)u_\mathrm{c}\quad(100\leqslant x\leqslant 180)$$

【解】 (1)为了计算结构中的准确位移,将控制微分方程和边界条件引入 Π。

$$\delta\Pi=\int_0^{180}\left(EA\frac{\mathrm{d}u}{\mathrm{d}x}\right)\delta\left(\frac{\mathrm{d}u}{\mathrm{d}x}\right)\mathrm{d}x-100\delta u\Big|_{x=180}$$

令 $\delta\Pi=0$ 并进行分部积分,可以得到:

$$\frac{\mathrm{d}}{\mathrm{d}x}\left(EA\frac{\mathrm{d}u}{\mathrm{d}x}\right)=0$$

$$EA\frac{\mathrm{d}u}{\mathrm{d}x}\bigg|_{x=180}=100$$

求解上述微分方程，引入力的边界条件和位移边界条件可以得到表 2-1。

精确位移和应力情况　　表 2-1

位　移	应　力	范　围
$u=\frac{100}{E}x$	$\sigma=100$	$0\leqslant x\leqslant 100$
$u=\frac{10000}{E}+\frac{4000}{E}-\frac{4000}{E\left(1+\frac{x-100}{40}\right)}$	$\sigma=\frac{100}{\left(1+\frac{x-100}{40}\right)^2}$	$100\leqslant x\leqslant 180$

(2)接着，利用 Ritz 法分析问题，注意到位移假设满足位移边界条件，但不满足力的边界条件。将第一种位移假设引入泛函 Π，得到：

$$\Pi=\frac{E}{2}\int_0^{100}(a_1+2a_2x)^2\mathrm{d}x+\frac{E}{2}\int_{100}^{180}\left(1+\frac{x-100}{40}\right)^2(a_1+2a_2x)^2\mathrm{d}x-100u\bigg|_{x=180}$$

使泛函取驻值 $\delta\Pi=0$，可以得到以下方程：

$$E\begin{bmatrix}0.4467 & 115.6\\ 115.6 & 34075.7\end{bmatrix}\begin{pmatrix}a_1\\ a_2\end{pmatrix}=\begin{pmatrix}18\\ 3240\end{pmatrix}$$

得到 $a_1=\frac{129}{E}, a_2=-\frac{0.341}{E}$。

利用 Ritz 法可得近似解为：

$$u=\frac{129}{E}x-\frac{0.341}{E}x^2$$

$$\sigma=129-0.682x$$

这两个公式都是在全域上成立的。

(3)将第二种位移假设引入泛函 Π，得到：

$$\Pi=\frac{E}{2}\int_0^{100}\left(\frac{1}{100}u_\mathrm{b}\right)^2\mathrm{d}x+\frac{E}{2}\int_{100}^{180}\left(1+\frac{x-100}{40}\right)^2\left(-\frac{1}{80}u_\mathrm{b}+\frac{1}{80}u_\mathrm{c}\right)^2\mathrm{d}x-100u\bigg|_{x=180}$$

使泛函取驻值 $\delta\Pi=0$，可以得到以下方程：

$$\frac{E}{240}\begin{bmatrix}15.4 & -13\\ -13 & 13\end{bmatrix}\begin{pmatrix}u_\mathrm{b}\\ u_\mathrm{c}\end{pmatrix}=\begin{pmatrix}0\\ 100\end{pmatrix}$$

从而得到表 2-2 的结果。

第二种位移假设下计算出的位移和应力结果　　表 2-2

位　移	应　力	范　围
$u=\frac{100}{E}x$	$\sigma=100$	$0\leqslant x\leqslant 100$
$u=\left(1-\frac{x-100}{80}\right)\frac{10000}{E}+\left(\frac{x-100}{80}\right)\frac{11846.2}{E}$	$\sigma=\frac{1846.2}{80}=23.08$	$100\leqslant x\leqslant 180$

(4)将精确结果和利用两种位移假设计算得到的位移和应力进行比较，如图 2-17 所示。

位移假设 1 在全域上以二次方程来拟合精确位移解,由位移求导得到的应变降为一次方程,应力也为线性形式;位移假设 2 在两个子域上分别假设了线性位移,其应力在两个区域也相应地变为常数。由此可见,对同一个问题采用不同的试函数,将得到完全不同的结果。在后面的章节中,我们会对试函数的构建作更多说明。

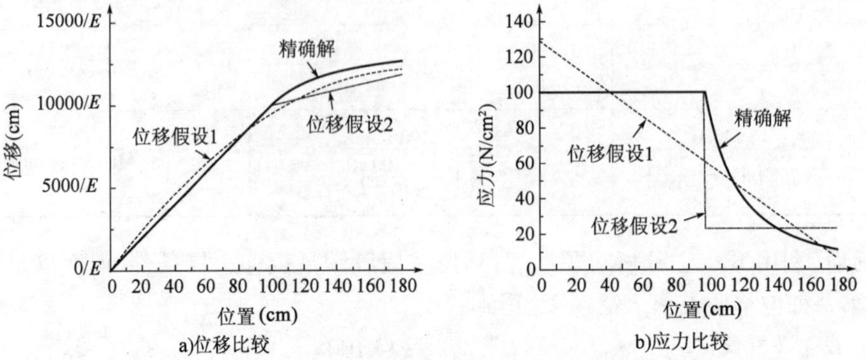

图 2-17　两种位移假设下位移及应力结果比较

2.4.4　弹性力学平面问题的有限元格式

弹性力学问题有限元分析的表达格式和一般步骤可用图 2-18 表示。

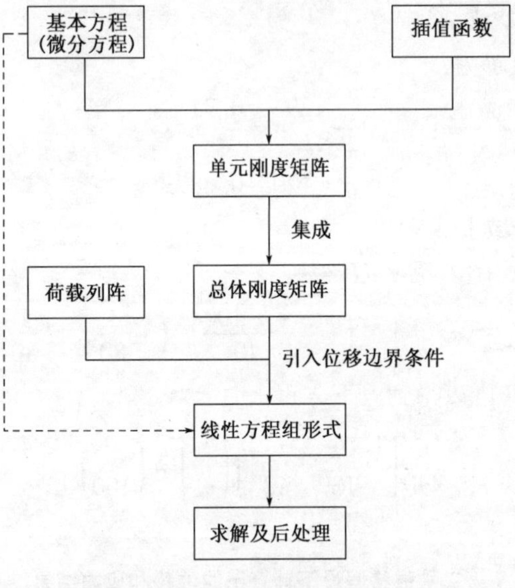

图 2-18　有限元分析的一般步骤

1)单元位移模式及插值函数的构造

在有限元方法中,单元的位移模式或称位移函数一般采用多项式作为近似函数,因为多项式运算简便,并且随着项数的增多,可以逼近任何一段光滑的函数曲线。多项式的选取应由低次到高次。以 3 节点三角形单元位移模式取一次多项式为例,则:

$$\begin{cases} u = \beta_1 + \beta_2 x + \beta_3 y \\ v = \beta_4 + \beta_5 x + \beta_6 y \end{cases} \tag{2-136}$$

式中,$\beta_1 \sim \beta_6$ 是待定系数,称之为广义坐标,将三角形单元三个节点位移及节点坐标代入式(2-136)即可求得6个广义坐标的值。将求得的广义坐标 $\beta_1 \sim \beta_6$ 代入式(2-136),可将位移函数表示成节点位移的函数,即

$$\begin{cases} u = N_i u_i + N_j u_j + N_m u_m \\ v = N_i v_i + N_j v_j + N_m v_m \end{cases} \tag{2-137}$$

N_i、N_j、N_m 称为单元的插值函数或形函数,对于当前情况,它是坐标 x、y 的一次函数,插值函数具有如下性质。

(1)在节点上插值函数的值有:

$$N_i(x_j, y_j) = \delta_{ij} = \begin{cases} 1, 当\ j = i \\ 0, 当\ j \neq i \end{cases} \quad (i, j, m) \tag{2-138}$$

(2)在单元中任一点各插值函数之和应等于1,即

$$N_i + N_j + N_m = 1 \tag{2-139}$$

若插值函数不满足此要求,则不能反映单元的刚体位移,用于求解必然得不到正确的结果。

(3)对于现在的单元,插值函数是线性的,在单元内部及单元的边界上位移也是线性的,可由节点上的位移值唯一确定。由于相邻单元公共节点的节点位移是相等的,因此保证了相邻单元在公共边界上位移的连续性。

确定了单元位移后,可以方便地利用几何方程和物理方程求得单元的应变和应力,具体求解步骤可参见本章参考文献[2],这里不再赘述。

2)有限单元法的基本方程

由于基于位移函数建立有限元方程在大型结构分析等领域应用广泛,因此这里只介绍利用最小位能原理建立有限元方程的方法。最小位能原理的泛函总位能 Π_{p} 的表达式在平面问题中的矩阵表达形式为:

$$\Pi_{\mathrm{p}} = \int_{\Omega} \frac{1}{2} \boldsymbol{\varepsilon}^{\mathrm{T}} \boldsymbol{D} \boldsymbol{\varepsilon} t \mathrm{d}x \mathrm{d}y - \int_{\Omega} \boldsymbol{u}^{\mathrm{T}} \boldsymbol{f} t \mathrm{d}x \mathrm{d}y - \int_{s_\sigma} \boldsymbol{u}^{\mathrm{T}} \boldsymbol{T} t \mathrm{d}S \tag{2-140}$$

式中:t——二维体厚度;

$\boldsymbol{f}$——作用在二维体内的体积力;

$\boldsymbol{T}$——作用在二维体边界上的面积力。

对于离散模型,系统位能是各单元位能的和,利用式(2-140)并代入单元位移矩阵及单元应变矩阵中,即得到离散模型的总位能为:

$$\begin{aligned} \Pi_{\mathrm{p}} = \sum_e \Pi_{\mathrm{p}}^e = & \sum_e \left(\boldsymbol{a}^{e\mathrm{T}} \int_{\Omega_e} \frac{1}{2} \boldsymbol{B}^{\mathrm{T}} \boldsymbol{D} \boldsymbol{B} t \mathrm{d}x \mathrm{d}y \boldsymbol{a}^e \right) - \\ & \sum_e \left(\boldsymbol{a}^{e\mathrm{T}} \int_{\Omega_e} \boldsymbol{N}^{\mathrm{T}} \boldsymbol{f} t \mathrm{d}x \mathrm{d}y \right) - \sum_e \left(\boldsymbol{a}^{e\mathrm{T}} \int_{S_\sigma^e} \boldsymbol{N}^{\mathrm{T}} \boldsymbol{T} t \mathrm{d}S \right) \end{aligned} \tag{2-141}$$

其中,$\boldsymbol{B}$ 称为应变矩阵。将结构总位能的各项矩阵表达成各个单元总位能的对应项矩阵之和,隐含着要求单元各项矩阵的阶数(即单元的节点自由度数)和结构各项矩阵的阶数(即结构的节点自由度数)相同。为此需要引入单元节点自由度和结构节点自由度转换矩阵 $\boldsymbol{G}$,从而将单元节点位移列阵 $\boldsymbol{a}^e$ 用结构节点位移列阵 $\boldsymbol{a}$ 表示,即

$$\boldsymbol{a}^e = \boldsymbol{G} \boldsymbol{a} \tag{2-142}$$

其中，

$$\boldsymbol{a}=(u_1 \quad v_1 \quad u_2 \quad v_2 \quad \cdots \quad u_i \quad v_i \quad \cdots \quad u_n \quad v_n)^{\mathrm{T}} \tag{2-143}$$

其中 n 为结构的节点数。令

$$\begin{cases} \boldsymbol{K}^e = \int_{\Omega^e} \boldsymbol{B}^{\mathrm{T}}\boldsymbol{D}\boldsymbol{B}t\mathrm{d}x\mathrm{d}y \\ \boldsymbol{P}_{\mathrm{f}}^e = \int_{\Omega^e} \boldsymbol{N}^{\mathrm{T}}\boldsymbol{f}t\mathrm{d}x\mathrm{d}y \\ \boldsymbol{P}_{\mathrm{S}}^e = \int_{S_\sigma^e} \boldsymbol{N}^{\mathrm{T}}\boldsymbol{T}t\mathrm{d}S \\ \boldsymbol{P}^e = \boldsymbol{P}_{\mathrm{f}}^e + \boldsymbol{P}_{\mathrm{S}}^e \end{cases} \tag{2-144}$$

式中，$\boldsymbol{K}^e$ 和 $\boldsymbol{P}^e$ 分别称为单元刚度矩阵和单元等效节点荷载列阵。将式(2-142)～式(2-144)一并代入式(2-141)，则离散形式的总位能可表示为：

$$\Pi_{\mathrm{p}}=\boldsymbol{a}^{\mathrm{T}}\frac{1}{2}\sum_e(\boldsymbol{G}^{\mathrm{T}}\boldsymbol{K}^e\boldsymbol{G})\boldsymbol{a}-\boldsymbol{a}^{\mathrm{T}}\sum_e(\boldsymbol{G}^{\mathrm{T}}\boldsymbol{P}^e) \tag{2-145}$$

并令

$$\boldsymbol{K}=\sum_e\boldsymbol{G}^{\mathrm{T}}\boldsymbol{K}^e\boldsymbol{G} \quad \boldsymbol{P}=\sum_e\boldsymbol{G}^{\mathrm{T}}\boldsymbol{P}^e \tag{2-146}$$

式中，$\boldsymbol{K}$ 和 $\boldsymbol{P}$ 分别称为结构整体刚度矩阵和结构节点荷载列阵。这样一来，式(2-145)就可以表示为：

$$\Pi_{\mathrm{p}}=\frac{1}{2}\boldsymbol{a}^{\mathrm{T}}\boldsymbol{K}\boldsymbol{a}-\boldsymbol{a}^{\mathrm{T}}\boldsymbol{P} \tag{2-147}$$

由于离散形式的总位能 Π_{p} 的未知变量是结构的节点位移 $\boldsymbol{a}$，根据变分原理，泛函 Π_{p} 取驻值的条件是它的一次变分为零，$\delta\Pi_{\mathrm{p}}=0$，即

$$\frac{\partial\Pi_{\mathrm{p}}}{\partial\boldsymbol{a}}=0 \tag{2-148}$$

这样就得到有限元的求解方程：

$$\boldsymbol{K}\boldsymbol{a}=\boldsymbol{P} \tag{2-149}$$

其中 $\boldsymbol{K}$ 和 $\boldsymbol{P}$ 由式(2-146)给出。由式(2-146)可以看出，结构整体刚度矩阵 $\boldsymbol{K}$ 和结构节点荷载列阵 $\boldsymbol{P}$ 都是由单元刚度矩阵 $\boldsymbol{K}^e$ 和单元等效节点荷载列阵 $\boldsymbol{P}^e$ 集合而成。

3)结构刚度矩阵和结构节点荷载列阵的集成

式(2-146)给出了结构刚度矩阵和结构节点荷载列阵由单元刚度矩阵和单元等效节点荷载列阵集成的表达式。集成是通过单元节点自由度转换矩阵 $\boldsymbol{G}$ 实现的。但在实际编程计算过程中，不是通过转换矩阵 $\boldsymbol{G}$ 的运算进行的，在计算得到 $\boldsymbol{K}^e$、$\boldsymbol{P}^e$ 的各元素后，只需按照单元的节点自由度编码，“对号入座”地叠加到结构刚度矩阵和结构荷载列阵的相应位置即可实现，具体的集成过程在后续章节中会有详细介绍。

运用有限单元法建立的结构刚度矩阵 $\boldsymbol{K}$ 具有对称性、奇异性、稀疏性及非零元素呈带状分布的特点，在求解方程组时，结构刚度矩阵奇异性的消失是通过引入位移边界条件来实现的。

4)引入位移边界条件

最小位能变分原理是具有附加条件的变分原理，它要求场函数满足几何方程和位移边界条件。现在离散模型的近似场函数在单元内部满足几何方程，因此由离散模型近似的连续体

内几何方程也是满足的。但是,在选择场函数的试探函数时,却没有提出在边界上满足位移边界条件的要求,因此必须将该条件引入有限元方程,使之得到满足。在有限单元法中,通常几何边界条件的形式是在若干个节点上给定场函数的值。对于求解位移场的问题时,至少要提出足以约束系统刚体位移的几何边界条件,以消除结构刚度矩阵的奇异性。在方程中一般采用直接代入法、对角元素改 1 法、对角元素乘大数法等方法进行边界条件的引入,上述方法的具体内容可参见本章参考文献[2],这里不再赘述。

5)线性代数方程组的求解及应力计算

有限元求解方程(2-149)在引入位移边界条件、消除结构刚度矩阵的奇异性后,就可以解得结构的节点位移,并进一步回到单元中,用已知的位移求得各个单元的应变和应力。

在求解式(2-149)所表示的线性代数方程组时会占据很大的计算工作量。充分利用系数矩阵的对称、稀疏特点以及经过节点的适当编号可以得到非零元素带状分布的特点,现已发展了若干有效的求解方法,具体包括高斯消去法、迭代法等方法,具体内容可见本章参考文献[6]。

2.4.5 收敛准则

在单元形状、节点个数确定之后,单元的位移函数的选取是影响解答的关键。当位移函数满足下述准则时,解答一定是收敛的,即随着单元尺寸的缩小,解答趋于精确解。

(1)位移函数中包含刚体位移。若不包含,则在单元节点位移为单元刚体位移时,单元会产生非零应变。

(2)位移函数应能反映单元的常应变状态,因为在单元尺寸趋于零时,单元的应变应趋于常数。

(3)位移函数在单元内要连续,在单元之间边界上要协调,以免连续体用离散模型代替后产生不连续。

(4)满足准则(1)和准则(2)的单元称为完备性单元;满足(3)的为协调性单元。容易验证,常应变三角形单元是一种完备协调单元。利用它作有限元分析,解答一定是收敛的。

不满足收敛准则的单元不一定不收敛,一些非协调的单元不仅收敛,而且收敛速度比协调单元更快、精度更高。

以上准则是从物理意义角度阐述的,从数学意义上收敛准则可以这样表述:

当用一个完全多项式来表示一个单元中的变量时,如果“能量泛函”(即目前的势能泛函)中该变量导数的最高阶数为 p,则该多项式的阶至少为 p。这被称作完备性准则。

单元的变量及它的导数有直到 $p-1$ 阶的跨单元的连续性。这被称作协调性准则。$p=1$ 时称作 C^0 级连续,$p=2$ 时称作 C^1 级连续。

【思考题】

1. 证明由两个应力状态叠加得出一个应力状态中:

(1)最大主应力不大于单独的最大主应力之和;

(2)最大剪应力不大于单独的最大剪应力之和;

(3)静水压力分量的合成是两个单独状态简单的代数相加,但剪力分量的合成是两个单独状态的矢量相加。

2. 加载准则、流动法则、强化法则、强化参数和相容条件能够完整表示弹塑性反应,它们分别反映了弹塑性材料应力—应变特性的哪些问题?

3. 五种屈服准则的异同点是什么?(提示:可从静水压力方面予以考虑)

4. 已知一个数学微分方程,如何建立它的等效积分形式?如何证明两者是等效的?

5. 等效积分形式和等效积分"弱"形式有何区别?为何后者在数值分析中得到了更多的应用?

6. 不同形式的加权余量法之间的区别何在?除书中已列举的几种方法以外,你还能提出其他形式的加权余量法吗?如能,分析新方法有什么特点。

本章参考文献

[1] Tirupathi R. Chandrupatla, Ashok D. Belegundu. 工程中的有限元方法[M]. 3 版. 北京:清华大学出版社,2006.

[2] 王勖成. 有限单元法[M]. 北京: 清华大学出版社,2003.

[3] K. J. Bathe. Finite Element Procedure[M]. Prentice-Hall Inc,1996.

[4] 陈惠发. 弹性与塑性力学[M]. 北京: 中国建筑工业出版社,2014.

[5] 程尧舜. 弹性力学基础[M]. 上海: 同济大学出版社,2011.

[6] 吴勃英,王德明,丁效华,等. 数值分析原理[M]. 北京: 科学出版社,2013.

第3章

杆、梁、索单元

引言:在工程结构中,把由杆件组成的结构称为杆系结构。每一根杆件均可视作一个单元,根据结构力学分析理论,其受力和位移的关系很容易求得,且物理概念清晰直观。结构力学中的矩阵位移法基于经典梁理论,以位移法为基础,并与矩阵理论相结合。有限单元法是在结构力学矩阵位移法基础上发展起来的,在建立位移场的过程中采用的是具有普遍意义的方法,用于分析连续介质力学问题。

有限单元法把结构看成是由有限个单元通过节点联结起来的集合,以节点位移作为基本未知数。对于杆系结构,可直接把原来的杆、梁、柱等构件作为一个或多个单元。

在杆系结构的分析中,通常把只能承受轴力的杆件称为杆单元,把既能承受轴力,又能承受弯矩和剪力的杆件称为梁单元。杆单元和梁单元均为一维单元。

杆系结构有限元分析的基本要点有以下3个方面:

(1)单元分析。将结构离散为若干个有限元单元,研究典型单元的力学特性,确定单元坐标系中的单元刚度矩阵。此外,还要将单元坐标系中的单元刚度矩阵换算为整体坐标系中的单元刚度矩阵,为结构整体分析做准备。

(2)整体分析。在单元分析的基础上,形成结构刚度矩阵,进而组成结构刚度方程,求解结构刚度方程,求出节点位移。

(3)计算单元坐标系中的单元内力。将所求的节点位移代入单元刚度方程,即可求出单元内力和支反力等其他结果。

本章采用有限元的一般方法来进行杆系结构的单元分析和整体分析,这将有助于深入掌握有限元方法并扩展到连续介质力学问题。

另外,考虑到工程应用中采用直杆单元模拟柔索时存在的不足,本章亦详细阐述基于悬链线理论推导两节点曲线索单元非线性刚度矩阵的过程。

3.1 杆 单 元

本节针对等截面直杆开展单元分析,建立单元局部坐标系下的刚度矩阵。

3.1.1 平面杆单元

对于如图 3-1 所示的平面杆单元,其长度为 l,截面积为 A,材料弹性模量为 E,仅具有沿局部坐标系 x 轴的线位移,单元在两个节点位置的位移分别为 u_i 和 u_j。

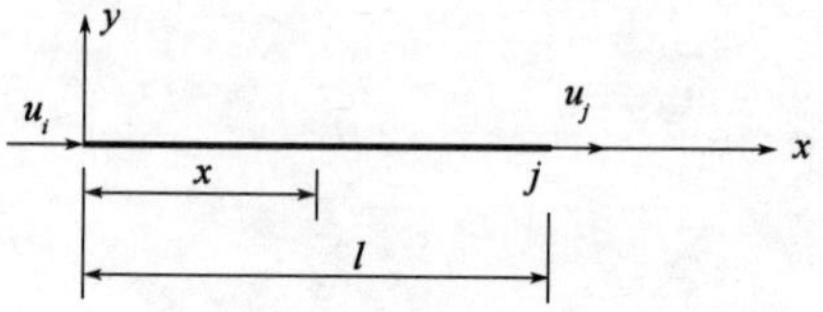

图 3-1 平面杆单元示意

单元的节点位移列向量为:

$$\boldsymbol{\delta} = \begin{pmatrix} u_i \\ u_j \end{pmatrix} \tag{3-1}$$

单元内部任意位置 x 处的轴向位移可表达为:

$$u = \boldsymbol{N}\boldsymbol{\delta} = [N_i(x) \quad N_j(x)]\begin{pmatrix} u_i \\ u_j \end{pmatrix} \tag{3-2}$$

式中:$N_i(x)$、$N_j(x)$——2 节点拉格朗日形函数,$N_i(x) = 1 - x/l$,$N_j(x) = x/l$。

根据有限元分析理论,单元内任一点的应变可表达为:

$$\boldsymbol{\varepsilon} = \boldsymbol{B}\boldsymbol{\delta} \tag{3-3}$$

对于无初应力和初应变的情况,该点的应力可表达为:

$$\boldsymbol{\sigma} = \boldsymbol{D}\boldsymbol{\varepsilon} = \boldsymbol{D}\boldsymbol{B}\boldsymbol{\delta} \tag{3-4}$$

式中:$\boldsymbol{\varepsilon}$——广义应变,可为法向应变、剪应变、曲率或扭曲率;

$\boldsymbol{\sigma}$——与广义应变相对应的广义应力,可为法向应力、剪应力,亦可为轴向力、剪力、弯矩或扭矩;

$\boldsymbol{B}$——应变矩阵;

$\boldsymbol{D}$——弹性矩阵。

对于杆单元,其几何方程为:

$$\boldsymbol{\varepsilon} = \varepsilon = \frac{\mathrm{d}u}{\mathrm{d}x} = \frac{\mathrm{d}\boldsymbol{N}}{\mathrm{d}x}\boldsymbol{\delta} = \left(\frac{\mathrm{d}N_i(x)}{\mathrm{d}x} \quad \frac{\mathrm{d}N_j(x)}{\mathrm{d}x}\right)\boldsymbol{\delta}$$

$$= \left(-\frac{1}{l} \quad \frac{1}{l}\right)\boldsymbol{\delta} = \boldsymbol{B}\boldsymbol{\delta} \tag{3-5}$$

则其应变矩阵为:

$$\boldsymbol{B} = \left(-\frac{1}{l} \quad \frac{1}{l}\right) \tag{3-6}$$

杆单元截面上任一点的应力与应变关系为:

$$\boldsymbol{\sigma} = \sigma = E\varepsilon = \boldsymbol{D}\boldsymbol{\varepsilon} \tag{3-7}$$

则其弹性矩阵为：

$$D = E \tag{3-8}$$

根据有限元分析理论，单元局部坐标系中的刚度矩阵为：

$$\boldsymbol{k}^{\mathrm{e}} = \iiint_{\Omega} \boldsymbol{B}^{\mathrm{T}} \boldsymbol{D} \boldsymbol{B} \mathrm{d}x\mathrm{d}y\mathrm{d}z \tag{3-9}$$

则杆单元轴向受力的刚度矩阵为：

$$\begin{aligned}\boldsymbol{k}^{\mathrm{e}} &= \iiint_{\Omega} \boldsymbol{B}^{\mathrm{T}} \boldsymbol{D} \boldsymbol{B} \mathrm{d}x\mathrm{d}y\mathrm{d}z = \iint_{A} \mathrm{d}y\mathrm{d}z \int_0^l \boldsymbol{B}^{\mathrm{T}} \boldsymbol{D} \boldsymbol{B} \mathrm{d}x \\ &= A\int_0^l \boldsymbol{B}^{\mathrm{T}} \boldsymbol{E} \boldsymbol{B} \mathrm{d}x = EA\int_0^l \begin{pmatrix} -\dfrac{1}{l} \\ \dfrac{1}{l} \end{pmatrix} \begin{pmatrix} -\dfrac{1}{l} & \dfrac{1}{l} \end{pmatrix} \mathrm{d}x \\ &= \frac{EA}{l} \begin{bmatrix} 1 & -1 \\ -1 & 1 \end{bmatrix} \end{aligned} \tag{3-10}$$

由式(3-2)和式(3-5)可知，由于杆单元采用一次的拉格朗日形函数，对于已知的节点位移，其单元内部任意点的应变为常数，因此，杆单元为常应变单元。

3.1.2 空间杆单元

对于如图3-2所示的空间杆单元，其长度为l，截面积为A，材料弹性模量为E。

与平面杆单元相同，空间杆单元仅考虑沿局部坐标系x轴的线位移。在局部坐标系中，空间杆单元在两个节点位置的位移分别为u_i和u_j，则其单元刚度矩阵表达式与平面杆单元的刚度矩阵表达式完全相同，即为：

$$\boldsymbol{k}^{\mathrm{e}} = \frac{EA}{l} \begin{bmatrix} 1 & -1 \\ -1 & 1 \end{bmatrix} \tag{3-11}$$

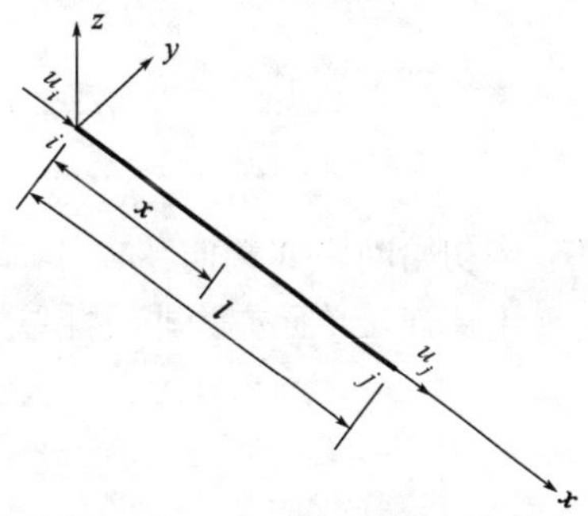

图3-2 平面杆单元示意

3.1.3 拉/压杆单元

当杆单元仅能承受单向的拉力或压力时，简称为拉杆或压杆单元。

由式(3-5)可知，杆单元上由于单元变形产生的应变为$\varepsilon = (u_j - u_i)/l$，考虑单元内部的初始应变$\varepsilon_0$，则单元实际的应变为$\varepsilon_{\mathrm{e}} = \varepsilon_0 + \varepsilon$。对于拉杆单元，当$\varepsilon_{\mathrm{e}} > 0$时，拉杆单元以杆单元的受力特性参与受力；当$\varepsilon_{\mathrm{e}} \leqslant 0$，拉杆单元退出工作，其单元刚度矩阵可表达为：

$$\boldsymbol{k}^{\mathrm{e}} = \begin{cases} \dfrac{EA}{l} \begin{bmatrix} 1 & -1 \\ -1 & 1 \end{bmatrix} & (\varepsilon_{\mathrm{e}} > 0) \\ \boldsymbol{0} & (\varepsilon_{\mathrm{e}} \leqslant 0) \end{cases} \tag{3-12}$$

与此类似，压杆单元的刚度矩阵可表达为：

$$\boldsymbol{k}^{\mathrm{e}} = \begin{cases} \boldsymbol{0} & (\varepsilon_{\mathrm{e}} \geqslant 0) \\ \dfrac{EA}{l} \begin{bmatrix} 1 & -1 \\ -1 & 1 \end{bmatrix} & (\varepsilon_{\mathrm{e}} < 0) \end{cases} \tag{3-13}$$

由此可见,拉杆和压杆单元的刚度矩阵与作为未知量的节点位移相关,它们为非线性单元,在有限元分析中需要进行迭代求解。

3.1.4 连接单元

基于杆单元的单向受拉或受压特性,还存在一类特殊的带有初始间距的连接单元,即钩单元和间隙单元,分别如图 3-3 和图 3-4 所示,图中的 Δ 为初始间距且 Δ 为正值。

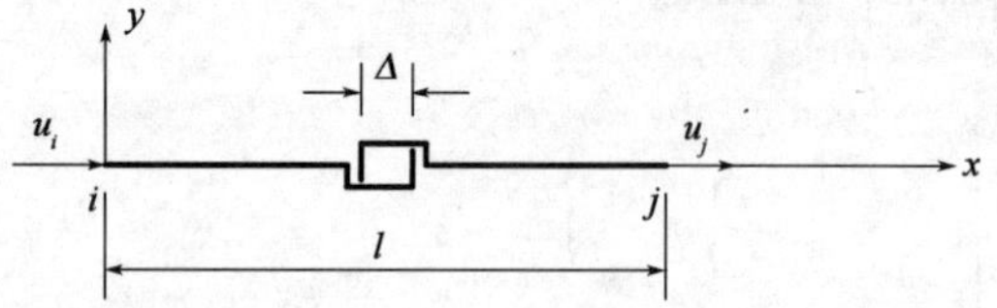

图 3-3 钩单元示意

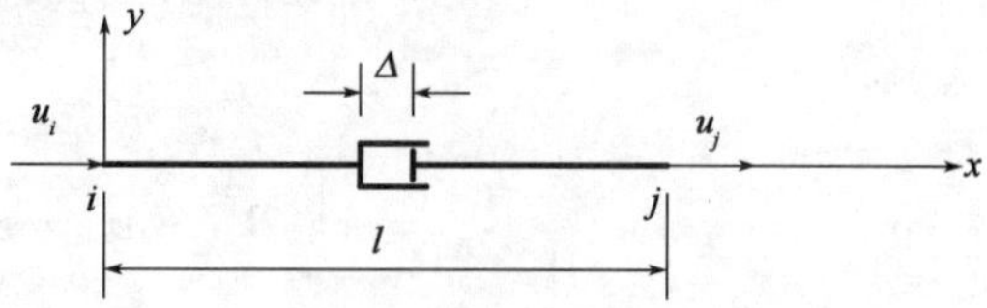

图 3-4 间隙单元示意

对于钩单元,当 $u_j - u_i > \Delta$ 时,钩单元以杆单元的受力特性参与受力;当 $u_j - u_i \leqslant \Delta$,钩单元退出工作,其单元刚度矩阵可表达为:

$$\boldsymbol{k}^{\mathrm{e}} = \begin{cases} \dfrac{EA}{l}\begin{bmatrix} 1 & -1 \\ -1 & 1 \end{bmatrix} & (u_j - u_i > \Delta) \\ \mathbf{0} & (u_j - u_i \leqslant \Delta) \end{cases} \tag{3-14}$$

与此类似,间隙单元的刚度矩阵可表达为:

$$\boldsymbol{k}^{\mathrm{e}} = \begin{cases} \mathbf{0} & (u_j - u_i < -\Delta) \\ \dfrac{EA}{l}\begin{bmatrix} 1 & -1 \\ -1 & 1 \end{bmatrix} & (u_j - u_i \geqslant -\Delta) \end{cases} \tag{3-15}$$

当初始间距 Δ 趋向零时,钩单元和间隙单元分别退化为拉杆单元和压杆。

上述连接单元亦为非线性单元,在有限元分析中需要进行迭代求解。

3.2 梁 单 元

本节针对等截面直梁开展单元分析,建立单元局部坐标系下的刚度矩阵。

由于梁单元的轴向变形、扭转变形和弯曲变形互不耦联,因此,梁单元最终的刚度矩阵可由轴向变形对应的刚度矩阵、扭转变形对应的刚度矩阵和弯曲变形对应的刚度矩阵组装而成。梁单元的轴向位移对应的刚度矩阵已经在第 3.1.1 节中描述。本节在阐明梁单元扭转变形和弯曲变形对应的刚度矩阵的基础上,着重说明剪切效应对梁弯曲变形的影响。

3.2.1 经典平面梁单元

在经典梁单元分析理论中,梁的弯曲性能服从以下两个假设:

(1)平截面假设。截面在发生变形前后均为平面,不考虑翘曲变形。

(2)直法线假设。截面在发生变形前后均与梁单元的中面垂直。

对于如图 3-5 所示的平面梁单元，其长度为 l，截面积为 A，抗弯惯性矩为 I_{zz}，材料弹性模量为 E，单元在两个节点位置的位移分别为$(u_i \quad v_i \quad \theta_{zi})$和$(u_j \quad v_j \quad \theta_{zj})$。

在考虑局部坐标系$\overrightarrow{x}\ \overrightarrow{y}$平面内的弯曲性能时，单元每个节点仅考虑竖向线位移和转角位移，则单元的节点位移列向量取为：

$$\boldsymbol{\delta} = \begin{pmatrix} v_i \\ \theta_{zi} \\ v_j \\ \theta_{zj} \end{pmatrix} \tag{3-16}$$

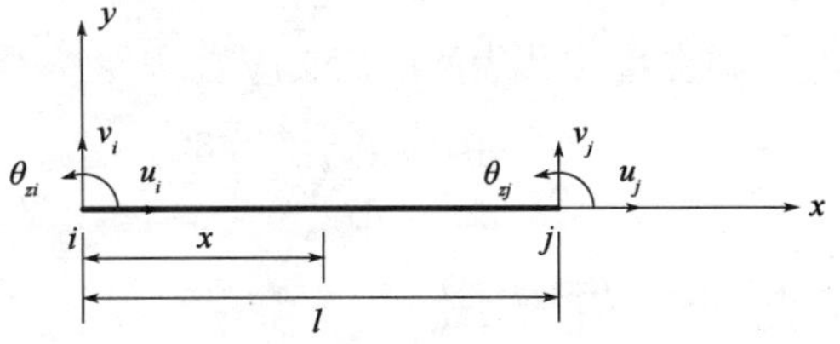

图 3-5 平面梁单元示意

此时，单元内部任意位置 x 处的位移 v(挠度)可表达为：

$$v = \boldsymbol{N\delta} = [N_1(x) \quad N_2(x) \quad N_3(x) \quad N_4(x)] \begin{pmatrix} v_i \\ \theta_{zi} \\ v_j \\ \theta_{zj} \end{pmatrix} \tag{3-17}$$

式中：$N_1(x)$、$N_2(x)$、$N_3(x)$、$N_4(x)$——Hermite 插值形函数(图 3-6)，其表达式为(图 3-7)：

$$\begin{cases} N_1(x) = 1 - 3(x/l)^2 + 2(x/l)^3 \\ N_2(x) = x(1 - x/l)^2 \\ N_3(x) = 3(x/l)^2 - 2(x/l)^3 \\ N_4(x) = x(x/l - 1)(x/l) \end{cases} \tag{3-18}$$

应当注意到：由式(3-17)表示的梁的位移曲线和材料力学中直接用三次多项式表示的梁的位移曲线本质上是相同的，也就是说，式(3-17)是精确的，此时，对杆件弯曲性能的描述与杆件划分的单元个数无关。

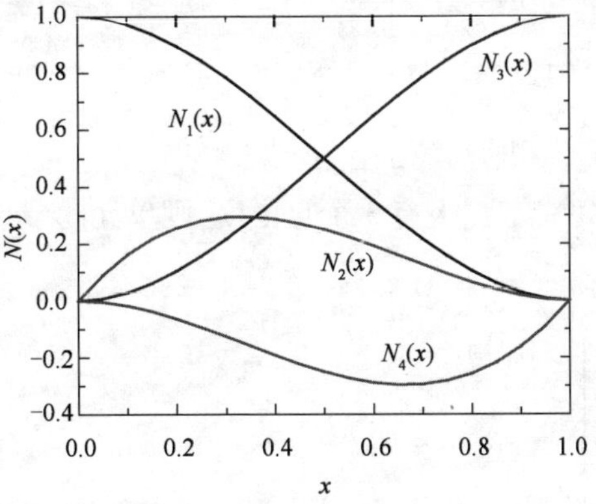

图 3-6 Hermite 插值形函数

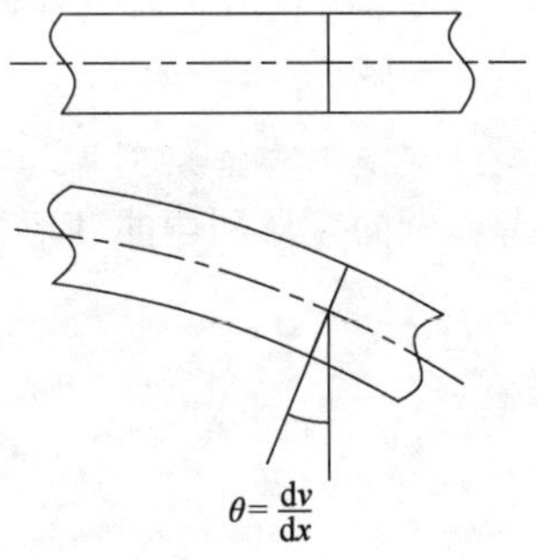

图 3-7 经典梁弯曲变形几何描述

在考虑梁的弯曲变形时，如图 3-7 所示，忽略剪切变形，则截面的转角 θ 与位移 v 之间的关系为：

$$\theta = \frac{\mathrm{d}v}{\mathrm{d}x} \tag{3-19}$$

此时,梁的曲率 κ 可表达为:

$$\kappa = \frac{\mathrm{d}\theta}{\mathrm{d}x} = \frac{\mathrm{d}^2 v}{\mathrm{d}x^2} \tag{3-20}$$

以曲率 κ 代表梁的广义应变,则:

$$\kappa = \frac{\mathrm{d}^2 v}{\mathrm{d}x^2} = \frac{\mathrm{d}^2 \boldsymbol{N}}{\mathrm{d}x^2}\boldsymbol{\delta} = \left(\frac{\mathrm{d}^2 N_1(x)}{\mathrm{d}x^2} \quad \frac{\mathrm{d}^2 N_2(x)}{\mathrm{d}x^2} \quad \frac{\mathrm{d}^2 N_3(x)}{\mathrm{d}x^2} \quad \frac{\mathrm{d}^2 N_4(x)}{\mathrm{d}x^2}\right)\boldsymbol{\delta} = \boldsymbol{B\delta} \tag{3-21}$$

其中,应变矩阵为:

$$\boldsymbol{B} = \left(\frac{12x}{l^3} - \frac{6}{l^2} \quad \frac{6x}{l^2} - \frac{4}{l} \quad \frac{6}{l^2} - \frac{12x}{l^3} \quad \frac{6x}{l^2} - \frac{2}{l}\right) \tag{3-22}$$

以弯矩 M_z 代表梁的广义应力,则:

$$\boldsymbol{\sigma} = M_z = EI_{zz}\kappa = EI_{zz}\boldsymbol{B\delta} = \boldsymbol{DB\delta} \tag{3-23}$$

其中,弹性矩阵为:

$$\boldsymbol{D} = EI_{zz} \tag{3-24}$$

根据有限元分析理论,单元局部坐标系中的刚度矩阵表达为:

$$\boldsymbol{k}^{\mathrm{e}} = \iiint_{\Omega} \boldsymbol{B}^{\mathrm{T}}\boldsymbol{DB}\mathrm{d}\Omega \tag{3-25}$$

考虑到梁单元的广义应变 κ 和广义应力 M_z 基于全截面表达,其局部坐标系中的单元刚度矩阵为:

$$\boldsymbol{k}^{\mathrm{e}} = \int_0^l \boldsymbol{B}^{\mathrm{T}}\boldsymbol{DB}\mathrm{d}x \tag{3-26}$$

将式(3-22)和式(3-24)代入式(3-26),积分可得到梁单元弯曲性能刚度矩阵的显式表达式:

$$\boldsymbol{k}^{\mathrm{e}} = \frac{EI_{zz}}{l^3}\begin{bmatrix} 12 & 6l & -12 & 6l \\ 6l & 4l^2 & -6l & 2l^2 \\ -12 & -6l & 12 & -6l \\ 6l & 2l^2 & -6l & 4l^2 \end{bmatrix} \tag{3-27}$$

同时考虑轴向变形和弯曲变形,平面梁单元的每个节点上有 3 个自由度,则单元的节点位移列向量为:

$$\boldsymbol{\delta}^{\mathrm{e}} = \begin{pmatrix} u_i \\ v_i \\ \theta_{zi} \\ u_j \\ v_j \\ \theta_{zj} \end{pmatrix} \tag{3-28}$$

不考虑轴向受力与弯曲受力的耦合,平面梁单元的刚度矩阵 $\boldsymbol{k}_{6\times6}^{e}$ 可通过轴向变形刚度矩阵[式(3-11)]和弯曲变形刚度矩阵[式(3-27)]组装而成。

$$
\boldsymbol{k}^{\mathrm{e}}=\begin{bmatrix}
\frac{EA}{l} & 0 & 0 & -\frac{EA}{l} & 0 & 0\\
0 & \frac{12EI_{zz}}{l^3} & \frac{6EI_{zz}}{l^2} & 0 & -\frac{12EI_{zz}}{l^3} & \frac{6EI_{zz}}{l^2}\\
0 & \frac{6EI_{zz}}{l^2} & \frac{4EI_{zz}}{l} & 0 & -\frac{6EI_{zz}}{l^2} & \frac{2EI_{zz}}{l}\\
-\frac{EA}{l} & 0 & 0 & \frac{EA}{l} & 0 & 0\\
0 & -\frac{12EI_{zz}}{l^3} & -\frac{6EI_{zz}}{l^2} & 0 & \frac{12EI_{zz}}{l^3} & -\frac{6EI_{zz}}{l^2}\\
0 & \frac{6EI_{zz}}{l^2} & \frac{2EI_{zz}}{l} & 0 & -\frac{6EI_{zz}}{l^2} & \frac{4EI_{zz}}{l}
\end{bmatrix} \tag{3-29}
$$

3.2.2 考虑剪切变形的 C_1 型平面梁单元

经典梁单元基于变形前后截面均垂直于中面的 Kirchhoff 假设,没有考虑横向剪切变形的影响,在工程实际应用中,经典梁单元仅适用于梁高度远小于其跨度的情况。对于梁高相对跨度不太小的情况,梁内的横向剪切力所产生的剪切变形将引起梁的附加挠度,并使得原来垂直于中面的截面在变形后不再与中面垂直,且发生截面翘曲(即截面不再为平面)。

在考虑剪切变形对梁弯曲的影响时,仍然假设截面变形后为平面,此时梁弯曲变形的几何描述如图 3-8 所示,剪切应变 γ、挠度 v 和截面转角 θ 之间的关系为:

$$
\frac{\mathrm{d}v}{\mathrm{d}x}=\theta+\gamma \quad 或 \quad \gamma=\frac{\mathrm{d}v}{\mathrm{d}x}-\theta \tag{3-30}
$$

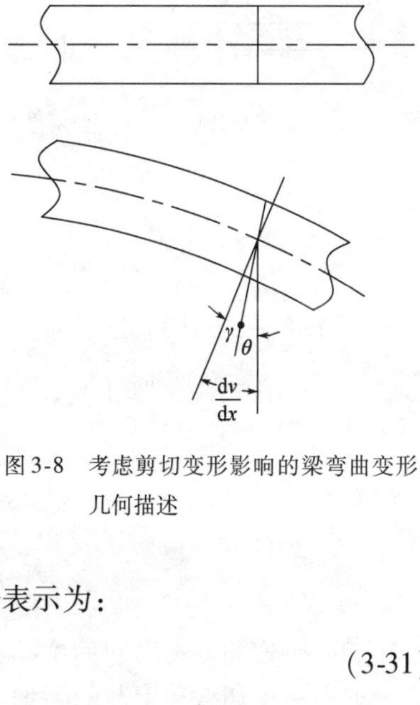

图 3-8 考虑剪切变形影响的梁弯曲变形几何描述

在经典梁理论中,忽略剪切变形,即认为 $\gamma=0$,因此有式(3-19),意味着截面的转角等于挠度曲线切线的斜率,从而使截面保持和中面垂直。

在考虑剪切变形的影响时,梁的曲率 κ 按几何学定义仍表示为:

$$
\kappa=\frac{\mathrm{d}\theta}{\mathrm{d}x} \tag{3-31}
$$

只是不能进一步表示为 $\kappa=\frac{\mathrm{d}^2v}{\mathrm{d}x^2}$。

如前所述,在考虑剪切变形影响的梁弯曲理论中仍然假设截面变形后为平面,这就意味着同时引入剪应变和剪应力在截面上均匀分布的假设。基于此假设,截面上的剪应变、剪应力和剪力之间的关系为:

$$
\begin{cases}\tau=G\gamma\\ Q=\tau A=GA\gamma\end{cases} \tag{3-32}
$$

式中:γ——截面上均匀分布的剪应变;

τ——截面上均匀分布的剪应力;

Q——向全截面在局部坐标系 y 轴方向上的剪力。

然而,实际上剪应变和剪应力在截面上并非均匀分布,而是按抛物线分布,其在中面达到最大值,在上、下表面为零值。因此,对于实际的剪应变和剪应力不均匀分布引入剪切系数 β,式(3-32)修正为:

$$\begin{cases}\tau = \dfrac{G\gamma}{\beta} \\ Q = \tau A = \dfrac{GA}{\beta}\gamma\end{cases} \tag{3-33}$$

式中:β——剪切系数,通常采用能量等效的方法计算得到,即 β 应使得根据式(3-33)计算的应变能等于实际的应变能。例如,以此计算得到矩形截面的剪切系数 $\beta = 6/5$,圆形截面的剪切系数 $\beta = 10/9$。

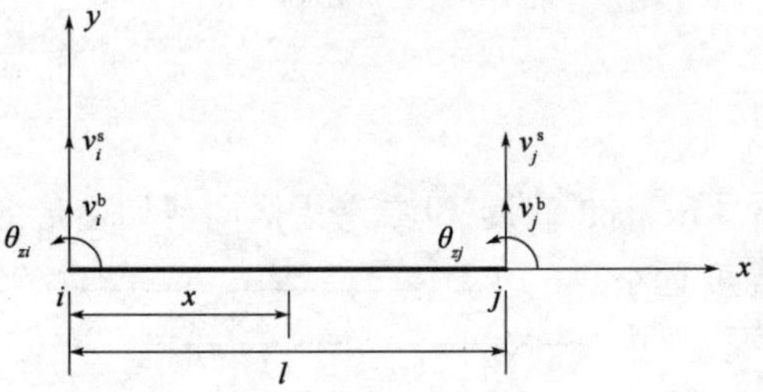

图 3-9　考虑剪切变形的平面梁单元示意

对于如图 3-9 所示的平面梁单元,在考虑剪切变形影响的弯曲性能时,单元的每个节点具有 3 个位移,例如,i 节点位移向量为 $\boldsymbol{\delta}_i = (v_i^b \quad v_i^s \quad \theta_{zi})^T$,其中,$v_i^b$ 为弯曲变形引起的 i 节点位移,v_i^s 为剪切变形引起的 i 节点附加位移,θ_{zi} 为 i 节点的转动角位移。单元的节点位移列向量为 $\boldsymbol{\delta}_e = (v_i^b \quad v_i^s \quad \theta_{zi} \quad v_j^b \quad v_j^s \quad \theta_{zj})^T$。

梁单元内部任意 x 位置的位移 v(挠度)可表示为:

$$v = v^b + v^s$$

$$v^b = [N_1(x) \quad N_2(x) \quad N_3(x) \quad N_4(x)]\begin{pmatrix} v_i^b \\ \theta_{zi} \\ v_j^b \\ \theta_{zj}\end{pmatrix} = \boldsymbol{N}^b\boldsymbol{\delta}^b$$

$$v^s = [N_5(x) \quad N_6(x)]\begin{pmatrix} v_i^s \\ v_j^s \end{pmatrix} = \boldsymbol{N}^s\boldsymbol{\delta}^s \tag{3-34}$$

式中:v^b——弯曲变形引起的位移;

v^s——剪切变形引起的附加位移。

v^b 的描述采用与经典梁单元相同的 Hermite 形函数,v^s 采用 2 节点拉格朗日形函数

$$\begin{cases}N_1(x) = 1 - 3(x/l)^2 + 2(x/l)^3 \\ N_2(x) = x(1 - x/l)^2 \\ N_3(x) = 3(x/l)^2 - 2(x/l)^3 \\ N_4(x) = x(x/l - 1)(x/l) \\ N_5(x) = 1 - x/l \\ N_6(x) = x/l\end{cases} \tag{3-35}$$

弯曲变形 v^{b} 对应的刚度矩阵 $\boldsymbol{k}_{\mathrm{e}}^{\mathrm{b}}$ 与经典梁单元的刚度矩阵表达式完全相同，即

$$\boldsymbol{k}_{\mathrm{e}}^{\mathrm{b}}=\frac{EI_{zz}}{l^3}\begin{bmatrix}12 & 6l & -12 & 6l\\ 6l & 4l^2 & -6l & 2l^2\\ -12 & -6l & 12 & -6l\\ 6l & 2l^2 & -6l & 4l^2\end{bmatrix} \tag{3-36}$$

基于剪切变形引起的附加位移 v^{s}，剪应变 γ 表达为：

$$\begin{aligned}\gamma=\frac{\mathrm{d}v^{\mathrm{s}}}{\mathrm{d}x}&=\left(\frac{\mathrm{d}N_5(x)}{\mathrm{d}x}\quad\frac{\mathrm{d}N_6(x)}{\mathrm{d}x}\right)\begin{pmatrix}v_i^{\mathrm{s}}\\ v_j^{\mathrm{s}}\end{pmatrix}\\ &=\left(-\frac{1}{l}\quad\frac{1}{l}\right)\begin{pmatrix}v_i^{\mathrm{s}}\\ v_j^{\mathrm{s}}\end{pmatrix}=\boldsymbol{B}\begin{pmatrix}v_i^{\mathrm{s}}\\ v_j^{\mathrm{s}}\end{pmatrix}\end{aligned} \tag{3-37}$$

如前所述，剪力 Q 表达为：

$$Q=\frac{GA}{\beta}\boldsymbol{B}\begin{pmatrix}v_i^{\mathrm{s}}\\ v_j^{\mathrm{s}}\end{pmatrix}=\boldsymbol{DB}\begin{pmatrix}v_i^{\mathrm{s}}\\ v_j^{\mathrm{s}}\end{pmatrix} \tag{3-38}$$

以剪应变 γ 为广义应变、剪力 Q 为广义应力，应变矩阵 $\boldsymbol{B}=\left(-\frac{1}{l}\quad\frac{1}{l}\right)$，弹性矩阵 $\boldsymbol{D}=\frac{GA}{\beta}$，根据式(3-26)可积分得到附加位移 v^{s} 对应的刚度矩阵表达式。

$$\boldsymbol{k}_{\mathrm{e}}^{\mathrm{s}}=\frac{GA}{\beta l}\begin{bmatrix}1 & -1\\ -1 & 1\end{bmatrix} \tag{3-39}$$

将式(3-36)和式(3-39)组装可得到考虑剪切效应的平面梁单元刚度矩阵及其对应的位移列向量

$$\boldsymbol{k}_{\mathrm{e}}=\begin{bmatrix}\dfrac{EI_{zz}}{l^3}\begin{bmatrix}12 & 6l & -12 & 6l\\ 6l & 4l^2 & -6l & 2l^2\\ -12 & -6l & 12 & -6l\\ 6l & 2l^2 & -6l & 4l^2\end{bmatrix} & \mathbf{0}\\ \mathbf{0} & \dfrac{GA}{\beta l}\begin{bmatrix}1 & -1\\ -1 & 1\end{bmatrix}\end{bmatrix}\quad \boldsymbol{\delta}_{\mathrm{e}}=\begin{pmatrix}v_i^{\mathrm{b}}\\ \theta_{zi}\\ v_j^{\mathrm{b}}\\ \theta_{zj}\\ v_i^{\mathrm{s}}\\ v_j^{\mathrm{s}}\end{pmatrix} \tag{3-40}$$

此时单元每个节点有 3 个位移($v_i^{\mathrm{b}}, v_i^{\mathrm{s}}, \theta_{zi}$ 和 $v_j^{\mathrm{b}}, v_j^{\mathrm{s}}, \theta_{zj}$)，对于有限元分析得到的上述位移，节点的实际线位移分别为：

$$\begin{cases}v_i=v_i^{\mathrm{b}}+v_i^{\mathrm{s}}\\ v_j=v_j^{\mathrm{b}}+v_j^{\mathrm{s}}\end{cases} \tag{3-41}$$

由式(3-34)和式(3-35)可知，单元的位移 v 和 v^{b} 均为 3 次多项式(C_2连续型)，转角 θ_z 并非独立插值，而是由$\frac{\mathrm{d}v^{\mathrm{b}}}{\mathrm{d}x}$确定，其为 2 次多项式($C_1$连续型)，因此，当前单元属于 C_1连续型。

为与经典梁单元相对应，也可以在单元层次上利用平衡方程，消去 $v_i^{\mathrm{b}}, v_i^{\mathrm{s}}$ 和 $v_j^{\mathrm{b}}, v_j^{\mathrm{s}}$，使得每个节点仅有 2 个位移($v_i, \theta_{zi}$ 和 v_j, θ_{zj})。

单元分析时仅考虑均布荷载 q(q 与局部坐标系 y 轴同向时为正)的作用，根据有限元理

论，v^{b} 和 v^{s} 对应的单元节点荷载列向量分别为：

$$\boldsymbol{P}^{\mathrm{b}}=\int_0^l q(\boldsymbol{N}^{\mathrm{b}})^{\mathrm{T}}\mathrm{d}x=\begin{pmatrix}\frac{ql}{2} & \frac{ql^2}{12} & \frac{ql}{2} & -\frac{ql^2}{12}\end{pmatrix}^{\mathrm{T}}$$

$$\boldsymbol{P}^{\mathrm{s}}=\int_0^l q\boldsymbol{N}^{\mathrm{s\,T}}\mathrm{d}x=\begin{pmatrix}\frac{ql}{2} & \frac{ql}{2}\end{pmatrix}^{\mathrm{T}} \tag{3-42}$$

则 v^{b} 和 v^{s} 对应的平衡方程分别为：

$$\begin{cases}\boldsymbol{k}_{\mathrm{e}}^{\mathrm{b}}\boldsymbol{\delta}^{\mathrm{b}}=\boldsymbol{P}^{\mathrm{b}}\\ \boldsymbol{k}_{\mathrm{e}}^{\mathrm{s}}\boldsymbol{\delta}^{\mathrm{s}}=\boldsymbol{P}^{\mathrm{s}}\end{cases} \tag{3-43}$$

其矩阵表达式可写为：

$$\begin{bmatrix}\frac{EI_{zz}}{l^3}\begin{bmatrix}12 & 6l & -12 & 6l\\ 6l & 4l^2 & -6l & 2l^2\\ -12 & -6l & 12 & -6l\\ 6l & 2l^2 & -6l & 4l^2\end{bmatrix} & 0\\ 0 & \frac{GA}{\beta l}\begin{bmatrix}1 & -1\\ -1 & 1\end{bmatrix}\end{bmatrix}\begin{pmatrix}v_i^{\mathrm{b}}\\ \theta_{zi}\\ v_j^{\mathrm{b}}\\ \theta_{zj}\\ v_i^{\mathrm{s}}\\ v_j^{\mathrm{s}}\end{pmatrix}=\begin{pmatrix}ql/2\\ ql^2/12\\ ql/2\\ -ql^2/12\\ ql/2\\ ql/2\end{pmatrix} \tag{3-44}$$

根据式(3-38)，截面的剪力 Q 可表达为：

$$Q=\frac{GA}{\beta}\boldsymbol{B}\begin{pmatrix}v_i^{\mathrm{s}}\\ v_j^{\mathrm{s}}\end{pmatrix}=\frac{GA}{\beta l}(v_j^{\mathrm{s}}-v_i^{\mathrm{s}}) \tag{3-45}$$

根据式(3-23)，截面的弯矩 M_z 可表达为：

$$M_z=EI_{zz}\boldsymbol{\kappa}=EI_{zz}\frac{\mathrm{d}^2v^{\mathrm{b}}}{\mathrm{d}x^2}$$

$$=\frac{EI_{zz}}{l^2}\left[\left(6-12\frac{x}{l}\right)(v_j^b-v_i^b)+l\left(6\frac{x}{l}-4\right)\theta_{zi}+l\left(6\frac{x}{l}-2\right)\theta_{zj}\right] \tag{3-46}$$

根据平衡方程，截面的剪力 Q 亦可表达为：

$$Q=\frac{\mathrm{d}M}{\mathrm{d}x}=\frac{6EI_{zz}}{l^3}\left[2(v_j^b-v_i^b)-l(\theta_{zi}+\theta_{zj})\right] \tag{3-47}$$

另外，根据几何关系

$$v_j-v_i=v_j^{\mathrm{b}}-v_i^{\mathrm{b}}+v_j^{\mathrm{s}}-v_i^{\mathrm{s}} \tag{3-48}$$

并且基于式(3-45)、式(3-47)和式(3-48)可得到：

$$\begin{cases}v_j^{\mathrm{b}}-v_i^{\mathrm{b}}=\frac{1}{1+b}(v_j-v_i)+\frac{lb}{2(1+b)}(\theta_{zi}+\theta_{zj})\\ v_j^{\mathrm{s}}-v_i^{\mathrm{s}}=\frac{b}{1+b}(v_j-v_i)-\frac{lb}{2(1+b)}(\theta_{zi}+\theta_{zj})\end{cases} \tag{3-49}$$

式中，$b=\frac{12EI_{zz}\beta}{GAl^2}=\frac{12EI_{zz}}{G\frac{A}{\beta}l^2}=\frac{12EI_{zz}}{GA_yl^2}$；$A_y=\frac{A}{\beta}$，为沿局部坐标系 y 轴的有效剪切面积。

将式(3-41)和式(3-49)代入式(3-44)，整理可得：

$$\boldsymbol{k}^{\mathrm{e}}\boldsymbol{\delta}^{\mathrm{e}}=\boldsymbol{P}^{\mathrm{e}} \tag{3-50}$$

其中，

$$\boldsymbol{\delta}^{e}=(v_i \quad \theta_{zi} \quad v_j \quad \theta_{zj})^{T}$$

$$\boldsymbol{k}^{e}=\frac{EI_{zz}}{(1+b)l^3}\begin{bmatrix} 12 & 6l & -12 & 6l \\ 6l & (4+b)l^2 & -6l & (2-b)l^2 \\ -12 & -6l & 12 & -6l \\ 6l & (2-b)l^2 & -6l & (4+b)l^2 \end{bmatrix} \tag{3-51}$$

$$\boldsymbol{P}^{e}=(ql/2 \quad ql^2/12 \quad ql/2 \quad -ql^2/12)^{T}$$

对比式(3-51)和式(3-27)可以看到，剪切变形的影响通过系数 $b=\dfrac{12EI_{zz}}{GA_y l^2}$体现，它使得梁的刚度减小。例如，对于高度为 h 的矩形截面梁单元，$b=\dfrac{6Eh^2}{5Gl^2}$，当 h 相对于跨度 l 很小时，剪切变形的影响可以忽略，此时，式(3-51)退化为式(3-27)。另外顺便指出，对于均匀分布的荷载 q，$\boldsymbol{P}^{e}$ 的表达式与经典梁的节点荷载向量（这将在以后介绍）的表达式完全相同。

将式(3-51)和式(3-11)组装，即可得到考虑剪切变形的 C_1 型平面梁单元的最终刚度矩阵：

$$\boldsymbol{k}^{e}=\begin{bmatrix} \frac{EA}{l} & 0 & 0 & -\frac{EA}{l} & 0 & 0 \\ 0 & \frac{12EI_{zz}}{(1+b)l^3} & \frac{6EI_{zz}}{(1+b)l^2} & 0 & \frac{-12EI_{zz}}{(1+b)l^3} & \frac{6EI_{zz}}{(1+b)l^2} \\ 0 & \frac{6EI_{zz}}{(1+b)l^2} & \frac{(4+b)EI_{zz}}{(1+b)l} & 0 & \frac{-6EI_{zz}}{(1+b)l^2} & \frac{(2-b)EI_{zz}}{(1+b)l} \\ -\frac{EA}{l} & 0 & 0 & \frac{EA}{l} & 0 & 0 \\ 0 & \frac{-12EI_{zz}}{(1+b)l^3} & \frac{-6EI_{zz}}{(1+b)l^2} & 0 & \frac{12EI_{zz}}{(1+b)l^3} & \frac{-6EI_{zz}}{(1+b)l^2} \\ 0 & \frac{6EI_{zz}}{(1+b)l^2} & \frac{(2-b)EI_{zz}}{(1+b)l} & 0 & \frac{-6EI_{zz}}{(1+b)l^2} & \frac{(4+b)EI_{zz}}{(1+b)l} \end{bmatrix} \tag{3-52}$$

3.2.3 考虑剪切变形的 C_0 型平面梁单元

考虑剪切变形的 C_1 型梁单元由于转角自由度 θ_z 并非独立插值，因此很难将剪切效应的附加位移模式推广到中厚板壳上以便考虑其剪切效应。为此，基于 Timoshenko 梁理论，可将挠度 v 和转角 θ 各自独立进行插值，此方法构建的 C_0 型单元便很容易推广应用于板壳情况。

对于由 n 个节点组成的单元，其单元的节点位移列向量为：

$$\boldsymbol{\delta}^{e}=(v_1 \quad \theta_1 \quad v_2 \quad \theta_2 \quad \cdots \quad v_n \quad \theta_n)^{T} \tag{3-53}$$

定义单元内部任一点 x 处的位移表达为：

$$v=\sum_{i=1}^{n}N_i(x)v_i \qquad \theta=\sum_{i=1}^{n}N_i(x)\theta_i$$

$$\begin{pmatrix} v \\ \theta \end{pmatrix}=\begin{bmatrix} N_i & 0 & N_2 & 0 & \cdots & N_n & 0 \\ 0 & N_i & 0 & N_2 & \cdots & 0 & N_n \end{bmatrix}(v_1 \quad \theta_1 \quad v_2 \quad \theta_2 \quad \cdots \quad v_n \quad \theta_n)^{T} \tag{3-54}$$

式中：$N_i(x)$——拉格朗日插值形函数，N_i 为 $N_i(x)$ 的简写。

对于弯曲效应，以曲率 $\boldsymbol{\kappa}$ 代表梁的广义应变，则：

$$\boldsymbol{\kappa}=\frac{\mathrm{d}\theta}{\mathrm{d}x}=\begin{pmatrix}0 & \frac{\mathrm{d}N_1}{\mathrm{d}x} & 0 & \frac{\mathrm{d}N_2}{\mathrm{d}x} & \cdots & 0 & \frac{\mathrm{d}N_n}{\mathrm{d}x}\end{pmatrix}\boldsymbol{\delta}=\boldsymbol{B}^{\mathrm{b}}\boldsymbol{\delta} \tag{3-55}$$

其中，弯曲效应对应的应变矩阵为：

$$\boldsymbol{B}^{\mathrm{b}}=\begin{pmatrix}0 & \frac{\mathrm{d}N_1}{\mathrm{d}x} & 0 & \frac{\mathrm{d}N_2}{\mathrm{d}x} & \cdots & 0 & \frac{\mathrm{d}N_n}{\mathrm{d}x}\end{pmatrix} \tag{3-56}$$

以弯矩 M_z 代表梁的广义应力，则弹性矩阵为 $\boldsymbol{D}^{\mathrm{s}}=EI_{zz}$，则弯曲效应对应的刚度矩阵为：

$$\boldsymbol{k}^{\mathrm{b}}=\int_0^l(\boldsymbol{B}^{\mathrm{b}})^{\mathrm{T}}\boldsymbol{D}^{\mathrm{b}}\boldsymbol{B}^{\mathrm{b}}\mathrm{d}x=EI_{zz}\int_0^l(\boldsymbol{B}^{\mathrm{b}})^{\mathrm{T}}\boldsymbol{B}^{\mathrm{b}}\mathrm{d}x \tag{3-57}$$

对于剪切效应，以剪应变 $\boldsymbol{\gamma}=\frac{\mathrm{d}v}{\mathrm{d}x}-\theta$ 代表梁的广义应变，则：

$$\gamma=\frac{\mathrm{d}v}{\mathrm{d}x}-\theta=\begin{pmatrix}\frac{\mathrm{d}N_1}{\mathrm{d}x} & -N_1 & \frac{\mathrm{d}N_2}{\mathrm{d}x} & -N_2 & \cdots & \frac{\mathrm{d}N_n}{\mathrm{d}x} & -N_n\end{pmatrix}\boldsymbol{\delta}=\boldsymbol{B}^{\mathrm{s}}\boldsymbol{\delta} \tag{3-58}$$

其中，剪切效应对应的应变矩阵为：

$$\boldsymbol{B}^{\mathrm{s}}=\begin{pmatrix}\frac{\mathrm{d}N_1}{\mathrm{d}x} & -N_1 & \frac{\mathrm{d}N_2}{\mathrm{d}x} & -N_2 & \cdots & \frac{\mathrm{d}N_n}{\mathrm{d}x} & -N_n\end{pmatrix} \tag{3-59}$$

以剪力 Q 为广义应力，弹性矩阵 $\boldsymbol{D}^{\mathrm{s}}=\frac{GA}{\beta}$，则剪切效应对应的刚度矩阵为：

$$\boldsymbol{k}^{\mathrm{s}}=\int_0^l(\boldsymbol{B}^{\mathrm{s}})^{\mathrm{T}}\boldsymbol{D}^{\mathrm{s}}\boldsymbol{B}^{\mathrm{s}}\mathrm{d}x=\frac{GA}{\beta}\int_0^l(\boldsymbol{B}^{\mathrm{s}})^{\mathrm{T}}\boldsymbol{B}^{\mathrm{s}}\mathrm{d}x \tag{3-60}$$

于是得到梁单元考虑剪切效应的弯曲刚度矩阵：

$$\boldsymbol{k}^{\mathrm{bs}}=\boldsymbol{k}^{\mathrm{b}}+\boldsymbol{k}^{\mathrm{s}} \tag{3-61}$$

为保证在梁高度变小时，即 $h/l\to 0$ 时，通过式(3-61)确定的单元刚度仍能得到有意义的位移非零解，$\boldsymbol{k}^{\mathrm{s}}$ 必须是奇异的，且 $\boldsymbol{k}^{\mathrm{bs}}$ 是非奇异的。然而，通过精确积分得到的 $\boldsymbol{k}^{\mathrm{s}}$ 总是非奇异，这将导致有限元分析总是得到零解。原因在于，通过式(3-54)表达的位移 v 和转角 θ 采用了同阶的插值表达式，所以剪应变 $\boldsymbol{\gamma}$ 中的 $\frac{\mathrm{d}v}{\mathrm{d}x}$ 和 θ 是不同阶的，从而导致剪切应变能被虚假地放大，相应地，弯曲应变能减小，使得位移 v 变小。在梁、板和壳的有限元分析中，这种现象被称为剪切锁死(Shear Locking)。

为避免剪切锁死，一般采用缩减积分的方法，即对于 n 个节点组成的单元，取用 $n-1$ 个点的高斯积分计算 $\boldsymbol{k}^{\mathrm{b}}$ 和 $\boldsymbol{k}^{\mathrm{s}}$。另外，还可以采用假设剪切应变的方法，该方法定义剪切应变 $\boldsymbol{\gamma}$ 为 $n-1$ 高斯积分位置剪切应变值的插值结果。这两种处理方法实际上是等效的。

对此类梁单元的收敛性分析表明，仅需要位移 v 和转角 θ 的零阶导数在单元交界面上保持连续，即单元只要求 C_0 连续性。另外，由于 2 节点单元缺少描述常弯曲状态的位移模式，因此推荐采用 3 节点或 4 节点单元。

在对梁单元进行单元分析时，通常在单元内部采用自然坐标 $\xi(-1\leqslant\xi\leqslant 1)$ 取代物理坐标 $x(0\leqslant x\leqslant l)$ 来描述形函数(图 3-10)，此时 x 和 ξ 的变换关系为：

$$\xi=\frac{2x-l}{l} \tag{3-62}$$

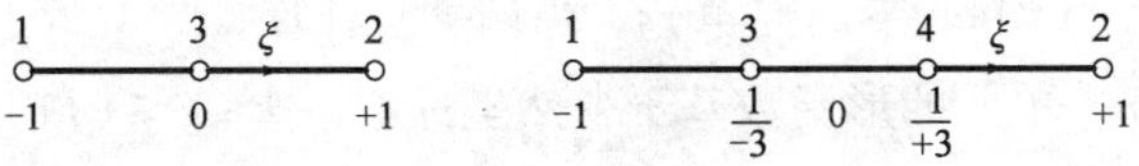

图 3-10 一维 3 节点和 4 节点母单元

对于 3 节点的二次单元，其形函数为：

$$N_1=-\frac{(1-\xi)\xi}{2}\quad N_2=\frac{(1+\xi)\xi}{2}\quad N_3=1-\xi^2 \tag{3-63}$$

对于 4 节点的三次单元，其形函数为：

$$N_1=\frac{(1-\xi)(9\xi^2-1)}{16}\quad N_2=\frac{(1+\xi)(9\xi^2-1)}{16}$$

$$N_3=\frac{9(1-\xi^2)(1-3\xi)}{16}\quad N_4=\frac{9(1-\xi^2)(1+3\xi)}{16} \tag{3-64}$$

在进行缩减积分时，高斯积分点坐标和加权系数见表 3-1。

一维高斯积分公式的积分点坐标和加权系数 $\left[\int_{-1}^{1}f(\xi)\,\mathrm{d}\xi=\sum_{i=1}^{n}H_i f(\xi_i)\right]$ 表 3-1

积分点个数 n	积分点坐标 ξ_i	加权系数 H_i
2	−0.5773502692	1.0000000000
	0.5773502692	1.0000000000
3	−0.7745966692	0.5555555556
	0.0000000000	0.8888888889
	0.7745966692	0.5555555556

在积分得到 3 节点或 4 节点单元的刚度矩阵后，可以采用静力凝聚（子结构）的方法将单元内部节点的自由度凝聚掉，从而得到 2 节点形式的单元刚度矩阵。

【例 3-1】 长度为 1.2m 的悬臂梁承受端部集中荷载作用，如图 3-11 所示，其截面为宽 0.2m、高 1m 的矩形截面。采用 3 节点平面梁单元计算端部节点 3 的位移。

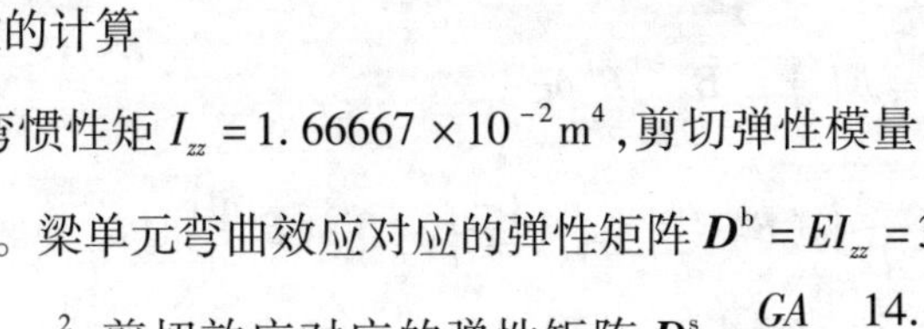

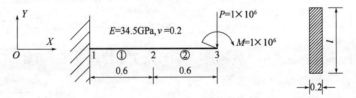

图 3-11 考虑剪切变形悬臂梁算例

（1）基本参数的计算

截面竖向抗弯惯性矩 $I_{zz}=1.66667\times10^{-2}\mathrm{m}^4$，剪切弹性模量 $G=\dfrac{E}{2(1+\nu)}=14.375\mathrm{GPa}$，截面面积 $A=0.2\mathrm{m}^2$。梁单元弯曲效应对应的弹性矩阵 $\boldsymbol{D}^{\mathrm{b}}=EI_{zz}=34.5\times10^9\times1.66667\times10^{-2}=5.750012\times10^8\mathrm{N}\cdot\mathrm{m}^2$，剪切效应对应的弹性矩阵 $\boldsymbol{D}^{\mathrm{s}}=\dfrac{GA}{\beta}=\dfrac{14.375\times10^9\times0.2}{\frac{6}{5}}=2.395838\times10^9\mathrm{N}\cdot\mathrm{m}^2$。

（2）单元刚度矩阵的计算

两个单元的刚度矩阵相同,下面以单元1为例进行计算。

单元长度 $l=0.6\text{m}$。单元的形函数基于自然坐标 $\xi(-1\leqslant\xi\leqslant1)$ 描述,取用式(3-63)所表达的形式。根据式(3-62)可得:

$$\frac{\mathrm{d}\xi}{\mathrm{d}x}=\frac{2}{l}=\frac{10}{3}\quad\frac{\mathrm{d}x}{\mathrm{d}\xi}=\frac{l}{2}=0.3\tag{3-65}$$

式中:$\frac{\mathrm{d}x}{\mathrm{d}\xi}=\frac{l}{2}$即为雅各比矩阵的行列式$|J|$。

则根据链式求导可得:

$$\frac{\mathrm{d}N_i}{\mathrm{d}x}=\frac{\mathrm{d}N_i}{\mathrm{d}\xi}\frac{\mathrm{d}\xi}{\mathrm{d}x}=\frac{10}{3}\frac{\mathrm{d}N_i}{\mathrm{d}\xi}\quad(i=1,2,3)\tag{3-66}$$

则可计算得到:

$$\begin{cases}\dfrac{\mathrm{d}N_1}{\mathrm{d}x}=\dfrac{10}{3}\dfrac{\mathrm{d}N_1}{\mathrm{d}\xi}=\dfrac{10}{3}\left(\xi-\dfrac{1}{2}\right)=\dfrac{10}{3}\xi-\dfrac{5}{3}\\[2ex]\dfrac{\mathrm{d}N_2}{\mathrm{d}x}=\dfrac{10}{3}\dfrac{\mathrm{d}N_2}{\mathrm{d}\xi}=\dfrac{10}{3}\left(\xi+\dfrac{1}{2}\right)=\dfrac{10}{3}\xi-\dfrac{5}{3}\\[2ex]\dfrac{\mathrm{d}N_3}{\mathrm{d}x}=\dfrac{10}{3}\dfrac{\mathrm{d}N_3}{\mathrm{d}\xi}=\dfrac{10}{3}(-2\xi)=-\dfrac{20}{3}\xi\end{cases}\tag{3-67}$$

弯曲效应对应的应变矩阵为:

$$\begin{aligned}\boldsymbol{B}^{\mathrm{b}}&=\begin{pmatrix}0&\dfrac{\mathrm{d}N_1}{\mathrm{d}x}&0&\dfrac{\mathrm{d}N_2}{\mathrm{d}x}&0&\dfrac{\mathrm{d}N_3}{\mathrm{d}x}\end{pmatrix}\\&=\left[0\quad\left(\frac{10}{3}\xi-\frac{5}{3}\right)\quad0\quad\left(\frac{10}{3}\xi+\frac{5}{3}\right)\quad0\quad\left(-\frac{20}{3}\xi\right)\right]\end{aligned}\tag{3-68}$$

剪切效应对应的应变矩阵为:

$$\begin{aligned}\boldsymbol{B}^{\mathrm{s}}&=\begin{pmatrix}\dfrac{\mathrm{d}N_1}{\mathrm{d}x}&-N_1&\dfrac{\mathrm{d}N_2}{\mathrm{d}x}&-N_2&\dfrac{\mathrm{d}N_3}{\mathrm{d}x}&-N_3\end{pmatrix}\\&=\left[\frac{10}{3}\xi-\frac{5}{3}\quad\frac{(1-\xi)\xi}{2}\quad\frac{10}{3}\xi+\frac{5}{3}\quad-\frac{(1+\xi)\xi}{2}\quad-\frac{20}{3}\xi\quad\xi^2-1\right]\end{aligned}\tag{3-69}$$

在刚度矩阵的积分表达式(3-57)和式(3-60)中,关于物理坐标 $x(0\leqslant x\leqslant l)$ 的积分应转换为关于自然坐标 $\xi(-1\leqslant\xi\leqslant1)$,因此有:

$$\begin{aligned}\boldsymbol{k}^{\mathrm{b}}&=EI_{zz}\int_0^l(\boldsymbol{B}^{\mathrm{b}})^{\mathrm{T}}\boldsymbol{B}^{\mathrm{b}}\mathrm{d}x=EI_{zz}\int_{-1}^1(\boldsymbol{B}^{\mathrm{b}})^{\mathrm{T}}\boldsymbol{B}^{\mathrm{b}}\frac{\mathrm{d}x}{\mathrm{d}\xi}\mathrm{d}\xi\\&=\frac{l}{2}EI_{zz}\int_{-1}^1(\boldsymbol{B}^{\mathrm{b}})^{\mathrm{T}}\boldsymbol{B}^{\mathrm{b}}\mathrm{d}\xi\end{aligned}\tag{3-70}$$

$$\begin{aligned}\boldsymbol{k}^{\mathrm{s}}&=\frac{GA}{\beta}\int_0^l(\boldsymbol{B}^{\mathrm{s}})^{\mathrm{T}}\boldsymbol{B}^{\mathrm{s}}\mathrm{d}x=\frac{GA}{\beta}\int_{-1}^1(\boldsymbol{B}^{\mathrm{s}})^{\mathrm{T}}\boldsymbol{B}^{\mathrm{s}}\frac{\mathrm{d}x}{\mathrm{d}\xi}\mathrm{d}\xi\\&=\frac{l}{2}\frac{GA}{\beta}\int_{-1}^1(\boldsymbol{B}^{\mathrm{s}})^{\mathrm{T}}\boldsymbol{B}^{\mathrm{s}}\mathrm{d}\xi\end{aligned}\tag{3-71}$$

式(3-70)和式(3-71)中,最终的 $\boldsymbol{B}^{\mathrm{b}}$ 和 $\boldsymbol{B}^{\mathrm{s}}$ 均为关于自然坐标 ξ 的函数表达式。

对于当前的3节点单元,取 $n=2$ 个高斯积分点进行缩减积分,则有:

$$\begin{cases}\xi_1 = -0.5773502692 & H_1 = 1.0 \\ \xi_2 = 0.5773502692 & H_2 = 1.0\end{cases} \tag{3-72}$$

于是刚度矩阵可表达为：

$$\boldsymbol{k}^{\mathrm{b}} = \frac{l}{2} EI_{zz} [H_1 (\boldsymbol{B}^{\mathrm{b}})^{\mathrm{T}} \boldsymbol{B}^{\mathrm{b}}|_{\xi=\xi_1} + H_2 (\boldsymbol{B}^{\mathrm{b}})^{\mathrm{T}} \boldsymbol{B}^{\mathrm{b}}|_{\xi=\xi_2}] \tag{3-73}$$

$$\boldsymbol{k}^{\mathrm{s}} = \frac{l}{2}\frac{GA}{\beta} [H_1 (\boldsymbol{B}^{\mathrm{s}})^{\mathrm{T}} \boldsymbol{B}^{\mathrm{s}}|_{\xi=\xi_1} + H_2 (\boldsymbol{B}^{\mathrm{s}})^{\mathrm{T}} \boldsymbol{B}^{\mathrm{s}}|_{\xi=\xi_2}] \tag{3-74}$$

代入数值开展运算，根据式(3-61)叠加得到梁单元刚度矩阵：

$$\boldsymbol{k}^{\mathrm{bs}} = 10^{10} \times \begin{bmatrix} 0.931715 & 0.119792 & 0.133102 & -0.039931 & -1.064817 & 0.159723 \\ 0.119792 & 0.239584 & 0.039931 & 0.023958 & -0.159723 & -0.239584 \\ 0.133102 & 0.039931 & 0.931715 & -0.119792 & -1.064817 & -0.159723 \\ -0.039931 & 0.023958 & -0.119792 & 0.239584 & 0.159723 & -0.239584 \\ -1.064817 & -0.159723 & -1.064817 & 0.159723 & 2.129634 & 0 \\ 0.159723 & -0.239584 & -0.159723 & -0.239584 & 0 & 0.575001 \end{bmatrix} \tag{3-75}$$

由图3-10可知，3节点单元的节点3为内部节点，其对应的自由度为单元内部自由度，节点1、2对应的自由度为单元边界上的自由度，则 $\boldsymbol{k}^{\mathrm{bs}}$ 可写为如下的分块矩阵形式：

$$\boldsymbol{k}^{\mathrm{bs}} = \begin{bmatrix} \boldsymbol{K}_{\mathrm{bb}} & \boldsymbol{K}_{\mathrm{bi}} \\ \boldsymbol{K}_{\mathrm{ib}} & \boldsymbol{K}_{\mathrm{ii}} \end{bmatrix} \tag{3-76}$$

其中，$\boldsymbol{K}_{\mathrm{bb}}$ 为 4×4 阶矩阵；$\boldsymbol{K}_{\mathrm{ii}}$ 为 2×2 阶矩阵；下标b表示单元边界；下标i表示单元内部。采用子结构法将单元内部自由度凝聚，得到单元的刚度矩阵：

$$\boldsymbol{K}^{\mathrm{e}} = \boldsymbol{K}_{\mathrm{bb}} - \boldsymbol{K}_{\mathrm{bi}} \boldsymbol{K}_{\mathrm{ii}}^{-1} \boldsymbol{K}_{\mathrm{ib}} \tag{3-77}$$

则计算可得到凝聚内部自由度后的2节点单元的刚度矩阵：

$$\boldsymbol{K}^{\mathrm{e}} = 10^{9} \times \begin{bmatrix} 3.54939 & 1.064817 & -3.54939 & 1.064817 \\ 1.064817 & 1.27778 & -1.064817 & -0.63889 \\ -3.54939 & -1.064817 & 3.54939 & -1.064817 \\ 1.064817 & -0.63889 & -1.064817 & 1.27778 \end{bmatrix} \tag{3-78}$$

（以下内容将在第3.4和3.5节中介绍）

(3)整体坐标系中的单元刚度矩阵

各单元的局部坐标系与整体坐标系平行，因此式(3-78)即为单元1和单元2在整体坐标系中的单元刚度。

(4)总体刚度矩阵的集成

单元的内部自由度被凝聚后，单元仅包含两端的节点和自由度，对所有节点进行未知自由度编号，得到节点1(0,0)，节点2(1,2)，节点3(3,4)。则总体刚度矩阵 $\boldsymbol{K}$ 为 4×4 阶，单元1的定位向量为(0,0,1,2)，单元2的定位向量为(1,2,3,4)。根据单元定位向量，将各单元在整体坐标系下的刚度矩阵集成到总体刚度矩阵 $\boldsymbol{K}$ 中，得到：

$$\boldsymbol{K} = 10^{9} \times \begin{bmatrix} 7.09878 & 0 & -3.54939 & 1.064817 \\ 0 & 2.555561 & -1.064817 & -0.63889 \\ -3.54939 & -1.064817 & 3.54939 & -1.064817 \\ 1.064817 & -0.63889 & -1.064817 & 1.27778 \end{bmatrix} \tag{3-79}$$

(5)总体荷载列向量的形成

对于节点 3 上承受的外荷载,根据单元定位向量可得到总体荷载列向量为:

$$\boldsymbol{P}=\begin{pmatrix}0\\0\\-10^6\\-10^6\end{pmatrix} \tag{3-80}$$

(6)节点位移的求解

根据式(3-159)所表达的结构平衡方程,可计算得到节点位移:

$$\boldsymbol{\delta}=\boldsymbol{K}^{-1}\boldsymbol{P} \tag{3-81}$$

将式(3-79)和式(3-80)代入式(3-81),得到:

$$\boldsymbol{\delta}=10^{-3}\times\begin{pmatrix}-0.876520\\-1.982605\\-2.754777\\-3.339124\end{pmatrix} \tag{3-82}$$

则悬臂梁端部节点 3 的竖向位移为 -2.754777×10^{-3} m,转动位移为 -3.339124×10^{-3} rad。

当不考虑剪切变形的影响时,节点 3 的竖向位移为 -2.253909×10^{-3} m,转动位移为 -3.339124×10^{-3} rad。对比可见,剪切效应使得悬臂梁的竖向位移增大了 22.22%,但对于转动位移无影响。

3.2.4 经典空间梁单元

本节首先介绍梁单元扭转对应的刚度矩阵,然后阐述空间梁单元刚度矩阵的形成方式。

1)梁单元的扭转变形刚度矩阵

等截面直梁的扭转变形如图 3-12 所示。单元长度为 l,截面抗扭惯性矩为 J,材料剪切模量为 G,仅具有绕局部坐标系 x 轴的转动位移,单元在两个节点位置的位移分别为 θ_{xi} 和 θ_{xj}。

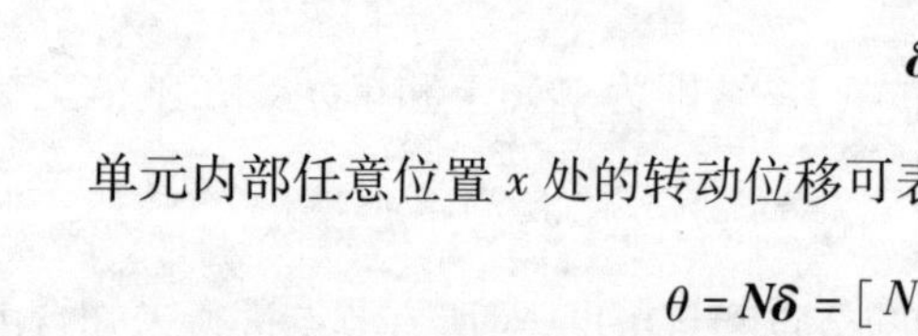

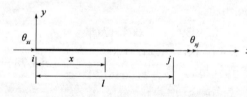

图 3-12 梁单元扭转示意

单元的节点位移列向量为:

$$\boldsymbol{\delta}=\begin{pmatrix}\theta_{xi}\\\theta_{xj}\end{pmatrix} \tag{3-83}$$

单元内部任意位置 x 处的转动位移可表达为:

$$\theta=\boldsymbol{N\delta}=[N_i(x)\quad N_j(x)]\begin{pmatrix}\theta_{xi}\\\theta_{xj}\end{pmatrix} \tag{3-84}$$

式中,$N_i(x)$,$N_j(x)$ 为拉格朗日形函数,$N_i(x)=1-x/l$,$N_j(x)=x/l$。

杆件扭转的几何方程为:

$$\begin{aligned}\alpha&=\frac{\mathrm{d}\theta}{\mathrm{d}x}=\frac{\mathrm{d}\boldsymbol{N}}{\mathrm{d}x}\boldsymbol{\delta}=\left(\frac{\mathrm{d}N_i(x)}{\mathrm{d}x}\quad\frac{\mathrm{d}N_j(x)}{\mathrm{d}x}\right)\boldsymbol{\delta}\\&=\left(-\frac{1}{l}\quad\frac{1}{l}\right)\boldsymbol{\delta}=\boldsymbol{B\delta}\end{aligned} \tag{3-85}$$

式中,α 为截面的扭转率,即单位长度的转角变化量。此时,α 为广义应变,$\boldsymbol{B}$ 为应变矩阵。

杆件扭转的应力应变关系为：

$$M_x = GJ\alpha \tag{3-86}$$

式中，M_x 为扭矩；G 为剪切弹性模量；J 为截面抗扭惯性矩。此时，M_x 为广义应力，则其弹性矩阵为：

$$\boldsymbol{D} = GJ \tag{3-87}$$

根据有限元分析理论，单元局部坐标系中的刚度矩阵表达为：

$$\boldsymbol{k}^{\mathrm{e}} = \iiint_{\Omega} \boldsymbol{B}^{\mathrm{T}}\boldsymbol{D}\boldsymbol{B}\mathrm{d}\Omega \tag{3-88}$$

考虑到广义应变 α 和广义应力 M_x 定义于杆件的全截面，则杆单元扭转的刚度矩阵为：

$$\begin{aligned}\boldsymbol{k}^{\mathrm{e}} &= \iiint_{\Omega} \boldsymbol{B}^{\mathrm{T}}\boldsymbol{D}\boldsymbol{B}\mathrm{d}\Omega = \int_0^l \boldsymbol{B}^{\mathrm{T}}\boldsymbol{D}\boldsymbol{B}\mathrm{d}x \\ &= GJ\int_0^l \begin{pmatrix} -\dfrac{1}{l} \\ \dfrac{1}{l} \end{pmatrix}\begin{pmatrix} -\dfrac{1}{l} & \dfrac{1}{l} \end{pmatrix}\mathrm{d}x = \frac{GJ}{l}\begin{bmatrix} 1 & -1 \\ -1 & 1 \end{bmatrix}\end{aligned} \tag{3-89}$$

2）空间梁单元刚度矩阵的合成

对于如图 3-13 所示的空间梁单元，单元每个节点具有 3 个线位移和 3 个转角位移，单元的节点位移列向量为：

$$\boldsymbol{\delta} = (u_i \quad v_i \quad w_i \quad \theta_{xi} \quad \theta_{yi} \quad \theta_{zi} \quad u_j \quad v_j \quad w_j \quad \theta_{xj} \quad \theta_{yj} \quad \theta_{zj})^{\mathrm{T}} \tag{3-90}$$

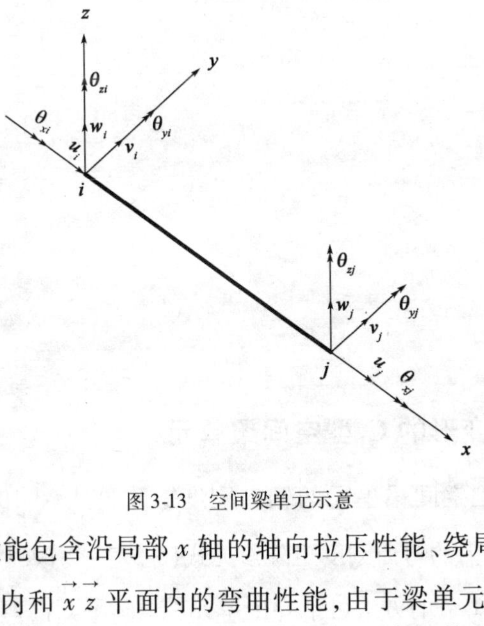

图 3-13 空间梁单元示意

空间梁单元的受力性能包含沿局部 x 轴的轴向拉压性能、绕局部 x 轴的扭转性能和分别在局部坐标系 $\vec{x}\vec{y}$ 平面内和 $\vec{x}\vec{z}$ 平面内的弯曲性能，由于梁单元的轴向变形、扭转变形和弯曲变形互不耦联，因此，空间梁单元的刚度矩阵可由上述四种受力性能对应的刚度矩阵组装而成。

梁单元的轴向刚度矩阵见式(3-10)，扭转刚度矩阵见式(3-89)，局部坐标系 $\vec{x}\vec{y}$ 平面内的弯曲刚度矩阵见式(3-27)。引入截面绕局部坐标系 y 轴的抗弯惯性矩 I_{yy}，按照第 3.2.1 节的方法可推导出单元在 $\vec{x}\,\vec{z}$ 平面内弯曲对应的刚度矩阵。不考虑各种受力模式之间的耦合，组装得到空间梁单元的刚度矩阵为：

$$
\boldsymbol{k}^{\mathrm{e}}=\begin{bmatrix}
\frac{EA}{l} & 0 & 0 & 0 & 0 & 0 & -\frac{EA}{l} & 0 & 0 & 0 & 0 & 0 \\
 & \frac{12EI_{zz}}{l^3} & 0 & 0 & 0 & \frac{6EI_{zz}}{l^2} & 0 & -\frac{12EI_{zz}}{l^3} & 0 & 0 & 0 & \frac{6EI_{zz}}{l^2} \\
 & & \frac{12EI_{yy}}{l^3} & 0 & -\frac{6EI_{yy}}{l^2} & 0 & 0 & 0 & -\frac{12EI_{yy}}{l^3} & 0 & -\frac{6EI_{yy}}{l^2} & 0 \\
 & & & \frac{GJ}{l} & 0 & 0 & 0 & 0 & 0 & -\frac{GJ}{l} & 0 & 0 \\
 & & & & \frac{4EI_{yy}}{l} & 0 & 0 & 0 & \frac{6EI_{yy}}{l^2} & 0 & \frac{2EI_{yy}}{l} & 0 \\
 & & & & & \frac{4EI_{zz}}{l} & 0 & -\frac{6EI_{zz}}{l^2} & 0 & 0 & 0 & \frac{2EI_{zz}}{l} \\
 & & & & & & \frac{EA}{l} & 0 & 0 & 0 & 0 & 0 \\
 & & \text{对} & & & & & \frac{12EI_{zz}}{l^3} & 0 & 0 & 0 & -\frac{6EI_{zz}}{l^2} \\
 & & & & & & & & \frac{12EI_{yy}}{l^3} & 0 & \frac{6EI_{yy}}{l^2} & 0 \\
 & & & & \text{称} & & & & & \frac{GJ}{l} & 0 & 0 \\
 & & & & & & & & & & \frac{4EI_{yy}}{l} & 0 \\
 & & & & & & & & & & & \frac{4EI_{zz}}{l}
\end{bmatrix}
\tag{3-91}
$$

3.2.5 考虑剪切变形的 C_1 型空间梁单元

考虑剪切变形的 C_1 型空间梁单元的轴向刚度矩阵见式(3-10)，扭转刚度矩阵见式(3-89)，局部坐标系 $\vec{x}\,\vec{y}$ 平面内的弯曲刚度矩阵参见式(3-51)。引入截面绕局部坐标系 y 轴的抗弯惯性矩 I_{yy}，按照第3.2.1节的方法可推导出单元在 $\vec{x}\,\vec{z}$ 平面内弯曲对应的刚度矩阵。不考虑各种受力模式之间的耦合，组装得到空间梁单元的刚度矩阵如式(3-92)所示，式中，I_z 为 I_{zz} 的简写；I_y 为 I_{yy} 的简写；$b_y=\frac{12EI_{zz}}{GA_y l^2}$；$b_z=\frac{12EI_{yy}}{GA_z l^2}$；$A_y$ 和 A_z 分别为沿局部坐标系 y 轴和 z 轴的有效剪切面积。

$$
\overline{\boldsymbol{k}}^{\mathrm{e}}=\begin{bmatrix}
\frac{EA}{l} & 0 & 0 & 0 & 0 & 0 & -\frac{EA}{l} & 0 & 0 & 0 & 0 & 0\\
0 & \frac{12EI_z}{(1+b_z)l^3} & 0 & 0 & 0 & \frac{6EI_z}{(1+b_z)l^2} & 0 & -\frac{12EI_z}{(1+b_z)l^3} & 0 & 0 & 0 & \frac{6EI_z}{(1+b_z)l^2}\\
0 & 0 & \frac{12EI_y}{(1+b_y)l^3} & 0 & -\frac{6EI_y}{(1+b_y)l^2} & 0 & 0 & 0 & -\frac{12EI_y}{(1+b_y)l^3} & 0 & -\frac{6EI_y}{(1+b_y)l^2} & 0\\
0 & 0 & 0 & \frac{GJ}{l} & 0 & 0 & 0 & 0 & 0 & -\frac{GJ}{l} & 0 & 0\\
0 & 0 & -\frac{6EI_y}{(1+b_y)l^2} & 0 & \frac{(4+b_y)EI_y}{(1+b_y)l} & 0 & 0 & 0 & \frac{6EI_y}{(1+b_y)l^2} & 0 & \frac{(2-b_y)EI_y}{(1+b_y)l} & 0\\
0 & \frac{6EI_z}{(1+b_z)l^2} & 0 & 0 & 0 & \frac{(4+b_z)EI_z}{(1+b_z)l} & 0 & -\frac{6EI_z}{(1+b_z)l^2} & 0 & 0 & 0 & \frac{(2-b_z)EI_z}{(1+b_z)l}\\
-\frac{EA}{l} & 0 & 0 & 0 & 0 & 0 & \frac{EA}{l} & 0 & 0 & 0 & 0 & 0\\
0 & -\frac{12EI_z}{(1+b_z)l^3} & 0 & 0 & 0 & -\frac{6EI_z}{(1+b_z)l^2} & 0 & \frac{12EI_z}{(1+b_z)l^3} & 0 & 0 & 0 & -\frac{6EI_z}{(1+b_z)l^2}\\
0 & 0 & -\frac{12EI_y}{(1+b_y)l^3} & 0 & \frac{6EI_y}{(1+b_y)l^2} & 0 & 0 & 0 & \frac{12EI_y}{(1+b_y)l^3} & 0 & \frac{6EI_y}{(1+b_y)l^2} & 0\\
0 & 0 & 0 & -\frac{GJ}{l} & 0 & 0 & 0 & 0 & 0 & \frac{GJ}{l} & 0 & 0\\
0 & 0 & -\frac{6EI_y}{(1+b_y)l^2} & 0 & \frac{(2-b_y)EI_y}{(1+b_y)l} & 0 & 0 & 0 & \frac{6EI_y}{(1+b_y)l^2} & 0 & \frac{(4+b_y)EI_y}{(1+b_y)l} & 0\\
0 & \frac{6EI_z}{(1+b_z)l^2} & 0 & 0 & 0 & \frac{(2-b_z)EI_z}{(1+b_z)l} & 0 & -\frac{6EI_z}{(1+b_z)l^2} & 0 & 0 & 0 & \frac{(4+b_z)EI_z}{(1+b_z)l}
\end{bmatrix}
\tag{3-92}
$$

3.3 索 单 元

在桥梁结构分析中,经常会遇到斜拉桥的拉索、悬索桥的主缆、施工过程中使用的缆风索和扣索等柔索构件。柔索的特点是抗弯刚度很小,索的自重对结构平衡的影响不可忽略。结构分析中通常使用对直线杆单元进行 Ernst 弹性模量修正或直接采用曲线索单元对柔索进行模拟,其中,曲线索单元分为抛物线索单元和悬链线索单元。本节介绍 Ernst 弹性模量修正方法和常用的两节点悬链线曲线索单元相关原理和实现方法。

3.3.1 直线索单元(Ernst 修正)

柔索在自重的的作用下一般呈悬垂状态而不再是直线,因此不能简单地按照一般的拉压直杆(已经在 3.1.1 节介绍)来模拟,而是应该考虑自重垂度的影响,本节介绍基于一般拉压直杆进行 Ernst 弹性模量修正的方法。

对于如图 3-14 所示的索单元,其长度以弦长 L_c 描述,截面积为 A,重度为 γ,材料弹性模量为 E,仅具有沿局部坐标系 x 轴的线位移,单元在两个节点位置的位移分别为 u_i 和 u_j。不考虑自重线荷载 $q=\gamma A$ 时的单元刚度矩阵推导过程参见第 3.1.1 节,其表达式为

$$\boldsymbol{k}^{e}=\frac{EA}{L_c}\begin{bmatrix}1 & -1\\ -1 & 1\end{bmatrix} \tag{3-93}$$

自重荷载 q 使得索单元发生下垂,局部坐标系中跨中位置的垂度定义为 f_0。

为方便描述垂度对于索单元刚度的影响,令索单元 i 节点位置固定,如图 3-15 所示。此时,在索单元 j 节点承受沿局部坐标系 x 轴正向的拉力 ΔT 作用时,索单元应力增量为 $\Delta\sigma$。不考虑索单元的弹性伸长量,在 ΔT 作用下,j 节点移动到 j' 位置,索单元沿 x 轴的索长增量为 ΔL_f,跨中的垂度减小量为 Δf,因此 ΔL_f 即为由于索垂度减小而产生的索长增量,称为垂度伸长量。基于小位移理论,对于线性单元,平衡方程的建立是基于单元未发生变形的位置来描述的,因此,对索单元而言,ΔT 作用时单元内与垂度相关的索长增量 ΔS_f 为

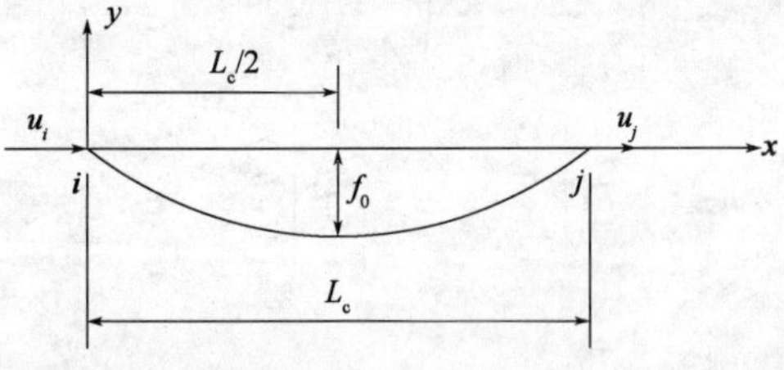

图 3-14 索单元示意

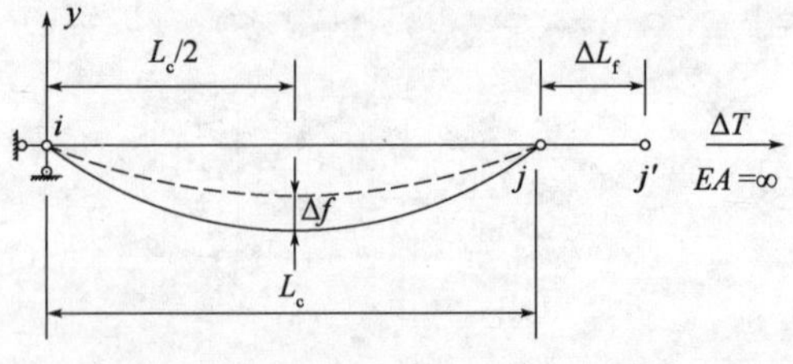

图 3-15 索单元的垂度变化与索长变化

$$\Delta S_f=-\Delta L_f \tag{3-94}$$

考虑弹性变形的影响,则索长增量 ΔL_c 可表达为索单元的弹性伸长量 ΔL_e 与垂度伸长量 ΔL_f 之和,即

$$\Delta L_c=\Delta L_e+\Delta L_f \tag{3-95}$$

ΔT 作用下索单元 x 轴方向的应变可表达为

$$\varepsilon=\frac{\Delta L_{\mathrm{c}}}{L_{\mathrm{c}}}=\frac{\Delta L_{\mathrm{e}}}{L_{\mathrm{c}}}+\frac{\Delta L_{\mathrm{f}}}{L_{\mathrm{c}}}=\varepsilon_{\mathrm{e}}+\varepsilon_{\mathrm{f}} \tag{3-96}$$

式中：ε_{e}——弹性应变，$\varepsilon_{\mathrm{e}}=\frac{\Delta L_{\mathrm{e}}}{L_{\mathrm{c}}}$；

ε_{f}——垂度应变，$\varepsilon_{\mathrm{f}}=\frac{\Delta L_{\mathrm{f}}}{L_{\mathrm{c}}}$。

仿照应力应变关系式 $\varepsilon_{\mathrm{e}}=\frac{\Delta\sigma}{E_{\mathrm{e}}}$，引入垂度模量 E_{f}，使得 $\varepsilon_{\mathrm{f}}=\frac{\Delta\sigma}{E_{\mathrm{f}}}$，则式(3-96)可写为

$$\varepsilon=\frac{\Delta\sigma}{E_{\mathrm{e}}}+\frac{\Delta\sigma}{E_{\mathrm{f}}}=\frac{E_{\mathrm{f}}+E_{\mathrm{e}}}{E_{\mathrm{e}}E_{\mathrm{f}}}\Delta\sigma \tag{3-97}$$

由此可得

$$\Delta\sigma=\frac{E_{\mathrm{f}}}{E_{\mathrm{e}}+E_{\mathrm{f}}}E_{\mathrm{e}}\varepsilon=E_{\mathrm{ef}}\varepsilon \tag{3-98}$$

式中：E_{ef}——考虑垂度效应后的等效弹性模量或修正弹性模量，记为

$$E_{\mathrm{ef}}=\frac{E_{\mathrm{f}}}{E_{\mathrm{e}}+E_{\mathrm{f}}}E_{\mathrm{e}} \tag{3-99}$$

由式(3-99)可见，考虑垂度影响后，直杆索单元的等效弹性模量 E_{ef} 比材料弹性模量 E_{e} 要小。

在小垂度的情况下，索单元的弦长 L_c 与索长 S 差异很小，此时可将沿索长均布的自重荷载 q 视为沿弦长均布。基于此假设建立如图 3-16 所示的计算图式，其中，Y 轴正向与 q 方向相反，弦长 L_c 与 X 轴夹角为 α(可称之为高差角)，L_c 在两个坐标轴上的投影分别为 L_x 和 L_y，$X=L_x/2$ 处的垂度为 f_m。

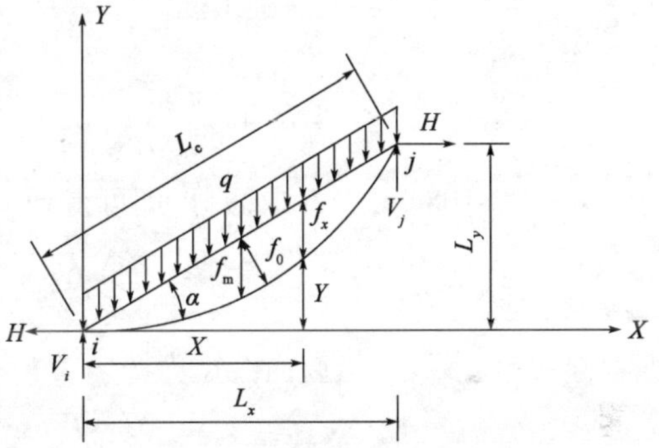

图 3-16 局部荷载作用下的索单元

由 $\sum M_j=0$ 可得

$$qL_{\mathrm{c}}\frac{L_x}{2}-HL_y-V_iL_x=0 \tag{3-100}$$

由索单元内部任意 X 位置弯矩为零，可得

$$q\frac{X}{\cos\alpha}\frac{X}{2}-HY-V_iX=0 \tag{3-101}$$

联立式(3-100)和式(3-101)消去 V_i，可得到索形的抛物线表达式

$$Y=X\tan\alpha+\frac{qX(X-L_x)}{2H\cos\alpha} \tag{3-102}$$

垂度 f_x 因此可表达为

$$f_x=X\tan\alpha-Y=\frac{qX(L_x-X)}{2H\cos\alpha} \tag{3-103}$$

由此可知 $X=L_x/2$ 时的垂度 f_m 为垂度最大值，其值为

$$f_{\mathrm{m}}=\frac{qL_x^2}{8H\cos\alpha} \tag{3-104}$$

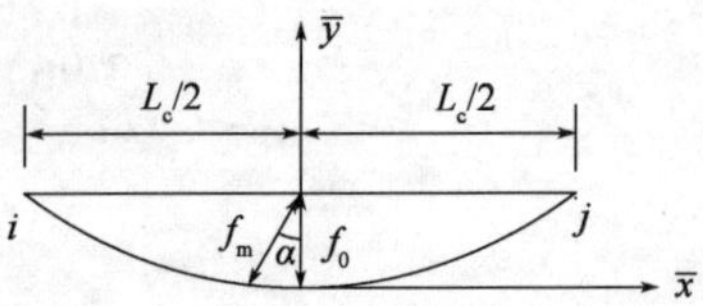

图 3-17　索单元的近似形状

建立如图 3-17 所示的局部坐标系$\overrightarrow{\bar{x}\ \bar{y}}$,假设高差角 α 较小,则可近似认为当前坐标系中的垂度关于坐标轴 $\bar{y}$ 对称分布,且存在

$$f_0 = f_m \cos\alpha = \frac{qL_x^2}{8H} \tag{3-105}$$

则局部坐标系$\overrightarrow{\bar{x}\ \bar{y}}$中的抛物线方程可表达为

$$\bar{y} = \frac{4f_0}{L_c^2}\bar{x}^2 \tag{3-106}$$

索长 S 可由下式计算

$$S = 2\int_0^{\frac{L_c}{2}} \sqrt{1 + \left(\frac{d\bar{y}}{d\bar{x}}\right)^2}\, d\bar{x} \tag{3-107}$$

对 $\sqrt{1 + \left(\frac{d\bar{y}}{d\bar{x}}\right)^2}$ 进行麦克劳林级数展开,取前两项并将式(3-105)代入其中,则

$$S = 2\int_0^{\frac{L_c}{2}} \left[1 + \frac{1}{2}\left(\frac{d\bar{y}}{d\bar{x}}\right)^2\right] d\bar{x} = 2\int_0^{\frac{L_c}{2}} \left[1 + \frac{1}{2}\left(\frac{8f_0}{L_c^2}\bar{x}\right)^2\right] d\bar{x}$$

$$= L_c + \frac{q^2 L_x^4}{24 L_c H^2} \tag{3-108}$$

对式(3-108)关于 H 取微分,即可得到

$$\Delta S = -\frac{q^2 L_x^4}{12 L_c H^3}\Delta H \tag{3-109}$$

在索单元端部,沿弦向的拉力 T 与 H 存在如下关系

$$H = T\cos\alpha \quad \Delta H = \Delta T\cos\alpha \tag{3-110}$$

将式(3-110)代入式(3-109),可得

$$\Delta S = -\frac{q^2 L_x^2 L_c}{12T^3}\Delta T \tag{3-111}$$

式(3-111)中的 ΔS 即为 ΔT 作用时单元内与垂度相关的索长增量 ΔS_f,则根据式(3-94)可知对应的垂度伸长量 ΔL_f 为

$$\Delta L_f = \frac{q^2 L_x^2 L_c}{12T^3}\Delta T \tag{3-112}$$

垂度应变为

$$\varepsilon_f = \frac{\Delta L_f}{L_c} = \frac{q^2 L_x^2}{12T^3}\Delta T \tag{3-113}$$

引入 $\varepsilon_f = \frac{\Delta\sigma}{E_f} = \frac{\Delta T/A}{E_f}$,并将 $\sigma = \frac{T}{A}$代入式(3-113)整理可得

$$E_f = \frac{12\sigma^3}{\gamma^2 L_x^2} \tag{3-114}$$

将式(3-114)代入式(3-99)整理可得

$$E_{\mathrm{ef}}=\frac{E_{\mathrm{f}}}{E_{\mathrm{e}}+E_{\mathrm{f}}}E_{\mathrm{e}}=\frac{E_{\mathrm{e}}}{1+\dfrac{E_{\mathrm{e}}}{E_{\mathrm{f}}}}=\frac{E_{\mathrm{e}}}{1+\dfrac{\gamma^2L_x^2E_{\mathrm{e}}}{12\sigma^3}} \tag{3-115}$$

式(3-115)即为 Ernst 弹性模量修正公式。

由上述推导过程可知,Ernst 弹性模量修正公式的适用条件为小位移理论、小垂度 f_{e}(大应力通常对应着小垂度)和小高差角 α。

3.3.2 两节点曲线索单元(基于悬链线理论)

当索长较短且索拉力较大时,可以采用直杆单元模拟并考虑 Ernst 弹性模量修正,否则,分析时必须将柔索划分为足够多的直杆单元,这在使用上存在不方便之处。为此,下面基于悬链线理论建立更为一般的两节点柔索单元刚度方程。

根据柔索的特点,在不影响计算精度的情况,作如下假定:

(1)索只能受拉、不能受弯;

(2)索仅承受索端集中力和沿索长均匀分布的线荷载 q;

(3)索的应力—应变关系符合胡克定律。

对于如图 3-18 所示的索单元,局部坐标系的原点位于索单元 i 节点,线荷载 q 的方向为 y 轴负向,且位于局部坐标系的 $\overrightarrow{x\ y}$ 平面内。索单元两个节点的索端力列向量为$(F_i^x \quad F_i^y \quad F_j^x \quad F_j^y)^{\mathrm{T}}$,各力分量的方向与坐标轴方向相同时为正,$T_i$ 和 T_j 为两个索端的合力。单元的位移列向量为$(u_i \quad v_i \quad u_j \quad v_j)^{\mathrm{T}}$。定义索单元在局部坐标系中的投影长度分别为 $L_x=x_j-x_i$ 和 $L_y=y_j-y_i$,弦长 $L_{\mathrm{c}}=\sqrt{L_x^2+L_y^2}$。索的弹性模量为 E,面积为 A,无应力索长为 L_{u}。

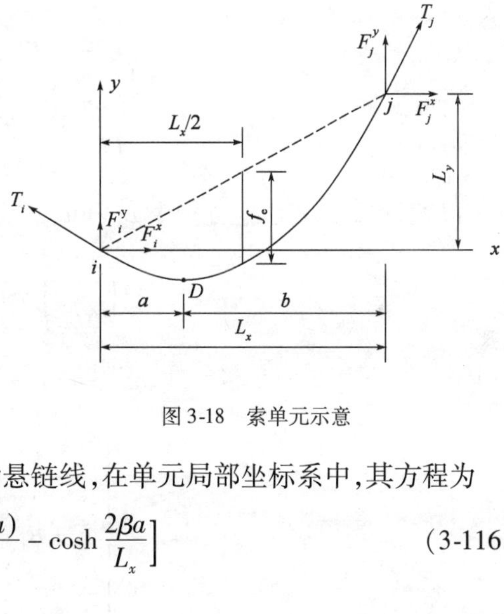

图 3-18 索单元示意

索单元在均布荷载 q 作用下,平衡后的线形为悬链线,在单元局部坐标系中,其方程为

$$y=\frac{L_x}{2\beta}\left[\cosh\frac{2\beta(x-a)}{L_x}-\cosh\frac{2\beta a}{L_x}\right] \tag{3-116}$$

式中:

$$\begin{cases}\beta=\dfrac{qL_x}{2F_j^x}\\[2ex] a=\dfrac{L_x}{2}-\dfrac{L_x}{2\beta}\sinh^{-1}\dfrac{L_y}{L_{\mathrm{h0}}}\\[2ex] L_{\mathrm{h0}}=\dfrac{L_x}{\beta}\sinh\beta\end{cases} \tag{3-117}$$

式(3-117)中,a 为悬链线几何图形最低点 D 的 x 坐标(图 3-18),L_{h0} 为当 $L_y=0$(索两端无高差)时的索长。另外,$x=L_x/2$ 时索的垂度为

$$f_e = \frac{L_x}{2\beta}(\cosh\beta - 1)\sqrt{1 + \left(\frac{L_y}{L_{h0}}\right)^2} \tag{3-118}$$

索单元在均布荷载 q 作用下的索长 S 和弹性伸长量 ΔS 分别为

$$\begin{cases} S = \sqrt{L_y^2 + L_{h0}^2} \\ \Delta S = \dfrac{F_j^x}{2EA}\left[L_x + \dfrac{S^2 + L_y^2}{\sqrt{S^2 - L_y^2}}\cosh\beta\right] \end{cases} \tag{3-119}$$

索单元两个节点的索端力存在如下关系

$$\begin{cases} F_j^x = -F_i^x \\ F_j^y = qL_u - F_i^y \\ T_i = \sqrt{(F_i^x)^2 + (F_i^y)^2} \\ T_j = \sqrt{(F_j^x)^2 + (F_j^y)^2} \end{cases} \tag{3-120}$$

由式(3-120)可见,只需要知道任意一个节点的 2 个索端力分量,则其余的 4 个力均可导出。

索单元的两个投影长度 L_x 和 L_y 与索端力存在如下关系

$$\begin{cases} L_x = -F_i^x\left(\dfrac{L_u}{EA} + \dfrac{1}{q}\ln\dfrac{T_j + F_j^y}{T_i - F_i^y}\right) \\ L_y = \dfrac{T_j^2 - T_i^2}{2EAq} + \dfrac{T_j - T_i}{q} \end{cases} \tag{3-121}$$

以 F_x^i 和 F_y^i 为变量,分别令 L_x 和 L_y 对其取微分,可得

$$\begin{pmatrix} \Delta L_x \\ \Delta L_y \end{pmatrix} = \begin{bmatrix} A_1 & A_2 \\ B_1 & B_2 \end{bmatrix}\begin{pmatrix} \Delta F_i^x \\ \Delta F_i^y \end{pmatrix} \tag{3-122}$$

式中:

$$\begin{cases} A_1 = \dfrac{L_x}{F_i^x} + \dfrac{1}{q}\left(\dfrac{F_j^y}{T_j} + \dfrac{F_i^y}{T_i}\right) \\ A_2 = B_1 = \dfrac{F_i^x}{q}\left(\dfrac{1}{T_j} - \dfrac{1}{T_i}\right) \\ B_2 = -\dfrac{L_u}{EA} - \dfrac{1}{q}\left(\dfrac{F_i^y}{T_i} + \dfrac{F_j^y}{T_j}\right) \end{cases} \tag{3-123}$$

据此可写出 i 节点索端力增量与投影长度增量的关系

$$\begin{pmatrix} \Delta F_i^x \\ \Delta F_i^y \end{pmatrix} = \begin{bmatrix} \dfrac{B_2}{C} & -\dfrac{A_2}{C} \\ -\dfrac{B_1}{C} & \dfrac{A_1}{C} \end{bmatrix}\begin{pmatrix} \Delta L_x \\ \Delta L_y \end{pmatrix} \tag{3-124}$$

式中:

$$C = A_1B_2 - A_2B_1 \tag{3-125}$$

同理可写出 j 节点索端力增量与投影长度增量直接的关系为

$$\begin{pmatrix}\Delta F_j^x \\ \Delta F_j^y\end{pmatrix}=\begin{bmatrix}-\dfrac{B_2}{C} & \dfrac{A_2}{C} \\ \dfrac{B_1}{C} & -\dfrac{A_1}{C}\end{bmatrix}\begin{pmatrix}\Delta L_x \\ \Delta L_y\end{pmatrix} \tag{3-126}$$

基于 $L_x = x_j - x_i$ 和 $L_y = y_j - y_i$，可得到

$$\begin{cases}\Delta L_x = \Delta u_j - \Delta u_i \\ \Delta L_y = \Delta v_j - \Delta v_i\end{cases} \tag{3-127}$$

将式(3-127)代入式(3-124)和式(3-126)，整理可得

$$\Delta \boldsymbol{F}^{\mathrm{e}} = \boldsymbol{K}_{\mathrm{T}}^{\mathrm{e}} \Delta \boldsymbol{\delta}^{\mathrm{e}} \tag{3-128}$$

式中：

$$\Delta \boldsymbol{F}^{\mathrm{e}} = (\Delta F_i^x \quad \Delta F_i^y \quad \Delta F_j^x \quad \Delta F_j^y)$$

$$\Delta \boldsymbol{\delta}^{\mathrm{e}} = (\Delta u_i \quad \Delta v_i \quad \Delta u_j \quad \Delta v_j)$$

$$\boldsymbol{K}_{\mathrm{T}}^{\mathrm{e}} = \begin{bmatrix}-a_1 & -a_3 & a_1 & a_3 \\ & -a_2 & a_3 & a_2 \\ \text{对} & & -a_1 & -a_3 \\ & \text{称} & & -a_2\end{bmatrix} \tag{3-129}$$

$$a_1 = -\frac{B_2}{C} \quad a_3 = \frac{A_2}{C} \quad a_2 = -\frac{A_1}{C}$$

式(3-128)即为柔索单元的切线刚度平衡方程；$\boldsymbol{K}_{\mathrm{T}}^{\mathrm{e}}$ 为切线刚度矩阵。当 $L_x = 0$ 时，索单元退化为直杆单元，其刚度矩阵为

$$\boldsymbol{K}_{\mathrm{T}}^{\mathrm{e}} = \begin{bmatrix}0 & 0 & 0 & 0 \\ & -\dfrac{1}{B_2} & 0 & \dfrac{1}{B_2} \\ \text{对} & & 0 & 0 \\ & \text{称} & & -\dfrac{1}{B_2}\end{bmatrix} \tag{3-130}$$

由上述推导过程可知，索单元的切线刚度矩阵与单元的平衡位置和受力状态相关，因此，它是一个非线性单元，在有限元分析中需要进行迭代求解。

在索端力已知的情况下，可直接计算当前平衡位置柔索单元的切线刚度矩阵 $\boldsymbol{K}_{\mathrm{T}}^{\mathrm{e}}$。当索端力未知时，基于索单元的 EA、q、L_{u}、L_x 和 L_y 进行迭代可以求得索端力。在进行索端力的迭代求解之前，首先需要为索端力$(F_i^x \quad F_i^y)^{\mathrm{T}}$ 赋初始值$(F_i^{x0} \quad F_i^{y0})^{\mathrm{T}}$，此初始值可根据悬链线理论的以下三个公式进行估算

$$S^2 = L_y^2 + L_x^2\left(\frac{\sinh\beta}{\beta}\right)^2 \tag{3-131}$$

$$F_i^y = \frac{q}{2}(L_{\mathrm{u}} - L_y \coth\beta) \tag{3-132}$$

$$\beta = \frac{qL_x}{2F_j^x} \tag{3-133}$$

当 $L_u > L_c$ 时，将 $S = L_u$ 代入式(3-131)，对其中的 $\sinh\beta$ 进行麦克劳林级数展开并取前两项，整理后可得

$$\beta = \sqrt{6}\sqrt{\left[\left(\frac{L_u^2 - L_y^2}{L_x^2}\right)^{\frac{1}{2}} - 1\right]} \tag{3-134}$$

将式(3-134)代入式(3-133)和式(3-132)即可计算初始值$(F_i^{x0} \quad F_i^{y0})^T$。当 $L_u \leqslant L_c$ 时，式(3-134)不再适用，可取 β 为小值(如0.1)。另外，当 $L_x = 0$，式(3-134)亦不再适用，此时可取 β 为大值(如10^6)。

在索端力初值$(F_i^{x0} \quad F_i^{y0})^T$已知的情况下，根据式(3-120)计算其余的4个力值，然后根据式(3-121)计算当前索端力对应的投影长度$(L_x^0 \quad L_y^0)^T$。定义当前计算投影长度的误差为

$$\begin{pmatrix} e_x \\ e_y \end{pmatrix} = \begin{pmatrix} L_x^0 \\ L_y^0 \end{pmatrix} - \begin{pmatrix} L_x \\ L_y \end{pmatrix} \tag{3-135}$$

若$(e_x \quad e_y)^T$满足误差控制要求，则此时的索端力即为所求。否则，下一次计算时希望通过对投影长度给予修正量$(\Delta L_x \quad \Delta L_y)^T$，使得误差趋于零，即

$$\begin{pmatrix} e_x \\ e_y \end{pmatrix} + \begin{pmatrix} \Delta L_x \\ \Delta L_y \end{pmatrix} = \begin{pmatrix} 0 \\ 0 \end{pmatrix} \tag{3-136}$$

则基于式(3-124)，投影长度修正量$(\Delta L_x \quad \Delta L_y)^T$对应的索端力修正量为

$$\begin{pmatrix} \Delta F_i^x \\ \Delta F_i^y \end{pmatrix} = \begin{bmatrix} \dfrac{B_2}{C} & -\dfrac{A_2}{C} \\ -\dfrac{B_1}{C} & \dfrac{A_1}{C} \end{bmatrix} \begin{pmatrix} -e_x \\ -e_y \end{pmatrix} \tag{3-137}$$

使用$(\Delta F_i^x \quad \Delta F_i^y)^T$修正$(F_i^{x0} \quad F_i^{y0})^T$，重复上述过程，即可求出所有的索端力。需要指出，当索 $L_x = 0$，由于水平索端力 F_i^x 为零，因此仅考虑对 F_i^y 的修正，其修正公式为 $\Delta F_i^y = -e_y/B_2$。索端力确定后，便可基于式(3-116)计算得到索单元具体的线形。

工程中还会遇到已知索单元的 EA、q、L_x 和 L_y，需要求解无应力长度 L_u 的问题。此时，只需要再增加一个已知量(例如6个索端力中的任意一个、跨中垂度 f_e 或者其他量)，则可以采用迭代的方法调用上述迭代求解索端力的过程(以下简称为"索力求解过程")进行求解。以已知 f_e 为例，考虑到 f_e 与 L_u 为正比关系，求解步骤如下：

第1步：以 L_c 为 L_u 的初始值，以指定步长 dL_u 不断减小 L_u，基于"索力求解过程"计算索端力，然后按照式(3-118)计算对应的 f_e^1，直到 $f_e^1 \leqslant f_e$，保留此时的无应力长度为 L_u^1。

第2步：以 L_u^1 为 L_u 的初始值，以指定步长 dL_u 不断增大 L_u，基于"索力求解过程"计算索端力，然后按照式(3-118)计算对应的 f_e^2，直到 $f_e^2 \geqslant f_e$，保留此时的无应力长度为 L_u^2。

第3步：以$(L_u^1 \quad L_u^2)$为 L_u 的初始取值区间，采用二分法不断缩小区间长度，取区间中点为 L_u 进行迭代计算得到垂度 f_e^3，即可通过对垂度的误差 $f_e^3 - f_e$ 进行控制得到满足精度要求的最终 L_u。

【例3-2】 使用柔索单元计算如图3-19所示的柔索索端力与索端位置的关系。索的 i 节点坐标为(0,90)，j 节点 y 坐标始终为30，其 x 坐标分别为0、20、40、60、80和100。索在基准温度下的无应力长度为100，EA 为 3×10^7，线膨胀系数为 6.5×10^{-6}，考虑升温100℃，均布荷

载 q 为 1。图 3-19 给出使用一个柔索单元计算得到的结果，其中，柔索 j 节点位于(40,30)时的索端力迭代计算过程见表 3-2。在表 3-2 中，升温效应体现在对无应力长度 L_u 的修正上。

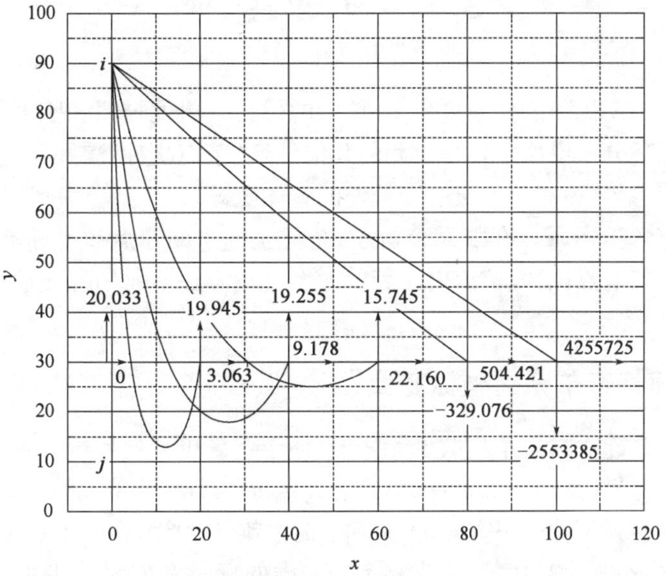

图 3-19 自重作用下索端力与索端位置的关系

柔索 j 节点位于(40,30)时索端力计算过程 表 3-2

计算参数	EA	q	L_u	L_x	L_y	L_c
	3.00×10^{7}	1	100.06500	40	-60	72.11103
初始值	β	ε	注：ε 为误差控制精度			
	2.451976	1.00×10^{-5}				
第 1 次迭代	F_i^x	F_i^y	F_j^x	F_j^y	T_i	T_j
	-8.15669	80.48086	8.1566874	19.58414	80.89314	21.21486
	L_x	L_y	e_x	e_y	ΔF_i^x	ΔF_i^y
	37.47761	-59.6784	-2.522393	0.321615	-0.97542	0.311927
第 2 次迭代	F_i^x	F_i^y	F_j^x	F_j^y	T_i	T_j
	-9.1321	80.79279	9.1321038	19.27221	81.30725	21.32636
	L_x	L_y	e_x	e_y	ΔF_i^x	ΔF_i^y
	39.8923	-59.981	-0.107704	0.019002	-0.04584	0.017647
第 3 次迭代	F_i^x	F_i^y	F_j^x	F_j^y	T_i	T_j
	-9.17795	80.81043	9.1779469	19.25457	81.32995	21.3301
	L_x	L_y	e_x	e_y	ΔF_i^x	ΔF_i^y
	39.99978	-60	-2.22×10^{-4}	4.46×10^{-5}	-9.51×10^{-5}	3.94×10^{-5}
第 4 次迭代	F_i^x	F_i^y	F_j^x	F_j^y	T_i	T_j
	-9.17804	80.81047	9.1780419	19.25453	81.33	21.3301
	L_x	L_y	e_x	e_y	ΔF_i^x	ΔF_i^y
	40	-60	-9.58×10^{-10}	1.98×10^{-10}	-4.12×10^{-10}	1.73×10^{-10}

3.4 坐标变换

在前面的各种刚度矩阵的推导过程中,单元的位移自由度描述和刚度矩阵均基于单元局部坐标系。为了描述分析模型中各个单元的几何信息(节点坐标、单元方向、单元连接信息)、约束信息和荷载信息等,还需要定义一个统一的整体坐标系。与单元局部坐标系相同,整体坐标系亦为笛卡尔直角坐标系。有限元分析中,整体坐标系的原点和坐标轴方向可任意指定。本节建立杆系单元的节点位移、节点内力和单元刚度矩阵在单元局部坐标系与整体坐标系之间的转换关系。

3.4.1 平面杆系单元的坐标变换

单元局部坐标系建立在每个离散单元之上,便于对各单元使用统一方法进行分析。在平面杆系中,单元局部坐标系规定如下:以单元的 i 节点为原点,从单元的 i 节点到 j 节点的连线方向为单元局部坐标系 $\bar{x}$ 轴的正方向,由 $\bar{x}$ 轴逆时针旋转 90°得到单元局部坐标系 $\bar{y}$ 轴。

为区分于整体坐标系 XOY,单元坐标系 $\bar{x}O\bar{y}$ 中的标量和向量之上加"—"线,如图 3-20 所示。

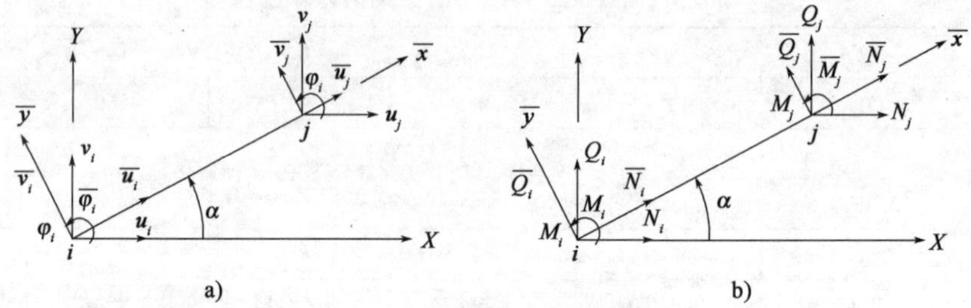

图 3-20 平面杆系整体坐标系与单元局部坐标系转换示意

在整体坐标系中,单元 i 节点和 j 节点的位移列向量分别为 $\boldsymbol{\delta}_i=(u_i \quad v_i \quad \varphi_i)^{\mathrm{T}}$ 和 $\boldsymbol{\delta}_j=(u_j \quad v_j \quad \varphi_j)^{\mathrm{T}}$,单元的位移列向量为 $\boldsymbol{\delta}^{\mathrm{e}}=(\boldsymbol{\delta}_i \quad \boldsymbol{\delta}_j)^{\mathrm{T}}$,与之相对应,单元局部坐标系中的节点位移列向量和单元位移列向量分别为 $\bar{\boldsymbol{\delta}}_i=(\bar{u}_i \quad \bar{v}_i \quad \bar{\varphi}_i)^{\mathrm{T}}$、$\bar{\boldsymbol{\delta}}_j=(\bar{u}_j \quad \bar{v}_j \quad \bar{\varphi}_j)^{\mathrm{T}}$ 和 $\bar{\boldsymbol{\delta}}^{\mathrm{e}}=(\bar{\boldsymbol{\delta}}_i \quad \bar{\boldsymbol{\delta}}_j)^{\mathrm{T}}$。

在整体坐标系中,单元 i 节点和 j 节点的节点力列向量分别为 $\boldsymbol{F}_i=(N_i \quad Q_i \quad M_i)^{\mathrm{T}}$ 和 $\boldsymbol{F}_j=(N_j \quad Q_j \quad M_j)^{\mathrm{T}}$,单元的节点力列向量为 $\boldsymbol{F}^{\mathrm{e}}=(\boldsymbol{F}_i \quad \boldsymbol{F}_j)^{\mathrm{T}}$,与之相对应,单元局部坐标系中的节点力列向量和单元节点力列向量分别为 $\bar{\boldsymbol{F}}_i=(\bar{N}_i \quad \bar{Q}_i \quad \bar{M}_i)^{\mathrm{T}}$、$\bar{\boldsymbol{F}}_j=(\bar{N}_j \quad \bar{Q}_j \quad \bar{M}_j)^{\mathrm{T}}$ 和 $\bar{\boldsymbol{F}}^{\mathrm{e}}=(\bar{\boldsymbol{F}}_i \quad \bar{\boldsymbol{F}}_j)^{\mathrm{T}}$。其中,各节点力均为与相应的坐标轴方向一致时为正(弯矩以逆时针为正)。应注意:此处的节点力为有限元节点对单元节点位置(杆端)产生的内力,即为结构力学中的杆端力,对单元而言,其为外荷载。

下面,以单元 i 节点的位移列向量为例,推导其在整体坐标系和单元局部坐标系中的转换关系。单元 i 节点在局部坐标系中的各个位移分量用整体坐标系中的位移分量可表示为

$$\begin{cases}\bar{u}_i = u_i\cos\alpha + v_i\sin\alpha \\ \bar{v}_i = -u_i\sin\alpha + v_i\cos\alpha \\ \bar{\varphi}_i = \varphi_i\end{cases} \tag{3-138}$$

写成矩阵形式,可得

$$\bar{\boldsymbol{\delta}}_i = \boldsymbol{\lambda}\boldsymbol{\delta}_i \tag{3-139}$$

式中:

$$\boldsymbol{\lambda} = \begin{bmatrix} \cos\alpha & \sin\alpha & 0 \\ -\sin\alpha & \cos\alpha & 0 \\ 0 & 0 & 1 \end{bmatrix} \tag{3-140}$$

同理可得单元j节点位移列向量的转换关系

$$\bar{\boldsymbol{\delta}}_j = \boldsymbol{\lambda}\boldsymbol{\delta}_j \tag{3-141}$$

将式(3-139)和式(3-141)合并可得

$$\bar{\boldsymbol{\delta}}^{\mathrm{e}} = \boldsymbol{T}\boldsymbol{\delta}^{\mathrm{e}} \tag{3-142}$$

式中:

$$\boldsymbol{T} = \begin{bmatrix} \boldsymbol{\lambda} & 0 \\ 0 & \boldsymbol{\lambda} \end{bmatrix} = \begin{bmatrix} \cos\alpha & \sin\alpha & 0 & & & \\ -\sin\alpha & \cos\alpha & 0 & & \boldsymbol{0} & \\ 0 & 0 & 1 & & & \\ & & & \cos\alpha & \sin\alpha & 0 \\ & \boldsymbol{0} & & -\sin\alpha & \cos\alpha & 0 \\ & & & 0 & 0 & 1 \end{bmatrix} \tag{3-143}$$

$\boldsymbol{T}$ 称为坐标转换矩阵,它是一个正交矩阵,有 $\boldsymbol{T}^{-1} = \boldsymbol{T}^{\mathrm{T}}$。

同理可得节点力列向量在整体坐标系与单元局部坐标系中的转换关系

$$\bar{\boldsymbol{F}}_i = \boldsymbol{\lambda}\boldsymbol{F}_i \tag{3-144}$$

$$\bar{\boldsymbol{F}}_j = \boldsymbol{\lambda}\boldsymbol{F}_j \tag{3-145}$$

$$\bar{\boldsymbol{F}}^{\mathrm{e}} = \boldsymbol{T}\boldsymbol{F}^{\mathrm{e}} \tag{3-146}$$

根据虚功原理可推导得到单元局部坐标系中单元刚度 $\bar{\boldsymbol{k}}^{\mathrm{e}}$、节点位移 $\bar{\boldsymbol{\delta}}^{\mathrm{e}}$ 和节点外荷载 $\bar{\boldsymbol{F}}^{\mathrm{e}}$ 之间存在如下关系

$$\bar{\boldsymbol{k}}^{\mathrm{e}}\bar{\boldsymbol{\delta}}^{\mathrm{e}} = \bar{\boldsymbol{F}}^{\mathrm{e}} \tag{3-147}$$

将式(3-142)和式(3-146)代入式(3-147),可得

$$\boldsymbol{T}\boldsymbol{F}^{\mathrm{e}} = \bar{\boldsymbol{k}}^{\mathrm{e}}\boldsymbol{T}\boldsymbol{\delta}^{\mathrm{e}} \tag{3-148}$$

注意到 $\boldsymbol{T}^{-1} = \boldsymbol{T}^{\mathrm{T}}$,得

$$\boldsymbol{F}^{\mathrm{e}} = \boldsymbol{K}^{\mathrm{e}}\boldsymbol{\delta}^{\mathrm{e}} \tag{3-149}$$

式中:

$$\boldsymbol{K}^{\mathrm{e}} = \boldsymbol{T}^{\mathrm{T}}\bar{\boldsymbol{k}}^{\mathrm{e}}\boldsymbol{T} \tag{3-150}$$

$\boldsymbol{K}^{\mathrm{e}}$ 就是整体坐标系中的单元刚度矩阵,式(3-150)即为单元刚度矩阵由局部坐标系向整体坐标系转换的变换形式。

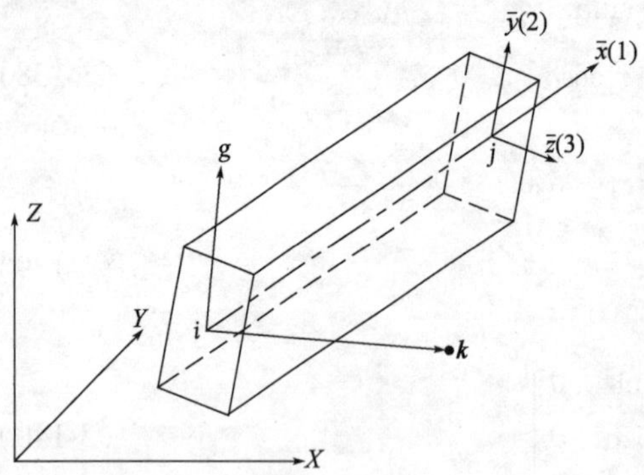

图 3-21　空间杆系整体坐标系与单元局部坐标系转换示意

3.4.2　空间杆系单元的坐标变换

空间梁单元的局部坐标系为笛卡尔直角坐标系，如图 3-21 所示，其原点为单元的 i 节点，从单元的 i 节点到 j 节点的连线方向为单元局部坐标系 $\bar{x}$ 轴的正方向，$\bar{y}$ 轴和 $\bar{z}$ 轴可由不与 ij 共线的参考节点 k 来确定。例如，可设定 ijk 确定局部坐标系 $\bar{x}O\bar{z}$ 平面，则可得到 $\bar{z}$ 轴，然后利用叉乘得到 $\bar{y}$ 轴。

定义单元局部坐标系中各坐标轴上的单位矢量分别为 **1**、**2** 和 **3**。基于整体坐标系各坐标轴上的单位矢量 $\boldsymbol{i}$、$\boldsymbol{j}$ 和 $\boldsymbol{k}$，可得到

$$\mathbf{1}=\frac{L_x}{L}\boldsymbol{i}+\frac{L_y}{L}\boldsymbol{j}+\frac{L_z}{L}\boldsymbol{k}=1_x\boldsymbol{i}+1_y\boldsymbol{j}+1_z\boldsymbol{k} \tag{3-151}$$

式中：$L_x=x_j-x_i$；$L_y=y_j-y_i$；$L_z=z_j-z_i$；$L=\sqrt{L_x^2+L_y^2+L_z^2}$。

定义

$$\boldsymbol{g}=\frac{G_x}{G}\boldsymbol{i}+\frac{G_y}{G}\boldsymbol{j}+\frac{G_z}{G}\boldsymbol{k} \tag{3-152}$$

式中：$G_x=x_k-x_i$；$G_y=y_k-y_i$；$G_z=z_k-z_i$；$G=\sqrt{G_x^2+G_y^2+G_z^2}$。

令 $\mathbf{3}=\dfrac{\mathbf{1}\times\boldsymbol{g}}{|\mathbf{1}\times\boldsymbol{g}|}=3_x\boldsymbol{i}+3_y\boldsymbol{j}+3_z\boldsymbol{k}$，根据矢量叉乘原理，可得

$$\mathbf{2}=\mathbf{3}\times\mathbf{1}=2_x\boldsymbol{i}+2_y\boldsymbol{j}+2_z\boldsymbol{k} \tag{3-153}$$

于是可得到

$$\boldsymbol{\lambda}^{\mathrm{T}}=\begin{bmatrix}1_x & 1_y & 1_z\\ 2_x & 2_y & 2_z\\ 3_x & 3_y & 3_z\end{bmatrix} \tag{3-154}$$

式中：$\boldsymbol{\lambda}^{\mathrm{T}}$——由整体坐标系到局部坐标系的转换矩阵；

$\boldsymbol{\lambda}$——由局部坐标系到整体坐标系的转换矩阵。

空间梁单元的坐标转换矩阵 $\boldsymbol{T}$ 为 12×12 阶，即为

$$\boldsymbol{T}=\begin{bmatrix}\lambda & 0 & 0 & 0\\ 0 & \lambda & 0 & 0\\ 0 & 0 & \lambda & 0\\ 0 & 0 & 0 & \lambda\end{bmatrix} \tag{3-155}$$

空间杆系亦存在形如平面杆系的节点位移列向量、节点力列向量和单元刚度矩阵的变换形式，不再赘述。

3.5 矩阵形式的平衡方程

基于节点各个自由度上的平衡方程可以集成得到整个结构以矩阵形式表达的静力学平衡方程。本节主要介绍平衡方程中各部分的形成方法。为简化起见,本节以平面杆系为例进行阐述,但其原理对于有限元分析具有普遍适用性。

3.5.1 平衡方程的建立

连续介质采用有限单元法离散后,在整体坐标系下,取出其中任意一个节点 i,从环绕 i 点的各个单元移置而来的节点荷载为

$$\boldsymbol{P}_i = \sum_e \boldsymbol{P}_i^{\mathrm{e}} \tag{3-156}$$

式中:$\sum_e \boldsymbol{P}_i^{\mathrm{e}}$——环绕节点 i 的所有单元求和。

$\sum_e \boldsymbol{F}_i^{\mathrm{e}}$ 为环绕节点 i 的各个单元在节点 i 处的节点力。应当注意到,此节点力为有限元节点作用于单元节点的节点力(对于杆系,即为结构力学中的杆端力)。因此,各单元作用于节点 i 的节点力为 $-\sum_e \boldsymbol{F}_i^{\mathrm{e}}$。节点 i 在节点力和节点荷载下的平衡方程可表示为

$$-\sum_e \boldsymbol{F}_i^{\mathrm{e}} + \boldsymbol{P}_i = \boldsymbol{0} \tag{3-157}$$

即

$$\sum_e \boldsymbol{F}_i^{\mathrm{e}} = \boldsymbol{P}_i \tag{3-158}$$

对于空间杆系,式(3-158)表示节点 i 在整体坐标系各个自由度上的力(力矩)均应保持平衡。以 $\boldsymbol{F}^{\mathrm{e}} = \boldsymbol{K}^{\mathrm{e}}\boldsymbol{\delta}^{\mathrm{e}}$ 代入式(3-158),得到节点 i 的平衡方程。对于每个节点,均可列出类似的平衡方程,于是可以得到整个结构的平衡方程组为

$$\boldsymbol{K\delta} = \boldsymbol{P} \tag{3-159}$$

式中:$\boldsymbol{K}$——总体刚度矩阵;

$\boldsymbol{\delta}$——全部节点位移组成的列向量;

$\boldsymbol{P}$——全部节点荷载组成的列向量。

有限元静力分析的核心即为形成并求解式(3-159)。

3.5.2 节点的自由度编号和常规边界(约束)条件的处理

下面阐述式(3-159)中总体节点位移列向量 $\boldsymbol{\delta}$ 的形成方法。

以平面杆系为例,在整体坐标系下,离散后的有限元模型的每个节点具有$(u \quad \vartheta \quad \varphi)^{\mathrm{T}}$3 个自由度,对于所有的 n 个节点,依次对各个节点进行自由度编号(自由度编号时从整数 1 开始递增,均为整数),则所有节点的自由度共有 $3n$ 个。对于图 3-22a)所示的结构模型,节点 1 的自由度编号为(1,2,3),节点 2 的自由度编号为(4,5,6),节点 3 的自由度编号为(7,8,9),节点 4 的自由度编号为(10,11,12)。此时,所有节点的自由度共有 12 个,节点位移列向量 $\boldsymbol{\delta}$ 即为 $\boldsymbol{\delta}_{12\times1}$。

为便于计算机程序处理,在对各个节点的自由度进行编号时,一般预先考虑常规边界(约束)条件的影响,仅对未知的自由度进行编号。常规边界(约束)条件包括:①节点固结约束;②节点铰接约束;③单元铰接连接。

对于图3-22a)所示的结构模型,节点1存在固定约束,因此节点1的3个自由度上的位移是已知的(均为零),节点1的自由度不进行编号,取为(0,0,0);节点2和节点3未被约束,其自由度编号为分别为(1,2,3)和(4,5,6);节点4存在铰接约束,其两个线位移自由度被约束(均为已知的零位移),因此其自由度编号为(0,0,7)。此时,所有节点的自由度共有7个,结构总体的节点位移列向量 $\boldsymbol{\delta}$ 即为 $\boldsymbol{\delta}_{7\times1}$。可以看出,自由度编号大于零的均为结构的未知自由度,需要通过求解式(3-159)得到,$\boldsymbol{\delta}_{7\times1}$亦可称为结构的有效自由度列向量。

对于图3-22b)所示的结构模型,单元1和单元2之间存在铰接连接,此时,需要在铰接点处为每个单元定义独立的节点,如图3-22b)所示,节点2和节点3分别从属于单元1和单元2,且节点2和节点3为铰接连接。在对节点2的自由度进行编号后得到(1,2,3),由于节点3的两个线位移与节点2的线位移相同,但转动位移与节点3的不相同,则节点3的线位移自由度取与节点2相同的编号,其转动自由度独立编号,即为(1,2,4)。有限元分析中,对于两个或多个节点具有(部分)相同的位移(或自由度编号)的情况,称其为主从节点。

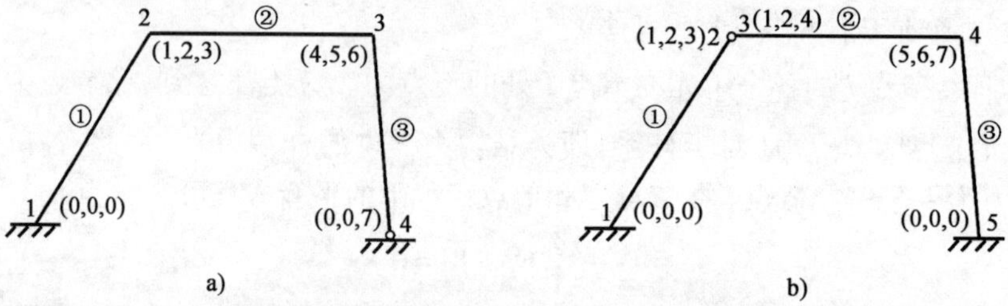

图3-22　平面杆系结构的节点自由度编号

3.5.3　总体刚度矩阵的集成

在得到整体坐标系下的单元刚度矩阵后,通过单元的自由度信息可以形成有限元模型的总体刚度矩阵。

在对节点的自由度编号后,结构的未知自由度总个数 *neq* 便已知,总体刚度矩阵 $\boldsymbol{K}$ 的大小即为 $\boldsymbol{K}_{neq\times neq}$。

节点的自由度编号组成的向量称为节点定位向量,单元的节点 i 和节点 j 的节点定位向量组成的向量称为单元定位向量。对于图3-22a)所示的结构模型,其单元定位向量见表3-3。

单元定位向量　　表3-3

单元编号	节点编号		单元定位向量
①	1	2	(0,0,0,1,2,3)
②	2	3	(1,2,3,4,5,6)
③	3	4	(4,5,6,0,0,0)

利用单元定位向量可以确定单元刚度矩阵中各元素在结构总体刚度矩阵中的位置。对于单元刚度矩阵 $\boldsymbol{K}^{e}$ 中的任意元素 k_{ij},假设当前单元的定位向量为 $\boldsymbol{P}_{e}^{v}$,则 k_{ij}应累加到总体刚度矩阵 $\boldsymbol{K}$ 的第 $\boldsymbol{P}_{e}^{v}(i)$行、第 $\boldsymbol{P}_{e}^{v}(j)$列元素中。当 $\boldsymbol{P}_{e}^{v}(i)=0$ 或 $\boldsymbol{P}_{e}^{v}(j)=0$ 时,k_{ij}被忽略。由此可见,单元定位向量 $\boldsymbol{P}_{e}^{v}$ 中任意元素 $\boldsymbol{P}_{e}^{v}(i)$的含义为:单元的第 i 个自由度对应的结构总体自由度编号值为 $\boldsymbol{P}_{e}^{v}(i)$,即单元的第 i 个自由度对应于结构的第 $\boldsymbol{P}_{e}^{v}(i)$个自由度。

下面以图 3-22a）所示的结构模型为例，展示利用单元定位向量进行总体刚度矩阵集成的过程。

结构的未知自由度总个数为 6，则总体刚度矩阵 $\boldsymbol{K}$ 的大小为 $\boldsymbol{K}_{6\times6}$。

对于单元①，其单元定位向量为 $\boldsymbol{P}_1^{\mathrm{v}}=(0,0,0,1,2,3)$。$\boldsymbol{K}_1^{\mathrm{e}}$ 中任意元素 k_{ij} 应累加到总刚矩阵 $\boldsymbol{K}$ 的第 $\boldsymbol{P}_1^{\mathrm{v}}(i)$ 行、$\boldsymbol{P}_1^{\mathrm{v}}(j)$ 列位置，即 $\boldsymbol{K}_1^{\mathrm{e}}$ 的第 4 ~ 6 行、第 4 ~ 6 列的元素应累加到总刚矩阵 $\boldsymbol{K}$ 的第 1 ~ 3 行、第 1 ~ 3 列位置，如图 3-23 所示。

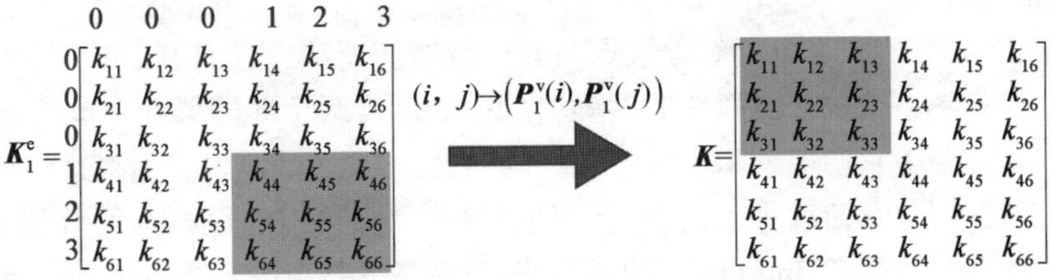

图 3-23 单元 1 的刚度矩阵向总刚集成

对于单元②，其单元定位向量为 $\boldsymbol{P}_2^{\mathrm{v}}=(1,2,3,4,5,6)$。$\boldsymbol{K}_2^{\mathrm{e}}$ 中任意元素 k_{ij} 应累加到总刚矩阵 $\boldsymbol{K}$ 的第 $\boldsymbol{P}_2^{\mathrm{v}}(i)$ 行、$\boldsymbol{P}_2^{\mathrm{v}}(j)$ 列位置，即 $\boldsymbol{K}_2^{\mathrm{e}}$ 的第 1 ~ 6 行、第 1 ~ 6 列的元素应累加到总刚矩阵 $\boldsymbol{K}$ 的第 1 ~ 6 行、第 1 ~ 6 列位置，如图 3-24 所示。

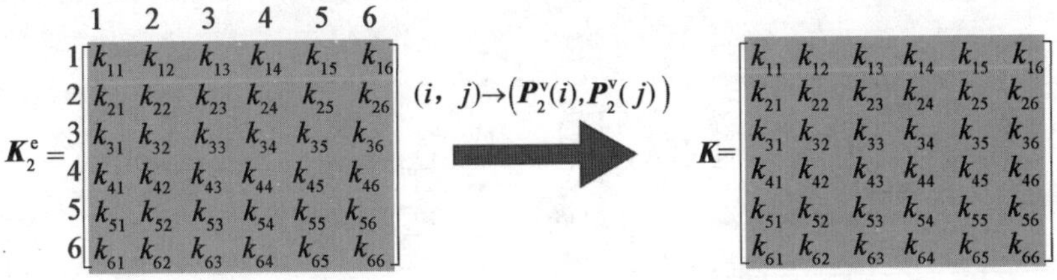

图 3-24 单元 2 的刚度矩阵向总刚集成

对于单元③，其单元定位向量为 $\boldsymbol{P}_3^{\mathrm{v}}=(4,5,6,0,0,0)$。$\boldsymbol{K}_3^{\mathrm{e}}$ 中任意元素 k_{ij} 应累加到总刚矩阵 $\boldsymbol{K}$ 的第 $\boldsymbol{P}_3^{\mathrm{v}}(i)$ 行、$\boldsymbol{P}_3^{\mathrm{v}}(j)$ 列位置，即 $\boldsymbol{K}_3^{\mathrm{e}}$ 的第 1 ~ 3 行、第 1 ~ 3 列的元素应累加到总刚矩阵 $\boldsymbol{K}$ 的第 4 ~ 6 行、第 4 ~ 6 列位置，如图 3-25 所示。

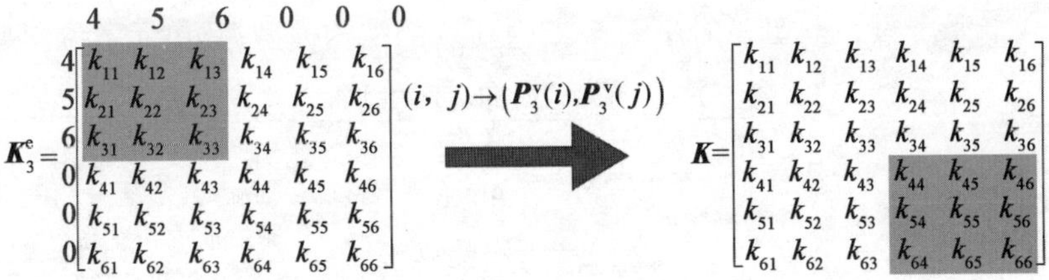

图 3-25 单元 3 的刚度矩阵向总刚集成

3.5.4 荷载列向量的形成

结构平衡方程式（3-159）中的 $\boldsymbol{P}$ 为基于整体坐标系描述、作用于所有节点上的外荷载列向量。在对节点的自由度编号后，结构的未知自由度总个数 neq 便已知，则总体荷载列向量 $\boldsymbol{P}$ 的大小即为 $\boldsymbol{P}_{neq\times1}$。

对于直接作用于单元节点的外荷载，在形成单元的节点荷载列向量后，根据单元的定位向量 $\boldsymbol{P}_e^v$ 可以累加得到结构的荷载列向量 $\boldsymbol{P}$。

在实际结构中往往会遇到非节点荷载的情况，此时应根据叠加原理和节点位移等效的原则，将非节点荷载转化成等效节点荷载，再根据单元定位向量累加到 $\boldsymbol{P}$ 中。

所谓等效节点荷载，是指变换后的节点荷载在原结构上产生的节点位移与非节点荷载所产生的节点位移相同。

图 3-26a）所示为一个支承于节点 A 和 B 并承受各种荷载的梁，梁上作用有节点荷载 M_1 和 P_2，节间荷载 q 和 P_1。为了用等效节点荷载代替节间荷载，在结构的节点施加抵抗一切位移的约束，这样就把原结构变成两个固端梁[图 3-26b）]，两个固端梁在节间荷载作用下将产生一组固端力，在图中它们被表示为对于结构的约束力[图 3-26c）]。如将这些约束力的方向反转，就构成一组同节点荷载等效的力和力偶。这组等效节点荷载再与原有的节点荷载（M_1 和 P_2）相加，就产生如图 3-26d）所示的综合节点荷载，用这个综合节点荷载就可以进行结构分析。

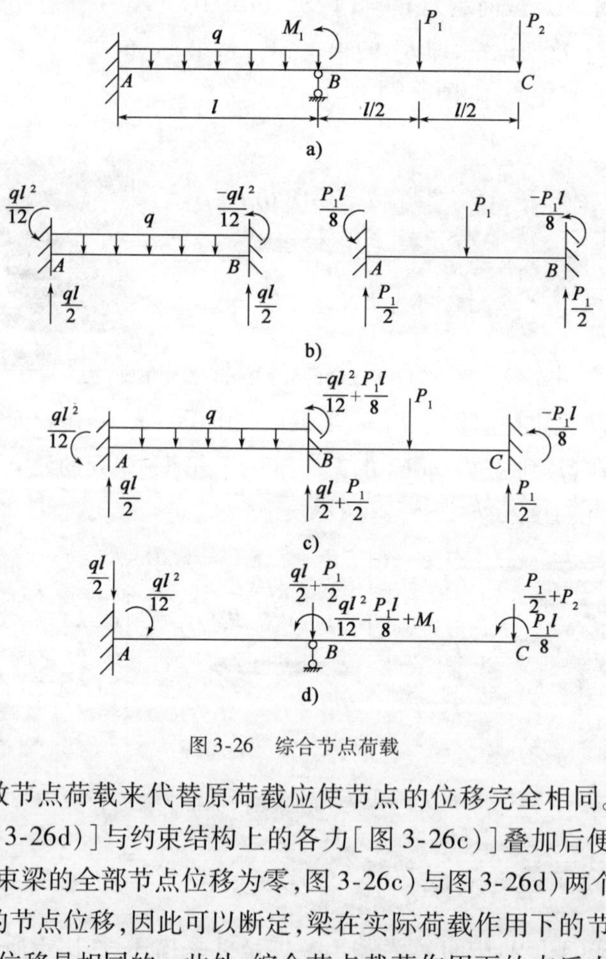

图 3-26　综合节点荷载

前已所述，用等效节点荷载来代替原荷载应使节点的位移完全相同。从图 3-26 可以看出：综合节点荷载[图 3-26d）]与约束结构上的各力[图 3-26c）]叠加后便是梁上的实际荷载[图 3-26a）]，由于约束梁的全部节点位移为零，图 3-26c）与图 3-26d）两个梁上的节点位移叠加，必然产生实际梁的节点位移，因此可以断定，梁在实际荷载作用下的节点位移与在综合节点载荷作用下的节点位移是相同的。此外，综合节点载荷作用下的支反力与实际荷载产生的反力也是相等的，这个结论可从图 3-26c）与图 3-26d）梁的各力叠加来证实。

然而，由综合节点荷载产生的杆端力通常与实际荷载产生的不同，两者引起的内力并不完全相等。因此，欲求实际荷载引起的杆端力，必须把约束结构中的杆端力与综合节点荷载引起的杆端力相加，换言之，必须用等效节点荷载算出的内力加上相应的固端力后才与原荷载引起的内力相等。例如，图 3-26c）与图 3-26d）二梁的杆端力相叠加，便得到图 3-26a）所示梁的实际杆端力。图 3-26d）梁的杆端力将作为分析的成果给出，而图 3-26c）的杆端力则由固端力的计算而得。

从以上分析可知，等效节点荷载的计算分为两步：第一步，将承受非节点荷载的单元两端固结，形成两端固定梁，计算局部坐标系中的单元约束反力，即固端力；第二步，在节点上施加等效节点力和等效节点力偶，其大小等于固端力和固端力矩，但方向与固端力和固端力矩相反。表 3-4 给出常见荷载的固端力计算公式。

等截面梁单元固端力计算公式　　表 3-4

荷载	荷载图式	固端力计算公式
1	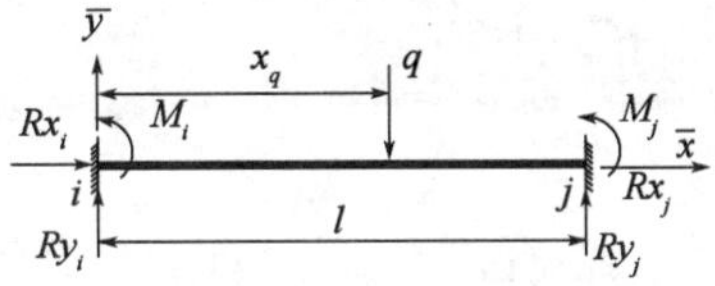	$Rx_i = Rx_j = 0$ $Ry_i = q\cdot(1+2x_q/l)\cdot(1-x_q/l)^2$　$Ry_j = q - Ry_i$ $M_i = q\cdot x_q\cdot(1-x_q/l)^2$　$M_j = -q\cdot x_q^2\cdot(l-x_q)/l^2$
2	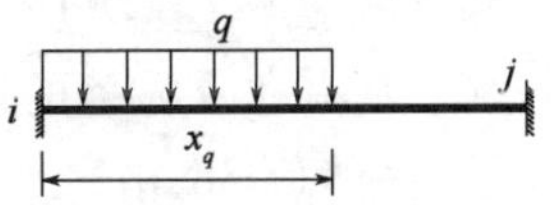	$Rx_i = Rx_j = 0$ $Ry_i = q\cdot x_q(1-x_q^2/l^2+x_q^3/2l^3)$　$Ry_j = q\cdot x_q - Ry_i$ $M_i = q\cdot x_q^2\cdot(6-8x_q/l+3x_q^2/l^2)/12$ $M_j = -q\cdot x_q^3\cdot(4l-3x_q)/12l^2$
3	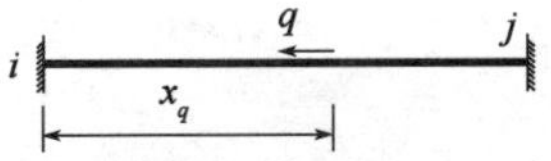	$Rx_i = q(1-x_q/l)$　$Rx_j = q - Rx_i$ $Ry_i = Ry_j = 0$　$M_i = M_j = 0$
4	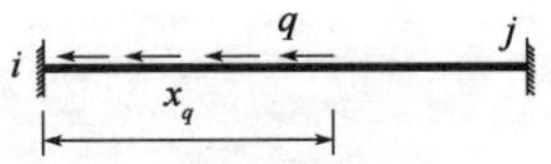	$Rx_i = q\cdot x_q(1-x_q/2l)$　$Rx_j = q\cdot x_q - Rx_i$ $Ry_i = Ry_j = 0$　$M_i = M_j = 0$
5	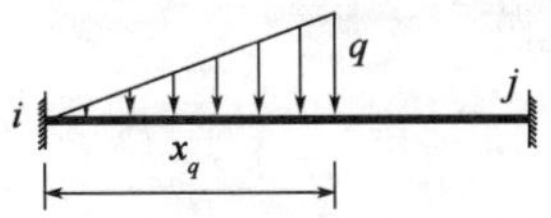	$Rx_i = Rx_j = 0$ $Ry_i = q\cdot x_q(2-3x_q^2/l^2+1.6x_q^3/l^3)/4$ $Ry_j = q\cdot x_q/2 - Ry_i$ $M_i = q\cdot x_q^2\cdot(2-3x_q/l+1.2x_q^2/l^2)/6$ $M_j = -q\cdot x_q^3\cdot(1-0.8x_q/l)/4l$
6	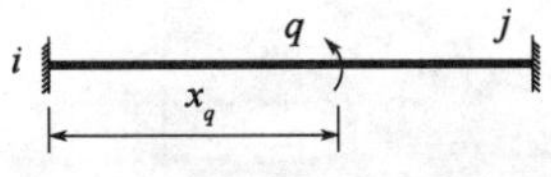	$Rx_i = Rx_j = 0$ $Ry_i = 6q\cdot x_q(l-x_q)/l^3$　$Ry_j = -Ry_i$ $M_i = q\cdot(1-x_q/l)(3x_q/l-1)$ $M_j = q\cdot x_q/l\cdot(2-3x_q/l)$

续上表

荷载	荷载图式	固端力计算公式
7		$Rx_i = q \cdot (\rho EA)\quad Rx_j = -Rx_i$ $Ry_i = Ry_j = 0\quad M_i = M_j = 0$ ρ——线膨胀系数
8	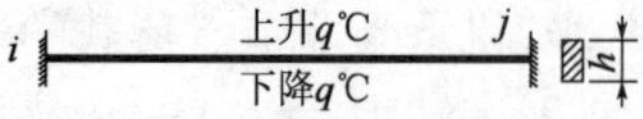	$Rx_i = Rx_j = 0\quad Ry_i = Ry_j = 0$ $M_i = \dfrac{2q \cdot \rho EI}{h}\quad M_j = -M_i$
9		$Rx_i = -q \cdot x_q\quad Rx_j = -Rx_i$ $Ry_i = Ry_j = 0\quad M_i = M_j = 0$

3.6 平衡方程求解与后处理

平衡方程的求解可采用直接解法和迭代法，这两种方法各有优点，总体而言，直接法的使用较为普遍。常用的直接解法有三角分解法、分块解法和波前法，常用的迭代法有高斯—赛德尔(Gauss-Seidel)迭代法、超松弛迭代法(SOR 法)和预处理共轭梯度法(PCG 法)等。

应当注意，刚度矩阵的不同存储方案对平衡方程的求解效率具有非常显著的影响。常用的刚度矩阵存储方案有一维变带宽存储(Skyline 格式)和压缩存储(CSR 格式、坐标格式和 Harwell-Boeing 格式等)。受篇幅所限，本节不对此进行介绍。

本节首先阐述对平衡方程中的刚度矩阵执行 LDLT 三角分解并根据荷载右端项回代求解的过程，然后介绍对计算结果进行后处理的方法。

3.6.1 平衡方程的求解

对于有限元分析中的静力学平衡方程式

$$\boldsymbol{K\delta} = \boldsymbol{P} \tag{3-160}$$

在采用直接法求解时，为提高计算效率，一般先对刚度矩阵开展三角化分解，然后进行回代求解。本节介绍常用的 LDLT 分解及其回代方法。

刚度矩阵 $\boldsymbol{K}$ 为对称正定矩阵，可以进行如下分解

$$\boldsymbol{K} = \boldsymbol{LDL}^{\mathrm{T}} \tag{3-161}$$

式中：$\boldsymbol{L}$——主对角线元素为 1、上三角元素为零的下三角矩阵；

$\boldsymbol{D}$——主对角线以外元素为零的对角矩阵，且 $d_{ii} > 0\,(i = 1, 2, \cdots, n)$，即 $\boldsymbol{D}$ 为正定对角矩阵。

$$\boldsymbol{L} = \begin{bmatrix} 1 & & & & \\ l_{21} & 1 & & 0 & \\ l_{31} & l_{32} & 1 & & \\ \cdots & \cdots & & \ddots & \\ l_{n1} & l_{n2} & l_{n3} & \cdots & 1 \end{bmatrix} \quad \boldsymbol{D} = \begin{bmatrix} d_{11} & & & & \\ & d_{22} & & 0 & \\ & & d_{33} & & \\ & 0 & & \ddots & \\ & & & & d_{nn} \end{bmatrix} \tag{3-162}$$

此时刚度矩阵 **K** 可表达为

$$
\boldsymbol{K}=\begin{bmatrix}1 & & & & \\ l_{21} & 1 & & 0 & \\ l_{31} & l_{32} & 1 & & \\ \cdots & \cdots & & \ddots & \\ l_{n1} & l_{n2} & l_{n3} & \cdots & 1\end{bmatrix}\begin{bmatrix}d_{11} & & & \\ & d_{22} & & 0 \\ & & d_{33} & \\ & 0 & & \ddots \\ & & & & d_{nn}\end{bmatrix}\begin{bmatrix}1 & l_{21} & l_{31} & \cdots & l_{n1} \\ & 1 & l_{32} & & l_{n2} \\ & & 1 & & l_{n3} \\ & & & \ddots & \\ & & & & 1\end{bmatrix}
$$

$$
=\begin{bmatrix}d_{11} & & \text{对} & & \\ d_{11}l_{21} & d_{22}+d_{11}l_{21}^2 & & & \\ d_{11}l_{31} & d_{11}l_{21}l_{31}+d_{22}l_{32} & d_{33}+d_{11}l_{31}^2+d_{22}l_{32}^2 & & \text{称} \\ \cdots & \cdots & & \ddots & \\ d_{11}l_{n1} & d_{11}l_{21}l_{n1}+d_{22}l_{n2} & d_{11}l_{31}l_{n1}+d_{22}l_{32}l_{n2}+d_{33}l_{n3} & \cdots & d_{nn}+\sum_{i=1}^{n-1}d_{ii}l_{ni}^2\end{bmatrix}
\tag{3-163}
$$

由式(3-163)的第1列可知

$$
\begin{cases}d_{11}=K_{11}\\ l_{i1}=K_{i1}/d_{11}\quad(i=2,3,\cdots,n)\end{cases}\tag{3-164}
$$

由此类推可得

$$
\begin{cases}d_{ii}=K_{ii}-\sum_{j=1}^{i-1}l_{ij}^2d_{jj} & (i=2,3,\cdots,n)\\ l_{ij}=(K_{ij}-\sum_{k=1}^{j-1}l_{ik}l_{jk}d_{kk})/d_{jj} & \begin{pmatrix}i>j\\ i=3,4,\cdots,n\\ j=2,3,\cdots,i-1\end{pmatrix}\end{cases}\tag{3-165}
$$

式(3-164)和式(3-165)即为求矩阵 **L** 和 **D** 的递推公式。

例如,对于刚度矩阵 $\boldsymbol{K}=\begin{bmatrix}4&2&0\\2&8&2\\0&2&4\end{bmatrix}$,矩阵 **L** 和 **D** 的递推过程为

$$d_{11}=K_{11}=4$$

$$l_{21}=\frac{K_{21}}{d_{11}}=\frac{2}{4}=\frac{1}{2}$$

$$l_{31}=\frac{K_{31}}{d_{11}}=\frac{0}{4}=0$$

$$d_{22}=K_{22}-l_{21}^2d_{11}=8-\left(\frac{1}{2}\right)^2\times4=7$$

$$l_{32}=\frac{K_{32}-l_{31}l_{21}d_{11}}{d_{22}}=\left(2-0\times\frac{1}{2}\times4\right)\Big/7=\frac{2}{7}$$

$$d_{33}=K_{33}-l_{31}^2d_{11}-l_{32}^2d_{22}=4-0^2\times4-\left(\frac{2}{7}\right)^2\times7=\frac{24}{7}$$

可得到

$$L=\begin{bmatrix}1 & 0 & 0\\ \frac{1}{2} & 1 & 0\\ 0 & \frac{2}{7} & 1\end{bmatrix}\quad D=\begin{bmatrix}4 & 0 & 0\\ 0 & 7 & 0\\ 0 & 0 & \frac{24}{7}\end{bmatrix}$$

将式(3-161)代入式(3-160)中,有

$$\boldsymbol{LDL}^{\mathrm{T}}\boldsymbol{\delta}=\boldsymbol{P} \tag{3-166}$$

令

$$\boldsymbol{DL}^{\mathrm{T}}\boldsymbol{\delta}=\boldsymbol{Y} \tag{3-167}$$

则式(3-166)为

$$\boldsymbol{LY}=\boldsymbol{P} \tag{3-168}$$

式(3-168)展开为

$$\begin{bmatrix}1 & & & & \\ l_{21} & 1 & & 0 & \\ l_{31} & l_{32} & 1 & & \\ \vdots & \vdots & & \ddots & \\ l_{n1} & l_{n2} & l_{n3} & \cdots & 1\end{bmatrix}\begin{pmatrix}y_1\\ y_2\\ y_3\\ \vdots\\ y_n\end{pmatrix}=\begin{pmatrix}p_1\\ p_2\\ p_3\\ \vdots\\ p_n\end{pmatrix} \tag{3-169}$$

因此可得到从上往下的链式求解递推公式

$$\begin{cases}y_1=p_1\\ y_i=p_i-\sum\limits_{j=1}^{i-1}l_{ij}y_j \quad (i=2,3,\cdots,n)\end{cases} \tag{3-170}$$

将求得的 $\boldsymbol{Y}$ 代入式(3-167)中,且在该式两边左乘 $\boldsymbol{D}^{-1}$,可得到

$$\boldsymbol{L}^{\mathrm{T}}\boldsymbol{\delta}=\boldsymbol{D}^{-1}\boldsymbol{Y} \tag{3-171}$$

由于 $\boldsymbol{D}$ 为正定对角矩阵,因此有

$$\boldsymbol{D}^{-1}=\begin{bmatrix}\frac{1}{d_{11}} & & & & \\ & \frac{1}{d_{22}} & & 0 & \\ & & \frac{1}{d_{33}} & & \\ & 0 & & \ddots & \\ & & & & \frac{1}{d_{nn}}\end{bmatrix} \tag{3-172}$$

于是式(3-171)可展开为

$$\begin{bmatrix} 1 & l_{21} & l_{31} & \cdots & l_{n1} \\ & 1 & l_{32} & 0 & l_{n2} \\ & & 1 & & l_{n3} \\ & 0 & & \ddots & \\ & & & & 1 \end{bmatrix}\begin{pmatrix} \delta_1 \\ \delta_2 \\ \delta_3 \\ \cdots \\ \delta_n \end{pmatrix} = \begin{pmatrix} y_1/d_{11} \\ y_2/d_{22} \\ y_3/d_{33} \\ \cdots \\ y_n/d_{nn} \end{pmatrix} \tag{3-173}$$

因此可得到从下往上的链式求解递推公式：

$$\begin{cases} \delta_n = y_n/d_{nn} \\ \delta_i = y_i/d_{ii} - \sum\limits_{j=i+1}^{i-1} l_{ji}\delta_j \quad (i = n-1, n-2, \cdots, 1) \end{cases} \tag{3-174}$$

式(3-170)和式(3-174)即为根据荷载右端项 $\boldsymbol{P}$ 回代求解位移 $\boldsymbol{\delta}$ 的递推公式。

3.6.2 对结果的后处理

1)节点位移

平衡方程 $\boldsymbol{K\delta}=\boldsymbol{P}$ 求解完成后，根据节点定位向量可在 $\boldsymbol{\delta}$ 中查询得到各个节点在整体坐标系中的位移。

2)单元内力

根据单元定位向量可查询得到各个单元在整体坐标系中的节点位移列向量 $\boldsymbol{\delta}^{\mathrm{e}}$。然后根据式(3-142)，利用各单元的坐标转换矩阵 $\boldsymbol{T}$，可得到单元局部坐标系中的节点位移列向量 $\overline{\boldsymbol{\delta}}^{\mathrm{e}}=\boldsymbol{T\delta}^{\mathrm{e}}$。

在单元局部坐标系中，根据式(3-147)可计算得到由于节点发生位移而产生的单元内力 $\overline{\boldsymbol{F}}^{\mathrm{e}}=\overline{\boldsymbol{k}}^{\mathrm{e}}\overline{\boldsymbol{\delta}}^{\mathrm{e}}$。

对于单元上作用有非节点荷载的情况，设非节点荷载在单元两端固结情况下产生的固端力为 $\overline{\boldsymbol{F}}^{\mathrm{e}}_{\mathrm{fixed}}$，则该单元最终的内力还应累加此固端力 $\overline{\boldsymbol{F}}^{\mathrm{e}}_{\mathrm{fixed}}$。

3)支承内力

如第3.4.1节所述，单元的内力(杆端力)为节点对单元端部的作用力。当单元某个节点受支座约束时，此时的杆端力就是支座对杆端的作用力，也就是支承反力。

在对节点的自由度进行编号时，对于支座约束的自由度，其编号为零。这就意味着，对单元而言，其单元定位向量中分量为零的自由度即受支座约束。利用这个特点，可以在计算单元内力的过程中按照如下思路计算支承反力：

(1)将最终的单元内力变换到整体坐标系；

(2)检查单元定位向量的各个分量，如果某个分量为零，则对应的单元内力分量即为支座反力的某一分量。

3.7 特殊边界条件的处理

常规的节点固结约束、铰接约束和单元间铰接连接已经在形成结构总体刚度矩阵之前进行处理，本节介绍特殊边界条件的处理方法。

3.7.1 支座沉降的处理

在有限元结构分析中经常会遇到已知某些节点的位移值、需要求解结构位移和内力分布的情况。对此可以采用两种方法进行处理。

1)修改结构总体刚度矩阵

已知节点在第 i 个未知自由度上发生的位移为 $\delta_i = d$,按照下面的步骤进行处理:

(1)确保第 i 个自由度为未知自由度(即如果第 i 个自由度有固定约束,则取消此约束),形成结构的总体刚度矩阵 $\boldsymbol{K}$;

(2)在 $\boldsymbol{K}$ 中第 i 个自由度所对应的主对角线元素上乘以大数 G,例如 $G = 10^8 \sim 10^{16}$;

(3)将结构的荷载列向量 $\boldsymbol{P}$ 中的第 i 个自由度对应的元素修改为 $P_i = GK_{ii}d$。

则原结构平衡方程组中的第 i 个方程变为

$$K_{i1}\delta_1 + K_{i2}\delta_2 + \cdots + GK_{ii}\delta_i + \cdots + K_{in}\delta_n = GK_{ii}d \tag{3-175}$$

式中:n——结构的未知自由度个数。

由于 GK_{ii} 相对于式(3-175)中的其他系数而言数值很大,因此式(3-175)近似于

$$GK_{ii}\delta_i = GK_{ii}d \tag{3-176}$$

则 $\delta_i = d$ 的约束条件得到满足。

2)计算支座沉降对应的外荷载

已知节点在第 i 个未知自由度上发生的位移为 $\delta_i = d$,按照下面的步骤进行处理:

(1)确保第 i 个自由度为未知自由度,形成结构的总体刚度矩阵 $\boldsymbol{K}$;

(2)对于当前的沉降节点,计算所有包含此节点的单元由于支座沉降产生的等效节点荷载;

(3)按照单元定位向量将各个单元的等效节点力累加到结构的总体荷载列向量 $\boldsymbol{P}$ 中;

(4)按照常规步骤执行有限元求解。

应该注意到,按照上面的两种方法进行支座沉降的计算时,结构刚度矩阵均为基于沉降节点无固定约束的情况而集成,此时不能再开展有固定约束、无支座沉降情况下的荷载效应分析。

3.7.2 弹性支承的处理

对于节点具有弹性支承的情况,按照下面的步骤进行处理:

(1)撤去弹性支承,确保弹性支承作用方向对应的第 i 个自由度为未知自由度,形成结构的总体刚度矩阵 $\boldsymbol{K}$;

(2)在 $\boldsymbol{K}$ 中第 i 个自由度所对应的主对角线元素上累加弹性支承的刚度系数 k。

此时,原结构平衡方程组中的第 i 个方程变为

$$K_{i1}\delta_1 + K_{i2}\delta_2 + \cdots + (K_{ii} + k)\delta_i + \cdots + K_{in}\delta_n = P_i \tag{3-177}$$

式中:n——结构的未知自由度个数。

节点的弹性支承可以约束线位移,也可以约束转动位移,如图 3-27 所示。弹性支承的约束刚度 k 仅影响约束方向对应的总刚矩阵主对角线元素。

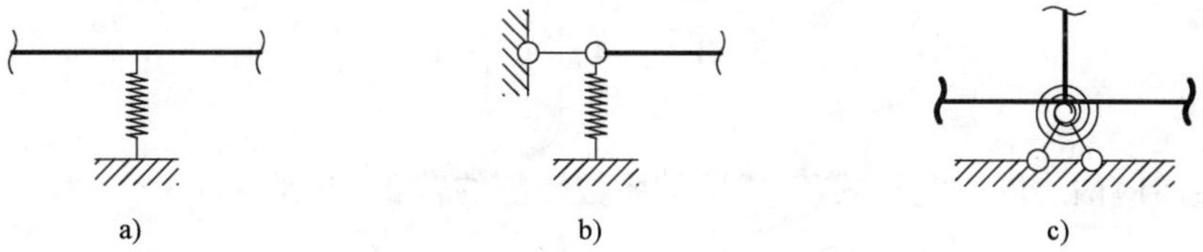

图 3-27 弹性支承约束形式

3.7.3 多自由度约束方程的处理

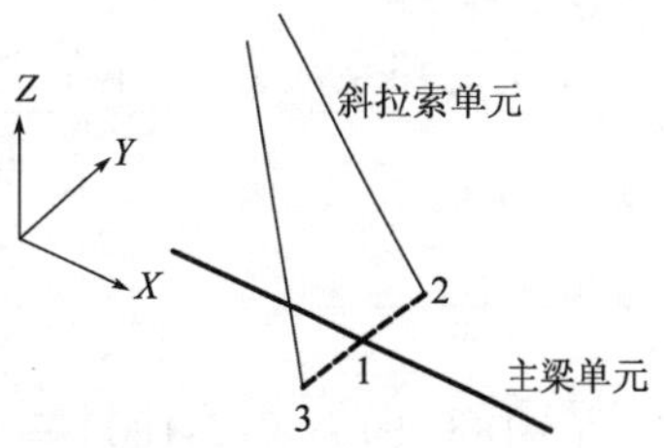

图 3-28 斜拉索与主梁刚性连接示意

有限元分析中经常会遇到刚性连接的情况，例如，在如图 3-28 所示的斜拉索与主梁连接中，斜拉索单元的下部节点 2 和 3 分别与主梁单元的节点 1 保持刚性连接。假设节点 1、2 的连线平行于整体坐标系 Y 轴，且其长度为 a，以节点 1 为主节点，则节点 2 的竖向位移可表达为

$$UZ_2 = UZ_1 + RX_1 \cdot a \tag{3-178}$$

式中：UZ、RX——节点在整体坐标系中的竖向位移和绕 X 轴转动位移。

同理可得到节点 2 其他位移的表达式。式(3-178)即为多自由度约束方程。

本节基于结构的平衡方程 $\boldsymbol{K\delta} = \boldsymbol{P}$，阐述采用惩罚单元法对多自由度约束方程进行处理的方法。为便于说明，取用如图 3-29 所示的轴向拉压模型为例。

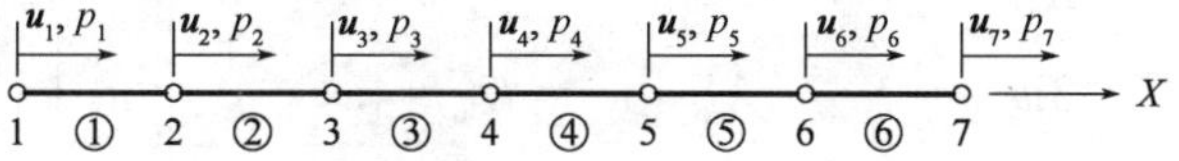

图 3-29 轴向拉压模型

在图 3-29 所示的模型中，各节点均仅有一个轴向线位移自由度 $u_i(i=1,2,\cdots,7)$，且在各自由度上分别作用有集中力外荷载 $p_i(i=1,2,\cdots,7)$。结构的平衡方程可表示为

$$\begin{bmatrix} K_{11} & K_{12} & 0 & 0 & 0 & 0 & 0 \\ K_{21} & K_{22} & K_{23} & 0 & 0 & 0 & 0 \\ 0 & K_{32} & K_{33} & K_{34} & 0 & 0 & 0 \\ 0 & 0 & K_{43} & K_{44} & K_{45} & 0 & 0 \\ 0 & 0 & 0 & K_{54} & K_{55} & K_{56} & 0 \\ 0 & 0 & 0 & 0 & K_{65} & K_{66} & K_{67} \\ 0 & 0 & 0 & 0 & 0 & K_{76} & K_{77} \end{bmatrix} \begin{pmatrix} u_1 \\ u_2 \\ u_3 \\ u_4 \\ u_5 \\ u_6 \\ u_7 \end{pmatrix} = \begin{pmatrix} p_1 \\ p_2 \\ p_3 \\ p_4 \\ p_5 \\ p_6 \\ p_7 \end{pmatrix} \tag{3-179}$$

假设存在如下式所示的多自由度约束方程

$$3u_3 + u_5 - 4u_6 = 1 \tag{3-180}$$

将式(3-180)改写为矩阵形式

$$(3 \quad 1 \quad -4)\begin{pmatrix} u_3 \\ u_5 \\ u_6 \end{pmatrix} = 1 \tag{3-181}$$

在式(3-181)两边同时左乘式(3-181)的系数矩阵的转置,得到

$$\begin{bmatrix} 9 & 3 & -12 \\ 3 & 1 & -4 \\ -12 & -4 & 16 \end{bmatrix}\begin{pmatrix} u_3 \\ u_5 \\ u_6 \end{pmatrix} = \begin{pmatrix} 3 \\ 1 \\ -4 \end{pmatrix} \tag{3-182}$$

定义惩罚系数为 w,并在式(3-182)两边同时乘以惩罚系数,得到

$$\begin{bmatrix} 9w & 3w & -12w \\ 3w & w & -4w \\ -12w & -4w & 16w \end{bmatrix}\begin{pmatrix} u_3 \\ u_5 \\ u_6 \end{pmatrix} = \begin{pmatrix} 3w \\ w \\ -4w \end{pmatrix} \tag{3-183}$$

则式(3-183)即为式(3-180)表达的多自由度约束方程所对应的惩罚单元的平衡方程式,其单元定位向量为(3,5,6)。根据单元定位向量,将此惩罚单元的刚度项和荷载项分别集成到总刚矩阵 $\boldsymbol{K}$ 和总体荷载列阵 $\boldsymbol{P}$ 中,得到

$$\begin{bmatrix} K_{11} & K_{12} & 0 & 0 & 0 & 0 & 0 \\ K_{21} & K_{22} & K_{23} & 0 & 0 & 0 & 0 \\ 0 & K_{32} & K_{33}+9w & K_{34} & 3w & -12w & 0 \\ 0 & 0 & K_{43} & K_{44} & K_{45} & 0 & 0 \\ 0 & 0 & 3w & K_{54} & K_{55}+w & K_{56}-4w & 0 \\ 0 & 0 & -12w & 0 & K_{65}-4w & K_{66}+16w & K_{67} \\ 0 & 0 & 0 & 0 & 0 & K_{76} & K_{77} \end{bmatrix}\begin{pmatrix} u_1 \\ u_2 \\ u_3 \\ u_4 \\ u_5 \\ u_6 \\ u_7 \end{pmatrix} = \begin{pmatrix} p_1 \\ p_2 \\ p_3+3w \\ p_4 \\ p_5+w \\ p_6-4w \\ p_7 \end{pmatrix} \tag{3-184}$$

如此即完成对式(3-180)表达的多自由度约束方程的处理。

为确保约束方程的有效性与计算机求解精度,惩罚系数 w 的取值可根据未考虑约束方程时总刚矩阵 $\boldsymbol{K}$ 中约束自由度对应的主对角线元素值来确定。对于式(3-180),可取惩罚系数为

$$w = \max\{K_{33}, K_{55}, K_{66}\} \times 10^p \quad (p = 6 \sim 10) \tag{3-185}$$

3.8 示 例

本节以如图 3-30 所示的平面杆系结构为例求解节点位移和单元内力,详细展示杆系结构有限元分析的全过程。其中,两根杆件的材料和截面相同,荷载 $P_1 = 1000\text{N}$ 竖直向下,荷载 $P_2 = 1000\text{N}$ 垂直于右侧杆件向下,长度单位为 m,荷载单位为 N。

1)对节点和单元编号

建立整体坐标系,对结构的各个节点和单元进行编号,如图 3-31 所示,其中,在铰接位置布置有两个位置重合的节点 2 和 3,两根杆件均采用经典梁单元模拟。

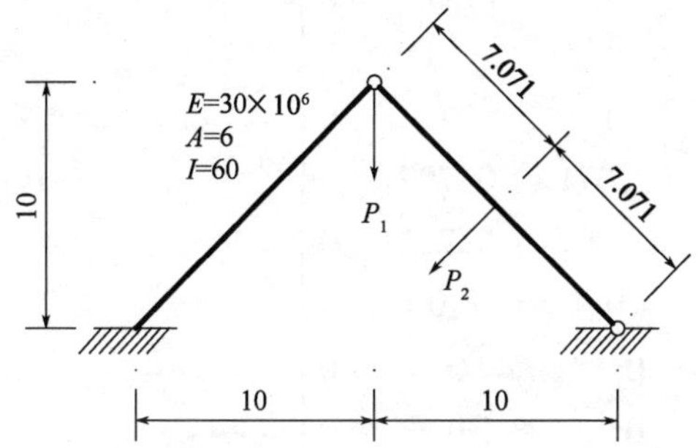

图 3-30 平面杆系算例

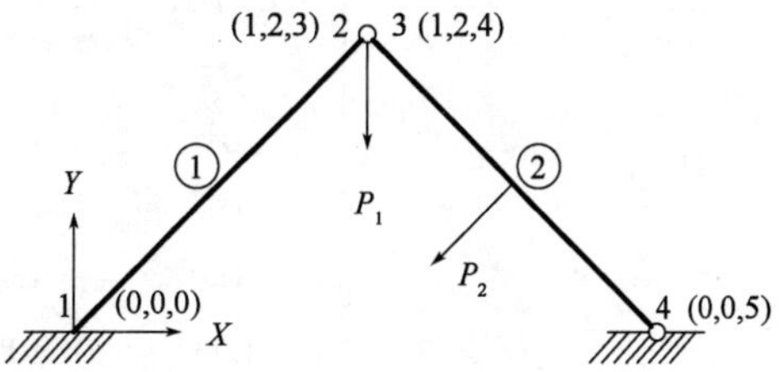

图 3-31 节点、单元和自由度的编号

2)形成单元定位向量

对各个节点的自由度进行编号,如图 3-31 所示,得到各个节点的定位向量,并最终形成各个单元的定位向量

$$\boldsymbol{P}_1^{\mathrm{v}} = (0 \quad 0 \quad 0 \quad 1 \quad 2 \quad 3)^{\mathrm{T}}$$

$$\boldsymbol{P}_2^{\mathrm{v}} = (1 \quad 2 \quad 4 \quad 0 \quad 0 \quad 5)^{\mathrm{T}}$$

由此可知结构的未知自由度个数为 5。

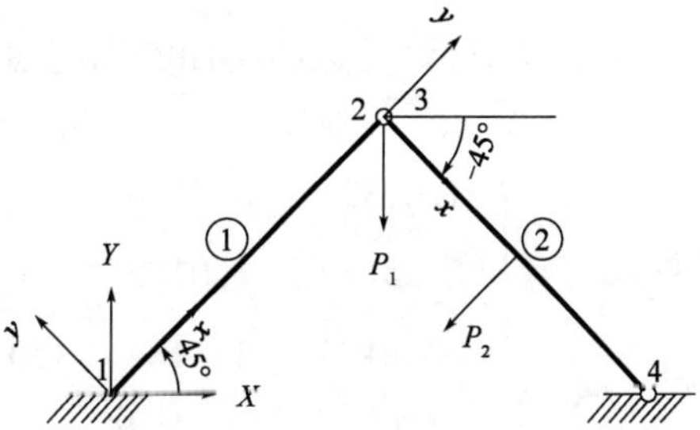

图 3-32 整体坐标系与单元局部坐标系

3)计算单元局部坐标系下的单元刚度矩阵

根据式(3-29),分别计算单元①和单元②在各自的单元局部坐标系(图 3-32)中的刚度矩阵,得到

$$\bar{\boldsymbol{k}}^1 = \begin{bmatrix} 1.2728 & 0 & 0 & -1.2728 & 0 & 0 \\ 0 & 0.7637 & 5.4000 & 0 & -0.7637 & 5.4000 \\ 0 & 5.4000 & 50.9117 & 0 & -5.4000 & 25.4558 \\ -1.2728 & 0 & 0 & 1.2728 & 0 & 0 \\ 0 & -0.7637 & -5.4000 & 0 & 0.7637 & -5.4000 \\ 0 & 5.4000 & 25.4558 & 0 & -5.4000 & 50.9117 \end{bmatrix} \times 10^7$$

$$\bar{\boldsymbol{k}}^2 = \begin{bmatrix} 1.2728 & 0 & 0 & -1.2728 & 0 & 0 \\ 0 & 0.7637 & 5.4000 & 0 & -0.7637 & 5.4000 \\ 0 & 5.4000 & 50.9117 & 0 & -5.4000 & 25.4558 \\ -1.2728 & 0 & 0 & 1.2728 & 0 & 0 \\ 0 & -0.7637 & -5.4000 & 0 & 0.7637 & -5.4000 \\ 0 & 5.4000 & 25.4558 & 0 & -5.4000 & 50.9117 \end{bmatrix} \times 10^7$$

4)计算单元的坐标转换矩阵

两个单元的局部 x 轴与整体坐标系 X 轴的夹角分别为 45°和 −45°,根据式(3-143)分别计算单元的坐标转换矩阵为

$$
\boldsymbol{T}_1=\begin{bmatrix}0.7071 & 0.7071 & 0 & 0 & 0 & 0\\ -0.7071 & 0.7071 & 0 & 0 & 0 & 0\\ 0 & 0 & 1 & 0 & 0 & 0\\ 0 & 0 & 0 & 0.7071 & 0.7071 & 0\\ 0 & 0 & 0 & -0.7071 & 0.7071 & 0\\ 0 & 0 & 0 & 0 & 0 & 1\end{bmatrix}
$$

$$
\boldsymbol{T}_2=\begin{bmatrix}0.7071 & -0.7071 & 0 & 0 & 0 & 0\\ 0.7071 & 0.7071 & 0 & 0 & 0 & 0\\ 0 & 0 & 1 & 0 & 0 & 0\\ 0 & 0 & 0 & 0.7071 & -0.7071 & 0\\ 0 & 0 & 0 & 0.7071 & 0.7071 & 0\\ 0 & 0 & 0 & 0 & 0 & 1\end{bmatrix}
$$

5)计算整体坐标系下的单元刚度矩阵

根据(3-150)分别计算单元①和单元②在整体坐标系中的刚度矩阵,得到

$$
\boldsymbol{K}^1=\begin{bmatrix}1.0182 & 0.2546 & -3.8184 & -1.0182 & -0.2546 & -3.8184\\ 0.2546 & 1.0182 & 3.8184 & -0.2546 & -1.0182 & 3.8184\\ -3.8184 & 3.8184 & 50.9117 & 3.8184 & -3.8184 & 25.4558\\ -1.0182 & -0.2546 & 3.8184 & 1.0182 & 0.2546 & 3.8184\\ -0.2546 & -1.0182 & -3.8184 & 0.2546 & 1.0182 & -3.8184\\ -3.8184 & 3.8184 & 25.4558 & 3.8184 & -3.8184 & 50.9117\end{bmatrix}\times 10^7
$$

$$
\boldsymbol{K}^2=\begin{bmatrix}1.0182 & -0.2546 & 3.8184 & -1.0182 & 0.2546 & 3.8184\\ -0.2546 & 1.0182 & 3.8184 & 0.2546 & -1.0182 & 3.8184\\ 3.8184 & 3.8184 & 50.9117 & -3.8184 & -3.8184 & 25.4558\\ -1.0182 & 0.2546 & -3.8184 & 1.0182 & -0.2546 & -3.8184\\ 0.2546 & -1.0182 & -3.8184 & -0.2546 & 1.0182 & -3.8184\\ 3.8184 & 3.8184 & 25.4558 & -3.8184 & -3.8184 & 50.9117\end{bmatrix}\times 10^7
$$

6)总体刚度矩阵的集成

结构的未知自由度个数为5,则总刚矩阵 $\boldsymbol{K}$ 初始化为 5×5 的零值矩阵。

对于单元①,其单元定位向量为 $\boldsymbol{P}_1^{\mathrm{v}}=(0\quad 0\quad 0\quad 1\quad 2\quad 3)^{\mathrm{T}}$,则将其整体坐标系中的刚度矩阵累加到总刚矩阵中,得到

$$
\boldsymbol{K}=\begin{bmatrix}1.0182 & 0.2546 & 3.8184 & 0 & 0\\ 0.2546 & 1.0182 & -3.8184 & 0 & 0\\ 3.8184 & -3.8184 & 50.9117 & 0 & 0\\ 0 & 0 & 0 & 0 & 0\\ 0 & 0 & 0 & 0 & 0\end{bmatrix}\times 10^7
$$

对于单元②,其单元定位向量为 $\boldsymbol{P}_2^{\mathrm{v}}=(1\quad 2\quad 4\quad 0\quad 0\quad 5)^{\mathrm{T}}$,则将其整体坐标系中的刚度

矩阵累加到总刚矩阵中，得到

$$\boldsymbol{K}=\begin{bmatrix}2.0365 & 0 & 3.8184 & 3.8184 & 3.8184\\ 0 & 2.0365 & -3.8184 & 3.8184 & 3.8184\\ 3.8184 & -3.8184 & 50.9117 & 0 & 0\\ 3.8184 & 3.8184 & 0 & 50.9117 & 25.4558\\ 3.8184 & 3.8184 & 0 & 25.4558 & 50.9117\end{bmatrix}\times 10^{7}$$

7）荷载列向量的集成

结构的未知自由度个数为5，则初始化的荷载列向量为 $\boldsymbol{P}=(0\quad 0\quad 0\quad 0\quad 0)^{\mathrm{T}}$。

$P_1=1000\mathrm{N}$ 为节点荷载，作用于节点2的竖向（该节点的第2个自由度方向），其值为负，根据节点2的定位向量（1,2,3），将其累加到荷载列向量 $\boldsymbol{P}$ 中，得到 $\boldsymbol{P}=[0\quad -1000\quad 0\quad 0\quad 0]^{\mathrm{T}}$。

$P_2=1000\mathrm{N}$ 为非节点荷载，其处理方式为：首先根据表3-4计算单元②在局部坐标系中承受跨中集中力 P_2 时的固端力 $\boldsymbol{F}^2_{\text{fixed}}$，得到

$$\boldsymbol{F}^2_{\text{fixed}}=(0\quad 500\quad 1767.767\quad 0\quad 500\quad -1767.767)^{\mathrm{T}}$$

然后将此固端力反号，则即为单元②局部坐标系中的等效节点荷载 $\boldsymbol{F}^2_{\text{eqL}}$，其值为

$$\boldsymbol{F}^2_{\text{eqL}}=(0\quad -500\quad -1767.767\quad 0\quad -500\quad 1767.767)^{\mathrm{T}}$$

基于单元②的坐标转换矩阵 $\boldsymbol{T}_2$，根据 $\boldsymbol{F}^2_{\text{eqG}}=\boldsymbol{T}_2{}^{\mathrm{T}}\boldsymbol{F}^2_{\text{eqL}}$，可计算得到整体坐标系中单元②的等效荷载 $\boldsymbol{F}^2_{\text{eqG}}$，其值为

$$\boldsymbol{F}^2_{\text{eqG}}=(-353.553\quad -353.553\quad -1767.767\quad -353.553\quad -353.553\quad 1767.767)^{\mathrm{T}}$$

最后根据单元②的定位向量 $\boldsymbol{P}^{\mathrm{v}}_2=(1\quad 2\quad 4\quad 0\quad 0\quad 5)^{\mathrm{T}}$，将 $\boldsymbol{F}^2_{\text{eqG}}$ 累加到荷载列向量 $\boldsymbol{P}$ 中，得到

$$\boldsymbol{P}=(-353.553\quad -1353.553\quad 0\quad -1767.767\quad 1767.767)^{\mathrm{T}}$$

上式即为结构最终的荷载列向量值。

8）求解静力平衡方程

经过上面的计算，静力平衡方程 $\boldsymbol{K\delta}=\boldsymbol{P}$ 的具体表达形式为

$$\begin{bmatrix}2.0365 & 0 & 3.8184 & 3.8184 & 3.8184\\ 0 & 2.0365 & -3.8184 & 3.8184 & 3.8184\\ 3.8184 & -3.8184 & 50.9117 & 0 & 0\\ 3.8184 & 3.8184 & 0 & 50.9117 & 25.4558\\ 3.8184 & 3.8184 & 0 & 25.4558 & 50.9117\end{bmatrix}\times 10^{7}\times\begin{pmatrix}\delta_1\\ \delta_2\\ \delta_3\\ \delta_4\\ \delta_5\end{pmatrix}=\begin{pmatrix}-353.553\\ -353.553\\ 0\\ -1767.767\\ 1767.767\end{pmatrix}$$

求解可得到位移列向量 $\boldsymbol{\delta}$ 的值为

$$\boldsymbol{\delta}=\begin{pmatrix}-329.017\\ -1012.212\\ -51.240\\ -2.383\\ 136.506\end{pmatrix}\times 10^{-7}$$

9）提取节点位移结果

根据节点定位向量，提取各个节点在整体坐标系中的位移结果，见表3-5。

根据节点定位向量提取节点位移　表 3-5

节　点	节点定位向量	节点位移（$\times 10^{-7}$）		
		U	V	θ
1	(0,0,0)	0	0	0
2	(1,2,3)	-329.017	-1012.212	-51.240
3	(1,2,4)	-329.017	-1012.212	-2.383
4	(0,0,5)	0	0	136.506

10）提取单元内力结果

根据单元定位向量提取单元①和单元②在整体坐标系中的位移列向量分别为

$$\boldsymbol{\delta}^1=\begin{pmatrix}0\\0\\0\\-329.017\\-1012.212\\-51.240\end{pmatrix}\times 10^{-7}\quad \boldsymbol{\delta}^2=\begin{pmatrix}-329.017\\-1012.212\\-2.383\\0\\0\\136.506\end{pmatrix}\times 10^{-7}$$

根据式(3-142)，利用各单元的坐标转换矩阵 $\boldsymbol{T}_1$ 和 $\boldsymbol{T}_2$，计算得到单元①和单元②在各自的单元局部坐标系中的位移列向量分别为

$$\overline{\boldsymbol{\delta}}^1=\begin{pmatrix}0\\0\\0\\-948.393\\-483.092\\-51.240\end{pmatrix}\times 10^{-7}\quad \overline{\boldsymbol{\delta}}^2=\begin{pmatrix}483.092\\-948.393\\-2.383\\0\\0\\136.506\end{pmatrix}\times 10^{-7}$$

在单元局部坐标系中，根据式(3-147)，计算得到单元①和单元②的内力分别为

$$\overline{\boldsymbol{F}}^1=\begin{pmatrix}1207.107\\92.231\\1304.348\\-1207.107\\-92.231\\0\end{pmatrix}\quad \overline{\boldsymbol{F}}^2=\begin{pmatrix}614.875\\0\\-1767.767\\-614.875\\0\\1767.767\end{pmatrix}$$

对于单元②，其单元内力还应加上 P_2 作用于其上时产生的固端力 $\boldsymbol{F}_{\text{fixed}}^2$，因此，单元②的内力最终为

$$\overline{\boldsymbol{F}}^2=\begin{pmatrix}614.875\\500\\0\\-614.875\\500\\0\end{pmatrix}$$

【思考题】

1. 什么叫整体坐标系？什么叫单元坐标系？两者各有什么作用？
2. 试阐述节点力、杆端力和固端力的概念。它们之间有什么区别和联系？
3. 单元刚度矩阵有何特性？
4. 什么叫单元定位向量？单元定位向量有何作用？
5. 约束条件有哪些处理方法？各有什么优缺点？
6. 如何计算单元内力？
7. 结构位移应在什么坐标系中获取？单元内力应在什么坐标系中获取？
8. 计算图 3-33 所示刚架的内力分布。

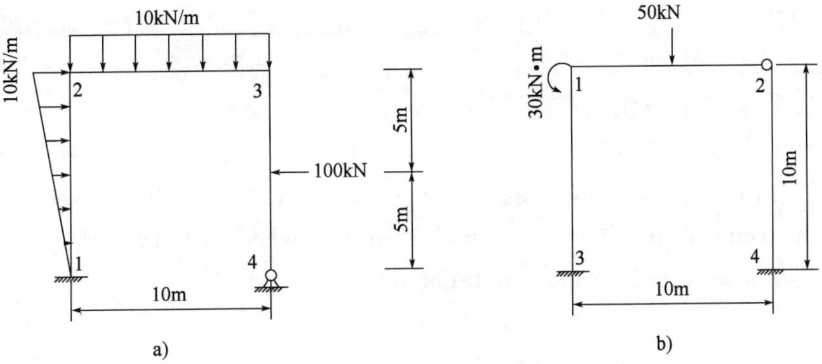

图 3-33 习题 8 图

9. 计算图 3-34 等截面连续梁的内力分布。

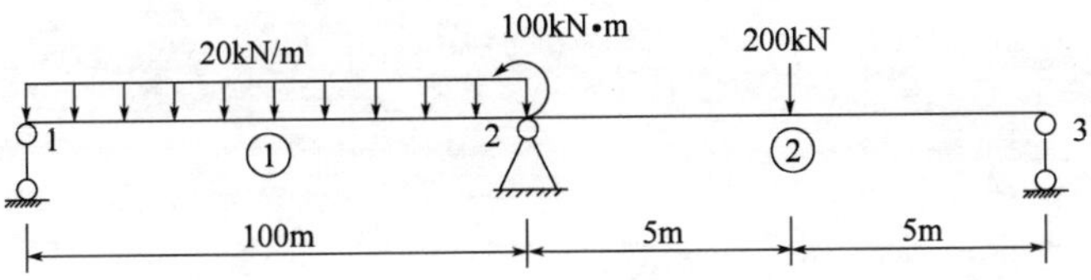

图 3-34 习题 9 图

10. 试用 Matlab 计算图 3-35 悬臂梁的节点位移和截面内力。其中，单元类型取用挠度和转角独立插值的 C_0 型 4 节点平面梁单元，并采用缩减积分方式计算单元刚度矩阵。

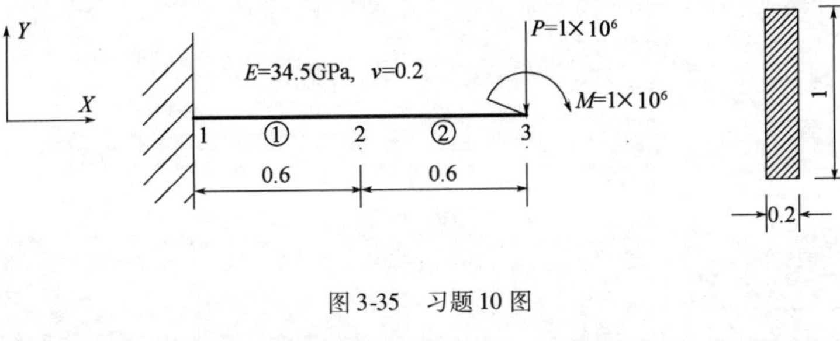

图 3-35 习题 10 图

本章参考文献

[1] 赵超燮.结构矩阵分析原理[M].北京:人民交通出版社,1983.

[2] 匡文起,张玉良,等.结构矩阵分析和程序设计[M].北京:高等教育出版社,1991.

[3] P·贝特.结构矩阵分析中的若干问题[M].赵超燮,等,译.北京:高等教育出版社,1993.

[4] 朱伯芳.有限单元法原理与应用[M].3版.北京:中国水利水电出版社,2009.

[5] 王勖成.有限单元法[M].北京:清华大学出版社,2015.

[6] 王焕定,吴德伦,等.有限单元法及计算程序[M].北京:中国建筑工业出版社,2004.

[7] 彭细荣,杨庆生,等.有限单元法及其应用[M].北京:清华大学出版社,2012.

[8] 郭乙木,陶伟明,等.线性与非线性有限元及其应用[M].北京:机械工业出版社,2005.

[9] 周水兴,王小松,等.桥梁结构电算[M].北京:人民交通出版社,2013.

[10] 项海帆,等.高等桥梁结构理论[M].2版.北京:人民交通出版社,2013.

[11] 李传习,夏桂云.大跨度桥梁结构计算理论[M].北京:人民交通出版社,2002.

[12] 孟遂民,孔伟,唐波.架空输电线路设计[M].2版.北京:中国电力出版社,2015.

[13] Carlos A. Felippa. Introduction to Finite Element Methods[EB/OL]. http://www.colorado.edu/engineering/CAS/courses.d/IFEM.d/.

第 4 章

弹性力学中的平面和空间问题

引言:在桥梁结构有限元分析中,如深梁、盆式橡胶支座、大体积混凝土(承台、桥墩、连续刚构零号块等)进行分析时,根据实际需要,可采用平面应力、平面应变、空间轴对称及空间问题进行分析。因此,本章针对弹性力学平面及空间问题,仅介绍有限单元法在弹性体应用中的简单单元分析的基本原理及方法。高精度的等参数单元将在第 5 章介绍。

4.1 平面三角形单元

4.1.1 结构离散化

如图 4-1a)所示悬臂梁,根据其几何形状及外力可简化为弹性力学平面应力问题。用有限单元法分析弹性力学平面问题,第一步就是把原来连续的弹性体离散化。设采用三角形单元,把弹性体划分为有限个互不重叠的三角形。这些三角形在其顶点(即节点)处互相连接,组成一个单元集合体,以代替原来的弹性体[图 4-1b)]。

所有作用在单元上的荷载,包括集中荷载、表面荷载和体积荷载,按等效节点荷载移置到节点上,成为等效节点荷载。这样就得到了有限单元的计算模型。

完成单元划分后,就对所有的单元和节点从 1 开始按序加以编号。

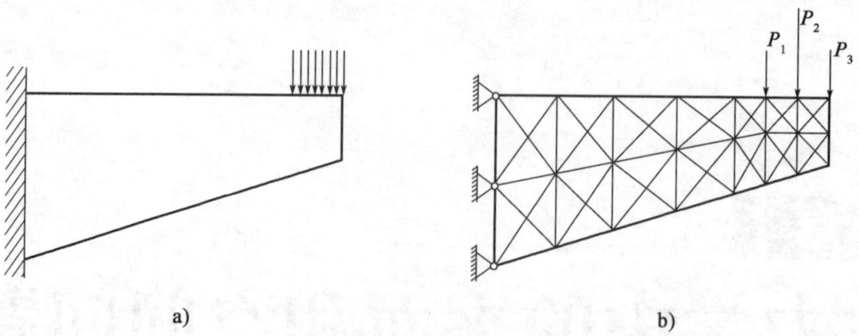

图 4-1 弹性体和有限单元模型

4.1.2 位移函数选择

在有限单元模型中，任取一个三角形单元 e，设单元 e 的节点编码为 i,j,m，见图 4-2。每个节点在其单元平面内有两个位移分量，相应地有两个节点荷载分量，整个单元将有 6 个节点位移分量和 6 个节点荷载分量。可用列阵表示为

$$\boldsymbol{a}^{e}=(\boldsymbol{a}_i^{T}\quad \boldsymbol{a}_j^{T}\quad \boldsymbol{a}_m^{T})^{T}=(u_i\quad v_i\quad u_j\quad v_j\quad u_m\quad v_m)^{T} \tag{4-1}$$

其中子矩阵 $\boldsymbol{a}_i^{T}=(u_i\quad v_i)^{T}\qquad(i,j,m)$❶

式中：u_i、v_i——节点 i 在 x 轴和 y 轴方向的位移。

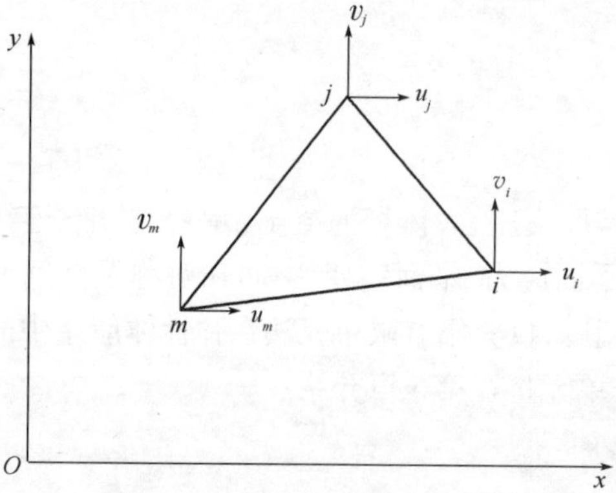

图 4-2 三角形单元的节点位移

由于单元体也是一个二维的弹性体，单元内各个点的位移分量是坐标 x,y 函数，在进行有限元分析时，需要假定一个位移函数。按此位移函数，单元内各个点的位移可以由单元节点位移通过插值来获得。

有限单元法是一种数值近似方法，位移函数选择的好坏，直接影响着本方法的解答能否收敛于精确解，以及收敛的速度和离散化带来的误差。而这种误差是本方法的重要误差来源，属于方法误差。为了保证解答的收敛性，要求位移函数必须满足以下三个条件。

(1)位移函数 $u=u(x,y)$，$v=v(x,y)$ 应反映单元的刚体位移。

因为单元的真实位移由两部分组成：一是，刚体位移，对于单元来说它是常值，是由于其他单元的形变通过节点位移引起的，与单元内坐标无关，也不会造成应变、应力及节点力；二是，弹性位移，它与坐标有关，产生变形、应变、应力、节点力是我们所关心的。

因此，对于平面问题，位移 $u=u(x,y)$，$v=v(x,y)$ 应反映单元的刚体平动，所以它们应含有与 x,y 无关的常数项。

如图 4-3 所示，当单元为刚体时，设它发生刚体转角 ω_0，单元中任意一点 (x,y)，因这种刚体转动而产生的 x 轴方向的位移为 $-\omega_0 y$，y 轴方向的位移为 $\omega_0 x$。

❶记号 (i,j,m) 表明其他节点的位移分量 u_j、v_j、u_m、v_m 可以按下标的轮换得到。以后将经常采用这种记号。

于是在 $u=(x,y)$ 中应该有：$u_0-\omega_0 y$，在 $v=(x,y)$ 中应该由 $v_0+\omega_0 x$ 来反映这种刚体位移。

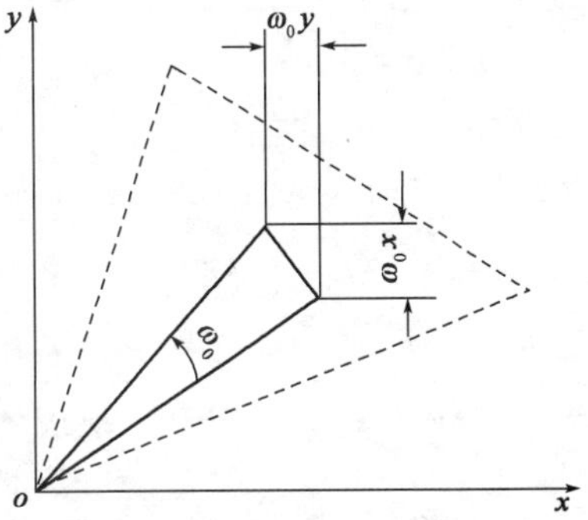

图4-3 刚体转动位移

(2)位移函数必须能反映单元的常应变。

每个单元的应变一般总是包含着两个部分：一部分是与该单元中各点的位置坐标有关的（即所谓各点的变应变）；另一部分与位置坐标无关，即所谓常应变。从物理意义上看，当单元尺寸无限缩小时，每个单元中的应变应趋于常量。除非我们的位移模式包含着这些常应变，否则就没有可能收敛于正确解。

对于平面问题，若 $\varepsilon_x=$ 常数，$\varepsilon_y=$ 常数，$\gamma_{xy}=$ 常数，可分别由几何方程得出

$$\frac{\partial u}{\partial x}=\text{常数} \tag{4-2}$$

$$\frac{\partial v}{\partial y}=\text{常数} \tag{4-3}$$

$$\frac{\partial u}{\partial y}+\frac{\partial v}{\partial x}=\text{常数} \tag{4-4}$$

由式(4-2)知，$u(x,y)$ 中应有 x 的一次项，由式(4-3)知 $v(x,y)$ 中应有 y 的一次项，由式(4-4)知 $u(x,y)$ 中还应有 y 的一次项，$v(x,y)$ 中还应有 x 的一次项。

结合1,2两点，我们可设位移函数为

$$\begin{cases} u=a_1+a_2x+a_3y \\ v=a_4+a_5x+a_6y \end{cases} \tag{4-5}$$

式中：$a_1 \sim a_6$——待定常数。

如果把式(4-5)写成

$$\begin{cases} u=a_1+a_2x-\dfrac{\alpha_5-\alpha_3}{2}y+\dfrac{\alpha_5+\alpha_3}{2}y \\ v=a_4+a_6y+\dfrac{\alpha_5-\alpha_3}{2}x+\dfrac{\alpha_5+\alpha_3}{2}x \end{cases}$$

则 α_1、a_4 反映平移，$\omega_0=\dfrac{\alpha_5-\alpha_3}{2}$ 反映转动。$\varepsilon_x=\alpha_2$、$\varepsilon_y=\alpha_6$ 及 $\gamma_{xy}=\alpha_3+\alpha_5$ 反映单元的常应变。至此，我们看到式(4-5)所设的位移函数是完备的。

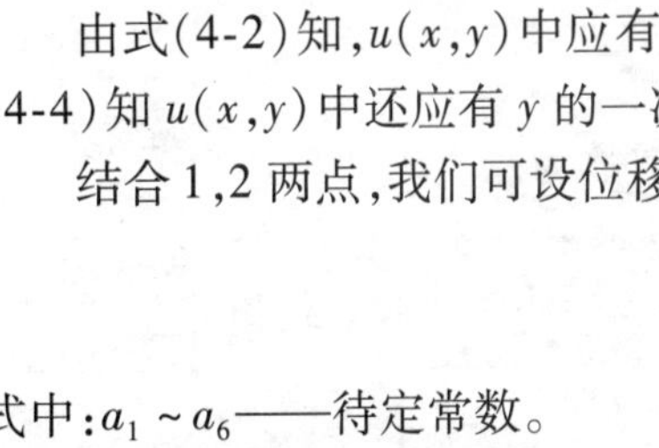

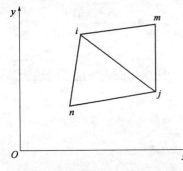

图4-4 相邻单元公共边上位移连续

(3)位移模式在单元内要连续，并使相邻单元间的位移必须协调。

我们把组成单元的材料介质视为连续的，每一点都应有确定的位移，因此位移函数在单元内必须连续，这一要求容易得到满足，因为我们选用的多项式本身是连续函数。相邻单元间的协调性要求单元之间不开裂也不重叠。对于平面问题，当单元内的位移函数取式(4-5)时，在数学上讲是平面方程，即边界上是直线变化，如图4-4所示，因 ij 是直线，则位移在该直线上的取值为直线，也就是说当节点 i、j

$$
\begin{array}{ccccccccccc}
 & & & & & 1 & & & & & \\
 & & & & x & & y & & & & \\
 & & & x^2 & & xy & & y^2 & & & \\
 & & x^3 & & x^2y & & xy^2 & & y^3 & & \\
 & x^4 & & x^3y & & x^2y^2 & & xy^3 & & y^4 & \\
x^5 & & x^4y & & x^3y^2 & & x^2y^3 & & xy^4 & & y^5
\end{array}
$$

图 4-5　帕斯卡三角形

位移给出,则边界位移完全确定,相邻两单元公共边界上的位移由公共节点位移唯一确定,因此边界位移是协调一致的。

通过以上讨论,我们看到,当三节点三角形单元选择位移函数为式(4-5)时,能满足全部收敛条件,同时其应变、应力均为常数,故称为常应变三角形单元。

位移函数的选择除了要考虑到解的收敛性,即考虑完备性与协调性的要求之外,一般还使多项式位移函数中的项数与单元节点的自由度数相同。图 4-5 中的帕斯卡三角形有助于决定选择哪些项来参加组合。选取的位移函数中不应出现偏惠的坐标方向,例如构造一个具有 8 项的位移函数,从图 4-5 中可以选用包含常数项、线性项、二次项再加上 x^3 和 y^3 项的组合,也可以不取 x^3、y^3 项而改用 x^2y、xy^2 项。

4.2　形函数与面积坐标

4.2.1　形函数及形态矩阵

上节我们讨论了单元内位移函数的确定时,采用了待定常数为基本未知量。为了进一步分析,还需将单元内的位移函数转换成以单元的节点位移为基本未知量的表达式。

设节点 i,j,m 的坐标分别为 (x_i,y_i),(x_j,y_j),(x_m,y_m),将它们代入式(4-5),得

$$
\begin{cases}
u_i = a_1 + a_2x_i + a_3y_i \quad v_i = a_4 + a_5x_i + a_6y_i \\
u_j = a_1 + a_2x_j + x_3y_j \quad v_j = a_4 + a_5x_j + a_6y_j \\
u_m = a_1 + a_2x_m + a_3y_m \quad v_m = a_4 + a_5x_m + a_6y_m
\end{cases}
\tag{4-6}
$$

联立解式(4-6)左边的三个方程,可以求得

$$
a_1 = \frac{1}{2\Delta}\begin{vmatrix} u_i & x_i & y_i \\ u_j & x_j & y_j \\ u_m & x_m & y_m \end{vmatrix} \quad
a_2 = \frac{1}{2\Delta}\begin{vmatrix} 1 & u_i & y_i \\ 1 & u_j & y_j \\ 1 & u_m & y_m \end{vmatrix} \quad
a_3 = \frac{1}{2\Delta}\begin{vmatrix} 1 & x_i & u_i \\ 1 & x_j & u_j \\ 1 & x_m & u_m \end{vmatrix}
\tag{4-7}
$$

式中:

$$
2\Delta = \begin{vmatrix} 1 & x_i & y_i \\ 1 & x_j & y_j \\ 1 & x_m & y_m \end{vmatrix}
\tag{4-8}
$$

从解析几何可知,式(4-8)中的 Δ 等于三角形 ijm 的面积。为使求得面积的值不致成为负值,节点 i,j,m 的次序必须是逆时针转向,如图 4-2 所示。

将式(4-7)代入式(4-5)中的第一式,并稍加整理,得到

$$
u = \frac{1}{2\Delta}\left[(a_i + b_ix + c_iy)u_i + (a_j + b_jx + c_jy)u_j + (a_m + b_mx + c_my)u_m\right]
\tag{4-9}
$$

式中:

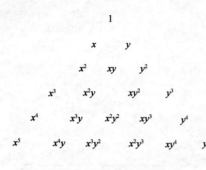

$$\begin{cases} a_i = \begin{vmatrix} x_j & y_j \\ x_m & y_m \end{vmatrix} = x_j y_m - x_m y_j \\ b_i = \begin{vmatrix} 1 & y_j \\ 1 & y_m \end{vmatrix} = y_j - y_m \qquad (i,j,m) \\ c_i = \begin{vmatrix} 1 & x_j \\ 1 & x_m \end{vmatrix} = -(x_j - x_m) \end{cases} \tag{4-10}$$

同理得到

$$v = \frac{1}{2\Delta}[(a_i + b_i x + c_i y)v_i + (a_j + b_j x + c_j y)v_j + (a_m + b_m x + c_m y)v_m] \tag{4-11}$$

如令

$$N_i = \frac{1}{2\Delta}(a_i + b_i x + c_i y) \quad (i,j,m) \tag{4-12}$$

位移函数式(4-9)、式(4-11)就可以写成

$$\begin{cases} u = N_i u_i + N_j u_j + N_m u_m \\ v = N_i v_i + N_j v_j + N_m v_m \end{cases} \tag{4-13}$$

上两式可合并写成矩阵形式如下

$$\boldsymbol{u} = \begin{pmatrix} u \\ v \end{pmatrix} = [N_i\boldsymbol{I} \quad N_j\boldsymbol{I} \quad N_m\boldsymbol{I}]\boldsymbol{a}^{\mathrm{e}} = \boldsymbol{N}\boldsymbol{a}^{\mathrm{e}} \tag{4-14}$$

式中： $\boldsymbol{I}$——二阶单位矩阵；

N_i、N_j、N_m——坐标的函数，它们反映单元的位移状态，因而称为形函数；

$\boldsymbol{N}$——形态矩阵。

4.2.2 形函数的性质

对于常应变三角形单元的形函数为

$$N_i = \frac{1}{2\Delta}(a_i + b_i x + c_i y) \quad (i,j,m)$$

式中：

$$2\Delta = \begin{vmatrix} 1 & x_i & y_i \\ 1 & x_j & y_j \\ 1 & x_m & y_m \end{vmatrix}$$

由式(4-10)可知，常数 a_i、b_i、c_i，a_j、b_j、c_j 和 a_m、b_m、c_m 依次是行列式 2Δ 的第一行、第二行和第三行各元素的代数余子式。根据行列式的性质：行列式的任一行(或列)的元素与其相应的代数余子式乘积之和等于行列式的值，而任一行(或列)的元素与其他行(或列)的元素的代数余子式乘积之和则等于零，从而可以推出形函数的性质如下。

(1)形函数 N_i 在节点 i 上的值为

$$N_i(x_i, y_i) = \frac{1}{2\Delta}(a_i + b_i x_i + c_i y_i) = 1$$

而在其余两节点上 j、m 上的值为

$$N_i(x_j,y_j)=\frac{1}{2\Delta}(a_i+b_i x_j+c_i y_j)=0$$

$$N_i(x_m,y_m)=\frac{1}{2\Delta}(a_i+b_i x_m+c_i y_m)=0$$

类似地有

$$N_j(x_i,y_i)=0\quad N_j(x_j,y_j)=1\quad N_j(x_m,y_m)=0$$
$$N_m(x_i,y_i)=0\quad N_m(x_j,y_j)=0\quad N_m(x_m,y_m)=1$$

(2)在单元任一点上三个形函数之和等于1,可以证明如下

$$\begin{aligned}&N_j(x_i,y)+N_j(x,y)+N_m(x,y)\\&=\frac{1}{2\Delta}(a_i+b_ix+c_iy+a_j+b_jx+c_jy+a_m+b_mx+c_my)\\&=\frac{1}{2\Delta}[(a_i+a_j+a_m)+(b_i+b_j+b_m)x+(c_i+c_j+c_m)y]\end{aligned}$$

根据前述行列式的性质,第一圆括号等于2Δ,而第二、第三个圆括号都等于零,故有

$$N_i(x,y)+N_j(x,y)+N_m(x,y)=1 \tag{4-15}$$

由此可见,三个形函数中只有二个是独立的。

(3)在三角形单元 ijm 的一边上,例如 ij 边上,有

$$\begin{cases}N_i(x,y)=1-\dfrac{x-x_i}{x_j-x_i}\\[2ex]N_j(x,y)=\dfrac{x-x_i}{x_j-x_i}\\[2ex]N_m(x,y)=0\end{cases} \tag{4-16}$$

也就是说,在 ij 边上的形函数与第三个顶点的坐标无关。

事实上,ij 边的方程式为

$$y=-\frac{b_m}{c_m}(x-x_i)+y_i$$

代入式(4-12),得

$$\begin{aligned}N_m(x,y)&=\frac{1}{2\Delta}\left\{a_m+b_mx+c_m\left[-\frac{b_m}{c_m}(x-x_i)+y_i\right]\right\}\\&=\frac{1}{2\Delta}(a_m+b_m x_i+c_m y_i)=0\end{aligned}$$

$$\begin{aligned}N_j(x,y)&=\frac{1}{2\Delta}\left\{a_j+b_jx+c_j\left[-\frac{b_m}{c_m}(x-x_i)+y_i\right]\right\}\\&=\frac{1}{2\Delta}\left[a_j+b_jx_j+c_jy_i+b_j(x-x_i)-\frac{b_mc_i}{c_m}(x-x_i)\right]\\&=\frac{1}{2\Delta}\left[\frac{b_jc_m-b_mc_j}{c_m}(x-x_i)\right]\end{aligned}$$

式中:

$$b_j c_m-b_m c_j=-b_j(x_i-x_j)+b_m(x_m-x_i)=b_i x_i+b_j x_j+b_m x_m=2\Delta$$

故有

$$N_j(x,y)=\frac{x-x_i}{x_j-x}$$

于是由式(4-15)得

$$N_j(x,y)=1-N_j-N_m=\frac{x-x_i}{x_j-x}$$

利用这一性质,很容易证明相邻单元的位移,分别进行线性插值之后,在公共边上是连续的。例如图4-4所示单元 *ijm* 和 *ijn* 具有公共边 *ij*。由式(4-16)*ij* 边上

$$N_m(x,y)=N_n(x,y)=0$$

不论按照哪个单元来计算,根据式(4-13)公共边上的位移均由下式表示

$$u=N_iu_i+N_ju_j$$

$$v=N_i\,v_i+N_j\,v_j$$

式中,N_i,N_j 如式(4-16)所示。可见在公共边上的位移 u、v 完全由公共边的两个节点 i、j 的位移所确定,所以相邻单元的位移是连续的。

4.2.3 面积坐标

现在我们来引进面积坐标的概念。图4-6所示的三角形单元 *ijm* 中,任意一点 $P(x,y)$ 的位置,用如下的三个比值来确定

$$L_i=\frac{\Delta_i}{\Delta}\quad L_j=\frac{\Delta_j}{\Delta}\quad L_m=\frac{\Delta_m}{\Delta}\tag{4-17}$$

式中: Δ——三角形单元 *ijm* 的面积;

Δ_i、Δ_j、Δ_m——三角形 *Pjm*、*Pmi*、*Pij* 的面积。

这三个比值称为 P 点的面积坐标。显然,三个面积坐标并不全是独立的,由于

$$\Delta_i+\Delta_j+\Delta_m=\Delta$$

所以由式(4-17)得到关系式

$$L_i+L_j+L_m=1$$

根据面积坐标的定义,不难从图4-6中看出,在平行 *jm* 边的直线上所有各点,都有相同的L_i 坐标,并且这个坐标就等于"该直线至 *jm* 边的距离"与"节点 i 至 *jm* 边的距离"比值。图4-6中示出L_i 的一些等值线。容易看出,三个节点的面积坐标分别为

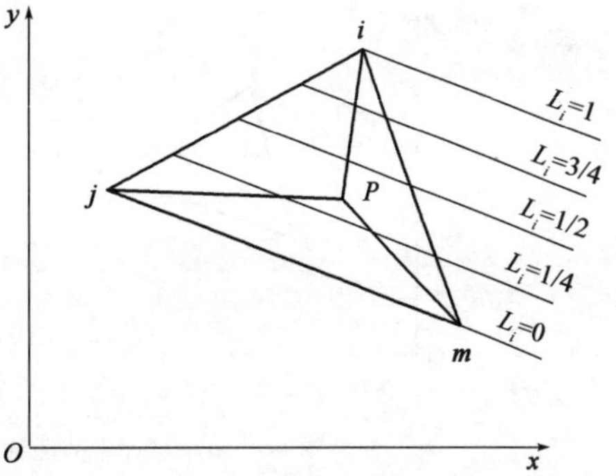

图4-6 面积坐标

节点 i:

$$L_i=1\quad L_j=0\quad L_m=0$$

节点 j:

$$L_i=0\quad L_j=1\quad L_m=0$$

节点 m:

$$L_i=0\quad L_j=0\quad L_m=1$$

现在来导出面积坐标和直角坐标之间的关系。三角形 *Pjm* 的面积为

$$\Delta_i = \frac{1}{2}\begin{vmatrix} 1 & x & y \\ 1 & x_j & y_j \\ 1 & x_m & y_m \end{vmatrix} = \frac{1}{2}(a_i + b_i x + c_i y)$$

于是面积坐标

$$L_i = \frac{\Delta_i}{\Delta} = \frac{1}{2\Delta}(a_i + b_i x + c_i y) \tag{4-18}$$

类似地有

$$\begin{cases} L_j = \dfrac{1}{2\Delta}(a_j + b_j x + c_j y) \\ L_m = \dfrac{1}{2\Delta}(a_m + b_m x + c_m y) \end{cases} \tag{4-19}$$

将式(4-18)、式(4-19)与式(4-12)对比,可见前述三角形常应变单元中的形函数 N_i、N_j、N_m 就是面积坐标 L_i、L_j、L_m。

将式(4-18)、式(4-19)中的三式分别乘上 x_i、x_j、x_m。然后相加,并注意到常数 a_i、b_i、c_i、a_j、b_j、c_j、a_m、b_m、c_m 等分别是行列式(4-8)的代数余子式,不难验证

$$x = x_i L_i + x_j L_j + x_m L_m \tag{4-20}$$

同理,有

$$y = y_i L_i + y_j L_j + y_m L_m \tag{4-21}$$

$$L_i + L_j + L_m = 1 \tag{4-22}$$

以上三式就是面积坐标与直角坐标之间的变换公式。设 L_i、L_j 为独立变量,则 $L_m = 1 - L_i - L_j$,变换式(4-20)、式(4-21)可以把平面上的任意三角形 ijm 变换为 L_iL_j 平面上的三角形 $i_1j_1m_1$,如图 4-7 所示。

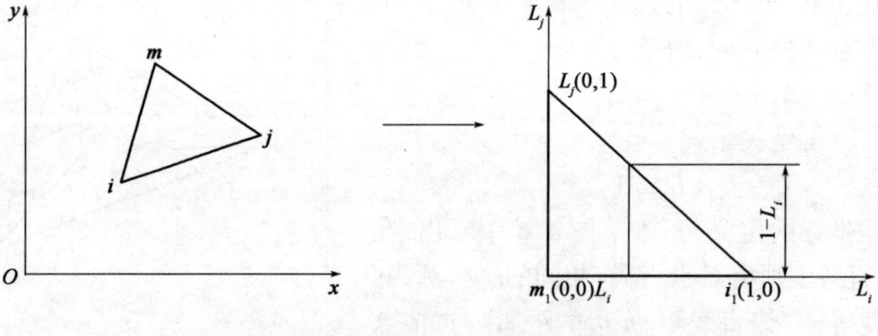

图 4-7 xOy 平面中的任意三角形 ijm 变换成 $L_i\ L_j$ 平面中的三角形 $i_1j_1m_1$

当面积坐标的函数对直角坐标求导时,可以应用下列公式

$$\begin{cases} \dfrac{\partial}{\partial x} = \dfrac{\partial L_i}{\partial x}\dfrac{\partial}{\partial L_i} + \dfrac{\partial L_j}{\partial x}\dfrac{\partial}{\partial L_j} + \dfrac{\partial L_m}{\partial x}\dfrac{\partial}{\partial L_m} = \dfrac{b_i}{2\Delta}\dfrac{\partial}{\partial L_i} + \dfrac{b_j}{2\Delta}\dfrac{\partial}{\partial L_j} + \dfrac{b_m}{2\Delta}\dfrac{\partial}{\partial L_m} \\ \dfrac{\partial}{\partial y} = \dfrac{\partial L_i}{\partial y}\dfrac{\partial}{\partial L_i} + \dfrac{\partial L_j}{\partial y}\dfrac{\partial}{\partial L_j} + \dfrac{\partial L_m}{\partial y}\dfrac{\partial}{\partial L_m} = \dfrac{c_i}{2\Delta}\dfrac{\partial}{\partial L_i} + \dfrac{c_j}{2\Delta}\dfrac{\partial}{\partial L_j} + \dfrac{c_m}{2\Delta}\dfrac{\partial}{\partial L_m} \end{cases} \tag{4-23}$$

求面积坐标的幂函数在三角形单元上的积分时,可以应用积分公式

$$\iint_{\Delta} L_i^{\alpha} L_j^{\beta} L_m^{\gamma} \mathrm{d}x\mathrm{d}y = \frac{\alpha!\beta!\gamma!}{(\alpha+\beta+\gamma+2)!}2\Delta \tag{4-24}$$

式中:α、β、γ——整常数。

求面积坐标的幂函数在三角形某一边上的积分值时,可以应用积分公式

$$\int_l L_i^{\alpha} L_j^{\beta} \mathrm{d}s = \frac{\alpha!\beta!}{(\alpha+\beta+1)!}l \quad (i,j,m) \tag{4-25}$$

式中:l——该边的长度。

4.3 单元刚度矩阵与等效节点荷载

4.3.1 单元应变矩阵

根据平面问题的几何方程,即

$$\boldsymbol{\varepsilon} = \begin{pmatrix} \varepsilon_x \\ \varepsilon_y \\ \gamma_{xy} \end{pmatrix} = \begin{pmatrix} \dfrac{\partial u}{\partial x} \\ \dfrac{\partial v}{\partial y} \\ \dfrac{\partial u}{\partial y} + \dfrac{\partial v}{\partial x} \end{pmatrix}$$

将单元的位移函数式(4-7)代入上式得

$$\boldsymbol{\varepsilon} = \begin{bmatrix} \dfrac{\partial}{\partial x} & 0 \\ 0 & \dfrac{\partial}{\partial x} \\ \dfrac{\partial}{\partial y} & \dfrac{\partial}{\partial x} \end{bmatrix} \boldsymbol{u} = \begin{bmatrix} \dfrac{\partial}{\partial x} & 0 \\ 0 & \dfrac{\partial}{\partial x} \\ \dfrac{\partial}{\partial y} & \dfrac{\partial}{\partial x} \end{bmatrix} \boldsymbol{N}\boldsymbol{a}^{\mathrm{e}} = \boldsymbol{B}\boldsymbol{a}^{\mathrm{e}} \tag{4-26}$$

式中

$$\boldsymbol{B} = \begin{bmatrix} \dfrac{\partial}{\partial x} & 0 \\ 0 & \dfrac{\partial}{\partial x} \\ \dfrac{\partial}{\partial y} & \dfrac{\partial}{\partial x} \end{bmatrix} \boldsymbol{N} = \begin{bmatrix} \dfrac{\partial}{\partial x} & 0 \\ 0 & \dfrac{\partial}{\partial x} \\ \dfrac{\partial}{\partial y} & \dfrac{\partial}{\partial x} \end{bmatrix} \begin{bmatrix} N_i & 0 & N_j & 0 & N_m & 0 \\ 0 & N_i & 0 & N_j & 0 & N_m \end{bmatrix}$$

其中 $\boldsymbol{B}$ 写成分块形式

$$\boldsymbol{B} = [\boldsymbol{B}_i \quad \boldsymbol{B}_j \quad \boldsymbol{B}_m] \tag{4-27}$$

而子矩阵

$$\boldsymbol{B}_i = \frac{1}{2\Delta} \begin{bmatrix} b_i & 0 \\ 0 & c_i \\ c_i & b_i \end{bmatrix} \quad (i,j,m) \tag{4-28}$$

式(4-26)是用节点位移表示单元应变的矩阵方程,矩阵 $\boldsymbol{B}$ 称为单元应变矩阵。由于 Δ 和 b_i、b_j、b_m、c_i、c_j、c_m 等都是常量,所以矩阵 $\boldsymbol{B}$ 中的元素都是常量,因而单位中各点的应变分量 ε_x、ε_y、γ_{xy} 也都是常量,故通常称这种单元为常应变单元。

4.3.2 单元应力矩阵

在得到应变之后，再利用物理方程式(2-40)，即

$$\boldsymbol{\sigma}=\boldsymbol{D\varepsilon}$$

式中：

$$\boldsymbol{D}=\frac{E}{1-\mu^2}\begin{bmatrix}1 & \mu & 0\\ \mu & 1 & 0\\ 0 & 0 & \frac{1-\mu}{2}\end{bmatrix}$$

称为弹性矩阵，它完全取决于弹性模量 E 和泊松比 μ。

便可导出以节点位移表示应力的关系式。把式(4-26)代入上式，得到

$$\boldsymbol{\sigma}=\boldsymbol{DBa}^{\mathrm{e}} \tag{4-29}$$

令

$$\boldsymbol{S}=\boldsymbol{DB}$$

则式(4-29)写成

$$\boldsymbol{\sigma}=\boldsymbol{Sa}^{\mathrm{e}} \tag{4-30}$$

这就是应力与节点位移的关系式，其中 $\boldsymbol{S}$ 称为单元应力矩阵。矩阵 $\boldsymbol{S}$ 可写成分块形式

$$\boldsymbol{S}=\boldsymbol{D}[\boldsymbol{B}_i \quad \boldsymbol{B}_j \quad \boldsymbol{B}_m]=[\boldsymbol{S}_i \quad \boldsymbol{S}_{\mathrm{j}} \quad \boldsymbol{S}_m] \tag{4-31}$$

对于平面应力问题，$\boldsymbol{S}$ 的子矩阵可以写成

$$\boldsymbol{S}_i=\boldsymbol{DB}_i=\frac{E}{2(1-\mu^2)\Delta}\begin{bmatrix}b_i & \mu c_i\\ \mu b_i & c_i\\ \frac{1-\mu}{2}c_i & \frac{1-\mu}{2}b_i\end{bmatrix}\quad(i,j,m) \tag{4-32}$$

对于平面应变问题，只要将上式中的 E 换成 $E/(1-\mu^2)$，μ 换成 $\mu/(1-\mu)$，便得到

$$\boldsymbol{S}_i=\boldsymbol{DB}_i=\frac{E(1-\mu)}{2(1+\mu)(1-2\mu)\Delta}\begin{bmatrix}b_i & \frac{\mu}{1-\mu}c_i\\ \frac{\mu}{1-\mu}b_i & c_i\\ \frac{1-2\mu}{2(1-\mu)}c_i & \frac{1-2\mu}{2(1-\mu)}b_i\end{bmatrix}\quad(i,j,m) \tag{4-33}$$

如果注意到式(4-1)，则式(4-30)可写成下列形式

$$\boldsymbol{\sigma}=\boldsymbol{S}_i\boldsymbol{a}_i+\boldsymbol{S}_j\boldsymbol{a}_j+\boldsymbol{S}_m\boldsymbol{a}_m \tag{4-34}$$

从式(4-32)、式(4-33)可以看出，$\boldsymbol{S}$ 中的元素都是常量，所以每个单元中的应力分量也是常量。因而，相邻单元将具有不同的应力和应变。这样越过公共边界，从一个单元到另一个与它相邻的单元，应力和应变的值都将有突变，但是位移是连续的。常应变单元的这些性质实际上都是由于选取线性的位移函数所造成的。

针对上述问题，通常采用绕节点平均法和两单元平均法两种方法进行处理。

所谓绕节点平均法，就是把环绕某一节点的各单元常应力加以平均，用以表示该节点的应力。如以图 4-8 中的节点 0 和节点 1 为例，就是取

$$(\sigma_x)_0 = \frac{1}{2}[(\sigma_x)_A + (\sigma_x)_B]$$

$$(\sigma_x)_1 = \frac{1}{6}[(\sigma_x)_A + (\sigma_x)_B + (\sigma_x)_C + (\sigma_x)_D + (\sigma_x)_E + (\sigma_x)_F]$$

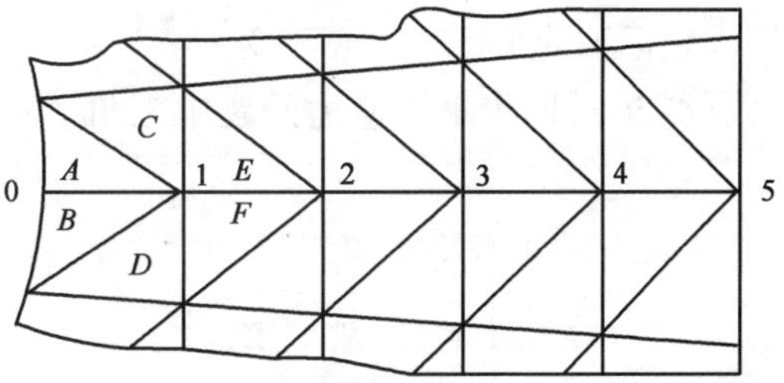

图 4-8 绕节点平均法

为了使由这样平均得来的应力能够较好地表示节点处的实际应力，环绕该节点的各个单元的面积不应相差太大。

绕节点平均法计算出来的节点应力，在内节点处较好，而在边界节点处则可能很差。因此，边界节点处的应力不宜直接由单元应力平均来获得，而应由节点的内力推算出来。以图 4-8中边界点 0 处的应力为例，就是要先用绕节点平均法算出内点 1、2、3 处应力，再用如下的抛物线插值公式推算出来

$$\sigma = \frac{(x-x_2)(x-x_3)}{(x_1-x_2)(x_1-x_3)}\sigma_1 + \frac{(x-x_1)(x-x_3)}{(x_2-x_1)(x_2-x_3)}\sigma_2 + \frac{(x-x_1)(x-x_2)}{(x_3-x_1)(x_3-x_2)}\sigma_3$$

式中：x_1、x_2、x_3——三个插值点 1、2、3 的坐标；

σ_1、σ_2、σ_3——相应的应力值。

将以上各值以及所要推算点的坐标 x 代入上式，便可求得边界点应力的近似值。

所谓单元平均法，就是把两个相邻单元中的常应力加以平均，用来表示公共边界中点处的应力。以图 4-9 为例，就是取

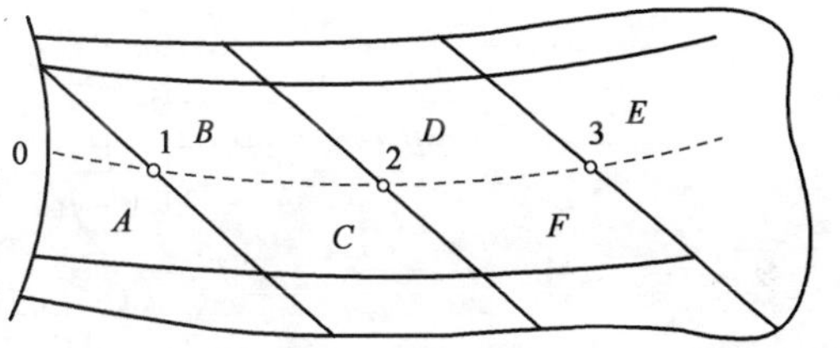

图 4-9 两单元平均法

$$(\sigma_x)_1 = \frac{1}{2}[(\sigma_x)_A + (\sigma_x)_B]\quad(\sigma_x)_2 = \frac{1}{2}[(\sigma_x)_C + (\sigma_x)_D]\cdots$$

为了使这样的平均所得应力具有较好的表征性，两个相邻单元的面积不应相差太大。

图 4-9 中，如果内点 1、2、3 等的光滑连线与边界相交于 0 点，则该点的应力可由上述内点处的应力用插值公式推算出来，其表征性一般也很好。

4.3.3 单元刚度矩阵

根据最小势能原理，由式(2-144)可以得到单元刚度矩阵为

$$\boldsymbol{K}^e = \int_{\Omega^e} \boldsymbol{B}^T \boldsymbol{D} \boldsymbol{B} t \mathrm{d}x\mathrm{d}y$$

如果单元的材料是均质的，矩阵 $\boldsymbol{D}$ 中的元素是常量，而且在三角形常应变单元的情况下，矩阵 $\boldsymbol{B}$ 中的元素也是常量，当单元的厚度 t 也是常量时，再注意到 $\int_{\Omega^e}\mathrm{d}x\mathrm{d}y = \Delta$，于是式(4-29)

可以简化为

$$\boldsymbol{K}^{\mathrm{e}}=\boldsymbol{B}^{\mathrm{T}}\boldsymbol{D}\boldsymbol{B}t\Delta \tag{4-35}$$

单元刚度矩阵 $\boldsymbol{K}^{\mathrm{e}}$ 中任一列的元素分别等于该单元的某个节点沿坐标轴方向发生单位位移时,在各节点上所引起的节点荷载。它取决于该单元的形状、大小、方位和弹性常数,而与单元的位置无关,即不随单元或坐标轴的平行移动而改变。

将表达式(4-27)代入式(4-28),即得平面应力问题中三角形单元的刚度矩阵,写成分块形式如下

$$\boldsymbol{K}^{\mathrm{e}}=\begin{bmatrix}\boldsymbol{K}_{ii} & \boldsymbol{K}_{ji} & \boldsymbol{K}_{im}\\ \boldsymbol{K}_{ij} & \boldsymbol{K}_{jj} & \boldsymbol{K}_{jm}\\ \boldsymbol{K}_{mi} & \boldsymbol{K}_{mj} & \boldsymbol{K}_{mm}\end{bmatrix} \tag{4-36}$$

式中:

$$\boldsymbol{K}_{rs}=\boldsymbol{B}_r^{\mathrm{T}}\boldsymbol{D}\boldsymbol{B}_s t\Delta=\frac{Et}{4(1-\mu^2)\Delta}\begin{bmatrix}b_r b_s+\dfrac{1-\mu}{2}c_r c_s & \mu b_r c_s+\dfrac{1-\mu}{2}c_r b_s\\ \mu c_r b_s+\dfrac{1-\mu}{2}b_r c_s & c_r c_s+\dfrac{1-\mu}{2}b_r b_s\end{bmatrix}\quad (r=i,\ j,\ m;\ s=i,\ j,\ m) \tag{4-37}$$

对于平面应变问题,上式中的 E 应该换成 $E/(1-\mu^2)$,μ 换成 $\mu/(1-\mu)$,于是得

$$\boldsymbol{K}_{rs}=\frac{E(1-\mu)t}{4(1+\mu)(1-2\mu)\Delta}\begin{bmatrix}b_r b_s+\dfrac{1-2\mu}{2(1-\mu)}c_r c_s & \dfrac{\mu}{1-\mu}b_r c_s+\dfrac{1-2\mu}{2(1-\mu)}c_r b_s\\ \dfrac{\mu}{1-\mu}c_r b_s+\dfrac{1-2\mu}{2(1-\mu)}b_r c_s & c_r c_s+\dfrac{1-2\mu}{2(1-\mu)}b_r b_s\end{bmatrix}$$

$$(r=i,\ j,\ m;\ s=i,\ j,\ m) \tag{4-38}$$

4.3.4 等效节点荷载

根据最小势能原理,由式(2-144)可以得到等效节点荷载为

$$\boldsymbol{P}_{\mathrm{f}}^{\mathrm{e}}=\int_{\Omega^{\mathrm{e}}}\boldsymbol{N}^{\mathrm{T}}ft\mathrm{d}x\mathrm{d}y \tag{4-39}$$

$$\boldsymbol{P}_{\mathrm{S}}^{\mathrm{e}}=\int_{S_\sigma^{\mathrm{e}}}\boldsymbol{N}^{\mathrm{T}}\boldsymbol{T}t\mathrm{d}S \tag{4-40}$$

$$\boldsymbol{P}^{\mathrm{e}}=\boldsymbol{P}_{\mathrm{S}}^{\mathrm{e}}+\boldsymbol{P}_{\mathrm{f}}^{\mathrm{e}} \tag{4-41}$$

1)集中荷载

对于集中荷载,如果我们在划分单元时使荷载作用点与节点相重合,那么就不需要荷载等效。当集中荷载

$$\boldsymbol{F}=[F_x\quad F_y]^{\mathrm{T}} \tag{4-42}$$

作用在单元上某一点,为求其等效节点荷载

$$\boldsymbol{P}_{\mathrm{F}}^{\mathrm{e}}=[P_{ix}\quad P_{iy}\quad P_{jx}\quad P_{jy}\quad P_{mx}\quad P_{my}]^{\mathrm{T}} \tag{4-43}$$

根据式(2-144)所得结果，将$\boldsymbol{f}$替换为集中力$\boldsymbol{F}$积分后，可得

$$\boldsymbol{P}_{\mathrm{F}}^{\mathrm{e}}=\boldsymbol{N}^{\mathrm{T}}\boldsymbol{F} \tag{4-44}$$

因此，单元内作用集中荷载时，其等效节点荷载等于原荷载左乘形态函数矩阵的转置。

2）体积荷载

对于作用于单元体上的体积荷载，设单位体积上作用的荷载为

$$\boldsymbol{f}=[p_x \quad p_y]^{\mathrm{T}} \tag{4-45}$$

则等效节点荷载同式(4-39)为

$$\boldsymbol{P}_{\mathrm{f}}^{\mathrm{e}}=\int_{\Omega^{\mathrm{e}}}\boldsymbol{N}^{\mathrm{T}}\boldsymbol{f}t\mathrm{d}x\mathrm{d}y \tag{4-46}$$

式中：t——单元平均厚度。

3）表面荷载

对于作用在单元边界上的表面荷载，设单位面积的荷载为

$$\boldsymbol{T}=[q_x \quad q_y]^{\mathrm{T}} \tag{4-47}$$

则等效节点荷载同式(4-40)为

$$\boldsymbol{P}_{\mathrm{S}}^{\mathrm{e}}=\int_{S_{\sigma}^{\mathrm{e}}}\boldsymbol{N}^{\mathrm{T}}\boldsymbol{T}t\mathrm{d}S \tag{4-48}$$

单元总的等效节点荷载是由作用在单元上的集中荷载、体积荷载和表面荷载的等效节点荷载合成，即

$$\boldsymbol{P}^{\mathrm{e}}=\boldsymbol{P}_{\mathrm{F}}^{\mathrm{e}}+\boldsymbol{P}_{\mathrm{f}}^{\mathrm{e}}+\boldsymbol{P}_{\mathrm{S}}^{\mathrm{e}} \tag{4-49}$$

对于采用线性位移函数的三角形单元按上述荷载移置方法得到的结果与静力学中平行力分解原理得到的节点荷载相同。因此，在实际计算等效节点荷载时，可以直接应用静力学中关于平行力分解原理来求得等效节点荷载。

例如，均质等厚的三角形单元所受的重力，它的等效节点荷载就是每个节点$\frac{1}{3}$的重量（图4-10）。

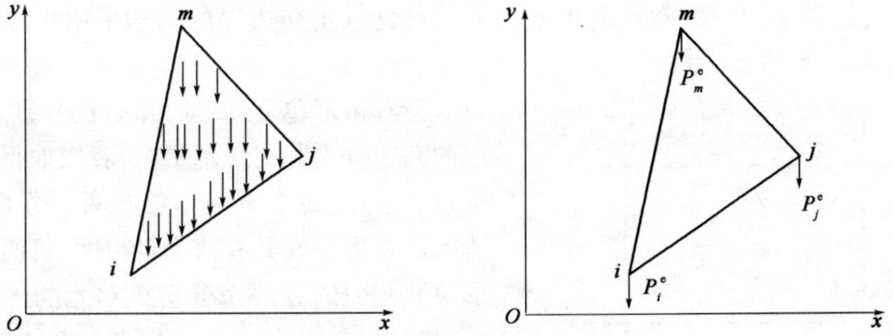

图4-10 重力的等效节点荷载

对于作用在长度l的jm边上强度为q的均布表面荷载，只需把$\frac{1}{2}qtl$移置到节点j及m上（图4-11）。

又如线性分布荷载，在节点i处强度为零，在节点j处强度为q，则合力的大小为$\frac{1}{2}qlt$，只需将合力的$\frac{1}{3}$移置到节点i，$\frac{2}{3}$移置到节点j（图4-12）。

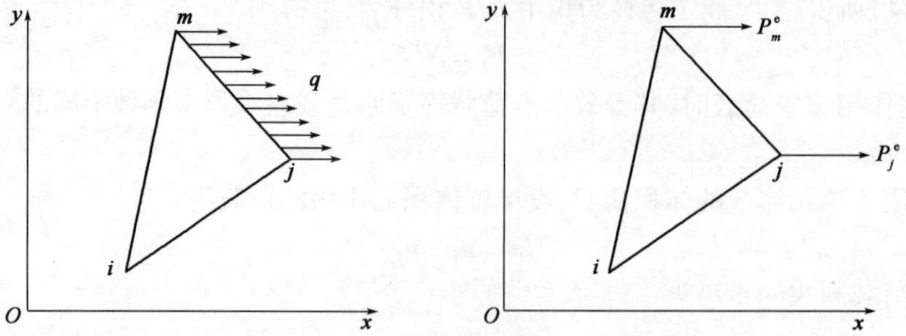

图 4-11　均布面力的等效节点荷载

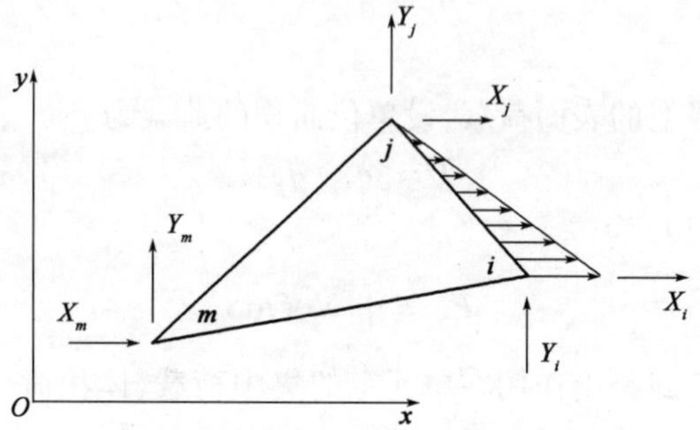

图 4-12　线性分布面力的等效节点荷载

4.4　平面矩形单元

4.4.1　位移函数和形函数

矩形单元也是平面问题常用的单元之一。对具有正交边界的结构采用矩形单元不仅方便，而且有较高的精度。

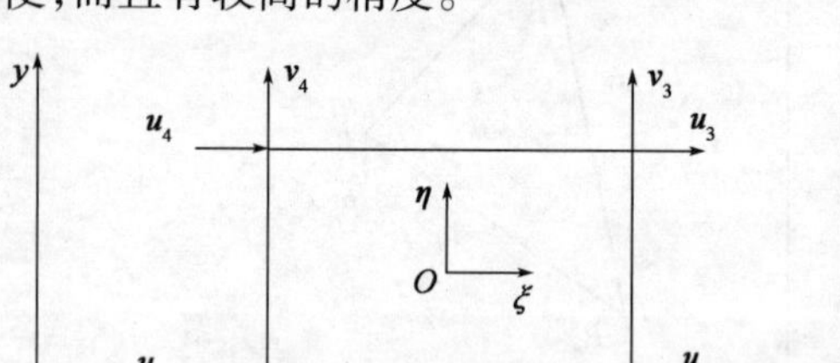

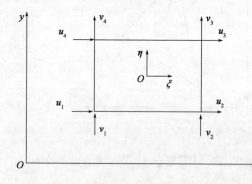

图 4-13　矩形单元

设有矩形单元 1234，其边长分别为 $2a$、$2b$，矩形的两边分别与 x、y 轴平行，我们取得矩形的四个角点为节点，每个节点位移有两个分量，如图 4-12 所示。矩形单元共有八个自由度，我们可以用三角形单元相似的方法来分析该单元的力学特性。但是，如果同时引入一个局部坐标系 ξ、η，则可以推出较为简洁的结果。

如图 4-13 所示，局部坐标的原点取在矩形的矩心，ξ 和 η 轴分别与整体坐标轴 x 和 y 平行，其坐标变换的关系式为

$$x = x_0 + a\xi \qquad y = y_0 + b\eta$$

式中：

$$x_0 = (x_1 + x_2)/2 = (x_3 + x_4)/2$$

$$y_0=(y_2+y_3)/2=(y_1+y_4)/2$$
$$a=(x_2-x_1)/2=(x_3-x_4)/2$$
$$b=(y_3-y_2)/2=(y_4-y_1)/2$$

其中，(x_i,y_i)是节点 i 的整体坐标，$i=1,2,3,4$。

在局部坐标系中，节点 i 的坐标是(ξ_i,η_i)，它们的值分别是 ±1，例如$\xi_i=-1,\eta_i=-1$。

设位移函数

$$\begin{cases}u=a_1+a_2\xi+a_3\eta+a_4\xi\eta\\v=a_5+a_6\xi+a_7\eta+a_8\xi\eta\end{cases}\tag{4-50}$$

将节点的局部坐标值代入上式，可以列出四个节点处位移分量的值，则获得两组四元联立方程，从而可以分别解出未知参数 $a_1,a_2,\cdots,a_8$，将这些参数再代回式(4-50)，便可得到用节点位移表示的位移函数

$$u=\sum_{i=1}^{4}N_iu_i\qquad v=\sum_{i=1}^{4}N_i\,v_i\tag{4-51}$$

式中：

$$N_i=(1+\xi_0)(1+\eta_0)/4\tag{4-52}$$

式中，$\xi_0=\xi_i\xi,\eta_0=\eta_i\eta(i=1,2,3,4)$。或者写成与前面一致的形式

$$\boldsymbol{u}=\begin{pmatrix}u\\v\end{pmatrix}=\sum_{i=1}^{4}\boldsymbol{N}_i\boldsymbol{\delta}_i$$

式中：

$$\boldsymbol{N}_i=N_i\boldsymbol{I}\qquad\boldsymbol{I}=\begin{bmatrix}1&0\\0&1\end{bmatrix}\qquad\boldsymbol{a}=\begin{pmatrix}u_i\\v_i\end{pmatrix}\quad(i=1,2,3,4)\tag{4-53}$$

4.4.2 应变矩阵、应力矩阵、单元刚度矩阵

利用几何方程求出单元的应变

$$\boldsymbol{\varepsilon}=\begin{pmatrix}\varepsilon_x\\\varepsilon_y\\\gamma_{xy}\end{pmatrix}=\begin{pmatrix}\dfrac{\partial u}{\partial x}\\\dfrac{\partial v}{\partial y}\\\dfrac{\partial u}{\partial y}+\dfrac{\partial v}{\partial x}\end{pmatrix}=\begin{pmatrix}\dfrac{1}{a}\dfrac{\partial u}{\partial\xi}\\\dfrac{1}{b}\dfrac{\partial v}{\partial\eta}\\\dfrac{1}{b}\dfrac{\partial u}{\partial\eta}+\dfrac{1}{a}\dfrac{\partial v}{\partial\xi}\end{pmatrix}=\frac{1}{ab}\begin{pmatrix}b\dfrac{\partial u}{\partial\xi}\\a\dfrac{\partial v}{\partial\eta}\\a\dfrac{\partial u}{\partial\eta}+b\dfrac{\partial v}{\partial\xi}\end{pmatrix}\tag{4-54}$$

将式(4-51)代入式(4-54)，得到

$$\boldsymbol{\varepsilon}=[\boldsymbol{B}_1\quad\boldsymbol{B}_2\quad\boldsymbol{B}_3\quad\boldsymbol{B}_4]\boldsymbol{a}^{\mathrm{e}}\tag{4-55}$$

式中：

$$\boldsymbol{B}_i=\frac{1}{ab}\begin{bmatrix}b\dfrac{\partial N_i}{\partial\xi}&0\\0&a\dfrac{\partial N_i}{\partial\eta}\\a\dfrac{\partial N_i}{\partial\eta}&b\dfrac{\partial N_i}{\partial\xi}\end{bmatrix}=\frac{1}{4ab}\begin{bmatrix}b\,\xi_i(1+\eta_0)&0\\0&a\,\eta_i(1+\xi_0)\\a\,\eta_i(1+\xi_0)&b\,\xi_i(1+\eta_0)\end{bmatrix}\quad(i=1,2,3,4)$$

利用式(4-24)可以得出用节点位移表示的单元应力

$$\boldsymbol{\sigma}=\boldsymbol{D}\boldsymbol{\varepsilon}=[\boldsymbol{S}_1 \quad \boldsymbol{S}_2 \quad \boldsymbol{S}_3 \quad \boldsymbol{S}_4]\boldsymbol{\delta}^{\mathrm{e}}$$

式中

$$\boldsymbol{S}_i=\boldsymbol{D}\boldsymbol{B}_i \quad (i=1,2,3,4)$$

对于平面应力问题

$$\boldsymbol{S}_i=\frac{E}{4ab(1-\mu^2)}\begin{bmatrix} b\,\xi_i(1+\eta_0) & \mu a\,\eta_i(1+\xi_0) \\ \mu b\,\xi_i(1+\eta_0) & a\eta_i(1+\xi_0) \\ \dfrac{1-\mu}{2}a\eta_i(1+\xi_0) & \dfrac{1-\mu}{2}a\eta_i(1+\xi_0) \end{bmatrix}$$

若将单元刚度矩阵写成如下的分块形式

$$\boldsymbol{K}^{\mathrm{e}}=\begin{bmatrix} \boldsymbol{K}_{11} & \boldsymbol{K}_{12} & \boldsymbol{K}_{13} & \boldsymbol{K}_{14} \\ \boldsymbol{K}_{21} & \boldsymbol{K}_{22} & \boldsymbol{K}_{23} & \boldsymbol{K}_{24} \\ \boldsymbol{K}_{31} & \boldsymbol{K}_{32} & \boldsymbol{K}_{33} & \boldsymbol{K}_{34} \\ \boldsymbol{K}_{41} & \boldsymbol{K}_{42} & \boldsymbol{K}_{43} & \boldsymbol{K}_{44} \end{bmatrix} \tag{4-56}$$

则其中的子矩阵可由下式计算

$$\boldsymbol{K}_{ij}=\int_{\Omega^{\mathrm{e}}}\boldsymbol{B}_i^{\mathrm{T}}\boldsymbol{D}\boldsymbol{B}_i t\mathrm{d}x\mathrm{d}y \tag{4-57}$$

若厚度 t 是常量，则得到式(4-57)的显式如下

$$\begin{aligned}\boldsymbol{K}_{ij} &= tad\int_{-1}^{1}\int_{-1}^{1}\boldsymbol{B}_i^{\mathrm{T}}\boldsymbol{S}_j\mathrm{d}\xi\mathrm{d}\eta \\ &= \frac{Et}{4(1-\mu^2)}\begin{bmatrix} \dfrac{b}{a}\xi_i\xi_j\left(1+\dfrac{1}{3}\eta_i\eta_j\right)+\dfrac{1-\mu}{2}\dfrac{a}{b}\eta_i\eta_j\left(1+\dfrac{1}{3}\xi_i\xi_j\right) & \mu\xi_i\eta_j+\dfrac{1-\mu}{2}\eta_i\xi_j \\ \mu\xi_i\eta_j+\dfrac{1-\mu}{2}\xi_i\eta_j & \dfrac{a}{b}\eta_i\eta_j\left(1+\dfrac{1}{3}\xi_i\xi_j\right)+\dfrac{1-\mu}{2}\dfrac{a}{b}\xi_i\xi_j\left(1+\dfrac{1}{3}\eta_i\eta_j\right) \end{bmatrix}\end{aligned} \tag{4-58}$$

对于平面应变问题的公式，只要在上式中将 E 换成 $E/(1-\mu^2)$，将 μ 换成 $\mu/(1-\mu)$ 即可。

4.4.3 等效节点荷载

单元节点位移与单元节点荷载的关系仍然取下面的形式

$$\boldsymbol{K}^{\mathrm{e}}\boldsymbol{a}^{\mathrm{e}}=\boldsymbol{P}^{\mathrm{e}}$$

其中荷载列阵 $\boldsymbol{P}^{\mathrm{e}}$ 与式(4-49)相同，并仍然可按式(4-44)、式(4-46)、式(4-48)计算等效节点荷载。但这里与三角形单元不同，矩形单元具有 4 个节点(1,2,3,4)，所有 $\boldsymbol{P}^{\mathrm{e}}$ 具有 8 个元素，即

$$\boldsymbol{P}^{\mathrm{e}}=(U_1 \quad V_1 \quad U_2 \quad V_2 \quad U_3 \quad V_3 \quad U_4 \quad V_4)^{\mathrm{T}} \tag{4-59}$$

现在给出几种常见荷载的结果：

(1)对于单元的自重 W，荷载列阵为

$$\boldsymbol{P}^{\mathrm{e}}=-W\left(0 \quad \frac{1}{4} \quad 0 \quad \frac{1}{4} \quad 0 \quad \frac{1}{4} \quad 0 \quad \frac{1}{4}\right)^{\mathrm{T}}$$

即移置于每一节点的荷载都为 1/4 的自重。

(2)如果单元在一个边界上受有三角形分布的表面力，在该边界上一个节点处为零而在

另一个节点处为最大，则将总表面力的$\frac{1}{3}$移置到前一节点，$\frac{2}{3}$移置到后一节点。

4.5 空间轴对称单元

如果弹性体的几何形状对称于一轴线，所受约束及荷载也对称与同一轴线，这类问题的位移、应变、应力分析问题为轴对称问题。在桥梁结构中有些构件属于空间轴对称问题，例如盆式橡胶支座的盆体、盆塞等。

4.5.1 结构离散化

本节以弹性力学空间问题中的轴对称问题为对象，介绍有限单元法的原理和基本方程。采用圆柱坐标，以对称轴为 z 轴，任一对称面为$\vec{r}\ \vec{z}$ 面。采用的单元是三角形截面的整圆环(图 4-14)。在轴对称问题中只有径向位移 u 和轴向位移 w，它们仅与坐标 r、z 有关，而与 θ 无关，因此，我们只需考察坐标平面$\vec{r}\ \vec{z}$ 上的截面部分。所以轴对称问题的有限单元法与平面问题基本上是类似的，但是在数学上要烦琐一些。

在轴对称问题中，我们采用的单元是轴对称的三角形截面的整圆环，它是由$\vec{r}\ \vec{z}$ 面的三角形 ijm 环绕对称轴 z 回转一周而得到的(图 4-14)。相邻的单元在其棱边互相连接，单元的棱边都是圆的，故有结圆之称。每个结圆与$\vec{r}\ \vec{z}$ 平面的交点就是节点。例如图 4-15 中的 i,j,m 等等。这样，各单元将在$\vec{r}\ \vec{z}$ 平面上形成三角形网格，就像平面问题中各个三角形单元中在$\vec{x}\ \vec{y}$平面上形成的网格一样。

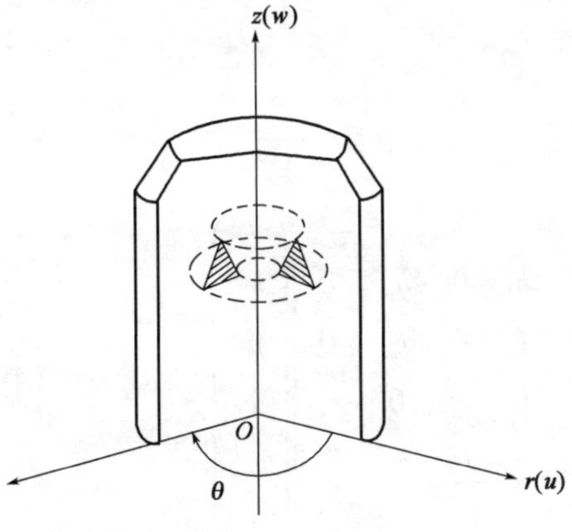

图 4-14 轴对称物体

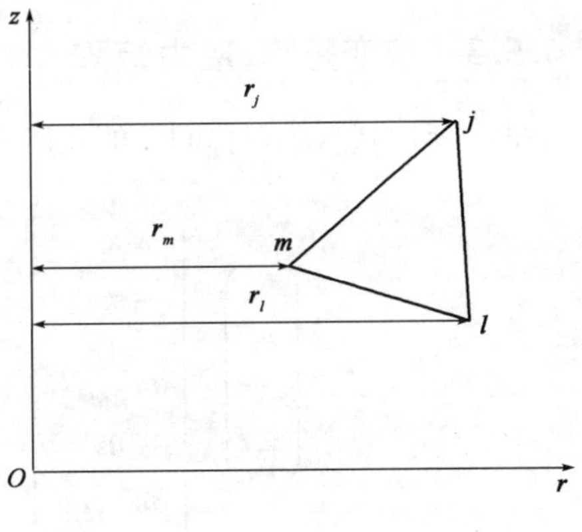

图 4-15 三角形环单元

4.5.2 位移函数及形函数

当采用三角形截面环单元时，基本未知量仍然取节点位移，单元的节点位移可用列阵表示为

$$\begin{aligned}\boldsymbol{a}^{e} &= (\boldsymbol{a}_i^{T} \quad \boldsymbol{a}_j^{T} \quad \boldsymbol{a}_m^{T})^{T} \\ &= (u_i \quad w_i \quad u_j \quad w_j \quad u_m \quad w_m)^{T}\end{aligned} \tag{4-60}$$

仿照平面问题,取线性位移函数

$$\begin{cases} u = a_1 + a_2 r + a_3 z \\ w = a_4 + a_5 r + a_6 z \end{cases}$$

必然得到与平面问题中相似的结果。单元内的位移为

$$\begin{cases} u = N_i u_i + N_j u_j + N_m u_m \\ w = N_i w_i + N_j w_j + N_m w_m \end{cases} \tag{4-61}$$

其中形函数

$$\boldsymbol{N}_i = (a_i + b_i r + a_i z)/2\Delta \quad (i,j,m)$$

而

$$\Delta = \frac{1}{2}\begin{vmatrix} 1 & r_i & z_i \\ 1 & r_j & z_j \\ 1 & r_m & z_i \end{vmatrix} \tag{4-62}$$

$$\begin{cases} a_i = \begin{vmatrix} r_j & r_m \\ r_m & z_m \end{vmatrix} = r_j z_m - r_m z_j \\ b_i = -\begin{vmatrix} 1 & z_j \\ 1 & z_m \end{vmatrix} = z_j - z_m \quad (i,j,m) \\ c_i = \begin{vmatrix} 1 & r_j \\ 1 & r_m \end{vmatrix} = -(r_j - r_m) \end{cases} \tag{4-63}$$

式(4-61)也可写成矩阵形式

$$\boldsymbol{u} = \begin{pmatrix} u \\ w \end{pmatrix} = \boldsymbol{N}\boldsymbol{a}^{\mathrm{e}} = [N_i\boldsymbol{I} \quad N_j\boldsymbol{I} \quad N_m\boldsymbol{I}]\boldsymbol{a}^{\mathrm{e}} \tag{4-64}$$

4.5.3 应变矩阵、应力矩阵

将式(4-61)代入轴对称问题的几何方程中,得到单元体内的应变,即

$$\boldsymbol{\varepsilon} = \begin{pmatrix} \varepsilon_r \\ \varepsilon_\theta \\ \varepsilon_z \\ \gamma_{rz} \end{pmatrix} = \begin{pmatrix} \dfrac{\partial u}{\partial r} \\ \dfrac{u}{r} \\ \dfrac{\partial w}{\partial z} \\ \dfrac{\partial w}{\partial r} + \dfrac{\partial u}{\partial z} \end{pmatrix} = \frac{1}{2\Delta}\begin{bmatrix} b_i & 0 & b_j & 0 & b_m & 0 \\ f_i & 0 & f_j & 0 & f_m & 0 \\ 0 & c_i & 0 & c_j & 0 & c_m \\ c_i & b_i & c_j & b_j & c_m & b_m \end{bmatrix}\begin{pmatrix} u_i \\ w_i \\ u_j \\ w_j \\ u_m \\ w_m \end{pmatrix} \tag{4-65}$$

式中:

$$f_i = \frac{a_i}{r} + b_i + \frac{c_i z}{r} \quad (i,j,m) \tag{4-66}$$

式(4-65)仍然还可以简写成

$$\boldsymbol{\varepsilon} = \boldsymbol{B}\boldsymbol{a}^{\mathrm{e}} = [\boldsymbol{B}_i \quad \boldsymbol{B}_j \quad \boldsymbol{B}_m]\boldsymbol{a}^{\mathrm{e}}$$

式中:

$$\boldsymbol{B}_i=\frac{1}{2\Delta}\begin{bmatrix}b_i & 0\\ f_i & 0\\ 0 & c_i\\ c_i & b_i\end{bmatrix}\tag{4-67}$$

由此可见,单元中的应变分量ε_r、ε_z、ε_{rz}都是常量;但是环向正应变ε_θ不是常量,它与f_i、f_j、f_m 中的 r 有关。

单元的应力分量仍可表示为

$$\boldsymbol{\sigma}=\begin{pmatrix}\sigma_r\\ \sigma_\theta\\ \sigma_z\\ \tau_{rz}\end{pmatrix}=\boldsymbol{D\varepsilon}=\boldsymbol{DBa}^{\mathrm{e}}=\boldsymbol{Sa}^{\mathrm{e}}=[\boldsymbol{S}_i\quad \boldsymbol{S}_j\quad \boldsymbol{S}_m]\boldsymbol{a}^{\mathrm{e}}$$

式中:

$$\boldsymbol{S}_i=\frac{2A_3}{\Delta}\begin{bmatrix}b_i+A_1f_i & A_1c_i\\ A_1b_i+f_i & A_1c_i\\ A_1(b_i+f_i) & c_i\\ A_2c_i & A_2b_i\end{bmatrix}\quad (i,j,m)\tag{4-68}$$

而

$$A_1=\frac{\mu}{1-\mu}\quad A_2=\frac{1-2\mu}{2(1-\mu)}\quad A_3=\frac{(1-\mu)E}{4(1+\mu)(1-2\mu)}$$

显然,只有应力分量τ_{rz}在单元中为常量外,其余三个正应力在单元中都不是常量。在实际应用中,为了简化计算和消除对称轴上由于 $r=0$ 所引起的麻烦,常把各个单元中的 r 及 z 近似地当作常量,并且分别等于各单元形心的坐标,即

$$\begin{cases}r\approx\bar{r}=\dfrac{1}{3}(r_i+r_j+r_m)\\ z\approx\dfrac{1}{3}(z_i+z_j+z_m)\end{cases}\tag{4-69}$$

于是式(4-66)成为

$$f_i\approx\bar{f}_i=\frac{a_i}{\bar{r}}+b_i+\frac{c_i\bar{z}}{\bar{r}}\quad (i,j,m)\tag{4-70}$$

这样就把各个单元近似地当作常应变单元。将式(4-69)、式(4-70)代入式(4-67)和式(4-68),求得的是单元形心处应变和应力的近似值。

4.5.4 单元刚度矩阵与等效节点荷载

1)单元刚度矩阵

如式(2-144)所示普遍公式,在轴对称的情况下有

$$\begin{aligned}\boldsymbol{K}^{\mathrm{e}}&=\iiint_{V_{\mathrm{e}}}\boldsymbol{B}^{\mathrm{T}}\boldsymbol{DB}r\mathrm{d}\theta\mathrm{d}r\mathrm{d}z\\ &=2\pi\iint_{\Omega_{\mathrm{e}}}\boldsymbol{B}^{\mathrm{T}}\boldsymbol{DB}r\mathrm{d}r\mathrm{d}z\end{aligned}\tag{4-71}$$

它也可以写成下列分块形式

$$\boldsymbol{K}^{\mathrm{e}}=\begin{bmatrix}\boldsymbol{K}_{ii} & \boldsymbol{K}_{ij} & \boldsymbol{K}_{im}\\ \boldsymbol{K}_{ji} & \boldsymbol{K}_{jj} & \boldsymbol{K}_{jm}\\ \boldsymbol{K}_{mi} & \boldsymbol{K}_{mj} & \boldsymbol{K}_{mm}\end{bmatrix} \tag{4-72}$$

其中的子矩阵为

$$\boldsymbol{K}_{st}=2\pi\iint_{\Omega_{\mathrm{e}}}\boldsymbol{B}_s^{\mathrm{T}}\boldsymbol{D}\boldsymbol{B}_r r\mathrm{d}r\mathrm{d}z\quad(s=i,j,m;t=i,j,m) \tag{4-73}$$

由于在轴对称问题的矩阵 $\boldsymbol{B}$ 中出现坐标 r、z，所以式(4-73)的积分运算比平面问题要复杂得多。现在仍取单元形心的坐标 $\bar{r}$、$\bar{z}$ 替代矩阵 $\boldsymbol{B}$ 中的坐标 r、z 作为依次近似，得到一个近似的单元刚度矩阵。此时，式(4-73)成为

$$\boldsymbol{K}_{st}=2\pi\boldsymbol{B}_s^{\mathrm{T}}\boldsymbol{D}\boldsymbol{B}_t\bar{r}\Delta$$

也可以写成显式

$$\boldsymbol{K}_{st}=\frac{2\pi r A_3}{\Delta}\begin{bmatrix}b_s(b_s+A_1\bar{f}_t)+\bar{f}_s(\bar{f}_t+A_1b_t)+A_2c_sc_t & A_2c_t(b_s+\bar{f}_s)+A_2c_sb_t\\ A_1c_s(b_t+\bar{f}_t)+A_2b_sc_t & c_sc_t+A_2b_sb_t\end{bmatrix}\quad(s=i,j,m;t=i,j,m) \tag{4-74}$$

2)等效节点荷载

由式(2-144)可知，在轴对称情况下，采用平面问题中相同的符号

集中荷载的等效节点荷载：

$$\boldsymbol{P}_{\mathrm{F}}^{\mathrm{e}}=2\pi r_{\mathrm{c}}\boldsymbol{N}^{\mathrm{T}}\boldsymbol{F} \tag{4-75}$$

表面荷载的等效节点荷载：

$$\boldsymbol{P}_{\mathrm{S}}^{\mathrm{e}}=2\pi\int_{S_\sigma^e}\boldsymbol{N}^{\mathrm{T}}\boldsymbol{T}r\mathrm{d}s \tag{4-76}$$

体积荷载的等效节点荷载：

$$\boldsymbol{P}_{\mathrm{f}}^{\mathrm{e}}=2\pi\iint_{\Omega_{\mathrm{e}}}\boldsymbol{N}^{\mathrm{T}}\boldsymbol{f}r\mathrm{d}r\mathrm{d}z \tag{4-77}$$

于是等效节点荷载为

$$\boldsymbol{P}^{\mathrm{e}}=\boldsymbol{P}_{\mathrm{F}}^{\mathrm{e}}+\boldsymbol{P}_{\mathrm{f}}^{\mathrm{e}}+\boldsymbol{P}_{\mathrm{S}}^{\mathrm{e}} \tag{4-78}$$

将式(4-76)、式(4-77)和式(4-46)、式(4-48)比较可见，在轴对称情况中积分号后的被积函数比平面问题的多一个变量 r，所以虽然也是采用线性位移模式，但是不能像平面问题那样利用刚体的静力等效原则求得节点等效荷载。当体积荷载或表面荷载可表示为坐标 r 和 z 的多项式时，可精确积分得到等效节点荷载。

下面我们推导几种常见荷载的等效节点荷载。

(1)体积荷载

①自重。在此情况下 $p_r=0$，$p_z=-\rho$；其中 ρ 为重度。于是单元的自重移置到节点 i，j，m 上的等效节点荷载为

$$\boldsymbol{P}_i^{\mathrm{e}}=\begin{pmatrix}P_{ir}\\ P_{iz}\end{pmatrix}^{\mathrm{e}}=2\pi\iint_{\Omega_{\mathrm{e}}}\boldsymbol{N}_i\begin{pmatrix}0\\ -\rho\end{pmatrix}r\mathrm{d}r\mathrm{d}z\quad(i,j,m) \tag{4-79}$$

和平面问题一样，可以利用面积坐标并建立关系式

$$r=r_iL_i+r_jL_j+r_mL_m$$

利用积分公式(4-24)得到

$$\iint_{\Omega_e} \boldsymbol{N}_i r\mathrm{d}r\mathrm{d}z = \iint_{\Omega_e} \boldsymbol{L}_i (r_i L_i + r_j L_j + r_m L_m)\mathrm{d}r\mathrm{d}z$$

利用式(4-79)即得

$$\boldsymbol{P}_i^e = \begin{pmatrix} P_{ir} \\ P_{iz} \end{pmatrix}^e = \begin{bmatrix} 0 \\ -\frac{\pi\rho\Delta}{6}(3\bar{r} + r_i) \end{bmatrix} \quad (i,j,m) \tag{4-80}$$

如果单元离开对称轴较远($\bar{r} \approx r_i \approx r_j \approx r_m$),可以认为将1/3的自重移置到每个节点上。

②离心力。在此情况下$p_r = \rho\omega^2 r, p_z = 0$;其中,$\omega$ 为角速度。于是单元的离心力移置到节点 i,j,m 上的等效节点荷载

$$\boldsymbol{P}_i^e = \begin{pmatrix} P_{ir} \\ P_{iz} \end{pmatrix}^e = 2\pi\iint_{\Omega_e} \boldsymbol{N}_i \begin{pmatrix} \rho\omega^2 r \\ 0 \end{pmatrix} r\mathrm{d}r\mathrm{d}z \quad (i,j,m)$$

这里积分

$$\iint_{\Omega_e} \boldsymbol{N}_i r^2 \mathrm{d}r\mathrm{d}z = \iint_{\Omega_e} L_i (r_i L_i + r_j L_j + r_m L_m)^2 \mathrm{d}r\mathrm{d}z$$

利用积分公式(4-24)得到

$$\iint_{\Omega_e} N_i r^2 \mathrm{d}r\mathrm{d}z = \frac{\Delta}{30}(r_i^2 + r_j^2 + r_m^2 + 6\bar{r}r_i + r_j r_m) \quad (i,j,m)$$

代入式(4-79),即得

$$\boldsymbol{P}_i^e = \begin{pmatrix} P_{ir} \\ P_{iz} \end{pmatrix}^e = \begin{bmatrix} \frac{\pi\rho\omega^2\Delta}{15}(9\bar{r}^2 + 2r_i^2 - r_j r_m) \\ 0 \end{bmatrix} \quad (i,j,m) \tag{4-81}$$

(2)表面荷载

设 rz 平面上单元 ijm 的 ij 边上受有线性分布的径向表面力,如图4-16所示。在节点 i 的集度为 q_i,在节点 j 的集度为 q_j,ij 边的长度为 l。在此情况下,由$q_r = q_i L_i + q_j L_j, q_z = 0$,于是节点 i 的等效节点荷载为

$$\boldsymbol{P}_i^e = \begin{pmatrix} Q_r \\ Q_z \end{pmatrix}^e = 2\pi\int N_i \begin{pmatrix} L_i q_i + L_j q_j \\ 0 \end{pmatrix} r\mathrm{d}s$$

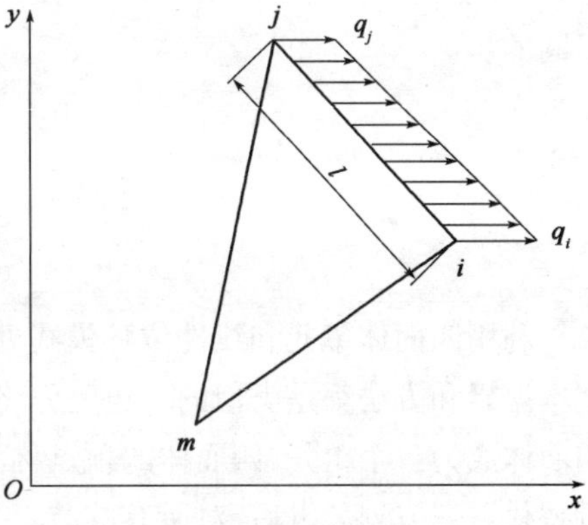

图4-16 作用有表面力的单元

注意到在 ij 边上面积坐标 $L_m = 0$,于是积分

$$\int N_i L_i r\mathrm{d}s = \int L_i^2 (r_i L_i + r_j L_j)\mathrm{d}s = \frac{l}{12}(3r_i + r_j)$$

$$\int N_i L_j r\mathrm{d}s = \int L_i L_j (r_i L_i + r_j L_j)\mathrm{d}s = \frac{l}{12}(r_i + r_j)$$

则

$$\boldsymbol{P}_i^e = 2\pi\begin{bmatrix} \frac{l}{12} q_i (3r_i + r_j) + \frac{l}{12} q_j (r_i + r_j) \\ 0 \end{bmatrix}$$

$$= \frac{\pi l}{6}\begin{bmatrix} q_i (3r_i + r_j) + q_j (r_i + r_j) \\ 0 \end{bmatrix} \tag{4-82}$$

经过类似的推导可得到移置到节点 j 和 m 上的等效节点荷载

$$\boldsymbol{P}_j^{\mathrm{e}}=\frac{\pi l}{6}[q_i(r_i+r_j)+q_j(r_i+3r_j)\quad 0]^{\mathrm{T}} \tag{4-83}$$

$$\boldsymbol{P}_m^{\mathrm{e}}=\boldsymbol{0} \tag{4-84}$$

现在来指出两种特殊情况：

①如果$q_j=0$，即由式(4-82)、式(4-83)，得

$$\begin{cases}\boldsymbol{P}_i^{\mathrm{e}}=\dfrac{\pi q_i l}{6}(3r_i+r_j\quad 0)^{\mathrm{T}}\\ \boldsymbol{P}_j^{\mathrm{e}}=\dfrac{\pi q_i l}{6}(r_i+r_j\quad 0)^{\mathrm{T}}\\ \boldsymbol{P}_m^{\mathrm{e}}=\boldsymbol{0}\end{cases} \tag{4-85}$$

只有当单元离开对称轴较远时，才可以认为r_i 与r_j大致相等，此时可由式(4-85)得出简单的结果，即将表面力的$\frac{2}{3}$移置到节点 i，$\frac{1}{3}$移置到节点 j。

②如果$q_i=q_j=q$，即径向均布表面荷载的情况，则由式(4-82)、式(4-83)，得

$$\begin{cases}\boldsymbol{P}_i^{\mathrm{e}}=\dfrac{\pi q l}{3}(2r_i+r_j\quad 0)^{\mathrm{T}}\\ \boldsymbol{P}_j^{\mathrm{e}}=\dfrac{\pi q l}{3}(r_i+2r_j\quad 0)^{\mathrm{T}}\end{cases} \tag{4-86}$$

显然，只有当单元离对称轴较远时，才可以认为r_i、r_j 大致相等，则由上式得出的简单结果，即将表面力的$\frac{1}{2}$移置到节点 i，$\frac{1}{2}$移置到节点 j。

在此，我们再提醒一下，这里所说的节点荷载实际上是整个结圆上的力，这是与平面问题不同的。

4.6　空间四面体单元

利用四面体单元和线性位移模式处理空间问题，可以看作平面问题三角形单元的推广，其基本思想和方法都是类似的。也是先将研究的弹性体划分为一系列不相重叠的四面体。每个四面体成为一个单元，四面体的顶点称为节点。这样，原来的弹性体则被四面体单元的集合体所替代。完成划分以后，对所有的节点和单元从 1 开始按序编上号码。

4.6.1　位移函数及形函数

现在来考察一个典型单元 e(图 4-17)的力学特性。单元节点的编号为 i,j,m,p。

在空间问题中，每个节点的位移具有三个分量 u、v、w，可以写成列阵形式

$$\boldsymbol{a}_i=\begin{pmatrix}u_i\\ v_i\\ w_i\end{pmatrix}\quad (i,j,m,p) \tag{4-87}$$

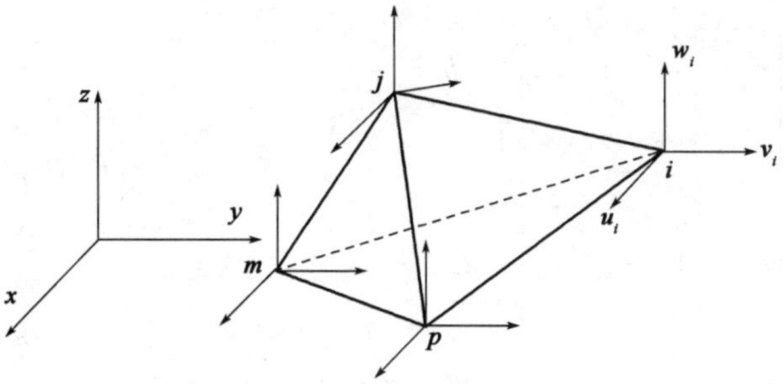

图 4-17 典型的四面体单元

整个单元的节点位移,用列阵表示为

$$a^e = [a_i^T \quad a_j^T \quad a_m^T \quad a_p^T]^T \tag{4-88}$$

整个弹性体各点的位移是 x、y、z 的函数,它们是未知待求的。现在假定单元足够小,单元内各点的位移可以近似地用最简单的线性多项式表示,具体如下

$$u = a_1 + a_2 x + a_3 y + a_4 z \tag{4-89}$$

$$v = a_5 + a_6 x + a_7 y + a_8 z \tag{4-90}$$

$$w = a_9 + a_{10} x + a_{11} y + a_{12} z \tag{4-91}$$

式中,a_1,a_5,a_9 为单元的刚体平移;a_2,a_7,a_{12} 为反映单元的常正应变;其余 6 个系数为反映单元的刚体转动及常剪应变。

我们考察相邻两单元公共界面:如 ijm 面上的位移 u。因位移是线性的,所以位移在界面上的分布是一平面。而确定该平面仅需三点,单元界面上含有三个节点位移,如 u_i,u_j,u_m。所以它们便唯一确定了该界面上的位移平均分布,即相邻两单元在界面上单元在界面上的位移处处协调。

综合上述分析,所选位移满足全部的收敛准则,这就保证了用四面体单元分析空间问题是收敛的。

假设节点 i,j,m 及 p 的坐标分别为 (x_i, y_i, z_i),(x_j, y_j, z_j),(x_m, y_m, z_m) 及 (x_p, y_p, z_p),把它们代入式(4-89),得出各节点在 x 方向的位移式

$$\begin{cases} u_i = a_1 + a_2 x_i + a_3 y_i + a_4 z_i \\ u_j = a_1 + a_2 x_j + a_3 y_j + a_4 z_j \\ u_m = a_1 + a_2 x_m + a_3 y_m + a_4 z_m \\ u_p = a_1 + a_2 x_p + a_3 y_p + a_4 z_p \end{cases} \tag{4-92}$$

解上述联立方程组,求得 a_1、a_2、a_3 及 a_4 以后,再代入式(4-89),经整理得到

$$u = N_i u_i + N_j u_j + N_m u_m + N_p u_p \tag{4-93}$$

式中:

$$\begin{cases} N_i = (a_i + b_i x + c_i y + d_i z)/6V \\ N_j = -(a_j + b_j x + c_j y + d_j z)/6V \\ N_m = (a_m + b_m x + c_m y + d_m z)/6V \\ N_p = -(a_p + b_p x + c_p y + d_p z)/6V \end{cases} \tag{4-94}$$

称之为形函数,它们的系数是

$$
\begin{cases}
a_i = \begin{vmatrix} x_j & y_j & z_j \\ x_m & y_m & z_m \\ x_p & y_p & z_p \end{vmatrix} & b_i = -\begin{vmatrix} 1 & y_j & z_j \\ 1 & y_m & z_m \\ 1 & y_p & z_p \end{vmatrix} \\
c_i = \begin{vmatrix} 1 & x_j & z_j \\ 1 & x_m & z_m \\ 1 & x_p & z_p \end{vmatrix} & d_i = -\begin{vmatrix} 1 & x_j & y_j \\ 1 & x_m & y_m \\ 1 & x_p & y_p \end{vmatrix}
\end{cases} \quad (i,j,m,p) \tag{4-95}
$$

$$
6V = \begin{vmatrix} 1 & x_i & y_i & z_i \\ 1 & x_j & y_j & z_j \\ 1 & x_m & y_m & z_m \\ 1 & x_p & y_p & z_p \end{vmatrix} \tag{4-96}
$$

当 V 非负时，它是四面体 $ijmp$ 的体积。为了使 V 不为负值，也就是上式中的行列式不为负值，单元的四个顶点的标号 i、j、m、p 必须按照一定的顺序：在右手坐标系中，要使得右手螺旋在按照 $i-j-m$ 的转向转动时是向 p 的方向前进，如图 4-17 所示。

用同样的方法，可以得到

$$
v = N_i v_i + N_j v_j + N_m v_m + N_p v_p \tag{4-97}
$$

$$
w = N_i w_i + N_j w_j + N_m w_m + N_p w_p \tag{4-98}
$$

式(4-75)、式(4-79)、式(4-80)三式可以合并用矩阵形式写成

$$
\boldsymbol{u} = (u \quad v \quad w)^{\mathrm{T}} = \boldsymbol{N\delta}^{\mathrm{e}} = [N_i\boldsymbol{I} \quad N_j\boldsymbol{I} \quad N_m\boldsymbol{I} \quad N_p\boldsymbol{I}]\boldsymbol{a}^{\mathrm{e}} \tag{4-99}
$$

式中：$\boldsymbol{N}$——形态矩阵；

$\boldsymbol{I}$——三阶单位阵。

4.6.2 体积坐标

如图 4-18 所示，在四面体单元 $ijmp$ 中，设 $q(x,y,z)$ 为四面体内任意一点，连接 q 与四个顶点形成四个小四面体。

定义每个小四面体体积与大四面体体积之比，称为该点的体积坐标，即

$$
\begin{cases}
L_i = \dfrac{V_i}{V} & L_j = \dfrac{V_j}{V} \\
L_m = \dfrac{V_m}{V} & L_p = \dfrac{V_p}{V}
\end{cases} \tag{4-100}
$$

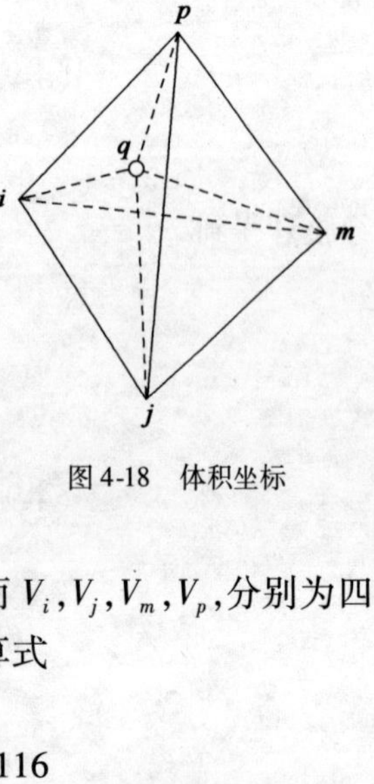

图 4-18　体积坐标

式中，V 为四面体的体积，即

$$
V = \frac{1}{6}\begin{vmatrix} 1 & x_i & y_i & z_i \\ 1 & x_j & y_j & z_j \\ 1 & x_m & y_m & z_m \\ 1 & x_p & y_p & z_p \end{vmatrix}
$$

而 V_i, V_j, V_m, V_p，分别为四面体 $qjmp, qmpi, qpij, qijm$ 的体积，根据式(4-96)写出 V_i 的行列式计算式

$$V_i = \frac{1}{6}\begin{vmatrix} 1 & x & y & z \\ 1 & x_j & y_j & z_j \\ 1 & x_m & y_m & z_m \\ 1 & x_p & y_p & z_p \end{vmatrix} \tag{4-101}$$

式中:x、y、z——q 点在直角坐标系中的坐标。

按第一行展开式(4-101),由式(4-95)得到

$$V_i = \frac{1}{6}(a_i + b_i x + c_i y + d_i z) \quad (i,m)$$

$$V_j = -\frac{1}{6}(a_j + b_j x + c_j y + d_j z) \quad (j,p)$$

因此由

$$\begin{cases} L_i = \dfrac{1}{6V}(a_i + b_i x + c_i y + d_i z) & (i,m) \\ L_j = -\dfrac{1}{6V}(a_j + b_j x + c_j y + d_j z) & (j,p) \end{cases} \tag{4-102}$$

由于

$$V_i + V_j + V_m + V_p = V$$

则有

$$L_i + L_j + L_m + L_p = 1$$

在四个坐标量中,只有三个量是独立的。若 L_i、L_j、L_m 为独立,则由它们可以唯一地确定四面体内任一点 q 位置,所以$L_i(i,j,m,p)$可以作为四面体的局部坐标。在四面体的体积中,节点坐标分别是:(1,0,0,0),(0,1,0,0),(0,0,1,0),(0,0,0,1)。

$L_i=0$ 是边界 jmp 的方程,$L_j=0$ 是 mpi 的方程。

方程(4-102)表达了直角坐标与体积坐标的变换关系,通过求逆,可得到用体积坐标表达的直角坐标转换式为

$$\begin{cases} 1 = L_i + L_j + L_m + L_p \\ x = L_i x_i + L_j x_j + L_m x_m + L_p x_p \\ y = L_i y_i + L_j y_j + L_m y_m + L_p y_p \\ z = L_i z_i + L_j z_j + L_m z_m + L_p z_p \end{cases} \tag{4-103}$$

将式(4-103)写成矩阵形式为

$$\begin{pmatrix} 1 \\ x \\ y \\ z \end{pmatrix} = \begin{bmatrix} 1 & 1 & 1 & 1 \\ x_i & x_j & x_m & x_p \\ y_i & y_j & y_m & y_p \\ z_i & z_j & z_m & z_p \end{bmatrix} \begin{pmatrix} L_i \\ L_j \\ L_m \\ L_p \end{pmatrix}$$

在体积坐标中进行单元分析,要用到关于微分和积分的坐标变换。对直角坐标系求导,不难由复合函数求导数的公式得到。如

$$\begin{cases}\dfrac{\partial}{\partial x}\sum\dfrac{\partial L_i}{\partial x}\dfrac{\partial}{\partial L_i}=\dfrac{1}{6V}\left(b_i\dfrac{\partial}{\partial L_i}+b_j\dfrac{\partial}{\partial L_j}+b_m\dfrac{\partial}{\partial L_m}+b_p\dfrac{\partial}{\partial L_p}\right)\\ \dfrac{\partial}{\partial y}\sum\dfrac{\partial L_i}{\partial y}\dfrac{\partial}{\partial L_i}=\dfrac{1}{6V}\left(c_i\dfrac{\partial}{\partial L_i}+c_j\dfrac{\partial}{\partial L_j}+c_m\dfrac{\partial}{\partial L_m}+c_p\dfrac{\partial}{\partial L_p}\right)\\ \dfrac{\partial}{\partial z}\sum\dfrac{\partial L_i}{\partial z}\dfrac{\partial}{\partial L_i}=\dfrac{1}{6V}\left(d_i\dfrac{\partial}{\partial L_i}+d_j\dfrac{\partial}{\partial L_j}+d_m\dfrac{\partial}{\partial L_m}+d_p\dfrac{\partial}{\partial L_p}\right)\end{cases}\tag{4-104}$$

关于积分,一般可以归并成如下形成的简单积分之和:

$$\iiint_V L_i^a L_j^b L_m^c L_p^d \mathrm{d}x\mathrm{d}y\mathrm{d}z=6V\frac{a!b!c!d}{(a+b+c+d+3)!}\tag{4-105}$$

其他形式的积分,一般使用高斯数值积分。

对于上面所述常应变四面体,形函数也可以用体积坐标表示如下

$$N_i=L_i\quad N_j=L_j\quad N_m=L_m\quad N_p=L_p$$

4.6.3 应变矩阵和应力矩阵

对于空间问题的几何方程为

$$\boldsymbol{\varepsilon}=(\varepsilon_x\quad\varepsilon_y\quad\varepsilon_z\quad\gamma_{xy}\quad\gamma_{yz}\quad\gamma_{zx})^{\mathrm{T}}=\left(\frac{\partial u}{\partial x}\quad\frac{\partial v}{\partial y}\quad\frac{\partial w}{\partial z}\quad\frac{\partial u}{\partial y}+\frac{\partial v}{\partial x}\quad\frac{\partial v}{\partial z}+\frac{\partial w}{\partial y}\quad\frac{\partial w}{\partial x}+\frac{\partial u}{\partial z}\right)^{\mathrm{T}}$$

当已知单元体内各个点的位移后,就可确定单元体内一点的应变,将式(4-93)、式(4-97)及式(4-98)代入几何方程得

$$\boldsymbol{\varepsilon}=\boldsymbol{B}\boldsymbol{a}^{\mathrm{e}}=[\boldsymbol{B}_i\quad -\boldsymbol{B}_j\quad \boldsymbol{B}_m\quad -\boldsymbol{B}_p]\boldsymbol{a}^{\mathrm{e}}$$

式中:

$$\boldsymbol{B}_i=\frac{1}{6V}\begin{bmatrix}b_i&0&0\\0&c_i&0\\0&0&d_i\\c_i&b_i&0\\0&d_i&c_i\\d_i&0&b_i\end{bmatrix}\quad(i,j,m,p)\tag{4-106}$$

上式表明 $\boldsymbol{B}_i$ 中的元素都是常量,因此单元中的应变也必是常量。故采用线性位移模式的四面体单元式常应变单元。

根据物理方程得到应力列阵

$$\boldsymbol{\sigma}=\boldsymbol{D}\boldsymbol{B}\boldsymbol{a}^{\mathrm{e}}=\boldsymbol{S}_i\boldsymbol{a}^{\mathrm{e}}=[\boldsymbol{S}_i\quad -\boldsymbol{S}_j\quad \boldsymbol{S}_m\quad -\boldsymbol{S}_p]\boldsymbol{a}^{\mathrm{e}}\tag{4-107}$$

将式(4-106)代入式(4-107)中,得

$$\boldsymbol{S}_i=\boldsymbol{D}\boldsymbol{B}_i=\frac{6A_3}{V}\begin{bmatrix}b_i&A_1C_i&A_1d_i\\A_1b_i&c_i&A_1d_i\\A_1b_i&A_1c_i&d_i\\A_2c_i&A_2b_i&0\\0&A_2d_i&A_2c_i\\A_2d_i&0&A_2d_i\end{bmatrix}\quad(i,j,m,p)\tag{4-108}$$

式中：

$$A_1=\frac{\mu}{1-\mu}\quad A_2=\frac{1-2\mu}{2(1-\mu)}\quad A_3=\frac{E(1-\mu)}{36(1+\mu)(1-2\mu)} \tag{4-109}$$

S 称为应力矩阵。显然，在每个单元中的应力也是常量。

4.6.4 单元刚度矩阵和等效节点荷载

1）单元刚度矩阵

利用最小势能原理，并仿照平面问题中类似的处理方法，可以得到

$$\boldsymbol{K}^{\mathrm{e}}=\iiint_{V_{\mathrm{e}}}\boldsymbol{B}^{\mathrm{T}}\boldsymbol{DB}\mathrm{d}x\mathrm{d}y\mathrm{d}z=\boldsymbol{B}^{\mathrm{T}}\boldsymbol{DBV} \tag{4-110}$$

$\boldsymbol{K}^{\mathrm{e}}$ 称为单元刚度矩阵。以上两式中的体积分是对整个单元 e 进行的，而实际上只需对作用有荷载的边界进行面积分。

单元刚度矩阵可以写成分块矩阵形式

$$\boldsymbol{K}^{\mathrm{e}}=\begin{bmatrix}\boldsymbol{K}_{ii} & -\boldsymbol{K}_{ij} & \boldsymbol{K}_{im} & \boldsymbol{K}_{ip}\\ -\boldsymbol{K}_{ji} & \boldsymbol{K}_{jj} & -\boldsymbol{K}_{jm} & \boldsymbol{K}_{jp}\\ \boldsymbol{K}_{mi} & -\boldsymbol{K}_{\mathrm{mj}} & \boldsymbol{K}_{mm} & \boldsymbol{K}_{mp}\\ -\boldsymbol{K}_{pi} & \boldsymbol{K}_{pj} & -\boldsymbol{K}_{\mathrm{pm}} & \boldsymbol{K}_{pp}\end{bmatrix} \tag{4-111}$$

而

$$\boldsymbol{K}_{rs}=\boldsymbol{B}_r^{\mathrm{T}}\boldsymbol{DB}_sV$$

利用式(4-90)，经过矩阵乘法运算后，得出上式的显式如下：

$$\boldsymbol{K}_{rs}=\frac{A_3}{V}\begin{bmatrix}b_rb_s+A_2(c_rc_s+d_rd_s) & A_1b_rc_s+A_2c_rb_s & A_1b_rd_s+A_2d_rb_s\\ A_1c_rb_s+A_2b_rc_s & c_rc_s+A_2(d_rd_s+b_rb_s) & A_1c_rd_s+A_2d_rc_s\\ A_1d_rb_s+A_2b_rd_s & A_1d_rc_s+A_2c_rd_s & d_rd_s+A_2(b_rb_s+c_rc_s)\end{bmatrix}(r=i,j,m,p;s=i,j,m,p) \tag{4-112}$$

由此看出，单元刚度矩阵式由单元节点的坐标和单元材料的弹性常数决定，它是一个常数矩阵。

2）等效节点荷载

对照式(4-92)，并将单元节点位移与单元节点荷载的关系取下面的形式

$$\boldsymbol{K}^{\mathrm{e}}\boldsymbol{a}^{\mathrm{e}}=\boldsymbol{P}^{\mathrm{e}}$$

式中：

$$\boldsymbol{P}^{\mathrm{e}}=\iiint_{V_{\mathrm{e}}}\boldsymbol{N}^{\mathrm{T}}\boldsymbol{f}\mathrm{d}x\mathrm{d}y\mathrm{d}z+\int_{A_{\mathrm{e}}}\boldsymbol{N}^{\mathrm{T}}\boldsymbol{q}\mathrm{d}A+\boldsymbol{P}_{\mathrm{F}}^{\mathrm{e}} \tag{4-113}$$

式中：

$$\boldsymbol{P}^{\mathrm{e}}=[\boldsymbol{P}_i\quad \boldsymbol{P}_j\quad \boldsymbol{P}_m\quad \boldsymbol{P}_p]^{\mathrm{T}}$$

与平面问题不同的只是这里的节点荷载 $\boldsymbol{P}_i$ 具有三个分量，即

$$\boldsymbol{P}_i=(U_i\quad V_i\quad W_i)^{\mathrm{T}}\quad (i,j,m,p)$$

在式(4-96)中，单元 e 上集中力的等效荷载列阵是

$$\boldsymbol{P}_{\mathrm{F}}^{\mathrm{e}}=[(\boldsymbol{P}_{\mathrm{F}i}^{\mathrm{e}})^{\mathrm{T}}\quad (\boldsymbol{P}_{\mathrm{F}j}^{\mathrm{e}})^{\mathrm{T}}\quad (\boldsymbol{P}_{\mathrm{F}m}^{\mathrm{e}})^{\mathrm{T}}\quad (\boldsymbol{P}_{\mathrm{Fp}}^{\mathrm{e}})^{\mathrm{T}}]^{\mathrm{T}}$$

其中任意节点 i 上的节点荷载

$$\boldsymbol{P}_{\mathrm{F}i}^{\mathrm{e}} = (\boldsymbol{P}_{ix}^{\mathrm{e}} \quad \boldsymbol{P}_{iy}^{\mathrm{e}} \quad \boldsymbol{P}_{iz}^{\mathrm{e}})^{\mathrm{T}} = \boldsymbol{N}_i^{\mathrm{e}}\boldsymbol{F}$$

式中：$\boldsymbol{F} = (F_x \quad F_y \quad F_z)^{\mathrm{T}}$——作用于单元 e 上的集中力；

$\boldsymbol{N}_i^{\mathrm{e}}$——形函数 $\boldsymbol{N}_i$ 在荷载作用点处的值。

单元 e 上表面力的等效荷载列阵

$$\boldsymbol{P}_S^{\mathrm{e}} = [(\boldsymbol{P}_{Si}^{\mathrm{e}})^{\mathrm{T}} \quad (\boldsymbol{P}_{Sj}^{\mathrm{e}})^{\mathrm{T}} \quad (\boldsymbol{P}_{Sm}^{\mathrm{e}})^{\mathrm{T}} \quad (\boldsymbol{P}_{Sp}^{\mathrm{e}})^{\mathrm{T}}]^{\mathrm{T}}$$

其中，任意节点 i 上的节点荷载

$$\boldsymbol{P}_{Si}^{\mathrm{e}} = \iint N_i \boldsymbol{T} \mathrm{d}A$$

式中：$\boldsymbol{T} = (q_x \quad q_y \quad q_z)^{\mathrm{T}}$——作用弹性体边界单元 e 单位表面积上的表面力。

体积力的等效荷载列阵

$$\boldsymbol{P}_f^{\mathrm{e}} = [(\boldsymbol{P}_{fi}^{\mathrm{e}})^{\mathrm{T}} \quad (\boldsymbol{P}_{fj}^{\mathrm{e}})^{\mathrm{T}} \quad (\boldsymbol{P}_{fm}^{\mathrm{e}})^{\mathrm{T}} \quad (\boldsymbol{P}_{fp}^{\mathrm{e}})^{\mathrm{T}}]^{\mathrm{T}}$$

其中，任意节点 i 上的节点荷载

$$\boldsymbol{P}_{fi}^{\mathrm{e}} = \iiint N_i \boldsymbol{f} \mathrm{d}V$$

式中，$\boldsymbol{f} = (p_x \quad p_y \quad p_z)^{\mathrm{T}}$ 为单元 e 的单位体积的体积力。

虽然可以利用上面各式按虚功等效原则把单元上的荷载向四个节点移置，但是其计算远比平面问题复杂。这里给出两种常见荷载的移置结果。

(1)均匀单元的自重分配到四个节点的等效节点荷载，其数值都等于 $\gamma V/4$，其中 γ 是重度，V 是该单元的体积。

(2)设单元 e 的某一边界面，例如 ijm，受有线性分布荷载，它在 ijm 三个节点处的强度分别为 q_i、q_j 及 q_m，则分配到节点 i 的等效节点荷载的数值为

$$P_i = \frac{1}{6}\left(q_i + \frac{1}{2}q_j + q_m\right)\Delta_{ijm} \quad (i,j,m)$$

式中，Δ_{ijm} 为三角形 ijm 的面积。方向均与原分布荷载的方向平行。

4.7 示　例

如图 4-19 所示一个悬臂深梁，荷载 p 均匀分布在自由端的截面上，设弹性模量为 E，泊松比为 $\mu = \frac{1}{3}$，梁的厚度为 t。

1. 当厚度 t 较小时，此问题为平面应力问题，采用三角形单元，取力学模型如图 4-20 所示，求各节点的位移。

【解】 (1)将结构划分为两个三角形单元①、②，节点编码与坐标如图 4-20 所示。

(2)单元计算。

对于单元①，由公式(4-4)知

$$b_1 = y_2 - y_3 = 0 - 1 = -1 \qquad c_1 = x_3 - x_2 = 2 - 2 = 0$$

$$b_2 = y_3 - y_1 = 1 - 0 = 1 \qquad c_2 = x_1 - x_3 = 0 - 2 = -2$$

$$b_3 = y_1 - y_2 = 0 - 0 = 0 \qquad c_3 = x_2 - x_1 = 2 - 0 = 2$$

$$\Delta_1 = \frac{1}{2} \times 2 \times 1 = 1 \qquad \frac{1-\mu}{2} = \frac{1}{3}$$

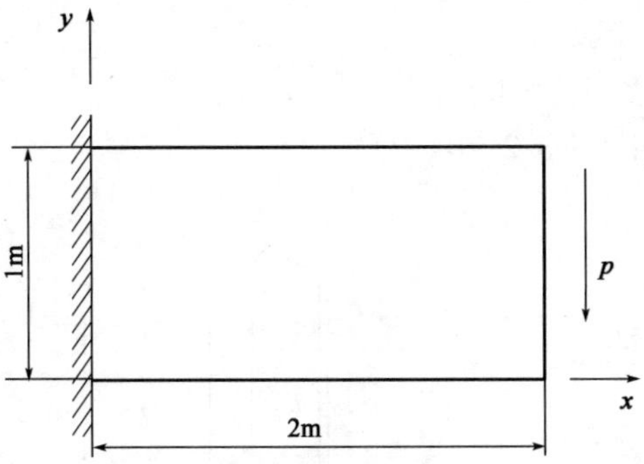

图 4-19　悬臂深梁

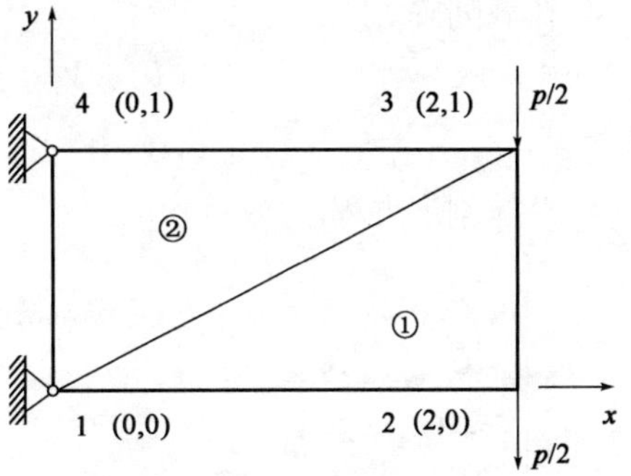

图 4-20　悬臂深梁三角形单元划分和节点编号

单元①刚度矩阵

$$\frac{9Et}{32}\begin{bmatrix} 1 & & & & & \\ 0 & 1/3 & & \text{对} & & \\ -1 & 2/3 & 7/3 & & \text{称} & \\ 2/3 & -1/3 & -4/3 & 13/3 & & \\ 0 & -2/3 & -4/3 & 2/3 & 4/3 & \\ -2/3 & 0 & 2/3 & -4 & 0 & 4 \end{bmatrix}$$

对于单元②，由公式(4-4)知

$$b_1=y_3-y_4=1-1=0 \qquad c_1=x_4-x_3=0-2=-2$$

$$b_2=y_4-y_1=1-0=1 \qquad c_2=x_1-x_4=0-0=0$$

$$b_3=y_1-y_3=0-1=0-1 \qquad c_3=x_3-x_1=2-0=2$$

单元②刚度矩阵

$$\frac{9Et}{32}\begin{bmatrix} 4/3 & & & & & \\ 0 & 4 & & \text{对} & & \\ 0 & -2/3 & 1 & & \text{称} & \\ -2/3 & 0 & 0 & 1/3 & & \\ -4/3 & 2/3 & -1 & 2/3 & 7/3 & \\ 2/3 & -4 & 2/3 & -1/3 & -4/3 & 13/4 \end{bmatrix}$$

(3)总体刚度矩阵，根据单元刚度矩阵对号入座后，得：

$$\frac{9Et}{32}\begin{bmatrix} 7/3 & & & & & & & \\ 0 & 13/3 & & & & \text{对} & & \\ -1 & 2/3 & 7/3 & & & & & \\ 2/3 & -1/3 & -4/3 & 13/3 & & & \text{称} & \\ 0 & -4/3 & -4/3 & 2/3 & 7/3 & & & \\ -4/3 & 0 & 2/3 & -4 & 0 & 13/3 & & \\ -4/3 & 2/3 & 0 & 0 & -1 & 2/3 & 7/3 & \\ 2/3 & -4 & 0 & 0 & 2/3 & -1/3 & -4/3 & 13/3 \end{bmatrix}$$

(4)荷载列阵。

$$(U_1 \quad V_1 \quad U_2 \quad V_2 \quad U_3 \quad V_3 \quad U_4 \quad V_4)^{\mathrm{T}}$$
$$=(0 \quad 0 \quad 0 \quad -p/2 \quad 0 \quad -p/2 \quad 0 \quad 0)^{\mathrm{T}}$$

(5)总体刚度方程。

$$\frac{9Et}{32}\begin{bmatrix} 7/3 & & & & & & & \\ 0 & 13/3 & & & \text{对} & & & \\ -1 & 2/3 & 7/3 & & & & & \\ 2/3 & -1/3 & -4/3 & 13/3 & & \text{称} & & \\ 0 & -4/3 & -4/3 & 2/3 & 7/3 & & & \\ -4/3 & 0 & 2/3 & -4 & 0 & 13/3 & & \\ -4/3 & 2/3 & 0 & 0 & -1 & 2/3 & 7/3 & \\ 2/3 & -4 & 0 & 0 & 2/3 & -1/3 & -4/3 & 13/3 \end{bmatrix}\begin{pmatrix} u_1 \\ v_1 \\ u_2 \\ v_2 \\ u_3 \\ v_3 \\ u_4 \\ v_4 \end{pmatrix}=\begin{pmatrix} 0 \\ 0 \\ 0 \\ -p/2 \\ 0 \\ -p/2 \\ 0 \\ 0 \end{pmatrix}$$

(6)边界条件处理。

将与 $u_1=0, v_1=0, u_4=0, v_4=0$ 相应的行和列删去,得到非奇异刚度方程

$$\frac{3Et}{32}\begin{bmatrix} 7 & -4 & -4 & 2 \\ -4 & 13 & 2 & -12 \\ -4 & 2 & 7 & 0 \\ 2 & -12 & 0 & 13 \end{bmatrix}\begin{pmatrix} u_2 \\ v_2 \\ u_3 \\ v_3 \end{pmatrix}=\frac{-p}{2}\begin{pmatrix} 0 \\ 1 \\ 0 \\ 1 \end{pmatrix}$$

(7)解方程得节点位移。

$$(u_1 \quad v_1 \quad u_2 \quad v_2 \quad u_3 \quad v_3 \quad u_4 \quad v_4)^{\mathrm{T}}=\frac{p}{Et}(0 \quad 0 \quad -1.5 \quad -8.43 \quad 1.88 \quad -9.0 \quad 0 \quad 0)^{\mathrm{T}}$$

2. 对上题采用矩形单元,其有限元模型如图 4-21 所示,求节点位移。

【解】 (1)将结构划分为两个矩形单元①、②,节点编码与坐标如图 4-21 所示。

(2)单元计算。

引入一个局部坐标系 ξ、η,局部坐标的原点取在矩形的矩心,ξ 和 η 轴分别与整体坐标轴 x 和 y 平行,对于单元①,由坐标变换关系式可得

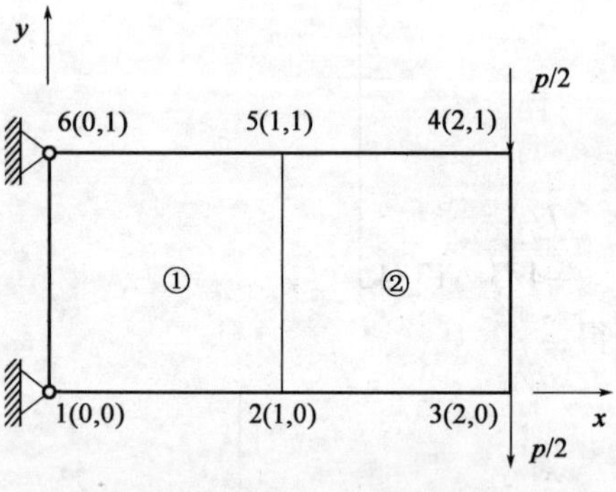

图 4-21 悬臂深梁矩形单元划分和节点编号

$$x=x_0+a\xi \quad y=y_0+b\eta$$

$$x_0=\frac{x_1+x_2}{2}=\frac{x_5+x_6}{2}=\frac{1}{2}$$

$$y_0=\frac{y_2+y_5}{2}=\frac{y_1+y_6}{2}=\frac{1}{2}$$

$$a=\frac{x_2-x_1}{2}=\frac{x_5-x_6}{2}=\frac{1}{2}$$

$$b = \frac{y_5 - y_2}{2} = \frac{y_6 - y_1}{2} = \frac{1}{2}$$

$$\xi_1 = -1, \eta_1 = -1 \quad \xi_2 = 1, \eta_2 = -1 \quad \xi_5 = 1, \eta_5 = 1 \quad \xi_6 = -1, \eta_6 = 1$$

单元①刚度矩阵

$$Et\begin{bmatrix} 1/2 & & & & & & & \\ 3/16 & 1/2 & & & & \text{对} & & \\ -5/16 & 0 & 1/2 & & & & & \\ 0 & 1/16 & -3/16 & 1/2 & & & \text{称} & \\ -1/4 & -3/16 & 1/16 & 0 & 1/2 & & & \\ -3/16 & -1/4 & 0 & -5/16 & 3/16 & 1/2 & & \\ 1/16 & 0 & -1/4 & 3/16 & -5/16 & 0 & 1/2 & \\ 0 & -5/16 & 3/16 & -1/4 & 0 & 1/16 & -3/16 & 1/2 \end{bmatrix}$$

同理,对于②刚度矩阵由坐标变换公式可得

$$x = x_0 + a\xi$$

$$y = y_0 + b\eta$$

$$x_0 = \frac{x_2 + x_3}{2} = \frac{x_4 + x_5}{2} = \frac{3}{2}$$

$$y_0 = \frac{y_2 + y_5}{2} = \frac{y_3 + y_4}{2} = \frac{1}{2}$$

$$a = \frac{x_3 - x_2}{2} = \frac{x_4 - x_5}{2} = \frac{1}{2}$$

$$b = \frac{y_5 - y_2}{2} = \frac{y_4 - y_3}{2} = \frac{1}{2}$$

$$\xi_2 = -1, \eta_2 = -1 \quad \xi_3 = 1, \eta_3 = -1 \quad \xi_4 = 1, \eta_4 = 1 \quad \xi_5 = -1, \eta_5 = 1$$

单元②刚度矩阵

$$Et\begin{bmatrix} 1/2 & & & & & & & \\ 3/16 & 1/2 & & & & \text{对} & & \\ -5/16 & 0 & 1/2 & & & & & \\ 0 & 1/16 & -3/16 & 1/2 & & & \text{称} & \\ -1/4 & -3/16 & 1/16 & 0 & 1/2 & & & \\ -3/16 & -1/4 & 0 & -5/16 & 3/16 & 1/2 & & \\ 1/16 & 0 & -1/4 & 3/16 & -5/16 & 0 & 1/2 & \\ 0 & -5/16 & 3/16 & -1/4 & 0 & 1/16 & -3/16 & 1/2 \end{bmatrix}$$

(3)总体刚度矩阵,根据单元刚度矩阵对号入座后,得

$$
Et\begin{bmatrix}
1/2 & & & & & & & & & & & \\
3/16 & 1/2 & & & & & & & & & & \\
-5/16 & 0 & 1 & & & & & \text{对} & & & & \\
0 & 1/16 & 0 & 1 & & & & & & & & \\
0 & 0 & -5/16 & 0 & 1/2 & & & & & & & \\
0 & 0 & 0 & 1/16 & -3/16 & 1/2 & & & & \text{称} & & \\
0 & 0 & -1/4 & -3/16 & 1/16 & 0 & 1/2 & & & & & \\
0 & 0 & -3/16 & -1/4 & 0 & -5/16 & 3/16 & 1/2 & & & & \\
-1/4 & -3/16 & 1/8 & 0 & -1/4 & 3/16 & -5/16 & 0 & 1 & & & \\
-3/16 & -1/4 & 0 & -5/8 & 3/16 & -1/4 & 0 & 1/16 & 0 & 1 & & \\
1/16 & 0 & -1/4 & 3/16 & 0 & 0 & 0 & 0 & -5/16 & 0 & 1/2 & \\
0 & -5/16 & 3/16 & -1/4 & 0 & 0 & 0 & 0 & 0 & 1/16 & -3/16 & 1/2
\end{bmatrix}
$$

(4)荷载列阵。

$$
(U_1\quad V_1\quad U_2\quad V_2\quad U_3\quad V_3\quad U_4\quad V_4\quad U_5\quad V_5\quad U_6\quad V_6)^{\mathrm{T}}=(0\quad 0\quad 0\quad 0\quad 0\quad -p/2\quad 0\quad -p/2\quad 0\quad 0\quad 0\quad 0)^{\mathrm{T}}
$$

(5)总体刚度方程。

$$
Et\begin{bmatrix}
1/2 & & & & & & & & & & & \\
3/16 & 1/2 & & & & & & & & & & \\
-5/16 & 0 & 1 & & & & & \text{对} & & & & \\
0 & 1/16 & 0 & 1 & & & & & & & & \\
0 & 0 & -5/16 & 0 & 1/2 & & & & & & & \\
0 & 0 & 0 & 1/16 & -3/16 & 1/2 & & & & \text{称} & & \\
0 & 0 & -1/4 & -3/16 & 1/16 & 0 & 1/2 & & & & & \\
0 & 0 & -3/16 & -1/4 & 0 & -5/16 & 3/16 & 1/2 & & & & \\
-1/4 & -3/16 & 1/8 & 0 & -1/4 & 3/16 & -5/16 & 0 & 1 & & & \\
-3/16 & -1/4 & 0 & -5/8 & 3/16 & -1/4 & 0 & 1/16 & 0 & 1 & & \\
1/16 & 0 & -1/4 & 3/16 & 0 & 0 & 0 & 0 & -5/16 & 0 & 1/2 & \\
0 & -5/16 & 3/16 & -1/4 & 0 & 0 & 0 & 0 & 0 & 1/16 & -3/16 & 1/2
\end{bmatrix}
\begin{pmatrix} u_1\\ v_1\\ u_2\\ v_2\\ u_3\\ v_3\\ u_4\\ v_4\\ u_5\\ v_5\\ u_6\\ v_6 \end{pmatrix}
=
\begin{pmatrix} 0\\ 0\\ 0\\ 0\\ 0\\ -p/2\\ 0\\ -p/2\\ 0\\ 0\\ 0\\ 0 \end{pmatrix}
$$

(6)边界条件处理。

将与 $u_1=0,v_1=0,u_6=0,v_6=0$ 相应的行和列删去,得到非奇异刚度方程

$$Et\begin{bmatrix} 1 & & & & & & & \\ 0 & 1 & & & & \text{对} & & \\ -5/16 & 0 & 1/2 & & & & & \\ 0 & 1/16 & -3/16 & 1/2 & & & \text{称} & \\ -1/4 & -3/16 & 1/16 & 0 & 1/2 & & & \\ -3/16 & -1/4 & 0 & -5/16 & 3/16 & 1/2 & & \\ 1/8 & 0 & -1/4 & 3/16 & -5/16 & 0 & 1 & \\ 0 & -5/8 & 3/16 & -1/4 & 0 & 1/16 & 0 & 1 \end{bmatrix}\begin{pmatrix} u_2 \\ v_2 \\ u_3 \\ v_3 \\ u_4 \\ v_4 \\ u_5 \\ v_5 \end{pmatrix}=\begin{pmatrix} 0 \\ 0 \\ 0 \\ -p/2 \\ 0 \\ -p/2 \\ 0 \\ 0 \end{pmatrix}$$

(7)解方程节点位移。

$$(u_1\ v_1\ u_2\ v_2\ u_3\ v_3\ u_4\ v_4\ u_5\ v_5\ u_6\ v_6)^{\mathrm{T}}$$

$$=\frac{p}{Et}(0\quad 0\quad -6.00\quad -8.67\quad -8.00\quad -25.33\quad 8.00\quad -25.33\quad 6.00\quad -8.67\quad 0\quad 0)^{\mathrm{T}}$$

3. 当采用三角形与矩形混合单元,其有限元模型如图 4-22 所示,求节点位移。

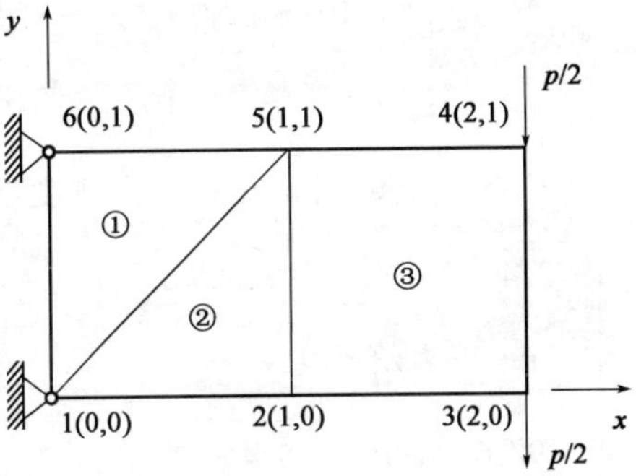

图 4-22 悬臂深梁混合单元划分和节点编号

【解】 (1)将结构划分为两个三角形和一个矩形单元①、②、③,节点编码与坐标如图 4-22 所示。

(2)单元计算。

通过三角形单元计算得到:

单元①刚度矩阵

$$Et\begin{bmatrix} 9/16 & & & & & \\ 0 & 3/16 & & \text{对} & & \\ -9/16 & 3/16 & 3/4 & & \text{称} & \\ 3/16 & -3/16 & -3/8 & 3/4 & & \\ 0 & -3/16 & -3/16 & 3/16 & 3/16 & \\ -3/16 & 0 & 3/16 & -9/16 & 0 & 9/16 \end{bmatrix}$$

单元②刚度矩阵

$$Et\begin{bmatrix} 3/16 & & & & & \\ 0 & 9/16 & & \text{对} & & \\ 0 & -3/16 & 9/16 & & \text{称} & \\ -3/16 & 0 & 0 & 3/16 & & \\ -3/16 & 3/16 & -9/16 & 3/16 & 3/4 & \\ 3/16 & -9/16 & 3/16 & -3/16 & -3/8 & 3/4 \end{bmatrix}$$

通过矩形单元计算得到：

单元③刚度矩阵

$$
Et\begin{bmatrix}
1/2 & & & & & & & \\
3/16 & 1/2 & & & & \text{对} & & \\
-5/16 & 0 & 1/2 & & & & & \\
0 & 1/16 & -3/16 & 1/2 & & & \text{称} & \\
-1/4 & -3/16 & 1/16 & 0 & 1/2 & & & \\
-3/16 & -1/4 & 0 & -5/16 & 3/16 & 1/2 & & \\
1/16 & 0 & -1/4 & 3/16 & -5/16 & 0 & 1/2 & \\
0 & -5/16 & 3/16 & -1/4 & 0 & 1/16 & -3/16 & 1/2
\end{bmatrix}
$$

（3）总体刚度矩阵，根据单元刚度矩阵对号入座后，得

$$
Et\begin{bmatrix}
3/4 & & & & & & & & & & & \\
0 & 3/4 & & & & & & & & & & \\
-9/16 & 3/16 & 5/4 & & & & & & & & & \\
3/16 & -3/16 & -3/16 & 5/4 & & & & & & \text{对} & & \\
0 & 0 & -5/16 & 0 & 1/2 & & & & & & \text{称} & \\
0 & 0 & 0 & 1/16 & -3/16 & 1/2 & & & & & & \\
0 & 0 & -1/4 & -3/16 & 1/16 & 0 & 1/2 & & & & & \\
0 & 0 & -3/16 & -1/4 & 0 & -5/16 & 3/16 & 1/2 & & & & \\
0 & -3/8 & -1/8 & 3/16 & -1/4 & 3/16 & -5/16 & 0 & 5/4 & & & \\
-3/8 & 0 & 3/16 & -7/8 & 3/16 & -1/4 & 0 & 1/16 & -3/16 & 5/4 & & \\
-3/16 & 3/16 & 0 & 0 & 0 & 0 & 0 & 0 & -9/16 & 3/16 & 3/4 & \\
3/16 & -9/16 & 0 & 0 & 0 & 0 & 0 & 0 & 3/16 & -3/16 & -3/8 & 3/4
\end{bmatrix}
$$

（4）荷载列阵。

$$
\begin{aligned}
&(U_1 \quad V_1 \quad U_2 \quad V_2 \quad U_3 \quad V_3 \quad U_4 \quad V_4 \quad U_5 \quad V_5 \quad U_6 \quad V_6)^{\mathrm{T}} \\
&=(0 \quad 0 \quad 0 \quad 0 \quad 0 \quad -p/2 \quad 0 \quad -p/2 \quad 0 \quad 0 \quad 0 \quad 0)^{\mathrm{T}}
\end{aligned}
$$

（5）总刚度方程。

$$
Et\begin{bmatrix}
3/4 & & & & & & & & & & & \\
0 & 3/4 & & & & & & & \text{对} & & & \\
-9/16 & 3/16 & 5/4 & & & & & & & \text{称} & & \\
3/16 & -3/16 & -3/16 & 5/4 & & & & & & & & \\
0 & 0 & -5/16 & 0 & 1/2 & & & & & & & \\
0 & 0 & 0 & 1/16 & -3/16 & 1/2 & & & & & & \\
0 & 0 & -1/4 & -3/16 & 1/16 & 0 & 1/2 & & & & & \\
0 & 0 & -3/16 & -1/4 & 0 & -5/16 & 3/16 & 1/2 & & & & \\
0 & -3/8 & -1/8 & 3/16 & -1/4 & 3/16 & -5/16 & 0 & 5/4 & & & \\
-3/8 & 0 & 3/16 & -7/8 & 3/16 & -1/4 & 0 & 1/16 & -3/16 & 5/4 & & \\
-3/16 & 3/16 & 0 & 0 & 0 & 0 & 0 & 0 & -9/16 & 3/16 & 3/4 & \\
3/16 & -9/16 & 0 & 0 & 0 & 0 & 0 & 0 & 3/16 & -3/16 & -3/8 & 3/4
\end{bmatrix}
\begin{pmatrix} u_1 \\ v_1 \\ u_2 \\ v_2 \\ u_3 \\ v_3 \\ u_4 \\ v_4 \\ u_5 \\ v_5 \\ u_6 \\ v_6 \end{pmatrix}
=
\begin{bmatrix} 0 \\ 0 \\ 0 \\ 0 \\ 0 \\ -p/2 \\ 0 \\ -p/2 \\ 0 \\ 0 \\ 0 \\ 0 \end{bmatrix}
$$

(6)边界条件处理。

将与 $u_1=0, v_1=0, u_6=0, v_6=0$ 相应的行和列删去,得到非奇异刚度方程

$$
Et\begin{bmatrix}
5/4 & & & & & & & \\
-3/16 & 5/4 & & & & \text{对} & & \\
-5/16 & 0 & 1/2 & & & & \text{称} & \\
0 & 1/16 & -3/16 & 1/2 & & & & \\
-1/4 & -3/16 & 1/16 & 0 & 1/2 & & & \\
-3/16 & -1/4 & 0 & -5/16 & 3/16 & 1/2 & & \\
-1/8 & 3/16 & -1/4 & 3/16 & -5/16 & 0 & 5/4 & \\
3/16 & -7/8 & 3/16 & -1/4 & 0 & 1/16 & -3/16 & 5/4
\end{bmatrix}
\begin{pmatrix} u_2 \\ v_2 \\ u_3 \\ v_3 \\ u_4 \\ v_4 \\ u_5 \\ v_5 \end{pmatrix}
=
\begin{bmatrix} 0 \\ 0 \\ 0 \\ -p/2 \\ 0 \\ -p/2 \\ 0 \\ 0 \end{bmatrix}
$$

(7)解方程得节点位移。

$$(u_1\quad v_1\quad u_2\quad v_2\quad u_3\quad v_3\quad u_4\quad v_4\quad u_5\quad v_5\quad u_6\quad v_6)^{\mathrm{T}}$$

$$=\frac{p}{Et}(0\ 0\ \ -2.36\ \ -5.32\ \ -4.46\ \ -13.84\ \ 3.98\ \ -14.13\ \ 2.07\ \ -4.45\ \ 0\ \ 0)^{\mathrm{T}}$$

该问题的弹性力学解为：$\frac{p}{Et}(-5.376\quad -28.992\quad 5.376\quad -28.992)$。

通过对上述三者的计算结果比较可以看出：在极粗糙的单元划分下，悬臂梁自由端的位移已有较好的近似。随着单元的细分，必将收敛于精确解。而矩形单元的结果更为接近。表明提高位移函数的阶次收敛越快。混合单元可解决矩形单元对非规则边界的处理问题。

【思考题】

1. 以图4-23所示三角形单元为例，按有限元法的收敛准则来构造位移函数。

2. 试述形函数及其性质。

3. 如本章图4-23所示的三角形单元，节点编码为i,j,m。其坐标分别为(2,2)，(6,3)，(5,6)。试写出其形函数。

4. 试求上题单元的应变矩阵。

5. 试证明：当平面应力（或平面应变）问题的三角形单元发生刚体位移时，将不会引起应力。

6. 如图4-24所示等腰直角三角形单元及其节点编码，设$\mu=0$，求：

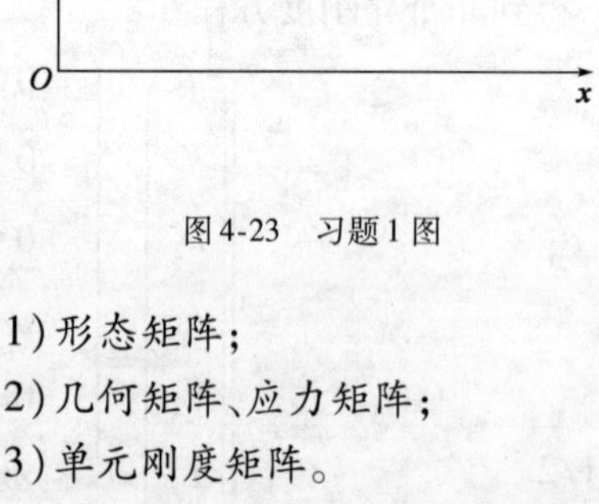

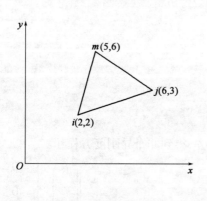

图4-23　习题1图

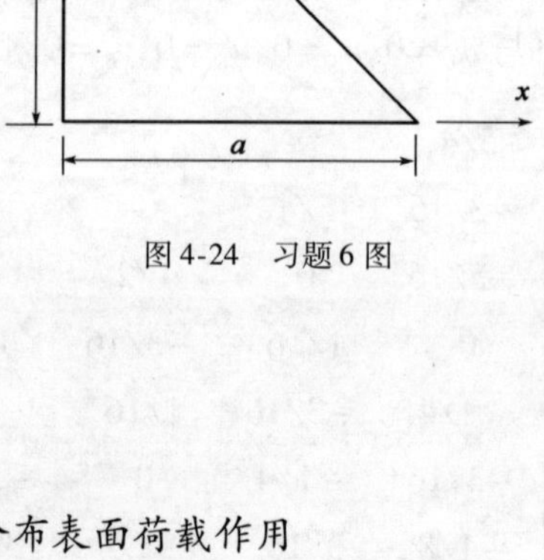

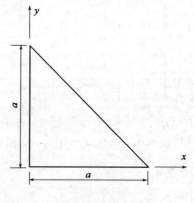

图4-24　习题6图

(1) 形态矩阵；

(2) 几何矩阵、应力矩阵；

(3) 单元刚度矩阵。

7. 如图4-25所示，位于边界上的单元的一边上受分布表面荷载作用

$$p_y=p_0\sqrt{1-\left(\frac{2y}{l}\right)^2}$$

求表面荷载的等效节点荷载。

8. 试述面积坐标,并推导出面积坐标与直角坐标的关系。

9. 按面积坐标给出图示六节点三角形单元的形状函数。

10. 证明包含x^2+y^2项的5个节点平面单元(图4-26)的形函数为

$$N_1=0.25(-\xi-\eta+\xi\eta)+0.125(\xi^2+\eta^2)$$

$$N_2=0.25(\xi-\eta-\xi\eta)+0.125(\xi^2+\eta^2)$$

$$N_3=0.25(\xi+\eta+\xi\eta)+0.125(\xi^2+\eta^2)$$

$$N_4=0.25(-\xi+\eta-\xi\eta)+0.125(\xi^2+\eta^2)$$

$$N_5=1-0.5(\xi^2+\eta^2)$$

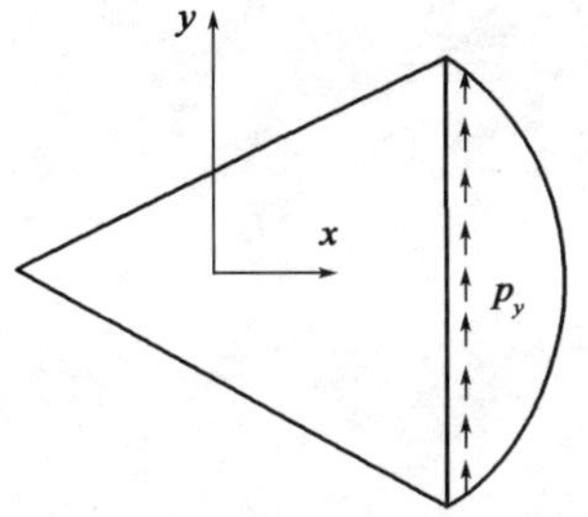

图4-25 习题7图

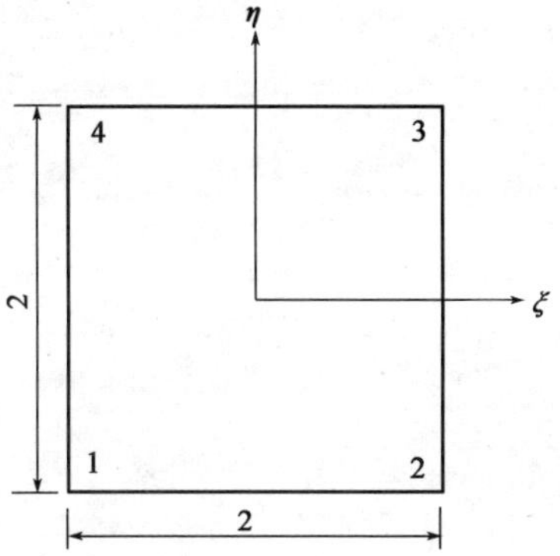

图4-26 习题10图

11. 试推导三角形环单元的单元刚度矩阵。

12. 试述体积坐标,并推导出体积坐标与直角坐标的关系。

13. 如图4-27所示16个节点四面体单元,根据形函数的性质,用体积坐标写出其形函数。

14. 如图4-28所示空间六面体单元,试用局部坐标(ξ η ζ)表示出各节点的形函数。已知各节点的局部坐标为1(−1 −1 −1),2(1 −1 −1),3(1 1 −1),4(−1 1 −1),5(−1 −1 1),6(1 −1 1),7(1 1 1),8(−1 1 1)。

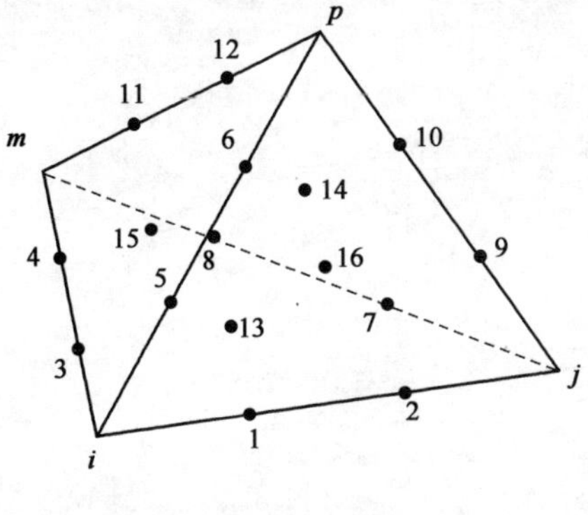

图4-27 习题13图

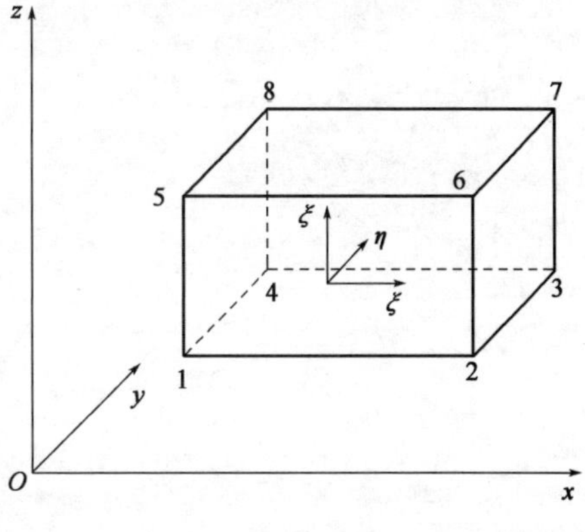

图4-28 习题14图

本章参考文献

[1] 谢贻权,何福保.弹性和塑性力学中的有限单元法[M].北京:机械工业出版社,1981.
[2] 杨炳成,陈偕民,郝宪武.结构有限元素法[M].西安:西北工业大学出版社,1996.
[3] 唐锦春,孙炳楠,郭鼎康.计算结构力学[M].杭州:浙江大学出版社,1989.
[4] 洪锦如.桥梁结构计算力学[M].上海:同济大学出版社,1998.
[5] 王勖成.有限单元法[M].北京:清华大学出版社,2003.
[6] 徐芝纶.弹性力学(上册)[M].2 版.北京:人民教育出版社,1983.

第5章

等参数单元

引言:前面两章中给出的单元都是建立在物理空间下的,主要目的是能容易地理解有限元法。在实际应用中,等参数单元非常有效[1-5]。等参数单元的形函数一般建立在一个参考坐标系下,它既被用来进行单元内位移插值,也被用来表示单元内任意一点的坐标。经过形函数的坐标变换,可以把物理空间下任意的四边形或六面体,甚至是曲边的四边形或曲面的六面体,转换成参考坐标系下的正方形或立方体。这些曲边或曲面的单元可以更精确地描述求解区域,而且应用更高阶的位移插值函数,因此具有较高的精度。另外,等参数单元形函数选择方法的统一性,非常有利于程序实现。

5.1 平面等参数单元

在平面问题中,我们曾经介绍了两种最简单的单元,即三角形单元和矩形单元。所采用的是线性和双线性的位移模式,它们是对实际位移分布的最低级逼近,精度有限。矩形单元难以应用于非规则边界和构造梯度网格以获取关键区域的细节。本节介绍的平面等参元是直边或曲边的任意四边形,可以适应不规则的边界和构造梯度网格,并具有较高的精度。

5.1.1 四节点单元

图5-1a)是一个物理空间中的任意四边形单元。在它上面建立一个参考坐标系 $\xi\eta$。在

物理空间中,它们不需要相互正交,也不需要与整体坐标系平行。单元的边被 ξ 和 η 平分,它们的方程分别是 $\xi=\pm1$ 和 $\eta=\pm1$,如图 5-1a)所示。在参考坐标系 $\xi\eta$ 下,该四边形变换成一个边长为 2 的正方形,如图 5-1b)所示。

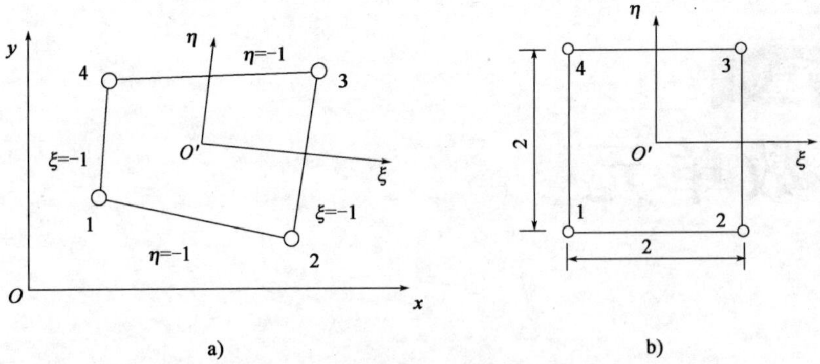

图 5-1　四节点四边形等参数单元

根据等参数单元的含义,它的位移和坐标都采用相同的形函数表示,即

$$u=\sum_{i=1}^{4}N_i(\xi,\eta)u_i \quad v=\sum_{i=1}^{4}N_i(\xi,\eta)v_i \tag{5-1}$$

$$x=\sum_{i=1}^{4}N_i(\xi,\eta)x_i \quad y=\sum_{i=1}^{4}N_i(\xi,\eta)y_i \tag{5-2}$$

式中,u_i 和 $v_i(i=1,2,3,4)$ 是整体坐标系 xOy 下节点的位移分量;x_i 和 y_i 是节点的整体坐标;$N_i(\xi,\eta)$ 是由参考坐标 ξ 和 η 表示的形函数。

根据第 4 章中矩形单元的形函数,N_i 的表达式可写成:

$$N_i=\frac{1}{4}(1+\xi_i\xi)(1+\eta_i\eta) \quad (i=1,2,3,4) \tag{5-3}$$

式中,ξ_i 和 η_i 是 4 个节点的参考坐标值,它们的值为 ±1。这里需要注意的是,形函数由式(5-3)给定时,参考坐标 ξ 和 η 在整体坐标系 xy 下的方向是由单元的节点编号决定的。图 5-1所示的单元中,节点编号是 1-2-3-4。如果把节点顺序换成 4-1-2-3,那么图 5-1a)中的 ξ 和 η 要绕原点顺时针旋转,使 η 轴和原来的 ξ 轴重合,而 ξ 轴指向原来 η 轴的负方向。

5.1.2　单元的特性分析

将位移表达式(5-1)代入几何方程,便得到应变分量的计算公式:

$$\boldsymbol{\varepsilon}=\begin{pmatrix}\dfrac{\partial u}{\partial x}\\[2mm] \dfrac{\partial v}{\partial y}\\[2mm] \dfrac{\partial u}{\partial y}+\dfrac{\partial v}{\partial x}\end{pmatrix}=\boldsymbol{B}\boldsymbol{a}^{e}=[\boldsymbol{B}_1\quad \boldsymbol{B}_2\quad \boldsymbol{B}_3\quad \boldsymbol{B}_4]\boldsymbol{a}^{e} \tag{5-4}$$

式中,$\boldsymbol{a}^{e}=[\boldsymbol{a}_1^{T}\quad \boldsymbol{a}_2^{T}\quad \boldsymbol{a}_3^{T}\quad \boldsymbol{a}_4^{T}]^{T}$ 是单元节点的位移列阵,以及

$$\boldsymbol{B}_i=\begin{bmatrix}N_{i,x} & 0\\ 0 & N_{i,y}\\ N_{i,y} & N_{i,x}\end{bmatrix} \quad \boldsymbol{a}_i=\begin{pmatrix}u_i\\ v_i\end{pmatrix} \quad (i=1,2,3,4) \tag{5-5}$$

式中,下标中的逗号表示求导数,即 $N_{i,x}=\partial N_i/\partial x, N_{i,y}=\partial N_i/\partial y$。由于形函数是由参考坐标 ξ 和 η 给出的,这两个导数一般不能显式给出。根据复合函数求导规则,它们可以按下列步骤计算:

$$\begin{pmatrix} N_{i,\xi} \\ N_{i,\eta} \end{pmatrix} = \begin{bmatrix} x_{,\xi} & y_{,\xi} \\ x_{,\eta} & y_{,\eta} \end{bmatrix} \begin{pmatrix} N_{i,x} \\ N_{i,y} \end{pmatrix} = \boldsymbol{J} \begin{pmatrix} N_{i,x} \\ N_{i,y} \end{pmatrix} \tag{5-6}$$

式中,矩阵 $\boldsymbol{J}$ 称为雅可比(Jacobi)矩阵,它是

$$\boldsymbol{J} = \begin{bmatrix} x_{,\xi} & y_{,\xi} \\ x_{,\eta} & y_{,\eta} \end{bmatrix} = \begin{bmatrix} \sum_{i=1}^{4} N_{i,\xi} x_i & \sum_{i=1}^{4} N_{i,\xi} y_i \\ \sum_{i=1}^{4} N_{i,\eta} x_i & \sum_{i=1}^{4} N_{i,\eta} y_i \end{bmatrix} \tag{5-7}$$

则式(5-5)中形函数对 x 和 y 的导数为:

$$\begin{pmatrix} N_{i,x} \\ N_{i,y} \end{pmatrix} = \boldsymbol{J}^{-1} \begin{pmatrix} N_{i,\xi} \\ N_{i,\eta} \end{pmatrix} \tag{5-8}$$

单元内的应力根据本构关系,可以表示成:

$$\boldsymbol{\sigma} = \begin{pmatrix} \sigma_x \\ \sigma_y \\ \tau_{xy} \end{pmatrix} = \boldsymbol{D\varepsilon} = \boldsymbol{DBa}^{\mathrm{e}} = \boldsymbol{Sa}^{\mathrm{e}} \tag{5-9}$$

式中的应力矩阵 $\boldsymbol{S}$ 也可以写成分块的形式:

$$\boldsymbol{S} = [\boldsymbol{S}_1 \quad \boldsymbol{S}_2 \quad \boldsymbol{S}_3 \quad \boldsymbol{S}_4] \tag{5-10}$$

对于各向同性材料的平面应力情形,应变子矩阵为:

$$\boldsymbol{S}_i = \boldsymbol{DB}_i = \frac{E}{1-\mu^2} \begin{bmatrix} N_{i,x} & \mu N_{i,y} \\ \mu N_{i,x} & N_{i,y} \\ (1-\mu) N_{i,y}/2 & (1-\mu) N_{i,x}/2 \end{bmatrix} \tag{5-11}$$

式中,E 是材料的弹性模量;μ 是泊松比。对于平面应变,则只需要把 E 换成 $E/(1-\mu^2)$,把 μ 换成 $\mu/(1-\mu)$ 即可。根据第 2 章中单元刚度的普遍公式,四节点四边形等参数单元的刚度矩阵是:

$$\boldsymbol{K}^{\mathrm{e}} = \iint_{\Omega} \boldsymbol{B}^{\mathrm{T}} \boldsymbol{DB} h \mathrm{d}x \mathrm{d}y \tag{5-12}$$

式中,h 是单元的厚度;Ω 是单元所占的平面区域。单元刚度矩阵可划分成 16 块 2×2 的子矩阵的形式。另外,由于积分中的应变矩阵 $\boldsymbol{B}$ 是由参考坐标 ξ 和 η 表示的,因此对积分区域进行相应的积分变换,得到子矩阵的计算公式是:

$$\boldsymbol{K}_{ij} = \iint_{\Omega} \boldsymbol{B}_i^{\mathrm{T}} \boldsymbol{DB}_j h \mathrm{d}x \mathrm{d}y = \int_{-1}^{1}\int_{-1}^{1} \boldsymbol{B}_i^{\mathrm{T}} \boldsymbol{DB}_j \mid \boldsymbol{J} \mid h \mathrm{d}\xi \mathrm{d}\eta \quad (i,j=1,2,3,4) \tag{5-13}$$

对于平面应力情形:

$$\boldsymbol{B}_i^{\mathrm{T}} \boldsymbol{DB}_j = \frac{E}{1-\mu^2} \begin{bmatrix} N_{i,x}N_{j,x} + \frac{1-\mu}{2} N_{i,y}N_{j,y} & \mu N_{i,x}N_{i,y} + \frac{1-\mu}{2} N_{i,y}N_{j,x} \\ \mu N_{i,y}N_{j,x} + \frac{1-\mu}{2} N_{i,x}N_{j,y} & N_{i,y}N_{j,y} + \frac{1-\mu}{2} N_{i,x}N_{j,x} \end{bmatrix} \quad (i,j=1,2,3,4) \tag{5-14}$$

由于形函数对整体坐标 x 和 y 的导数中包含雅可比矩阵的逆矩阵，式(5-13)的积分一般情况下不能得到显式。因此要采用后面介绍的数值积分来求得等参数单元的刚度矩阵。

5.1.3 八节点四边形单元

前面给出的四节点单元虽然在几何形状上比矩形单元自由得多，但是位移模式仍然是双线性的，其计算精度与矩形单元是一样的。如果在四边形的边上增加节点，则可以构造更复杂、适应性更强的单元，因为四边形的边甚至可以是弯曲的，如图 5-2 所示。

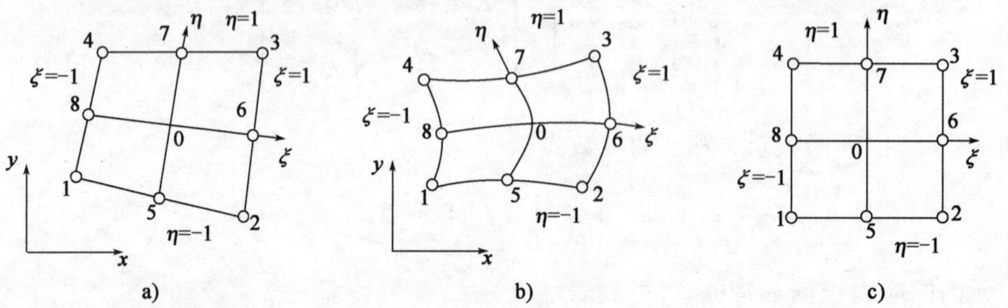

图 5-2　八节点四边形单元

曲边单元能更好地模拟那些具有弯曲边界的结构。进行坐标变换后，它在参考坐标系 $\xi\eta$ 下仍然是一个边长为 2 的正方形，而且边上的节点 5、6、7 和 8 被映射到正方形四个边的中点。形函数的确定有一个方便的方法：以节点 5 为例，在参考坐标系下的正方形单元中，将不含节点 5 的三个边的方程相乘，并使这个乘积在节点 5 有等于 1 的函数值，即

$$N_5=\frac{(1-\xi^2)(1-\eta)}{2}\tag{5-15}$$

其他几个边节点的形函数类似地有：

$$N_6=\frac{(1+\xi)(1-\eta^2)}{2}\tag{5-16}$$

$$N_7=\frac{(1-\xi^2)(1+\eta)}{2}\tag{5-17}$$

$$N_8=\frac{(1-\xi)(1-\eta^2)}{2}\tag{5-18}$$

接着来看角节点 1、2、3 和 4 的形函数。四节点单元的形函数 N_1 在节点 5 和 8 处的值为 0.5，因此对于八节点单元，$\frac{1}{4}(1-\xi)(1-\eta)-\frac{1}{2}(N_5+N_8)$ 在节点 1 的值为 1，在其余节点处的值为 0，所以它就是八节点单元的形函数 N_1，即

$$N_1=\frac{1}{4}(1-\xi)(1-\eta)-\frac{1}{2}(N_5+N_8)\tag{5-19}$$

其他几个角节点有类似的形函数：

$$N_2=\frac{1}{4}(1+\xi)(1-\eta)-\frac{1}{2}(N_5+N_6)\tag{5-20}$$

$$N_3=\frac{1}{4}(1+\xi)(1+\eta)-\frac{1}{2}(N_6+N_7)\tag{5-21}$$

$$N_4=\frac{1}{4}(1-\xi)(1+\eta)-\frac{1}{2}(N_7+N_8)\tag{5-22}$$

如果增加一个约定，即某一边上的中节点不出现，就令其对应的形函数为零，那么式(5-15)~式(5-22)就是4~8节点单元的形函数。有了这个约定，只要把前面四节点单元的所有涉及形函数求和的范围从 $i=1,2,3,4$ 换成 $i=1,2,\cdots,n(n=4\sim8)$，就是4~8节点单元相应的公式。这样，前面推导的公式全部适用于4~8节点单元。如果在单元的每条边上增加两个节点，就可构造12节点等参数单元。其形函数也可按类似的方法得到，具体可见本章参考文献[5]。

5.1.4 高斯积分法和单元刚度矩阵的计算

高斯(Gauss)积分法[6]是最常用的一种数值积分方法。它把积分化成采样点函数值的加权和。例如，对于一维积分，有

$$\int_{-1}^{1} f(\xi)\,\mathrm{d}\xi = \sum_{i=1}^{n} W_i f(\xi_i) \tag{5-23}$$

式中：ξ_i、W_i——分别是采样点和相应的权系数；

n——采样点的个数，称为积分的阶数。

权系数的确定准则是取被积函数为多项式，并使其误差最小，因此在相同的精度下，它比其他的数值积分可使用更少的采样点。一般用术语"高斯点"来表示这些积分点，它们对称于积分区域的中心成对出现，是 Legendre 多项式的根。对称的高斯点处有相同的权系数。表5-1给出了积分阶数分别是1、2和3时的高斯点和权系数。更高阶的可见本章参考文献[6]，但是在有限元中并不常用。

高斯求积法中的积分点坐标和加权系数　　表5-1

积分阶数	代数精度	高斯点	权系数
1	1	0	2
2	3	$\pm1/\sqrt{3}=\pm0.577350269189626$	1
3	5	$\pm\sqrt{0.6}=\pm0.774596669241483$ 0	5/9 = 0.555555555555555 8/9 = 0.888888888888888

设有二阶的高斯积分公式

$$\int_{-1}^{1} f(\xi)\,\mathrm{d}\xi = W_1 f(\xi_1) + W_2 f(\xi_2) \tag{5-24}$$

其中，高斯点 $\xi_1=-1/\sqrt{3}$、$\xi_2=1/\sqrt{3}$ 和权系数 $W_1=W_2=1$。下面来验证它具有的积分精度。分别设 $f(\xi)$ 为 1、ξ、ξ^2、ξ^3 和 ξ^4，得到表5-2所示的结果。

高斯积分的代数精度　　表5-2

$f(\xi)$	$\int_{-1}^{1} f(\xi)\,\mathrm{d}\xi$		$W_1 f(\xi_1)+W_2 f(\xi_2)$
1	2	=	2
ξ	0	=	0
ξ^2	2/3	=	2/3
ξ^3	0	=	0
ξ^4	2/5	≠	2/9

由此可以看出，两点的高斯积分公式对于三次多项式都精确成立。其实可以证明，n 阶高斯积分公式对于 $2n-1$ 次多项式都精确满足[6]。

对不同的积分变量顺序使用一维的高斯积分公式就能得到多维情形的高斯积分公式，如

$$\begin{aligned}\int_{-1}^{1}\int_{-1}^{1} f(\xi,\eta)\,\mathrm{d}\xi\mathrm{d}\eta &= \int_{-1}^{1}\left[\sum_{i=1}^{m} W_i f(\xi_i,\eta)\right]\mathrm{d}\eta = \sum_{j=1}^{n} W_j\left[\sum_{i=1}^{m} W_i f(\xi_i,\eta_j)\right]\\ &= \sum_{i=1}^{m}\sum_{j=1}^{n} W_i W_j f(\xi_i,\eta_j) \end{aligned} \tag{5-25}$$

同样，三维的高斯积分公式为：

$$\int_{-1}^{1}\int_{-1}^{1}\int_{-1}^{1} f(\xi,\eta,\zeta)\,\mathrm{d}\xi\mathrm{d}\eta\mathrm{d}\zeta = \sum_{i=1}^{m}\sum_{j=1}^{n}\sum_{k=1}^{l} W_i W_j W_k f(\xi_i,\eta_j,\zeta_k) \tag{5-26}$$

根据高斯积分法，可以写出 4～8 节点等参元刚度矩阵数值积分公式为：

$$\boldsymbol{K}^{\mathrm{e}} = h\sum_{i=1}^{m}\sum_{j=1}^{n} W_i W_j \left(\boldsymbol{B}^{\mathrm{T}}\boldsymbol{D}\boldsymbol{B}|\boldsymbol{J}|\right)_{ij} \tag{5-27}$$

式中，圆括号的下标 ij 表示圆括号内的部分取在高斯点 (ξ_i,η_j) 处的值。在具体程序中，一般采用两重循环来实现两个求和，即

初始化单元刚度 $\boldsymbol{K}^{\mathrm{e}}$ 并清零

┌ 在 $\boldsymbol{\xi}$ 方向的积分点上循环（i=1～m）

│ ┌ 在 $\boldsymbol{\eta}$ 方向的积分点上循环（j=1～n）

│ │ 计算高斯点 (ξ_i,η_j) 处 $\boldsymbol{B}^{\mathrm{T}}\boldsymbol{D}\boldsymbol{B}|\boldsymbol{J}|=\boldsymbol{F}(\xi_i,\eta_j)$ 的值

│ │ $\boldsymbol{K}^{\mathrm{e}}=\boldsymbol{K}^{\mathrm{e}}+W_iW_j\boldsymbol{F}(\xi_i,\eta_j)$

│ └ j 循环结束

└ i 循环结束

其中，计算 $\boldsymbol{B}^{\mathrm{T}}\boldsymbol{D}\boldsymbol{B}|\boldsymbol{J}|=\boldsymbol{F}(\xi_i,\eta_j)$ 的值是最花时间的操作。因为要计算形函数的导数、雅可比矩阵的逆矩阵及其行列式值，并进行矩阵相乘。为了增加程序的可读性和结构化，一般把这些计算写成几个子程序供调用。

还有一个问题是具体应用时如何确定高斯积分的阶数。因为阶数不能取得过大，否则计算工作量将会随着积分点数的增加而剧增。一般情况下，在平面问题中，将问题划分成较多个等参数单元时，使用 2×2 的高斯积分法则，通常能取得良好的结果。其原因是，位移插值函数中不完全的高次项，往往对计算精度起不良影响，降阶积分的措施正好相当于把那些不完全的高次项对刚度矩阵的影响去除[5]。

5.1.5 等效节点荷载计算

1）集中荷载

通常将集中荷载作用点取为节点，此集中荷载作为这一节点的等效节点荷载。

2）体积荷载

设单元的体积荷载是 $\boldsymbol{p}_v=(f_{vx}\quad f_{vy})^{\mathrm{T}}$，则分配到单元各节点上的等效节点荷载按下式计算：

$$\boldsymbol{f}_{vi}^{\mathrm{e}} = \begin{pmatrix} f_{vxi}\\ f_{vyi}\end{pmatrix} = \int_{-1}^{1}\int_{-1}^{1} N_i \begin{pmatrix} f_{vx}\\ f_{vy}\end{pmatrix} h\,|\boldsymbol{J}|\,\mathrm{d}\xi\mathrm{d}\eta \quad (i=1,2,\cdots,n) \tag{5-28}$$

积分可以利用高斯积分公式进行。如果体积力为简单函数,比如是多项式,那么由式(5-28)可以得到显式的积分公式,但是十分繁琐。当然,也可以利用 MATLAB 的符号运算功能,得到节点上的等效节点荷载,但是利用高斯积分法也很方便。

3)表面荷载

设单元的某边 Γ 上承受的表面荷载$\boldsymbol{p}_s=(p_{sx}\quad p_{sy})^{\mathrm{T}}$,则在这条边上两个或三个节点的等效节点荷载分别按下式计算:

$$\boldsymbol{f}_{si}^{e}=\begin{pmatrix}f_{sxi}\\f_{syi}\end{pmatrix}=\int_{\Gamma}N_i\begin{pmatrix}p_{sx}\\p_{sy}\end{pmatrix}h\mathrm{d}s\quad(i\text{ 取 }\Gamma\text{ 边上的节点})\tag{5-29}$$

而其他节点的形函数在该边上的值都为零,因此相应的等效节点荷载也为零。例如,在如图 5-3 中 $\xi=1$ 的 263 边上作用有 x 方向的分布荷载,在节点 2、6 和 3 的值分别是 p_2、p_6 和 p_3。假设表面力的分布与位移采用相同的插值,那么这条边上任意一点的分布力为:

$$p_{sx}=N_2p_2+N_3p_3+N_6p_6\tag{5-30}$$

式中,形函数 N_2、N_3 和 N_6 中取 $\xi=1$,即

$$N_2=-\frac{1}{2}\eta(1-\eta)\quad N_3=\frac{1}{2}\eta(1+\eta)\quad N_6=1-\eta^2\tag{5-31}$$

因此,节点 2、3 和 6 上的等效节点荷载为

$$f_{xi}=\int_{-1}^{1}N_i(N_2p_2+N_3p_3+N_6p_6)\sqrt{(x_{,\eta})^2+(y_{,\eta})^2}\mathrm{d}\eta\quad(i=2,3,6)\tag{5-32}$$

式中:

$$x_{,\eta}=N_{2,\eta}x_2+N_{6,\eta}x_6+N_{3,\eta}x_3\quad y_{,\eta}=N_{2,\eta}y_2+N_{6,\eta}y_6+N_{3,\eta}y_3\tag{5-33}$$

式(5-32)中的积分一般不能得到解析式,可采用高斯积分公式进行数值积分。

如果给出的表面荷载是沿曲边的法向力和切向力$\boldsymbol{p}_s=(\sigma\quad\tau)^{\mathrm{T}}$,运用上式就不太方便,须作适当调整。如果规定法向力以外法线方向为正,切向力以沿单元边界前进时,单元保持在左侧为正,如图 5-4 所示。则有关系式:

$$p_{sx}=\tau\frac{\mathrm{d}x}{\mathrm{d}s}+\sigma\frac{\mathrm{d}y}{\mathrm{d}s}\quad p_{sy}=\tau\frac{\mathrm{d}y}{\mathrm{d}s}-\sigma\frac{\mathrm{d}x}{\mathrm{d}s}\tag{5-34}$$

将式(5-34)代入式(5-29),就可将第一类曲线积分化为第二类曲线积分式:

$$\boldsymbol{f}_{si}^{e}=\begin{pmatrix}f_{sxi}\\f_{syi}\end{pmatrix}=\int_{\Gamma}N_i\begin{pmatrix}\tau\mathrm{d}x+\sigma\mathrm{d}y\\\tau\mathrm{d}y-\sigma\mathrm{d}x\end{pmatrix}h\quad(i\text{ 取 }\Gamma\text{ 边上的节点})\tag{5-35}$$

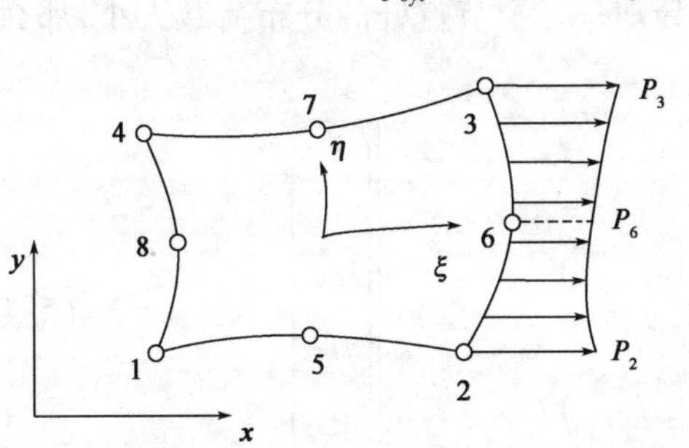

图 5-3 受表面力的四边形等参元

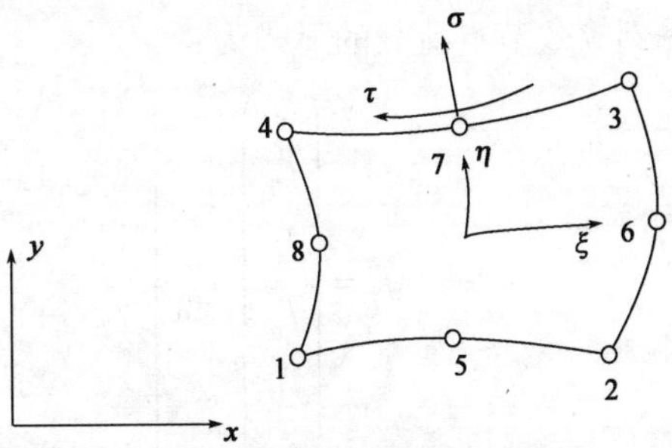

图 5-4 受法向和切向表面力的四边形等参元

例如，Γ 是图 5-4 种的 374 边，则

$$\boldsymbol{f}_{si}^{e}=\begin{pmatrix}f_{sxi}\\f_{syi}\end{pmatrix}=-\int_{-1}^{1}\left[N_i\begin{pmatrix}\tau_{x,\xi}+\sigma_{y,\xi}\\\tau_{y,\xi}-\sigma_{x,\xi}\end{pmatrix}\right]_{\eta=1}h\mathrm{d}\xi\quad(i=3,4,7)\tag{5-36}$$

如果法向力 σ 和切向力 τ 也采用形函数插值来近似，那么式(5-36)中的被积函数是多项式，可以得到解析式。当然也可以采用数值积分，因为选择合适的高斯积分阶数，能得到多项式积分的精确值。式(5-36)在实际使用时也不是很方便，因为必须指定某个单元的哪一个边，这样才能确定是 $\xi=1$ 还是 $\eta=1$，是对 ξ 积分还是对 η 积分，还要考虑正负号。而且一般情况下希望用节点号来指定受表面力的边。

实际上，可以把作用表面力的边独立出来，并不需要知道它是单元的哪一条边。设单元的某一条边上作用有表面荷载$(\sigma\quad\tau)^{\mathrm{T}}$，如图 5-5 所示，它用三个节点 i,k,j 定义。切向力的正方向为从 i 指向 j，法向力的正方向为切向力顺时针旋转90°。并沿边的切线方向定义参考坐标 ξ，正方向与切向力相同，可把这条边映射成参考坐标系下长度为 2 的直线。i、k 和 j 点的参考坐标分别为 -1、0 和 1。设(x_i,y_i)、(x_k,y_k)和(x_j,y_j)是三个节点在整体坐标系下的坐标，则这条边的参数方程可写成：

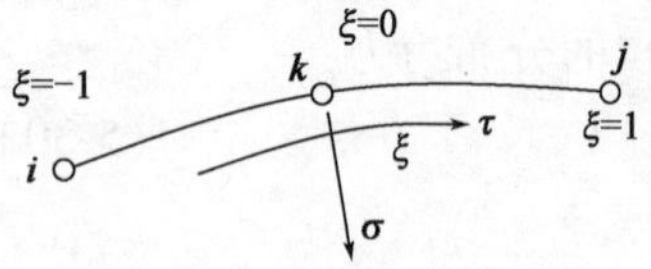

图 5-5　受表面力作用的一条边

$$x=N_ix_i+N_jx_j+N_kx_k\quad y=N_iy_i+N_jy_j+N_ky_k\tag{5-37}$$

式中：

$$N_i=\frac{1}{2}(1-\xi)-\frac{1}{2}N_k\quad N_j=\frac{1}{2}(1+\xi)-\frac{1}{2}N_k\quad N_k=1-\xi^2\tag{5-38}$$

如果中节点 k 不存在，则令 $N_k=0$，式(5-37)仍然成立。在三个节点上的等效节点荷载为：

$$\boldsymbol{f}_{si}^{e}=\begin{pmatrix}f_{sxi}\\f_{syi}\end{pmatrix}=\int_{-1}^{1}N_i\begin{pmatrix}\tau_{x,\xi}+\sigma_{y,\xi}\\\tau_{y,\xi}-\sigma_{x,\xi}\end{pmatrix}h\mathrm{d}\xi\quad(i,j,k)\tag{5-39}$$

式中：

$$x_{,\xi}=N_{i,\xi}x_i+N_{j,\xi}x_j+N_{k,\xi}x_k\quad y_{,\xi}=N_{i,\xi}y_i+N_{j,\xi}y_j+N_{k,\xi}y_k\tag{5-40}$$

$$N_{i,\xi}=-\frac{1}{2}-\frac{1}{2}N_{k,\xi}\quad N_{j,\xi}=\frac{1}{2}-\frac{1}{2}N_{k,\xi}\quad N_{k,\xi}=-2\xi\tag{5-41}$$

如果法向力 σ 和切向力 τ 也采用形函数插值来近似，即

$$\sigma=N_i\sigma_i+N_k\sigma_k+N_j\sigma_j\quad\tau=N_i\tau_i+N_k\tau_k+N_j\tau_j\tag{5-42}$$

式中，带下标 i、j 和 k 的法向力 σ 和切向力 τ 分别是三个节点处的分布荷载大小，那么可以得到等效节点荷载的显式为：

$$\boldsymbol{f}_{s}^{e}=\begin{pmatrix}f_{xi}\\f_{yi}\\f_{xj}\\f_{yj}\\f_{xk}\\f_{yk}\end{pmatrix}=\frac{h}{30}\begin{bmatrix}X_1&X_2&X_3&Y_1&Y_2&Y_3\\Y_1&Y_2&Y_3&-X_1&-X_2&-X_3\\X_2&X_4&X_5&Y_2&Y_4&Y_5\\Y_2&Y_4&Y_5&-X_2&-X_4&-X_5\\X_3&X_5&X_6&Y_3&Y_5&Y_6\\Y_3&Y_5&Y_6&-X_3&-X_5&-X_6\end{bmatrix}\begin{pmatrix}\tau_i\\\tau_j\\\tau_k\\\sigma_i\\\sigma_j\\\sigma_k\end{pmatrix}\tag{5-43}$$

式中，X_m 和 $Y_m(m=1,2,\cdots,6)$是与节点坐标有关的常数，即

$$\begin{cases} X_1 = -10x_i - 2x_j + 12x_k \quad X_2 = x_i - x_j \quad X_3 = -6x_i - 2x_j + 8x_k \\ Y_1 = -10y_i - 2y_j + 12y_k \quad Y_2 = y_i - y_j \quad Y_3 = -6y_i - 2y_j + 8y_k \\ X_4 = 2x_i + 10x_j - 12x_k \quad X_5 = 2x_i + 6x_j - 8x_k \quad X_6 = -16x_i + 16x_j \\ Y_4 = 2y_i + 10y_j - 12y_k \quad Y_5 = 2y_i + 6y_j - 8y_k \quad Y_6 = -16y_i + 16y_j \end{cases} \tag{5-44}$$

没有中节点 k 时,式(5-43)变成:

$$\boldsymbol{f}_s^e = \begin{pmatrix} f_{xi} \\ f_{yi} \\ f_{xj} \\ f_{yj} \end{pmatrix} = \frac{h}{6}\begin{bmatrix} -2X_2 & -X_2 & -2Y_2 & -Y_2 \\ -2Y_2 & -Y_2 & 2X_2 & X_2 \\ -X_2 & -2X_2 & -Y_2 & -2Y_2 \\ -Y_2 & -2Y_2 & X_2 & 2X_2 \end{bmatrix}\begin{pmatrix} \tau_i \\ \tau_j \\ \sigma_i \\ \sigma_j \end{pmatrix} \tag{5-45}$$

4)温度作用

如果考虑温度改变引起的初应变 $\boldsymbol{\varepsilon}_0 = \alpha T\,(1 \quad 1 \quad 0)^{\mathrm{T}}$,需要增加由于温度改变所产生的等效节点荷载,即

$$\boldsymbol{f}_T^e = \iint_{\Omega} \boldsymbol{B}^{\mathrm{T}}\boldsymbol{D}\,\boldsymbol{\varepsilon}_0 h\mathrm{d}x\mathrm{d}y \tag{5-46}$$

对于各向同性材料的平面应力问题,有:

$$\boldsymbol{f}_{Ti}^{e} = \frac{E\alpha}{1-\mu}\iint_A \begin{pmatrix} N_{i,x} \\ N_{i,y} \end{pmatrix} hT\mathrm{d}x\mathrm{d}y = \frac{E\alpha h}{1-\mu}\int_{-1}^{1}\int_{-1}^{1}\begin{pmatrix} N_{i,x} \\ N_{i,y} \end{pmatrix} T\,|\,\boldsymbol{J}\,|\,\mathrm{d}\xi\mathrm{d}\eta \quad (i = 1,2,\cdots,n) \tag{5-47}$$

此时,计算应力的公式(5-9)须改写为:

$$\boldsymbol{\sigma} = \boldsymbol{DBa}^{\mathrm{e}} - \boldsymbol{D\varepsilon}_0 \tag{5-48}$$

5.1.6 应力的计算

四边形等参元中,单元应变和应力不再是常数,因为应变矩阵 $\boldsymbol{B}$ 和应力矩阵 $\boldsymbol{S}$ 都是参考坐标 ξ 和 η 的函数。一般情况下,高斯点处的应力精度较高。对于 2×2 积分的四边形,可得到4组应力。但是,节点上的应力更加实用。这是因为节点常常位于物体的表面,这些位置的应力值一般要大于结构内部。另外,一个节点经常被几个单元共享,由各个单元分别计算得到的节点应力差异,可以用来度量分析的误差。单元内节点应力计算可直接把节点处的参考坐标值代入应力矩阵,利用公式(5-9)计算,也可以先计算高斯点处的应力,然后外插得到[5]。一般情况下,单元间的应力是不连续的,因此可以采用节点平均、单元平均、总体磨平或局部磨平等方法进行处理[7],以提高应力的计算精度。

5.1.7 单元的完备性和协调性

由于相邻单元的交界线只与交界线上的节点坐标有关,而且交界线上的位移只与该线上的节点位移有关,而与其他节点位移无关,因此,交界线上的位移由该线上的节点位移唯一确定,故单元的协调性得到满足。

根据前面的讨论知道,在平面问题中,对应于刚体位移和常应变状态的位移可写成:

$$u = a_0 + a_1x + a_2y \quad v = b_0 + b_1x + b_2y \tag{5-49}$$

与这个单元位移相对应的节点位移,显然只需把相应的节点坐标代入式(5-49)即可。现假设

等参数单元的节点位移是由式(5-49)所示的刚体位移或常应变所对应的位移所确定,即

$$u_i = a_0 + a_1 x_i + a_2 y_i \quad v_i = b_0 + b_1 x_i + b_2 y_i \tag{5-50}$$

根据式(5-1),单元内的位移可由节点位移插值得到。当节点位移如式(5-50)所示时,单元内位移为:

$$u = \sum_{i=1}^{n} N_i (a_0 + a_1 x_i + a_2 y_i) = a_0 \sum_{i=1}^{n} N_i + a_1 \sum_{i=1}^{n} N_i x_i + a_2 \sum_{i=1}^{n} N_i y_i \tag{5-51}$$

$$v = \sum_{i=1}^{n} N_i (b_0 + b_1 x_i + b_2 y_i) = b_0 \sum_{i=1}^{n} N_i + b_1 \sum_{i=1}^{n} N_i x_i + b_2 \sum_{i=1}^{n} N_i y_i \tag{5-52}$$

由于形函数之和为 1 以及注意到式(5-2),则单元内的位移就成为式(5-49)所示的形式,即单元内的位移是刚体位移或者对应于常应变的位移,可见,完备性得到了满足。因此等参元是完备的协调单元。

最后需要指出的是,前面两章中所讨论的三角形单元和四面体单元,其实也都是等参数单元。例如,三角形单元的坐标变换式是:

$$x = L_i x_i + L_j x_j + L_m x_m \tag{5-53}$$

$$y = L_i y_i + L_j x_j + L_m x_m \tag{5-54}$$

而位移模式是:

$$u = L_i u_i + L_j u_j + L_m u_m \tag{5-55}$$

$$v = L_i v_i + L_j v_j + L_m v_m \tag{5-56}$$

它们的坐标变换和形函数是相同的,所以也是等参数单元。

5.2 空间轴对称等参数单元

5.2.1 单元特性

在空间轴对称问题中,采用的整体坐标系是圆柱坐标系,r 表示径向坐标,z 表示轴向坐标,u 和 w 分别表示径向和轴向位移。和前面相同,坐标变换式和位移模式分别具有下列形式:

$$r = \sum_{i=1}^{n} N_i r_i \quad z = \sum_{i=1}^{n} N_i z_i \tag{5-57}$$

$$u = \sum_{i=1}^{n} N_i u_i \quad w = \sum_{i=1}^{n} N_i w_i \tag{5-58}$$

式中,$n = 4 \sim 8$,是单元的节点数,形函数 N_i 见式(5-15)~式(5-22)。

应变计算公式是:

$$\boldsymbol{\varepsilon} = \begin{pmatrix} \partial u/\partial r \\ u/r \\ \partial w/\partial r \\ \partial u/\partial z + \partial w/\partial r \end{pmatrix} = \boldsymbol{B}\boldsymbol{a}^e = [\boldsymbol{B}_1 \quad \boldsymbol{B}_2 \quad \cdots \quad \boldsymbol{B}_n] \begin{pmatrix} \boldsymbol{a}_1 \\ \boldsymbol{a}_2 \\ \vdots \\ \boldsymbol{a}_n \end{pmatrix} \tag{5-59}$$

式中:

$$\boldsymbol{B}_i = \begin{bmatrix} N_{i,r} & 0 \\ N_i/r & 0 \\ 0 & N_{i,z} \\ N_{i,z} & N_{i,r} \end{bmatrix} \quad \boldsymbol{a}_i = \begin{pmatrix} u_i \\ w_i \end{pmatrix} \quad (i = 1, 2, \cdots, n) \tag{5-60}$$

这里 $N_{i,r}$ 和 $N_{i,z}$ 分别表示 N_i 对 r 和 z 的偏导数。它们可按下式计算：

$$\begin{Bmatrix} N_{i,r} \\ N_{i,z} \end{Bmatrix} = \boldsymbol{J}^{-1} \begin{Bmatrix} N_{i,\xi} \\ N_{i,\eta} \end{Bmatrix} \tag{5-61}$$

而 $N_{i,\xi}$ 和 $N_{i,\eta}$ 分别由形函数对 ξ 和 η 求导数得出，矩阵 $\boldsymbol{J}^{-1}$ 是雅可比矩阵 $\boldsymbol{J}$ 的逆阵

$$\boldsymbol{J}^{-1} = \frac{1}{|\boldsymbol{J}|} \begin{bmatrix} z_{,\eta} & -z_{,\xi} \\ -r_{,\eta} & r_{,\xi} \end{bmatrix} \tag{5-62}$$

雅可比行列式是：

$$|\boldsymbol{J}| = r_{,\xi} z_{,\eta} - r_{,\eta} z_{,\xi} \tag{5-63}$$

式中：

$$r_{,\xi} = \sum_{i=1}^{n} N_{i,\xi} r_i \quad r_{,\eta} = \sum_{i=1}^{n} N_{i,\eta} r_i \tag{5-64}$$

$$z_{,\xi} = \sum_{i=1}^{n} N_{i,\xi} z_i \quad z_{,\eta} = \sum_{i=1}^{n} N_{i,\eta} z_i \tag{5-65}$$

应力计算公式是：

$$\boldsymbol{\sigma} = \begin{Bmatrix} \sigma_r \\ \sigma_\theta \\ \sigma_z \\ \tau_{rz} \end{Bmatrix} = \boldsymbol{DBa}^e = [\boldsymbol{DB}_1 \quad \boldsymbol{DB}_2 \quad \cdots \quad \boldsymbol{DB}_n] \boldsymbol{a}^e \tag{5-66}$$

对于各向同性材料，式中：

$$\boldsymbol{DB}_i = A_3 \begin{bmatrix} N_{i,r} + A_1 N_i/r & A_1 N_{i,z} \\ A_1 N_{i,r} + N_i/r & A_1 N_{i,z} \\ A_1 (N_{i,r} + N_i/r) & N_{i,z} \\ A_2 N_{i,z} & A_2 N_{i,r} \end{bmatrix} \quad (i = 1, 2, \cdots, n) \tag{5-67}$$

式中：

$$A_1 = \frac{\mu}{1-\mu} \quad A_2 = \frac{1-2\mu}{2(1-\mu)} \quad A_3 = \frac{E(1-\mu)}{(1+\mu)(1-2\mu)}$$

当 $r=0$ 时，即在对称轴上有 $\varepsilon_r = \varepsilon_\theta$，因此可以用 $N_{i,r}$ 代替 N_i/r 以消除式(5-67)中的奇异项。单元刚度矩阵可以分成 $n \times n$ 个子矩阵，典型的子矩阵是：

$$\boldsymbol{K}_{ij} = 2\pi \int_{-1}^{1} \int_{-1}^{1} \boldsymbol{B}_i^{\mathrm{T}} \boldsymbol{DB}_j r \, |\boldsymbol{J}| \, \mathrm{d}\xi \mathrm{d}\eta \tag{5-68}$$

式中：

$$\boldsymbol{B}_i^{\mathrm{T}} \boldsymbol{DB}_j = A_3 \left[\begin{array}{c:c} N_{i,r}(N_{j,r} + A_1 N_j/r) & A_1 N_{i,r} N_{j,z} \\ + N_i (A_1 N_{j,r} + N_j/r)/r & + A_1 N_i N_{j,z}/r \\ + A_2 N_{i,z} N_{j,z} & + A_2 N_{i,z} N_{j,r} \\ \hdashline A_1 N_{i,z}(N_{j,r} + N_j/r) & N_{i,z} N_{j,z} \\ + A_2 N_{i,r} N_{j,z} & + A_2 N_{i,r} N_{j,r} \end{array} \right] \quad (i,j = 1, 2, \cdots, n) \tag{5-69}$$

5.2.2 等效节点荷载

1) 体积荷载

设体积荷载是 $\boldsymbol{p}_v = (f_{vr} \quad f_{vz})^{\mathrm{T}}$，则作用在单元各节点上的等效节点荷载按下式计算：

$$\boldsymbol{f}_{vi}^{e}=\begin{pmatrix}f_{vri}\\f_{vzi}\end{pmatrix}=2\pi\int_{-1}^{1}\int_{-1}^{1}rN_i\begin{pmatrix}f_{vr}\\f_{vz}\end{pmatrix}|\boldsymbol{J}|\,\mathrm{d}\xi\mathrm{d}\eta\quad(i=1,2,\cdots,n)\tag{5-70}$$

2)表面荷载

设沿单元的某边界 Γ 上作用有表面荷载 $\boldsymbol{p}_s=(\sigma\quad\tau)^{\mathrm{T}}$,其中 σ 和 τ 分别是单元表面荷载在作用边外法线方向和切线方向的投影。于是,作用在此边上各节点上的等效节点荷载按下式计算:

$$\boldsymbol{f}_{si}^{e}=\begin{pmatrix}f_{sri}\\f_{szi}\end{pmatrix}=2\pi\int_{\Gamma}rN_i\begin{pmatrix}\tau\mathrm{d}r+\sigma\mathrm{d}z\\\tau\mathrm{d}z-\sigma\mathrm{d}r\end{pmatrix}\quad(i\text{ 取 }\Gamma\text{ 上的节点})\tag{5-71}$$

例如,Γ 是对应 $\eta=1$ 的那条边,上式可以写成如下形式:

$$\boldsymbol{f}_{si}^{e}=\begin{pmatrix}f_{sri}\\f_{szi}\end{pmatrix}=-2\pi\int_{-1}^{1}\left[rN_i\begin{pmatrix}\tau r_{,\xi}+\sigma z_{,\xi}\\\tau z_{,\xi}-\sigma r_{,\xi}\end{pmatrix}\right]_{\eta=1}\mathrm{d}\xi\quad(i\text{ 取 }\Gamma\text{ 上的节点})\tag{5-72}$$

为了方便,与前面平面等参数单元一样,可以只用三个节点(i,j,k)来表示荷载作用的那条边,切向力和法向力的正方向也与平面等参元规定的一样,那么这三个节点上的等效节点荷载公式可写为:

$$\boldsymbol{f}_{si}^{e}=\begin{pmatrix}f_{sxi}\\f_{syi}\end{pmatrix}=2\pi\int_{-1}^{1}rN_i\begin{pmatrix}\tau r_{,\xi}+\sigma z_{,\xi}\\\tau z_{,\xi}-\sigma r_{,\xi}\end{pmatrix}\mathrm{d}\xi\quad(i,j,k)\tag{5-73}$$

式中,整体坐标对局部坐标的导数为:

$$r_{,\xi}=N_{i,\xi}r_i+N_{j,\xi}r_j+N_{k,\xi}r_k\quad z_{,\xi}=N_{i,\xi}z_i+N_{j,\xi}z_j+N_{k,\xi}z_k\tag{5-74}$$

上面两式中用到的形函数由式(5-38)定义。

3)温度作用

如果考虑温度变化产生的初应变

$$\boldsymbol{\varepsilon}_0=\alpha T(1\quad1\quad1\quad0)^{\mathrm{T}}\tag{5-75}$$

则单元节点上等效节点荷载的计算公式是:

$$\boldsymbol{f}_{Ti}^{e}=\begin{pmatrix}f_{Tri}\\f_{Tzi}\end{pmatrix}=2\pi\iint\boldsymbol{B}_i^{\mathrm{T}}\boldsymbol{D}\boldsymbol{\varepsilon}_0r\mathrm{d}r\mathrm{d}z=\frac{2E\alpha\pi}{1-2\mu}\int_{-1}^{1}\int_{-1}^{1}rT\begin{pmatrix}N_{i,r}+N_i/r\\N_{i,z}\end{pmatrix}|\boldsymbol{J}|\,\mathrm{d}\xi\mathrm{d}\eta\tag{5-76}$$

计算应力的公式(5-66)要改写为:

$$\boldsymbol{\sigma}=\boldsymbol{DBa}^{\mathrm{e}}-\boldsymbol{D\varepsilon}_0=[\boldsymbol{DB}_1\quad\boldsymbol{DB}_2\quad\cdots\quad\boldsymbol{DB}_n]\boldsymbol{a}^{\mathrm{e}}-\frac{E\alpha T}{1-2\mu}(1\quad1\quad1\quad0)^{\mathrm{T}}\tag{5-77}$$

这些公式与平面问题的四边形单元相比,就是被积函数中多了变量 r,积分号外多了 2π,对于数值积分没有增加任何困难,可仿照平面单元进行。

5.3 空间等参数单元

5.3.1 单元特性

空间等参数单元可由平面问题等参数单元推广得到。平面的 4 节点单元对应于空间的 8 节点单元,平面的 8 节点单元对应于空间的 20 节点单元。空间 8 节点单元是直棱的六面体,而20节点的则可以是曲面曲棱的六面体,可以描述形状复杂的三维结构。一个20节点等参数单元及其参考坐标系$\xi\eta\zeta$,如图5-6所示。在参考坐标系下,曲面曲棱的六面体被变换成一个边长为2的立方体,参考坐标系$\xi\eta\zeta$的原点位于它的形心处。

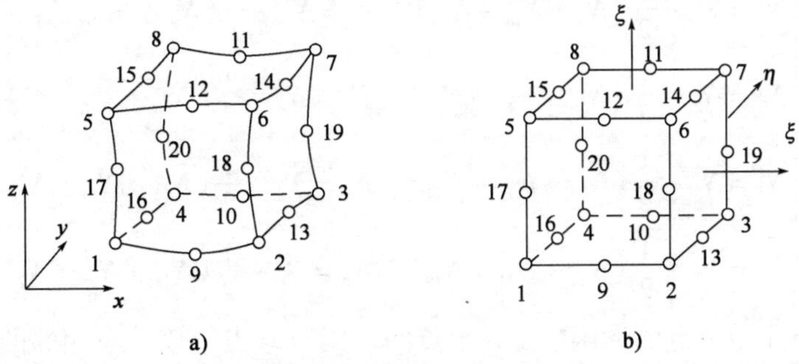

图5-6 20节点等参数单元

坐标变换式和位移模式可统一写成如下形式:

$$x=\sum_{i=1}^{n}N_i x_i \quad y=\sum_{i=1}^{n}N_i y_i \quad z=\sum_{i=1}^{n}N_i z_i \tag{5-78}$$

$$u=\sum_{i=1}^{n}N_i u_i \quad v=\sum_{i=1}^{n}N_i v_i \quad w=\sum_{i=1}^{n}N_i w_i \tag{5-79}$$

式中,n是节点数。当$n=8$时,指的是8节点等参数单元,首先来写出它的形函数:

$$N_i=\frac{(1+\xi_i\xi)(1+\eta_i\eta)(1+\zeta_i\zeta)}{8} \quad (i=1,2,\cdots,8) \tag{5-80}$$

式中,ξ_i、η_i和ζ_i是节点i的局部坐标,对于角节点它们分别为1或-1,即

$$\begin{cases}\xi_{1,2,\cdots,8}=-1,\ 1,\ 1,\ -1,\ -1,\ 1,\ 1,\ -1\\ \eta_{1,2,\cdots,8}=-1,\ -1,\ 1,\ 1,\ -1,\ -1,\ 1,\ 1\\ \zeta_{1,2,\cdots,8}=-1,\ -1,\ -1,\ -1,\ 1,\ 1,\ 1,\ 1\end{cases} \tag{5-81}$$

观察形函数式(5-80),其右端的每一项正好是距节点i的距离为2的三个平面方程,因此将其他7个角节点坐标代入有等于零的结果。将节点i的坐标(ξ_i,η_i,ζ_i)代入则正好等于1,因此系数1/8是按形函数的要求而确定的。仿照该办法,能写出节点9~20对应的形函数:

$$\begin{cases}N_i=\dfrac{(1-\xi^2)(1+\eta_i\eta)(1+\zeta_i\zeta)}{4} \quad (i=9,10,11,12)\\ N_i=\dfrac{(1-\eta^2)(1+\xi_i\xi)(1+\zeta_i\zeta)}{4} \quad (i=13,14,15,16)\\ N_i=\dfrac{(1-\zeta^2)(1+\xi_i\xi)(1+\eta_i\eta)}{4} \quad (i=17,18,19,20)\end{cases} \tag{5-82}$$

对于节点9~20,ξ_i、η_i和ζ_i分别取1、-1或者0,即

$$\begin{cases}\xi_{9,10,\cdots,20}=0,\ 0,\ 0,\ 0,\ 1,\ 1,\ -1,\ -1,\ -1,\ 1,\ 1,\ -1\\ \eta_{9,10,\cdots,20}=-1,\ 1,\ 1,\ -1,\ 0,\ 0,\ 0,\ 0,\ -1,\ -1,\ 1,\ 1\\ \zeta_{9,10,\cdots,20}=-1,\ -1,\ 1,\ 1,\ -1,\ 1,\ 1,\ -1,\ 0,\ 0,\ 0,\ 0\end{cases} \tag{5-83}$$

对于8节点等参数单元,其形函数为式(5-80)。对于20节点等参数单元,其边中节点形函数如式(5-82)所示,而角节点的形函数由如下的线性组合得出:

$$N_i = \overline{N}_i - \sum_{j=1}^{12} \overline{N}_i(\xi_{j+8}, \eta_{j+8}, \zeta_{j+8}) N_{j+8} \quad (i = 1, 2, \cdots, 8) \tag{5-84}$$

式中，$\overline{N}_i$ 即为式(5-80)定义的形函数。实际上，上式具体写出来更容易记忆，即

$$\begin{cases} N_1 = \overline{N}_1 - \dfrac{1}{2}(N_9 + N_{16} + N_{17}) & N_2 = \overline{N}_2 - \dfrac{1}{2}(N_9 + N_{13} + N_{18}) \\ N_3 = \overline{N}_3 - \dfrac{1}{2}(N_{10} + N_{13} + N_{19}) & N_4 = \overline{N}_4 - \dfrac{1}{2}(N_{10} + N_{16} + N_{20}) \\ N_5 = \overline{N}_5 - \dfrac{1}{2}(N_{12} + N_{15} + N_{17}) & N_6 = \overline{N}_6 - \dfrac{1}{2}(N_{12} + N_{14} + N_{18}) \\ N_7 = \overline{N}_7 - \dfrac{1}{2}(N_{11} + N_{14} + N_{19}) & N_8 = \overline{N}_8 - \dfrac{1}{2}(N_{11} + N_{15} + N_{20}) \end{cases} \tag{5-85}$$

即 20 节点单元角节点的形函数是 8 节点的形函数减去与该节点相邻的三个边中节点形函数之和的一半。如果增加一个约定，在形函数式(5-82)中令某一个形函数或某几个形函数恒等于零，即表示 20 节点单元有相应一个或几个边中节点不存在。有了这个约定，则式(5-81)和式(5-85)就可作为 8 ~ 20 节点等参数单元的形函数。

按几何关系式和式(5-79)，应变计算公式是：

$$\boldsymbol{\varepsilon} = \begin{pmatrix} \partial u/\partial x \\ \partial v/\partial y \\ \partial w/\partial z \\ \partial w/\partial y + \partial v/\partial z \\ \partial w/\partial x + \partial u/\partial z \\ \partial v/\partial x + \partial u/\partial y \end{pmatrix} = \boldsymbol{B}\boldsymbol{a}^e = [\boldsymbol{B}_1 \quad \boldsymbol{B}_2 \quad \cdots \quad \boldsymbol{B}_n] \begin{pmatrix} \boldsymbol{a}_1 \\ \boldsymbol{a}_2 \\ \vdots \\ \boldsymbol{a}_n \end{pmatrix} \tag{5-86}$$

式中：

$$\boldsymbol{B}_i = \begin{bmatrix} N_{i,x} & 0 & 0 \\ 0 & N_{i,y} & 0 \\ 0 & 0 & N_{i,z} \\ 0 & N_{i,z} & N_{i,y} \\ N_{i,z} & 0 & N_{i,x} \\ N_{i,y} & N_{i,x} & 0 \end{bmatrix} \quad \boldsymbol{a}_i = \begin{pmatrix} u_i \\ v_i \\ w_i \end{pmatrix} \quad (i = 1, 2, \cdots, n) \tag{5-87}$$

式中，$N_{i,x}$、$N_{i,y}$ 和 $N_{i,z}$ 分别表示 N_i 对 x、y 和 z 的偏导数。根据复合函数求导的规则，它们与 $N_{i,\xi}$、$N_{i,\eta}$ 和 $N_{i,\zeta}$ 有如下关系：

$$\begin{pmatrix} N_{i,\xi} \\ N_{i,\eta} \\ N_{i,\zeta} \end{pmatrix} = \begin{bmatrix} x_{,\xi} & y_{,\xi} & z_{,\xi} \\ x_{,\eta} & y_{,\eta} & z_{,\eta} \\ x_{,\zeta} & y_{,\zeta} & z_{,\zeta} \end{bmatrix} \begin{pmatrix} N_{i,x} \\ N_{i,y} \\ N_{i,z} \end{pmatrix} = \boldsymbol{J} \begin{pmatrix} N_{i,x} \\ N_{i,y} \\ N_{i,z} \end{pmatrix} \tag{5-88}$$

式中：

$$x_{,\xi} = \sum_{i=1}^{n} N_{i,\xi} x_i \quad \cdots \quad z_{,\xi} = \sum_{i=1}^{n} N_{i,\xi} z_i \tag{5-89}$$

于是按式(5-88)求逆，得到：

$$\begin{pmatrix} N_{i,x} \\ N_{i,y} \\ N_{i,z} \end{pmatrix} = \boldsymbol{J}^{-1} \begin{pmatrix} N_{i,\xi} \\ N_{i,\eta} \\ N_{i,\zeta} \end{pmatrix} \tag{5-90}$$

为了用$\boldsymbol{J}$的元素写出$\boldsymbol{J}^{-1}$的显式,引入矢径及其偏导数如下:

$$\boldsymbol{r} = (x \quad y \quad z)^{\mathrm{T}} \quad \boldsymbol{s} = \boldsymbol{r}_{,\xi} = (x_{,\xi} \quad y_{,\xi} \quad z_{,\xi})^{\mathrm{T}} \tag{5-91}$$

$$\boldsymbol{t} = \boldsymbol{r}_{,\eta} = (x_{,\eta} \quad y_{,\eta} \quad z_{,\eta})^{\mathrm{T}} \quad \boldsymbol{v} = \boldsymbol{r}_{,\zeta} = (x_{,\zeta} \quad y_{,\zeta} \quad z_{,\zeta})^{\mathrm{T}} \tag{5-92}$$

则

$$\boldsymbol{J} = (\boldsymbol{s} \quad \boldsymbol{t} \quad \boldsymbol{v})^{\mathrm{T}} \tag{5-93}$$

$$|\boldsymbol{J}| = \boldsymbol{s} \cdot \boldsymbol{t} \times \boldsymbol{v} = \boldsymbol{t} \cdot \boldsymbol{v} \times \boldsymbol{s} = \boldsymbol{s} \times \boldsymbol{t} \cdot \boldsymbol{v} \tag{5-94}$$

$$\boldsymbol{J}^{-1} = \frac{[\boldsymbol{t} \times \boldsymbol{v} \quad \boldsymbol{v} \times \boldsymbol{s} \quad \boldsymbol{s} \times \boldsymbol{t}]}{|\boldsymbol{J}|} \tag{5-95}$$

应力的计算公式是:

$$\begin{aligned} \boldsymbol{\sigma} &= (\sigma_x \quad \sigma_y \quad \sigma_z \quad \tau_{yz} \quad \tau_{xz} \quad \tau_{xy})^{\mathrm{T}} \\ &= \boldsymbol{DB}\,\boldsymbol{\delta}^{\mathrm{e}} = [\boldsymbol{DB}_1 \quad \boldsymbol{DB}_2 \quad \cdots \quad \boldsymbol{DB}_n]\,\boldsymbol{a}^{\mathrm{e}} \end{aligned} \tag{5-96}$$

而

$$\boldsymbol{DB}_i = A_3 \begin{bmatrix} N_{i,x} & A_1 N_{i,y} & A_1 N_{i,z} \\ A_1 N_{i,x} & N_{i,y} & A_1 N_{i,z} \\ A_1 N_{i,x} & A_1 N_{i,y} & N_{i,z} \\ 0 & A_2 N_{i,z} & A_2 N_{i,y} \\ A_2 N_{i,z} & 0 & A_2 N_{i,x} \\ A_2 N_{i,y} & A_2 N_{i,x} & 0 \end{bmatrix} \quad (i = 1, 2, \cdots, n) \tag{5-97}$$

其中,常数A_1、A_2和A_3由式(5-17)定义。

单元刚度矩阵可以分成$n \times n$个子矩阵,典型的子矩阵是:

$$\boldsymbol{K}_{ij} = \iiint_V \boldsymbol{B}_i^{\mathrm{T}} \boldsymbol{DB}_j \mathrm{d}x\mathrm{d}y\mathrm{d}z = \int_{-1}^{1}\int_{-1}^{1}\int_{-1}^{1} \boldsymbol{B}_i^{\mathrm{T}} \boldsymbol{DB}_j \,|\,\boldsymbol{J}\,|\, \mathrm{d}\xi \mathrm{d}\eta \mathrm{d}\zeta \quad (i,j = 1, 2, \cdots, n) \tag{5-98}$$

而

$$\boldsymbol{B}_i^{\mathrm{T}} \boldsymbol{DB}_j = A_3 \left[\begin{array}{c:c:c} \begin{gathered} N_{i,x}N_{j,x} \\ +A_2(N_{i,z}N_{j,z} \\ +N_{i,y}N_{j,y}) \end{gathered} & \begin{gathered} A_1 N_{i,x}N_{j,y} \\ +A_2 N_{i,y}N_{j,x} \end{gathered} & \begin{gathered} A_1 N_{i,x}N_{j,z} \\ +A_2 N_{i,z}N_{j,x} \end{gathered} \\ \hdashline \begin{gathered} A_1 N_{i,y}N_{j,x} \\ +A_2 N_{i,x}N_{j,y} \end{gathered} & \begin{gathered} N_{i,y}N_{j,y} \\ +A_2(N_{i,z}N_{j,z} \\ +N_{i,x}N_{j,x}) \end{gathered} & \begin{gathered} A_1 N_{i,y}N_{j,z} \\ +A_2 N_{i,z}N_{j,y} \end{gathered} \\ \hdashline \begin{gathered} A_1 N_{i,z}N_{j,x} \\ +A_2 N_{i,x}N_{j,z} \end{gathered} & \begin{gathered} A_1 N_{i,z}N_{j,y} \\ +A_2 N_{i,y}N_{j,z} \end{gathered} & \begin{gathered} N_{i,z}N_{j,z} \\ +A_2(N_{i,y}N_{j,y} \\ +N_{i,x}N_{j,x}) \end{gathered} \end{array}\right] \quad (i,j = 1, 2, \cdots, n) \tag{5-99}$$

5.3.2 等效节点荷载

1)体积荷载

设体积荷载$\boldsymbol{p}_v=(f_{vx}\quad f_{vy}\quad f_{vz})^{\mathrm{T}}$,则各节点上相应的等效节点荷载为:

$$\boldsymbol{f}_{vi}^{\mathrm{e}}=\begin{pmatrix}f_{vxi}\\f_{vyi}\\f_{vzi}\end{pmatrix}=\int_{-1}^{1}\int_{-1}^{1}\int_{-1}^{1}N_i\begin{pmatrix}f_{vx}\\f_{vy}\\f_{vz}\end{pmatrix}|\boldsymbol{J}|\,\mathrm{d}\xi\mathrm{d}\eta\mathrm{d}\zeta\quad(i=1,2,\cdots,n)\tag{5-100}$$

当体积荷载的形式比较简单,如为多项式时,上式可以得到显式表达式,利用 MATLAB 的符号运算就能方便地得到。但是一般可以利用高斯积分法,因为取合适的积分阶数时,可以得到多项式积分的精确值。如设单元重力的方向为 z 的负方向,则采用 $3\times3\times3$ 高斯积分法的单元自重的等效节点荷载为:

$$f_{vzi}=-\rho g\sum_{m=1}^{3}\sum_{n=1}^{3}\sum_{k=1}^{3}W_mW_nW_kN_i(\xi_m,\xi_n,\xi_k)|\boldsymbol{J}(\xi_m,\xi_n,\xi_k)|\quad(i=1,2,\cdots,n)\tag{5-101}$$

式中,W_m 和 $\xi_m(m=1,2,3)$分别是高斯积分的权系数和高斯点,另外,两个 x 和 y 方向的等效节点荷载分量为零。

2)表面荷载

设单元的某边界 S 上作用表面荷载 $\boldsymbol{p}_s=(p_{sx}\quad p_{sy}\quad p_{sz})^{\mathrm{T}}$,则在此面上各节点的等效节点荷载为:

$$\boldsymbol{f}_{si}^{\mathrm{e}}=\begin{pmatrix}f_{sxi}\\f_{syi}\\f_{szi}\end{pmatrix}=\iint_S N_i\begin{pmatrix}p_{sx}\\p_{sy}\\p_{sz}\end{pmatrix}\mathrm{d}S\tag{5-102}$$

式中,曲面积分是在单元上作用分布力$\boldsymbol{p}_s$ 的某个边界面上进行的。例如,对于 $\zeta=1$ 的面上进行积分,按照数学分析[8]的公式有:

$$\mathrm{d}S=|\boldsymbol{s}\times\boldsymbol{t}|_{\zeta=1}\mathrm{d}\xi\mathrm{d}\boldsymbol{\eta}\tag{5-103}$$

将式(5-103)代入式(5-102),得到:

$$\boldsymbol{f}_{si}^{\mathrm{e}}=\int_{-1}^{1}\int_{-1}^{1}(N_i\boldsymbol{p}_s|\boldsymbol{s}\times\boldsymbol{t}|)_{\zeta=1}\mathrm{d}\xi\mathrm{d}\boldsymbol{\eta}\quad(i\text{ 取 }S\text{ 上的节点})\tag{5-104}$$

若单元的某个面上只作用着沿外法线方向的荷载 σ,设 $\boldsymbol{n}$ 表示该曲面的外法线方向,则有:

$$p_{sx}\mathrm{d}S=\sigma\cos(\boldsymbol{n},x)\mathrm{d}S=\sigma\mathrm{d}y\mathrm{d}z\quad(x,y,z)\tag{5-105}$$

于是式(5-102)可以写成:

$$f_{sxi}=\iint N_i\boldsymbol{\sigma}\mathrm{d}y\mathrm{d}z\quad(x,y,z)\quad(i\text{ 取 }S\text{ 上的节点})\tag{5-106}$$

这就是将原来的第一类曲面积分化为第二类曲面积分。例如,对于 $\zeta=\pm1$ 的面上,由坐标变换式(5-78),给出 y、z 和 ξ、η 之间的关系,因此 $\mathrm{d}y\mathrm{d}z$ 可以用 $\mathrm{d}\xi\mathrm{d}\eta$ 来表示,通过计算和归纳,可以将式(5-106)写成:

$$\boldsymbol{f}_{si}^{\mathrm{e}}=\begin{pmatrix}f_{sxi}\\f_{syi}\\f_{szi}\end{pmatrix}=\pm\int_{-1}^{1}\int_{-1}^{1}(\boldsymbol{\sigma}N_i\boldsymbol{s}\times\boldsymbol{t})_{\zeta=\pm1}\mathrm{d}\xi\mathrm{d}\boldsymbol{\eta}\quad(i\text{ 取 }S\text{ 上的节点})\tag{5-107}$$

对于$\xi=\pm1$及$\eta=\pm1$的面，相应的计算公式只需在上式右端对ξ、η、ζ和$\boldsymbol{s}$、$\boldsymbol{t}$、$\boldsymbol{v}$同时进行轮换就可得到。

基于实际的考虑，式(5-104)和式(5-107)使用时并不方便，因为必须知道作用在单元的哪一个面来确定积分变量，还需要考虑正负符号。其实根据形函数的特性，即不在某一个面上的节点的形函数在这个面上值为零，因此表面力只对作用面上的节点有贡献。设单元的某一个曲面，在$n(n=4\sim8)$个空间节点组成的一个曲面上作用有分布表面力，该曲面可以用参数方程写成：

$$x=\sum_{i=1}^{n}N_i(\xi,\eta)x_i\quad y=\sum_{i=1}^{n}N_i(\xi,\eta)y_i\quad z=\sum_{i=1}^{n}N_i(\xi,\eta)z_i \tag{5-108}$$

式中，x_i、y_i和z_i是n个节点在整体坐标系下的坐标值，而$N_i(\xi,\eta)$就是4～8节点等参数单元的形函数，即由式(5-15)～式(5-22)定义，而不是20节点单元的形函数。这里要注意的是，这n个节点也必须如图5-4所示的4～8节点等参数单元的节点顺序排列。则表面力$\boldsymbol{p}_s=(p_{sx}\quad p_{sy}\quad p_{sz})^{\mathrm{T}}$在这$n$个节点上的等效节点力是：

$$\begin{pmatrix}f_{sxi}\\f_{syi}\\f_{szi}\end{pmatrix}=\iint_S N_i(\xi,\eta)\begin{pmatrix}p_{sx}\\p_{sy}\\p_{sz}\end{pmatrix}\mathrm{d}S\quad(i=1,2,\cdots,n) \tag{5-109}$$

而分布法向力σ的等效节点荷载是：

$$\begin{pmatrix}f_{sxi}\\f_{syi}\\f_{szi}\end{pmatrix}=\iint_S N_i(\xi,\eta)\sigma\begin{pmatrix}\mathrm{d}y\mathrm{d}z\\\mathrm{d}x\mathrm{d}z\\\mathrm{d}x\mathrm{d}y\end{pmatrix}\quad(i=1,2,\cdots,n) \tag{5-110}$$

式(5-109)是第一类曲面积分，而(5-110)是第二类曲面积分。当表面荷载的分布形式已知时，就能对这两类曲面积分进行计算。一般情况下，表面荷载也可以用形函数插值表示，即

$$\boldsymbol{p}_s=\sum_{i=1}^{8}N_i(\xi,\eta)\boldsymbol{p}_{si}\quad \boldsymbol{\sigma}=\sum_{i=1}^{8}N_i(\xi,\eta)\boldsymbol{\sigma}_i \tag{5-111}$$

式中，$\boldsymbol{p}_{si}=(p_{sxi}\quad p_{syi}\quad p_{szi})^{\mathrm{T}}$，$\boldsymbol{\sigma}_i(i=1,2,\cdots,n)$分别是$n$个节点上的分布力值。则

$$\iint_S N_i(\xi,\eta)p_{sx}\mathrm{d}S=\int_{-1}^{1}\int_{-1}^{1}N_i(\xi,\eta)\left[\sum_{j=1}^{8}N_j(\xi,\eta)p_{sxj}\right]\sqrt{EG-F^2}\,\mathrm{d}\xi\mathrm{d}\eta\quad(x,y,z)\quad(i=1,2,\cdots,n) \tag{5-112}$$

式中：

$$E=x_{,\xi}^2+y_{,\xi}^2+z_{,\xi}^2\quad G=x_{,\eta}^2+y_{,\eta}^2+z_{,\eta}^2\quad F=x_{,\xi}x_{,\eta}+y_{,\xi}y_{,\eta}+z_{,\xi}z_{,\eta} \tag{5-113}$$

而式(5-110)则化为：

$$\begin{pmatrix}f_{sxi}\\f_{syi}\\f_{szi}\end{pmatrix}=\iint_S N_i(\xi,\eta)\sigma\begin{pmatrix}\mathrm{d}y\mathrm{d}z\\\mathrm{d}x\mathrm{d}z\\\mathrm{d}x\mathrm{d}y\end{pmatrix}=\int_{-1}^{1}\int_{-1}^{1}N_i(\xi,\eta)\left[\sum_{j=1}^{8}N_j\sigma_j\right]\begin{pmatrix}y_{,\xi}z_{,\eta}-y_{,\eta}z_{,\xi}\\z_{,\xi}x_{,\eta}-z_{,\eta}x_{,\xi}\\x_{,\xi}y_{,\eta}-x_{,\eta}y_{,\xi}\end{pmatrix}\mathrm{d}\xi\mathrm{d}\eta\quad(i=1,2,\cdots,n) \tag{5-114}$$

而整体坐标(x,y,z)对参考坐标ξ,η的导数为：

$$x_{,\xi}=\sum_{i=1}^{n}N_i(\xi,\eta)_{,\xi}x_i\quad x_{,\eta}=\sum_{i=1}^{n}N_i(\xi,\eta)_{,\eta}x_i\quad(x,y,z) \tag{5-115}$$

式(5-112)和式(5-114)中的被积函数全部被表示成积分变量 ξ 和 η 的函数,利用高斯积分公式可容易地得到表面力的等效节点荷载。当被积函数是多项式时,可利用 MATLAB 的符号运算功能得到结果,但是结果过于复杂,因此还是采用数值积分为宜。

3)温度作用

如果考虑温度变化产生的初应变,则单元各节点上还应加上温度改变引起的等效节点荷载

$$\boldsymbol{f}_{Ti}^{e}=\begin{pmatrix} f_{Txi} \\ f_{Tyi} \\ f_{Tzi} \end{pmatrix}=\iiint_{V}\boldsymbol{B}_i\boldsymbol{D}\,\boldsymbol{\varepsilon}_0\,\mathrm{d}x\mathrm{d}y\mathrm{d}z$$

$$=\frac{E\alpha}{1-2\mu}\int_{-1}^{1}\int_{-1}^{1}\int_{-1}^{1}T\begin{pmatrix} N_{i,x} \\ N_{i,y} \\ N_{i,z} \end{pmatrix}|\boldsymbol{J}|\,\mathrm{d}\xi\mathrm{d}\eta\mathrm{d}\zeta \quad (i=1,2,\cdots,n) \tag{5-116}$$

计算应力的公式相应地修改为:

$$\boldsymbol{\sigma}=\boldsymbol{DBa}^{e}-\boldsymbol{D}\,\boldsymbol{\varepsilon}_0 \tag{5-117}$$

我们也可以构造更高阶的等参数单元,如 32 节点的等参数单元,它在每个棱边上有两个中间节点,在母单元中这两个节点分别安置在棱边长的 1/3 处和 2/3 处。实际使用时,划分单元应注意边棱的夹角不宜太锐或太钝,还应使平面 8 节点单元和空间 20 节点的中间节点选在边棱的中点或其邻近处;对于平面 12 节点单元和空间 32 节点单元,则中间节点宜选在离角点的 1/3 边长处为好。

在实际划分单元时,经常出现棱边全部为直线或大部分为直线的单元,对于一条直线,只需两个端点坐标就能确定,也就是说,不需要中间节点就能确定该直线,特别是直棱折面的六面体,只需 8 个角节点坐标,利用 8 节点等参变换形函数,就能确定单元的几何形状。因此,在确定位移模式和确定几何形状时,可以使用不同节点数的形函数,一般来说,只需把坐标变换式(5-78)改写成如下形式:

$$x=\sum_{i=1}^{m}N_i^{*}x_i \quad y=\sum_{i=1}^{m}N_i^{*}y_i \quad z=\sum_{i=1}^{m}N_i^{*}z_i \tag{5-118}$$

式中,m 是确定单元几何形状所用的节点数;N_i^{*} 是相应的形函数。

式(5-79)中的 n 是确定单元位移模式所用的节点,显然,不必要求 $m=n$。当 $m=n$ 时,称为等参数单元(isoparametric);当 $m<n$ 时,称为亚参数单元(subparametric);当 $m>n$ 时,称为超参数单元(superparametric)。利用亚参数单元,能提高计算效率。例如,对于直边折面的六面体,8 个角节点就可确定单元的几何形状,即 $m=8$,坐标变换中的形函数 N_i^{*} 即式(5-80)中的 N_i,于是涉及几何形状变换的计算,如雅可比矩阵的计算量减少,其他有关的计算量也相应地减少,从而提高了效率。而超参数单元则可以在不增加单元数目的情况下更精确地模拟复杂的结构形状。

对于六面体等参数单元的数值积分,Irons[8] 曾提出过一个 14 点的积分公式,能达到 3×3×3 高斯积分同样的精度,该积分公式直接写成一次求和的形式,即

$$\int_{-1}^{1}\int_{-1}^{1}\int_{-1}^{1}f(\xi,\eta,\zeta)\,\mathrm{d}\xi\mathrm{d}\eta\mathrm{d}\zeta=B_0[f(-b,0,0)+f(b,0,0)+f(0,-b,0)+f(0,b,0)+$$
$$f(0,0,-b)+f(0,0,b)]+C_0[f(-c,-c,-c)+$$

$$f(c,c,c)+f(c,-c,-c)+f(-c,c,-c)+f(-c,-c,c)+$$
$$f(c,c,-c)+f(-c,c,c)+f(c,-c,c)] \tag{5-119}$$

式中:

$$B_0=320/361 \quad C_0=121/361 \quad b=\sqrt{19}/\sqrt{30} \quad c=\sqrt{19}/\sqrt{33} \tag{5-120}$$

5.4 示 例

5.4.1 受内压的旋转厚壁圆筒

设厚壁圆筒的内径为10cm,外径为20cm,承受内压120MPa,并以角速度$\omega=2094\text{rad/s}$绕中心轴旋转。材料的弹性模量$E=210\text{GPa}$,泊松比$\mu=0.3$,密度$\rho=7800\text{kg/m}^3$。现计算该圆筒的位移和应力分布。根据线弹性问题的叠加原理,我们可以分别计算承受内压和匀角速度旋转导致的离心力产生的位移和应力,然后叠加即得到原问题的解。

根据问题的对称性,可以取夹角等于10°的两个径向剖面从圆筒中划出一块进行有限元分析,单元划分如图5-7所示。这里要特别强调的是边界条件的处理,根据对称性,在$y=0$的边界上,y方向的位移为零,在另一条半径边界上,它的法向位移为零,即所谓的"斜支撑"。

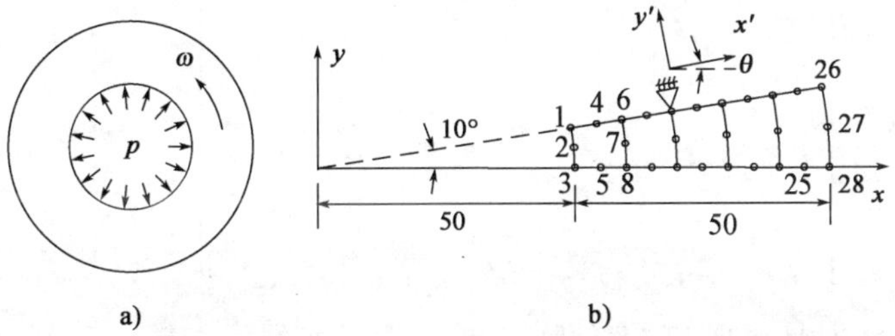

图5-7 受内压的旋转圆筒及其有限元模型(尺寸单位:mm)

如图5-7所示,定义局部坐标系$x'y'$,它们与整体坐标系xy的夹角$\theta=10°$。设u'和v'表示在局部坐标系$x'y'$下的位移分量,则这条边界上的约束条件为$v'=0$。为了处理这种斜约束,我们可以把定义这种斜约束的节点位移进行坐标变换,这与第3章中处理杆件系统的局部坐标与整体坐标进行变换的过程非常相似。不同之处在于杆件系统中对所有节点进行坐标变换,而这里仅对定义斜约束的节点进行坐标变换。设在节点i处定义有斜约束,则可设整体坐标系下和局部坐标下的节点位移列阵:

$$\boldsymbol{a}=(\boldsymbol{a}_1^{\mathrm{T}} \quad \boldsymbol{a}_2^{\mathrm{T}} \quad \cdots \quad \boldsymbol{a}_i^{\mathrm{T}} \quad \cdots \quad \boldsymbol{a}_n^{\mathrm{T}})^{\mathrm{T}} \tag{5-121}$$

$$\boldsymbol{a}'=(\boldsymbol{a}_1^{\mathrm{T}} \quad \boldsymbol{a}_2^{\mathrm{T}} \quad \cdots \quad \boldsymbol{a}'^{\mathrm{T}}_i \quad \cdots \quad \boldsymbol{a}_n^{\mathrm{T}})^{\mathrm{T}} \tag{5-122}$$

式中:

$$\begin{cases}\boldsymbol{a}_j=(u_j \quad v_j)^{\mathrm{T}} & (j=1,2,\cdots,n)\\ \boldsymbol{a}'_i=(u'_i \quad v'_i)^{\mathrm{T}} & (i=1,2,\cdots,n)\end{cases} \tag{5-123}$$

则有下列转换关系成立:

$$\boldsymbol{a}'=\boldsymbol{T}\boldsymbol{a} \tag{5-124}$$

式中：

$$
\boldsymbol{T}=\begin{bmatrix} \boldsymbol{I} & \boldsymbol{0} & \cdots & \boldsymbol{0} & \cdots & \boldsymbol{0} \\ \boldsymbol{0} & \boldsymbol{I} & \cdots & \boldsymbol{0} & \cdots & \boldsymbol{0} \\ \vdots & \vdots & & \vdots & & \vdots \\ \boldsymbol{0} & \boldsymbol{0} & \cdots & \boldsymbol{T}_i & \cdots & \boldsymbol{0} \\ \vdots & \vdots & & \vdots & & \vdots \\ \boldsymbol{0} & \boldsymbol{0} & \cdots & \boldsymbol{0} & \cdots & \boldsymbol{I} \end{bmatrix} \quad (\text{第 } i \text{ 列}) \tag{5-125}
$$

其中：

$$
\boldsymbol{T}_i=\begin{bmatrix} \cos\theta_i & \sin\theta_i \\ -\sin\theta_i & \cos\theta_i \end{bmatrix}
$$

而 θ_i 是第 i 个节点斜约束的倾斜角度。则可以用第 3 章杆件系统中同样的方法，把原来的有限元方程化成：

$$
\boldsymbol{K}'\boldsymbol{a}'=\boldsymbol{f}' \tag{5-126}
$$

式中：

$$
\boldsymbol{K}'=\boldsymbol{T}\boldsymbol{K}\boldsymbol{T}^{\mathrm{T}} \quad \boldsymbol{f}'=\boldsymbol{T}\boldsymbol{f} \tag{5-127}
$$

由于矩阵转换 $\boldsymbol{T}$ 是分块意义上的对角阵，上式可以简写为：

$$
\boldsymbol{K}'=\begin{bmatrix} \boldsymbol{K}_{11} & \boldsymbol{K}_{12} & \cdots & \boldsymbol{K}_{1i}\boldsymbol{T}_i^{\mathrm{T}} & \cdots & \boldsymbol{K}_{1n} \\ \boldsymbol{K}_{21} & \boldsymbol{K}_{22} & \cdots & \boldsymbol{K}_{2i}\boldsymbol{T}_i^{\mathrm{T}} & \cdots & \boldsymbol{K}_{2n} \\ \vdots & \vdots & & \vdots & & \vdots \\ \boldsymbol{T}_i\boldsymbol{K}_{i1} & \boldsymbol{T}_i\boldsymbol{K}_{i2} & \cdots & \boldsymbol{T}_i\boldsymbol{K}_{ii}\boldsymbol{T}_i^{\mathrm{T}} & \cdots & \boldsymbol{T}_i\boldsymbol{K}_{in} \\ \vdots & \vdots & & \vdots & & \vdots \\ \boldsymbol{K}_{n1} & \boldsymbol{K}_{n2} & \cdots & \boldsymbol{K}_{ni}\boldsymbol{T}_i^{\mathrm{T}} & \cdots & \boldsymbol{K}_{nn} \end{bmatrix} \quad \boldsymbol{f}'=\begin{pmatrix} \boldsymbol{f}_1 \\ \boldsymbol{f}_2 \\ \vdots \\ \boldsymbol{T}_i\boldsymbol{f}_i \\ \vdots \\ \boldsymbol{f}_n \end{pmatrix} \tag{5-128}
$$

式中，$\boldsymbol{K}_{ij}$ 和 $\boldsymbol{f}_i$ 分别是原刚度矩阵和节点荷载列阵的子矩阵。这样，我们求解方程式(5-126)时，第 i 个节点在斜约束方向的位移分量已经显式地出现在位移列阵 $\boldsymbol{a}'$ 中，因此对它们的约束处理完全可以按照普通的边界条件处理。最后，需要注意的是，如果要知道在整体坐标系下的位移，或者计算应力应变时，应使用式(5-125)把位移转换到整体坐标系下。

表 5-3 给出了圆筒的径向位移，并列出了解析解[10,11]，发现只用 5 个单元就能得到非常精确的结果。表 5-4 和表 5-5 给出了径向应力和周向应力，可直接用节点的局部坐标代入计算，并取单元平均。发现应力的精度比位移的精度要差，尤其在自由表面应力为零处。

圆筒的径向位移(mm)　　表 5-3

节点号	坐标 x (mm)	承受内压		承受离心力	
		有限元	解析解[10]	有限元	解析解[11]
3	50	0.059001	0.059000	0.074282	0.074282
5	55	0.054973	0.054973	0.072395	0.072395
8	60	0.051734	0.051733	0.071042	0.071042
10	65	0.049100	0.049100	0.070049	0.070049
13	70	0.046943	0.046943	0.069285	0.069285
15	75	0.045167	0.045167	0.068654	0.068654

续上表

节点号	坐标 x (mm)	承受内压		承受离心力	
		有限元	解析解[10]	有限元	解析解[11]
18	80	0.043700	0.043700	0.068076	0.068076
20	85	0.042488	0.042488	0.067490	0.067490
23	90	0.041489	0.041489	0.066843	0.066844
25	95	0.040668	0.040668	0.066092	0.066092
28	100	0.040000	0.040000	0.065197	0.065197

圆筒的径向应力(MPa) 表5-4

节点号	坐标 x (mm)	承受内压		承受离心力	
		有限元	解析解[10]	有限元	解析解[11]
3	50	-114.63	-120.00	3.21	0.00
5	55	-93.81	-92.23	15.58	17.08
8	60	-68.79	-71.11	29.85	27.59
10	65	-55.48	-54.67	32.44	33.26
13	70	-40.39	-41.63	34.55	35.24
15	75	-31.57	-31.11	33.78	34.29
18	80	-21.78	-22.50	31.80	30.95
20	85	-15.64	-15.36	25.25	25.60
23	90	-8.94	-9.38	19.14	18.53
25	95	-4.50	-4.32	9.68	9.95
28	100	0.35	0.00	0.49	0.00

圆筒的周向应力(MPa) 表5-5

节点号	坐标 x (mm)	承受内压		承受离心力	
		有限元	解析解[10]	有限元	解析解[11]
3	50	201.00	200.00	298.08	297.13
5	55	171.76	172.23	267.93	268.38
8	60	151.80	151.11	245.76	245.08
10	65	134.43	134.67	225.27	225.51
13	70	122.00	121.63	208.92	208.53
15	75	110.97	111.11	193.21	193.36
18	80	102.71	102.50	179.73	179.48
20	85	95.28	95.36	164.38	164.48
23	90	89.52	89.38	154.28	154.10
25	95	84.27	84.32	142.04	142.12
28	100	80.10	80.00	130.54	130.39

5.4.2 矩形截面梁的纯弯曲

设梁的横截面为边长为2cm的正方形,如图5-8所示,梁长为20cm,两端承受矩120N·m。

材料为各向同性材料，其弹性模量为200GPa，泊松比为0.3，密度为7800kg/m^3。有限元模型中，弯矩可通过不同的加载方式模拟，这里选用如图5-9所示的3种加载方式。

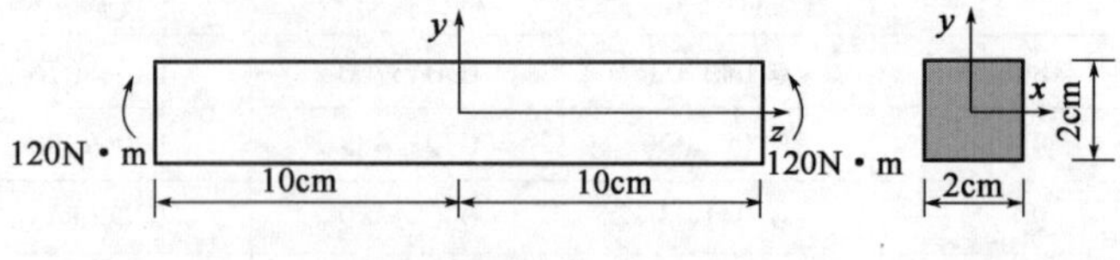

图5-8　受纯弯的矩形截面梁

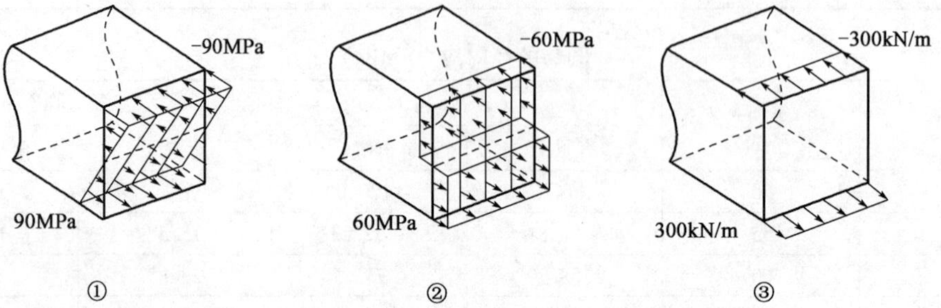

图5-9　有限元模型中弯矩加载方式

根据物体的对称性，可以取1/8模型进行分析，采用20节点等参数单元，单元形状为立方体，边长1mm，有限元网格如图5-10所示。根据对称性，在$z=0$和$y=0$的边界面上z方向的位移为零，在$x=0$的边界面上x方向的位移为零。另外，为了约束刚体位移，令x轴上所有节点的y方向位移为零。

由经典梁理论所得的跨中最大挠度为0.225mm，有限元结果为0.229mm，相对误差为1.8%。另外，经典梁理论所得梁长度方向的最大正应力值为90MPa，并沿梁高度呈线性分布。对于第一种加载方式，无论是在加载端还是梁的任意截面上，z方向正应力沿梁高的分布均如图5-11所示，基本呈线性分布，且最大值为90MPa。采用第二种加载方式得到的计算结果如图5-12所示，在加载端附近的一定范围内，不同截面上z方向正应力分布形式不断变化，直到距离加载端13mm或者更远的截面上，z方向应力分布形式与第一种加载方式的相同。第三种加载方式得到的z方向应力分布形式如图5-13所示，不难发现，与第二种加载方式类似，距离加载端越远，结果越接近于线性分布。这个算例表明，对于静力等效的荷载，其影响范围是局部的，这从一个侧面验证了所谓的圣维南原理。

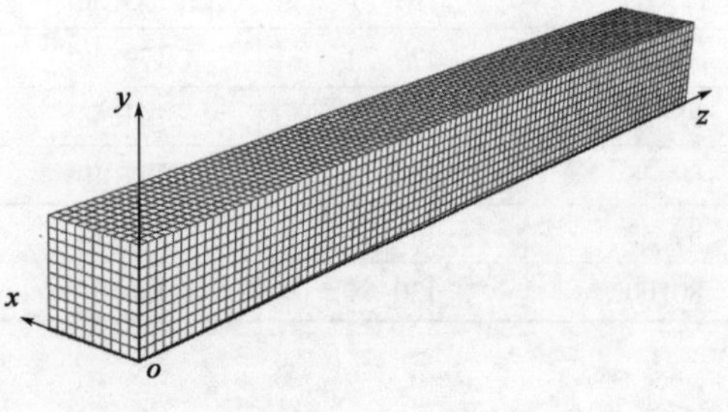

图5-10　有限元网格划分模型

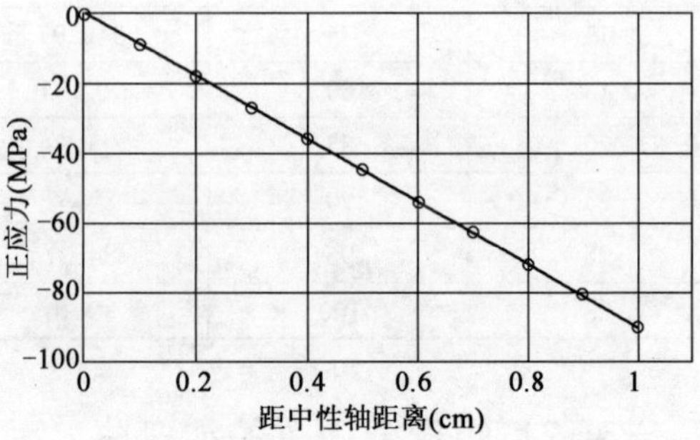

图5-11　第一种加载方式的z方向正应力沿梁高的分布

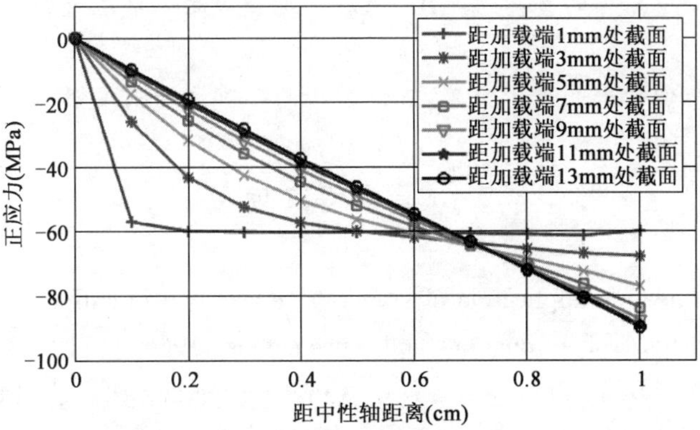

图 5-12　第二种加载方式的 z 方向正应力沿梁高的分布

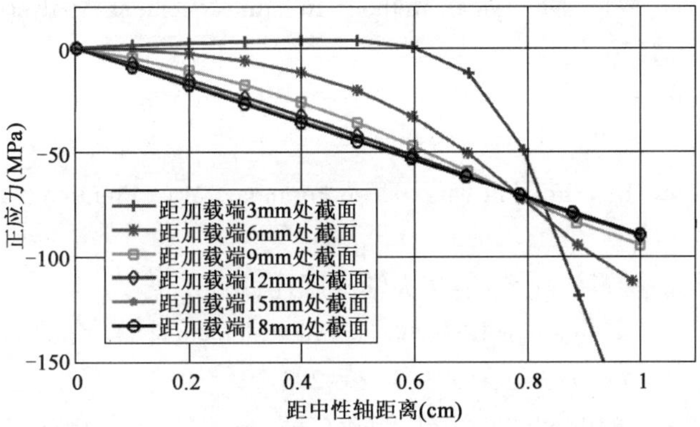

图 5-13　第三种加载方式的 z 方向正应力沿梁高的分布

【思考题】

1. 已知平面四节点等参数单元的 4 个节点坐标为(1, 1)、(2, 1)、(1.9, 2.1)、(1.1, 2)，请计算采用 2×2 高斯积分时高斯点的坐标。

2. 请分别用 1×1、2×2 和 3×3 的高斯积分计算下面的二重积分，并与精确解值比较。

$$\int_{-1}^{1}\int_{-1}^{1}(\xi+\eta)^2\mathrm{d}\xi\mathrm{d}\eta$$

3. 请绘制 8 节点平面等参数单元的形函数曲面形状。

4. 设有如图 5-14 所示平面等参数单元，内部有 A、B 两节点组成的杆单元。设 A 和 B 的局部坐标分别为(−0.5, −0.5)和(0.5,0.5)，

(1) 请给出杆单元 AB 的节点位移列阵 d 与平面等参数单元的节点位移列阵 $\boldsymbol{\delta}$ 之间的转换矩阵 $\boldsymbol{T}$，即 $\boldsymbol{d}=\boldsymbol{T\delta}$。

(2) 等参数单元的刚度矩阵为 $\boldsymbol{K}_1$，杆单元的刚度矩阵为 $\boldsymbol{K}_2$，请写出用这两个单元组成的只含 4 个外部节点的单元的刚度矩阵。

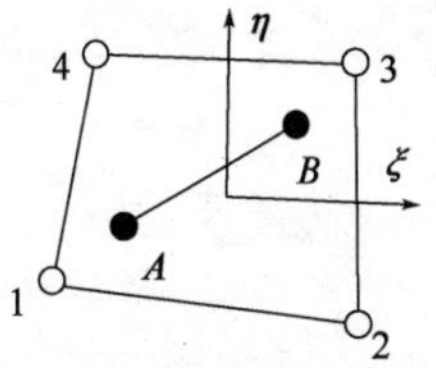

图 5-14　习题 4 图

5. 请问前面章节中介绍的三角形单元、矩形单元和四面体单元是否也是等参数单元，并说明理由。

6. 有两个形状相似的平面等参数单元，试分析两个单元的刚度矩阵之间的关系。

本章参考文献

[1] Irons B M. Engineering application of numerical integration in stiffness method[S]. Journal of the American Institute of Aeronautics and Astronautics, 1966,4(11): 2035-2037.

[2] Ergatoudis I, Irons B M, Zienkiewicz O C. Curved isoparametric, quadrilateral element for finite element analysis[S]. International Journal of Solids and Structures,1968, 4: 31-42.

[3] Zienkiewicz O C. The Finite Element Method[M]. 3rd ed.. London: McGraw-Hill, 1977.

[4] Bathe K J, Wilson E L. Numerical Methods in Finite Element Analysis[M]. Prentice-Hall, Englewood Cliffs, 1976.

[5] Cook R D. Concepts and Applications of Finite Element Analysis[M]. John Wiley & Sons Inc. ,2002.

[6] Stroud A H, Secrest D. Gaussian Quadrature Formulas[M]. Prentice Hall, Englewood Cliffs, NJ,1966.

[7] 王勖成. 有限单元法[M]. 北京:清华大学出版社,2003.

[8] Irons B M. Quadrature rules for brick based finite elements[S]. International Journal for Numerical Methods in Engineering, 1971,3(2):293-294.

[9] R·柯朗,F·约翰. 微积分和数学分析引论(第二卷)[M]. 北京:科学出版社,1989.

[10] 徐芝纶. 弹性力学(上册)[M]. 2 版. 北京:人民教育出版社,1983.

[11] Timoshenko S P, Goodier J N. Theory of elasticity[M]. New York: McGraw-Hill,1970.

[12] 谢贻权,林钟祥,丁皓江. 弹性力学[M]. 杭州:浙江大学出版社,1988.

第 6 章

板壳单元

引言:板和壳是指厚度比其他尺寸要小得多的平面或曲面构件,在工程中应用广泛。由于它的这种几何特点,前面所述的三维单元并不适合用来分析它们的变形。因为三维单元在三个方向的尺寸应尽量接近,否则求解精度由于“剪切自锁”(shear locking)或系统矩阵病态而大大降低,甚至得到错误的结果。所以必须采用很细密的网格来适应板和壳的几何特征,但是这将导致有限元模型的自由度疯狂地增长,花费大量的计算和前后处理时间。因此开发适合于板壳结构的专用单元是十分必要的,事实上,目前已经有各种各样的板壳单元出现[1-5]。

仿照根据梁理论建立梁单元的思路,自然想到根据板理论建立板单元。这里讨论两种板理论:一是薄板理论[6],也被称为 Kirchhoff 板理论,它忽略了板的横向剪切变形;另一种是 Mindlin 板理论[7],它考虑了板的横向剪切变形的影响,适合于板的厚跨比较大的情形。后者也常被称为 Reissner 板理论[8]或中厚板理论。根据这两种理论可以建立不同的板单元。

6.1 弹性板的弯曲

板的详细理论可以参见文献[6-8],为了便于阅读,这里作简单叙述。设板的中面在 xy 平面上,即 $z=0$ 表示板的中面,如图 6-1a)所示。在板理论中,一般假设板的中面是一中性面,也就是在没有面内力时,中面上的三个应变 $\varepsilon_x=\varepsilon_y=\gamma_{xy}=0$。另一个基本假设即所谓的直法线假定:变形前垂直于中面的法线变形后仍然保持直线,但是不一定仍然垂直于变形后的中面,如图 6-1b)所示。这条直线绕 y 和 x 轴的转角分别为 ψ_x 和 ψ_y。则距离中面距离为 z 的任意点的位移和应变分别是

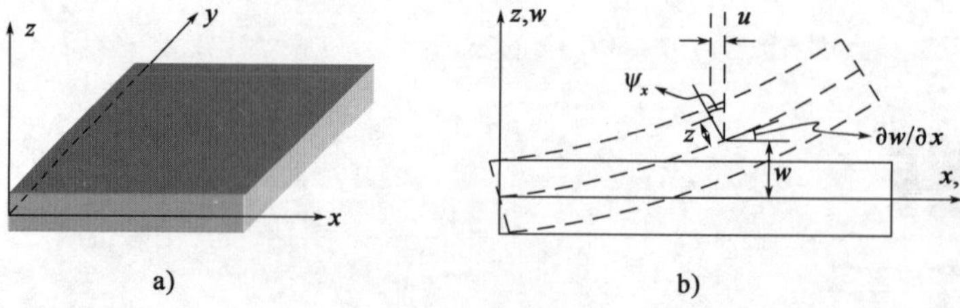

图 6-1　板及其变形

$$\begin{cases} u = -z\psi_x \quad v = -z\psi_y \quad \varepsilon_x = -z\psi_{x,x} \quad \varepsilon_y = -z\psi_{y,y} \\ \gamma_{xy} = -z(\psi_{x,y} + \psi_{y,x}) \quad \gamma_{yz} = w_{,y} - \psi_y \quad \gamma_{xz} = w_{,x} - \psi_x \end{cases} \tag{6-1}$$

这里 w 是板的横向挠度,假设它沿板的厚度方向不变,即 $\varepsilon_z = 0$。上式是 Mindlin 板理论的基本假定。如果假定变形后的法线仍然是变形后中面的法线,即 $w_{,x} = \psi_x$ 和 $w_{,y} = \psi_y$,则式(6-1)中的两个横向剪切应变 γ_{yz} 和 γ_{xz} 为零,这就退化为 Kirchhoff 板理论。当板足够薄时,用 Kirchhoff 板理论能得到符合实际的结果。

在截面上的应力分布如图 6-2 所示。在板理论中经常用内力,即弯矩和剪力来表示,它们与应力之间的关系为

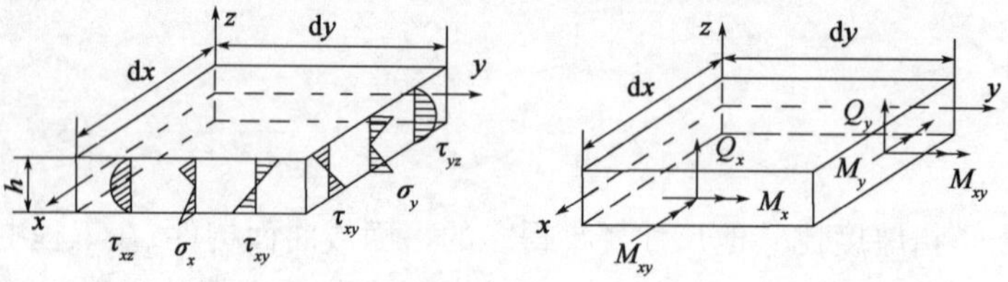

图 6-2　板横截面内的应力分布和内力

$$\begin{cases} M_x = \int_{-h/2}^{h/2} \sigma_x z \mathrm{d}z \quad M_y = \int_{-h/2}^{h/2} \sigma_y z \mathrm{d}z \quad M_{xy} = \int_{-h/2}^{h/2} \tau_{xy} z \mathrm{d}z \\ Q_x = \int_{-h/2}^{h/2} \tau_{xz} \mathrm{d}z \quad Q_y = \int_{-h/2}^{h/2} \tau_{yz} \mathrm{d}z \end{cases} \tag{6-2}$$

式中:M_x、M_y——弯矩;

M_{xy}——扭矩;

Q_x、Q_y——剪力。

它们的正方向如图 6-2 所示。如果直法线假设成立,那么应力 σ_x、σ_y 和 τ_{xy} 沿厚度方向线性变化,则材料力学的公式 $\sigma = Mz/I$ 同样成立。横向剪应力 τ_{xz} 和 τ_{yz} 跟面内应力 σ_x、σ_y 和 τ_{xy} 相比一般小很多。对于均匀材料,横向剪应力沿厚度按抛物线变化,在中面处最大,在上、下两个表面为零。另一个正应力 σ_z 跟面内应力相比也是小量,可以忽略。这样,对于线弹性材料,板内的应力应变关系为

$$\begin{pmatrix} \sigma_x \\ \sigma_y \\ \tau_{xy} \end{pmatrix} = \frac{E}{1-\mu^2} \begin{bmatrix} 1 & \mu & 0 \\ \mu & 1 & 0 \\ 0 & 0 & (1-\mu)/2 \end{bmatrix} \begin{pmatrix} \varepsilon_x \\ \varepsilon_y \\ \gamma_{xy} \end{pmatrix} = \boldsymbol{D} \begin{pmatrix} \varepsilon_x \\ \varepsilon_y \\ \gamma_{xy} \end{pmatrix} \tag{6-3}$$

很容易发现板的弹性矩阵 **D** 跟平面应力状态是一致的。

6.1.1 Kirchhoff 板理论

由于忽略横向剪切变形，即 $w_{,x}=\psi_x$ 和 $w_{,y}=\psi_y$，因此板内所有的力学量都能用挠度 w 表示。比如，应变可以表示为挠度的曲率，即

$$\begin{pmatrix}\varepsilon_x\\ \varepsilon_y\\ \gamma_{xy}\end{pmatrix}=-z\begin{pmatrix}w_{,xx}\\ w_{,yy}\\ 2w_{,xy}\end{pmatrix} \tag{6-4}$$

把上式代入应力应变关系(6-3)，然后两边乘 z 并沿板厚度方向积分，即得到弯矩与挠度的关系为

$$\begin{pmatrix}M_x\\ M_y\\ M_{xy}\end{pmatrix}=-D\begin{bmatrix}1 & \mu & 0\\ \mu & 1 & 0\\ 0 & 0 & (1-\mu)/2\end{bmatrix}\begin{pmatrix}w_{,xx}\\ w_{,yy}\\ 2w_{,xy}\end{pmatrix} \tag{6-5}$$

式中：D——抗弯刚度，与梁的抗弯刚度 EI 类似。

$$D=\frac{Eh^3}{12(1-\mu^2)} \tag{6-6}$$

因此，Kirchhoff 板的变形和应力状态完全可以由中面的挠度 $w(x,y)$ 来描述。

6.1.2 Mindlin 板理论

根据 Mindlin 板理论的假设，中面法线在变形后不再垂直于中面，因此必须采用三个位移分量 w、ψ_x 和 ψ_y 来描述板内的变形，即

$$\begin{pmatrix}\varepsilon_x\\ \varepsilon_y\\ \gamma_{xy}\end{pmatrix}=-z\begin{pmatrix}\psi_{x,x}\\ \psi_{y,y}\\ \psi_{x,y}+\psi_{y,x}\end{pmatrix} \tag{6-7}$$

则内力与位移的关系是

$$\begin{pmatrix}M_x\\ M_y\\ M_{xy}\end{pmatrix}=-D\begin{bmatrix}1 & \mu & 0\\ \mu & 1 & 0\\ 0 & 0 & (1-\mu)/2\end{bmatrix}\begin{pmatrix}\psi_{x,x}\\ \psi_{y,y}\\ \psi_{x,y}+\psi_{y,x}\end{pmatrix} \tag{6-8}$$

另外，为了修正横向剪应力沿板厚均匀分布导致的误差，引入了所谓剪切修正因子 κ 来修正剪力，即

$$Q_x=\kappa Gh(w_{,x}-\psi_x),\quad Q_y=\kappa Gh(w_{,y}-\psi_y) \tag{6-9}$$

因此，由于考虑了横向剪切变形，Mindlin 板理论包含了三个互相耦合的中面挠度和中面法线的两个转角位移。这样，Mindlin 板理论看上去比 Kirchhoff 板理论更为复杂，但是在构造有限单元时，有时反而比 Kirchhoff 板理论更容易做到位移协调。当然，这是以克服当板的厚跨比很小时出现的“剪切自锁”现象为代价的。

应用有限元法求解板弯曲问题时，用一些离散的板单元代替原来连续的结构。每个节点有三个广义位移分量，即挠度 w、绕 x 轴的转角 θ_x 和绕 y 轴的转角 θ_y。挠度 w 的正方向跟 z 轴

一致,转角则以按右手螺旋法则标出的矢量沿坐标轴正向为正。节点的 3 个位移与中面的挠度及中面法线的旋转相对应,对于 Kirchhoff 板理论,为

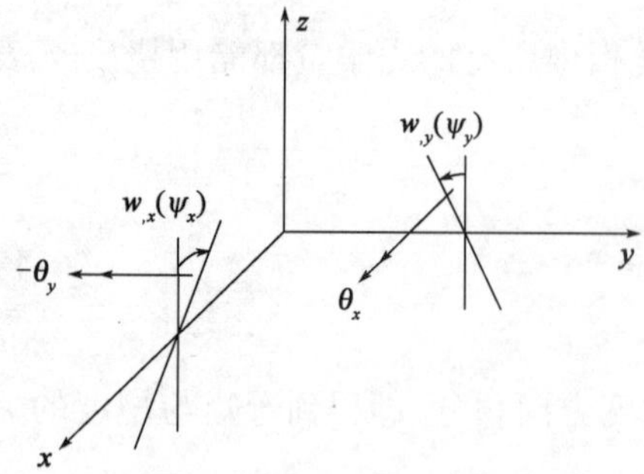

图 6-3　板理论的转角位移与有限元转角位移分量的关系

$$\begin{pmatrix} w \\ \theta_x \\ \theta_y \end{pmatrix} = \begin{pmatrix} w \\ w_{,y} \\ -w_{,x} \end{pmatrix} \tag{6-10}$$

而对于 Mindlin 板理论,则有

$$\begin{pmatrix} w \\ \theta_x \\ \theta_y \end{pmatrix} = \begin{pmatrix} w \\ \psi_y \\ -\psi_x \end{pmatrix} \tag{6-11}$$

在这里要特别注意,在右手坐标系中,中面的倾角 $w_{,x}$(或 ψ_x)和 $w_{,y}$(或 ψ_y)分别对应绕 y 轴和 x 轴的转角位移,而且 $w_{,x}$(或 ψ_x)与 θ_y 的符号相反,如图 6-3 所示。

6.2　矩形薄板单元

矩形单元是薄板单元中比较简单的一种。平板用矩形单元离散,如图 6-4 所示。每一个节点有三个位移分量,即挠度 w、θ_x 和 θ_y。则节点 i 的位移列阵为

$$\boldsymbol{a}_i = \begin{pmatrix} w_i \\ \theta_{xi} \\ \theta_{yi} \end{pmatrix} = \begin{pmatrix} w_i \\ w_{,yi} \\ -w_{,xi} \end{pmatrix} \tag{6-12}$$

与它相对应的节点荷载列阵是

$$\boldsymbol{f}_i = \begin{pmatrix} f_{zi} \\ M_{\theta xi} \\ M_{\theta yi} \end{pmatrix} \tag{6-13}$$

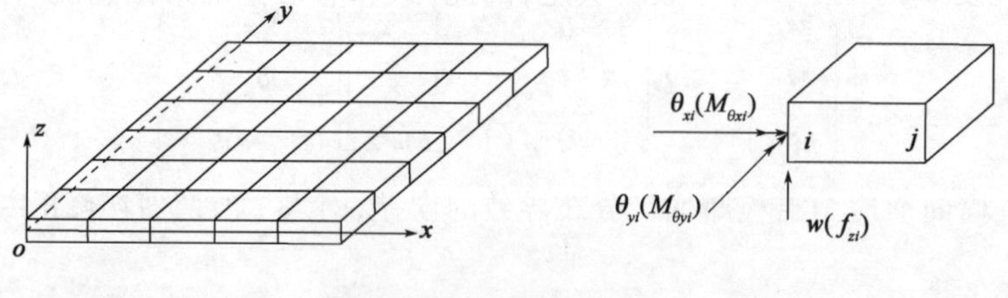

图 6-4　平板划分成矩形单元

6.2.1　位移模式

根据矩形单元的形状特点,引入一个自然坐标系 $o\xi\eta$ 来研究单元特性是十分合适的。取矩形的中心为自然坐标系的原点,ξ 轴与 x 轴平行,η 轴与 y 轴平行,正方向也与 x、y 轴一致,即与平面问题矩形单元的类似(图 4-10)。设单元的长度和宽度分别为 $2a$ 和 $2b$,那么 ξ、η 与 x、y 的转换关系跟平面问题矩形单元也一样。由于每个节点有 3 个位移分量,一个 4 节点的

矩形单元共有 12 个节点位移分量,因此可选取含有 12 个参数的多项式作为位移模式,即

$$w=\alpha_1+\alpha_2\xi+\alpha_3\eta+\alpha_4\xi^2+\alpha_5\xi\eta+\alpha_6\eta^2+\alpha_7\xi^3+\alpha_8\xi^2\eta+\alpha_9\xi\eta^2+\alpha_{10}\eta^3+\alpha_{11}\xi^3\eta+\alpha_{12}\xi\eta^3 \tag{6-14}$$

最后两项的选取使挠度 w 在单元边界有三次的形式。按照上式可以得出转角为

$$\theta_x=\frac{\partial w}{\partial y}=\frac{\partial w}{b\partial\eta}=\frac{1}{b}(\alpha_3+\alpha_5\xi+2\alpha_6\eta+\alpha_8\xi^2+2\alpha_9\xi\eta+3\alpha_{10}\eta^2+\alpha_{11}\xi^3+3\alpha_{12}\xi\eta^2) \tag{6-15}$$

$$\theta_y=-\frac{\partial w}{\partial x}=-\frac{\partial w}{a\partial\xi}=-\frac{1}{a}(\alpha_2+2\alpha_4\xi+\alpha_5\eta+3\alpha_7\xi^2+2\alpha_8\xi\eta+\alpha_9\eta^2+2\alpha_{11}\xi^2\eta+\alpha_{12}\eta^3) \tag{6-16}$$

将矩形单元的 4 个节点坐标(ξ_i,η_i)和节点位移($w_i,\theta_{xi},\theta_{yi}$)分别代入式(6-14) ~ 式(6-16),就可以得到关于这 12 个参数的联立方程组。从中解出 $\alpha_1\sim\alpha_{12}$,再代入式(6-14),经整理后,我们得到

$$w=\sum_{i=1}^{4}(N_iw_i+N_{xi}\theta_{xi}+N_{yi}\theta_{yi})=\sum_{i=1}^{4}\boldsymbol{N}_i\boldsymbol{a}_i \tag{6-17}$$

或者写成矩阵形式

$$w=\boldsymbol{N}\boldsymbol{\delta}^e \tag{6-18}$$

$$\boldsymbol{N}=[\boldsymbol{N}_1\quad\boldsymbol{N}_2\quad\boldsymbol{N}_3\quad\boldsymbol{N}_4] \tag{6-19}$$

$$\boldsymbol{a}^e=[\boldsymbol{a}_1^{\mathrm{T}}\quad\boldsymbol{a}_2^{\mathrm{T}}\quad\boldsymbol{a}_3^{\mathrm{T}}\quad\boldsymbol{a}_4^{\mathrm{T}}]^{\mathrm{T}} \tag{6-20}$$

$$\boldsymbol{N}_i=[N_i\quad N_{xi}\quad N_{yi}]\quad(i=1,2,3,4) \tag{6-21}$$

形函数是

$$\begin{cases}N_i=(1+\xi_i\xi)(1+\eta_i\eta)(2+\xi_i\xi+\eta_i\eta-\xi^2-\eta^2)/8\\N_{xi}=-b\eta_i(1+\xi_i\xi)(1+\eta_i\eta)(1-\eta^2)/8\\N_{yi}=a\xi_i(1+\xi_i\xi)(1+\eta_i\eta)(1-\xi^2)/8\end{cases}\quad(i=1,2,3,4) \tag{6-22}$$

式(6-14)中的前三项反映了薄板单元的三个刚体位移。另外,由式(6-4)看到,板内各点的应变完全由挠度 w 的三个二阶导数所决定,因此,式(6-14)中的第四、五、六三个二次项反映了这个常应变状态(或称常曲率状态),所以这个矩形单元是完备的。

由于应变是位移的二阶导数,因此如果要得到一个协调的单元还要求在单元的交界面上有挠度 w 及其一阶导数的连续性,这个要求经常使问题复杂化。例如,在图 6-4 右边矩形单元的一条边 ij 上,y(或 η)是常数,挠度 w 是 x(或 ξ)的三次多项式,而四个节点位移 w_i、w_j、θ_{yi} 和 θ_{yj} 正好可以确定它,因此在 ij 上,挠度和 θ_y 是连续的。但是 θ_x 则不能保证连续,这是因为 $\theta_x=\partial w/\partial y$ 也是 x(或 ξ)的三次多项式,而只有两个节点位移 θ_{xi} 和 θ_{xj} 可以部分约束它,所以无法确定一条三次曲线。因此,矩形单元在单元边界上挠度 w 和挠度沿边界方向的偏导数 $\partial w/\partial s$ 的值在单元交界线之间是连续的,而对于 $\partial w/\partial n$ 却并不能保证连续(s 表示交界线切线方向,而 n 表示交界线法线方向)。因此,矩形薄板单元是非协调单元。

6.2.2 刚度矩阵

将式(6-18)代入几何方程(6-4),可以将单元应变用节点位移列阵表示为

$$\boldsymbol{\varepsilon}=\boldsymbol{B}\boldsymbol{a}^{e}=z[\boldsymbol{B}_1\quad \boldsymbol{B}_2\quad \boldsymbol{B}_3\quad \boldsymbol{B}_4]\boldsymbol{a}^{e} \tag{6-23}$$

式中：

$$\boldsymbol{B}_i=-\begin{pmatrix}\boldsymbol{N}_{i,xx}\\ \boldsymbol{N}_{i,yy}\\ 2\boldsymbol{N}_{i,xy}\end{pmatrix}=-\begin{pmatrix}\boldsymbol{N}_{i,\xi\xi}/a^2\\ \boldsymbol{N}_{i,\eta\eta}/b^2\\ 2\boldsymbol{N}_{i,\xi\eta}/(ab)\end{pmatrix}=-\frac{1}{ab}\begin{pmatrix}b\boldsymbol{N}_{i,\xi\xi}/a\\ a\boldsymbol{N}_{i,\eta\eta}/b\\ 2\boldsymbol{N}_{i,\xi\eta}\end{pmatrix}\quad (i=1,2,3,4) \tag{6-24}$$

记号 $\boldsymbol{N}_{i,xx}$、$\boldsymbol{N}_{i,\xi\xi}$ 等分别表示 $\partial^2\boldsymbol{N}_i/\partial x^2$、$\partial^2\boldsymbol{N}_i/\partial\xi^2$ 等。按照式(6-22)容易得到

$$-\frac{b}{a}\boldsymbol{N}_{i,\xi\xi}=\frac{1}{4}\left[\frac{3b}{a}\xi_i\xi(1+\eta_i\eta)\quad 0\quad b\xi_i(1+3\xi_i\xi)(1+\eta_i\eta)\right] \tag{6-25}$$

$$-\frac{b}{a}\boldsymbol{N}_{i,\eta\eta}=\frac{1}{4}\left[\frac{3a}{b}\eta_i\eta(1+\xi_i\xi)\quad -a\eta_i(1+\xi_i\xi)(1+3\eta_i\eta)\quad 0\right] \tag{6-26}$$

$$-2\boldsymbol{N}_{i,\xi\eta}=\frac{1}{4}[\xi_i\eta_i(3\xi^2+3\eta^2-4)\quad -b\xi_i(3\eta^2+2\eta_i\eta-1)\quad a\eta_i(3\xi^2+2\xi_i\xi-1)] \tag{6-27}$$

于是单元刚度矩阵可以写成分块形式,其子矩阵的公式是

$$\boldsymbol{K}_{ij}=\iiint\boldsymbol{B}_i^{\mathrm{T}}\boldsymbol{D}\boldsymbol{B}_j\mathrm{d}x\mathrm{d}y\mathrm{d}z=\frac{h^3}{12}\int_{-1}^{1}\int_{-1}^{1}\boldsymbol{B}_i^{\mathrm{T}}\boldsymbol{D}\boldsymbol{B}_j ab\mathrm{d}\xi\mathrm{d}\eta\mathrm{d}z\quad (i,j=1,2,3,4) \tag{6-28}$$

把应变矩阵式(6-24)和式(6-3)中的弹性矩阵 $\boldsymbol{D}$ 代入上式,并完成积分运算,得到矩形薄板单元显式的单元刚度子矩阵

$$\boldsymbol{K}_{ij}=\begin{bmatrix}a_{11} & a_{12} & a_{13}\\ a_{21} & a_{22} & a_{23}\\ a_{31} & a_{32} & a_{33}\end{bmatrix} \tag{6-29}$$

式中,9 个元素如下

$$a_{11}=3H\left[15\left(\frac{b^2}{a^2}\xi_0+\frac{a^2}{b^2}\eta_0\right)+\left(14-4\mu+5\frac{b^2}{a^2}+5\frac{a^2}{b^2}\right)\xi_0\eta_0\right] \tag{6-30}$$

$$a_{12}=-3Hb\left[\left(2+3\mu+5\frac{a^2}{b^2}\right)\xi_0\eta_i+15\frac{a^2}{b^2}\eta_i+5\mu\xi_0\eta_j\right] \tag{6-31}$$

$$a_{13}=3Ha\left[\left(2+3\mu+5\frac{b^2}{a^2}\right)\xi_i\eta_0+15\frac{b^2}{a^2}\xi_i+5\mu\xi_j\eta_0\right] \tag{6-32}$$

$$a_{21}=-3Hb\left[\left(2+3\mu+5\frac{a^2}{b^2}\right)\xi_0\eta_j+15\frac{a^2}{b^2}\eta_j+5\mu\xi_0\eta_i\right] \tag{6-33}$$

$$a_{22}=Hb^2\left[2(1-\mu)\xi_0(3+5\eta_0)+5\frac{a^2}{b^2}(3+\xi_0)(3+\eta_0)\right] \tag{6-34}$$

$$a_{23}=-15H\mu ab(\xi_i+\xi_j)(\eta_i+\eta_j) \tag{6-35}$$

$$a_{31}=3Ha\left[\left(2+3\mu+5\frac{b^2}{a^2}\right)\xi_j\eta_0+15\frac{b^2}{a^2}\xi_j+5\mu\xi_i\eta_0\right] \tag{6-36}$$

$$a_{32}=-15H\mu ab(\xi_i+\xi_j)(\eta_i+\eta_j) \tag{6-37}$$

$$a_{33}=Ha^2\left[2(1-\mu)\eta_0(3+5\xi_0)+5\frac{b^2}{a^2}(3+\xi_0)(3+\eta_0)\right] \tag{6-38}$$

式中：

$$H = \frac{D}{60ab} \quad \xi_0 = \xi_i \xi_j \quad \eta_0 = \eta_i \eta_j \tag{6-39}$$

6.2.3 等效节点荷载

如果平板单元受分布横向面荷载 p 的作用,那么等效节点荷载是

$$\boldsymbol{f}_{pi}^e = \begin{pmatrix} f_{zi} \\ M_{\theta xi} \\ M_{\theta yi} \end{pmatrix} = \int_{-1}^{1}\int_{-1}^{1} p\boldsymbol{N}_i^{\mathrm{T}} ab\mathrm{d}\xi\mathrm{d}\eta \quad (i = 1,2,3,4) \tag{6-40}$$

如果 p 在单元表面上线性分布,则可以表示成

$$p = \sum_{i=1}^{4} \overline{N}_i p_i \tag{6-41}$$

式中 $p_i(i=1,2,3,4)$ 是四个节点上的荷载值,$\overline{N}_i$ 是四节点矩形平面单元的形函数,即

$$\overline{N}_i = (1+\xi_i\xi)(1+\eta_i\eta)/4 \quad (i=1,2,3,4) \tag{6-42}$$

那么式(6-40)的被积函数是多项式,可以积出显式如下

$$\boldsymbol{f}_{pi}^e = \begin{pmatrix} f_{zi} \\ M_{\theta xi} \\ M_{\theta yi} \end{pmatrix} = \frac{ab}{180}\begin{pmatrix} 45\overline{p}_1 + 7\xi_i\eta_i\overline{p}_2 + 18\xi_i\overline{p}_3 + 18\eta_i\overline{p}_4 \\ -b(15\eta_i\overline{p}_1 + \xi_i\overline{p}_2 + 5\xi_i\eta_i\overline{p}_3 + 3\overline{p}_4) \\ a(15\xi_i\overline{p}_1 + \eta_i\overline{p}_2 + 3\overline{p}_3 + 5\xi_i\eta_i\overline{p}_4) \end{pmatrix} \quad (i=1,2,3,4) \tag{6-43}$$

式中

$$\begin{cases} \overline{p}_1 = p_1 + p_2 + p_3 + p_4 \quad \overline{p}_2 = p_1 - p_2 + p_3 - p_4 \\ \overline{p}_3 = -p_1 + p_2 + p_3 - p_4 \quad \overline{p}_4 = -p_1 - p_2 + p_3 + p_4 \end{cases} \tag{6-44}$$

当 $p = p_0$ 为常量时,$\overline{p}_1 = 4p_0$,$\overline{p}_2 = \overline{p}_3 = \overline{p}_4 = 0$,则式(6-43)可简化为

$$f_{zi} = p_0 ab \quad M_{\theta xi} = -\frac{p_0 ab^2}{3}\eta_i \quad M_{\theta yi} = \frac{p_0 a^2 b}{3}\xi_i \quad (i=1,2,3,4) \tag{6-45}$$

如果分布面荷载具有其他更复杂的分布形式,那么可以利用数值积分。

6.2.4 内力矩的计算

得到刚度矩阵和等效节点荷载,即可求得相应的节点位移。在板结构中,内力矩常常是人们所关心的。根据式(6-4)、式(6-5)和式(6-23),我们得到

$$(M_x \quad M_y \quad M_{xy})^{\mathrm{T}} = \frac{h^3}{12}\sum_{i=1}^{4} \boldsymbol{D}\boldsymbol{B}_i \boldsymbol{a}_i \tag{6-46}$$

式中:$\boldsymbol{D}$——弹性矩阵,取平面应变的弹性矩阵。由于矩阵 $\boldsymbol{B}_i$ 是局部坐标的函数,因此在单元内内力矩不是常量。而且由不同单元计算得到的节点内力矩一般也不一致,这跟前面的平面或三维单元一样,即单元间的应力和应变是不连续的。可以通过绕节点平均法或者其他磨平方法来改善内力矩的精度。

6.3 三角形薄板单元

由于矩形单元在使用上受到平板形状的限制,因此更具灵活性的三角形单元得到广泛重

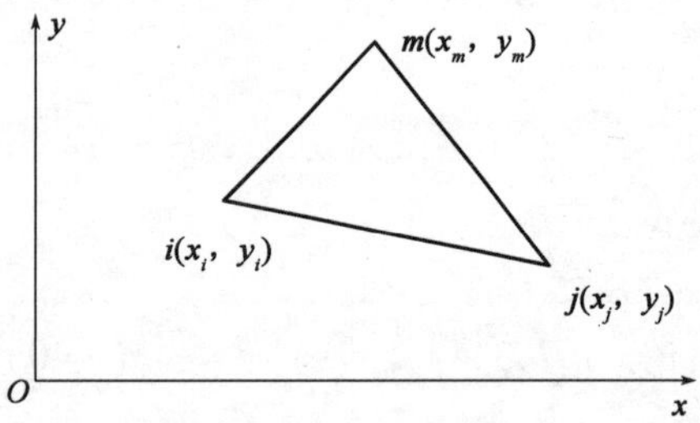

图 6-5　三角形单元

视。这里只介绍一种较为简单的三角形单元,如图 6-5 所示。

6.3.1　位移模式

同样在三角形的三个角点处,我们指定式(6-12)所示的节点位移列阵。由于单元形状是三角形,那么在推导单元刚度矩阵和等效节点荷载时,必然要在三角形上进行积分运算。根据前面平面问题三角形单元的经验知道,利用面积坐标是一个不错的选择,而且能解决整体坐标完整的三次项包含 10 项,而单元自由度只有 9 个的矛盾。

设三角形的三个节点为 i、j 和 m,相应的面积坐标记做 L_i、L_j 和 L_m。因为现在有 3 个节点,每个节点有 3 个自由度,因此位移模式中可使用 9 个参数。假设位移模式是

$$
\begin{aligned}
w =& \alpha_1 L_i + \alpha_2 L_j + \alpha_3 L_m + \alpha_4 L_j L_m + \alpha_5 L_m L_i + \alpha_6 L_i L_j + \\
& \alpha_7 (L_j L_m^2 - L_m L_j^2) + \alpha_8 (L_m L_i^2 - L_i L_m^2) + \alpha_9 (L_i L_j^2 - L_j L_i^2)
\end{aligned} \tag{6-47}
$$

式中的前三项反映了刚体位移,第 3 ~ 6 项对应于常应变。为了把位移模式写成标准形式,我们需要得到形函数。方法是把 3 个节点的 9 个位移代入,可求解 9 个参数。但是由于节点位移中后两个是挠度 w 对整体坐标 x 和 y 的导数,而假设的位移模式是用面积坐标表示的,因此推导过程比以前稍显复杂。我们先把挠度 w 对面积坐标的导数作为节点自由度,来求它们的形函数,然后利用对面积坐标的导数与对直角坐标导数之间的关系,来确定最终我们所要的形函数[9]。

把三个节点的面积坐标代入式(6-47),我们立刻得到

$$
\alpha_1 = w_i \quad \alpha_2 = w_j \quad \alpha_3 = w_m \tag{6-48}
$$

再来计算挠度 w 对面积坐标的导数,即

$$
\left\{
\begin{aligned}
\frac{\partial w}{\partial L_i} =& w_i - w_m - \alpha_4 L_j + \alpha_5 (L_m - L_i) + \alpha_6 L_j + \alpha_7 (L_j^2 - 2L_j L_m) + \\
& \alpha_8 (4L_i L_m - L_i^2 - L_m^2) + \alpha_9 (L_j^2 - 2L_i L_j) \\
\frac{\partial w}{\partial L_j} =& w_j - w_m + \alpha_4 (L_m - L_j) - \alpha_5 L_i + \alpha_6 L_i + \alpha_7 (L_m^2 + L_j^2 - 4L_j L_m) + \\
& \alpha_8 (2L_i L_m - L_i^2) + \alpha_9 (2L_i L_j - L_i^2)
\end{aligned}
\right. \tag{6-49}
$$

这里要注意,在求导数时 L_m 不是独立变量,要把其看成 $1 - L_i - L_j$。把三个节点的面积坐标代入上式,得到如下 6 个方程

$$
\left\{
\begin{aligned}
& w_{,Lii} = w_i - w_m - \alpha_5 - \alpha_8 && w_{,Lji} = w_j - w_m - \alpha_5 + \alpha_6 - \alpha_8 - \alpha_9 \\
& w_{,Lij} = w_i - w_m - \alpha_4 + \alpha_6 + \alpha_7 + \alpha_9 && w_{,Ljj} = w_j - w_m - \alpha_4 + \alpha_7 \\
& w_{,Lim} = w_i - w_m + \alpha_5 - \alpha_8 && w_{,Ljj} = w_j - w_m + \alpha_4 + \alpha_7
\end{aligned}
\right. \tag{6-50}
$$

式中:$w_{,Lij}$——挠度 w 对面积坐标 L_i 的导数在节点 j 的函数值。

联立求解上面的 6 个方程,很容易得到剩下的 6 个参数

$$\begin{cases}\alpha_4 = \frac{1}{2}(w_{,Ljm} - w_{,Ljj}) \quad \alpha_5 = \frac{1}{2}(w_{,Lim} - w_{,Lii}) \\ \alpha_6 = \frac{1}{2}(w_{,Lij} + w_{,Lji} - w_{,Lii} - w_{,Ljj}) \\ \alpha_7 = w_m - w_j + \frac{1}{2}(w_{,Ljm} + w_{,Ljj}) \\ \alpha_8 = w_i - w_m - \frac{1}{2}(w_{,Lii} + w_{,Lim}) \\ \alpha_9 = w_j - w_i + \frac{1}{2}(w_{,Lii} + w_{,Lij} - w_{,Lji} - w_{,Ljj})\end{cases} \tag{6-51}$$

把式(6-48)和式(6-51)代回式(6-47),得到

$$w = [\overline{\boldsymbol{N}}_i \quad \overline{\boldsymbol{N}}_j \quad \overline{\boldsymbol{N}}_m]\begin{pmatrix}\overline{\boldsymbol{a}}_i \\ \overline{\boldsymbol{a}}_j \\ \overline{\boldsymbol{a}}_m\end{pmatrix} \tag{6-52}$$

式中:

$$\overline{\boldsymbol{a}}_i = [w_i \quad w_{,Lii} \quad w_{,Lji}]^{\mathrm{T}} \quad \overline{\boldsymbol{a}}_j = [w_j \quad w_{,Lij} \quad w_{,Ljj}]^{\mathrm{T}} \quad \overline{\boldsymbol{a}}_m = [w_m \quad w_{,Lim} \quad w_{,Ljm}]^{\mathrm{T}} \tag{6-53}$$

$$\overline{\boldsymbol{N}}_i = [N_i \quad N_{Lii} \quad N_{Lji}] \quad \overline{\boldsymbol{N}}_j = [N_j \quad N_{Lij} \quad N_{Ljj}] \quad \overline{\boldsymbol{N}}_m = [N_m \quad N_{Lim} \quad N_{Ljm}] \tag{6-54}$$

把其中的元素写出,即

$$\begin{cases}N_i = L_i - (L_iL_j^2 - L_jL_i^2) + (L_mL_i^2 - L_iL_m^2) \\ N_{Lii} = -\frac{1}{2}L_iL_j - \frac{1}{2}L_mL_i + \frac{1}{2}(L_iL_j^2 - L_jL_i^2) - \frac{1}{2}(L_mL_i^2 - L_iL_m^2) \\ N_{Lji} = \frac{1}{2}L_iL_j + \frac{1}{2}(L_jL_i^2 - L_iL_j^2) \\ N_j = L_j - (L_jL_m^2 - L_mL_j^2) + (L_iL_j^2 - L_jL_i^2) \\ N_{Lij} = \frac{1}{2}L_iL_j + \frac{1}{2}(L_iL_j^2 - L_jL_i^2) \\ N_{Ljj} = -\frac{1}{2}L_jL_m - \frac{1}{2}L_iL_j + \frac{1}{2}(L_jL_m^2 - L_mL_j^2) - \frac{1}{2}(L_iL_j^2 - L_jL_i^2) \\ N_m = L_m - (L_mL_i^2 - L_iL_m^2) + (L_jL_m^2 - L_mL_j^2) \\ N_{Lim} = \frac{1}{2}L_iL_m + \frac{1}{2}(L_iL_m^2 - L_mL_i^2) \\ N_{Ljm} = \frac{1}{2}L_jL_m + \frac{1}{2}(L_jL_m^2 - L_mL_j^2)\end{cases} \tag{6-55}$$

下面再来把挠度对面积坐标的导数转换成对直角坐标的导数。根据复合函数的求导法则,得到

$$\begin{cases}\frac{\partial w}{\partial L_i} = \frac{\partial w}{\partial x}\frac{\partial x}{\partial L_i} + \frac{\partial w}{\partial y}\frac{\partial y}{\partial L_i} \\ \frac{\partial w}{\partial L_j} = \frac{\partial w}{\partial x}\frac{\partial x}{\partial L_j} + \frac{\partial w}{\partial y}\frac{\partial y}{\partial L_j}\end{cases} \tag{6-56}$$

根据面积坐标与直角坐标之间的关系式得到

$$\frac{\partial x}{\partial L_i}=x_i-x_m=c_j \quad \frac{\partial y}{\partial L_i}=y_i-y_m=-b_j \tag{6-57}$$

$$\frac{\partial x}{\partial L_j}=x_j-x_m=-c_i \quad \frac{\partial y}{\partial L_j}=y_j-y_m=b_i \tag{6-58}$$

把上面两式代入式(6-55)得到

$$\begin{cases}\dfrac{\partial w}{\partial L_i}=c_j\dfrac{\partial w}{\partial x}-b_j\dfrac{\partial w}{\partial y}=-b_j\theta_x-c_j\theta_y\\[2mm] \dfrac{\partial w}{\partial L_j}=-c_i\dfrac{\partial w}{\partial x}+b_i\dfrac{\partial w}{\partial y}=b_i\theta_x+c_i\theta_y\end{cases} \tag{6-59}$$

因此,对直角坐标求导表示的节点位移与对面积坐标求导表示的节点位移之间的关系为

$$\overline{\boldsymbol{a}}_i=\begin{pmatrix}w_i\\ w_{,Lii}\\ w_{,Lji}\end{pmatrix}=\begin{bmatrix}1&0&0\\0&-b_j&-c_j\\0&b_i&c_i\end{bmatrix}\begin{pmatrix}w_i\\ \theta_{xi}\\ \theta_{yi}\end{pmatrix}=\boldsymbol{P}\boldsymbol{a}_i \tag{6-60}$$

式中:$\boldsymbol{a}_i$——节点位移列阵,如式(6-12)所定义。利用式(6-60)把式(6-52)改写成

$$w=[\overline{\boldsymbol{N}}_i \quad \overline{\boldsymbol{N}}_j \quad \overline{\boldsymbol{N}}_m]\begin{bmatrix}\boldsymbol{P}&0&0\\0&\boldsymbol{P}&0\\0&0&\boldsymbol{P}\end{bmatrix}\begin{pmatrix}\boldsymbol{a}_i\\ \boldsymbol{a}_j\\ \boldsymbol{a}_m\end{pmatrix}=[\boldsymbol{N}_i \quad \boldsymbol{N}_j \quad \boldsymbol{N}_m]\begin{pmatrix}\boldsymbol{a}_i\\ \boldsymbol{a}_j\\ \boldsymbol{a}_m\end{pmatrix} \tag{6-61}$$

式中

$$\boldsymbol{N}_i=\overline{\boldsymbol{N}}_i\boldsymbol{P}=[N_i \quad N_{xi} \quad N_{yi}] \quad (i,j,m) \tag{6-62}$$

经过整理,可得到如下形式的形函数

$$\begin{cases}N_i=L_i+L_i^2L_j+L_i^2L_m-L_iL_j^2-L_iL_m^2\\[2mm] N_{xi}=b_jL_i^2L_m-b_mL_i^2L_j+\dfrac{1}{2}(b_j-b_m)L_iL_jL_m\\[2mm] N_{yi}=c_jL_i^2L_m-c_mL_i^2L_j+\dfrac{1}{2}(c_j-c_m)L_iL_jL_m\end{cases} \quad (i,j,m) \tag{6-63}$$

可以验证,上列形函数及其导数具有表6-1所列的性质。

由式(6-46)的前6项知,三角形薄板单元的位移模式包含刚体位移和常应变,因此是完备单元。另外,我们可以验证,在相邻单元的交界线上,挠度和挠度沿交界线切向的导数是连续的,但是挠度沿交界线法向的导数却是不连续的。事实上,在任一条边上,挠度可表达成切线方向弧长 s 的三次式,并且不包括不在此边上的节点位移(因为与之对应的形函数在此边上为0)。也就是说,一条边上的挠度可以由端部两个节点处的 w 和 $\partial w/\partial s$ 所完全决定,而对于 $\partial w/\partial n$ 则不然。因此这个三角形单元是一个完备的非协调单元,更确切地称为部分协调单元。

三角形薄板单元的形函数性质 表6-1

类型	N_i	$\frac{\partial N_i}{\partial y}$	$-\frac{\partial N_i}{\partial x}$	N_{xi}	$\frac{\partial N_{xi}}{\partial y}$	$-\frac{\partial N_{xi}}{\partial x}$	N_{yi}	$\frac{\partial N_{yi}}{\partial y}$	$-\frac{\partial N_{yi}}{\partial x}$
在节点 i	1	0	0	0	1	0	0	0	1
在节点 j,m	0	0	0	0	0	0	0	0	0

6.3.2 刚度矩阵

在推导刚度矩阵和弯矩公式时,要计算挠度对直角坐标的导数。由于形函数是用面积坐

标表示的,因此必须写出两个坐标系中偏导数的关系。仍然取 L_i、L_j 作为独立坐标,而 $L_m = 1 - L_i - L_j$ 作为 L_i 和 L_j 的函数,根据复合函数的求导数规则,并且利用面积坐标和直角坐标的变换公式,可以得到下列两个关系式

$$\begin{pmatrix} \partial/\partial x \\ \partial/\partial y \end{pmatrix} = \frac{1}{2\Delta}\begin{bmatrix} b_i & b_j \\ c_i & c_j \end{bmatrix}\begin{pmatrix} \partial/\partial L_i \\ \partial/\partial L_j \end{pmatrix} \tag{6-64}$$

和

$$\begin{pmatrix} \partial^2/\partial x^2 \\ \partial^2/\partial y^2 \\ 2\partial^2/\partial x\partial y \end{pmatrix} = \frac{1}{4\Delta^2}\boldsymbol{T}\begin{pmatrix} \partial^2/\partial L_i^2 \\ \partial^2/\partial L_j^2 \\ \partial^2/\partial L_i\partial L_j \end{pmatrix} \tag{6-65}$$

式中

$$\boldsymbol{T} = \begin{bmatrix} b_i^2 & b_j^2 & 2b_ib_j \\ c_i^2 & c_j^2 & 2c_ic_j \\ 2b_ic_i & 2b_jc_j & 2(b_ic_j + b_jc_i) \end{bmatrix} \tag{6-66}$$

现在把式(6-61)代入几何方程(6-4),可以得到单元应变列阵

$$\boldsymbol{\varepsilon} = \boldsymbol{B}\boldsymbol{a}^e = z[\boldsymbol{B}_i \quad \boldsymbol{B}_j \quad \boldsymbol{B}_m]\begin{pmatrix} \boldsymbol{a}_i \\ \boldsymbol{a}_j \\ \boldsymbol{a}_m \end{pmatrix} \tag{6-67}$$

式中

$$\boldsymbol{B}_k = -\begin{bmatrix} \boldsymbol{N}_{k,xx} \\ \boldsymbol{N}_{k,yy} \\ \boldsymbol{N}_{k,xy} \end{bmatrix} = -\frac{1}{4\Delta^2}\boldsymbol{T}\begin{bmatrix} \boldsymbol{N}_{k,ii} \\ \boldsymbol{N}_{k,jj} \\ \boldsymbol{N}_{k,ij} \end{bmatrix} \quad (k = i, j, m) \tag{6-68}$$

式中:$\boldsymbol{N}_{k,ii}$——形函数 $\boldsymbol{N}_k$ 对面积坐标 L_i 的两次偏导数。

则单元刚度矩阵的子矩阵为

$$\boldsymbol{K}_{rs}^{\mathrm{e}} = \frac{h^3}{12}\iint_{\Omega}\boldsymbol{B}_r^{\mathrm{T}}\boldsymbol{D}\boldsymbol{B}_s\mathrm{d}x\mathrm{d}y \tag{6-69}$$

由式(6-63)得到,形函数都是面积坐标的多项式,因此应变矩阵 $\boldsymbol{B}$ 也是面积坐标的多项式。根据单元刚度矩阵的普遍计算公式,我们将要对面积坐标的多项式在三角形上进行积分,根据面积坐标的积分公式,能够得到显式的刚度矩阵,但是具体公式将很长,具体可参见文献[9]。其实采用数值积分也很方便。为此,先把在三角形区域 Ω 上的积分化为

$$\iint_{\Omega} f(L_1, L_2, L_3)\mathrm{d}x\mathrm{d}y = 2\Delta\int_0^1\int_0^{1-L_1} f(L_1, L_2, L_3)\mathrm{d}L_1\mathrm{d}L_2 \tag{6-70}$$

而对于上式右边的积分可用公式[10]

$$\int_0^1\int_0^{1-L_1} f(L_1, L_2, L_3)\mathrm{d}L_1\mathrm{d}L_2 = \sum_{i=1}^{n} W_i f(L_{i1}, L_{i2}, L_{i3}) \tag{6-71}$$

式中: n——积分点数;

W_i——权系数;

(L_{i1}, L_{i2}, L_{i3})——积分点。

为了方便,表 6-2 列出了权系数和积分点坐标。

三角形高斯积分的积分点和权系数　　表6-2

积分点数	面积坐标	权系数
1	(1/3, 1/3, 1/3)	1/2
3	(1/2, 1/2, 0) (0, 1/2, 1/2) (1/2, 0, 1/2)	1/6 1/6 1/6
7	(1/3, 1/3, 1/3) (1/2, 1/2, 0) (0, 1/2, 1/2) (1/2, 0, 1/2) (1, 0, 0) (0, 1, 0) (0, 0, 1)	9/40 2/30 2/30 2/30 1/40 1/40 1/40

由于形函数是面积坐标的三次多项式,则应变矩阵是面积函数的一次多项式,因此式(6-69)中三角形上的被积函数是面积坐标的二次多项式,利用三点高斯积分公式可得到精确的结果。

6.3.3 等效节点荷载

设单元受横向的分布荷载 p 的作用,于是等效节点荷载是

$$\boldsymbol{f}_{pi}^{e}=\begin{pmatrix}f_{zi}\\M_{\theta xi}\\M_{\theta yi}\end{pmatrix}=\iint_{\Omega}p\boldsymbol{N}_i^{\mathrm{T}}\mathrm{d}x\mathrm{d}y\quad(i,j,m)\tag{6-72}$$

如果分布荷载在单元内是线性变化的,即

$$p=L_ip_i+L_jp_j+L_mp_m\tag{6-73}$$

式中:p_i、p_j 和 p_m——节点 i、j 和 m 上的分布荷载大小。

把上式代入式(6-71),并利用面积坐标积分公式,得到

$$\begin{pmatrix}f_{zi}\\M_{\theta xi}\\M_{\theta yi}\end{pmatrix}=\frac{\Delta}{360}\begin{pmatrix}64p_i+28(p_j+p_m)\\7(b_j-b_m)p_i+(3b_j-5b_m)p_j+(5b_j-3b_m)p_m\\7(c_j-c_m)p_i+(3c_j-5c_m)p_j+(5c_j-3c_m)p_m\end{pmatrix}\quad(i,j,m)\tag{6-74}$$

式中:Δ——三角形单元的面积。

如果分布荷载为常数,即 $p=p_0$,则上式简化为

$$\begin{pmatrix}f_{zi}\\M_{\theta xi}\\M_{\theta yi}\end{pmatrix}=\frac{\Delta p_0}{24}\begin{pmatrix}8\\b_j-b_m\\c_j-c_m\end{pmatrix}\quad(i,j,m)\tag{6-75}$$

内力矩的计算公式在形式跟矩形板单元的类似,即

$$(M_x\quad M_y\quad M_{xy})^{\mathrm{T}}=\frac{h^3}{12}\sum_{k=i,j,m}\boldsymbol{DB}_k\boldsymbol{a}_k\tag{6-76}$$

6.4 基于 Mindlin 板理论的四边形单元

前面所述矩形单元和三角形单元都是基于 Kirchhoff 薄板理论的，它忽略了剪切变形的影响。由于 Kirchhoff 板理论要求挠度的导数连续，给构造协调单元带来了不少麻烦。为此，采用考虑剪切变形的 Mindlin 板理论来克服[9,11]。这种方法比较简单，精度较好，并且能利用等参变换，得到任意四边形甚至曲边四边形单元，因而实用价值较高。

6.4.1 位移模式

设有 4 ~8 节点四边形板单元，如图 6-6 所示。根据 Mindlin 板理论的假设，板内任意一点的位移由三个广义位移 w、ψ_x 及 ψ_y 完全确定。为了与有限元的节点位移相对应，采用的位移列阵为

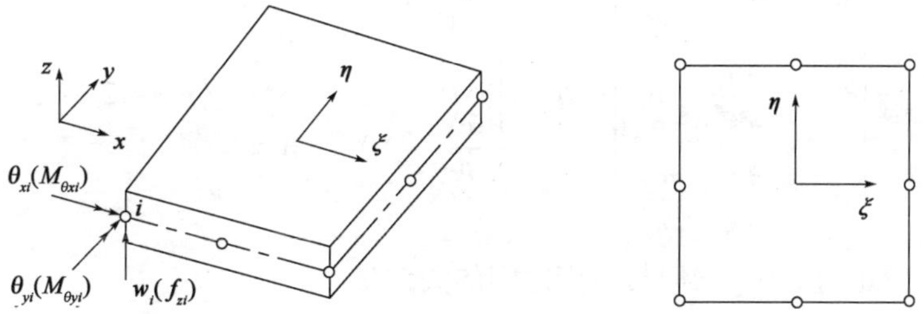

图 6-6 四边形板单元

$$\boldsymbol{u}=\begin{pmatrix} w \\ \theta_x \\ \theta_y \end{pmatrix}=\begin{pmatrix} w \\ \psi_y \\ -\psi_x \end{pmatrix} \tag{6-77}$$

式中：θ_x、θ_y——与挠度 w 无关的独立的转角位移。其节点位移列阵为

$$\boldsymbol{a}_i=(w_i \quad \theta_{xi} \quad \theta_{yi})^{\mathrm{T}} \tag{6-78}$$

引入与第 5 章中相同的等参变换，即

$$x=\sum_{i=1}^{n}N_i x_i \quad y=\sum_{i=1}^{n}N_i y_i \tag{6-79}$$

式中，形函数 N_i 与第 5 章中平面单元的形式相同。位移采用同样的插值

$$w=\sum_{i=1}^{n}N_i w_i \quad \theta_x=\sum_{i=1}^{n}N_i\theta_{xi} \quad \theta_y=\sum_{i=1}^{n}N_i\theta_{yi} \tag{6-80}$$

或者写成统一的形式

$$\boldsymbol{u}=\sum_{i=1}^{n}\boldsymbol{N}_i\boldsymbol{a}_i=\boldsymbol{N}\boldsymbol{a}^e \tag{6-81}$$

式中

$$\boldsymbol{N}=[\boldsymbol{N}_1 \quad \boldsymbol{N}_2 \quad \cdots \quad \boldsymbol{N}_n] \quad \boldsymbol{N}_i=N_i\boldsymbol{I}_3 \tag{6-82}$$

6.4.2 应变、应力和单元刚度矩阵

Mindlin 板理论考虑了横向剪切变形，因此应变有 5 个分量，即

$$\boldsymbol{\varepsilon}=\begin{Bmatrix}\varepsilon_x\\ \varepsilon_y\\ \gamma_{xy}\\ \gamma_{yz}\\ \gamma_{xz}\end{Bmatrix}=\begin{Bmatrix}z\partial\theta_y/\partial x\\ -z\partial\theta_x/\partial y\\ z(\partial\theta_y/\partial y-\partial\theta_x/\partial x)\\ \partial w/\partial y-\theta_x\\ \partial w/\partial x+\theta_y\end{Bmatrix} \tag{6-83}$$

把式(6-80)代入上式,得到

$$\boldsymbol{\varepsilon}=\begin{bmatrix}z\boldsymbol{B}_b\\ \boldsymbol{B}_s\end{bmatrix}\boldsymbol{a}^e \tag{6-84}$$

式中:

$$\boldsymbol{B}_b=[\boldsymbol{B}_{b1}\quad \boldsymbol{B}_{b2}\quad \cdots\quad \boldsymbol{B}_{bn}]\quad \boldsymbol{B}_s=[\boldsymbol{B}_{s1}\quad \boldsymbol{B}_{s2}\quad \cdots\quad \boldsymbol{B}_{sn}] \tag{6-85}$$

而其中的子矩阵为

$$\boldsymbol{B}_{bi}=\begin{bmatrix}0 & 0 & \dfrac{\partial N_i}{\partial x}\\ 0 & -\dfrac{\partial N_i}{\partial y} & 0\\ 0 & -\dfrac{\partial N_i}{\partial x} & \dfrac{\partial N_i}{\partial y}\end{bmatrix}\quad \boldsymbol{B}_{si}=\begin{bmatrix}\dfrac{\partial N_i}{\partial y} & -N_i & 0\\ \dfrac{\partial N_i}{\partial x} & 0 & N_i\end{bmatrix}\quad (i=1,2,\cdots,n) \tag{6-86}$$

而相应的应力分量也有 5 个,它们与应变之间的关系是

$$\boldsymbol{\sigma}=\begin{Bmatrix}\sigma_x\\ \sigma_y\\ \tau_{xy}\\ \tau_{yz}\\ \tau_{xz}\end{Bmatrix}=\begin{bmatrix}\boldsymbol{D}_b & \\ & \boldsymbol{D}_s\end{bmatrix}\begin{Bmatrix}\varepsilon_x\\ \varepsilon_y\\ \gamma_{xy}\\ \gamma_{yz}\\ \gamma_{xz}\end{Bmatrix} \tag{6-87}$$

式中,弹性矩阵为

$$\boldsymbol{D}_b=\frac{E}{1-\mu^2}\begin{bmatrix}1 & \mu & 0\\ \mu & 1 & 0\\ 0 & 0 & (1-\mu)/2\end{bmatrix}\quad \boldsymbol{D}_s=\begin{bmatrix}\kappa G & 0\\ 0 & \kappa G\end{bmatrix} \tag{6-88}$$

把式(6-84)代入式(6-87),得到应力与节点位移之间的关系是

$$\boldsymbol{\sigma}=\begin{bmatrix}\boldsymbol{D}_b & \boldsymbol{0}\\ \boldsymbol{0} & \boldsymbol{D}_s\end{bmatrix}\begin{bmatrix}z\boldsymbol{B}_b\\ \boldsymbol{B}_s\end{bmatrix}\boldsymbol{a}^e \tag{6-89}$$

则单元刚度矩阵为

$$\begin{aligned}\boldsymbol{K}^e&=\int_{-h/2}^{h/2}\iint_{\Omega}[z\boldsymbol{B}_b^{\mathrm{T}}\quad \boldsymbol{B}_s^{\mathrm{T}}]\begin{bmatrix}\boldsymbol{D}_b & \boldsymbol{0}\\ \boldsymbol{0} & \boldsymbol{D}_s\end{bmatrix}\begin{bmatrix}z\boldsymbol{B}_b\\ \boldsymbol{B}_s\end{bmatrix}\mathrm{d}x\mathrm{d}y\mathrm{d}z\\ &=\frac{h^3}{12}\iint_{\Omega}\boldsymbol{B}_b^{\mathrm{T}}\boldsymbol{D}_b\boldsymbol{B}_b\mathrm{d}x\mathrm{d}y+h\iint_{\Omega}\boldsymbol{B}_s^{\mathrm{T}}\boldsymbol{D}_s\boldsymbol{B}_s\mathrm{d}x\mathrm{d}y\end{aligned} \tag{6-90}$$

一般情况下,上式的积分应采用第 5 章介绍的高斯积分。

6.4.3 等效节点荷载

设在单元上作用有分布的横向荷载 p，则在节点 i 上的等效节点荷载为

$$f_{zi} = \iint_{\Omega} N_i p \mathrm{d}x\mathrm{d}y = \int_{-1}^{1}\int_{-1}^{1} N_i p \mid \boldsymbol{J} \mid \mathrm{d}\xi\mathrm{d}\eta \tag{6-91}$$

由于转角位移和挠度独立插值，因此横向荷载只产生挠度方向的等效节点荷载，而不产生沿转角方向的弯矩节点荷载。

内力矩计算公式则为

$$(M_x \quad M_y \quad M_{xy})^{\mathrm{T}} = \frac{h^3}{12}\sum_{i=1}^{n} \boldsymbol{D}_b \boldsymbol{B}_{bi} \boldsymbol{a}_i \tag{6-92}$$

6.5 平面壳体单元

壳也是应用十分广泛的一种基本构件。它的中面是一个曲面，在变形时，弯曲变形和中面变形是耦合在一起的，因此与板的变形有很大的不同。当壳体的厚度跟其他尺寸相比是小量时，称为薄壳。用有限元法在分析薄壳时，可以用薄板单元组成的折板系统去代替原来的薄壳，由平面应力状态和板弯曲应力状态加以简单组合而得到薄壳的应力状态。当单元细分时，用平面单元组成的一个折板来近似壳体的几何形状将会得到良好的结果。这就像用直梁单元来分析拱一样。通常，对于任意形状的壳体，采用三角形单元比较方便。如果在壳体上容易找到同一平面上的四个点，也可以采用四边形单元。

壳体平面单元的应力状态是由平面应力和弯曲应力叠加而成的，因此在构造壳体平面单元时，只要将前面平面单元和前一节相应的单元进行简单的组合即可。前面导出的刚度矩阵可作为建立壳体平面单元刚度矩阵的基础。由于不同的板单元在不同的平面内，最后集成整体刚度矩阵时，必须经过坐标变换成整体坐标系下的单元刚度矩阵。首先我们来讨论在局部坐标系下的刚度矩阵。

6.5.1 局部坐标系中的单元刚度矩阵

我们以三角形单元为例，来说明壳体单元刚度矩阵的构成。把局部坐标系的 x 轴和 y 轴取在单元所在的平面内，其节点位移和节点荷载如图 6-7 所示。

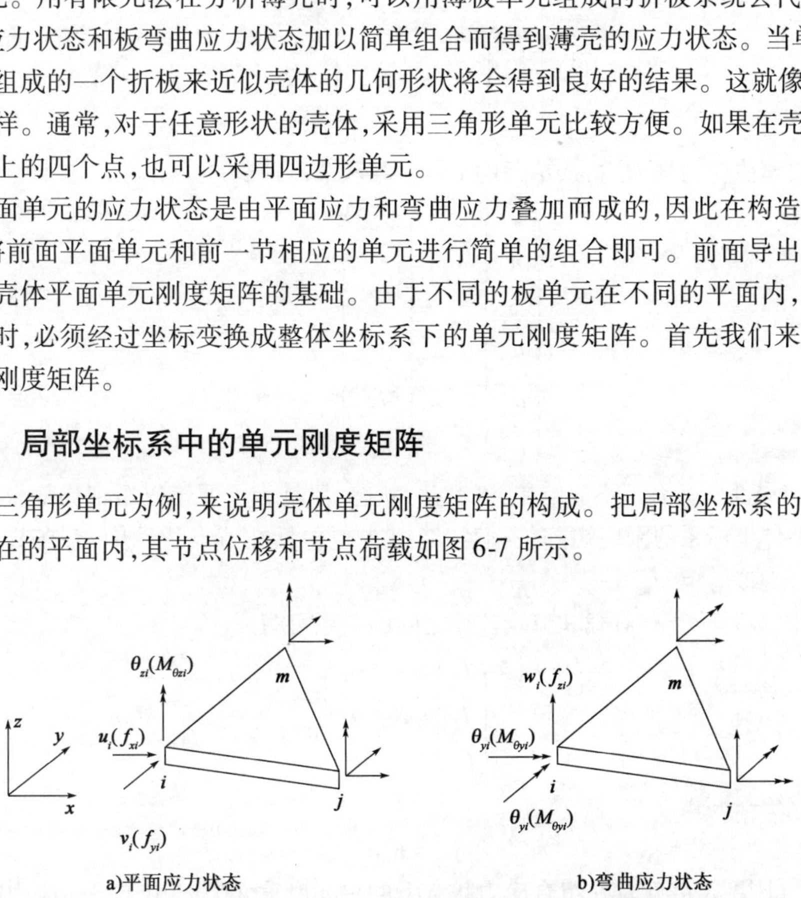

图 6-7 薄壳平面单元的节点荷载和节点位移

对于平面应力问题，由第 4 章可知，单元的应变状态完全取决于各节点的位移，以三角形单元为例，单元的节点荷载与位移之间的关系是

$$\begin{pmatrix} \boldsymbol{f}_i^p \\ \boldsymbol{f}_j^p \\ \boldsymbol{f}_m^p \end{pmatrix} = \boldsymbol{K}^p \begin{pmatrix} \boldsymbol{a}_i^p \\ \boldsymbol{a}_j^p \\ \boldsymbol{a}_m^p \end{pmatrix} \tag{6-93}$$

式中：$\boldsymbol{K}^p$——平面三角形单元的刚度矩阵，上标 p 表示与平面应力有关。

节点荷载和节点位移为

$$\boldsymbol{a}_i^p = \begin{pmatrix} u_i \\ v_i \end{pmatrix} \quad \boldsymbol{f}_i^p = \begin{pmatrix} f_{xi} \\ f_{yi} \end{pmatrix} \quad (i,j,m) \tag{6-94}$$

对于弯曲应力状态，同样有节点荷载和节点位移的关系

$$\begin{pmatrix} \boldsymbol{f}_i^b \\ \boldsymbol{f}_j^b \\ \boldsymbol{f}_m^b \end{pmatrix} = \boldsymbol{K}^b \begin{pmatrix} \boldsymbol{a}_i^b \\ \boldsymbol{a}_j^b \\ \boldsymbol{a}_m^b \end{pmatrix} \tag{6-95}$$

同样，上标 b 表示跟弯曲应力状态相关的，$\boldsymbol{K}^b$ 是三角形板单元的刚度矩阵，节点荷载和节点位移是

$$\boldsymbol{a}_i^b = \begin{pmatrix} w_i \\ \theta_{xi} \\ \theta_{yi} \end{pmatrix} \quad \boldsymbol{f}_i^p = \begin{pmatrix} f_{zi} \\ M_{\theta xi} \\ M_{\theta yi} \end{pmatrix} \quad (i,j,m) \tag{6-96}$$

把平面应力与弯曲应力加以组合，单元的节点位移和节点荷载是

$$\boldsymbol{a}_i = \begin{pmatrix} u_i \\ v_i \\ w_i \\ \theta_{xi} \\ \theta_{yi} \\ \theta_{zi} \end{pmatrix} \quad \boldsymbol{f}_i = \begin{pmatrix} f_{xi} \\ f_{yi} \\ f_{zi} \\ M_{\theta xi} \\ M_{\theta yi} \\ M_{\theta zi} \end{pmatrix} \quad (i,j,m) \tag{6-97}$$

虽然转角 θ_{zi} 在局部坐标系下不影响单元的应力状态，但是为了便于以后把局部坐标系的刚度矩阵转换为整体坐标系的刚度矩阵，我们特地把 θ_{zi} 也包括在节点位移中，并在节点荷载中相应地包括一个虚拟弯矩 $M_{\theta zi}$。

这样，薄壳单元的节点荷载和节点位移之间的关系可写成

$$\begin{pmatrix} \boldsymbol{f}_i \\ \boldsymbol{f}_j \\ \boldsymbol{f}_m \end{pmatrix} = \boldsymbol{K}^e \begin{pmatrix} \boldsymbol{a}_i \\ \boldsymbol{a}_j \\ \boldsymbol{a}_m \end{pmatrix} \tag{6-98}$$

或简单地写成统一形式

$$\boldsymbol{f}^e = \boldsymbol{K}^e \boldsymbol{a}^e \tag{6-99}$$

式中，单元刚度矩阵就是在组合应力状态下的单元刚度矩阵。由于平面应力状态下的节点荷载与弯曲应力状态下的节点位移互不影响，弯曲应力状态的节点荷载与平面应力状态下

的节点位移也互不影响,所以组合应力状态下的单元刚度矩阵 $\boldsymbol{K}^e$ 的子矩阵可以写成

$$\boldsymbol{K}_{rs} = \begin{bmatrix} \boldsymbol{K}_{rs}^p & & 0 & 0 & 0 & 0 \\ & & 0 & 0 & 0 & 0 \\ 0 & 0 & & & & 0 \\ 0 & 0 & & \boldsymbol{K}_{rs}^b & & 0 \\ 0 & 0 & & & & 0 \\ 0 & 0 & 0 & 0 & 0 & 0 \end{bmatrix} \quad (r,s = i,j,m) \tag{6-100}$$

式中:$\boldsymbol{K}_{rs}^p$、$\boldsymbol{K}_{rs}^b$——平面应力问题和薄板弯曲问题的相应子矩阵。

因此,平面应力问题和薄板弯曲问题中的三角形单元矩阵组合起来,即可得到组合应力状态下的三角形单元的刚度矩阵。对于矩形薄壳单元,这种组合也是适用的,只是矩阵的阶数是 24×24 的。

6.5.2 坐标转换

在单元的局部坐标系中已经得到了单元的刚度矩阵。为了建立薄壳的整体刚度矩阵,必须把不同平面内的单元刚度系数在节点处加以集合,因此要再另外确定一个统一的整体坐标系,并把各单元在局部坐标系中的刚度矩阵转换到整体坐标系中去。

现在用 x、y、z 表示整体坐标,用 x'、y'、z'表示局部坐标。在局部坐标系中,节点 i 的位移和节点荷载用 $\boldsymbol{a}'_i$ 和 $\boldsymbol{f}'_i$ 表示。在整体坐标系中,用 $\boldsymbol{a}_i$ 和 $\boldsymbol{f}_i$ 表示,则它们的关系为

$$\boldsymbol{a}'_i = \boldsymbol{L}\boldsymbol{a}_i \quad \boldsymbol{f}'_i = \boldsymbol{L}\boldsymbol{f}_i \tag{6-101}$$

式中,变换矩阵为

$$\boldsymbol{L} = \begin{bmatrix} \boldsymbol{\lambda} & \boldsymbol{0} \\ \boldsymbol{0} & \boldsymbol{\lambda} \end{bmatrix} \quad \boldsymbol{\lambda} = \begin{bmatrix} l_1 & l_2 & l_3 \\ m_1 & m_2 & m_3 \\ n_1 & n_2 & n_3 \end{bmatrix} \tag{6-102}$$

而 l_i、m_i、$n_i(i=1,2,3)$分别是局部坐标系的 x'轴、y'轴、z'轴在整体坐标系中的方向余弦。把整个单元在整体坐标系中的节点位移和节点荷载分别用 $\boldsymbol{a}^e$ 和 $\boldsymbol{f}^e$ 表示,而局部坐标系下用 $\boldsymbol{a}'^e$ 和 $\boldsymbol{f}'^e$ 表示,则变换式为

$$\boldsymbol{a}'^e = \boldsymbol{T}\boldsymbol{a}^e \quad \boldsymbol{f}'^e = \boldsymbol{T}\boldsymbol{f}^e \tag{6-103}$$

式中

$$\boldsymbol{T} = \begin{bmatrix} \boldsymbol{L} & \boldsymbol{0} & \boldsymbol{0} \\ \boldsymbol{0} & \boldsymbol{L} & \boldsymbol{0} \\ \boldsymbol{0} & \boldsymbol{0} & \boldsymbol{L} \end{bmatrix} \tag{6-104}$$

与梁单元类似,我们得到了在整体坐标系下薄壳单元的刚度矩阵

$$\boldsymbol{K}^e = \boldsymbol{T}^T \boldsymbol{K}'^e \boldsymbol{T} \tag{6-105}$$

有一个特殊情况必须注意,如果交会于一个节点的各单元都在一个平面内,由于式(6-100)中的第 6 行和第 6 列全部为零,在局部坐标系中,该节点的第 6 个平衡方程将是 0 =0,这在理论上没有什么问题,但是在程序设计中,如不加处理,将导致刚度矩阵奇异。为了排除这一困难,可以在该节点的第 6 个自由度上给以任意的刚度系数而不影响计算结果。

6.5.3 局部坐标的方向余弦

以三角形单元为例,设三角形三个节点的坐标在整体坐标系 $oxyz$ 中表示为

$$\boldsymbol{x}_i = \begin{pmatrix} x_i \\ y_i \\ z_i \end{pmatrix} \quad (i,j,m) \tag{6-106}$$

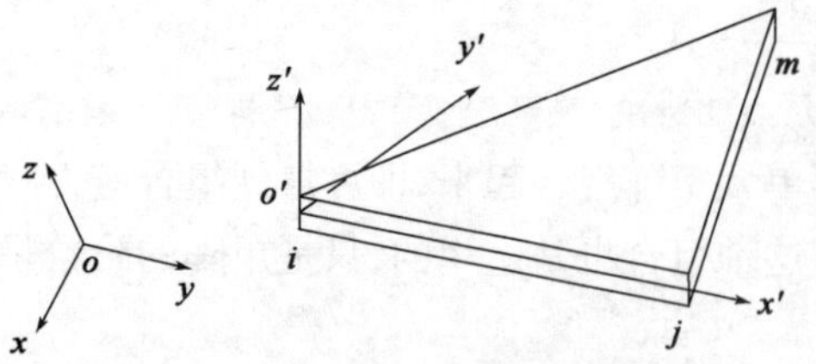

图 6-8 三角形单元的局部和整体坐标系

为了方便,取三角形 ij 边为局部坐标系的 x'轴,节点 i 为原点,局部坐标系的 y'轴在三角形的平面内,而 z'轴垂直于该平面,并使节点 ijm 符合右手螺旋法则,如图 6-8 所示。

则 x'方向在整体坐标系下的单位矢量是

$$\boldsymbol{e}_1 = \frac{1}{|\boldsymbol{x}_j - \boldsymbol{x}_i|}(\boldsymbol{x}_j - \boldsymbol{x}_i) \tag{6-107}$$

局部坐标系的 z'轴垂直于三角形平面,因此沿它的矢量为

$$\boldsymbol{v}_z = (\boldsymbol{x}_j - \boldsymbol{x}_i) \times (\boldsymbol{x}_m - \boldsymbol{x}_i) \tag{6-108}$$

该矢量的长度是三角形面积的 2 倍,因此,z'方向在整体坐标系下的单位矢量是

$$\boldsymbol{e}_3 = \frac{1}{2\Delta}\boldsymbol{v}_z \tag{6-109}$$

那么,局部坐标系的 y'方向在整体坐标系下的单位矢量是

$$\boldsymbol{e}_2 = \boldsymbol{e}_3 \times \boldsymbol{e}_1 \tag{6-110}$$

则式(6-102)中的 $\boldsymbol{\lambda}$ 由下式确定

$$\boldsymbol{\lambda}^{\mathrm{T}} = [\boldsymbol{e}_1 \quad \boldsymbol{e}_2 \quad \boldsymbol{e}_3] \tag{6-111}$$

在局部坐标系下计算单元刚度矩阵时要使用局部坐标系下的节点坐标。根据局部坐标系 $o'x'y'z'$的定义,我们立刻得到节点 i 和 j 的局部坐标为

$$\boldsymbol{x}'_i = (0 \quad 0 \quad 0)^{\mathrm{T}} \quad \boldsymbol{x}'_j = (0 \quad |\boldsymbol{x}_j - \boldsymbol{x}_i| \quad 0)^{\mathrm{T}} \tag{6-112}$$

而节点 m 的局部坐标为

$$\boldsymbol{x}'_m = \boldsymbol{\lambda}^{\mathrm{T}}(\boldsymbol{x}_m - \boldsymbol{x}_i) \tag{6-113}$$

其他单元局部坐标系的方向余弦可用类似方法得到。

6.6 退化壳单元

平面壳单元概念直观清晰,表达式简单,只要单元划分足够细化,所得结果可以满足工程要求。但是平板壳单元也有内在的缺点,主要体现在位移和应变关系没有体现面内薄膜力与弯曲变形的耦合。另外,由于几何上的近似,在单元交界面上内力不连续,这与实际不符。采用反映壳体真实几何形状的曲面壳单元可以克服这些缺点,但是如果直接基于壳理论进行曲面壳单元的构造,将涉及复杂的曲线坐标系和壳理论。另一构造壳单元的方法是,从三维等参数单元出发,引入壳理论中的变形假设,退化得到壳单元[12-14],可绕过相对复杂的壳理论的数学描述。下面介绍这种单元的基本情况。

6.6.1 几何定义及位移插值

设有如图 6-9a)所示在整体坐标系 xyz 下的壳单元,点划线围成的曲面为单元的中曲面,单元节点定义在该面上。设节点 i 的整体坐标为 $\boldsymbol{x}_i=(x_i \quad y_i \quad z_i)^{\mathrm{T}}$,引进平面 8 节点等参数单元的形函数 $N_i(i=1,2,\cdots,8)$ 为插值函数,那么该中曲面的方程可写为如下的参数方程

$$x=\sum_{i=1}^{8}N_i(\xi,\eta)x_i \quad y=\sum_{i=1}^{8}N_i(\xi,\eta)y_i \quad z=\sum_{i=1}^{8}N_i(\xi,\eta)z_i \tag{6-114}$$

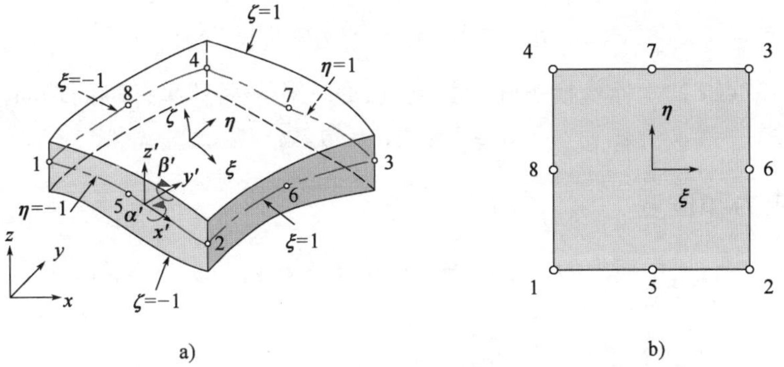

图 6-9 退化壳单元

该参数方程把如图 6-9a)所示的中曲面映射为如图 6-9b)所示的边长为 2 的正方形,另外,该中曲面任意一点处的法线方向可由如下的单位矢量确定

$$\boldsymbol{e}_3=\frac{\boldsymbol{x}_{,\xi}\times\boldsymbol{x}_{,\eta}}{|\boldsymbol{x}_{,\xi}\times\boldsymbol{x}_{,\eta}|} \tag{6-115}$$

再引入两个与 $\boldsymbol{e}_3$ 正交的两个单位矢量

$$\boldsymbol{e}_2=\frac{\boldsymbol{e}_3\times\boldsymbol{x}_{,\xi}(0,0)}{|\boldsymbol{e}_3\times\boldsymbol{x}_{,\xi}(0,0)|} \quad \boldsymbol{e}_1=\boldsymbol{e}_2\times\boldsymbol{e}_3 \tag{6-116}$$

然后以这三个相互正交的单位矢量为基,在中曲面的任意点处定义局部坐标系 $x'y'z'$,如图 6-9a)所示。

单元内任意一点局部坐标 $\boldsymbol{\xi}=(\xi \quad \eta \quad \zeta)^{\mathrm{T}}$ 与整体坐标 $\boldsymbol{x}=(x \quad y \quad z)^{\mathrm{T}}$ 之间的关系为

$$\boldsymbol{x}=\sum_{i=1}^{8}N_i\left(\boldsymbol{x}_i+\frac{1}{2}\zeta h_i\boldsymbol{e}_{3i}\right) \tag{6-117}$$

式中:$N_i(i=1,2,\cdots,8)$——形函数,它在形式上与平面 8 节点等参数单元的形函数一致;

h_i——节点 i 处单元的厚度;

$\boldsymbol{e}_{3i}$——节点 i 处中面法线方向的单位矢量,它可由式(6-115)中代入节点 i 的坐标得到。

单元内任意点处在整体坐标系下的位移向量 $\boldsymbol{u}=(u \quad v \quad w)^{\mathrm{T}}$ 为

$$\boldsymbol{u}=\sum_{i=1}^{8}N_i(\boldsymbol{u}_i+\boldsymbol{u}_{ri}) \tag{6-118}$$

式中:$\boldsymbol{u}_i$——节点 i 的位移向量;

$\boldsymbol{u}_{ri}$——由于节点处中面法线的转动引起的相对位移。

为了写出相对位移的表达式,需要引进壳理论中的直法线假设,即中面的法线在变形后仍然保持直线。如果对于薄壳,还可以进一步假设变形后的法线仍然是变形后中曲面的法线。

在这里,我们抛弃法线仍然是法线的假设,即考虑一阶的横向剪切变形。

设节点 i 处的法线分别绕局部坐标 x' 和 y' 转动的角度为 α_i' 和 β_i',那么在局部坐标系下的相对位移 $\boldsymbol{u}'_{ri}$ 为

$$\boldsymbol{u}'_{ri}=\frac{1}{2}\zeta h_i\begin{pmatrix}\beta_i'\\-\alpha_i'\\0\end{pmatrix}\tag{6-119}$$

通过局部坐标系与整体坐标系的坐标变换,可以把单元内任意一点的位移写为

$$\boldsymbol{u}=\sum_{i=1}^{8}N_i\left(\boldsymbol{u}_i+\frac{1}{2}\zeta h_i\boldsymbol{\Phi}_i\boldsymbol{\theta}_i\right)\tag{6-120}$$

式中:$\boldsymbol{\Phi}_i$、$\boldsymbol{\theta}_i$——节点 i 的坐标变换矩阵及其节点 i 的三个绕整体坐标轴的转动位移,即

$$\boldsymbol{\theta}_i=(\theta_{xi}\quad\theta_{yi}\quad\theta_{zi})^{\mathrm{T}}\tag{6-121}$$

6.6.2 应力和应变

根据壳理论的假设,单元内的应变在局部坐标系下有如下 5 个非零应变

$$\boldsymbol{\varepsilon}'=\begin{pmatrix}\varepsilon_x'\\\varepsilon_y'\\\gamma_{xy}'\\\gamma_{xz}'\\\gamma_{yz}'\end{pmatrix}=\begin{pmatrix}\partial u'/\partial x'\\\partial v'/\partial y'\\\partial u'/\partial y'+\partial v'/\partial x'\\\partial u'/\partial z'+\partial w'/\partial x'\\\partial v'/\partial z'+\partial w'/\partial y'\end{pmatrix}\tag{6-122}$$

式中的局部坐标系下的位移对局部坐标的导数与整体坐标下的位移对整体坐标的导数有如下的坐标变换关系,即

$$\begin{bmatrix}\partial u'/\partial x' & \partial v'/\partial x' & \partial w'/\partial x'\\\partial u'/\partial y' & \partial v'/\partial y' & \partial w'/\partial y'\\\partial u'/\partial z' & \partial v'/\partial z' & \partial w'/\partial z'\end{bmatrix}=\boldsymbol{\Phi}^{\mathrm{T}}\begin{bmatrix}\partial u/\partial x & \partial v/\partial x & \partial w/\partial x\\\partial u/\partial y & \partial v/\partial y & \partial w/\partial y\\\partial u/\partial z & \partial v/\partial z & \partial w/\partial z\end{bmatrix}\boldsymbol{\Phi}\tag{6-123}$$

应力应变关系也需要定义在局部坐标系下,即

$$\boldsymbol{\varepsilon}'=\boldsymbol{D}'\boldsymbol{\sigma}'\tag{6-124}$$

式中:$\boldsymbol{D}'$——材料弹性矩阵;

$\boldsymbol{\sigma}'$——定义在局部坐标系下的应力,即

$$\boldsymbol{\sigma}'=(\sigma_x'\quad\sigma_y'\quad\tau_{xy}'\quad\tau_{xz}'\quad\tau_{yz}')^{\mathrm{T}}\tag{6-125}$$

在 $\boldsymbol{D}'$ 中需要引入剪切修正系数,以修正剪应变沿单元厚度是常数导致的误差。把式(6-120)代入(6-123),再代入(6-122),可以求得局部坐标系下的应变与整体坐标系下的节点位移 $\boldsymbol{a}^e$ 之间的关系

$$\boldsymbol{\varepsilon}'=\boldsymbol{B}\boldsymbol{a}^e\tag{6-126}$$

式中:$\boldsymbol{B}$——应变矩阵。

而单元的节点位移列阵为

$$\boldsymbol{a}^e=(\boldsymbol{a}_1^{\mathrm{T}}\quad\boldsymbol{a}_2^{\mathrm{T}}\quad\cdots\quad\boldsymbol{a}_8^{\mathrm{T}})^{\mathrm{T}}\quad\boldsymbol{a}_i=(\boldsymbol{u}_i^{\mathrm{T}}\quad\boldsymbol{\theta}_i^{\mathrm{T}})^{\mathrm{T}}\tag{6-127}$$

6.6.3 单元刚度矩阵

把式(6-126)代入单元应变能的表达式,可得

$$\frac{1}{2}\iiint_{\Omega^e}(\boldsymbol{\varepsilon}')^{\mathrm{T}}\boldsymbol{D}'\boldsymbol{\varepsilon}'\mathrm{d}\Omega = \frac{1}{2}(\boldsymbol{a}^e)^{\mathrm{T}}\left(\iiint_{\Omega^e}\boldsymbol{B}^{\mathrm{T}}\boldsymbol{D}'\boldsymbol{B}\mathrm{d}\Omega\right)\boldsymbol{a}^e \tag{6-128}$$

所以退化壳单元在整体坐标系下的刚度矩阵为

$$\boldsymbol{K}^e = \iiint_{\Omega^e}\boldsymbol{B}^{\mathrm{T}}\boldsymbol{D}'\boldsymbol{B}\mathrm{d}\Omega \tag{6-129}$$

显然,在具体计算时应采用数值积分进行。

6.7 示　　例

6.7.1 矩形和三角形板单元算例

1)矩形板

考虑矩形板在均布荷载 p 作用下的挠度和弯矩,并考虑了四边简支和固定的两种边界条件。由于对称性,取板的 1/4 划分网格,采用矩形单元。先考察单元的收敛性能。可以定义挠度和内力矩系数

$$\alpha = \frac{w_0 D}{pa^4} \quad \beta = \frac{M_0}{pa^2} \tag{6-130}$$

式中:w_0、M_0——板中心的挠度和宽度方向的内力矩;

a——板的宽度。

在下面的算例中,材料的泊松比取 $\mu = 0.3$。

表 6-3 给出了方板在均布载荷作用下的挠度系数和内力矩系数随网格细分的变化,我们可以发现,矩形板单元的结果逐渐收敛于解析解的结果[6]。表 6-4 和表 6-5 分别给出了不同长宽比(b/a)的矩形板在四边简支和四边固支条件下的挠度系数和内力系数,并与解析解的结果进行了比较。计算时的网格采用 16×16。

方板在四边简支和四边固支条件下的挠度和内力系数(μ = 0.3)　　表 6-3

网　格	四边简支		四边固支	
	α	β	α	β
1×1	0.0051966	0.0736191	0.0014796	0.0461648
2×2	0.0043304	0.0521323	0.0014033	0.0277831
3×3	0.0041814	0.0497384	0.0013323	0.0249581
4×4	0.0041293	0.0489183	0.0013039	0.0240477
5×5	0.0041052	0.0485448	0.0012903	0.0236320
6×6	0.0040921	0.0483428	0.0012828	0.0234084
7×7	0.0040842	0.0482214	0.0012782	0.0232742
8×8	0.0040791	0.0481427	0.0012752	0.0231873
9×9	0.0040756	0.0480888	0.0012731	0.0231279
10×10	0.0040731	0.0480503	0.0012716	0.0230855
11×11	0.0040712	0.0480218	0.0012706	0.0230541

续上表

网　格	四边简支		四边固支	
	α	β	α	β
12×12	0.0040698	0.0480002	0.0012697	0.0230303
13×13	0.0040687	0.0479833	0.0012691	0.0230117
14×14	0.0040678	0.0479700	0.0012686	0.0229970
15×15	0.0040671	0.0479592	0.0012681	0.0229852
16×16	0.0040665	0.0479504	0.0012678	0.0229754
解析解[6]	0.00406	0.0479	0.00126	0.0231

四边简支的矩形板在不同长宽比下的挠度和内力矩系数($\mu=0.3$)　　表6-4

b/a	挠度系数 α		内力矩系数 β	
	有限元	解析解[6]	有限元	解析解[6]
1.0	0.00407	0.00406	0.0480	0.0479
1.1	0.00487	0.00485	0.0556	0.0554
1.2	0.00566	0.00564	0.0628	0.0627
1.3	0.00640	0.00638	0.0695	0.0694
1.4	0.00709	0.00705	0.0757	0.0755
1.5	0.00773	0.00772	0.0813	0.0812
1.6	0.00832	0.00830	0.0864	0.0862
1.7	0.00885	0.00883	0.0909	0.0908
1.8	0.00933	0.00931	0.0950	0.0948
1.9	0.00976	0.00974	0.0986	0.0985
2.0	0.01014	0.01013	0.1019	0.1017

四边固支的矩形板在不同长宽比下的挠度和内力矩系数($\mu=0.3$)　　表6-5

b/a	挠度系数 α		内力矩系数 β	
	有限元	解析解[6]	有限元	解析解[6]
1.0	0.00127	0.00126	0.0230	0.0231
1.1	0.00151	0.00150	0.0268	0.0264
1.2	0.00173	0.00172	0.0301	0.0299
1.3	0.00192	0.00191	0.0328	0.0327
1.4	0.00207	0.00207	0.0351	0.0349
1.5	0.00220	0.00220	0.0369	0.0368
1.6	0.00230	0.00230	0.0383	0.0381
1.7	0.00239	0.00238	0.0394	0.0392
1.8	0.00245	0.00245	0.0402	0.0401
1.9	0.00250	0.00249	0.0408	0.0407
2.0	0.00254	0.00254	0.0413	0.0412

2)斜交板

斜桥常常可以简化成一对边简支另一对边自由的斜板,如图6-9所示。设荷载为均布力p。采用三角形单元。材料的泊松比为$\mu=0.2$。图中w_0和M_0分别表示板中心的挠度和内力矩,内力矩方向如图6-10所示。w_1和M_1分别表示自由边上的最大挠度和最大x方向内力矩。并定义如下挠度和内力矩系数

$$\alpha_i=\frac{w_iD}{pb^4}\quad \beta_i=\frac{M_i}{pb^2}\quad (i=0,1) \tag{6-131}$$

表6-6列出了在不同斜角下的挠度系数和内力矩系数,并与文献[6]给出的用有限差分法的结果进行了比较。

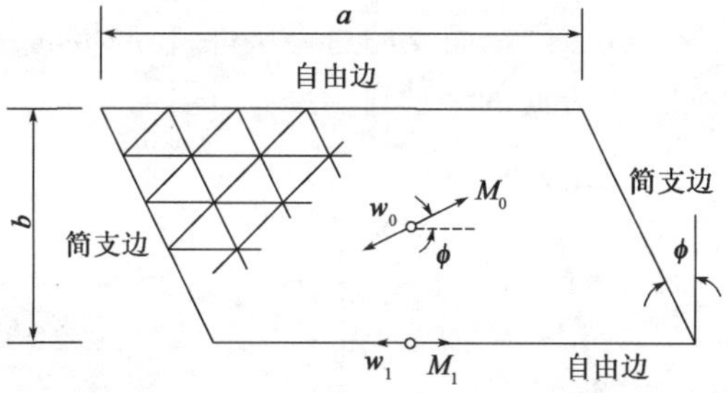

图6-10 对边简支对边自由的斜板

斜板的挠度和内力矩系数 表6-6

斜角 ϕ	a/b	计算方法	α_0	α_1	β_0	β_1
0°	2	有限元	0.211429	0.220405	0.493691	0.505721
		有限差分[6]	0.214	0.224	0.495	0.508
30°	1.92	有限元	0.114002	0.124626	0.356945	0.334263
		有限差分[6]	0.1183	0.1302	0.368	0.367
45°	2	有限元	0.070621	0.086340	0.281261	0.230399
		有限差分[6]	0.0708	0.0869	0.291	0.296
60°	2	有限元	0.018956	0.040962	0.156744	0.114585
		有限差分[6]	0.0186	0.0396	0.166	0.152

板中心的挠度和内力矩很容易得到,但是自由边上挠度和内力矩最大值出现的位置事先并不知道。我们采用的办法是把自由边上的所有挠度和内力矩都取出来,并利用三次样条进行加密插值,最后搜索最大值。

6.7.2 壳单元算例

桥梁工程中的箱形截面梁桥,可以用壳单元来进行模拟。杭州湾跨海大桥北岸引桥采用跨径为70m箱形截面梁,截面尺寸如图6-11所示。设材料的弹性模量为3.45×10^{10}Pa,泊松比为0.2,在顶板与腹板交界处,施加如图6-11所示的对称线分布荷载$q=10.5$kN/m。

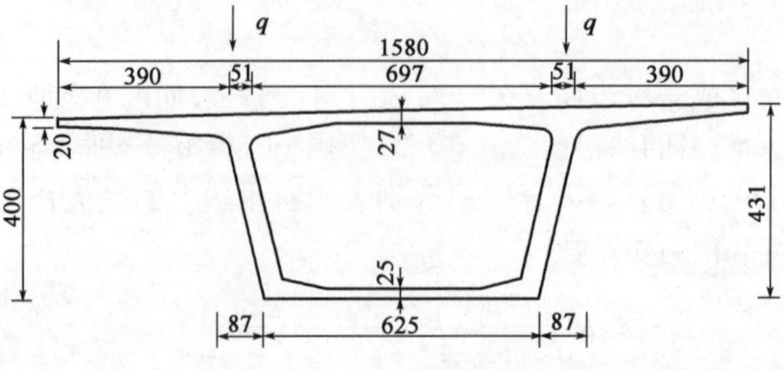

图 6-11　箱形梁截面图(尺寸单位:cm)

为了采用等厚度的平面壳体单元,我们先把如图 6-11 所示的真实截面图转化为如图 6-12 所示的力学模型图。然后采用三角形平面壳体单元,得到如图 6-13 所示的有限元网格。三角形单元的尺寸为 100cm。为了模拟两端简支的边界条件,在底板的一端,约束三个方向的平动自由度,在底板的另一端,约束 y 方向的平动自由度。

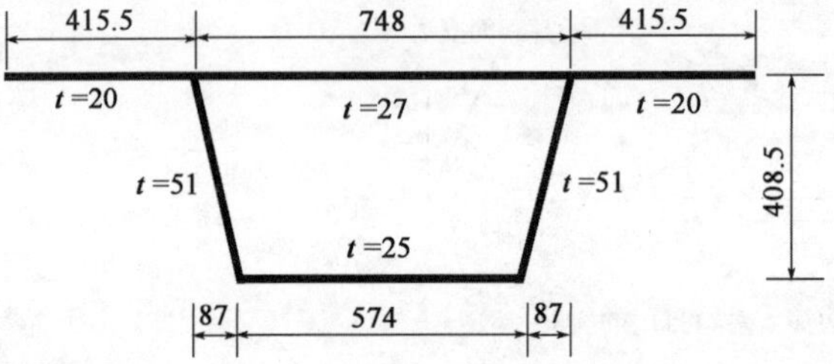

图 6-12　化简后截面(尺寸单位:cm)

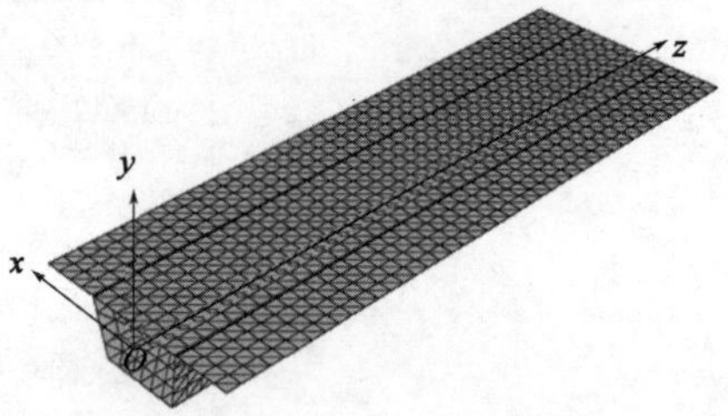

图 6-13　有限元模型

计算得到跨中最大挠度为 7.92mm,而经典梁理论的结果为 8.01mm,相对误差1.12%。跨中截面处顶板与底板沿梁长度方向的正应力沿梁宽度方向的分布如图 6-14 所示,与经典梁理论对比发现,顶板和底板处梁长度方向的正应力数值上在顶板与腹板交界处最大,并随着远离该位置逐渐变小,这就是薄壁箱形梁的"剪力滞"效应。

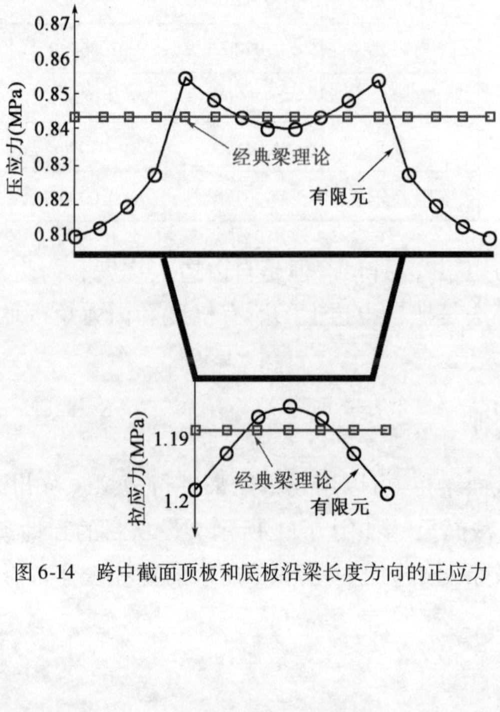

图 6-14　跨中截面顶板和底板沿梁长度方向的正应力

【思考题】

1. 请详细分析三角形板单元和矩形板单元的协调性。

2. 请思考如何基于薄板理论并利用等参变换构造一种任意四边形薄板单元。

3. 请详细推导空间中三个点组成的三角形的面积及其法线方向公式，并编制程序。

4. 请思考采用平面壳单元时，如果某节点所在的单元全部平行于某个整体坐标平面，会有什么后果？该如何解决。

5. 请用曲面表示三角形板单元的形函数，并分析其特点。

6. 如果把三角形单元和矩形单元相连，它们之间的协调性如何？

本章参考文献

[1] Cook R D, Malkus D S, Plesha M E, Witt R J. Concepts and Applications of Finite Element Analysis[M]. John Wiley & Sons Inc., 2002.

[2] Zienkiewicz O C. The Finite Element Method[M]. 3rd ed.. London: McGraw-Hill, 1977.

[3] Hrabok M M, Hrudey T M. A review and catalog of plate bending finite elements[S]. Computers and Structures, 1984, 19(3): 479-495.

[4] Gilewski W, Radwanska M. A survey of finite element models for the analysis of moderately thick shells[S]. Finite Element in Analysis and Design, 1991, 9(1): 1-21.

[5] Yang H T Y, Saigal S, Masud A, Kapania R K. A survey of recent shell finite elements[S]. International Journal for Numerical Methods in Engineering. 2000, 47(1-3): 101-127.

[6] Timoshenko S P, Woinowsky-Krieger S. Theory of plates and shells[M]. 2nd ed.. New York: McGraw-Hill, 1959.

[7] Mindlin R D. Influence of rotary inertia and shear on flexural motions of isotropic elastic plates [S]. ASME Journal of Applied Mechanics, 1959, 18(1): 31-38.

[8] Reissner E. On Bending of elastic plates[S]. Quarterly of Applied Mathematics, 1947, 5(1): 55-68.

[9] 丁皓江，何福保，谢贻权，等. 弹性与塑性力学中的有限单元法[M]. 北京：机械工业出版社，1989.

[10] Cowper G R. Gaussian Quadrature Formulas for Triangles[S]. International Journal for Numerical Methods in Engineering, 1973, 7: 405-408.

[11] 朱伯芳. 有限单元法原理与应用[M]. 2 版. 北京：中国水利水电出版社，1998.

[12] Ahmad S, Irons B M, Zienkiewicz O C. Analysis of thick and thin shell structures by curved finite elements[S]. International Journal for Numerical Methods in Engineering, 1970, 2: 419-451.

[13] Kanok-nukulchai W. A simple and efficient finite element for general shell analysis[S]. International Journal for Numerical Methods in Engineering, 1979, 14: 179-200.

[14] 关玉璞，唐立民. 结构分析中的退化壳有限元方法[J]. 力学进展，1994，24：98-102.

第 7 章

几何非线性和材料非线性

引言:前面几章中介绍的都是线性问题,在数学上最后归结为一个线性代数方程组。但是工程中的很多现象都是非线性的,如果强行用线性理论进行简化,虽然可使计算简单快捷,但是很可能导致非常大的误差,甚至是错误的结果。几何非线性和材料非线性是非线性问题的两大主要类别。前者是指被分析对象发生了很大的位移或变形,原先的小变形假设不再适用;而后者指被分析对象的材料本构关系不能用简单的线弹性来描述。在桥梁工程中,几何非线性大多发生在悬索桥或者跨径较大的斜拉桥中,而材料非线性则常常在计算桥梁结构的极限承载力时碰到。还有一类非线性问题是接触非线性,主要包括:接触面随接触力的改变而改变;接触面发生有摩擦的相对滑移;相邻构件之间缝隙的张开和闭合。

这些非线性问题中系统的刚度,有时还包括外荷载,是位移或者变形的函数,因此在系统方程中,刚度矩阵和外荷载向量都是位移向量的函数,也就是最后归结为一个非线性代数方程组,因此不能像线性问题那样直接求解,因为构造刚度矩阵和外荷载向量所需要的位移向量尚未求得,一般我们只能通过迭代方法逐步逼近。由于篇幅所限,本章只介绍几何非线性和材料非线性有限元的基础知识,更深入的讨论可参考相应的专著[1,2]。

7.1 有限变形下的应变和应力

前面章节的分析都建立在小变形假设基础之上,它们并不适用于几何非线性问题。为此需要给出有限变形下的应变和应力度量以及它们要满足的方程。为了描述方便，本节采用了张量的指标符号(可参考附录1)讲述有限变形下的应力和应变等基本概念[1-3]，而其他小节则采用矩阵符号推导有限元公式。

7.1.1 Lagrange 描述、Euler 描述以及变形描述

考虑一个变形体，其初始状态(未变形状态)在空间所占的区域为 Ω_0，边界为 Γ_0，称为初始构形。变形后的当前状态(变形状态)在空间所占的区域为 Ω，边界 Γ，称为当前构形。为了描述该变形的变形，我们还需要指定一个参考构形。我们一般以初始构形为参考构形，当然也可以用其他构形作为参考构形。如果选定一个空间直角坐标系，在参考构形中材料点的位置用 $X_j=(X_1,X_2,X_3)$ 来表示，它被称为材料坐标或者 Lagrange 坐标。与之对应的是空间坐标，或者 Euler 坐标，用 $x_i=(x_1,x_2,x_3)$ 表示。如果用材料坐标(Lagrange 坐标)作为独立变量描述物体的变形，我们称之为材料描述或者 Lagrange 描述；反之，如果用空间坐标(Euler 坐标)作为独立坐标描述物体的变形，那么称之为空间描述或者 Euler 描述。对于固体，我们常常采用 Lagrange 描述，因为固体的应力一般依赖于变形和它的历史，而对于流体，则常常采用 Euler 描述。

设参考构形中的一个物质点 X_j，变形后到达当前构形中的 x_i，采用 Lagrange 描述时，我们定义变形函数 $\varphi_i(X_j)$，即

$$x_i=\varphi_i(X_j) \tag{7-1}$$

它描述了这个变形过程。同时我们可以定义变形梯度 F_{ij} 如下

$$F_{ij}=\frac{\partial x_i}{\partial X_j}=\begin{bmatrix}\dfrac{\partial x_1}{\partial X_1} & \dfrac{\partial x_1}{\partial X_2} & \dfrac{\partial x_1}{\partial X_3}\\[2ex] \dfrac{\partial x_2}{\partial X_1} & \dfrac{\partial x_2}{\partial X_2} & \dfrac{\partial x_2}{\partial X_3}\\[2ex] \dfrac{\partial x_3}{\partial X_1} & \dfrac{\partial x_3}{\partial X_2} & \dfrac{\partial x_3}{\partial X_3}\end{bmatrix} \tag{7-2}$$

它是一个非对称的二阶张量。在参考构形中，与点 X_j 相邻的点 $X_j+\mathrm{d}X_j$ 在变形后到达了当前构形中与点 x_i 相邻的点 $x_i+\mathrm{d}x_i$ 的位置，则有

$$\mathrm{d}x_i=\varphi_i(X_j+\mathrm{d}X_j)-\varphi_i(X_j)=F_{ij}\mathrm{d}X_j \tag{7-3}$$

如果采用 Euler 描述，则变形函数应定义为

$$X_j=f_j(x_i) \tag{7-4}$$

类似地，可以得到

$$\mathrm{d}X_j=F_{ij}^{-1}\mathrm{d}x_i \tag{7-5}$$

式中

$$F_{ij}^{-1}=\frac{\partial X_j}{\partial x_i}=\begin{bmatrix}\dfrac{\partial X_1}{\partial x_1} & \dfrac{\partial X_1}{\partial x_2} & \dfrac{\partial X_1}{\partial x_3}\\[2ex] \dfrac{\partial X_2}{\partial x_1} & \dfrac{\partial X_2}{\partial x_2} & \dfrac{\partial X_2}{\partial x_3}\\[2ex] \dfrac{\partial X_3}{\partial x_1} & \dfrac{\partial X_3}{\partial x_2} & \dfrac{\partial X_3}{\partial x_3}\end{bmatrix}=\begin{bmatrix}\dfrac{\partial x_1}{\partial X_1} & \dfrac{\partial x_1}{\partial X_2} & \dfrac{\partial x_1}{\partial X_3}\\[2ex] \dfrac{\partial x_2}{\partial X_1} & \dfrac{\partial x_2}{\partial X_2} & \dfrac{\partial x_2}{\partial X_3}\\[2ex] \dfrac{\partial x_3}{\partial X_1} & \dfrac{\partial x_3}{\partial X_2} & \dfrac{\partial x_3}{\partial X_3}\end{bmatrix}^{-1} \tag{7-6}$$

变形梯度的行列式值 $J=\det(F_{ij})$ 称为 Jacobi 行列式，即

$$J=|F_{ij}|=\left|\frac{\partial x_i}{\partial X_j}\right|=\begin{vmatrix}\frac{\partial x_1}{\partial X_1} & \frac{\partial x_1}{\partial X_2} & \frac{\partial x_1}{\partial X_3}\\ \frac{\partial x_2}{\partial X_1} & \frac{\partial x_2}{\partial X_2} & \frac{\partial x_2}{\partial X_3}\\ \frac{\partial x_3}{\partial X_1} & \frac{\partial x_3}{\partial X_2} & \frac{\partial x_3}{\partial X_3}\end{vmatrix} \tag{7-7}$$

它是当前构形中的微体元 $\mathrm{d}v$ 和参考构形中微体元 $\mathrm{d}V$ 的体积比，即

$$\mathrm{d}v=J\mathrm{d}V \tag{7-8}$$

所以要求 $0<J<\infty$。如果材料为不可压缩，即变形时体积不变，则 $J=1$。

设当前构形中的微面元 $(\mathrm{d}a)n_i$，来自参考构形中微面元 $(\mathrm{d}A)N_j$，这里 n_i 和 N_j 分别表示当前构形和参考构形中微面元的单位法线矢量，则有如下的 Nanson 关系式

$$(\mathrm{d}a)n_i=JF_{ji}^{-\mathrm{T}}(\mathrm{d}A)N_j=J\mathrm{d}AF_{ji}^{-\mathrm{T}}N_j \tag{7-9}$$

它在应力度量中有重要作用。

在 Lagrange 描述下的位移矢量为

$$u_i=\varphi_i(X_j)-X_i=x_i-X_i \tag{7-10}$$

同时可以定义位移梯度为

$$H_{ij}=\frac{\partial u_i}{\partial X_j}=\frac{\partial x_i}{\partial X_j}-\delta_{ij}=F_{ij}-\delta_{ij} \tag{7-11}$$

式中：δ_{ij}——Kronecker 符号，详见附录 1。

Lagrange 描述下的位移梯度也被称为物质位移梯度。在 Euler 描述下的位移梯度为

$$h_{ij}=\frac{\partial u_i}{\partial x_j}=\delta_{ij}-\frac{\partial X_i}{\partial x_j}=\delta_{ij}-F_{ij}^{-1} \tag{7-12}$$

7.1.2 应变

设在参考构形和当前构形中的微线元分别为 $\mathrm{d}X_i$ 和 $\mathrm{d}x_i$，它们的长度平方差为

$$\mathrm{d}x_i\mathrm{d}x_i-\mathrm{d}X_i\mathrm{d}X_i \tag{7-13}$$

把式(7-3)代入上式，得到

$$\mathrm{d}x_i\mathrm{d}x_i-\mathrm{d}X_i\mathrm{d}X_i=F_{ki}F_{kj}\mathrm{d}X_i\mathrm{d}X_j-\mathrm{d}X_i\mathrm{d}X_i=(F_{ki}F_{kj}-\delta_{ij})\mathrm{d}X_i\mathrm{d}X_j \tag{7-14}$$

我们定义 Green 应变 E_{ij} 为

$$E_{ij}=\frac{1}{2}(F_{ki}F_{kj}-\delta_{ij}) \tag{7-15}$$

它是一个二阶对称张量。如果把式(7-11)代入，则可以得到用位移梯度表示的 Green 应变为

$$E_{ij}=\frac{1}{2}(H_{ij}+H_{ji}+H_{ki}H_{kj}) \tag{7-16}$$

写成分量形式即为

$$E_{ij}=\frac{1}{2}\left(\frac{\partial u_i}{\partial X_j}+\frac{\partial u_j}{\partial X_i}+\frac{\partial u_k}{\partial X_i}\frac{\partial u_k}{\partial X_j}\right) \tag{7-17}$$

从上述推导可以看出，Green 应变是定义在 Lagrange 描述下的。

我们也可以把式(7-5)代入式(7-13),则有

$$dx_i dx_i - dX_i dX_i = dx_i dx_i - F_{ki}^{-1} F_{kj}^{-1} dx_i dx_j = (\delta_{ij} - F_{ki}^{-1} F_{kj}^{-1}) dx_i dx_j \tag{7-18}$$

从而我们可以定义 Almansi 应变 e_{ij} 为

$$e_{ij} = \frac{1}{2}(\delta_{ij} - F_{ki}^{-1} F_{kj}^{-1}) \tag{7-19}$$

把式(7-12)代入,则得到用位移梯度表示的 Almansi 应变为

$$e_{ij} = \frac{1}{2}(h_{ij} + h_{ji} - h_{ki} h_{kj}) \tag{7-20}$$

写成分量形式即为

$$e_{ij} = \frac{1}{2}\left(\frac{\partial u_i}{\partial x_j} + \frac{\partial u_j}{\partial x_i} - \frac{\partial u_k}{\partial x_i}\frac{\partial u_k}{\partial x_j}\right) \tag{7-21}$$

显然,Almansi 应变也是二阶对称张量,它是定义在 Euler 描述下的。

对于小变形,我们有 $x_i \approx X_i$,再略去高阶小量,Green 应变和 Almansi 应变都退化为 Cauchy 应变,即

$$\varepsilon_{ij} = \frac{1}{2}\left(\frac{\partial u_i}{\partial x_j} + \frac{\partial u_j}{\partial x_i}\right) \approx E_{ij} \approx e_{ij} \tag{7-22}$$

7.1.3 应力

Cauchy 应力张量 σ_{ij} 是定义在当前构形上的真实应力,描述 Cauchy 应力用 Euler 坐标。与之对应的是定义在参考构形上的第一类 Piola-Kirchhoff 应力张量 P_{ij},也称为名义应力,它们之间的关系为

$$\sigma_{ji}(da) n_j = P_{ji}(dA) N_j \tag{7-23}$$

把式(7-9)中的 Nanson 关系式代入,我们得到

$$P_{ij} = J\sigma_{ik} F_{kj}^{-T} = \tau_{ik} F_{kj}^{-T} \tag{7-24}$$

式中:τ_{ij}——Kirchhoff 应力张量,它定义为

$$\tau_{ij} = J\sigma_{ij} \tag{7-25}$$

虽然 Kirchhoff 应力张量 τ_{ij} 是对称的,但是第一类 Piola-Kirchhoff 应力张量 P_{ij} 是不对称的。为此,我们引进第二类 Piola-Kirchhoff 应力张量 S_{ij},它的定义为

$$S_{ij} = F_{ik}^{-1} P_{kj} = F_{ik}^{-1} \tau_{kl} F_{lj}^{-T} \tag{7-26}$$

很容易验证第二类 Piola-Kirchhoff 应力张量 S_{ij} 是对称的。也可以用 S_{ij} 表示 P_{ij},即

$$P_{ij} = S_{ik} F_{jk} \tag{7-27}$$

7.1.4 平衡方程和虚位移原理

在当前构形中,设单位质量受到体积力 b_i 的作用,那么 Cauchy 应力张量满足如下的平衡方程

$$\frac{\partial \sigma_{ji}}{\partial x_j} + \rho b_i = 0 \tag{7-28}$$

式中:ρ——当前构形中材料的密度。

具体推导过程可从微元体三个方向力的平衡条件得到,也可以从当前构形下任意体积 v

及其表面 a 上的合力为零,即

$$\iint_a \sigma_{ji} n_j \mathrm{d}a + \iiint_v \rho b_i \mathrm{d}v = 0 \tag{7-29}$$

再利用 Gauss 定理得到式(7-28)。在参考构形中,式(7-29)可变化为

$$\iint_A P_{ji} N_j \mathrm{d}A + \iiint_V \rho_0 b_i \mathrm{d}V = 0 \tag{7-30}$$

式中:ρ_0——参考构形中材料的密度,所以我们得到名义应力满足的平衡方程为

$$\frac{\partial P_{ji}}{\partial X_j} + \rho_0 b_i = 0 \tag{7-31}$$

我们把式(7-27)代入上式得

$$\frac{\partial (S_{jk} F_{ik})}{\partial X_j} + \rho_0 b_i = 0 \tag{7-32}$$

由式(7-28)我们可以得到 Cauchy 应力张量平衡方程的弱形式,即

$$\iiint_\Omega \left(\frac{\partial \sigma_{ji}}{\partial x_j} + \rho b_i \right) \delta u_i \mathrm{d}\Omega = 0 \tag{7-33}$$

式中:Ω——当前构形中变形体所占的区域,而 δu 是虚位移。

对式(7-33)的第 1 项应用 Gauss 定理,可得

$$\iiint_\Omega \sigma_{ji} \delta d_{ij} \mathrm{d}\Omega = \iint_\Gamma \sigma_{ji} n_j \delta u_i \mathrm{d}\Gamma + \iiint_\Omega \rho b_i \delta u_i \mathrm{d}\Omega \tag{7-34}$$

式中:d_{ij}——Almansi 应变张量中的线性部分,即

$$d_{ij} = \frac{1}{2} \left(\frac{\partial u_i}{\partial x_j} + \frac{\partial u_j}{\partial x_i} \right) \tag{7-35}$$

式(7-34)就是当前构形中的虚位移原理。同样,在参考构形中,由式(7-31)和式(7-32)同样可以得到

$$\iiint_{\Omega_0} P_{ji} \delta H_{ij} \mathrm{d}\Omega = \iint_{\Gamma_0} P_{ji} N_j \delta u_i \mathrm{d}\Gamma + \iiint_{\Omega_0} \rho_0 b_i \delta u_i \mathrm{d}\Omega \tag{7-36}$$

和

$$\iiint_{\Omega_0} S_{ji} \delta E_{ij} \mathrm{d}\Omega = \iint_{\Gamma_0} S_{jk} F_{ik} N_j \delta u_i \mathrm{d}\Gamma + \iiint_{\Omega_0} \rho_0 b_i \delta u_i \mathrm{d}\Omega \tag{7-37}$$

它们分别是参考构形中第一类和第二类 Piola-Kirchhoff 应力张量对应的虚位移原理。

7.2 几何非线性

几何非线性问题与小变形假设下的线性问题最大的不同在于结构的平衡方程都必须相对于事先未知的变形后的几何位置来推导。严格地说,所有问题都要用变形后的位置来推导平衡方程,但是如果变形非常小,就可以忽略变形前后的差异,直接用变形前的初始位置,小变形线性理论就是如此。由于变形后的几何位置是未知的,它给处理非线性问题带来了一定的复杂性。在结构分析中,Lagrange 描述是应用最普遍的,因为它可以较容易地处理复杂的边界条件,并且能够跟踪材料点,从而能够精确地描述依赖于加载历史的材料。

7.2.1 带牵连坐标的有限单元

在大多数的几何非线性问题中,虽然发生了很大的位移,但是结构内部的应变仍然是微小的。比如悬索桥的主缆和斜拉桥的斜拉索,在施工以及成桥后的正常使用阶段,都有可能发生较大的位移,但是主缆或斜拉索的应变还是相对较小,材料仍然处于弹性范围。针对这类所谓的大位移小应变的情况,可以采用一种称为带牵连坐标(convected coordinates)的有限单元法[4,5],其中大位移可以用坐标变换的方法处理,大大简化了在非线性问题中复杂的节点荷载计算,而且各向异性材料的本构关系也不会像采用 Euler 描述那样复杂。下面我们以平面梁单元为例,来介绍该方法。

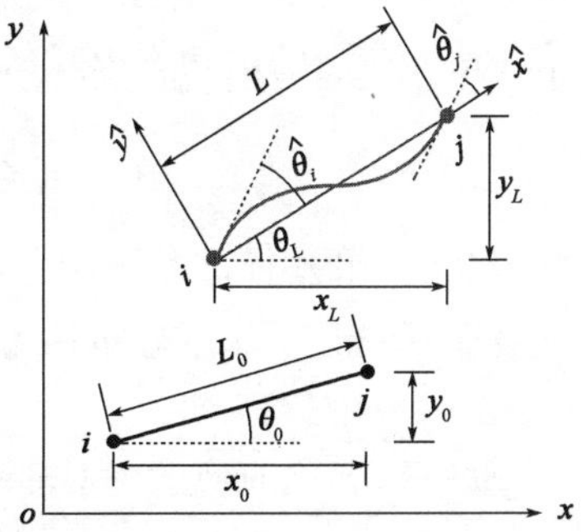

图 7-1 带有牵连坐标的平面梁单元

如图 7-1 所示是在整体坐标系 oxy 下的一个平面梁单元,实直线是其初始位置,变形后移动到曲线位置。由图 7-1 得到

$$x_L = x_0 + u_j - u_i \quad y_L = y_0 + v_j - v_i \quad \theta_L = \arctan(y_L/x_L) \tag{7-38}$$

式中:u_i、u_j、v_i 和 v_j——梁单元节点 i 和 j 沿整体坐标 x 和 y 方向的位移。

如果沿变形后节点 ij 的位置建立如图 7-1 所示的牵连坐标系 $\hat{x}\hat{y}$,则在此牵连坐标系下的节点位移为

$$\hat{u}_i = \hat{v}_i = \hat{v}_j = 0 \quad \hat{u}_j = L - L_0 \tag{7-39}$$

$$\hat{\theta}_i = \theta_i - (\theta_L - \theta_0) \quad \hat{\theta}_j = \theta_j - (\theta_L - \theta_0) \tag{7-40}$$

式中:θ_i、θ_j——梁单元节点在整体坐标系下的转角。

在牵连坐标系和整体坐标系下,单元的平衡方程分别为

$$\hat{\boldsymbol{f}}^e = \hat{\boldsymbol{K}}^e \hat{\boldsymbol{a}}^e \quad \boldsymbol{f}^e = \boldsymbol{K}^e \boldsymbol{a}^e \tag{7-41}$$

显然这两个坐标系下的刚度矩阵具有如下的关系

$$\boldsymbol{K}^e = \hat{\boldsymbol{T}}^{\mathrm{T}} \hat{\boldsymbol{K}}^e \hat{\boldsymbol{T}} \tag{7-42}$$

式中:$\hat{\boldsymbol{T}}$——整体坐标与牵连坐标系之间的转换矩阵,为

$$\hat{\boldsymbol{T}} = \begin{bmatrix} \hat{\boldsymbol{\lambda}} & \boldsymbol{0} \\ \boldsymbol{0} & \hat{\boldsymbol{\lambda}} \end{bmatrix} \quad \hat{\boldsymbol{\lambda}} = \begin{bmatrix} \cos\theta_L & -\sin\theta_L & 0 \\ \sin\theta_L & \cos\theta_L & 0 \\ 0 & 0 & 1 \end{bmatrix} \tag{7-43}$$

可以看出转换矩阵 $\hat{\boldsymbol{T}}$ 在形式上与平面梁单元的坐标转换矩阵是一致的。但是,与原来小变形时的平面梁单元不同,这里转换矩阵中的角度 $\hat{\theta}_L$ 是梁单元变形后局部坐标 $\hat{x}$ 与整体坐标 x 之间的夹角,因此它是待求位移 $\boldsymbol{a}^e$ 的函数,所以转换矩阵 $\hat{\boldsymbol{T}}$ 也与待求位移 $\boldsymbol{a}^e$ 相关,导致整体坐标系下的单元刚度矩阵 $\boldsymbol{K}^e$ 是整体坐标系下单元位移列阵 $\boldsymbol{a}^e$ 的函数,最后的有限元方程就变为非线性方程。

7.2.2 一般几何非线性有限元列式

下面我们讨论几何非线性有限元更为一般性的提法。在 Lagrange 网格中,节点和单元随

材料移动,边界和接触面与单元的边缘保持一致,本构方程总是在相同的材料点处赋值,对结构分析十分有利,因此在结构分析的有限元中,常常采用 Lagrange 网格。

应用 Lagrange 网格的有限元离散又可以分为完全的 Lagrange 格式(Total Lagrange, TL)和更新的 Lagrange 格式(Updated Lagrange, UL)。这两种格式都采用 Lagrange 描述,即相关变量都是 Lagrange 坐标的函数。在完全的 Lagrange 格式中,我们采用关于第二类 Piola-Kichhoff 应力和 Green 应变的虚功方程式(7-37)。为了推导有限元列式的方便,先把它写成矩阵形式

$$\iiint_{\Omega_0} \boldsymbol{S}^{\mathrm{T}} \delta \boldsymbol{E} \mathrm{d}\Omega = \iiint_{\Omega_0} \boldsymbol{b}^{\mathrm{T}} \delta \boldsymbol{u} \mathrm{d}\Omega + \iint_{\Gamma_{0t}} \bar{\boldsymbol{t}}^{\mathrm{T}} \delta \boldsymbol{u} \mathrm{d}\Gamma \tag{7-44}$$

式中:Ω_0——变形体的参考构形;

Γ_{0t}——Ω_0 上作用分布外力 $\bar{\boldsymbol{t}}$ 的表面;

$\delta \boldsymbol{u}$——虚位移;

$\delta \boldsymbol{E}$——与之对应的虚 Green 应变;

$\boldsymbol{S}$——第二类 Piola-Kirchhoff (PK2)应力;

$\boldsymbol{b}$——体积力。

我们将参考构形离散成有限个单元 Ω_0^e,单元内的位移 $\boldsymbol{u}$ 可用单元节点位移 $\boldsymbol{a}^e$ 表示为

$$\boldsymbol{u}(\boldsymbol{X}) = \boldsymbol{N}(\boldsymbol{X}) \boldsymbol{a}^e \tag{7-45}$$

式中,插值函数 $\boldsymbol{N}(\boldsymbol{X})$ 是 Lagrange 坐标的函数。位移 $\boldsymbol{u}$ 和 Green 应变 $\boldsymbol{E}$ 的几何关系为

$$\boldsymbol{E} = \nabla \boldsymbol{u} + \frac{1}{2} \boldsymbol{A} \overline{\nabla} \boldsymbol{u} \tag{7-46}$$

式中:

$$\nabla = \begin{bmatrix} \partial_X & 0 & 0 & 0 & \partial_Z & \partial_Y \\ 0 & \partial_Y & 0 & \partial_Z & 0 & \partial_X \\ 0 & 0 & \partial_Z & \partial_Y & \partial_X & 0 \end{bmatrix}^{\mathrm{T}} \quad \overline{\nabla} = [\partial_X \boldsymbol{I}_3 \quad \partial_Y \boldsymbol{I}_3 \quad \partial_Z \boldsymbol{I}_3]^{\mathrm{T}} \tag{7-47}$$

式中:∂_X——对 Lagrange 坐标 X 求导数,其他类似;

$\boldsymbol{I}_3$——3 阶的单位矩阵。

$\boldsymbol{A}$——矩阵 $\boldsymbol{A}$ 为

$$\boldsymbol{A} = \begin{bmatrix} \partial_X \boldsymbol{u} & \boldsymbol{0} & \boldsymbol{0} & \boldsymbol{0} & \partial_Z \boldsymbol{u} & \partial_Y \boldsymbol{u} \\ \boldsymbol{0} & \partial_Y \boldsymbol{u} & \boldsymbol{0} & \partial_Z \boldsymbol{u} & \boldsymbol{0} & \partial_X \boldsymbol{u} \\ \boldsymbol{0} & \boldsymbol{0} & \partial_Z \boldsymbol{u} & \partial_Y \boldsymbol{u} & \partial_X \boldsymbol{u} & \boldsymbol{0} \end{bmatrix}^{\mathrm{T}} \tag{7-48}$$

把式(7-45)代入式(7-46),得到节点位移表示的单元应变为

$$\boldsymbol{E} = \overline{\boldsymbol{B}} \boldsymbol{a}^e \tag{7-49}$$

式中:$\overline{\boldsymbol{B}}$——应变矩阵,它可以分为两部分,即

$$\overline{\boldsymbol{B}} = \boldsymbol{B}_L + \overline{\boldsymbol{B}}_N \tag{7-50}$$

式中:$\boldsymbol{B}_L$——线性应变矩阵;

$\overline{\boldsymbol{B}}_N$——非线性应变矩阵,它们分别为

$$\boldsymbol{B}_L = \nabla \boldsymbol{N} \quad \overline{\boldsymbol{B}}_N = \frac{1}{2} \boldsymbol{A} \overline{\nabla} \boldsymbol{N} \tag{7-51}$$

为了后面公式推导,我们先计算如式(7-49)所示的 Green 应变的变分为

$$\delta \boldsymbol{E} = (\boldsymbol{B}_L + \overline{\boldsymbol{B}}_N) \delta \boldsymbol{a}^e + \delta \overline{\boldsymbol{B}}_N \boldsymbol{a}^e \tag{7-52}$$

容易证明

$$\overline{\boldsymbol{B}}_N\delta\boldsymbol{a}^e=\delta\overline{\boldsymbol{B}}_N\boldsymbol{a}^e \tag{7-53}$$

所以式(7-52)可化简为

$$\delta\boldsymbol{E}=(\boldsymbol{B}_L+2\overline{\boldsymbol{B}}_N)\delta\boldsymbol{a}^e=(\boldsymbol{B}_L+\boldsymbol{B}_N)\delta\boldsymbol{a}^e=\boldsymbol{B}\delta\boldsymbol{a}^e \tag{7-54}$$

把式(7-54)和式(7-45)代入式(7-44),我们得到

$$\sum_e\delta(\boldsymbol{a}^e)^{\mathrm{T}}\iiint_{\Omega_0^e}\boldsymbol{B}^{\mathrm{T}}\boldsymbol{S}\mathrm{d}\Omega=\sum_e\delta(\boldsymbol{a}^e)^{\mathrm{T}}\iiint_{\Omega_0^e}\boldsymbol{N}^{\mathrm{T}}\boldsymbol{b}\mathrm{d}\Omega+\sum_e\delta(\boldsymbol{a}^e)^{\mathrm{T}}\iint_{\Gamma_{0\mathrm{t}}^e}\boldsymbol{N}^{\mathrm{T}}\bar{\boldsymbol{t}}\mathrm{d}\Gamma \tag{7-55}$$

式中:Γ_{0t}^e——单元 Ω_0^e 中有表面力作用的表面部分。

显然,等号右边两个积分是外荷载的等效节点荷载向量,等号左边的积分是单元内部力,即

$$\boldsymbol{f}_{\mathrm{int}}^e=\iiint_{\Omega^e}\boldsymbol{B}^{\mathrm{T}}\boldsymbol{S}\mathrm{d}\Omega\quad \boldsymbol{f}_{\mathrm{ext}}^e=\iiint_{\Omega^e}\boldsymbol{N}^{\mathrm{T}}\boldsymbol{b}\mathrm{d}\Omega+\iint_{\Gamma_{0\mathrm{t}}^e}\boldsymbol{N}^{\mathrm{T}}\bar{\boldsymbol{t}}\mathrm{d}\Gamma \tag{7-56}$$

我们进一步可以把式(7-55)写成

$$\delta\boldsymbol{a}^{\mathrm{T}}(\boldsymbol{f}_{\mathrm{int}}-\boldsymbol{f}_{\mathrm{ext}})=0 \tag{7-57}$$

式中:$\boldsymbol{f}_{\mathrm{int}}$、$\boldsymbol{f}_{\mathrm{ext}}$、$\boldsymbol{a}$——把所有单元节点上的内部力和外部力以及单元节点位移按有限元的方法组集起来得到的所有节点的内部力、外部力和节点位移。

如式(7-44)所示的虚功原理就可概括为节点外部力和内部力在节点虚位移上做的功相等。根据虚位移的任意性,从式(7-57)可得到节点内部力和外部力的平衡方程

$$\boldsymbol{f}_{\mathrm{int}}-\boldsymbol{f}_{\mathrm{ext}}=0 \tag{7-58}$$

如果在几何非线性问题中,设材料的本构关系为

$$\boldsymbol{S}=\boldsymbol{D}\boldsymbol{E} \tag{7-59}$$

式中:$\boldsymbol{D}$——材料的弹性矩阵。

把式(7-49)代入式(7-59),再代入式(7-56)的第一式得

$$\boldsymbol{f}_{\mathrm{int}}^e=\boldsymbol{K}^e\boldsymbol{a}^e \tag{7-60}$$

式中:$\boldsymbol{K}^e$——单元的割线弹性矩阵,为

$$\boldsymbol{K}^e=\iiint_{\Omega_0^e}\boldsymbol{B}^{\mathrm{T}}\boldsymbol{D}\overline{\boldsymbol{B}}\mathrm{d}\Omega \tag{7-61}$$

显然它不是对称的,而且由于应变矩阵 $\overline{\boldsymbol{B}}$ 和 $\boldsymbol{B}$ 都与单元节点位移 $\boldsymbol{a}^e$ 有关,所以 $\boldsymbol{K}^e$ 也与单元节点位移有关。

在求解非线性有限元方程时,需要切线刚度矩阵,因此先推导单元的切线刚度矩阵。由于 $\boldsymbol{f}_{\mathrm{ext}}$ 与节点位移无关,因此

$$\boldsymbol{K}_{\mathrm{T}}^e=\frac{\partial\boldsymbol{f}_{\mathrm{int}}^e}{\partial\boldsymbol{a}^e} \tag{7-62}$$

把式(7-56)的第一式代入上式,我们得到

$$\boldsymbol{K}_{\mathrm{T}}^e=\boldsymbol{K}_{\mathrm{DL}}^e+\boldsymbol{K}_{\mathrm{DN}}^e+\boldsymbol{K}_{\sigma}^e \tag{7-63}$$

式中:$\boldsymbol{K}_{\mathrm{DL}}^e$——小变形刚度矩阵;

$\boldsymbol{K}_{\mathrm{DN}}^e$——由于大位移引起的,通常称为初位移矩阵或大位移矩阵;

$\boldsymbol{K}_{\sigma}^e$——几何刚度矩阵,分别为

$$\boldsymbol{K}_{\mathrm{DL}}^e=\iiint_{\Omega_0^e}\boldsymbol{B}_L^{\mathrm{T}}\boldsymbol{D}_{\mathrm{T}}\boldsymbol{B}_L\mathrm{d}\Omega \tag{7-64}$$

$$K_{\mathrm{DN}}^{e}=\iiint_{\Omega_0^e}(B_L^{\mathrm{T}}D_{\mathrm{T}}B_N+B_N^{\mathrm{T}}D_{\mathrm{T}}B_L+B_N^{\mathrm{T}}D_{\mathrm{T}}B_N)\mathrm{d}\Omega \tag{7-65}$$

$$K_{\sigma}^{e}=\iiint_{\Omega_0^e}G^{\mathrm{T}}FG\mathrm{d}\Omega \tag{7-66}$$

式中:D_{T}——切线弹性矩阵,即

$$\mathrm{d}S=D_{\mathrm{T}}\mathrm{d}E \tag{7-67}$$

而矩阵 G 和 F 则分别为

$$G=\overline{\nabla}N\quad F=\begin{bmatrix}S_{XX}I_3 & S_{XY}I_3 & S_{XZ}I_3\\ S_{XY}I_3 & S_{YY}I_3 & S_{YZ}I_3\\ S_{XZ}I_3 & S_{YZ}I_3 & S_{ZZ}I_3\end{bmatrix} \tag{7-68}$$

至此导出了单元的切线刚度矩阵,而整体的切线刚度矩阵可由单元切线刚度矩阵按有限元的规则组集得到。

需要注意的是,上述推导过程中采用了第二类 PK 应力与 Green 应变之间的本构关系,大部分的本构关系要进行适当改造,才能满足分析要求。另外,我们在最前面假设结构未变形的初始构形作为参考构形,因此这种有限元公式被称为完全的 Lagrange 格式(Total Lagrange, TL)。但实际上,参考构形的选取具有较大的自由,并不一定必须选初始构形作为参考构形。在非线性问题的迭代过程中,如果我们把前一个迭代步计算得到的构形作为参考构形,此时前面所推导的公式在形式上保持一致,但参考构形不同。由于随着迭代计算的进行,参考构形也随之更新,因此被称为更新的 Lagrange 格式(Updated Lagrange, UL)。这两种格式对于只包含几何非线性的问题差别很小,但是对于包含材料非线性的问题差别将会变大。由于篇幅所限,关于更新的 Lagrange 格式可参考相关的专著[1,2]。

7.3 材料非线性

材料非线性是指材料的本构关系是非线性的。随着材料科学的发展和设计理论的进步,人们已经不满足于线弹性的结构分析。为了进一步挖掘材料潜力,材料非线性问题的应力和变形分析在工程实践中的重要性日渐显现。但是由于应力应变关系的非线性,对于微分方程的求解在数学上更加困难,目前用有限元法处理材料非线性问题是一种主要的手段。

非线性弹性是最简单的材料非线性问题,而弹塑性问题则是结构分析中最常见的。非线性弹性问题是可逆过程,卸载后结构恢复到加载前的状态,而弹塑性问题则是不可逆的,它会出现残余变形,导致当前状态与加载历史有关,这是塑性问题与弹性问题最大的不同。

7.3.1 非线性弹性

对于小变形,单元内的几何关系是线性的,即

$$\varepsilon=B_{\mathrm{L}}a^{e} \tag{7-69}$$

平衡方程仍然是节点的内部力和外部力的平衡式(7-58),但是构成节点整体内部力的单元节点内部力公式改写为

$$f_{\mathrm{int}}^{e}=\iiint_{\Omega^e}B_L^{\mathrm{T}}\sigma\mathrm{d}\Omega \tag{7-70}$$

对于非线性弹性材料，应力应变关系是非线性的，我们可以写出其一般形式，即

$$g(\boldsymbol{\sigma},\boldsymbol{\varepsilon})=0 \tag{7-71}$$

由于应力应变之间的非线性关系，应力与位移之间也是非线性的，所以单元节点内部力与节点位移也是非线性的。如果材料的应力应变关系可以表示为

$$\boldsymbol{\sigma}=\boldsymbol{D}(\boldsymbol{\varepsilon})\boldsymbol{\varepsilon} \tag{7-72}$$

那么代入式(7-70)，并注意到线性的几何关系式(7-69)，我们得到

$$\boldsymbol{f}_{\text{int}}^{e}=\boldsymbol{K}^{e}\boldsymbol{a}^{e} \tag{7-73}$$

式中，刚度矩阵 $\boldsymbol{K}^e$ 并不是常矩阵，它与单元的变形有关，也即

$$\boldsymbol{K}^{e}(\boldsymbol{a}^{e})=\iiint_{\Omega^{e}}\boldsymbol{B}_{\text{L}}^{\text{T}}\boldsymbol{D}(\boldsymbol{\varepsilon})\boldsymbol{B}_{\text{L}}\text{d}\Omega \tag{7-74}$$

因此有限元的平衡方程可写为如下的非线性方程

$$\boldsymbol{K}(\boldsymbol{a})\boldsymbol{a}-\boldsymbol{f}=0 \tag{7-75}$$

式中：$\boldsymbol{f}$——节点的整体外部力，$\boldsymbol{f}=\boldsymbol{f}_{\text{ext}}$。

1)变刚度法

利用式(7-75)直接构造迭代公式的方法称为割线刚度法，也称为直接迭代法，即

$$\boldsymbol{K}_0=\boldsymbol{K}(\boldsymbol{a}_0)\quad \boldsymbol{K}_n\boldsymbol{a}_{n+1}=\boldsymbol{f}\quad (n=0,1\cdots) \tag{7-76}$$

计算启动时先选取一初始值 $\boldsymbol{a}_0$（一般可取为零向量），然后逐步迭代，可计算出 $\boldsymbol{a}_1,\boldsymbol{a}_2\cdots$，直至收敛为止。这个迭代过程可用如图7-2所示的一维问题表示，可以看出每一步迭代中的刚度是所在位移处的割线刚度，所以称为割线刚度法。

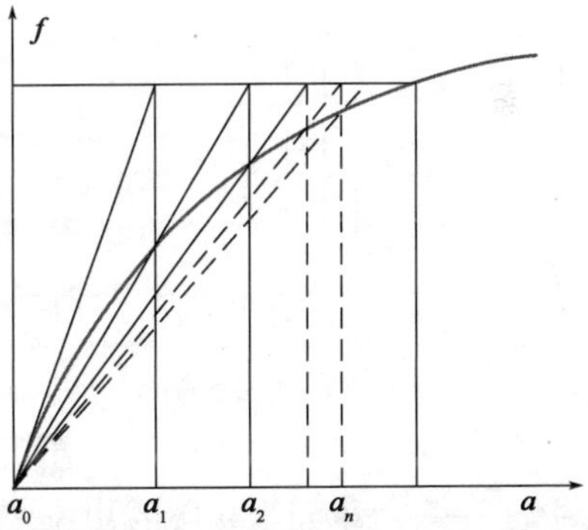

图7-2 割线刚度法示意图

如果材料的应力应变关系能够表示为增量形式，即

$$\text{d}\boldsymbol{\sigma}=\boldsymbol{D}_{\text{T}}(\boldsymbol{\varepsilon})\text{d}\boldsymbol{\varepsilon} \tag{7-77}$$

同样可以对式(7-48)应用 Newton-Raphson 法，此时单元的切线刚度矩阵为

$$\boldsymbol{K}_{n}^{e}=\iiint_{\Omega^{e}}\boldsymbol{B}_{L}^{\text{T}}\boldsymbol{D}_{\text{T}}(\boldsymbol{a}_{n})\boldsymbol{B}_{L}\text{d}\Omega\quad (n=0,1,2\cdots) \tag{7-78}$$

由于采用了切线刚度矩阵，所以这个方法也被称为切线刚度法。

2)初应力法

如果材料的应力应变关系可以采用如下形式

$$\boldsymbol{\sigma}=\boldsymbol{\sigma}(\boldsymbol{\varepsilon}) \tag{7-79}$$

即由给定的应变确定相应的应力。我们设想上式可以用下列具有初应力 $\boldsymbol{\sigma}_0$ 的线弹性本构关系来代替

$$\boldsymbol{\sigma}=\boldsymbol{D}_0\boldsymbol{\varepsilon}+\boldsymbol{\sigma}_0 \tag{7-80}$$

式中：$\boldsymbol{D}_0$——非线性弹性材料在应变为零时的切线弹性矩阵。

通过调整初应力 $\boldsymbol{\sigma}_0$，可以使在给定的应变 $\boldsymbol{\varepsilon}$ 用式(7-79)和式(7-80)得到相同的应力 $\boldsymbol{\sigma}$。把式(7-80)代入式(7-70)得

$$\boldsymbol{f}_{\text{int}}^{e}=\boldsymbol{K}_{0}^{e}\boldsymbol{a}^{e}+\boldsymbol{f}_{0}^{e} \tag{7-81}$$

式中，单元刚度矩阵 $\boldsymbol{K}_0^e$ 和单元初应力导致的内部力向量 $\boldsymbol{f}_0^e$ 分别为

$$K_0^e = \iiint_{\Omega^e} B_L^T D_0 B_L \mathrm{d}\Omega \quad f_0^e = \iiint_{\Omega^e} B_L^T \sigma_0 \mathrm{d}\Omega \tag{7-82}$$

把式(7-81)按有限元的方式组集成整体方程后为

$$K_0 a = f - f_0 \tag{7-83}$$

式中,K_0 和 f_0 分别是由单元的 K_0^e 和 f_0^e 组集而成的。通过式(7-83)可以构造如下的迭代格式

$$K_0 a_{n+1} = f - f_n \quad (n = 0,1,2\cdots) \tag{7-84}$$

式中:f_n——由单元第 n 次的初应力导致的内部力向量 f_n^e 组集而成,f_n^e 为

$$f_n^e = \iiint_{\Omega^e} B_L^T (\sigma_n - D_0 \varepsilon_n) \mathrm{d}\Omega \tag{7-85}$$

一维问题的迭代过程如图 7-3 所示。

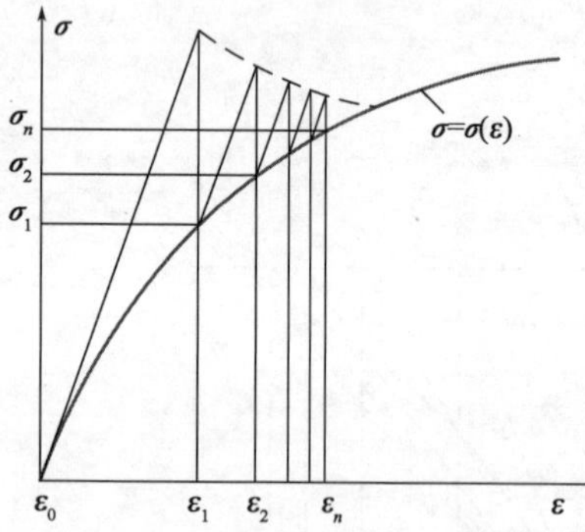

图 7-3 初应力法示意图

3)初应变法

在某些问题中,应变可以方便地由应力确定,此时应力应变关系可写为

$$\varepsilon = \varepsilon(\sigma) \tag{7-86}$$

类似于初应力法,可设想用具有初应变 ε_0 的线弹性本构关系代替,即

$$\sigma = D_0(\varepsilon - \varepsilon_0) \tag{7-87}$$

通过调整初应变 ε_0,可使式(7-86)和式(7-87)在给定的应力 σ 下得到相同的应变 ε。通过与初应力法类似的过程,可以构造如下的迭代格式

$$K_0 a_{n+1} = f + f_n \quad (n = 0,1,2\cdots) \tag{7-88}$$

式中:f_n——由单元第 n 次的初应变导致的内部力向量 f_n^e 组集而成,f_n^e 为

$$f_n^e = \iiint_{\Omega^e} B_L^T D_0 \varepsilon_n \mathrm{d}\Omega \tag{7-89}$$

7.3.2 弹塑性材料

详细的塑性理论应参考有关弹塑性力学的文献[6],这里由于篇幅有限,只介绍与有限元相关的部分,而且为了简明扼要,只讨论小变形并与时间无关的弹塑性问题。

我们首先从低碳钢简单拉伸时的应力应变曲线(图 7-4)开始,从试验可知,当应力增加到屈服应力 σ_y 后,材料进入屈服阶段,表现在应力应变曲线上,出现一段较为平坦的平台,过了这个平台,材料进入强化阶段,越过最高点后,材料进入软化阶段,直至破坏。如果我们在材料越过屈服点后卸载,那么应力应变将沿图中所示的斜线从点 A 到点 B 变化,当应力卸载为零到达点 B 时,应变并不为零,这部分残余应变称为塑性应变 ε_p,而从点 A 到点 B 恢复的那部分应变则称为弹性应变 ε_e。如果从 B 点开始重新加载,那么应力应变曲线将从点 B 向点 A 前进。因此,应力与应变不再是一一对应的关系,或者说当前的应力应变状态与整个加载的历史

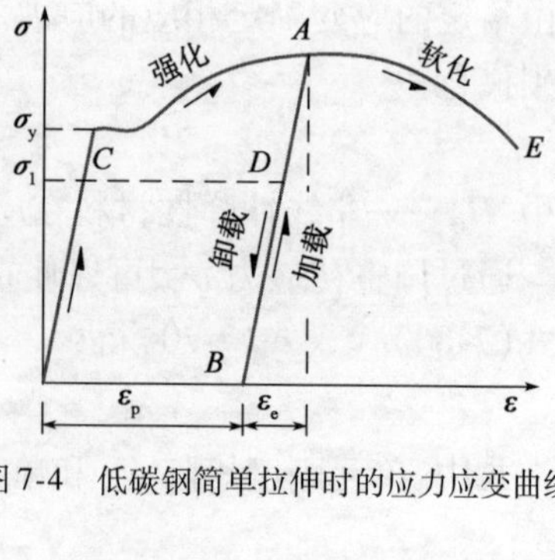

图 7-4 低碳钢简单拉伸时的应力应变曲线

有关。例如,对于应力为 σ_1 的状态,既可以对应点 C 的应变,也可以对应点 D 的应变,只有明确加载过程才能确定。对于实际复杂应力状态下材料的弹塑性行为,可以从这个简单拉伸的情形进行推广。

1)屈服条件

对于简单拉伸情形,当拉应力初次达到材料的屈服极限时,开始进入塑性阶段,因此屈服准则可以简单地写为 $\sigma=\sigma_y$。对于复杂应力状态下的塑性行为,屈服准则需要推广。von Mises 屈服条件认为,材料在复杂应力状态下单位体积的应变能达到了简单拉伸屈服时单位体积的应变能,材料开始屈服。于是,von Mises 屈服条件可写为

$$(\sigma_1-\sigma_2)^2+(\sigma_2-\sigma_3)^2+(\sigma_3-\sigma_1)^2-2\sigma_y^2=0 \tag{7-90}$$

式中:σ_1、σ_2、σ_3——主应力。

实际上,上式前三项是偏应力张量的第二不变量 J_2' 的 6 倍,即

$$6J_2'=(\sigma_1-\sigma_2)^2+(\sigma_2-\sigma_3)^2+(\sigma_3-\sigma_1)^2 \tag{7-91}$$

所以 von Mises 屈服条件隐含了关于材料塑性行为的一个假设,即静水压力只产生体积的弹性变形,不产生塑性变形。

另一种常用的屈服条件是法国工程师 Tresca 提出的,他认为当材料的最大剪应力达到屈服剪应力 τ_y 时,材料开始屈服。所以 Tresca 屈服条件可以写为

$$[(\sigma_1-\sigma_2)^2-4\tau_y^2][(\sigma_2-\sigma_3)^2-4\tau_y^2][(\sigma_3-\sigma_1)^2-4\tau_y^2]=0 \tag{7-92}$$

如果采用 Tresca 屈服条件解释简单拉伸的屈服,那么要求 $\sigma_y=2\tau_y$。

上述两种屈服条件比较适合于金属材料,而在土木工程中还有一种常见的是 Mohr-Coulomb 屈服条件,它在最大剪应力理论基础上考虑了摩擦力和黏附力,即

$$\tau+\sigma\tan\varphi-c=0 \tag{7-93}$$

式中:φ——内摩擦角;

c——黏附力。

它们都是材料常数,而 τ 和 σ 则是滑移面上的剪应力和正应力。

综合前面的几种屈服条件,我们可以把屈服条件统一写成

$$f(\boldsymbol{\sigma})=0 \tag{7-94}$$

式中:$f(\boldsymbol{\sigma})$——屈服函数。

例如,von Mises 屈服条件的屈服函数为

$$f(\boldsymbol{\sigma})=\sqrt{\frac{1}{2}[(\sigma_1-\sigma_2)^2+(\sigma_2-\sigma_3)^2+(\sigma_3-\sigma_1)^2]}-\sigma_y=\sqrt{\frac{3}{2}\boldsymbol{\sigma}^{\mathrm{T}}\boldsymbol{P}\boldsymbol{\sigma}}-\sigma_y \tag{7-95}$$

式中,投影矩阵 $\boldsymbol{P}$ 定义为

$$\boldsymbol{P}=\begin{bmatrix}\frac{2}{3} & -\frac{1}{3} & -\frac{1}{3} & 0 & 0 & 0\\ -\frac{1}{3} & \frac{2}{3} & -\frac{1}{3} & 0 & 0 & 0\\ -\frac{1}{3} & -\frac{1}{3} & \frac{2}{3} & 0 & 0 & 0\\ 0 & 0 & 0 & 2 & 0 & 0\\ 0 & 0 & 0 & 0 & 2 & 0\\ 0 & 0 & 0 & 0 & 0 & 2\end{bmatrix} \tag{7-96}$$

屈服条件(7-94)在主应力空间中,是一个三维曲面,也被称为屈服面。

2)流动法则

为了产生塑性变形,应力不仅仅要满足屈服条件,而且必须在屈服面上停留一段“时间”。如果应力一旦满足屈服条件,立刻就离开屈服面,塑性流动就不会发生。所以塑性应变产生的条件是当且仅当

$$f(\boldsymbol{\sigma})=0 \text{ 且 } \mathrm{d}f(\boldsymbol{\sigma})=0 \tag{7-97}$$

上式的后一式也被称为 Prager 一致性条件,它表示屈服条件必须保持一段“时间”确保产生塑性流动。

总应变 $\boldsymbol{\varepsilon}$ 由塑性应变$\boldsymbol{\varepsilon}_{\mathrm{p}}$ 和弹性应变$\boldsymbol{\varepsilon}_{\mathrm{e}}$ 两部分组成,即

$$\boldsymbol{\varepsilon}=\boldsymbol{\varepsilon}_{\mathrm{p}}+\boldsymbol{\varepsilon}_{\mathrm{e}} \tag{7-98}$$

而弹性应变与应力又有如下关系

$$\boldsymbol{\sigma}=\boldsymbol{D}\boldsymbol{\varepsilon}_{\mathrm{e}}=\boldsymbol{D}(\boldsymbol{\varepsilon}-\boldsymbol{\varepsilon}_{\mathrm{p}}) \tag{7-99}$$

也可以写成如下的增量形式

$$\mathrm{d}\boldsymbol{\sigma}=\boldsymbol{D}\mathrm{d}\boldsymbol{\varepsilon}_{\mathrm{e}}=\boldsymbol{D}(\mathrm{d}\boldsymbol{\varepsilon}-\mathrm{d}\boldsymbol{\varepsilon}_{\mathrm{p}}) \tag{7-100}$$

因此我们还需要一个流动法则来确定塑性应变。类比于弹性应变增量可以表示为弹性位势能函数对应力取微商的表达式,塑性应变也可以用一个塑性势函数 g 对应力的微商来表示,即

$$\mathrm{d}\boldsymbol{\varepsilon}_{\mathrm{p}}=\mathrm{d}\lambda\frac{\partial g}{\partial\boldsymbol{\sigma}} \tag{7-101}$$

这里 $\mathrm{d}\lambda$ 可以看成是塑性流动的大小,有时也称为一致性参数,而$\partial g/\partial\boldsymbol{\sigma}$ 则表示塑性流动的方向。由 Prager 一致性条件,即式(7-97)的后一式可知

$$\mathrm{d}f(\boldsymbol{\sigma})=\left(\frac{\partial f}{\partial\boldsymbol{\sigma}}\right)^{\mathrm{T}}\mathrm{d}\boldsymbol{\sigma}=0 \tag{7-102}$$

把式(7-101)代入式(7-100),再代入式(7-102),有

$$\left(\frac{\partial f}{\partial\boldsymbol{\sigma}}\right)^{\mathrm{T}}\boldsymbol{D}\left(\mathrm{d}\boldsymbol{\varepsilon}-\mathrm{d}\lambda\frac{\partial g}{\partial\boldsymbol{\sigma}}\right)=0 \tag{7-103}$$

即

$$\mathrm{d}\lambda=\frac{\left(\frac{\partial f}{\partial\boldsymbol{\sigma}}\right)^{\mathrm{T}}\boldsymbol{D}(\mathrm{d}\boldsymbol{\varepsilon})}{\left(\frac{\partial f}{\partial\boldsymbol{\sigma}}\right)^{\mathrm{T}}\boldsymbol{D}\left(\frac{\partial g}{\partial\boldsymbol{\sigma}}\right)} \tag{7-104}$$

把式(7-104)代回式(7-100),我们得到加载时的本构关系

$$\mathrm{d}\boldsymbol{\sigma}=\boldsymbol{D}_{\mathrm{ep}}\mathrm{d}\boldsymbol{\varepsilon} \tag{7-105}$$

式中:$\boldsymbol{D}_{\mathrm{ep}}$——弹塑性矩阵,为

$$\boldsymbol{D}_{\mathrm{ep}}=\boldsymbol{D}-\frac{\boldsymbol{D}\left(\frac{\partial g}{\partial\boldsymbol{\sigma}}\right)\left(\frac{\partial f}{\partial\boldsymbol{\sigma}}\right)^{\mathrm{T}}\boldsymbol{D}}{\left(\frac{\partial f}{\partial\boldsymbol{\sigma}}\right)^{\mathrm{T}}\boldsymbol{D}\left(\frac{\partial g}{\partial\boldsymbol{\sigma}}\right)} \tag{7-106}$$

Drucker 公设指出塑性流动方向与屈服面的法线方向一致,此时要求塑性势函数与屈服函数相等,即 $g=f$,那么弹塑性矩阵将简化为

$$D_{ep}=D-\frac{D\left(\frac{\partial f}{\partial \boldsymbol{\sigma}}\right)\left(\frac{\partial f}{\partial \boldsymbol{\sigma}}\right)^{\mathrm{T}}D}{\left(\frac{\partial f}{\partial \boldsymbol{\sigma}}\right)^{\mathrm{T}}D\left(\frac{\partial f}{\partial \boldsymbol{\sigma}}\right)} \tag{7-107}$$

这种塑性势函数与屈服函数相等的流动法则,被称为相关联的流动法则,否则就是非关联的流动法则。显然,对于相关联的流动法则,如式(7-107)所示的弹塑性矩阵仍然是对称的,而非关联的流动法则,弹塑性矩阵是非对称的,如式(7-106)所示。虽然对称的弹塑性矩阵在有限元法中有较大的优势,但是某些材料,例如岩土材料,采用非关联的流动法则更符合实际。

3)材料硬化

前面讨论屈服函数只与当前的应力状态有关,也就是屈服条件不会随加载历史变化,这种材料被称为理想塑性材料,但是有些材料,其屈服条件与加载历史有关,如在图7-4中,加载到A点后开始卸载,然后重新加载,那么在应力到达A点之前,材料仍然处于弹性阶段,即使已经超过了材料原先的屈服极限σ_y,这就是所谓的塑性强化。所以,即使对于简单拉伸情形,如果发生塑性硬化,屈服条件也不是简单的$\sigma=\sigma_y$,而是与加载历史相关。因此,屈服函数可以改写为

$$f=f(\boldsymbol{\sigma},\kappa) \tag{7-108}$$

式中,内变量κ是一个表征塑性应变历史的标量,一般是塑性应变$\boldsymbol{\varepsilon}_p$的不变量或者是不变量的函数,以满足坐标无关性。式(7-94)可以描述各向同性硬化材料,但是有些材料表现出随动强化的性质,此时可以引入一个背应力$\boldsymbol{\alpha}$,屈服函数改写为

$$f=f(\boldsymbol{\sigma}-\boldsymbol{\alpha}) \tag{7-109}$$

综合式(7-108)和式(7-109),我们引入一个新的屈服函数形式

$$f=f(\boldsymbol{\sigma},\boldsymbol{\kappa}) \tag{7-110}$$

式中硬化向量$\boldsymbol{\kappa}$包含背应力$\boldsymbol{\alpha}$和内变量κ。此时如式(7-102)所示的一致性条件应改为

$$\left(\frac{\partial f}{\partial \boldsymbol{\sigma}}\right)^{\mathrm{T}}\mathrm{d}\boldsymbol{\sigma}+\left(\frac{\partial f}{\partial \boldsymbol{\kappa}}\right)^{\mathrm{T}}\mathrm{d}\boldsymbol{\kappa}=0 \tag{7-111}$$

一般情况下,硬化向量的增量$\mathrm{d}\boldsymbol{\kappa}$与一致性参数$\mathrm{d}\lambda$有如下关系

$$\mathrm{d}\boldsymbol{\kappa}=\mathrm{d}\lambda\boldsymbol{p}(\boldsymbol{\sigma},\boldsymbol{\kappa}) \tag{7-112}$$

式中:$\boldsymbol{p}$——应力$\boldsymbol{\sigma}$和硬化向量$\boldsymbol{\kappa}$的向量函数。

引入硬化模量h,即

$$h=-\left(\frac{\partial f}{\partial \boldsymbol{\kappa}}\right)^{\mathrm{T}}\boldsymbol{p}(\boldsymbol{\sigma},\boldsymbol{\kappa}) \tag{7-113}$$

可以把如式(7-111)所示的一致性条件改写为

$$\left(\frac{\partial f}{\partial \boldsymbol{\sigma}}\right)^{\mathrm{T}}\mathrm{d}\boldsymbol{\sigma}-h\mathrm{d}\lambda=0 \tag{7-114}$$

同时,考虑材料硬化的弹塑性矩阵改写为

$$D_{ep}=D-\frac{D\left(\frac{\partial g}{\partial \boldsymbol{\sigma}}\right)\left(\frac{\partial f}{\partial \boldsymbol{\sigma}}\right)^{\mathrm{T}}D}{h+\left(\frac{\partial f}{\partial \boldsymbol{\sigma}}\right)^{\mathrm{T}}D\left(\frac{\partial g}{\partial \boldsymbol{\sigma}}\right)} \tag{7-115}$$

对于相关联的流动法则,只要把上式中的塑性势函数g用屈服函数f替代即可。

4)加载和卸载

前面在推导应力与应变用增量形式表示的本构关系式(7-105)时,不加说明地引入了"加

载”的概念。实际上,确定被分析对象是处于加载还是卸载过程是至关重要的,因为它们对应不同的应力应变关系。例如对于如图 7-4 所示的简单拉伸,当试件到达 A 点时,如果继续加载,那么应力应变曲线将沿 AE 前进。相反,如果在 A 点开始卸载,那么应力应变关系将沿 AB 前进。对于简单的拉伸情况,我们可以方便地判断是加载还是卸载,但是对于复杂应力状态,加载还是卸载的判断就不是那么直接。

对于理想塑性材料,由于屈服面的大小和形状不随塑性变形历史而变,当应力位于屈服面时,如果所施加的应力增量 $\mathrm{d}\boldsymbol{\sigma}$,出现了新的塑性应变 $\mathrm{d}\boldsymbol{\varepsilon}_{\mathrm{p}}$,则称为加载,如果无新的塑性应变产生,则称为卸载。因此理想塑性材料的加载准则可以写为

$$f=0 \quad \left(\frac{\partial f}{\partial \sigma}\right)^{\mathrm{T}} \mathrm{d}\boldsymbol{\sigma} \begin{cases} <0 & \text{卸载} \\ =0 & \text{加载} \end{cases} \tag{7-116}$$

对于塑性强化材料,在加载和卸载之间存在一个中间情况,即中性变载。在此期间没有新的塑性变形发生,但是应力保持在屈服面上。因此塑性强化材料的加载准则为

$$f=0 \quad \left(\frac{\partial f}{\partial \boldsymbol{\sigma}}\right)^{\mathrm{T}} \mathrm{d}\boldsymbol{\sigma} \begin{cases} <0 & \text{卸载} \\ =0 & \text{中性加载} \\ >0 & \text{加载} \end{cases} \tag{7-117}$$

5)应力应变关系的积分

在加载时的应力应变关系的增量形式,在实际应用时需要沿加载路径进行积分。最简单的是采用一点 Euler 向前积分,这种格式是显式的,在应变增量开始前应力和硬化模量是已知的,那么如果第 i 步的应力 $\boldsymbol{\sigma}_i$ 位于屈服面上,而应力增量则为

$$\Delta\boldsymbol{\sigma}_i=\boldsymbol{D}_{\mathrm{ep}}^{i}\Delta\boldsymbol{\varepsilon}_i \tag{7-118}$$

式中,D_{ep}^{i}为对应于应力 $\boldsymbol{\sigma}_i$ 的弹塑性矩阵。那么下一步的应力为

$$\boldsymbol{\sigma}_{i+1}=\boldsymbol{\sigma}_i+\Delta\boldsymbol{\sigma}_i \tag{7-119}$$

如果初始应力在屈服面内,那么应变增量 $\Delta\boldsymbol{\varepsilon}_i$ 必须分成两部分 $\Delta\boldsymbol{\varepsilon}_{\mathrm{A}}$ 和 $\Delta\boldsymbol{\varepsilon}_{\mathrm{B}}$,前者使应力到达屈服面(此时的应力记为 $\boldsymbol{\sigma}_{\mathrm{c}}$,有时称为接触应力),而后者则产生弹塑性应变,即

$$\Delta\boldsymbol{\sigma}_i=\boldsymbol{D}\Delta\boldsymbol{\varepsilon}_{\mathrm{A}}+\boldsymbol{D}_{\mathrm{ep}}^{c}\Delta\boldsymbol{\varepsilon}_{\mathrm{B}} \tag{7-120}$$

式中的弹塑性矩阵 $\boldsymbol{D}_{\mathrm{ep}}^{c}$对应于应力 $\boldsymbol{\sigma}_{\mathrm{c}}$。显然这种积分格式的最大缺点是要显式地计算出接触应力 $\boldsymbol{\sigma}_{\mathrm{c}}$,而且也只适用于加载步长较小的情况,否则会由于误差积累导致计算失败。因此我们可以对这个积分格式进行改进,为此,我们先不管初始应力与屈服面的相对关系,直接假设在加载后的应力 $\boldsymbol{\sigma}_{\mathrm{e}}$ 为:

$$\boldsymbol{\sigma}_{\mathrm{e}}=\boldsymbol{\sigma}_i+\Delta\boldsymbol{\sigma}_{\mathrm{e}} \tag{7-121}$$

式中:$\Delta\boldsymbol{\sigma}_{\mathrm{e}}$——“弹性”应力增量,即

$$\Delta\boldsymbol{\sigma}_{\mathrm{e}}=\boldsymbol{D}\Delta\boldsymbol{\varepsilon}_i \tag{7-122}$$

如果 $\boldsymbol{\sigma}_{\mathrm{e}}$ 不违反曲面条件,即 $f(\boldsymbol{\sigma}_{\mathrm{e}},\boldsymbol{\kappa}_i)\leqslant 0$,那么式(7-121)就成立;否则需要对它进行修正,即下一步的应力为

$$\boldsymbol{\sigma}_{i+1}=\boldsymbol{\sigma}_{\mathrm{e}}-\Delta\lambda_{\mathrm{c}}\boldsymbol{D}\left(\frac{\partial g}{\partial \boldsymbol{\sigma}}\right)_{\boldsymbol{\sigma}=\boldsymbol{\sigma}_{\mathrm{c}},\boldsymbol{\kappa}=\boldsymbol{\kappa}_i} \tag{7-123}$$

式中:$\Delta\lambda_{\mathrm{c}}$——塑性流动幅度。

$$\Delta\lambda_c = \left.\frac{\left(\dfrac{\partial f}{\partial \boldsymbol{\sigma}}\right)^{\mathrm{T}} \boldsymbol{D}\Delta\boldsymbol{\varepsilon}_B}{h + \left(\dfrac{\partial f}{\partial \boldsymbol{\sigma}}\right)^{\mathrm{T}} \boldsymbol{D}\left(\dfrac{\partial g}{\partial \boldsymbol{\sigma}}\right)}\right|_{\boldsymbol{\sigma}=\boldsymbol{\sigma}_c,\boldsymbol{\kappa}=\boldsymbol{\kappa}_i} \tag{7-124}$$

现在我们把式(7-123)改成为隐式的 Euler 向后差分格式,即

$$\boldsymbol{\sigma}_{i+1} = \boldsymbol{\sigma}_e - \Delta\lambda_{i+1}\boldsymbol{D}\left(\frac{\partial g}{\partial \boldsymbol{\sigma}}\right)_{\boldsymbol{\sigma}=\boldsymbol{\sigma}_{i+1},\boldsymbol{\kappa}=\boldsymbol{\kappa}_{i+1}} \tag{7-125}$$

由于式(7-125)只有 6 个方程,但是有 14 个未知数,即 $\boldsymbol{\sigma}_{j+1}$的 6 个分量,$\boldsymbol{\kappa}_{j+1}$的 7 个分量和一个 $\Delta\boldsymbol{\lambda}_{j+1}$。为此,我们需要补充如下 8 个方程

$$\boldsymbol{\kappa}_{i+1} = \boldsymbol{\kappa}_i + \Delta\lambda_{i+1}\boldsymbol{p}(\boldsymbol{\sigma}_{i+1},\boldsymbol{\kappa}_{i+1}) \quad f(\boldsymbol{\sigma}_{i+1},\boldsymbol{\kappa}_{i+1}) = 0 \tag{7-126}$$

所以隐式的 Euler 向后差分格式不需要确定接触应力 $\boldsymbol{\sigma}_c$,而且计算也更为稳定。

7.3.3 率相关材料

本节以黏弹性和蠕变(徐变)为例介绍率相关材料的特性。

1)黏弹性

我们先从引入一个一维的黏弹性模型,它由一个线性弹簧和一个线性黏壶组成。其中有两种最简单,也应用最广泛的黏弹性模型,分别称为 Maxwell 模型和 Kelvin 模型,前者是弹簧和黏壶的串联,后者是弹簧和黏壶的并联(图 7-5)。

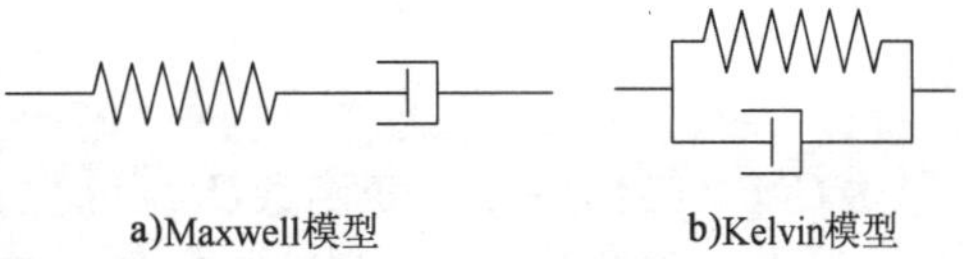

图 7-5 黏弹性模型

Maxwell 模型中,总应变率 $\dot{\varepsilon}$ 是弹性应变率 $\dot{\varepsilon}_e$ 和黏性应变率 $\dot{\varepsilon}_v$ 之和,即

$$\dot{\varepsilon} = \dot{\varepsilon}_e + \dot{\varepsilon}_v \tag{7-127}$$

设弹簧的杨氏模量为 E,黏壶的黏性为 η,即

$$\dot{\varepsilon}_e = \frac{\dot{\sigma}}{E} \quad \dot{\varepsilon}_v = \frac{\sigma}{\eta} \tag{7-128}$$

在 Maxwell 模型中,弹簧和黏壶承受相同的应力,所以

$$\dot{\varepsilon} = \frac{\dot{\sigma}}{E} + \frac{\sigma}{\eta} \tag{7-129}$$

积分这个微分方程,我们得到

$$\sigma(t) = E\varepsilon_0\exp\left(-\frac{t-t_0}{\tau}\right) \tag{7-130}$$

式中:ε_0——时刻 t_0 的应变,而 $\tau = \eta/E$ 则是具有时间量纲的量,有时候被称为松弛时间,它是材料特性。

如果在 t_1 时刻再作用应变 ε_1,那么根据线性黏弹性的叠加原理有

$$\sigma(t) = E\varepsilon_0\exp\left(-\frac{t-t_0}{\tau}\right) + E\varepsilon_1\exp\left(-\frac{t-t_1}{\tau}\right) \tag{7-131}$$

可以进一步推广为有 n 个应变作用情形

$$\sigma(t) = \sum_{i=0}^{n-1} E\varepsilon_i\exp\left(-\frac{t-t_i}{\tau}\right) \tag{7-132}$$

它的极限状态就是

$$\sigma(t) = \int_0^t E\dot{\varepsilon}\exp\left(-\frac{t-\tilde{t}}{\tau}\right)\mathrm{d}\tilde{t} \tag{7-133}$$

引入一个松弛函数 $E(t-\tilde{t})$,把应力与应变之间的关系推广为

$$\boldsymbol{\sigma}(t)=\int_0^t E(t-\tilde{t})\dot{\boldsymbol{\varepsilon}}(\tilde{t})\mathrm{d}\tilde{t} \tag{7-134}$$

可表示更为一般的黏弹性材料特性。式(7-134)给出了用应变表示的当前应力。有时候需要把当前应变用应力表示,比如在蠕变(徐变)试验中。为此,我们求式(7-134)的逆函数,即

$$\boldsymbol{\varepsilon}(t)=\int_0^t J(t-\tilde{t})\dot{\boldsymbol{\sigma}}(\tilde{t})\mathrm{d}\tilde{t} \tag{7-135}$$

式中:$J(t-\tilde{t})$——蠕变函数。

三维的黏弹性关系,我们直接从式(7-134)推广得到,即

$$\boldsymbol{\sigma}(t)=\int_0^t \boldsymbol{D}(t-\tilde{t},\tilde{t})\dot{\boldsymbol{\varepsilon}}(\tilde{t})\mathrm{d}\tilde{t} \tag{7-136}$$

式中引入了材料的老化特性,即材料特性矩阵 $\boldsymbol{D}$ 是时间的函数。特性矩阵 $\boldsymbol{D}$ 是松弛函数 $E(t-\tilde{t})$的推广,它不仅是时间差 $t-\tilde{t}$ 的函数,也是时间 $\tilde{t}$ 的函数,因此可以考虑材料的老化。与式(7-136)类似,可以用应力来表示应变,即

$$\boldsymbol{\varepsilon}(t)=\int_0^t \boldsymbol{C}(t-\tilde{t},\tilde{t})\dot{\boldsymbol{\sigma}}(\tilde{t})\mathrm{d}\tilde{t} \tag{7-137}$$

式中:$\boldsymbol{C}(t-\tilde{t},\tilde{t})$——蠕变函数 $J(t-\tilde{t})$的推广。

在位移法有限元中,显然式(7-136)更有优势。理论上矩阵 $\boldsymbol{D}$ 中有 21 个独立的元素,实际应用中可以进行简化。例如可以假设

$$\boldsymbol{D}(t-\tilde{t},\tilde{t})=E(t-\tilde{t},\tilde{t})\overline{\boldsymbol{D}} \tag{7-138}$$

式中:$E(t-\tilde{t},\tilde{t})$——包含老化效应的松弛函数;

$\overline{\boldsymbol{D}}$——无量纲与时间无关的材料常数矩阵。如果假设材料在整个加载过程中保持各向同性特性,则 $\overline{\boldsymbol{D}}$ 为

$$\overline{\boldsymbol{D}}=\frac{1}{(1+\nu)(1-2\nu)}\begin{bmatrix}1-\nu & \nu & \nu & 0 & 0 & 0\\ \nu & 1-\nu & \nu & 0 & 0 & 0\\ \nu & \nu & 1-\nu & 0 & 0 & 0\\ 0 & 0 & 0 & \frac{1}{2}-\nu & 0 & 0\\ 0 & 0 & 0 & 0 & \frac{1}{2}-\nu & 0\\ 0 & 0 & 0 & 0 & 0 & \frac{1}{2}-\nu\end{bmatrix} \tag{7-139}$$

把式(7-138)代入式(7-136),得到

$$\boldsymbol{\sigma}(t)=\overline{\boldsymbol{D}}\int_0^t E(t-\tilde{t},\tilde{t})\dot{\boldsymbol{\varepsilon}}(\tilde{t})\mathrm{d}\tilde{t} \tag{7-140}$$

在实际计算中使用式(7-140)或式(7-136)时,我们必须记录下整个应变的历史,或者我们必须保存所有前面计算步的应变增量,才能计算新的应力增量。这是很不方便的,尤其对于大规模的有限元模型来说。为此,可以把松弛函数 $E(t-\tilde{t},\tilde{t})$假设为

$$E(t-\tilde{t},\tilde{t})=E_0(\tilde{t})+\sum_{i=1}^{n}E_i(\tilde{t})\exp\left(-\frac{t-\tilde{t}}{\tau_i}\right) \tag{7-141}$$

并把它代入式(7-140),得

$$\boldsymbol{\sigma}(t) = \overline{\boldsymbol{D}}\left[\int_0^t E_0(\tilde{t})\dot{\boldsymbol{\varepsilon}}(\tilde{t})\mathrm{d}\tilde{t} + \sum_{i=1}^{n}\int_0^t E_i(\tilde{t})\exp\left(-\frac{t-\tilde{t}}{\tau_i}\right)\dot{\boldsymbol{\varepsilon}}(\tilde{t})\mathrm{d}\tilde{t}\right] \tag{7-142}$$

在上式中令 $t=t-\Delta t$,则有

$$\boldsymbol{\sigma}(t-\Delta t) = \overline{\boldsymbol{D}}\left[\int_0^{t-\Delta t} E_0(\tilde{t})\dot{\boldsymbol{\varepsilon}}(\tilde{t})\mathrm{d}\tilde{t} + \sum_{i=1}^{n}\int_0^{t-\Delta t} E_i(\tilde{t})\exp\left(-\frac{t-\Delta t-\tilde{t}}{\tau_i}\right)\dot{\boldsymbol{\varepsilon}}(\tilde{t})\mathrm{d}\tilde{t}\right] \tag{7-143}$$

如果用 $\Delta\boldsymbol{\sigma}$ 表示应力增量,即 $\Delta\boldsymbol{\sigma}=\boldsymbol{\sigma}(t)-\boldsymbol{\sigma}(t-\Delta t)$,那么由式(7-142)和式(7-143)得

$$\Delta\boldsymbol{\sigma} = \hat{\boldsymbol{D}}\Delta\boldsymbol{\varepsilon} + \hat{\boldsymbol{\sigma}} \tag{7-144}$$

式中:

$$\hat{\boldsymbol{D}} = \overline{\boldsymbol{D}}\left\{E_0(\tilde{t}) + \sum_{i=1}^{n}\left[1-\exp\left(-\frac{\Delta t}{\tau_i}\right)\right]\frac{E_i(\tilde{t})\tau_i}{\Delta t}\right\} \tag{7-145}$$

$$\hat{\boldsymbol{\sigma}} = -\sum_{i=1}^{n}\left[1-\exp\left(-\frac{\Delta t}{\tau_i}\right)\right]\boldsymbol{\sigma}_i(t-\Delta t) \tag{7-146}$$

$$\boldsymbol{\sigma}_i(t-\Delta t) = \int_0^{t-\Delta t} E_i(\tilde{t})\exp\left(-\frac{t-\Delta t-\tilde{t}}{\tau_i}\right)\dot{\varepsilon}(\tilde{t})\mathrm{d}\tilde{t} \tag{7-147}$$

应用式(7-144),我们不再需要保存整个应变历史,而只需要在前一迭代步的基础上,计算对应于应变增量的应力增量即可,非常适用于有限元这样的大规模计算过程。

2)蠕变(徐变)

蠕变(徐变)是指材料在常应力下变形随时间变化的现象,实际上前面描述的黏弹性是线性蠕变的一种特例。这里的蠕变(徐变)模型可以看成是黏弹性的推广。为此,我们把总应变 ε 分解为弹性应变 $\boldsymbol{\varepsilon}_e$ 和蠕变应变 $\boldsymbol{\varepsilon}_c$,即

$$\boldsymbol{\varepsilon} = \boldsymbol{\varepsilon}_e + \boldsymbol{\varepsilon}_c \tag{7-148}$$

其中,弹性应变 $\boldsymbol{\varepsilon}_e$ 与应力成正比,而蠕变应变率 $\dot{\boldsymbol{\varepsilon}}_c$ 则与应力 $\boldsymbol{\sigma}$ 和蠕变应变 $\boldsymbol{\varepsilon}_c$ 有关,即

$$\boldsymbol{\varepsilon}_e = \boldsymbol{D}^{-1}\boldsymbol{\sigma} \quad \dot{\boldsymbol{\varepsilon}}_c = \boldsymbol{\beta}(\boldsymbol{\sigma},\boldsymbol{\varepsilon}_c) \tag{7-149}$$

如果蠕变应变率 $\dot{\boldsymbol{\varepsilon}}_c$ 与应力 $\boldsymbol{\sigma}$ 呈线性关系,且与蠕变应变 $\boldsymbol{\varepsilon}_c$ 无关,那么上述模型退化为线性的黏弹性模型。由于线性的叠加原理无法应用,所以蠕变应变的增量 $\Delta\boldsymbol{\varepsilon}_c$ 一般直接积分计算

$$\Delta\boldsymbol{\varepsilon}_c = \boldsymbol{\varepsilon}_c(t+\Delta t) - \boldsymbol{\varepsilon}_c(t) = \Delta t\boldsymbol{\beta}_{t+\theta\Delta t} \tag{7-150}$$

式中:θ——计算参数。

且

$$\boldsymbol{\beta}_{t+\theta\Delta t} = (1-\theta)\boldsymbol{\beta}_t + \theta\boldsymbol{\beta}_{t+\Delta t} \tag{7-151}$$

那么应力增量则可以类似于弹塑性力学中的方法得到

$$\Delta\boldsymbol{\sigma} = \boldsymbol{\sigma}_{t+\Delta t} - \boldsymbol{\sigma}_t = \boldsymbol{D}(\Delta\boldsymbol{\varepsilon} - \Delta\boldsymbol{\varepsilon}_c) \tag{7-152}$$

利用式(7-150)和式(7-152),我们可以求出在利用 Newton-Raphson 法求解非线性问题时需要用到的切线刚度,即

$$\Delta\boldsymbol{\sigma} = (\boldsymbol{D}^{-1} + \Delta t\,\boldsymbol{C}_{t+\Delta t})^{-1}\Delta\boldsymbol{\varepsilon} \tag{7-153}$$

式中:$\boldsymbol{C}_{t+\Delta t}$——蠕变矩阵,它由下式确定

$$\boldsymbol{C}_{t+\Delta t} = \theta\frac{\partial\boldsymbol{\beta}_{t+\Delta t}}{\partial\boldsymbol{\sigma}} \tag{7-154}$$

有了式(7-123),即可以按迭代格式求解蠕变(徐变)问题。

7.4 非线性有限元的求解方法

这节介绍非线性有限元求解时常用的几种方法。用有限元求解一个非线性问题时,不管此非线性问题的来源,最终都归结为求解如下关于节点位移 $\boldsymbol{a}$ 的一个非线性方程

$$\boldsymbol{K}(\boldsymbol{a})\boldsymbol{a}-\boldsymbol{f}(\boldsymbol{a})=0 \tag{7-155}$$

式中,刚度矩阵 $\boldsymbol{K}$ 和等效节点荷载 $\boldsymbol{f}$ 都可以是节点位移 $\boldsymbol{a}$ 的函数。求解这个方程最常见的方法是 Newton 法和弧长法,这也是商用有限元软件中采用最多的两种方法,下面分别介绍。

7.4.1 Newton 法

Newton 法也被称为 Newton-Raphson 法,或者称为切线刚度法。为了描述方便,我们设

$$\boldsymbol{R}(\boldsymbol{a})=\boldsymbol{K}(\boldsymbol{a})\boldsymbol{a}-\boldsymbol{f}(\boldsymbol{a}) \tag{7-156}$$

式中,$\boldsymbol{R}$ 也被称为不平衡力。Newton 法利用如下的迭代公式计算上述方程的解

$$\boldsymbol{a}_{n+1}=\boldsymbol{a}_n+\Delta\boldsymbol{a}_n \tag{7-157}$$

式中:

$$\Delta\boldsymbol{a}_n=-\boldsymbol{K}_n^{-1}\boldsymbol{R}_n \tag{7-158}$$

式中,$\boldsymbol{R}_n=\boldsymbol{R}(\boldsymbol{a}_n)$;$\boldsymbol{K}_n$ 是第 n 次迭代的切线刚度矩阵,为

$$\boldsymbol{K}_n=\left.\frac{\partial\boldsymbol{R}}{\partial\boldsymbol{a}}\right|_{a=a_n} \tag{7-159}$$

当 $\Delta\boldsymbol{a}_n\to0$,也就是残差 $\boldsymbol{R}_n\to0$ 时,我们就得到了近似满足式(7-155)的 $\boldsymbol{a}_{n+1}$。如图 7-6a)所示为一维问题的 Newton-Raphson 法的几何解释。从上面的迭代公式我们也可以看出,计算切线刚度矩阵 $\boldsymbol{K}_n$ 是 Newton-Raphson 法的关键步骤,在有限元中,当问题的维数很大时,该步骤也是最费时的。为此,有人提出了修正的 Newton 法,即事先选定一个正整数 N,规定计算过程中每经过 N 次迭代后,才重新计算切线刚度矩阵。显然,如果取 $N=1$,就是原来的 Newton 法,而如果取 $N\to\infty$,相当于在整个迭代过程中一直采用初始的切线刚度,所以有时也被称为初始刚度法。如图 7-6b)所示为一维问题的修正的 Newton-Raphson 法示意图。

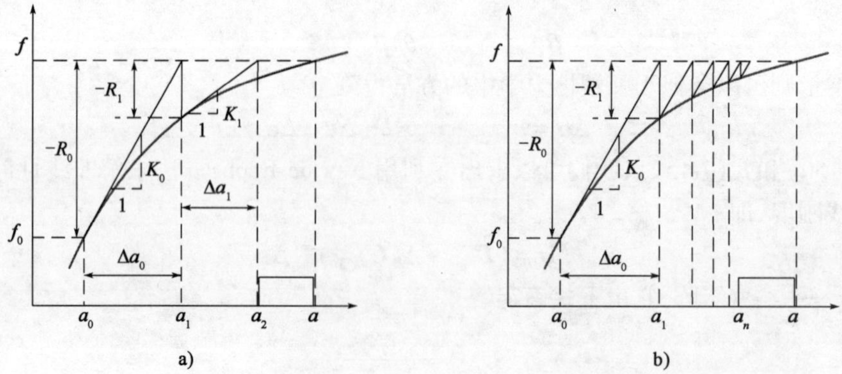

图 7-6 Newton-Raphson 法和修正的 Newton-Raphson 法求解过程的几何解释

另一种对 Newton 法进行改进，以提高计算效率的思路是在每次迭代后，不重新计算切线刚度矩阵，也不是简单地沿用原来的切线刚度矩阵，而是用一种简单的方式，直接对切线刚度矩阵的逆矩阵加以修正，从而减少计算工作量，这种方法被称为拟 Newton 法。显然，这里的关键是如何在每次迭代后修正切线刚度矩阵的逆矩阵，具体实现过程可参考文献[2]。

7.4.2 荷载增量法

这一方法从问题的初值出发，随着外荷载按增量形式逐步增大来研究结构的响应。荷载增量法可以得到整个荷载变化过程中分析对象的响应，适合于与加载历史有关的问题，例如弹塑性问题的求解。为了表示荷载按增量形式逐步变化，我们引入一个荷载参数 λ 来调节荷载，并把方程(7-155)改写为

$$\boldsymbol{R}(\boldsymbol{a},\lambda)=\boldsymbol{K}(\boldsymbol{a})\boldsymbol{a}-\boldsymbol{f}(\boldsymbol{a},\lambda) \tag{7-160}$$

通过把荷载参数 λ 分为 $\lambda_0,\lambda_1,\cdots,\lambda_n$，然后引入如下的迭代格式

$$\boldsymbol{a}_{n+1}=\boldsymbol{a}_n+\Delta\boldsymbol{a}_n \tag{7-161}$$

式中：

$$\Delta\boldsymbol{a}_n=\Delta\lambda_n\boldsymbol{K}_n^{-1}\bar{\boldsymbol{f}}_n \tag{7-162}$$

式中：

$$\Delta\lambda_n=\lambda_{n+1}-\lambda_n$$

$$\boldsymbol{K}_n=\left.\frac{\partial\boldsymbol{R}}{\partial\boldsymbol{a}}\right|_{\boldsymbol{a}=\boldsymbol{a}_n,\lambda=\lambda_n}\qquad\bar{\boldsymbol{f}}_n=\left.\frac{\partial\boldsymbol{f}}{\partial\lambda}\right|_{\boldsymbol{a}=\boldsymbol{a}_n,\lambda=\lambda_n} \tag{7-163}$$

如图 7-7 所示为荷载增量法的几何解释，可以看出荷载增量法其实是用一系列线性解去模拟非线性问题，所以随着迭代次数的增加，如图 7-7a)所示，计算结果逐渐偏离真实解。为此我们可以把不平衡力引入迭代法中，即把式(7-162)修改为

$$\Delta\boldsymbol{a}_n=\boldsymbol{K}_n^{-1}(\Delta\lambda_n\bar{\boldsymbol{f}}_n-\boldsymbol{R}_n) \tag{7-164}$$

式中，不平衡力 $\boldsymbol{R}_n$ 为

$$\boldsymbol{R}_n=\boldsymbol{R}(\boldsymbol{a}_n,\lambda_n) \tag{7-165}$$

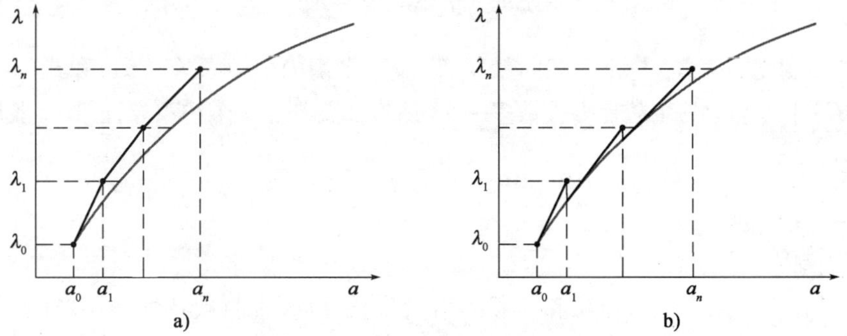

图 7-7 荷载增量法的几何解释

经过修正后，我们就可以得到如图 7-7b)所示的结果。也可以在每一个荷载增量步的计算中，引入 Newton 法或修正的 Newton 法进行迭代，以消除非平衡力。实际上原来的荷载迭代法可以是看成在每一个荷载增量步的计算中，只进行一次迭代的 Newton 法。

7.4.3 弧长法

由于 Newton 法具有二次收敛率,因此它的收敛速度很快,这也是它被大部分商用有限元软件采用的主要原因,但是这种方法也有一个致命的缺点,该方法不适用于荷载—响应特性中有临界点的问题,比如结构失稳、材料软化、跳跃失稳(snap-through),或者回跳现象(snap-back)等,如图 7-8 所示。此时,切线刚度矩阵无法求逆,从式(7-158)可以看出,迭代过程无法求出节点位移的修正量,从而导致计算失败。因此,Newton 法不适用于这些情况,而弧长法则可以弥补 Newton 法的不足。

设分析对象的荷载—位移特性如图 7-8 中的曲线 *ABCDEFGHIJ* 所示,其中,*B*、*C* 和 *F* 是关于力的极值点,而 *G* 和 *H* 是关于位移的极值点。如果采用常规的 Newton-Raphson 法,当我们计算到 *B* 点附近时,会发生 Snap-through 现象,即计算结果从 *B* 点直接跳跃到 *D* 点,而无法求得 *BCD* 段。此时可以类似于试验中的"位移控制",对计算方法进行改进,从而求得下降段。但是"位移控制"法在另一种极值点 *G* 附近时,将导致计算结果从 *G* 点跳跃到 *I* 点,*GHI* 段也无法求得。为了解决这个问题,Riks[7-9] 提出了弧长法(Arc length method),Crisfield[10] 对这个方法进行了改进,使其适用于有限元法。

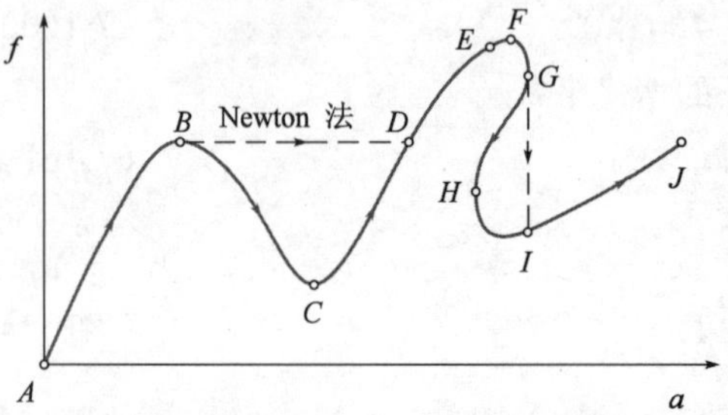

图 7-8 具有 Snap-through 和 Snap-back 现象的荷载—位移曲线

为了说明弧长法,我们在原来的非线性方程(7-156)中也引入一个关于外荷载的参数 λ,把式(7-156)修改为式(7-160),但是与荷载增量法不同,参数 λ 事先并不确定,所以方程(7-160)中未知数的个数比方程数多了一个,需要补充一个方程才能求解。所以弧长法既不是像荷载增量法那样"力控制",也不像位移增量法中的"位移控制"。式(7-160)的求解仍然要采用迭代法,假设第 n 步的 $\boldsymbol{a}_n$ 和 λ_n 已经求得,我们需要求取第 $n+1$ 步 $\boldsymbol{a}_{n+1}$ 和 λ_{n+1},即

$$\boldsymbol{a}_{n+1} = \boldsymbol{a}_n + \Delta\boldsymbol{a}_n \quad \lambda_{n+1} = \lambda_n + \Delta\lambda_n \tag{7-166}$$

式中,位移增量 $\Delta\boldsymbol{a}_n$ 和荷载参数增量 $\Delta\lambda_n$ 满足方程

$$\boldsymbol{K}_n\Delta\boldsymbol{a}_n - \bar{\boldsymbol{f}}_n\Delta\lambda_n = -\boldsymbol{R}_n \tag{7-167}$$

式中,切线刚度矩阵 $\boldsymbol{K}_n$、标准荷载向量 $\bar{\boldsymbol{f}}_n$ 以及不平衡力 $\boldsymbol{R}_n$ 由式(7-163)和式(7-165)确定。显然式(7-167)中未知数的个数比方程数多一个,所以需要补充一个约束方程,其一般形式为

$$\alpha^2\Delta\boldsymbol{a}_n^{\mathrm{T}}\Delta\boldsymbol{a}_n + \beta^2\bar{\boldsymbol{f}}_n^{\mathrm{T}}\bar{\boldsymbol{f}}_n\Delta\lambda_n^2 = \Delta l_n^2 \tag{7-168}$$

式中:α、β——尺度因子;

Δl_n——弧长[8-11]。

在迭代过程中可用来调节位移和荷载的增量步长,以改进收敛特性。尺度因子 α 和 β 的不同取值,可得到不同的弧长法。一般情况下取 $\alpha=1$,而 β 取为 1 或者 0,分别对应球面弧长法和柱面弧长法。

式(7-168)是关于 $\Delta\lambda_n$ 的二次方程,因此一般情况下可以求得 2 个根,在程序中需要根据求解问题的荷载—位移响应,按某种规则选择一个合适的,关于这方面的详细讨论可参阅文献[11]。

7.5 示 例

7.5.1 几何非线性算例

斜拉桥和悬索桥是大跨径桥梁中常常采用的结构形式,其中最主要的承重构件是斜拉索和主缆,分析它们的受力特性一般要考虑几何非线性。早期常常采用只有两个节点的直线单元模拟,但它们只适用于张力非常大的情形。为了考虑垂度效应,Ernst 提出了修正模量法,研究表明,对于相对较高的张力和较短的索,Ernst 的修正模量法具有足够的精度。对于垂度较大的索,比如悬索桥的主缆,一般需要采用具有多个节点的曲线单元,并采用高阶的多项式插值,为了保证单元之间斜率的连续性,有时候需要引进转角位移。一般来说,必须采用较多的单元以能较准确地描述索的几何形状。另一种思路是采用两节点的悬链线索单元,它可以精确地描述索的实际形状和力学行为[12-16],Gwon 和 Choi [17]给出了两节点抛物线索单元,给出了切线刚度矩阵的显式表达式,避免了悬链线单元刚度矩阵的迭代求解。

我们采用文献[12-17]中的算例,即计算如图 7-9 所示的索在集中力作用下的变形。索的弹性模量为 E,截面积 A 和单位长度的重量 m 以及索的初始长度如图所示。整个索分成 2 个抛物线索单元[17],采用 Newton-Raphson 法求解。图 7-10 给出了节点 2 处两个方向的位移与集中力 P 之间的关系曲线。

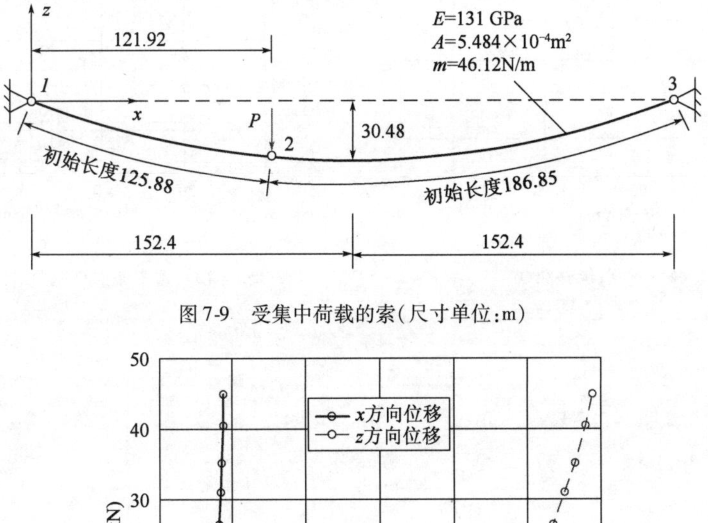

图 7-9 受集中荷载的索(尺寸单位:m)

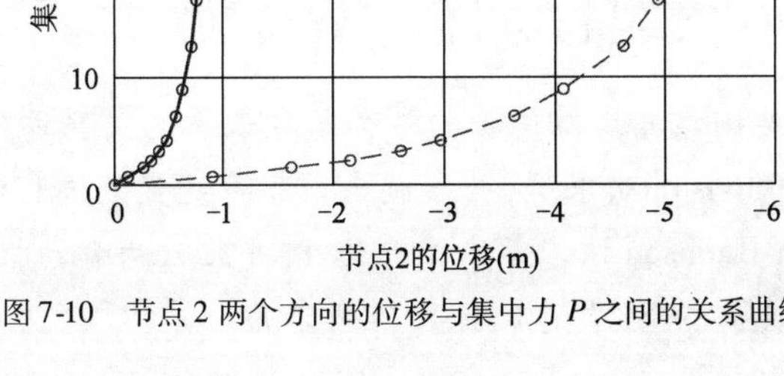

图 7-10 节点 2 两个方向的位移与集中力 P 之间的关系曲线

7.5.2 材料非线性算例

选用型号为 I20a 的工字钢,两端简支,跨中作用集中力 F,如图 7-11 所示。采用壳单元建立有限元模型,设材料为线性强化材料,初始弹性模量 210GPa,屈服应力 235MPa,屈服后弹性模量 20GPa,泊松比取 0.3。非线性方程的求解采用荷载增量法,并在每一荷载增量步中引入 Newton-Raphson 法迭代,以提高计算精度。

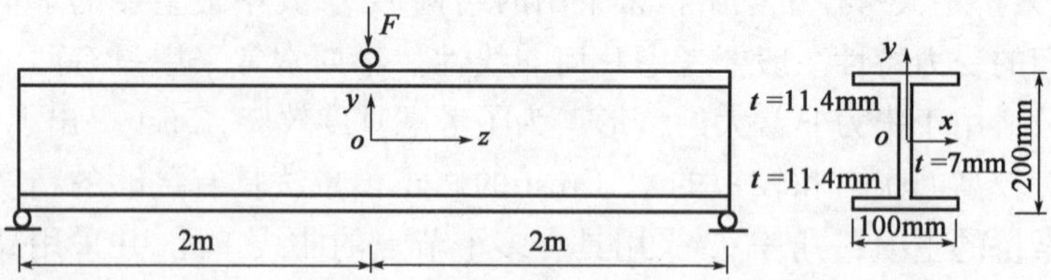

图 7-11 工字钢算例示意

图 7-12 为跨中荷载与跨中挠度的荷载—位移曲线,图 7-13 为跨中集中荷载 $F=74.46$kN 时,跨中截面正应力沿梁高的分布图。可见此时距中心轴 35mm 以内的部分正应力值均小于材料的屈服应力 235MPa,仍处于弹性,且正应力随着梁高呈线性分布。距离中性轴 35mm 以上部分则已进入塑性。

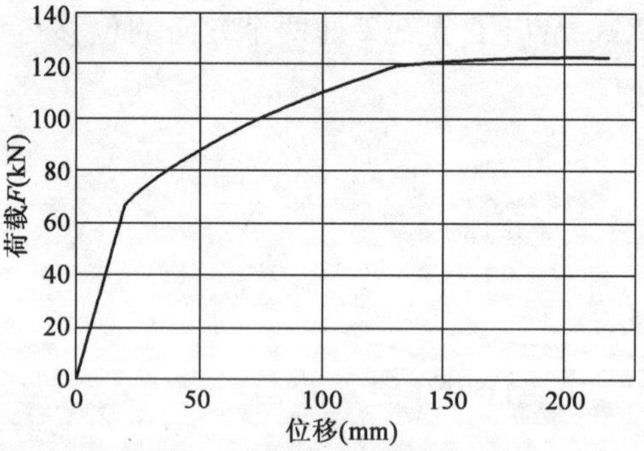

图 7-12 跨中荷载位移曲线

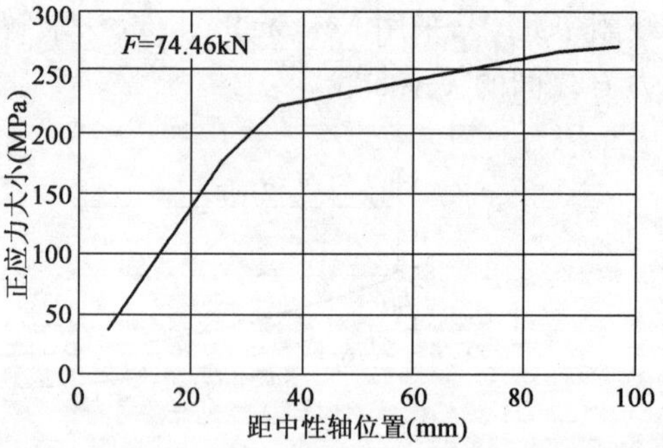

图 7-13 跨中截面正应力沿梁高的分布

【思考题】

1. 设有非线性弹簧,其刚度 K 与伸长量 D 的关系为

$$K=\frac{1}{2}\left(1+\frac{D}{D_0}\right)^{-\frac{1}{2}}+5\left(1+\frac{D}{D_0}\right)^{-\frac{2}{3}}$$

式中,$D_0=0.5$m。请绘制该非线性弹簧的外力与伸长量的关系曲线图。如果对其作用外力 $F=15$kN,请用 Newton-Raphson 法求解,并绘制出前 5 步迭代的过程曲线图。

2. 请用修正的 Newton-Raphson 法求解本章习题 1,并比较两者的收敛速度。

3. 请用荷载增量法求解本章思考题 1,并比较两者的计算结果。

4. 如果本章习题 1 中的弹簧刚度与伸长量之间的关系变为

$$K = 1.5 + \cos\left(\frac{D}{D_0}\right)$$

式中，$D_0 = 6\text{m}$。请绘制该非线性弹簧的外力与伸长量的关系曲线图。如果对其作用外力 $F = 15\text{kN}$，请问用 Newton-Raphson 法求解时会碰到什么困难？弧长法能求解吗？

5. 已知应力状态

$$\boldsymbol{\sigma} = \begin{bmatrix} 750 & 150 & 0 \\ 150 & 150 & 0 \\ 0 & 0 & 0 \end{bmatrix}$$

正好使材料屈服，请分别按 Tresca 和 Mises 屈服条件计算材料单向拉伸的屈服极限。

6. 物体中某点的三个主应力为（-100MPa，-200MPa，-300MPa），该物体的材料在单向拉伸时的屈服极限为 190MPa，请用 Tresca 和 Mises 屈服条件判断该点处于弹性状态还是塑性状态。

7. 在主应力 σ_1 和 σ_2 的平面内，屈服曲线由条件 $|\sigma_1| = \sigma_y$，$|\sigma_2| = \sigma_y$ 给出，试写出与这一屈服条件相关联的流动法则。

本章参考文献

[1] Belytschko T, Liu W K, Moran B. Nonlinear Finite Elements for Continua and Structures [M]. John Wiley & Sons Ltd. 2000.

[2] 凌道盛，徐兴. 非线性有限元及程序[M]. 杭州：浙江大学出版社，2004.

[3] 赵亚溥. 近代连续介质力学[M]. 北京：科学出版社，2016.

[4] Belytschko T, Hsieh B J. Non-linear transient finite element analysis with convected coordinates. International Journal for Numerical Methods in Engineering[S], 1973, 7: 255-271.

[5] 丁皓江，何福保，谢贻权，等. 弹性和塑性力学中的有限元单元法[M]. 北京：机械工业出版社，1981.

[6] Hill R. The Mathematical Theory of Plasticity[M]. Oxford University Press. 1950.

[7] Riks E. The application of Newton's method to the problems of elastic stability[S]. Journal of Applied Mechanics, 1972, 39: 1060-1065.

[8] Riks E. An incremental approach to the solution of snapping and buckling problems[S]. International Journal of Solids and Structures, 1979, 15: 529-551.

[9] Riks E. Some computational aspects of the stability analysis of nonlinear structures[S]. Computer Methods in Applied Mechanics and Engineering, 1984, 47: 219-259.

[10] Crisfield M A. A fast incremental/iterative solution procedure that handles "snap-through" [S]. Computers & Structures, 1981, 13: 55-62.

[11] Ritto-Corrêa M, Camotim D. On the arc-length and other quadratic control methods: Established, less known and new implementation procedures[S]. Computers & Structures, 2008, 86: 1353-1368.

[12] 杨孟刚，陈政清. 基于 UL 列式的两节点悬链线索元非线性有限元分析[J]. 土木工程学

报,2003,36(8):63-68.

[13] 袁驷,程大业,叶康生.索结构找形分析的精确单元方法[J].建筑结构学报,2005,26(2):46-51.

[14] 罗喜恒,肖汝诚,项海帆.基于精确解析解的索单元[J].同济大学学报(自然科学版),2005,33(4):445-450.

[15] Yang Y B,Tsay J Y. Geometric nonlinear analysis of cable structures with a two-node cable element by generalized displacement control method[S]. International Journal of Structural Stability and Dynamics, 2007, 7(4): 571-588.

[16] Thai H T, Kim S E. Nonlinear static and dynamic analysis of cable structures[S]. Finite Elements in Analysis and Design, 2011, 47: 237-246.

[17] Gwon S G, Choi D H. Three-dimensional parabolic cable element for static analysis of cable structures[S]. Journal of Structural Engineering, 2016, 142(2).

第 8 章

桥梁结构有限元建模

引言:无论采用何种有限元软件分析桥梁结构,模型的建立皆是结构分析的关键之一,首先应针对分析目标进行建模规划。本章主要介绍结构分析模型简化原则、单元类型选择、网格划分、整体模型的建立、边界条件处理及荷载模拟、局部模型建立等。并以连续梁桥和斜拉桥为例给出了结构分析模型建立方法。

8.1 建模规划

8.1.1 模型简化的基本原则

任何一座桥梁均是由上部结构、下部结构和基础三部分组成的复杂空间结构,完全按照桥梁实际构造建立有限元模型,既不可行也无必要,因此,在开展桥梁结构分析前,有必要对实际桥梁做出符合实际状况的假定和简化,通常把简化后的计算图式称为计算模型或分析模型。桥梁工程中因结构跨度较其他两个尺度(截面宽度和高度)大很多,在分析模型中大多近似处理为杆系结构。大量计算和试验结果均表明,这种简化是可行的,能够满足工程设计精度的要求。当采用平面杆系结构程序计算桥梁结构或构件的内力和变形时,其空间效应可以通过横向分布系数、偏载增大系数来体现。若采用空间分析模型,则无须考虑横向分布系数和偏载增大系数,程序会自动计算空间效应。

桥梁结构简化必须遵循以下基本原则：

(1)计算模型应符合实际结构的构造特点和受力特点，以保证分析结果的真实性。

(2)保证体系的几何不变性，特别是对复杂桥梁施工过程中的体系转换更应注意，同时也要避免施加与实际结构受力不符的多余约束。

(3)本构关系应能真实反映材料的性质。

(4)在合理模拟的前提下，尽量减少节点数目，减少未知量数目，以减小计算规模，节省计算时间和计算机空间。

除杆系模型外，还可根据构造特点和计算需要采用板壳模型、实体模型或由几种单元类型构成的组合单元模型，同样要遵守桥梁简化的基本原则。

简化后的计算模型通常会省略一些次要构件，如桁架桥的节点板；在格构型钢管混凝土拱桥中，需要将腹杆反向延伸到拱肋的上、下弦管中心线上，从而增大了计算模型中的腹杆长度。这些简化往往会造成计算模型与实际桥梁的自重不等，需要修正模型中的材料重度，使计算模型与实际桥梁的自重相等。

桥梁简化计算模型与分析阶段的目标有关。一般地，杆系结构模型能获得满足工程精度要求的整体受力特性，包括较低阶的整体振动模态和整体失稳模态。若要进一步分析复杂结构或构件，如连续刚构桥的0号块、钢—混结合段、钢—混组合梁的应力或变形，或是局部振动模态和局部失稳模态，就需要在杆系结构整体模型计算的基础上，建立精细化的实体模型或组合单元模型开展分析。

需要指出的是，桥梁简化计算模型建立需要经历一个不断修改、不断完善的过程，而不是模型建立后就一成不变。由于模型建立涉及单元类型、构件连接、边界条件与外部荷载等多个方面，因此在建模过程中应结合力学知识、类似桥梁的理论值或实测值进行判断和修改，对于构造新型和受力复杂的桥梁，可根据试验实测数据来修改计算模型，直至模型计算结果与实测数据相吻合。

8.1.2 单元类型的选择

按照几何特征，工程中的结构大致可分为杆系结构、板壳结构、实体结构三种基本结构，以及由基本结构构成的组合结构。杆系结构是由长度远大于其他两个尺度(截面高度和宽度)的杆件组成的结构；板壳结构是由厚度远小于其他两个尺度(长度和宽度)的板件组成的结构；实体结构则是三个方向尺度相近的块体组成的结构。按照杆轴线和外力的空间位置可分为平面结构和空间结构。如果结构的各杆轴线及外力(包括荷载和反力)均在同一平面内，则称平面结构，否则便是空间结构。相应地，有限元模型可分为二维单元模型(平面模型)和三维单元模型(空间模型)。

在开展网格划分前，应首先确定单元类型，包括单元的类型、形状和阶次。单元选择应根据结构的类型、形状特征、应力和变形特点、精度要求和硬件条件等因素综合考虑。如果桥梁结构是一个非常复杂的不规则空间结构，则应选择四面体空间实体单元，而不宜选择五面体或六面体单元。如果精度要求高、计算机容量又较大，可以选择二次单元或三次单元。如果结构是比较规则的梁单元，梁的变形又以弯曲变形为主，则选择非协调单元比协调单元更合适。

此外，在选择单元类型时，还应注意以下几点。一是要正确理解所求解物理问题的本质特征，如问题的物理现象是什么？是否与时间有关？是静力学问题还是动力学问题？对于复杂问题,是否存在相互作用的耦合问题?二是要把握求解问题的领域,如应力分析、热传导分析等。三是要了解所用单元的适用条件和局限性,在使用单元前了解单元的特性和注意事项十分必要。例如,空间梁单元是求解直构件在承受拉伸、弯曲和扭转作用时常用的单元类型,虽然有限元软件中提供了考虑剪切变形的能力,但仍有其适用条件和局限性,要求 y 轴和 z 轴是横截面的形心主轴,在形心处 $y=z=0$ 和横截面至少具有一个对称轴与 y 轴或 z 轴重合。如果横截面不是对称的,则主轴必须通过计算确定。如果 y 轴和 z 轴不是主轴,则会因自由度的激活而引起更多的节点力和力矩,使梁单元刚度矩阵中出现更少的零元素。圆形横截面和横截面具有两个对称轴,由于剪心和形心重合,当单元绕其 x 轴扭转时,其横截面不会翘曲;非圆横截面(槽形、I 形及其他薄壁开口部件)的构件被扭转时,横截面会发生翘曲,原有的横截面不再保持为平面。然而限制翘曲可能会出现大的影响,为了反映翘曲约束,可以在每个节点附加一个翘曲自由度,自由度用每个节点的扭曲率 $d\theta_x/dx$ 表示,每个都与称为双力矩的荷载项有关,在此情况下本教材第 3.2.5 节给出的 C_1 型空间梁单元刚度矩阵 k 就变为 14×14 的方阵。目前,ANSYS、ABAQUS、MIDAS/Civil 等分析软件中都提供了每个节点有 7 个自由度的空间梁单元。

图 8-1 所示为一薄壁槽钢悬臂梁,受位于腹板平面内端点横向力 P 作用。如果要求梁仅产生弯曲变形而无扭转变形,则梁的横向荷载必须通过剪心。图 8-1 中的梁会同时产生扭转变形、弯曲变形以及横截面的翘曲。在 $x=0$ 处,固定支承约束了翘曲,其他位置翘曲引起了梁的扭转剪应力和正应力。对于纯扭转荷载,正应力要比扭转剪应力大,对此,可采用能同时表现出薄膜刚度和弯曲刚度的板壳单元来建模分析。

a)薄壁槽钢受位于腹板平面内　　b)虚线表示端部　　c)壳单元构建梁的
　端点横向力 P 的作用　　　　　横截面的偏转　　　　有限元模型

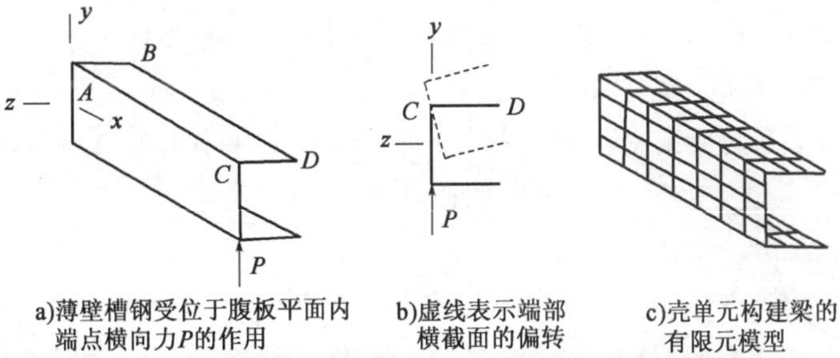

图 8-1　薄壁槽钢悬臂梁受横向力作用的变形与有限元模型

即使作用力 P 指向剪切中心,梁不发生扭转,一个有宽边凸缘的薄壁开口横截面也会显示出剪切滞后效应。如图 8-1 中,宽边凸缘上的剪应力 τ_{zx} 会产生 x 方向的变形,以致梁在横向力作用下发生弯曲时,其平面横截面已不能保持平面状态,标准梁单元也不能反映这一效应,采用图 8-1c)的有限元模型是合适的。

材料非线性分析中,当存在弯曲时,材料屈服从表面开始向弯曲中性轴方向扩展,并且应力沿厚度方向的分布不再是线性的,因此,要求单元提供的弯曲列式必须体现合理的沿厚度方向的积分方案。

在结构分析中,有时可采用不同单元类型来分析同一问题,如单位厚度的悬臂梁在悬臂端中心作用集中力,可选用板单元、六面体单元和梁单元求解。但在有些情况下,选择反映结构本质特征的单元能够获得良好的结果,如分析斜拉桥索塔自振特性时,既可选择实体单元模型,也可采用空间梁单元模型。实体单元虽然真实再现结构的计算模型,但动力学实测结果表明,用空间梁单元得到的结果能更准确地反映索塔的动力特性。

可见,只有在充分了解问题物理本质、求解领域和单元特性的基础上,合理地选择单元类型,才能获得期望的计算值和精度。

8.1.3 模型对称性

桥梁通常是一个对称结构,对称性不仅仅是结构受力上的需要,往往也是美学上的要求。利用结构的对称性,可以减小有限元模型的规模,节省时间、减少计算量。

工程应用中常见的对称类型有:反射(或镜像)对称、旋转(或轴)对称、反转(或斜)对称,如图 8-2 所示。这种对称性,不仅要求几何上对称,同时要求材料性质以及约束也对称。

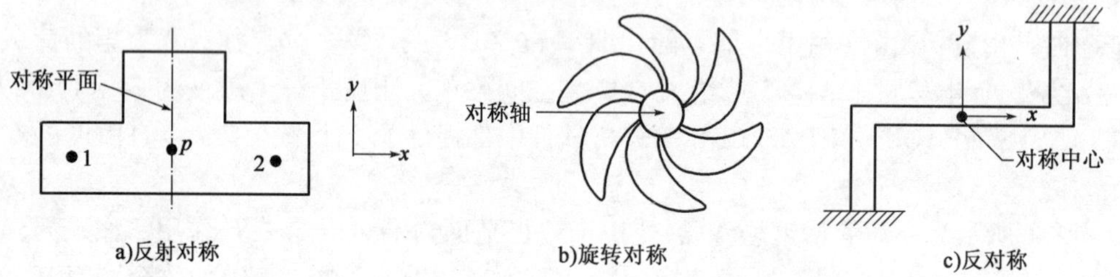

图 8-2 不同类型对称的例子

一般地,反射对称被认为是最基本的对称类型。所谓反射对称,是指结构相对某平面,在几何形状、约束条件、弹性属性上具有对称性,反射对称亦称镜像对称。图 8-3a)中,如用 $x=0$ 的平面反射,则从左面可以得到右面,反之亦然;对平面 $y=0$ 亦有反射对称性。反射对称性使结构及其荷载具有"自身重合"特性。这样选取任意一半的结构进行分析,都可得到整体结构的解。当对称结构受对称荷载作用时,求解的解也是对称的。如果 $P_x=P_y$,那么平面 $x=0$,$y=0$,$x=y$ 及 $x=-y$ 都是反射对称面,只需分析结构的 1/8,作用于 1/8 部分的荷载是 $P_x/2$。

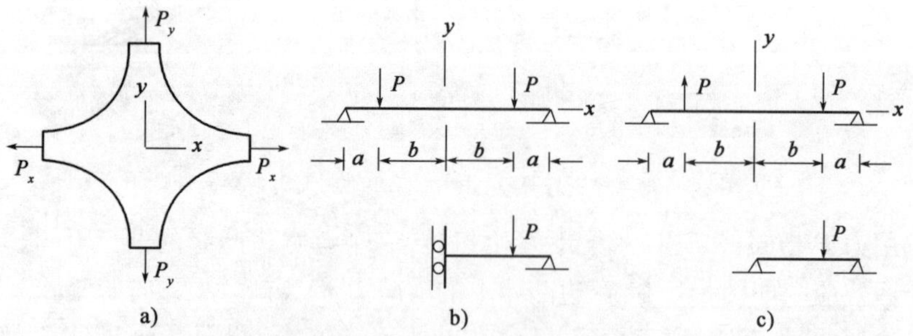

图 8-3 正对称与反对称模型

图 8-3b)中的对称梁,在 $x=0$ 处阻止产生转角 θ_z,可取任何一半分析求解,图 8-3c)中的梁就其荷载形式看,是个反对称问题。对于 $x=0$ 面映射,再把所有荷载反向就会形成自身重合。

处理反射对称问题的关键是对称模型的位移边界条件,以下规则可以帮助我们正确设置位于整个结构反射对称面上的边界节点的约束条件:

对于对称结构,垂直于对称面方向无平移运动分量;对称面无转动矢量分量。

对于反对称结构,反对称面内无平移运动分量;垂直于反对称面的法线方向无旋转矢量分量。

图 8-4 中用允许的而不是被约束的自由度来说明上述规则。图中允许运动表示该自由度无约束,双箭头表示转动自由度。

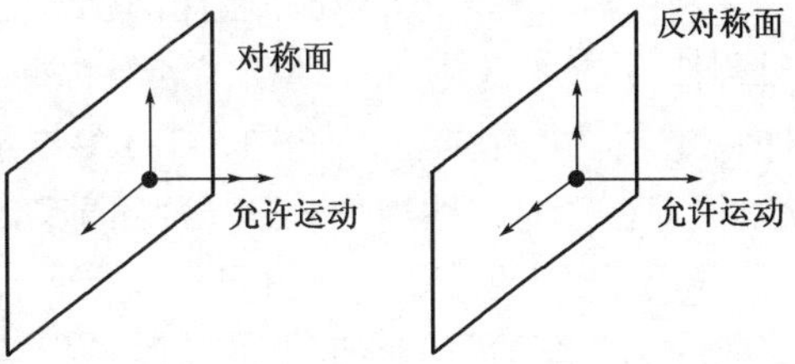

图 8-4 平面对称或反对称条件下节点上允许的自由度

实际桥梁结构分析中往往遇到结构对称、荷载不对称的情况(图 8-5),对此可将荷载 P 表示成对称荷载和反对称荷载的叠加,将两种情况分别求解并将结果叠加,就可得到原问题的解。

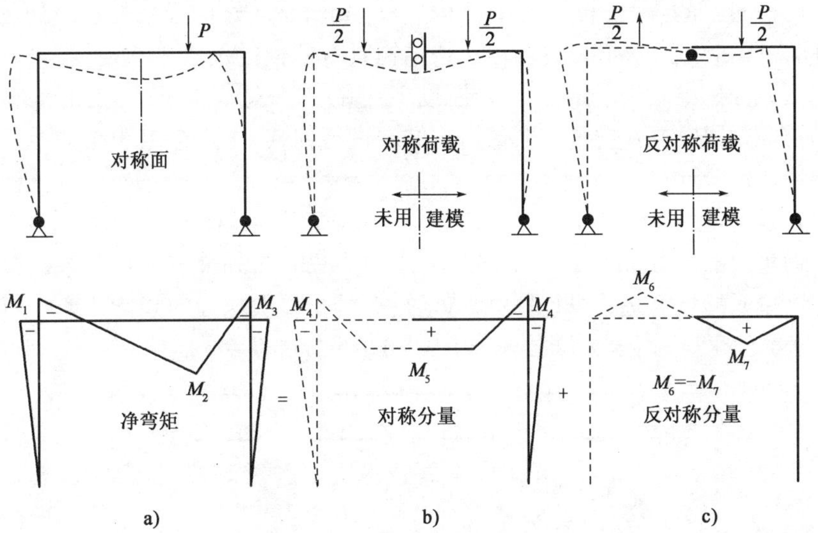

图 8-5 非对称荷载的平面刚架问题

图 8-2b)所示的旋转对称,是由相同部件绕一个轴对称安装而形成的,只需取最小的重复部件进行分析。

轴对称结构是旋转对称的一个特殊情况,其几何上完全不依赖于角度坐标。在这种情况下处理非对称荷载的线性问题,通常是把荷载和所有求解变量展为角度坐标的截断傅立叶级数。

图 8-6 所示为一个反转(或斜)对称的结构,在图 8-6a)中,其绕 z 轴旋转 180°可以得到自身重合特性,图 8-6b)中,回转 180°后再将荷载反向,也能得到自身重合特性。在每种情况下,仅需对其一半结构加以分析即可。

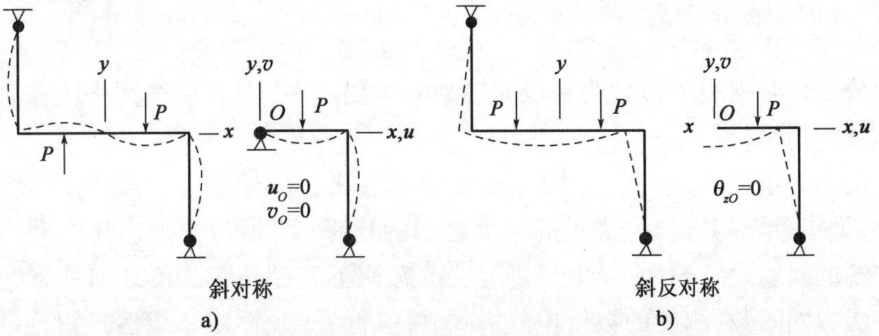

图 8-6 斜对称的平面刚架

利用对称性求解振动和屈曲问题时需要谨慎,例如一均匀简支梁,相对于其中心位置具有对称性,并且有反对称振动模式和对称振动模式,如取其中一半计算,显然,图 8-3b)中支承条件只允许发生对称模式,而图 8-3c)中支承条件只允许发生反对称模式。对于非线性静态问题,因存在的对称性当加载开始时可能随之消失。

除了结构的对称性外,有时会遇到结构的重复性问题,这种重复性表现在几何空间上和计算时间上。所谓几何空间上的重复是指结构形式在几何上是重复的,计算时间上的重复意味着结构的某一部分在多次计算中是重复的。多次计算在优化分析、非线性分析、动态分析中经常出现,需要进行反复的迭代。

对于几何空间上的重复,可采用子结构(Sub-structure)分析法来处理。如图 8-7 的结构中,具有相同特征和性质的局部结构,由于该结构具有几何上的多重重复性,可以将其划分为多级子结构。先分析最底层子结构,形成刚度矩阵并缩聚,然后将子结构装配形成上一级子结构,在处理完全部子结构后进行求解,最后将结果进行回代,求出各级子结构内部的节点位移和其他物理量。对于计算时间上的重复,可以采用超级单元(Super-element)分析方法进行处理。超级单元是一种广义的特定单元,实际应用中根据需要具体产生,产生后的超级单元实际上是一个经缩聚内部节点自由度后的子结构,表现为只有与外部有连接关系的节点位移自由度。构建超级单元的目的是减少计算量,特别是在需要多次迭代的复杂计算中(如接触问题、非线性分析等)。图 8-8 所示为接触分析中应用超级单元的一个应用。

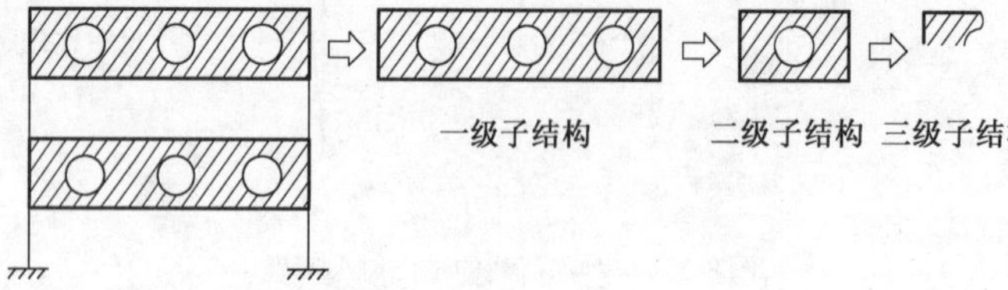

图 8-7　子结构

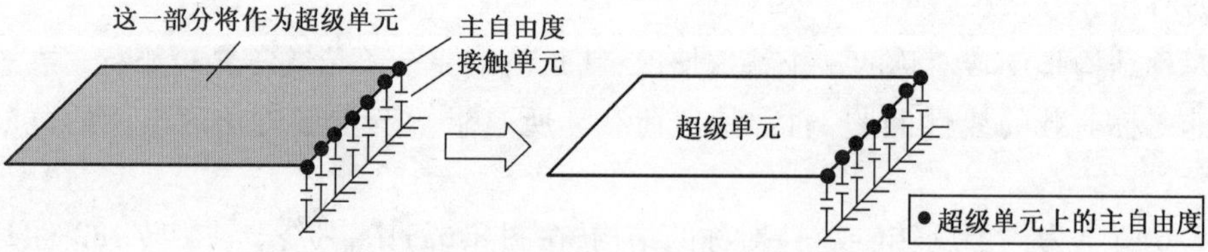

图 8-8　超级单元在接触分析中的应用

8.1.4　网格划分密度

网格划分是由几何模型转化为有限元模型的重要环节,划分后的网格质量直接影响计算的正确性和计算精度。

单元网格划分不仅涉及尺寸大小,也涉及单元形状。在有限元中通常采用形态比来体现。所谓形态比,是指单元的最长与最短的尺度之间的比率(图 8-9)。形态比的允许范围依赖于单元和所求解的问题。一般地,应力和挠度的形态比不宜超过 3∶1 和 10∶1。形态比的限值受到单元位移函数的阶数、刚度的数值积分格式、材料行为(线性或非线性)、得到的挠度甚至应力解的形式的影响。具有高阶位移函数的单元,以及对一个给定位移函数的高阶数值积分,这两者对大的形态比的敏感性不大。在材料非线性区域,单元对形态比的变化比在材料线性区域要敏感得多。

度量形态比界限的有效方法是看该单元是否有能力模拟一个给定问题的挠度和应力梯度。如果一个应力场中各个方向都有应力梯度,那么大部分单元的形态比应取接近1∶1,因为没有一个方向比别的方向优越,网格的细化在所有方向上都应大致相等。如果问题的挠度或应力梯度在某个方向占有优势,单元就可以取相对较高的形态比(10∶1),假设在最大的梯度方向上对应最短的单元尺度。

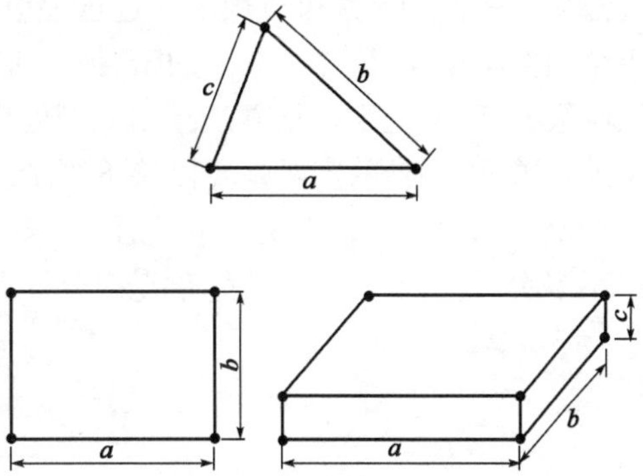

图8-9 形态比

由于一个单元对形态比的敏感程度既依赖于所取的单元,也依赖于实际问题本身的限制,因此,在用任何一个这样的单元之前,必须预先进行通常的和依赖于问题本身的检验。简单的对常应力单元的“小片检验”和在线性及其他形式的应力梯度下的类似的检验,也可用于别的各种类型的单元。

在网格划分中另一个需要关注的是单元过渡。有两种类型的过渡,一种是在应力梯度方向上,单元密度是变化的,这种过渡使得最细化的区域处于最高应力梯度区(图8-10);另一种是横向过渡,这种过渡应用于一个横截面两侧具有不同密度的不同单元类型之间的过渡(图8-11)。

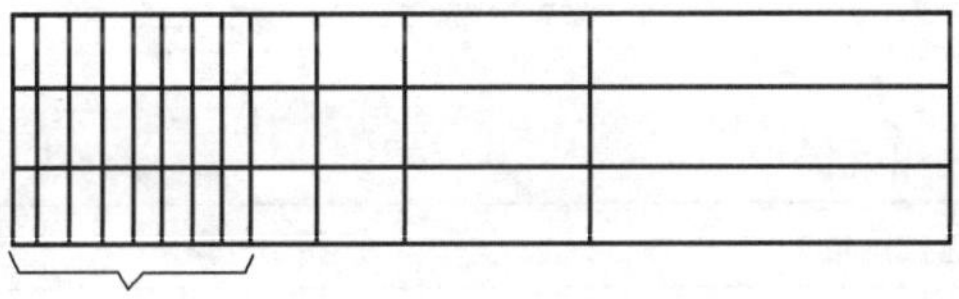

图8-10 过渡——单元大小变化

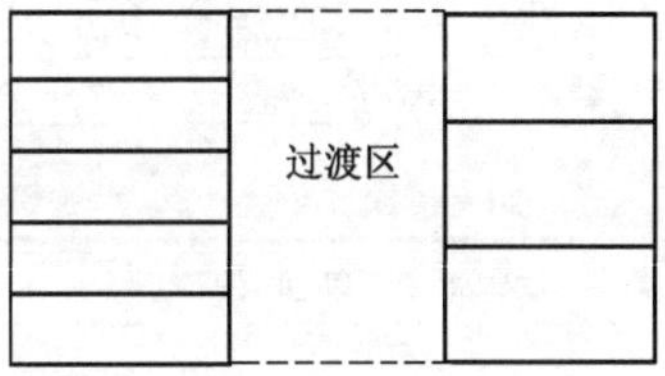

图8-11 过渡——单元类型变化

模型过渡的准则是基于邻近单元的相对尺度的,对于线单元是相对长度,二维或平面单元是相对面积,而三维单元是相对体积。在模型化准则中,一个常用的经验法则就是邻近单元的尺度比不宜高于2∶1,这个经验法则实际上是基于应变能和应变能密度的计算,因为对于理想的模型,每一个网格单元都是常应变能的。对于常应变能单元,在高应力或高应变区域,单元尺度相对要小一些;在低应力或低应变区域则相对大一些,这才是真正的正确格式,以恰如其分地和系统的应力或应变梯度相匹配。能量准则是用来产生一些最优的模型,从一个原始模型出发,每一次求解之后再进行修正,从而得到具有近乎常能量的网格。

如果一个模型需要横向过渡,那只能在低应力梯度区域进行,而不要在高应力区、高挠度区或者其他需要关注的区域附近,这些过渡的格式由于用了退化或畸变的单元会在过渡区引入误差。

20世纪70年代以来,自适应网格划分技术已经得到广泛应用,自适应网格划分是在初始单元网格生成基础之上,通过误差估计,区别出需要改进的网格区域,再改进那些区域的单元离散化。有两种方法可以用来改进选定单元区域的离散化,第一种方法是将这个单元分为若干个同类小单元,称之为 h 型加密,另一种方法是不改变单元几何尺度而增加所选单元的多项式阶数,一般称之为 p 型方法。用 p 型处理方法改进单元网格的一个突出优点是不需要定义额外的单元,关键的问题是要保持不同阶多项式单元之间的位移连续性。采用 h 型加密,将一个选定单元被分成若干个子单元后,要求新单元的形态比不能比原单元大,否则,当单元重复划小多次后,一个给定区域的重复划分会产生形状不合理的单元。

8.2 整体建模

8.2.1 主要构件模拟

桥梁工程的结构形式很多,有梁桥、拱桥、斜拉桥、悬索桥、刚架桥、组合体系桥等,不同桥型的构造和受力特点也不尽相同,但其主要构件可归结为承受拉/压的桁架、仅受拉的索(悬索桥主缆与吊杆、斜拉桥斜拉索、中下承式拱桥的吊杆和系杆等)、承受弯剪扭的梁以及压弯为主的拱、桥墩和桥塔。这些构件可以用梁、杆、索、板壳、实体等单元模拟。表 8-1 列出了桥梁结构分析中常用的单元类型。从表中可以看出,模拟桥梁构件的单元往往不止一种,如由薄板构成的箱形结构,可以用梁单元或板单元模拟;桁架桥梁中的杆件,既可用杆单元,也可用释放两端转动自由度的梁单元模拟。同样地,用杆单元或索单元都可模拟斜拉桥的斜拉索,但两者是有差别的,索单元只能承受拉力,在用杆单元模拟斜拉索和柔性吊杆时,需要指定杆单元的“只拉”属性。因此,在选择单元类型时应综合考虑分析目标、结构类型、形状特征、应力和变形特点、精度要求等因素。

桥梁结构建模常用单元类型 表 8-1

单元类型	单元内力	一个节点的自由度数	模拟对象
梁单元	弯矩,剪力、轴力和扭矩	①空间梁单元:3 个线位移,3 个转动位移; ②平面梁单元:2 个线位移,1 个转动位移	①梁、拱、墩、塔、桩基和横向连接系、刚性横梁; ②若释放梁单元两端的转动自由度,可模拟桁架构件
杆单元	拉力,压力	①空间杆单元:3 个线位移 ②平面杆单元:2 个线位移	①桁架; ②指定拉/压属性时,可模拟斜拉索、吊杆、系杆、扣索、锚索等; ③预应力筋
索单元	拉力	3 个线位移(空间)、2 个线位移(平面),无转动位移	主缆(需找形)、斜拉索、吊杆、系杆、扣索、锚索
板壳单元	弯矩,剪力、扭矩	3 个线位移,2 个转动位移	箱梁、T 形梁翼缘板等
实体单元		3 个线位移,无转动位移	深梁、承台、基础、0 号块
连接单元(弹簧单元和边界单元)	弯矩,剪力、轴力和扭矩	3 个线位移,3 个转动位移	支座(或减隔振支座)、地基土弹簧

下面对桥梁结构分析常用的几种主要构件模拟方法作简要介绍。

1)梁格法

梁格法是一种用等效的梁格来代替桥梁上部结构的简化计算方法,纵、横梁格分别集中实际结构的纵向、横向刚度。该方法能兼顾总体计算精度又可以直接得到各主梁内力,便于应用规范进行强度验算,适合于计算曲梁桥和其他平面形状特殊的梁式桥。

2)实体元法和板壳元法

实体元和板壳元模型可以真实模拟任何复杂的结构受力行为,如弯曲、扭转、局部变形等,但在用于大跨度桥梁结构分析时,需要整理大量的输入输出数据,不便于对计算结果及结构受力行为做出正确评价,同时在分析复杂桥梁模型的动力特性时会得到许多局部振动模态,因此多用于分析受力复杂的局部结构,如承台、牛腿、斜拉桥索塔、主梁锚固段、钢—混结合段等。

3)空间梁单元法

桥梁工程中的绝大部分构件,如梁、拱、塔、墩、柱等,都可以用空间梁单元模拟。根据承受荷载后截面是否保持平面,空间梁单元可分为自由扭转和翘曲扭转两种模型,后者在每个节点处增加了翘曲自由度,考虑梁的翘曲扭转。对于混凝土桥,两种模型得到的应力值差异不大,按自由扭转梁单元建模分析可以满足计算精度要求。对于宽跨比较大的钢箱梁,则需用翘曲扭转模型。对于有抗风要求的大跨度桥梁,其宽跨比一般较小,采用空间杆系法模型仍可满足其计算精度。

杆系模型采用集中质量矩阵开展动力特性分析时,由于忽略了单元质量矩阵中的转动项,因此位于对称轴上的主梁质量惯性矩为零。此外,在分析动力特性时还需考虑二期恒载的质量和质量惯性矩,这些因素需通过质量点的方式施加到主梁的节点上。有限元分析中对于质量的处理方法有两种,一种是与质量惯性矩一起通过质量点施加到结构上,另一种是通过增大主梁材料的密度将质量等效到主梁上。例如,对于单位长度的二期恒载质量为 p 和单位长度的质量惯性矩为 $J=\sum J_i$ 的主梁,可以让质量点中包括质量和质量惯性矩,令质量点三个方向的质量 $M_x=M_y=M_z=p(l_i/2+l_{i+1}/2)$,令惯性矩 $I_{xx}=J(l_i/2+l_{i+1}/2)$,$I_{yy}=I_{zz}=0$。也可用主梁等效密度(二期恒载质量等效)+质量点(质量惯性矩等效)的方法:将二期恒载质量 p 等效为主梁密度($\rho_{eq}=\beta\cdot\rho_{主梁}+p/A$,其中,$\rho_{主梁}$为主梁密度,$\beta$ 为考虑构造的放大系数,A 为主梁截面积),此时三个方向的质量 $M_x=M_y=M_z=0$,$I_{xx}=J(l_i/2+l_{i+1}/2)$,$I_{yy}=I_{zz}=0$。需要注意的是,上述等效方法仅适用于集中质量矩阵,若采用一致质量矩阵,单元将自动计算惯性矩,因此无须再做等效处理。

悬索桥和双索面斜拉桥,在采用梁单元模拟主梁时需要采用鱼骨模型,主梁刚度用一根脊梁模拟,吊杆或斜拉索用单根索单元模拟,利用刚臂将主梁与吊杆或斜拉索连接。鱼骨模型在静力计算时误差较小,但在动力特性分析时误差较大,建模手段在构造上“相似于”桥梁结构实体,如钢箱梁不再简化为鱼骨形的梁,而是按箱梁原型结构的构成及尺度由梁、柱、板、壳单元构造而成。

为考虑斜拉索垂度引起的非线性影响,斜拉桥的斜拉索弹性模量用 Ernst 公式予以折减,也可用多单元拉索模型,把一根拉索划分为多个杆单元,通过杆单元节点定义拉索中间的运动来反映索的非线性行为。无论是 Ernst 修正的杆单元,还是多单元拉索模型,都假定斜拉索为无弯曲刚度的柔性索,这对主要结构的计算,完全柔性的假定可以得到满足。但在实际工程中,斜拉索在梁上锚固点由于荷载的作用产生变位,会引起局部挠曲应力变化,拉索将承担一部分弯矩,因此在局部分析时将单根拉索离散成端部为梁单元、中间为多段索单元的分段精细模型,采用考虑端部弯矩的拉索模型来计入索的抗弯刚度。

目前工程中常用的有限元软件,如 ANSYS、ABAQUS、ADINA、MSC/NASTRAN、MIDAS,不仅提供了丰富的单元类型,而且还提供了用于描述连接、质量、弹(塑)性、阻尼、线性/非线性的特殊单元。但需要注意的是,选择单元类型时必须局限在所使用分析软件提供的单元库内,也就是说只有软件支持的单元才能使用。

8.2.2 特殊构件模拟

1)加劲板

桥梁工程中经常遇到带加劲肋的钢箱梁、钢模板和正交异性板等,加劲肋用梁单元模拟,桥面用板壳单元模拟。这种构造的特点是加劲肋仅位于板的一侧(图 8-12),梁的中性轴与板的中面不重合。由于板与加劲肋是固结的,当板弯曲变形时,梁处于偏心弯曲,有弯矩和轴力,相应地,在板面内有面内的膜力产生,此时应该考虑板面内的变形,相当于壳单元。通常板单元的节点在中面上,而梁单元的节点在其中性轴上,两者之间有偏心距 e。如果以板为主体,这种梁单元称为偏心梁单元,此时,应把梁单元原有的节点位移变换到板的节点位移上。

板、梁组合时,一般板、梁的节点都取在同一横截面上,如梁截面中心为 C,板中面点为 O,z 为板法线,OC 距离为 e,如图 8-13 所示。考虑面内变形的板单元,其节点 O 有 5 个位移分量:

$$\boldsymbol{\delta}_O = (u_O \quad v_O \quad w_O \quad \theta_{xO} \quad \theta_{yO})^{\mathrm{T}}$$

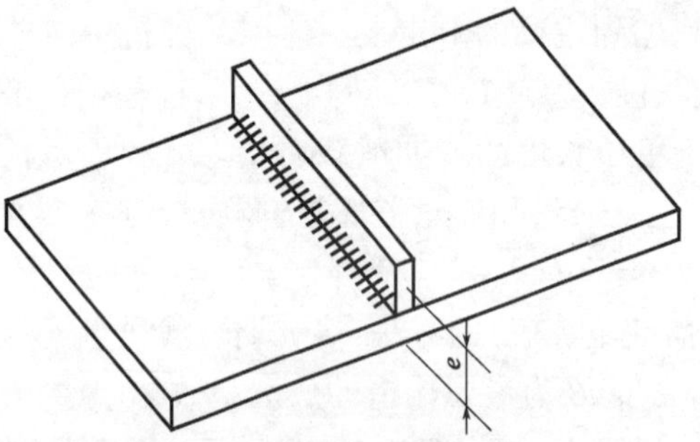

图 8-12 加劲肋单侧布置

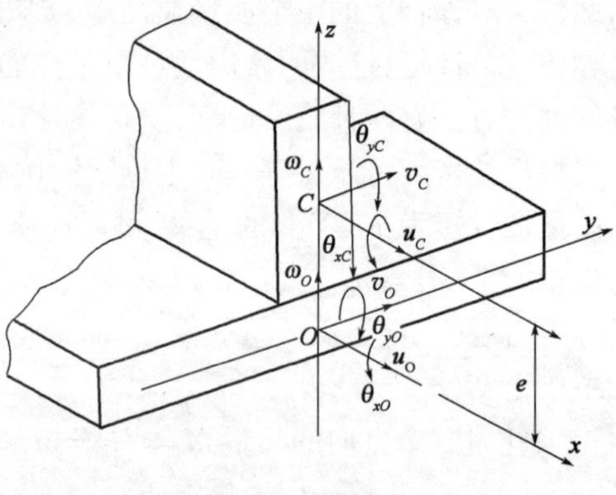

图 8-13 坐标转换

对于平面梁单元,其节点 C 的位移有 3 个分量:

$$\boldsymbol{\delta}_C = (u_C \quad w_C \quad \theta_{yC})^{\mathrm{T}}$$

假设板、梁组合构件变形后,OC 线仍为直线,且垂直于板面,则板、梁节点 O、C 的转角须相等,均为 θ_y,而线位移应有如下的几何关系:

$$w_C = w_O \quad u_C = u_O + e\theta_{yO} \tag{8-1}$$

这样,梁的节点位移 $\boldsymbol{\delta}_C$ 与板的节点位移 $\boldsymbol{\delta}_O$ 间的关系为:

$$\begin{pmatrix} u_C \\ w_C \\ \theta_{yC} \end{pmatrix} = \begin{bmatrix} 1 & 0 & 0 & 0 & e \\ 0 & 0 & 1 & 0 & 0 \\ 0 & 0 & 0 & 0 & 1 \end{bmatrix} \begin{pmatrix} u_O \\ v_O \\ w_O \\ \theta_{xO} \\ \theta_{yO} \end{pmatrix} \tag{8-2}$$

写成矩阵形式，有：

$$\boldsymbol{\delta}_C = \boldsymbol{\lambda}\boldsymbol{\delta}_O \tag{8-3}$$

直梁有两个节点，梁与板相应的节点间都有式(8-3)的几何关系。如梁单元的两个节点位移合起来记为 $\boldsymbol{\delta}^e$，而对应于板中面的两个节点位移合写为 $\boldsymbol{\delta}'^e$，则有：

$$\boldsymbol{\delta}^e = \boldsymbol{T}\boldsymbol{\delta}'^e \tag{8-4}$$

式中：$\boldsymbol{T}$——变换矩阵，有：

$$\boldsymbol{T} = \begin{bmatrix} \boldsymbol{\lambda} & \\ & \boldsymbol{\lambda} \end{bmatrix}$$

变换以后的梁单元刚度矩阵就可以与板单元刚度矩阵直接叠加。这里使用的是计入轴力的梁单元，两个节点共有 6 个自由度，单元刚度矩阵为 6×6 的方阵，变换以后为 10×10 的方阵，与板单元的两个节点是对应的。

上述分析相当于把板的直线法假设扩大到相结合的梁截面上，在此假设条件下，上述变换保证了梁、板之间的相容性，因此图 8-12 的板、梁结合处的位移是连续的。图 8-13 中，板节点的转角 θ_x 对应于梁的扭转，如再计入梁的扭转，梁节点有 4 个自由度，此时梁节点位移与板节点位移间的几何关系为：

$$\begin{pmatrix} u_C \\ w_C \\ \theta_{xC} \\ \theta_{yC} \end{pmatrix} = \begin{bmatrix} 1 & 0 & 0 & 0 & e \\ 0 & 0 & 1 & 0 & 0 \\ 0 & 0 & 0 & 1 & 0 \\ 0 & 0 & 0 & 0 & 1 \end{bmatrix} \begin{pmatrix} u_O \\ v_O \\ w_O \\ \theta_{xO} \\ \theta_{yO} \end{pmatrix} \tag{8-5}$$

按此关系，同样可以建立两节点梁单元的变换矩阵 $\boldsymbol{T}$，把计入扭转刚度的梁单元变换到板节点位移上，再叠加。不过这种变换中梁的扭转与板的弯曲是不一致的，梁与板间是不完全相容的。

在有限元程序中，可采取以下两种方法来处理：

(1)梁单元与壳单元共用节点，需梁偏置或壳偏置，有关梁偏置的计算原理见上述推导。

(2)梁单元与壳单元节点独立，用刚臂连接，对平面梁单元而言，最终得到的梁单元和板单元的位移关系也为式(8-2)。

2)钢—混结合梁

钢—混结合梁是在钢结构和混凝土结构基础上发展起来的一种新型结构形式，它通过在钢梁和混凝土翼缘板之间设置剪力连接件(栓钉、槽钢、弯筋等)，抵抗两者在交界面处的掀起及相对滑移，使之成为一个整体而共同工作。

钢—混结合梁按弹性分析法计算时通常采用以下的基本假设：

(1)钢材与混凝土均视为理想弹性体，其应力应变成正比。

(2)钢梁与混凝土之间具有可靠的连接，相对滑移很小，可忽略不计。

(3)截面变形符合平截面假设。

(4)不考虑受拉区混凝土参与工作。

基于以上假定，可将钢—混结合梁截面特性，如面积、惯性矩等换算为同种材料(如钢材)的特性，在此基础上按照普通截面的计算原理进行内力计算。换算关系为：

$$E_{eq} = E_s \quad A_{eq} = A_s + nA_c \quad I_{eq} = I_s + nI_c \tag{8-6}$$

式中：E_{eq}——等效截面弹性模量；

n——弹模比，$n = E_s/E_c$；

E_s、E_c——钢材和混凝土的弹性模量；

A_s、A_c——钢材和混凝土的截面积；

I_s、I_c——钢材和混凝土对自身形心轴的惯性矩。

实际桥梁工程中，钢—混结合梁桥是先架设钢梁部分，再安装预制板，计算中还必须考虑混凝土收缩徐变的影响，对此可采用 MIDAS/Civil 中的联合截面来建立钢—混结合梁模型，模拟钢梁和混凝土的实际施工过程。

3）钢管混凝土

钢管混凝土的建模比较复杂，与分析目标及采用的材料特性有关。目前钢管混凝土拱桥常用的建模方法有基于统一理论的钢管混凝土法、双单元法、实体单元法、复合梁单元法和三维退化层合曲梁单元等。

（1）钢管混凝土单元法

这种方法是基于钢管混凝土统一理论，视钢管混凝土为一种材料，钢管混凝土截面特性按钢管外径计算，材料特性则按统一理论给出的公式计算。由于材料特性中已经考虑钢管初应力影响，因此可用于钢管混凝土拱桥成桥状态下的内力和承载力计算。但在计算变形时，抗压刚度取 0.8 的折减系数。

（2）双单元法

视钢管和混凝土为两种材料，在相同节点位置重复建立两个单元，一个为钢管单元，另一个为混凝土单元。双单元模型主要用于模拟钢管混凝土拱桥的施工过程，这样可以得到一个较为真实的钢管、混凝土的内力值和拱圈变形值。

（3）实体单元法

将钢管和混凝土均离散为实体单元，因离散后的单元数目大，多用于分析钢管混凝土构件承载力。实体—空间梁单元法是将钢管混凝土视为一个统一的空间梁单元，再在空间梁单元中沿截面径向划分为多节点等参子单元，通过转换矩阵，将实体单元节点凝聚到空间梁单元上，本质上属子结构法。

（4）复合梁单元法

在计算钢管混凝土拱桥极限承载力时，需要同时考虑几何和材料非线性、混凝土收缩徐变、钢管混凝土组合截面形成过程、钢管与混凝土的应力发展历程、温度变化等因素以及能够反映约束效应的核心混凝土本构关系，此时可采用复合梁单元。复合梁单元应具有以下功能：

①能够同时考虑几何非线性和材料非线性，为此应采用能够描述不同施工阶段截面材料的复合截面来描述。

②能够反映钢管混凝土截面逐渐形成、混凝土开裂以及混凝土从开始浇筑到承受荷载的全过程，可以钝化或激活混凝土，并能反映截面形心和扭心的不断变化。

③含有初应力和初应变项。由于钢管混凝土组合截面是在架设成拱的空钢管拱肋基础上逐根灌注形成的，因此在形成钢管混凝土组合截面前，空钢管中已经储存了较大的初应力，该初应力使钢管混凝土的弹性工作阶段缩短，提前进入弹塑性工作阶段。混凝土收缩、徐变与温度荷载对结构的响应实际是结构中有初应变的非线性分析。

④多阶段的应力叠加。组合结构体系的最终应力状态取决于各施工阶段的应力发展历史,如果将钢管混凝土拱桥按照一次落架来分析桥梁的最终状态,就不能反映真实的应力分布。此外,随着施工过程的推进,混凝土的收缩和徐变也将导致应力在构件中和截面内重新分布,因此有必要进行施工阶段的应力叠加分析。

8.2.3 构件连接模拟

1)相同单元类型的连接处理

根据桥梁构件的受力特性,分析模型中可以同时使用几种不同类型的单元,如梁单元与杆单元(或索单元)、梁单元与板单元、梁单元与实体单元。不管有多少种单元类型同时出现在一个分析模型中,都必须保证单元自由度的相容性,防止界面处可能发生的不协调导致求解方程时出错。为确保界面的协调性,既要保证单元具有相同性质的自由度,即要求有相同类型和数目的线位移自由度及转动自由度,也要保证自由度必须是耦合的,只有这样,才能确保它们能连续地穿过界面处单元的边界。

在有限元模型中,不同单元间的连接是通过自由度的位移关系来反映的。处理单元连接的方法较多,有释放自由度法、主从节点法、节点耦合法、刚性梁/杆单元、过渡单元和罚单元等。前三种方法多用于单元间有共同节点时的连接,后几种方法多用于单元间无共同节点时的连接。

下面主要介绍释放自由度法、主从节点法的基本概念及使用方法,其他几种处理方法读者可参考相关有限元图书。

(1)释放自由度法

释放自由度法是指通过释放单元左节点或右节点的一个或几个自由度来实现单元端部不同的线位移或转动位移。例如,为实现图 8-14a)中单元②与门架的铰接,只需释放单元②右节点 M_y 弯矩。需要注意的是,单元左节点(i 节点)和右节点(j 节点)由用户自行定义,这里是假定节点2 为 i 节点、节点4 为 j 节点。如果反过来也可以将节点4 定义为 i 节点、节点2 定义为 j 节点。

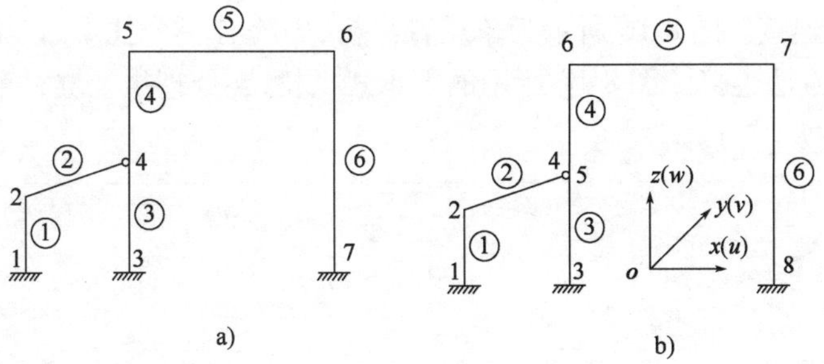

图 8-14 铰处理

(2)主从节点法

主从节点(Master-slaver node),又称主从约束或主从自由度,是强制某些节点(从属节点)的自由度从属于某节点(主节点),包括从属节点的刚度分量在内的从属节点的所有属性(节点荷载或节点质量)均将转换为主节点的等效分量。结构力学中的梁弯曲理论和板壳理论所引入的变形方面的假定实际上就是应用了主从自由度的原理,将问题归结为求解中面位移函数(主自由度),而中面以外任意一点的位移(从自由度)都可通过中面位移来表示。

主从节点法通常需要在同一位置定义节点坐标相同、节点编号不同的多个节点。对图8-14a)中门架,当采用主从节点法时,需要在铰接位置定义4和5两个节点编号,如图8-14b)所示。从图中可以看到:

①节点4和节点5的线位移相同,两者的转角位移不同,而刚接于节点5的杆件③、④具有相同的角位移。在 *xoz* 平面内有以下关系式成立:

$$u_x^4 = u_x^5 \quad v_z^4 = v_z^5 \quad \theta_y^4 \neq \theta_y^5$$

②节点上具有铰接的杆端不承受弯矩,只有节点上刚接的各杆杆端弯矩参与节点的力矩平衡,因此,杆件②在铰接端的杆端弯矩为零,由杆件③、④在节点5上与外弯矩保持平衡。可见,单元②的铰接端只有线位移自由度参加总刚集成,而转动自由度是不参加集成的,该自由度属于内部自由度性质,可以通过凝聚方式将该自由度凝聚掉。

主从节点法也可用于不同位置、不同节点编号的场合中。图8-15所示为两根铜线和一根铁线通过一根刚性横梁连接,当刚性梁下作用集中力 Q 时,铜线与铁线具有相同的竖向位移,将节点4和节点6的竖向位移从属于节点5的竖向位移,这样就可以模拟刚性横梁,模型中无须建立刚性横梁,从而避免了因铜线、铁线与刚性横梁刚度相差悬殊而造成的求解失败或过大误差。

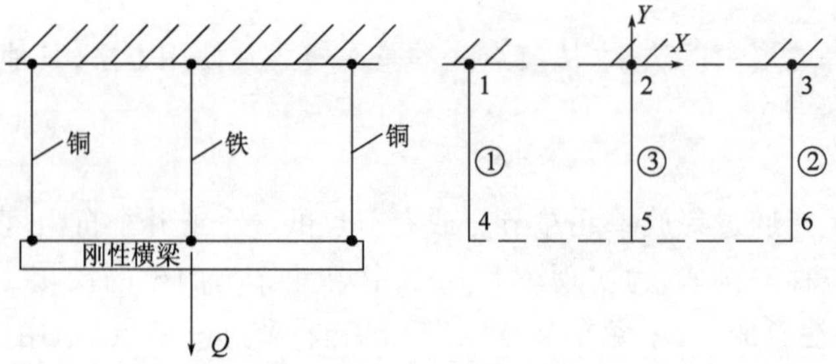

图8-15　实际结构与有限元模型

主从节点在桥梁结构分析中有广泛的应用,如带挂梁的悬臂梁桥和上承式拱桥立柱盖梁与行车道板(梁)的连接。图8-16所示为单悬臂梁桥,中跨有一个挂梁,挂梁牛腿与悬臂梁牛腿之间可用主从节点法连接。图8-17所示的上承式拱桥,在处理拱上立柱盖梁与行车道梁的连接时,同样可用主从节点。

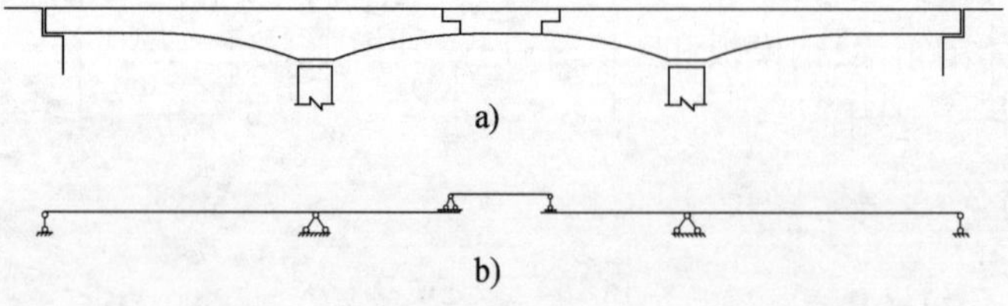

图8-16　悬臂梁桥悬臂端与挂梁间的连接

2)不同单元类型的连接处理

(1)梁单元与杆单元的连接

斜拉桥、悬索桥以及中下承式拱桥中,斜拉索、主缆、吊杆和预应力系杆只承受拉力,采用杆单元或索单元模拟;主梁、拱圈、桥塔、桥墩等构件中不仅有轴向力,还有弯矩、扭矩和剪力,采用梁单元模拟。因此,梁单元与杆单元的连接是桥梁建模中经常遇到的问题。

二维(2D)和三维(3D)的杆单元,每个节点分别有2个和3个线位移自由度,而二维和三维梁单元,每个节点除了有2个和3个线位移自由度外,还分别有1个和3个转动自由度。虽然两种单元的自由度数不同,但就线位移自由度而言,它们具有相同的物理意义,因此,只要杆单元和梁单元由共同节点连接,则无须作其他任何处理;若杆单元与梁单元未交于共同节点上,只需在线位移自由度间建立连接关系,不涉及转动自由度的连接关系。图8-18中的空间梁单元和空间杆单元是分析模型中的2个单元,节点 i 和 j 在模型简化后未交于一点,需要在两者之间设置一个刚性梁单元。由于刚性梁单元也为空间梁单元,这样刚性梁单元的3个线位移自由度和空间杆单元的3个线位移自由度就结合一起,达到单元连接的目的。除刚性梁单元外,也可采用刚臂、主从节点连接节点 i 和 j。

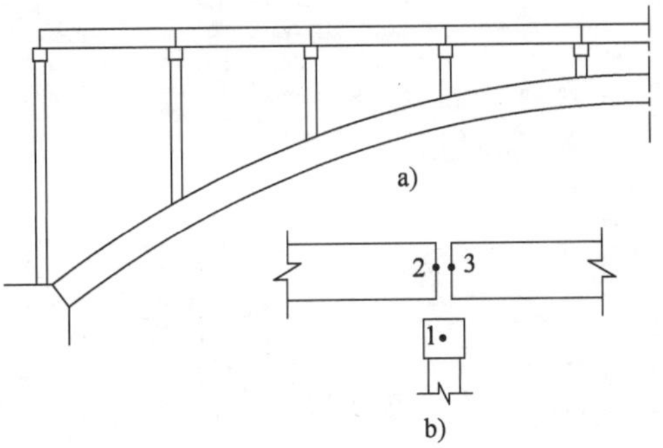

图8-17 上承式拱桥行车道梁与立柱横梁间的连接

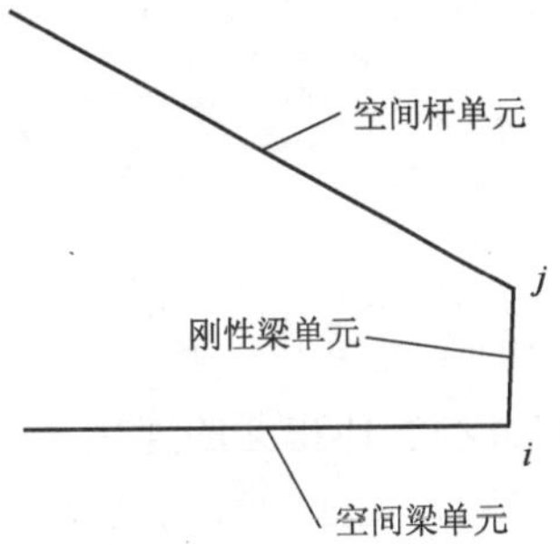

图8-18 空间梁单元与空间杆单元连接

(2)梁单元与板(壳)单元的连接

①梁单元与板壳单元的铰接。

这种情况下的连接处理较为简单,由于梁单元与板壳单元的线位移自由度的物理意义相同,因此只需在同一位置建立各自的节点(即重合节点),然后采用主从节点的方法耦合节点的线位移自由度。注意,如两者具有公共节点,又不采用主从节点连接,实际上是一个除面内转动自由度(θ_z)外的刚性连接。

②梁单元与板壳单元的刚接。

当梁单元与板壳单元间具有共同节点时,只需建立梁单元面内转动自由度与板单元其他自由度之间的约束关系。

对于带加劲肋的钢箱梁、钢模板和正交异性板,其模拟方法参见本章8.2.2节。

(3)杆单元、梁单元与平面单元的连接

①杆单元与平面单元的连接。

由于平面单元(三角形单元、矩形单元)和杆单元均只有线位移自由度,没有转动自由度,因此,当杆单元与平面单元由共同节点连接时,无须做任何处理。

②梁单元与平面单元的连接。

图8-19a)所示为平面单元与梁单元通过节点2连接,由于平面单元只有线位移 U_x、U_y,没有角位移,而梁单元有两个线位移 U_x、U_y 和一个角位移 R_z。如果不做特殊的连接处理,则节点2处仅表现为一个铰接。

在处理梁单元与平面单元、梁单元与实体单元以及板单元与实体单元连接时,一种较为有效的处理方法是设置虚拟梁单元。

对图 8-19b)所示的梁单元与平面单元的连接,在平面单元的 1-2、2-3 节点间各设置一个虚拟梁单元,并释放这两个虚拟梁单元中 1、3 节点的转动自由度,这样,梁单元的弯矩就会以拉力和压力形成力矩的方式传递到与之连接的节点上。

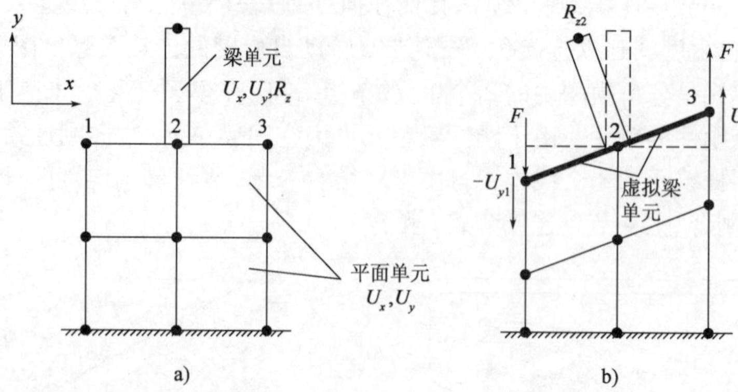

图 8-19 梁单元与平面单元的连接

(4)杆单元、梁单元与实体单元的连接

①杆单元与实体单元的连接。

如前所述,杆单元只有线位移自由度,而实体单元都包含了这些线位移自由度,只要两者具有共同节点,必然保证线位移值相等,无须再作处理。

②梁(壳)单元与实体单元的连接。

在处理实体单元与梁单元或实体单元与壳单元的连接时,同样可采用虚拟梁单元法,如图 8-20和图 8-21 所示。但需要注意的是,由于在实体单元与梁单元重叠的位置处有可能出现不符合实际的额外刚度,即该位置具有双倍的刚度,建模时需要注意将这种影响控制在一个允许的范围内,尤其是在模型应力比较集中的区域应慎重处理,尽量不采用虚拟梁单元来连接。

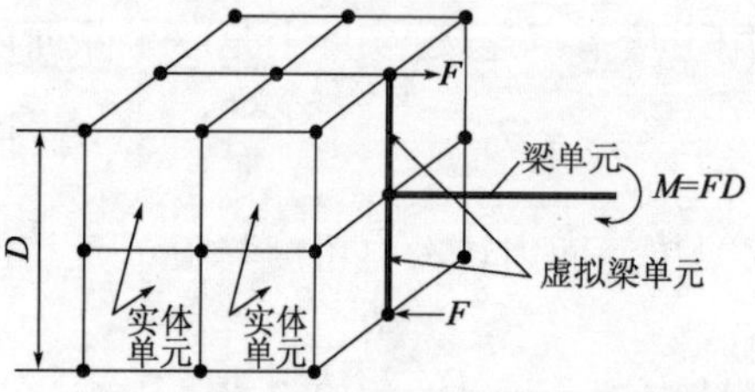

图 8-20 用虚拟梁单元处理梁与实体单元的连接

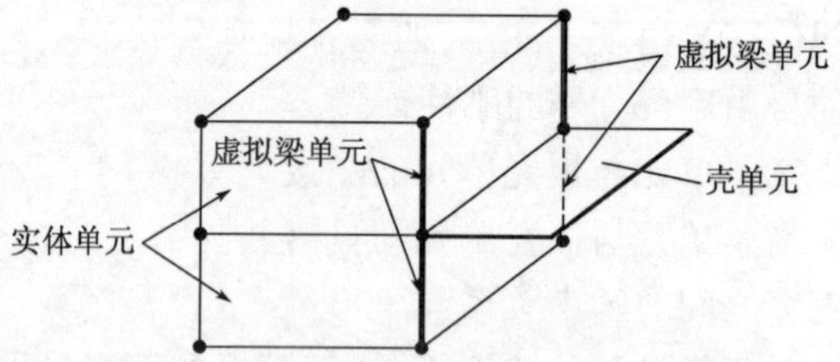

图 8-21 用虚拟梁单元处理壳与实体单元的连接

8.3 边界条件模拟

处在自然环境中的桥梁,必然要和其他结构或外界发生相互作用。开展桥梁结构有限元分析时,往往是将关心的桥梁结构单独抽象出来进行分析,而与其他结构或外界的关系则用位移约束、荷载或热交换条件来考虑。

有时为了建模或计算需要，也可能对模型进行某些人为规定或限制，如为消除刚体位移补充的位移约束，不同单元类型连接时的多点约束等式，子结构的连接自由度，静力凝聚的主从自由度等。通常把施加在模型上的各类外部条件统称为边界条件。

边界条件是否与实际相符，很大程度上决定了计算结果的正确性和准确性。边界条件的提取与工况复杂程度、测试方法和手段、分析者对结构的理解程度以及其所具有的工程知识和经验等多种因素有关，因此，模型边界条件是有限元建模的关键环节之一。

边界约束条件包括位移约束条件、荷载条件、热边界条件、单元连接边界条件等。本节主要介绍位移约束条件，单元连接边界条件见本章第 8.2 节。

8.3.1 位移约束条件及模拟

位移约束是对节点位移的大小和相互关系的约束，在桥梁工程的静力、动力和稳定分析中，都要对模型施加数量不等的位移约束，以消除在无约束或约束不足情况下发生的刚体位移。

位移约束边界条件是通过约束节点的一个或多个线位移自由度和转角自由度来实现的。节点自由度与单元类型和计算模型有关，如图 8-22a）所示的空间梁单元，每个节点有 6 个自由度，包括 3 个线位移自由度（u,v,w）和 3 个转动自由度（$\theta_x,\theta_y,\theta_z$）；图 8-22b）中的平面梁单元，每个节点有 3 个自由度，包括 2 个线位移自由度（u,v）和 1 个转动自由度（θ_z）。类似地，平面杆单元每个节点有 2 个线位移自由度，空间杆单元有 3 个线位移自由度，但两者均没有转动自由度。平面单元每个节点只有 2 个线位移自由度，空间实体单元每个节点只有 3 个线位移自由度，板壳单元每个节点有 3 个线位移自由度和 3 个转动自由度。

当采用平面结构模型时，空间梁单元只有平面内的两个线位移自由度（u,v）和垂直于该平面的转角自由度（θ_z）是有效的，其余三个自由度 w,θ_x,θ_y 是无效自由度。当采用空间结构模型时，则节点的 6 个自由度均为有效自由度。由于无效自由度对消除刚体位移不起作用，因此只需针对有效自由度施加符合桥梁实际状况的位移约束条件。

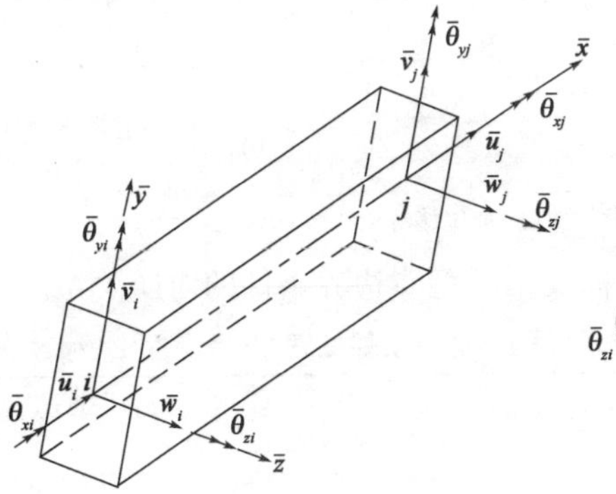

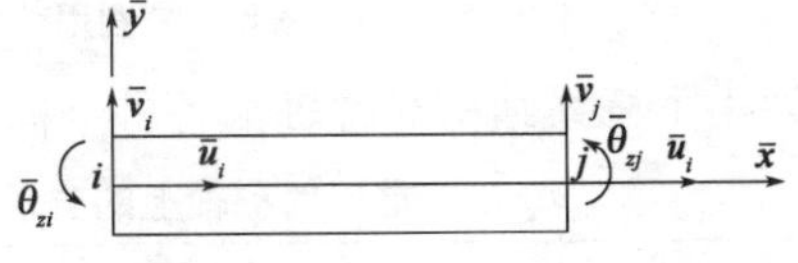

图 8-22 梁单元自由度

根据施加约束位移的量值，可分为刚性约束、弹性约束和强迫约束三种。

刚性约束是规定节点位移分量值为零的约束，是建模中最常见的一类约束条件，用于模拟桥梁结构与构件或桥梁结构与地基基础间的刚性接触，即认为接触面上的节点不发生变形，实际上是一种近似但又非常简单的办法。如认为墩台、基础或地基是刚体，就可建立刚性约束。

桥梁工程中的刚体约束边界条件有固结、固定铰、活动铰。这些刚性约束忽略自身变形，如由钢制成的支座一般采用固定铰或活动铰支承。施加位移约束边界条件时，如为固结，所有的线位移和转角位移自由度均为零；如为固定铰，所有被约束的线位移自由度均为零，转角位移则不予约束。对仅由实体单元、杆单元构成的模型，因单元节点只有线位移而无转角，此时只需把线位移约束，同样能达到固结的目的。

弹性约束用在结构与外界的接触边界上，在这些接触边界上，由于支承材料的弹性，接触节点的位移并非绝对为零。为了准确模拟这种变形状态，应用弹性约束来建立边界条件。弹性约束可通过边界弹簧单元来实现。盆式橡胶支座、板式橡胶支座、支架在荷载作用下会产生变形，但在分析简单体系桥梁时，因支座变形不影响结构内力，仍可按刚性约束支承模拟，但在超静定结构中，支座变形会在结构中产生内力，应按弹性约束进行模拟。弹性支承需输入线位移刚度和转角刚度来反映其实际刚度。支架施工的桥梁，当考虑支架变形时也应采用弹性约束。如忽略支架变形，一般情况下支架仅承受拉力、不承受拉力，此时应选用单向受拉支承约束。

强迫位移是规定节点位移分量为一非零已知值的约束条件，实际上刚性约束也是一种特殊的强迫约束，只是其约束的节点位移分量均为零。强迫位移相对于外界在节点上作用了一定的外力，该外力大小通过节点的位移来间接体现，因此在结构内部会产生应力和应变。桥梁工程中强迫位移多用于模拟地基或基础的沉降。

对于轴对称结构的模型，只需施加轴向位移约束，而不必进行径向位移约束。图 8-23 所示的受拉薄板，利用对称性取 1/4 板作分析，根据位移条件，在对称面 *A-A* 上施加水平位移约束，对称面 *B-B* 上施加竖直位移约束，这些约束便可消除板的三个刚体运动。

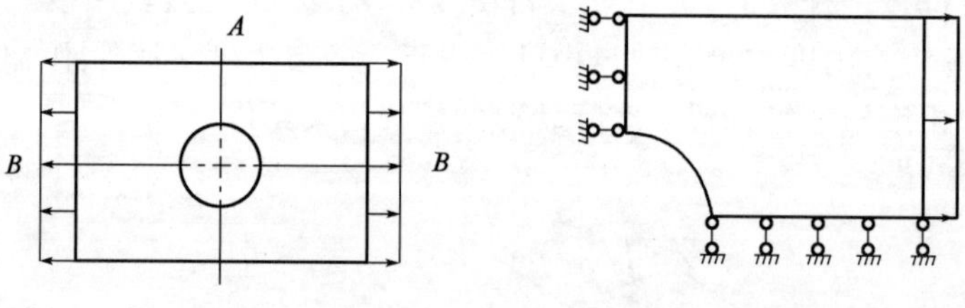

a)　　　　　　　　　　b)

图 8-23　利用对称性施加位移约束

表 8-2 列出了杆系结构对称轴上各种不同支承类型时边界条件的对应关系。

常见对称轴上的支承类型与边界条件处理　　　　表 8-2

对称轴上的支承类型	按对称计算时的边界条件	按反对称计算的边界条件
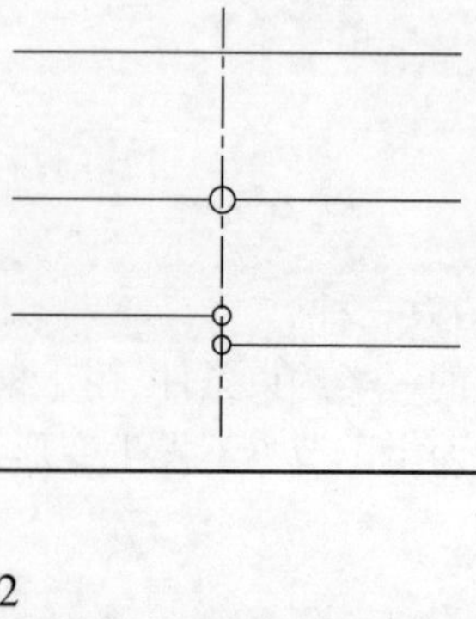	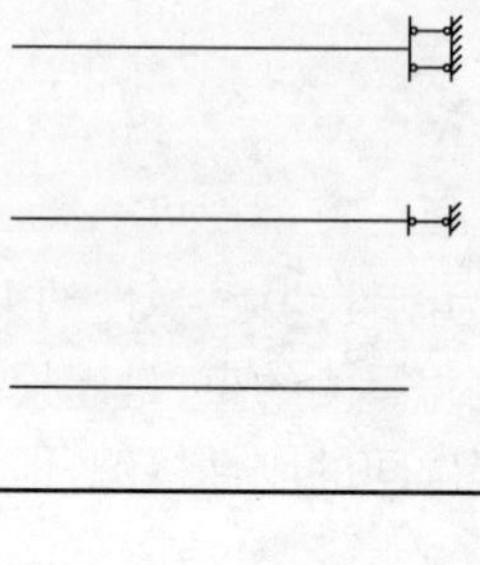	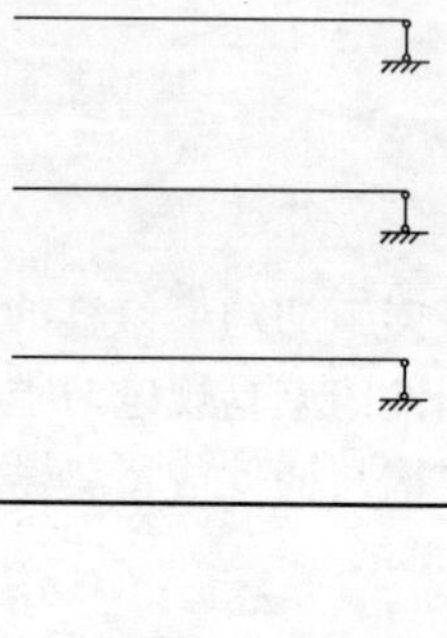

在有些情况下可将荷载转化为约束。如图 8-23 中的两端受拉板,其变形是对称面 A-A 上的水平位移为零,而板左右两侧变形相等,如图 8-24a)所示,图中长虚线表示结构原形。如将左侧的荷载改为位移约束,则右端的变形量比原有变形量增加一端点变形值 Δ,如图 8-24b)所示,其中短虚线表示结构实际变形。这时结构的应力分布不变,只是由于约束位置不同,计算变形的基点不一样,在不同约束条件下计算出的变形相差一个很小的刚体位移。因此,当结构受到平衡荷载作用时,可以将一部分荷载用位移约束代替,从而增加某个方向的约束。

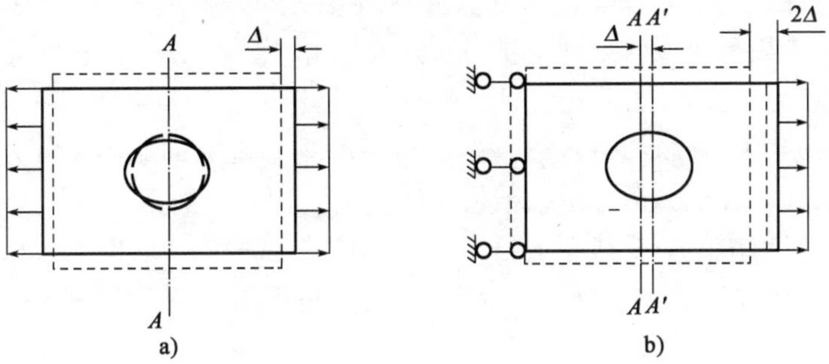

图 8-24　荷载转换为约束

8.3.2　斜支承边界条件

图 8-25 中节点 N_5 是一个活动铰支座,但该铰支座的活动方向与整体坐标系的 X 轴形成一个倾斜角。在对该节点赋予约束条件时,首先在该节点上设置平行于支座活动方向的节点坐标系,然后约束节点沿节点坐标系 z 轴方向的位移。在赋予的节点坐标系的节点上输入约束条件时,必须把节点坐标系作为参照坐标系。

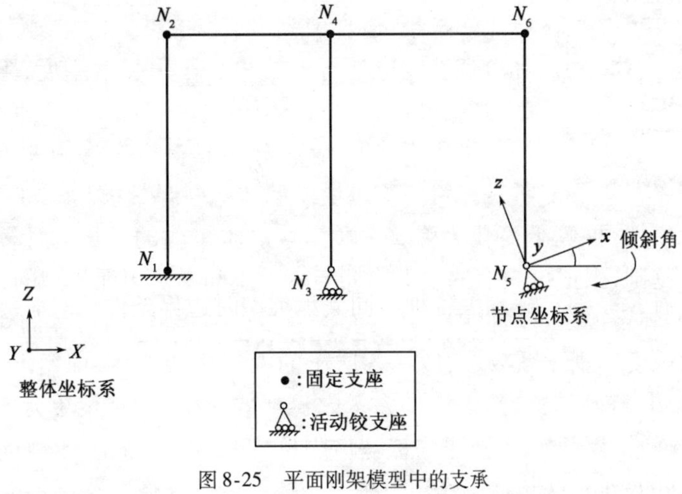

图 8-25　平面刚架模型中的支承

8.3.3　桩—土效应分析

桩基础是桥梁工程中常用的深基础,按照桩的数量及布置形式,分为单桩、单排桩和多排桩。在开展桥梁整体分析或抗震分析时往往需要考虑桩—土—结构之间的相互作用。计算桩—土—结构相互作用的方法包括有限元法、边界元法、集中质量法等。

有限元法中土体采用平面应变元或空间实体单元，桩基采用梁单元。根据两种单元间的连接方式，又分为桩—土耦合模型、桩—土非耦合模型、桩—土间界面单元模型。由于土体单元只有平动自由度，而桩体单元中除平动自由度外还存在转动自由度，因此，在桩—土有限元模型中，桩体单元存在约束不足的问题。桩—土耦合模型采用约束方程法来消除桩单元的约束不足。桩—土非耦合模型不考虑桩土间的耦合，认为桩的转动自由度与土体无关，本质上是认为桩单元节点和与之相连的土体单元间是铰接关系。桩—土间界面单元模型是在桩—土非耦合模型基础上，在桩与土体间设置界面单元，用于模拟桩—土间的滑移和接触。如果界面单元参数设置合理，该模型可以较好地模拟桩—土动力相互作用特性。有限元法具有较好的求解稳定性和收敛性，可以直接处理土的非线性问题，但建模工作量大，计算时间长。

边界元法是应用 Green 定理，通过基本解将支配物理现象的域内微分方程变换成边界上的积分方程，然后在边界上离散化进行数值求解。由于边界元法自动满足远场的辐射条件，无需引入人工边界，可以减小分析模型的自由度，因此，在桩—土—结构动力相互作用分析中得到了广泛的应用。该方法适用于分析半无限媒体波动问题，但由于涉及 Green 函数和求解满阵的联立方程，计算时间较长，且只适用于线性分析。

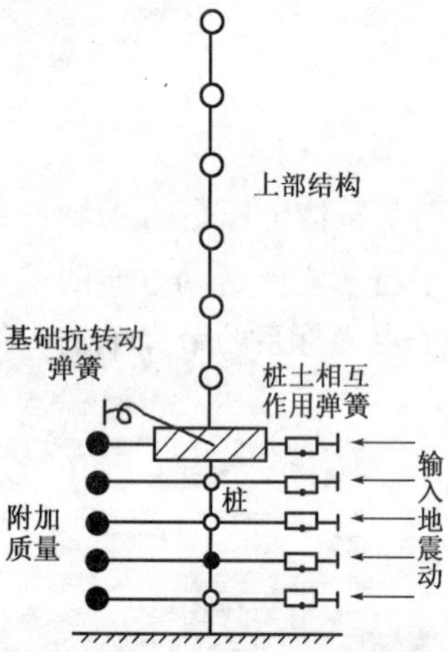

图 8-26　彭津桩土模型

集中质量法由 J. Penzien（彭津）等人在解决泥沼地上的大桥动力分析时首次提出，目前这种方法已得到广泛应用。集中质量法假定桩侧土是 Winkler 连续介质，以半空间的 Mindlin 静力基本解为基础，将结构和土体简化为以弹簧连接的集中质量，按一定的厚度简化并集中为一系列质点，离散成一理想化的参数系统，用土弹簧和阻尼器模拟土介质的动力特性，形成一个包括地下部分的多质点体系（图 8-26）。集中质量法在处理土的非线性问题时弹簧可按等效线性或非线性考虑，建模相对简单，计算工作量小，适合于应用工程抗震分析与设计，计算结果的精度和合理性取决于与土的相互作用弹簧刚度、阻尼及附加质量等参数的选取。

采用集中质量法分析桩—土—结构相互作用时，可建立桩—弹簧—质量块模型和桩—弹簧模型。桩—弹簧—质量块模型中，桩用梁单元模拟，桩侧土简化为弹簧—质量块。质量块的质量为计算范围内的土体质量；以常系数法为基础，根据该模型的基本周期与桩—土间界面单元模型的基本周期相等来确定弹簧系数。桩—弹簧模型忽略桩周土体的参振质量，将桩周土对桩体的作用简化为弹簧体系，计算出各土层厚度的刚度系数，然后在各层土的中间施加弹簧，即用土弹簧（弹性或非弹性）模拟土体的作用。桩用梁单元模拟。为考虑长期效应，一般将梁单元的抗弯刚度取实际值的 0.8 倍。桩—弹簧模型源于 m 法的桩基地震反应分析，不考虑土体的参振质量，即不考虑地震时土层运动的影响，这与地震作用下桩—土体系的实际情况存在一定差异。

桩—弹簧模型概念清晰，在工程实践中应用较为广泛，本节主要介绍桩—弹簧模型中土体弹簧刚度的计算及建模方法。

1）土体弹簧刚度的计算方法

确定土体弹簧刚度的方法较多，如 Penzien 模型中提供的土弹簧计算方法，或参照《铁路桥涵地基和基础设计规范》（TB 10093—2017）、《公路桥涵地基与基础设计规范》（JTG D63—

2007)的 m 法或等效刚度法。相比于 Penzien 方法,用 m 法确定土弹簧刚度的计算方法和参数选取更简单。需要注意的是,由于桩—土相互作用的试验数据不足,土的物理特性取值有时缺乏合理性,因此在使用 m 法确定土弹簧刚度时,m 的取值对弹簧刚度的计算结果影响大,且不能反映地震波的频率特性和强度带来的影响。等效刚度法是用桩顶荷载除以桩顶位移得到的等效刚度,桩顶位移根据《铁路桥涵地基和基础设计规范》(TB 10093—2017)、《公路桥涵地基与基础设计规范》(JTG D63—2007)的 m 法计算,通过解析解并结合相应的计算表格得到桩基的柔度系数,从而求得桩基的刚度系数(水平弹性系数、竖直弹性系数、弯剪系数、扭转弹性系数),一般用于平面程序中。当采用空间有限元程序时,还需通过一般弹性支承模拟以考虑水平抗推刚度和绕水平轴抗弯刚度的耦合作用。

(1)按 m 法计算土体对桩的水平弹簧刚度。

由地基比例系数的定义:

$$\sigma_{yx} = C_y \cdot x_y = m \cdot y \cdot x_y \tag{8-7}$$

式中:σ_{yx}——土体对桩的横向抗力;

y——土层的深度;

C_y——地基水平向抗力系数,指桩侧某点发生单位水平位移时,土对桩在单位面积上的抗力,$C_y = m \cdot y$;

x_y——桩在深度 y 处的横向位移;

m——非岩石地基水平向抗力系数 C_y 的比例系数。

由式(8-7)可求出土体的水平弹簧刚度为:

$$\begin{aligned} k_y &= \frac{P_y}{x_y} = \frac{A\sigma_{yx}}{x_y} = \frac{(a \cdot b_1) \cdot (m \cdot z \cdot x_y)}{x_y} \\ &= a \cdot b_1 \cdot m \cdot y \end{aligned} \tag{8-8}$$

式中:a——土层厚度(m);

b_1——桩的计算宽度(m),按式(8-9)计算。

$$\begin{cases} b_1 = k \cdot k_f(d+1) & (d \geqslant 1.0\text{m}) \\ b_1 = k \cdot k_f(1.5d+0.5) & (d < 1.0\text{m}) \end{cases} \tag{8-9}$$

式中:d——桩径或垂直于水平外力作用方向桩的宽度(m);

k_f——桩形状换算系数;

k——平行于水平力作用方向的桩间相互影响系数。

利用式(8-8)可以计算出各层土对应的桩基水平刚度系数。

第一层土水平刚度系数:

$$k_1 = 0.5(m_1 a_1) a_1 b_1 \tag{8-10}$$

第二层土水平刚度系数:

$$k_2 = 0.5(2m_2 a_1 + m_2 a_2) a_2 b_1 \tag{8-11}$$

第 n 层土水平刚度系数:

$$k_n = 0.5\left(m_n a_n + 2m_n \sum_{i=1}^{n-1} a_i\right) a_n b_1 \tag{8-12}$$

式中:a_n——第 n 层的土层厚度。

(2)按 m 法计算土体对桩的竖向弹簧刚度。

桩在竖向力作用下,桩底土要产生竖向压缩变形,因此桩底土有竖向土抗力。根据土的弹性抗力假定,竖向土抗力的表达式为:

$$\sigma_h = C_0\Delta_h \tag{8-13}$$

式中:σ_h——土层下 h 深处(或基底)土的单位面积的竖向土抗力;

Δ_h——桩底土层竖向压缩量;

C_0——桩端地基竖向抗力系数。

桩端地基竖向抗力系数 C_0,对非岩石类土,当入土深度 $h \leqslant 10\text{m}$ 时,按 $C_0 = 10m_0$ 计;当入土深度 $h > 10\text{m}$ 时,按 $C_0 = m_0 h$ 计,其中 m_0 为桩端处的地基竖向抗力系数 C_0 的比例系数。当桩端层为岩石时,C_0 不随入土深度 h 改变,而与基底岩石强度有关。

上述的 m 和 m_0 值应采用试验实测数据,在缺乏实测数据时,可按照规范《铁路桥涵地基和基础设计规范》(TB 10093—2017)或《公路桥涵地基与基础设计规范》(JTG D63—2007)取值。

轴向力 P 作用在桩顶时,桩身将发生弹性压缩变形,同时桩顶荷载通过桩身传至桩底,又使桩底土层发生压缩变形,这两部分压缩变形之和等于桩顶的轴向位移。但埋于土中的桩与桩侧土紧密接触,桩相对于土体向下位移,土就对桩产生向上作用的摩阻力。因此,作用于桩顶的外荷载由桩表面的总摩阻力和桩底土的支承力共同承担,但两者间的分配并非成比例关系,而是与荷载 P 的大小、桩底土层的情况及桩长等因素有关。由于影响桩侧摩阻力的因素较多,除与桩土间的相对位移外,还与桩侧土的性态和桩侧法向应力有关,计算复杂。为简化计算,常近似地假设打入桩摩阻力在地面处为零,沿桩入土深度摩阻力呈线性增加;对钻孔灌注桩,则近似地假设沿桩身均匀分布。对于支承在岩层上的桩柱,桩底阻力的极限值取决于岩石的抗压强度。

单桩的竖向极限承载力由桩侧极限摩阻力和桩底土阻力两部分构成,可按桥梁地基与基础设计规范给出的公式计算。求得极限承载力后,再根据桩与土的相对位移,近似得到土体弹簧的竖向刚度系数 k_{h}。

$$k_{\text{h}} = \frac{R_{\text{a}}}{\Delta} \tag{8-14}$$

式中:R_{a}——单桩的竖向极限承载力;

Δ——桩与土的相对位移值,摩擦桩的桩土相对位移值在缺乏计算的情况下,一般取 $\Delta = 6\text{mm}$。

2)桩—土相互作用土层弹簧刚度的计算与建模

考虑桩—土相互作用时可按下面的步骤计算土层弹簧刚度和建模。

(1)对桩长范围内的土层进行分层,按式(8-10)~式(8-12)计算每层土的水平弹簧刚度系数,分层的原则是:

①不同类型的土分成不同的层。

②同类型的土层中再次分层,计算每层土的弹簧刚度系数。

③桩的上部土层分得要密些,下部土层可分得厚些。

(2)将桩按梁单元进行单元划分,划分的原则是保证每层土的中间有一个对应的节点,以便施加土体的弹簧单元。弹簧单元可表现为线弹性特性,也可表现为非弹性特性。MIDAS/Civil 中用节点弹性支承或一般连接中的弹簧单元模拟。

(3)在桩身沿整体坐标系的两个水平方向分别施加相同的仅受压的弹簧。对于竖向弹簧,其刚度系数可以根据实际情况确定、支承在岩层上的桩柱将桩底固结,对摩擦桩可在桩底施加一个竖向弹簧,刚度系数按式(8-14)计算。

3)等效刚度法计算桩—土共同作用

对如图 8-27 所示的弹性桩,可建立如下的弹性地基梁挠曲微分方程。

$$EI\frac{\mathrm{d}^4y}{\mathrm{d}x^4} = -P_y = -myxb_1 \tag{8-15}$$

利用幂级数解法可获得式(8-15)弹性曲线微分方程的解答,并可得到当桩在地面处(或局部冲刷线处)仅作用有单位横向力 $Q_0=1$ 时的桩顶横向位移 δ_{QQ}^0 和转角 δ_{MQ}^0 位移公式[图 8-28a)]。

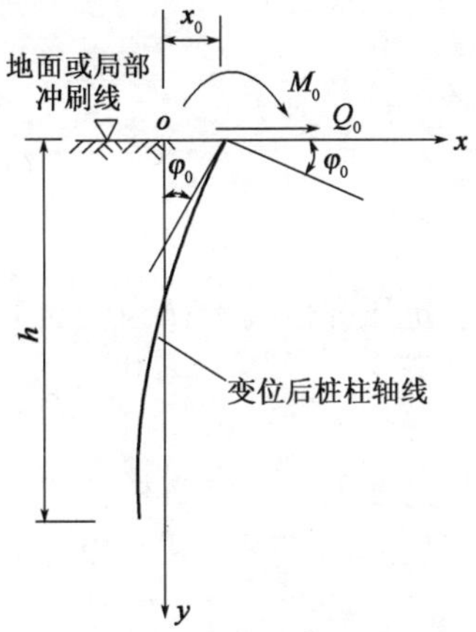

图 8-27 弹性地基梁挠曲计算图式

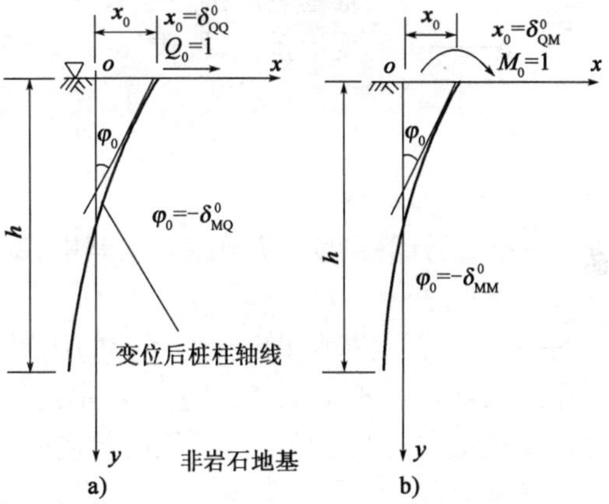

图 8-28 桩顶位移计算图式

桩底支承在非岩石类土或基岩面上:

$$\delta_{QQ}^0 = \frac{1}{\alpha^3EI}\cdot\frac{(B_3D_4-B_4D_3)+K_h(B_2D_4-B_4D_2)}{(A_3B_4-A_4B_3)+K_h(A_2B_4-A_4B_2)} \tag{8-16}$$

$$\delta_{MQ}^0 = \frac{1}{\alpha^2EI}\cdot\frac{(A_3D_4-A_4D_3)+K_h(A_2D_4-A_4D_2)}{(A_3B_4-A_4B_3)+K_h(A_2B_4-A_4B_2)} \tag{8-17}$$

桩底嵌固在基岩中:

$$\delta_{QQ}^0 = \frac{1}{\alpha^3EI}\cdot\frac{B_2D_1-B_1D_2}{A_2B_1-A_1B_2} \tag{8-18}$$

$$\delta_{MQ}^0 = \frac{1}{\alpha^2EI}\cdot\frac{A_2D_1-A_1D_2}{A_2B_1-A_1B_2} \tag{8-19}$$

类似地,可求出当桩顶处仅作用有单位力矩 $M_0=1$ 时,桩在地面处(或局部冲刷线处)的横向位移 δ_{QM}^0 和转角 δ_{MM}^0 公式[图 8-28b)]。

桩底支承在非岩石类土或基岩面上:

$$\delta_{MQ}^0 = \delta_{QM}^0 = \frac{1}{\alpha^2EI}\cdot\frac{(B_3C_4-B_4C_3)+K_h(B_2C_4-B_4C_2)}{(A_3B_4-A_4B_3)+K_h(A_2B_4-A_4B_2)} \tag{8-20}$$

$$\delta_{MM}^0 = \frac{1}{\alpha EI}\cdot\frac{(A_3C_4-A_4C_3)+K_h(A_2C_4-A_4C_2)}{(A_3B_4-A_4B_3)+K_h(A_2B_4-A_4B_2)} \tag{8-21}$$

桩底嵌固在基岩中：

$$\delta_{MQ}^{0}=\delta_{QM}^{0}=\frac{1}{\alpha^{2}EI}\cdot\frac{B_2C_1-B_1C_2}{A_2B_1-A_1B_2} \tag{8-22}$$

$$\delta_{MM}^{0}=\frac{1}{\alpha^{2}EI}\cdot\frac{A_2C_1-A_1C_2}{A_2B_1-A_1B_2} \tag{8-23}$$

上述式中：K_h——因桩端转动，桩端底面土体产生的抗力对 δ_{QQ}^{0}、δ_{MQ}^{0}、δ_{QM}^{0} 和 δ_{MM}^{0} 的影响系数，$K_h=\frac{C_0I_0}{\alpha EI}$，当桩底置于非岩石类土且 $\alpha h\geqslant 2.5$，或置于基岩上且 $\alpha h\geqslant 3.5$ 时，取 $K_h=0$；

I、I_0——底面或局部冲刷线以下桩截面和桩端截面惯性矩；

C_0——桩端地基竖向抗力系数；

α——桩的变形系数，按式(8-24)计算。

$$\alpha=\sqrt[5]{\frac{mb_1}{EI}} \tag{8-24}$$

式中：b_1——单桩基础的计算宽度；

EI——桩的计算刚度，$EI=0.8E_cI$，其中，E_c 为桩的混凝土抗压弹性模量；I 为桩的毛面积惯性矩；

m——非岩石地基水平向抗力系数的比例系数。

利用式(8-16)～式(8-21)，可进一步得到位于地面以上 l_0 高度处多排竖直桩柱式桥墩在桩顶作用单位横向力和单位力矩作用时的横向位移 δ_{QQ}、δ_{MQ} 与转角 δ_{MM} 公式(图 8-29)。

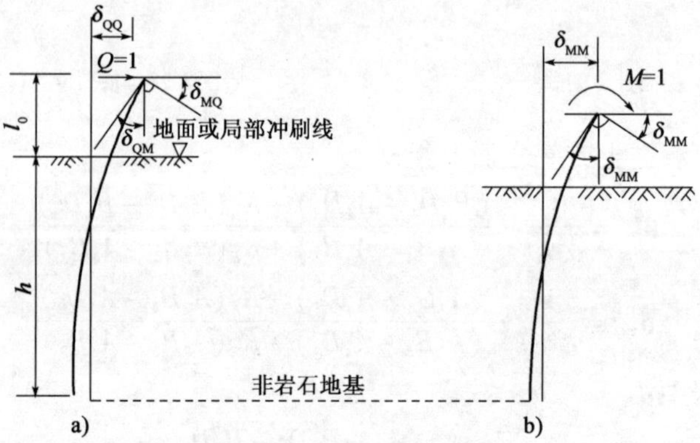

图 8-29　桩顶横向位移和转角的计算图式

$Q=1$ 作用时：

$$\delta_{QQ}=\frac{l_0^3}{3EI}+\delta_{QQ}^{0}+2\delta_{MQ}^{0}l_0+\delta_{MM}^{0}l_0^2 \tag{8-25}$$

$$\delta_{MQ}=\frac{l_0^2}{2EI}+\delta_{MQ}^{0}+\delta_{MM}^{0}l_0 \tag{8-26}$$

$M=1$ 作用时：

$$\delta_{MQ}=\delta_{QM}=\frac{l_0^2}{2EI}+\delta_{QM}^{0}+\delta_{MM}^{0}l_0 \tag{8-27}$$

$$\delta_{MM}=\frac{l_0}{EI}+\delta_{MM}^{0} \tag{8-28}$$

利用式(8-25)、式(8-26),可以求出单位力作用在任意一桩桩顶面时单桩顶面产生的变位,是柔度系数。利用上述变位计算公式,可进一步求出单桩顶面发生单位位移时所需的力,即刚度系数为:

$$\rho_{PP} = \cfrac{1}{\cfrac{l_0 + \xi h}{EA} + \cfrac{1}{A_0 C_0}} \tag{8-29}$$

$$\rho_{QQ} = \frac{\delta_{MM}}{\delta_{QQ}\delta_{MM} - \delta_{MQ}^2} \tag{8-30}$$

$$\rho_{MQ} = \rho_{QM} = \frac{\delta_{MQ}}{\delta_{QQ}\delta_{MM} - \delta_{MQ}^2} \tag{8-31}$$

$$\rho_{MM} = \frac{\delta_{QQ}}{\delta_{QQ}\delta_{MM} - \delta_{MQ}^2} \tag{8-32}$$

上述式中:ρ_{PP}——沿单桩轴线发生单位位移时,桩顶产生的轴向力;

ρ_{QQ}——垂直桩轴线方向发生单位位移时,桩顶产生的水平力;

ρ_{MQ}——垂直桩轴线方向发生单位位移时,桩顶产生的弯矩;

ρ_{QM}——桩顶发生单位转角时,桩顶产生的水平力;

ρ_{MM}——桩顶发生单位转角时,桩顶产生的弯矩;

ξ——桩类别系数,对于端承桩,$\xi = 1$;对于摩擦桩(或摩擦支承管桩),打入或振动下沉时,$\xi = 2/3$;钻(挖)孔桩,$\xi = 1/2$;

A——入土部分桩的平均截面积;

h——埋入地面或局部冲刷线以下的桩长;

A_0——摩擦桩,$A_0 = \min\left\{\pi\left(\cfrac{d}{2} + h\tan\cfrac{\bar{\varphi}}{4}\right)^2, \cfrac{\pi}{4}S^2\right\}$;端承桩,$A_0 = \cfrac{\pi d^2}{4}$;

$\bar{\varphi}$——桩所穿过土层的平均内摩擦角;

S——桩底面中心距;

d——桩底面直径。

对有 n 根桩组成的群桩基础(图 8-30),当承台发生单位变位时,所有桩顶对承台的作用"反力"之和即为群桩的内力:

a)桩底布置在非岩石类土或基岩面上　　b)桩底嵌固在基岩中

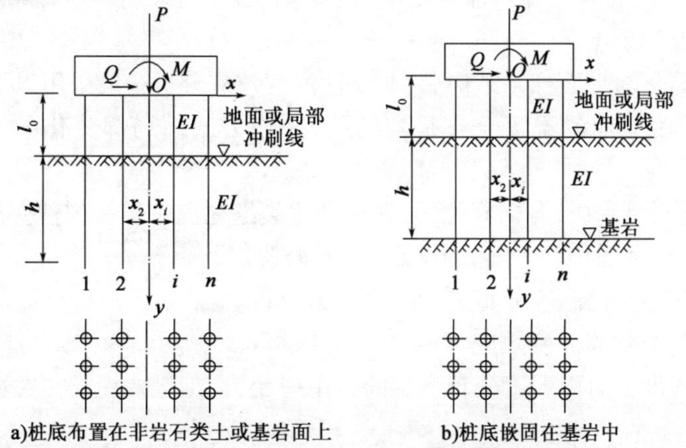

图 8-30　多排对称布置的竖直桩桥墩基础(高承台桩基)

$$\gamma_{cc}=n\rho_{PP} \tag{8-33}$$

$$\gamma_{\alpha\alpha}=n\rho_{QQ} \tag{8-34}$$

$$\gamma_{\alpha\beta}=\gamma_{\beta\alpha}=-n\rho_{QM}=-n\rho_{MQ} \tag{8-35}$$

$$\gamma_{\beta\beta}=n\rho_{MM}+\rho_{PP}\sum K_i x_i^2 \tag{8-36}$$

上述式中：γ_{cc}——承台发生竖向单位位移时，桩顶竖向反力之和；

$\gamma_{\alpha\alpha}$——承台发生水平单位位移时，桩顶水平反力之和；

$\gamma_{\alpha\beta}$、$\gamma_{\beta\alpha}$——承台绕原点 O 发生单位转角时，桩顶水平反力之和或水平方向产生单位位移时，桩顶反弯矩之和；

$\gamma_{\beta\beta}$——承台发生单位转角时，桩顶反弯矩之和；

n——桩总根数；

x_i——由坐标系原点 O 至各桩轴线的距离；

K_i——第 i 排桩根数。

根据刚度定义，γ_{cc}、$\gamma_{\alpha\alpha}$、$\gamma_{\alpha\beta}$、$\gamma_{\beta\alpha}$ 和 $\gamma_{\beta\beta}$ 即为整个桩基的竖向刚度、水平刚度、弯剪刚度和转动刚度，直接在承台底施加弹簧单元即可，这种建模方式无须再建立桩单元。

8.4 荷载模拟

桥梁结构承受的作用类型繁多，《公路桥涵设计通用规范》(JTG D60—2015)将作用分为永久作用、可变作用、偶然作用和地震作用四大类，每一个大类下又细分为诸多小类。准确模拟和分析桥梁结构承受的作用类型，对了解桥梁结构受力特性，确保其稳定及安全有着十分重要的意义。其中，大部分作用对桥梁的效应可通过结构力学的方法来分析，但非线性温度作用、收缩徐变及预应力效应在桥梁结构中较为常见，本节主要对上述三种作用的有限元模拟方法进行阐述。

8.4.1 非线性温度作用

首先要确定结构内部的温度分布(桥梁结构一般是日照温差的影响)，利用材料线膨胀系数，结合有限元分析方法进行结构温度效应计算。下面介绍采用平面杆系有限元方法分析混凝土桥梁温度效应的要点。

混凝土桥梁简化为平面杆系结构后，非线性温度效应分析一般采用以下假定：

(1)沿构件长度方向的温度分布是均匀的，并略去截面局部变化导致的温差分布微小差别。

(2)混凝土材料是均质、各向同性的，在未产生裂缝之前符合线弹性变形规律。

(3)构件变形后截面仍为平面，即满足“平截面假定”。

以沿构件高度方向的温度分布进行温度应力分析。

1)构件截面的自约束温度效应

假设沿构件高度方向由温度分布产生的自由应变为：

$$\varepsilon_T(y)=\alpha T(y) \tag{8-37}$$

式中：α——混凝土的线膨胀系数(1/℃)；

$T(y)$——沿构件高度方向的温度分布,y的原点取为构件截面形心,方向向上。

自由应变将受到平截面应变条件的约束,故实际应变可表示为如下形式:

$$\varepsilon(y)=\varepsilon_0+\rho y \tag{8-38}$$

式中:ε_0——构件截面形心处的应变;

ρ——截面位置处构件的曲率。

以上应变差产生的自约束应变和应力分别为:

$$\varepsilon_\sigma(y)=\varepsilon_T(y)-\varepsilon(y)=\alpha T(y)-(\varepsilon_0+\rho y) \tag{8-39}$$

$$\sigma_\varepsilon(y)=E\varepsilon_\sigma(y)=E_c[\alpha T(y)-(\varepsilon_0+\rho y)] \tag{8-40}$$

式中:E_c——混凝土弹性模量(N/m^2);

其余符号意义同前。

由于截面在自约束应力作用下处于自平衡状态,利用截面弯矩和轴力增量为零的平衡条件可解得ε_0与ρ,从而进行自约束应力计算。

温度作用产生的自约束效应将使构件发生变形并产生结构效应。若为静定结构时,将仅产生变形而不引起相应内力;但为超静定结构时,外部的多余约束将使结构产生多余内力。因此,超静定结构温度效应分析需要采用结构力学方法或有限元分析方法求解。

2)温度效应的有限元分析

在平面杆系结构的有限元分析中,受温度作用单元的节点荷载可由如下方法确定。如图8-31所示,取单元坐标系的原点为左节点i,x坐标轴在杆件中性轴上,y和z坐标轴在横截面的形心轴上。设单元横截面上的温度分布沿x方向不变,只在y和z两个方向变化且对称于y轴。

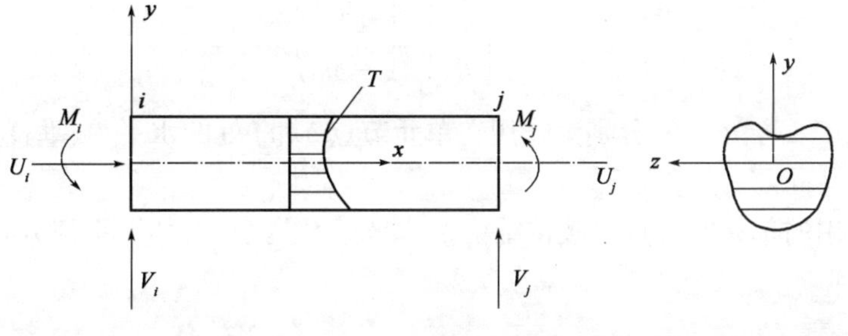

图8-31 平面杆系单元示意图

于是,单元截面内任一点的应变可由式(8-41)、式(8-42)计算。

$$\varepsilon_x=\frac{\sigma_x}{E_c}+\alpha T \tag{8-41}$$

$$\gamma_{xy}=\frac{\tau_{xy}}{G_c} \tag{8-42}$$

上述式中:σ_x/E_c——应力σ_x引起的正应变;

αT——温度T引起的正应变;

τ_{xy}/G_c——应力τ_{xy}引起的剪应变;

G_c——混凝土的剪切弹性模量(N/m^2)。

令单元两端节点i和j固结,则单元节点位移$\delta^e=0$,即

$$u_i=v_i=\theta_i=u_j=v_j=\theta_j=0 \tag{8-43}$$

此时，单元内任意一点的应变也为零，即 $\varepsilon_x=\gamma_{xy}=0$，单元截面的应力可由式(8-44)得到。

$$\sigma_x=-E_c\alpha T,\tau_{xy}=0 \tag{8-44}$$

单元两端节点 i 和 j 的节点力为：

$$\left.\begin{aligned}U_i&=\int(-\sigma_x)\mathrm{d}A=\int E_c\alpha T\mathrm{d}A\\V_i&=\int(-\tau_{xy})\mathrm{d}A=0\\M_i&=\int\sigma_x y\mathrm{d}A=-\int E_c\alpha Ty\mathrm{d}A\\U_j&=\int\sigma_x\mathrm{d}A=-\int E_c\alpha T\mathrm{d}A\\V_j&=\int\tau_{xy}\mathrm{d}A=0\\M_j&=\int(-\sigma_x)y\mathrm{d}A=\int E_c\alpha Ty\mathrm{d}A\end{aligned}\right\} \tag{8-45}$$

式(8-45)中的符号见图8-31。单元的节点荷载为单元对节点作用力的反力，故将符号改变后即为温度作用的节点荷载：

$$\boldsymbol{P}_{\mathrm{T}}^{\mathrm{e}}=\begin{pmatrix}X_i\\Y_i\\R_i\\X_j\\Y_j\\R_j\end{pmatrix}=\begin{pmatrix}-U_i\\0\\-M_i\\-U_j\\0\\-M_j\end{pmatrix} \tag{8-46}$$

式中：X_i、Y_i、R_i 和 X_j、Y_j、R_j——分别为作用在单元节点 i 和 j 处的水平力、垂直力和力矩；

其余符号意义同前。

将受温度作用的单元的节点荷载按结构整体坐标系集合，由如下平衡方程就可解得温度作用引起的位移：

$$\boldsymbol{K\delta}=\boldsymbol{P}_{\mathrm{T}} \tag{8-47}$$

式中：$\boldsymbol{K}$——结构刚度矩阵；

$\boldsymbol{\delta}$——整体坐标系下温度作用产生的节点位移向量；

$\boldsymbol{P}_{\mathrm{T}}$——整体坐标系下温度作用产生的节点荷载向量。

由式(8-47)中的节点位移求得相应的应力后，再叠加式(8-44)中单元两端固结时的应力，就能获得温度作用引起的单元最终应力。

3）分析例题

如图8-32所示，某C40混凝土矩形梁，考虑两端简支及两端固结两种不同的边界条件，在全梁施加按《公路桥涵设计通用规范》(JTG D60—2015)规定的非线性温度梯度荷载[图8-15c)]，分析其应力状况。

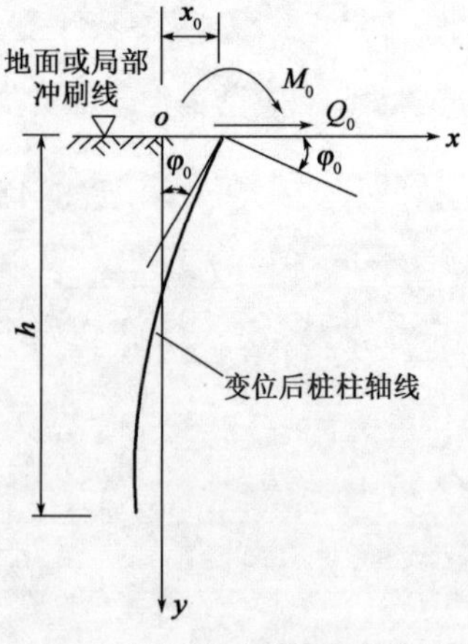

图8-32　混凝土矩形梁承受非线性温度梯度作用(尺寸单位：cm)

【解】 在简支边界条件下,矩形梁在温度梯度荷载作用下会产生温度自应力,梁顶应力值为 -3.48MPa(“ -”代表受压,下同)。而在固结边界条件下,由于结构为超静定体系,在温度梯度作用下还会产生次应力,此时顶板应力值为 -4.55MPa,该值为温度自应力与次应力的叠加值。

8.4.2 收缩徐变

对于混凝土的收缩、徐变效应,结合有限元分析方法,将结构的受力过程分为若干个时段或工况,引入按龄期调整的弹性模量,就能实现收缩、徐变的逐步分析。对于收缩效应的影响,只需要在平衡方程组中添加收缩应变增量予以考虑即可,此处不多作介绍。下面详细阐述徐变效应的分析过程。

1)徐变系数数学表达式

混凝土徐变是混凝土材料的一种固有特性,它是指混凝土中应力保持不变的情况下而应变随时间不断增长的现象。混凝土的徐变大小通常用徐变系数来表示。令时刻 t_0 开始作用于混凝土的单轴向常应力 $\sigma(t)$ 至时刻 t 所产生的徐变应变为 $\varepsilon_c(t,t_0)$,目前国际上对徐变系数主要有两种不同的定义[6]。

(1)第一种徐变系数采用混凝土 28d 龄期时的瞬时弹性应变定义,即

$$\varepsilon_c(t,t_0)=\frac{\sigma(t)}{E_{28}}\varphi(t,t_0) \tag{8-48}$$

(2)第二种徐变系数的定义为:

$$\varepsilon_c(t,t_0)=\frac{\sigma(t)}{E(t_0)}\varphi(t,t_0) \tag{8-49}$$

徐变系数的取值取决于徐变模式的选取。关于徐变系数的取值有许多,我国《公路钢筋混凝土及预应力混凝土桥涵设计规范》(JTG D62—2004)规定徐变系数可按下列公式计算:

$$\varphi(t,t_0)=\varphi_0\beta_c(t-t_0) \tag{8-50}$$

$$\varphi_0=\varphi_{RH}\beta(f_{cm})\beta(t_0) \tag{8-51}$$

$$\varphi_{RH}=1+\frac{1-RH/RH_0}{0.46\,(h/h_0)^{\frac{1}{3}}} \tag{8-52}$$

$$\beta(f_{cm})=\frac{5.3}{(f_{cm}/f_{cm0})^{0.5}} \tag{8-53}$$

$$\beta(t_0)=\frac{1}{0.1+(t_0/t_1)^{0.2}} \tag{8-54}$$

$$\beta(t-t_0)=\left[\frac{(t-t_0)/t_1}{\beta_H+(t-t_0)/t_1}\right]^{0.3} \tag{8-55}$$

$$\beta_H=150\left[1+\left(1.2\frac{RH}{RH_0}\right)^{18}\right]\frac{h}{h_0}+250\leqslant 1500 \tag{8-56}$$

上述式中:t_0——加载时的混凝土龄期(d);

t——计算考虑时刻的混凝土龄期(d);

$\varphi(t,t_0)$——加载龄期为 t_0(d),计算考虑龄期为 t 时的混凝土徐变系数;

φ_0——名义徐变系数;

β_c——加载后徐变随时间发展的系数；

f_{cm}——强度等级 C20 ~ C50 的混凝土在 28d 龄期时的平均立方体抗压强度(MPa)，$f_{cm}=0.8f_{cu,k}+8\text{MPa}$；

$f_{cu,k}$——龄期为 28d，具有 95% 保证率的混凝土立方体抗压强度标准值(MPa)；

RH——环境年平均相对湿度(%)；

h——构件理论厚度(mm)，$h=2A/u$，A 为构件截面面积(mm^2)，u 为构件与大气接触的周边长度(mm)；

$RH_0=100\%$；$h_0=100\text{mm}$；$t_1=1\text{d}$；$f_{cm0}=10\text{MPa}$。

2)分段施工结构的徐变效应应力—应变关系

在一般情况下，混凝土构件的徐变都属于线性徐变，常应力作用下应变与应力的关系为：

$$\varepsilon(t)=\frac{\sigma}{E(t_0)}[1+\varphi(t,t_0)] \tag{8-57}$$

式中：$\varphi(t,t_0)$——徐变系数。

连续变化的应变与应力的关系可表示成：

$$\varepsilon(t)=\frac{\sigma(t_0)}{E(t_0)}[1+\varphi(t,t_0)]+\int_{t_0}^{t}\frac{1}{E(t)}\frac{\mathrm{d}\sigma(t)}{\mathrm{d}t}[1+\varphi(t,t_0)]\mathrm{d}t \tag{8-58}$$

作如下变换：

$$\sigma_s(t)=\sigma(t)-\sigma(t_0) \tag{8-59}$$

$$\varepsilon_s(t)=\varepsilon(t)-\frac{\sigma(t_0)}{E(t_0)} \tag{8-60}$$

式中：$\sigma_s(t)$——徐变应力(MPa)；

$\varepsilon_s(t)$——徐变应变。

假定混凝土弹性模量为常数，$E(t)$用常量 E 代替，则式(8-58)可表示成：

$$\varepsilon_s(t)=\frac{\sigma(t_0)}{E}\varphi(t,t_0)+\frac{1}{E}\int_{t_0}^{t}\frac{\mathrm{d}\sigma(t)}{\mathrm{d}t}[1+\varphi(t,t_0)]\mathrm{d}t \tag{8-61}$$

应用积分中值定理，并注意到 $\sigma_s(t_0)=0$，则式(8-61)简化为：

$$\varepsilon_s(t)=\frac{\sigma(t_0)}{E}\varphi(t,t_0)+\frac{\sigma_s(t)}{E}[1+\varphi(t,t_\xi)] \tag{8-62}$$

式中：$t_0\leqslant t_\xi\leqslant t$；$E=E(t_0)$。

引入老化系数 $\rho(t,t_0)$，令

$$\varphi(t,\tau_\xi)=\rho(t,t_0)\varphi(t,t_0) \tag{8-63}$$

$$\rho(t,t_0)=\frac{\int_{t_0}^{t}\frac{\mathrm{d}\sigma_s(t)}{\mathrm{d}t}\varphi(t,t_0)\mathrm{d}t}{\sigma_s(t)\varphi(t,t_0)} \tag{8-64}$$

于是式(8-62)可写成：

$$\varepsilon_s(t)=\frac{\sigma(t_0)}{E}\varphi(t,t_0)+\frac{\sigma_s(t)}{E_\varphi} \tag{8-65}$$

式中：E_φ——徐变等效弹性模量(MPa)。

$$E_\varphi=\frac{E}{1+\rho(t,t_0)\varphi(t,t_0)} \tag{8-66}$$

以老化理论为基础的近似老化系数计算式为：

$$\rho(t,t_0)=\frac{1}{1-e^{-\varphi(t,t_0)}}-\frac{1}{\varphi(t,t_0)} \tag{8-67}$$

分析各施工阶段的结构徐变效应时，采用增量法形式的徐变变形表达式比较方便。在实际结构中应力与时间的关系可近似用图 8-33 来表示。σ_i 表示 t_i 时刻(即第 $i+1$ 个施工阶段)的瞬时弹性应力，σ_i^* 表示 $t_{i-1}\to t_i$ 时段(即第 i 个施工阶段)的徐变应力增量。

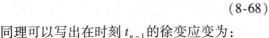

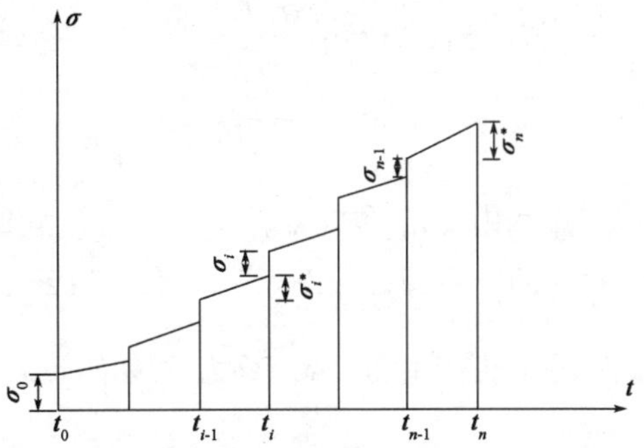

图 8-33 分段施工徐变分析中应力与时间关系

根据式(8-65)可以写出时刻 t_n 的徐变应变为：

$${}^{s}\varepsilon_n=\sum_{i=1}^{n-1}\frac{\sigma_i}{E}\varphi(t_n,t_i)+\sum_{i=1}^{n}\frac{1}{E}[\sigma_i^*-\sigma_{i-1}^*+\sigma_i^*\varphi(t_n,t_\xi)] \tag{8-68}$$

同理可以写出在时刻 t_{n-1} 的徐变应变为：

$${}^{s}\varepsilon_{n-1}=\sum_{i=0}^{n-2}\frac{\sigma_i}{E}\varphi(t_{n-1},t_i)+\sum_{i=1}^{n-1}\frac{1}{E}[\sigma_i^*-\sigma_{i-1}^*+\sigma_i^*\varphi(t_{n-1},t_\xi)] \tag{8-69}$$

则第 n 个阶段即 $t_{i-1}\to t_i$ 的徐变应变为：

$$\begin{aligned}\varepsilon_n&={}^{s}\varepsilon_n-{}^{s}\varepsilon_{n-1}\\&=\sum_{i=0}^{n-1}\frac{\sigma_i}{E}[\varphi(t_n,t_i)-\varphi(t_{n-1},t_i)]+\sum_{i=1}^{n-1}\frac{\sigma_i^*}{E}[\varphi(t_n,t_\xi)-\varphi(t_{n-1},t_\xi)]+\\&\quad\frac{\sigma_{n-1}}{E}\varphi(t_{n-1},t_{n-1})+\frac{\sigma_n^*}{E}[1+\rho(t_n,t_{n-1})\varphi(t_{n-1},t_{n-1})]\end{aligned} \tag{8-70}$$

式中：$t_{i-1}\leqslant t_\xi\leqslant t_i$。

注意：式(8-70)中含有 $\varphi(t_{n-1},t_{n-1})$，若计算中采用的徐变系数表达式中包含加载初期应变项，则 $\varphi(t_{n-1},t_{n-1})$ 不为 0，下面的推导中仍保留此项。

若引入系数：

$$\varphi_{ni}=\varphi(t_n,t_i)-\varphi(t_{n-1},t_i) \tag{8-71}$$

$$\overline{\varphi}_{ni}=\varphi(t_n,t_\xi)-\varphi(t_{n-1},t_\xi)\approx\varphi(t_n,t_{i-1/2})-\varphi(t_{n-1},t_{i-1/2}) \tag{8-72}$$

式中：$t_{i-1/2}=\frac{1}{2}(t_i+t_{i-1})$。

式(8-70)可改写为：

$$\begin{aligned}\varepsilon_n&=\sum_{i=0}^{n-1}\frac{\sigma_i}{E}\varphi_{ni}+\sum_{i=1}^{n-1}\frac{\sigma_i^*}{E}\overline{\varphi}_{ni}+\frac{\sigma_{n-1}}{E}\varphi(t_{n-1},t_{n-1})+\frac{\sigma_n^*}{E_\varphi(t_n,t_{n-1})}\\&=\sum_{i=0}^{n-1}\frac{\sigma_i}{E}\varphi_{ni}+\sum_{i=1}^{n-1}\frac{\sigma_i^*}{E_\varphi(t_i,t_{i-1})}\gamma(t_i,t_{i-1})\overline{\varphi}_{ni}+\frac{\sigma_{n-1}}{E}\varphi(t_{n-1},t_{n-1})+\frac{\sigma_n^*}{E_\varphi(t_n,t_{n-1})}\end{aligned} \tag{8-73}$$

$$E_\varphi(t_i,t_{i-1})=\frac{E}{1+\rho(t_i,t_{i-1})\varphi(t_i,t_{i-1})}=\gamma(t_i,t_{i-1})E \tag{8-74}$$

3)徐变效应的荷载—位移关系

由上面推导的应力—应变关系，通过虚位移原理和 Castigliano 第一定理可以推导徐变效应的荷载位移关系。由式(8-65)可得：

$$\sigma_s(t)=E_\varphi\left[\varepsilon_s(t)-\frac{\sigma(t_0)}{E}\varphi(t,t_0)\right] \tag{8-75}$$

可以看出，$\varepsilon_s(t)-\frac{\sigma(t_0)}{E}\varphi(t,t_0)$是弹性应变，所以结构的徐变应变能为：

$$U=\frac{1}{2}\int_V E_\varphi\left[\varepsilon_s(t)-\frac{\sigma(t_0)}{E}\varphi(t,t_0)\right]^2\mathrm{d}V \tag{8-76}$$

为应用虚功原理，构造一组力状态和两组位移状态，如图 8-34a)所示，设单元变形分布为$\varepsilon_s(t)$时的应力分布为$\sigma_s^1(t)$，杆端力为$\boldsymbol{F}_\varphi$，徐变等效模量为E_φ；如图 8-34b)所示，设单元变形分布为$\varepsilon_s(t)$时，单元两端位移为$\boldsymbol{\delta}$；如图 8-34c)所示，设单元变形分布为$\frac{\sigma(t_0)}{E}$时，杆端位移为$\boldsymbol{\delta}_0$。

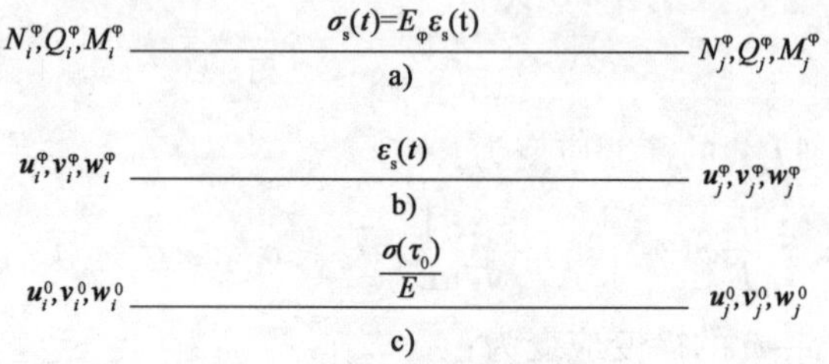

图 8-34　虚位移原理中相应的力状态和位移状态示意

$$\boldsymbol{F}_\varphi=(N_i^\varphi,Q_i^\varphi,M_i^\varphi,N_j^\varphi,Q_j^\varphi,M_j^\varphi)^{\mathrm{T}} \tag{8-77}$$

$$\boldsymbol{\delta}=(u_i^\varphi,v_i^\varphi,w_i^\varphi,u_j^\varphi,v_j^\varphi,w_j^\varphi)^{\mathrm{T}} \tag{8-78}$$

$$\boldsymbol{\delta}_0=(u_i^0,v_i^0,w_i^0,u_j^0,v_j^0,w_j^0)^{\mathrm{T}} \tag{8-79}$$

根据有限元理论，图 8-34a)和图 8-34b)的荷载和位移状态有如下关系：

$$\boldsymbol{F}_\varphi=\boldsymbol{K}_\varphi\boldsymbol{\delta}=\gamma(t,t_0)\boldsymbol{K}\boldsymbol{\delta} \tag{8-80}$$

式中：$\boldsymbol{K}$——杆件弹性模量为 E 时杆件单元刚度矩阵，即弹性刚度矩阵；

$\boldsymbol{K}_\varphi$——杆件徐变等效弹性模量为 E_φ 时的杆件单元刚度矩阵，即徐变刚度矩阵。

根据虚位移原理和 Castigliano 第一定理有：

$$\boldsymbol{F}=\frac{\partial U}{\partial\boldsymbol{\delta}}=\gamma(t,t_0)\boldsymbol{K}\boldsymbol{\delta}-\gamma(t,t_0)\varphi(t,t_0)\boldsymbol{F}_0 \tag{8-81}$$

式(8-81)表明了由徐变引起的单元杆端力与杆端位移之间的关系。从中可以看出，由徐变引起的杆端力由两部分组成：第一部分为由徐变位移$\boldsymbol{\delta}$(结构总位移与初始弹性位移之差)产生的杆端力；第二部分为与初始弹性杆端力$\boldsymbol{F}_0$引起的徐变相应的杆端力，这部分内力可在用位移法求得结构初始弹性位移$\boldsymbol{\delta}_0$后根据$\boldsymbol{F}_0=\boldsymbol{K}\boldsymbol{\delta}_0$计算。

由式(8-81)可得：

$$\boldsymbol{F}=\boldsymbol{K}_\varphi[\boldsymbol{\delta}-\varphi(t,t_0)\boldsymbol{\delta}_0]=\boldsymbol{K}_\varphi(\boldsymbol{\delta}-\boldsymbol{\delta}_0^*) \tag{8-82}$$

式中：$\boldsymbol{\delta}_0^*$——初始内力产生的徐变变形。

令

$$\boldsymbol{F}_0^*=-\boldsymbol{K}_\varphi\boldsymbol{\delta}_0^* \tag{8-83}$$

则

$$\boldsymbol{F}=\boldsymbol{K}_\varphi\boldsymbol{\delta}+\boldsymbol{F}_0^* \tag{8-84}$$

对于分阶段考虑的徐变效应,引入以下记号:

$\boldsymbol{\delta}_{0i}^*$——第 i 阶段($t_{i-1}\to t_i$ 时段)初始结构内力产生的徐变变形向量;

$\boldsymbol{\delta}_i$——第 i 阶段的总徐变变形向量;

$\boldsymbol{\delta}_{0i}$——由 σ_i/E 产生的弹性变形向量;

$\boldsymbol{F}_i$——第 i 阶段由徐变产生的总杆端力向量;

$\boldsymbol{F}_{0i}^*$——第 i 阶段徐变等效固端力向量;

$\boldsymbol{K}_\varphi^i$——第 i 阶段徐变刚度矩阵。

$$\boldsymbol{F}_{0i}^* = -\boldsymbol{K}_\varphi^i\boldsymbol{\delta}_{0i}^* \tag{8-85}$$

$$\boldsymbol{K}_\varphi^i = \gamma(t_i,t_{i-1})\boldsymbol{K} \tag{8-86}$$

注意:上面定义的变形都是指杆端位移,所以下面的推导中的"变形"与"位移"具有同样的含义。

由式(8-82)及式(8-84)可以写出第 i 阶段的单元平衡方程:

$$\boldsymbol{F}_i = \boldsymbol{K}_\varphi^i(\boldsymbol{\delta}_i - \boldsymbol{\delta}_{0i}^*) = \boldsymbol{K}_\varphi^i\boldsymbol{\delta}_i + \boldsymbol{F}_{0i}^* \tag{8-87}$$

因为 $\boldsymbol{F}_i$ 是完全由徐变引起的杆端力增量,易知杆端位移 $\boldsymbol{\delta}_i-\boldsymbol{\delta}_{0i}^*$ 对应的应力增量为 $\boldsymbol{\sigma}_i^*$。

至此,由式(8-73)可以写出第 n 阶段由徐变引起的总杆端位移:

$$\boldsymbol{\delta}_n = \sum_{i=0}^{n-1}\boldsymbol{\delta}_{0i}\varphi_{ni} + \sum_{i=1}^{n-1}(\boldsymbol{\delta}_i - \boldsymbol{\delta}_{0i}^*)\gamma(t_i,t_{i-1})\overline{\varphi}_{ni} + \boldsymbol{\delta}_{0n-1}\varphi(t_{n-1},t_{n-1}) + \boldsymbol{\delta}_n - \boldsymbol{\delta}_{0n}^* \tag{8-88}$$

第 n 阶段($t_{n-1}\to t_n$)的初始内力(t_{n-1}时刻)产生的徐变位移为:

$$\boldsymbol{\delta}_{0n}^* = \sum_{i=0}^{n-1}\boldsymbol{\delta}_{0i}\varphi_{ni} + \sum_{i=1}^{n-1}(\boldsymbol{\delta}_i - \boldsymbol{\delta}_{0i}^*)\gamma(t_i,t_{i-1})\overline{\varphi}_{ni} + \boldsymbol{\delta}_{0n-1}\varphi(t_{n-1},t_{n-1}) \tag{8-89}$$

式(8-89)中的弹性位移 $\boldsymbol{\delta}_{0i}$ 可由初始阶段的位移法分析得到,总徐变位移 $\boldsymbol{\delta}_i$ 可由式(8-87)组集成的结构总体平衡方程解出。

通过求解式(8-87)与式(8-89)的联立方程逐阶段进行徐变分析。其基本步骤归纳如下。

第一阶段($n=1$):

(1)计算 t_0 时刻的结构弹性变形 $\boldsymbol{\delta}_{00}$。

(2)令 $\boldsymbol{\delta}_0=\boldsymbol{\delta}_{00}^*=0$,按式(8-89)计算第一阶段初始内力产生的徐变变形 $\boldsymbol{\delta}_{01}^*$。

$$\boldsymbol{\delta}_{01}^* = \boldsymbol{\delta}_{00}\varphi_{10} + \boldsymbol{\delta}_{00}\varphi(t_0,t_0)$$

(3)按式(8-86)计算徐变刚度矩阵 $\boldsymbol{K}_\varphi^1=\gamma(t_1,t_0)\boldsymbol{K}$。

(4)按式(8-85)计算徐变等效固端力 $\boldsymbol{F}_{01}^* = -\boldsymbol{K}_\varphi^1\boldsymbol{\delta}_{01}^*$。

(5)按照一般有限元步骤组集总体刚度矩阵和荷载列阵,列出结构总体平衡方程式,处理边界条件后解出 $\boldsymbol{\delta}_1$。

(6)计算徐变引起的总杆端力 $\boldsymbol{F}_1$ 和约束反力。

第二阶段($n=2$ 以后的计算):

(1)计算 t_1 时刻的结构弹性变形 $\boldsymbol{\delta}_{01}$。

(2)按式(8-87)计算 $\boldsymbol{\delta}_{02}^*$。

$$\boldsymbol{\delta}_{02}^* = \sum_{i=0}^{1}\boldsymbol{\delta}_{0i}\varphi_{ni} + (\boldsymbol{\delta}_1 - \boldsymbol{\delta}_{01}^*)\gamma(t_1,t_0)\overline{\varphi}_{n1} + \boldsymbol{\delta}_{01}\varphi(t_1,t_1)$$

(3)按式(8-86)计算徐变刚度矩阵 $\boldsymbol{K}_{\varphi}^{2}=\gamma(t_2,t_1)\boldsymbol{K}$。

(4)按式(8-85)计算徐变等效固端力 $\boldsymbol{F}_{02}^{*}=-\boldsymbol{K}_{\varphi}^{2}\boldsymbol{\delta}_{02}^{*}$。

(5)按照一般有限元步骤组集总体刚度矩阵和荷载列阵,列出结构总体平衡方程式,处理边界条件后解出 $\boldsymbol{\delta}_2$。

(6)计算徐变引起的总杆端力 $\boldsymbol{F}_2$ 和约束反力。

(7)返回第1步进行自 $n=3$ 开始各阶段的计算。

4)收缩徐变效应分析例题

如图8-35所示,两根完全相同的C30悬臂梁 a 及 b 各固定在 A、B 端,梁长5m,截面形状为0.25m×0.25m正方形,其中梁 a 龄期为500d,梁 b 龄期为3d,各自承受竖向均布荷载10kN/m。之后将二者在悬臂端处合龙,并静置3000d,求梁 a、b 的全过程弯矩分布情况。

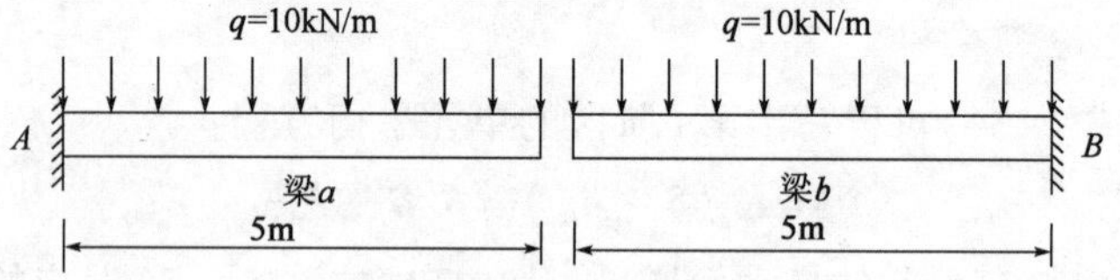

图8-35　混凝土矩形简支梁

【解】　在梁 a、b 未合龙之前,由于材料相同,承受的荷载也一致,因此二者的弯矩分布也一致,如图8-36a)所示。当梁 a、b 在悬臂处合龙后,由于二者龄期不同,因此徐变系数也相应地有所差异,在梁内会产生内力重分布,合龙后梁 a、b 的内力分布的差异性将随着时间的增加愈加明显,最终的内力分布如图8-36b)所示。

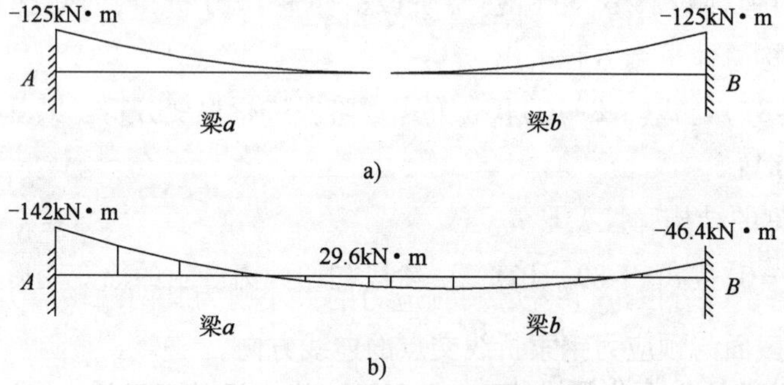

图8-36　梁 a、b 全过程弯矩分布情况

8.4.3　预应力效应

预应力效应主要指结构在预应力荷载作用下的变形和内力。预应力效应计算的基本思路是:将难以用函数式表达的空间预应力索曲线转化为若干连续的空间折线段,求得预应力索与结构某截面的交点;再将扣除预应力损失后的有效预应力对结构的作用等效为单元若干等分点(比如五等分点)上的集中荷载,其中每个等分点上的等效荷载包括三个集中力和三个集中力矩;最后将等效荷载作用在结构上就可求出预应力效应。由于等效荷载是直接施加在超静定结构上的,所以得出的结构反应是初内力和次内力的总和。

1)等效荷载计算

下面以图8-37为例,介绍等效荷载的计算过程。

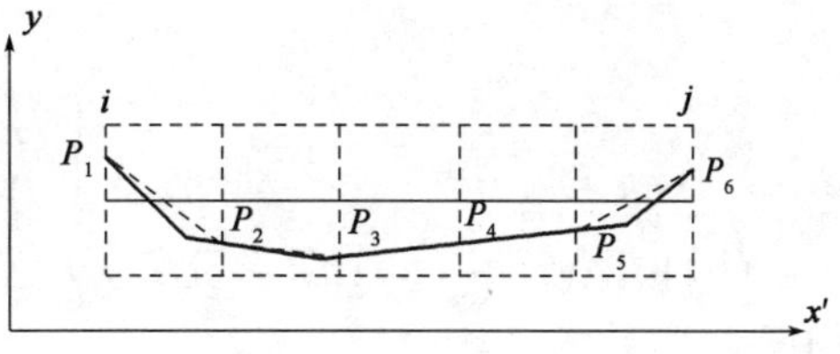

图8-37 单元等分点与预应力钢索的交点

(1)将单元五等分后,求出等分点横截面及端点截面与预应力钢索折线的交点,编号为 $P_1 \sim P_6$,如图8-37所示。求角点的方法如下。

假定一空间平面过点 $X_1(x_1,y_1,z_1)$,法线向量为 $\boldsymbol{a}_1=(a_1,b_1,c_1)$;另有一空间直线过点 $X_2(x_2,y_2,z_2)$,方向向量为 $\boldsymbol{a}_2=(a_2,b_2,c_2)$,则它们的方程分别为:

$$a_1(x-x_1)+b_1(y-y_1)+c_1(z-z_1)=0 \tag{8-90}$$

$$\frac{x-x_2}{a_2}=\frac{y-y_2}{b_2}=\frac{z-z_2}{c_2} \tag{8-91}$$

若 $a_1a_2+b_1b_2+c_1c_2\neq0$,即直线与平面不平行时,直线与平面的交点坐标为:

$$\begin{cases}x=x_2+ka_2\\ y=y_2+kb_2\\ z=z_2+kc_2\end{cases} \tag{8-92}$$

其中,

$$k=\frac{a_1(x_1-x_2)+b_1(y_1-y_2)+c_1(z_1-z_2)}{a_1a_2+b_1b_2+c_1c_2} \tag{8-93}$$

在实际计算中,取点 x_1 为单元等分点,$\boldsymbol{a}_1$ 为单元左右端点 i、j 确定的向量$\overrightarrow{ij}$,点 x_2 为钢索折线段左端点 Q_m,$\boldsymbol{a}_2$ 为钢索分段左右端点 Q_m、Q_{m+1} 确定的向量$\overrightarrow{Q_mQ}_{m+1}$,由式(8-92)可以得到等分点截面与预应力钢索的交点 P_1。另外,由式(8-92)可以看出:k 是交点 P_1 到点 Q_m 的距离与钢索折线段 Q_mQ_{m+1} 长度的比值。由于截面与预应力钢索的交点所在位置的不确定性,因此须对预应力钢索逐段试算,直到满足 $0\leqslant k<1$ 为止。

(2)交点 P_1 处的预应力大小可近似按式(8-94)计算。

$$F_{P_1}=F_{Q_m}+k(F_{Q_{m+1}}-F_{Q_m}) \tag{8-94}$$

(3)取单元的一个等分段进行分析,将预应力的大小视为其两端预应力的平均值 F,其方向为沿等分段两端截面与预应力钢索折线交点的连线方向。

(4)计算分段左端的集中荷载,如图8-38所示。将 F 沿单元局部坐标轴方向分解,得到集中荷载 F_x、F_y、F_z。

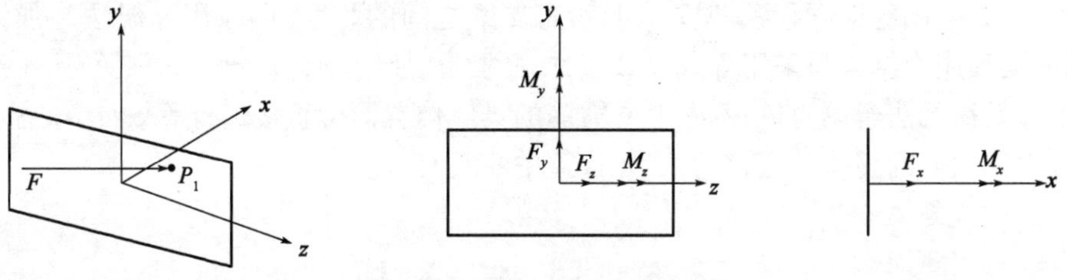

图8-38 预应力等效荷载计算示意

(5)计算点 P_1 到截面形心的距离并转换到局部坐标系,可计算出集中力矩:

$$\begin{cases} M_x = -F_y z_P + F_z Y_P \\ M_y = F_x z_P \\ M_z = -F_x y_P \end{cases} \tag{8-95}$$

(6)仿照(3)~(5)计算单元等分段右端的集中荷载,须注意右端集中力 F 的方向与左端相反。

(7)将左右端的集中荷载作用在结构上,求出单元的等效节点荷载。需要注意的是:图 8-37中 P_1、P_6 点的集中荷载为单元坐标系中的节点荷载,可转换到结构坐标系后直接叠加到荷载列阵;其余点的集中荷载为单元荷载,须转化为节点荷载再进行叠加。

2)预应力效应等效荷载计算例题

如图 8-39 所示,某配置曲线索的预应力混凝土简支梁,混凝土为 C30,梁长 $L=10\text{m}$,其左端锚头的倾角为 $\theta_A=10^\circ$,偏离中轴线的距离为 $e_A=20\text{cm}$,其右端锚头的倾角为 $\theta_B=15^\circ$,偏心距为 $e_B=40\text{cm}$,索曲线在跨中的垂度为 $f=170\text{cm}$,预应力筋采用 1860 级钢绞线,张拉控制应力为 1395MPa,钢束面积 700mm^2。不考虑结构自重,忽略预应力筋的预应力损失,求简支梁跨中截面顶部应力值。

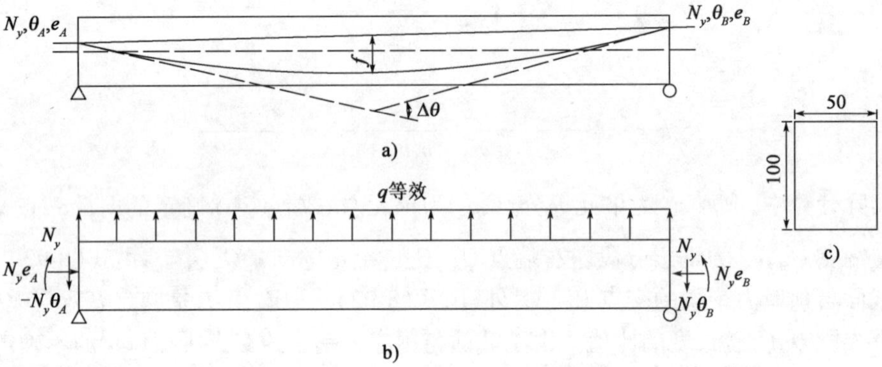

图 8-39 简支梁几何尺寸图(尺寸单位:cm)

【解】 首先采用等效荷载法进行手算,预应力钢束拉应力为 $N_y=976.5\text{kN}$,可求得等效均布荷载集度为 $q_{等效}=\dfrac{N_y\Delta\theta}{L}=14.2\text{kN/m}$。此外,左端部的轴力、剪力、弯矩分别为 $N_y=976.5\text{kN}$,$N_y\theta_A=170.4\text{kN}$,$N_y e_A=195.3\text{kN}\cdot\text{m}$,右端部的轴力、剪力、弯矩分别为 $N_y=976.5\text{kN}$,$N_y\theta_B=255.6\text{kN}$,$N_y e_B=390.6\text{kN}\cdot\text{m}$,最后可求得跨中截面梁顶应力值为 -3.34MPa(“$-$”代表受压,下同)。此外,用有限元方法对等效荷载法计算结果进行了验证,按照预应力钢束的实际形状建立钢束单元,并采用约束方程法建立钢束和简支梁之间的联系,再采用降温法施加钢束预应力,得到的梁顶应力结果与采用等效荷载法计算的结果十分吻合。

采用等效荷载法建模简单,不必考虑力筋的具体位置而可直接进行等效计算,容易获得结构在预应力作用下的整体效应,在有限元计算中非常有效。

8.5 局部分析

通常情况下,采用空间或平面杆系有限元方法对桥梁结构进行整体受力分析,能获得结构的整体受力特征,但对于结构和构造较为复杂的区域,如连续刚构桥的0号块区段,斜拉桥塔、梁锚固区段,钢桁架桥节点板区域等,整体分析中难以考虑复杂的局部构造细节,且其分析结果不足以反映局部区域的应力分布。这样,十分有必要在整体计算分析的基础上,选择受力不利且具有代表性的区段或节点,建立局部分析有限元模型,施加合理的荷载与边界条件进行局部应力分析,研究复杂区域的应力分布[10],为实际工程的安全运营提供可靠的理论支撑。

8.5.1 局部建模原则与方法

局部分析常采用三种方法:子模型法、直接建模法和多尺度模型法。

1)子模型法

子模型法是在整体模型的基础上,对关心区域进行网格细化,计算切割边界上的位移值,并将其施加到子模型对应的边界上,对局部有限元模型进行分析计算[11]。图8-40给出了某开启桥齿轮的子模型示例。

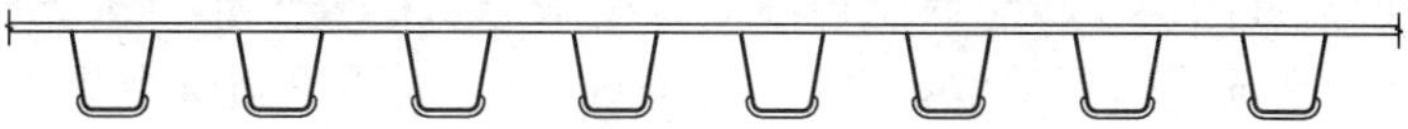

图8-40 顶板+U肋子模型

目前,大部分通用有限元软件都会有子模型功能,但只适用于整体模型全部采用实体单元和板壳单元的情况。因此,子模型法适用于采用实体单元和板壳单元分析桥梁结构中的某个构件(如索鞍、索夹)时,构件上有明显的应力集中区域或结构形状突变区域,但由于网格划分太稀疏而得不到满意的结果,需要进一步局部分析得到较精确的结果时采用。

不同的分析软件,子模型法的分析方法和流程不尽相同,但主要分析过程一般都如图8-41所示。

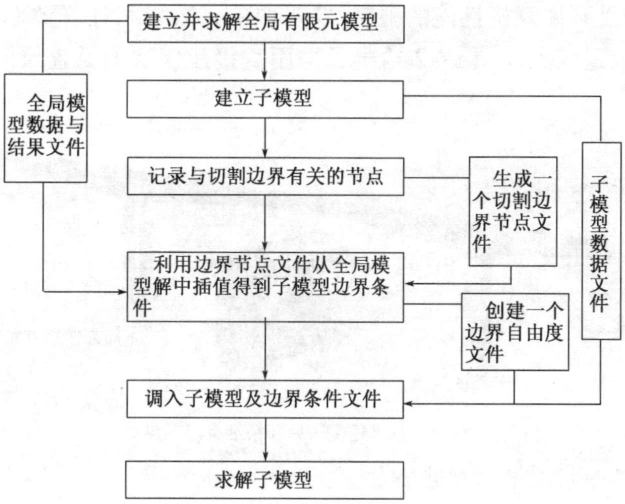

图8-41 子模型法分析流程图

(1)建立并求解全局有限元模型

采用实体单元或板壳单元对桥梁某个构件进行全局建模,网格划分相对较粗,同时网格细度必须保证可以得到较合理的位移解。

(2)建立子模型

建立子模型相当于创建一个新模型,子模型的单元网格比全局模型的网格密集,子模型的单元类型、单元实常数和材料特性应与全局模型完全相同,子模型的位置(相对于全局坐标的原点)应与全局模型的对应部分完全相同。

(3)生成切割边界插值

生成切割边界插值是子模型法的关键步骤。选择子模型的切割边界结点,通用有限元软件会根据全局模型上节点位移值插值计算出子模型边界上的位移值。

(4)子模型的加载与求解

分析子模型时,子模型要采用与全局模型中同样的分析类型和分析选项,并将全局模型上子模型对应位置的所有荷载、约束、边界条件全部复制到子模型上,再求解分析子模型。

(5)验证切割边界和应力集中位置的距离是否足够

子模型法要求子模型的边界必须远离应力集中区域,因此有必要验证切割的边界是否满足这个要求。验证的方法是比较子模型边界上的结果与粗糙模型相应位置的结果是否一致。若结果符合得较好,则证明边界选取是合适的;若不符合,则要重新选取更大的区域作为子模型,重新生成和计算子模型。

2)直接建模法

直接建模法就是采用实体单元或板壳单元直接建立较为精细的局部有限元模型,并在截断处加上内力或位移边界条件,对局部有限元模型进行有限元分析计算。

要从全桥整体有限元中截取局部模型,必须按照一定的原则截取,不然会影响分析的精度。按照圣维南原理和静力等效原则,在截断处施加边界条件仅对截断处附近区域产生明显影响,而对于远离该截断处的所关注区域的受力性能不会产生影响。因此,为了确保局部精细有限元模型的分析精度,施加边界条件的位置应该尽量远离所关注区域,即所选择的范围要尽量的大。然而,由于受到计算机性能的限制,要兼顾单元数量和计算效率的影响,因此所截取的模型范围也不能太过庞大。图8-42给出了采用直接建模法的某连续刚构桥0号块局部分析模型。

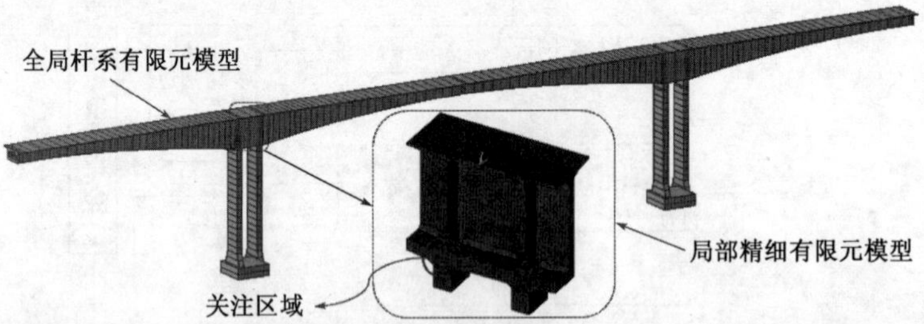

图8-42　直接建模法局部精细有限元模型

采用直接建模法分析时的主要步骤如下:

(1)建立全局模型并分析计算

对于桥梁结构,通常采用杆系有限元建立全桥分析模型。

(2)建立局部精细有限元模型

这一步是对所关注的区域进行建模,通常采用实体单元或者板壳单元来建立较精细的有限元模型,该模型一般需要考虑局部构造细节,如倒角、孔洞等。通常情况下,对所关注的核心区域会进行网格加密处理,这样能在保证计算效率的同时保证分析的精度。

(3)对局部有限元模型施加内力边界条件

根据全局有限元模型分析结果提取截断处截面的内力,根据静力等效原则,将内力加在局部精细有限元模型对应的截面上。如果截断位置距离关注区域足够远,那么根据圣维南原理,这种静力等效对关注区域的分析精度的影响可以忽略不计。

(4)对局部有限元模型施加位移边界条件

在全局模型中,如果在关注区域内有位移约束,则在局部有限元模型中对应的位置需要施加相同的位移约束条件。同时在截断面处施加的位移边界条件需要保证局部模型不会发生刚体位移。

(5)对局部有限元模型进行分析并评价受力性能

对局部有限元模型进行分析计算,查看关注区域的应力集中情况和应力分布情况,对关注区域的受力性做出一个正确的评价。

图8-43给出了某斜拉桥索梁锚固区的局部分析示意图。根据全局模型选取主梁上索力最大的中跨尾索锚固区为研究对象,采用实体单元直接建立局部模型,局部模型的范围为中跨尾索所在的节段,在远离锚固区的一侧采用完全固结的边界条件,然后将杆系模型中的索力以及其他荷载施加在局部模型上,如图8-43所示,最后进行求解分析,得到最不利工况下锚固区的应力状态。

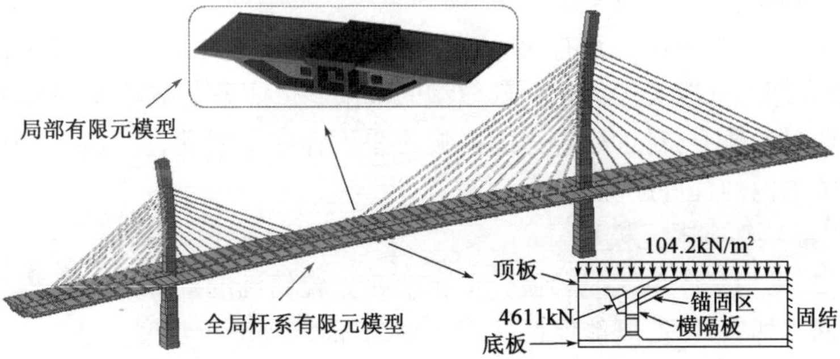

图8-43 索梁锚固区局部分析示意

3)多尺度模型法

由于作用在大跨桥梁结构上的荷载、整体响应与发生损伤的小于毫米级的局部细节在分析尺度上相差甚远,其整体响应和局部损伤过程同样需要用不同的理论在不同的尺度中去分析。如果用于结构分析的模型都是在同一尺度上进行,必然使得分析结果与实测结果相去甚远。因此,对于大跨桥梁结构同样存在多尺度模拟和计算的需要,传统上的整体分析尺度已经无法达到结构细观尺度分析目标。但是,如果将有限元模型模拟得与实际结构完全一致又是不可能的,也是没有必要的,因为这将在计算分析时产生难以解决的困难(比如模型产生巨大的节点及单元数量,使分析目标无法达到)。因此引入多尺度模型法建模,对关注的区域用比较精细的单元模拟,而其他部位则用相对较大的尺度梁、杆单元模拟,以达到多种程度的分析要求。图8-44给出了采用多尺度有限元模型进行局部分析的示例。

多尺度模型法又称为混合单元法。混合单元法是把计算模型的不同部分根据分析精度的要求用不同的单元模拟,利用有限元混合单元法求解结构受力,在不同单元交界部位必须满足平截面假定。混合有限元法求解和有限元法求解基本上是相同的,不同的是在前者系统方程的形成过程中应计入连接节点位移约束。当不同种类的单元节点自由度相同时,就采用公共节点。当不同种类的单元节点自由度不同时,就建立节点位移约束方程。

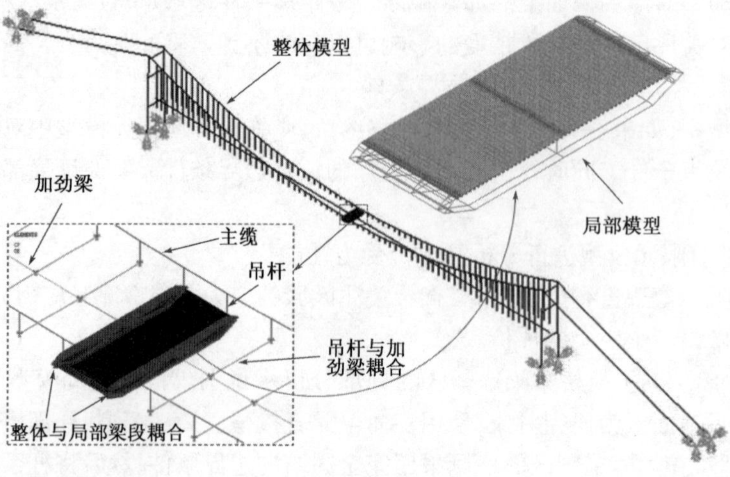

图 8-44　多尺度有限元模型

采用混合单元法建模法分析时的主要步骤如下:

(1)建立全局模型

对于桥梁结构,通常采用杆系有限元建立全桥分析模型。为了比较准确地模拟局部区域的受力状态,要合理地选取关注区域局部模型的范围。依照圣维南原理,等效的静力仅仅对近处的应力有很明显的改变,对远处应力的影响几乎不存在。因此,应合理选取局部模型范围,并将局部模型范围内的杆件删除。

(2)建立局部精细有限元模型

对关注区域,采用实体单元或者板壳单元来建立较精细的局部有限元模型。对所关注的核心区域进行网格加密处理,既能保证计算效率,又能保证分析精度。

(3)将局部模型与整体模型组合形成混合单元模型

对于桥梁工程中常用的混合单元模型,在杆系单元与实体单元或板壳单元之间建立节点位移约束方程。

(4)对混合单元模型施加边界和荷载并求解分析

混合单元模型的边界条件、荷载与整体杆系有限元模型的类似。

多尺度模型需要特别注意不同类型单元之间的连接问题,如梁单元与实体单元之间的连接,板壳单元与实体单元之间的连接以及梁单元与板壳单元之间的连接。在不同类型单元连接的有限元模型中会出现各种形式的约束不足,而约束不足在物理上破坏了结构承载能力的连续性,因此,应采取适当的方法消除这种约束不足的现象。建立约束方程、生成刚性区域以及设立虚拟梁等方法是常见的处理方法。

8.5.2　优缺点对比

采用子模型法进行局部分析时,局部有限元模型是在整体有限元模型的基础上自动生成的,通用有限元程序可以自动在局部有限元模型上施加边界条件,方便快捷,同时还可以帮助用户确定局部有限元模型网格划分是否足够精细。但是,由于子模型法要求整体有限元模型和局部有限元模型的单元类型一致且必须为板壳元或实体单元,因此该方法具有较大的局限性。

直接建模法需要用户自己建立局部有限元模型和施加边界条件,不如子模型法便捷,但是直接建模法对单元类型没有限制,且全局模型对局部模型的影响很小,所以直接建模法的适用范围更大些。但是合理地选取局部模型的大小需要长期的实践经验,如果局部模型范围选得过大,则会耗费大量的计算资源以及时间成本,如果局部模型范围选得过小,则会由于位移边界和力学边界产生较大的误差,这一点比较难把握好。

子模型法和直接建模法都属于二次分析方法。这类方法将在结构全尺度模型上计算分析得到的构件内力输出,作为外力施加于局部细节模型。对于损伤和局部塑性等非线性问题,通常需要迭代计算才可能得到正确的解答,显然,迭代计算过程如果采用二次分析必将产生大量的计算误差,分析结果将变得不可靠。因此,这样的二次分析方法只能适用于线性系统的分析,而不能用于与荷载历程相关的非线性过程分析。因此,对于结构与荷载历程相关的非线性分析过程,建议采用多尺度模型进行模拟,以避免二次分析产生不同尺度间交换信息的失真。多尺度模型法在能得到较精确结果的同时能大大节约计算资源和时间成本。同时其适用范围相较于前两种分析方法更为广泛。但是其建模相对比较繁琐,尤其需要注意不同类型单元之间的连接问题,这是多尺度模型得到合理结果的关键,因此也要求使用者对所用单元属性比较熟悉。

对于桥梁工程中大部分局部分析问题采用直接建模法就可以很方便地解决,这也是目前局部分析中用得最广泛的一种方法。当然,所有的问题不能一概而论,采用何种局部分析方法需要工程师根据具体的实际问题结合三种方法的优缺点进行合理的选择。

8.5.3 分析实例

本小节以第8.6节提供的某预应力混凝土连续梁桥为例,采用局部分析的方法分析其0号块的空间应力状态。

1)分析目的

大跨预应力混凝土梁式桥的0号块区域结构和构造较为复杂(横隔板、过人洞),纵横竖预应力筋交错布置,处于典型的三维应力状态,受力复杂。而常规的杆系模型无法模拟,也无法获得其真实的三向应力状态。因此,建立局部实体有限元模型、通过局部分析的方法,来真实反映腹板加腋、横隔板、人孔等细部构造的应力分布。

2)计算模型

该连续梁桥为变截面箱梁,单箱单室截面,支点梁高3.5m、梁宽11.5m,具体尺寸如图8-45所示。为了获取0号块的空间受力状态,依据圣维南原理,0号块的应力分布只与其附近区域的应力状态有关,因此实体模型的纵向长度要足够,避免在模型端部施加荷载时影响到0号块的受力。因此,为了保证0号块在整体结构中的受力状态具有足够精度,本例中局部计算模型纵向长度可取全长12m(关注区域的长度,再考虑增加一个梁高的长度);而对于0号块长度较小的结构,可将一号梁段包含在实体模型中。另外,这里还有一个结构对称性的问题。利用结构对称性建模可以大大简化计算、减少计算工作量。从纵向来看,0号块左右两端内力不对称,纵向取1/2模型不可行,因此,本实体模型选取纵向长度12m来分析。从横向来看，如果要分析扭转问题，则横向要取全宽来分析，如果只是考虑抗弯和抗剪，则横向可以取1/2来进行分析。本模型考虑选取横向宽度的1/2进行分析。

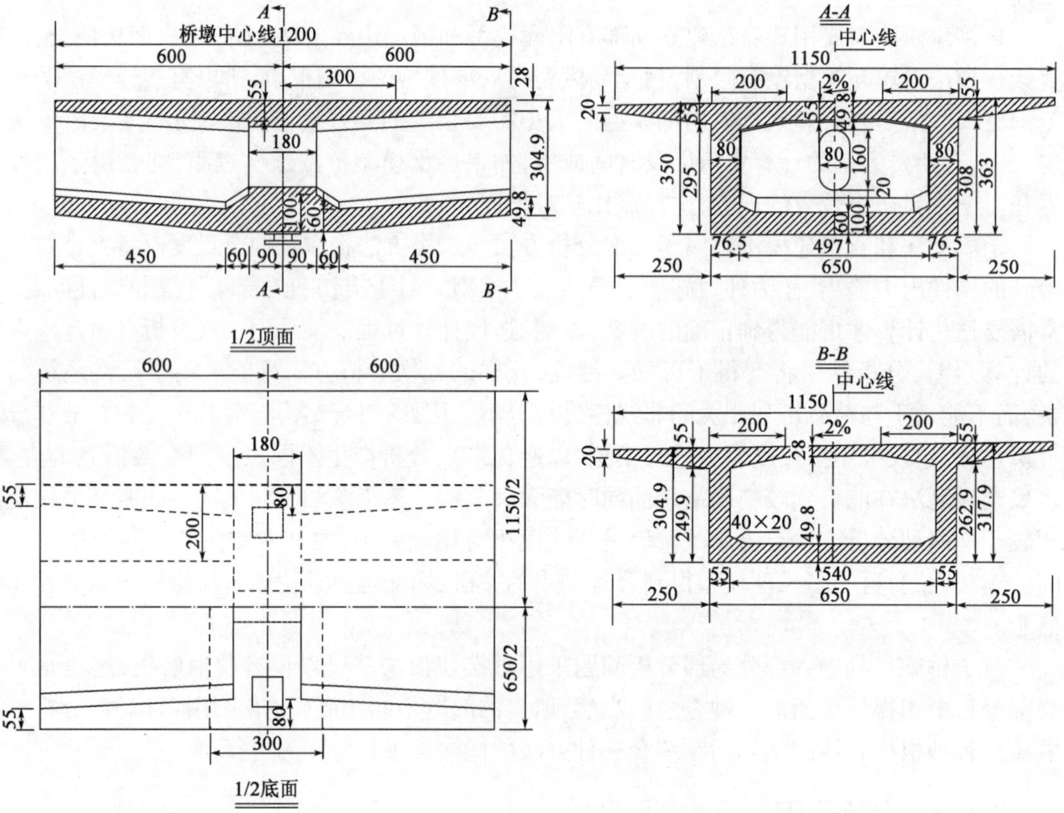

图8-45　结构局部布置图（尺寸单位：cm）

建立模型采用通用有限元软件，混凝土采用实体六面体单元，忽略普通钢筋的影响，单元尺寸控制在5～10cm范围内。最终有限元模型如图8-46所示。

图8-46　0号块1/2实体模型

3）边界条件

边界条件的模型非常重要，一般分为位移边界条件和力的边界条件。位移条件必须与实桥一致，符合结构的受力特点，不能多约束，更不能少约束。本模型中，主要有两个边界条件，其一是结构自身的边界条件，即在支点截面处梁底支座的中心位置设置尺寸为80cm×80cm×30cm的弹性支座作为永久支座，弹性支座的底部约束全部竖向位移，并在支座横向中心线上约束其纵向位移；其二是结构简化时应加入的边界条件，即在箱梁对称面处施加正对称面约束。

4）荷载条件

荷载条件是指力的边界条件。分析本0号模型时，需要考虑的荷载有：永久作用（结构自重、二期荷载、预应力荷载、收缩徐变等)以及汽车荷载、温度作用、支座沉降等,下面一一说明。分析之前应先完成杆系结构的整体分析。

(1)永久作用

首先从杆系模型中提取实体模型两端的内力结果,施加在对应的实体模型的两端;同时,还应在实体模型中注意如下几点:①计入实体模型的自重效应;②二期荷载按照其分布模式进行施加;③收缩徐变荷载按照《公路桥涵设计通用规范》(JTG D60—2015)相关规定施加;④对于锚固在0号块中的钢束(模型内的钢束、非端部锚固),包括纵向预应力、横向预应力、竖向预应力,均应在实体模型中建模并考虑其效应;对于穿过0号块结构的纵向钢束,无须在模型中建立,但应该考虑钢束在实体模型的等效荷载并施加在实体模型中。

(2)移动荷载

限于篇幅,本小节主要考虑0号块支点截面产生最大负弯矩的工况。分析过程如下:首先,根据杆系分析模型获得关注截面的最大负弯矩影响线;进而在影响线上进行最不利加载,从而获得最不利加载下的全桥杆系结构内力图(弯矩、轴力、剪力);最后提取实体模型的两端截面相应于杆系单元的内力值,并将该内力结果施加于实体模型上;同时,还需要将实体模型对应杆系模型区域范围内的荷载,施加在实体模型中。本实例中,车辆荷载作用下结构墩顶的最不利负弯矩加载图式以及相应的结构内力如图8-47所示。

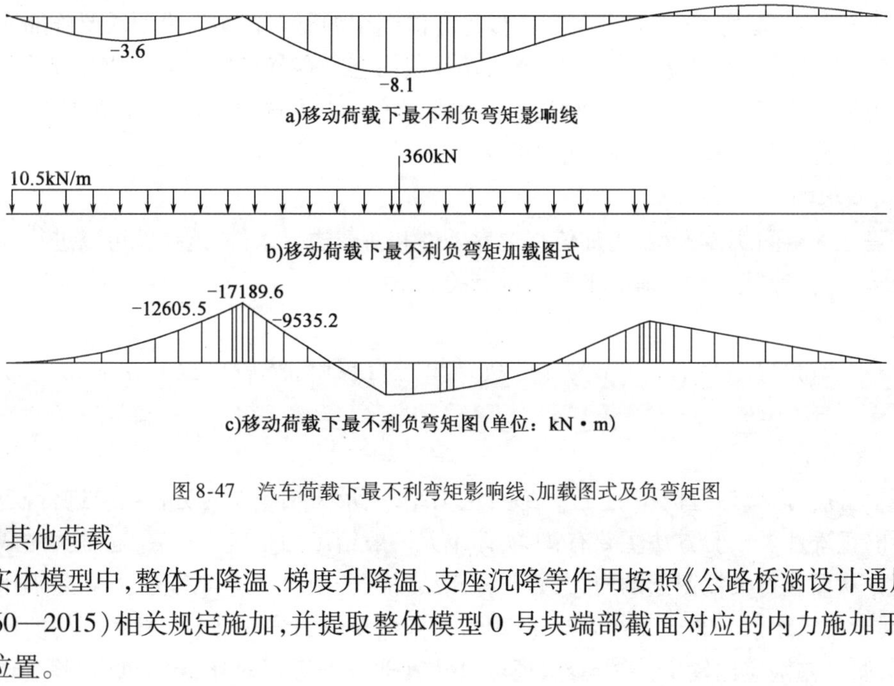

图8-47 汽车荷载下最不利弯矩影响线、加载图式及负弯矩图

(3)其他荷载

在实体模型中,整体升降温、梯度升降温、支座沉降等作用按照《公路桥涵设计通用规范》(JTG D60—2015)相关规定施加,并提取整体模型0号块端部截面对应的内力施加于局部模型相应位置。

(4)荷载组合

根据建立的实体模型和提取的荷载条件,可以分析实体模型在分项作用或者最不利组合下的结构应力状态和变形状态。具体的组合方式可以参考桥梁规范的规定。

这样,为了分析关注截面的应力状态,根据以上方法和过程,从杆系整体模型分项提取实体模型两端的内力值并进行结构分析。本模型两端的内力结果列于表8-3。

各荷载组合下 0 号块端部内力值　　表 8-3

荷载组合	内力值(左端)			内力值(右端)		
	轴力 (kN)	剪力 (kN)	弯矩 (kN·m)	轴力 (kN)	剪力 (kN)	弯矩 (kN·m)
十年徐变状态	-70061.6	1029.6	14047.7	-69936.7	-1551.4	16985.9
最大负弯矩	-26.8	789.6	-11914.5	-43.4	-1292.2	-8951.0

(5)两端荷载的施加

依据静力等效的原则,将杆系结构求解获得的 0 号块端部的轴力、剪力、弯矩内力值等效转化为局部模型端部截面处单元的分布面荷载和节点荷载。同时应注意到实体模型是按照 1/2 结构建模,因此内力值均减半,并注意内力的方向。

对于端部荷载分布面力的加载,可通过材料力学的方法来进行处理,处理方法如下。①轴力按照均匀应力($\sigma = N/A$)施加在实体模型端部截面上;②弯矩则按照弯曲应力的计算方式,依次计算端部截面沿高度方向每一层单元的正应力($\sigma = M \cdot y/I$),施加在单元表面上(当然这个计算工作量相对较大,但较为准确);③竖向剪力主要由腹板承担,剪应力基本上沿腹板高度均匀分布,即将端部截面上的剪力均匀分配到腹板单元相应的节点上。

另外,为了简化起见,一个比较简单的处理方法介绍如下。在实体模型需要施加荷载的端部截面,首先在其质心处建立节点,该节点与端部截面上所有节点耦合,建立刚性连接,然后将端部荷载施加于该节点上。这样处理需要准确找到该质心位置,并且实体模型要有足够的长度,以避开端部截面荷载产生的应力集中问题。

(6)模型求解

结合建立的空间实体模型,施加位移边界条件和荷载边界条件,这样就可以进行线性静力求解。求解时间与模型大小、荷载工况数量有关。

5)分析结果

有限元分析获得结果后,首先要对分析结果进行校验,然后再提取相应的应力和变形结果。

(1)结果校验

模型求解后,需要通过模型的变形结果、应力结果、反力结果等对分析结果进行校验,确保模型分析的正确性。校验方法主要有:①实体单元一般给出的是应力结果,通过关注截面的应力进行积分从而获得关注截面的内力,并与杆系结果的分项内力进行对比,两者差别比较小才合适,否则要查找原因。②反力结果对比,由实体模型获得的分项反力与杆系结构的反力结果进行对比,两者差别应比较小。③当然,还可以从其他方面进行对比,包括变形形态等。只有经过校验的模型,其结果才具有可信度。

(2)应力与变形结果

校验后的模型,就可以从模型中提取所关注的应力与变形结果。本例中,限于篇幅,主要提供了两个工况(十年收缩徐变、支点截面最大负弯矩)的分项应力结果,以下分别给出中支点截面(A-A)应力等值线,如图 8-48、图 8-49 所示。

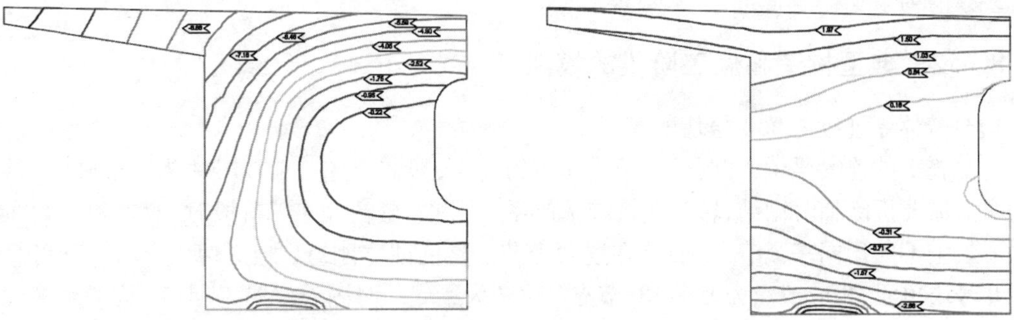

a)十年收缩徐变　　b)最大活载负弯矩

图 8-48　十年收缩徐变工况下 *A-A* 截面纵向应力等值线(单位:MPa,拉为 + ,压为 -)

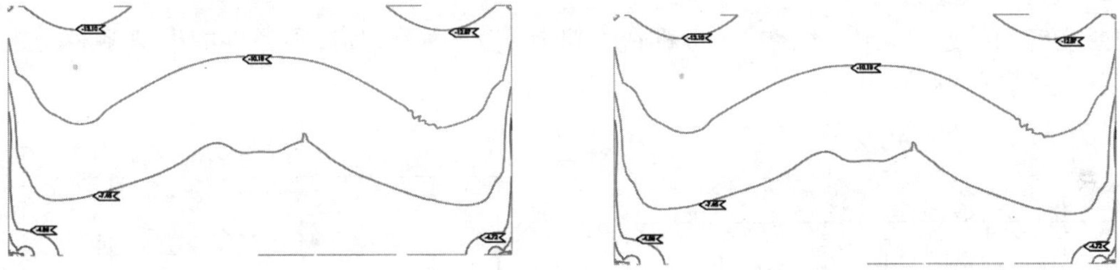

a)十年收缩徐变　　b)最大活载负弯矩

图 8-49　顶面纵向应力等值线(单位:MPa,拉为 + ,压为 -)

8.6　连续梁桥的建模方法与示例

8.6.1　连续梁桥的建模要点

建立等截面、变截面混凝土梁桥的杆系有限元模型时,除了要参考本章前面几节的内容之外,还需要特别注意建模的一般原则。

(1)等截面连续梁桥

①梁体单元划分长度一般为 2 ~ 3m,每跨结构需划分 8 个单元以上。

②支点区域截面因抗剪、布束的需求,箱梁各板件的尺寸会适当加厚,从跨中截面过渡到支点截面一般会有一个变化段,计算模型中须反映这一点。

(2)变截面连续梁桥

①在确定计算模型时,桥轴线必须为截面中和轴的连线。采用悬浇施工时,单元长度和节点的划分方式主要是根据主梁每段施工长度来确定的,一般取每一悬浇梁段为一个单元;其他梁段的划分可按照等截面相关方法确定。

②预应力束应按设计坐标输入,考虑竖弯和平弯。

③墩顶 0 号块的节点划分应考虑永久支座、临时固结点的位置。

④悬浇结构存在一个体系转换的过程,在转换过程中既要保证结构的几何不变性,又不能

增加多余的约束。

8.6.2　典型构造和施工阶段的模拟

1）悬臂体系连续梁桥0号块的模拟

悬浇施工的连续梁桥，需要进行结构体系的转换，即在合龙之前0号块为梁墩临时固结，合龙之后需要拆除临时固结，转为连续结构体系。因此，在模拟施工阶段时，墩顶和主梁在桥墩中心线上不共用同一个节点，而是在这两个节点之间建立刚臂，如图8-50所示。⑭～⑰为主梁0号块单元，相应节点为14～18；节点75、77为梁底临时固结位置，节点76为梁底永久支座位置。模拟临时固结时，节点15与75、17与77为刚性连接，节点75、77施加竖向约束，节点16施加临时水平约束。而在拆除临时固结，转为永久支撑时，拆除以上约束，并在节点16与76施加刚性连接，节点76施加永久竖向约束，完成体系转换。

2）边跨现浇段的模拟

悬浇施工的连续梁桥，现浇段一般都在支架上施工，因此，其边界条件的模拟相对较为复杂，具体的模型过程如图8-51所示。

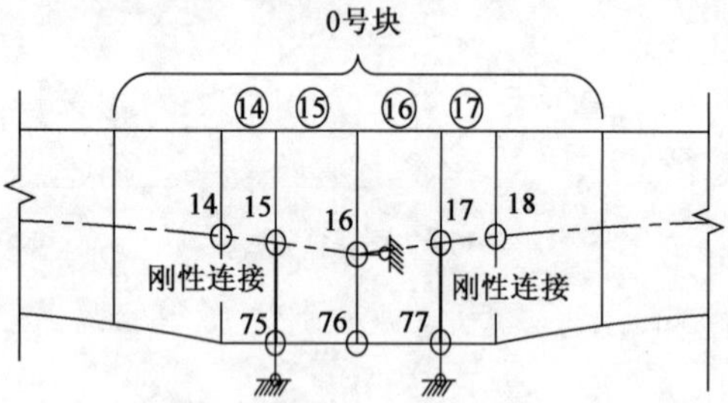

图8-50　墩顶临时固结模拟

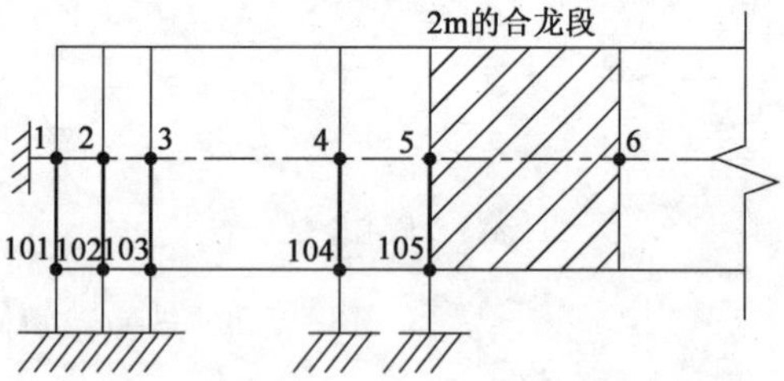

图8-51　现浇段满堂支架模拟

模拟边跨现浇段施工时，节点101施加永久竖向约束、1和101之间为刚性连接；节点1施加临时水平约束（目的是保证体系不变，在合龙段施工的同时拆除此水平约束）；节点102～105施加临时竖向约束（仅受压）；而节点2与102、3与103、4与104、5与105之间施加刚性连接。

3）体系转换的模拟

悬浇施工边跨合龙后，形成单悬臂结构体系。此时，为保持悬臂施工的稳定而采取的墩顶临时固结需要拆除，即释放合龙之前临时锚固处的节点刚性约束，如图8-52所示。

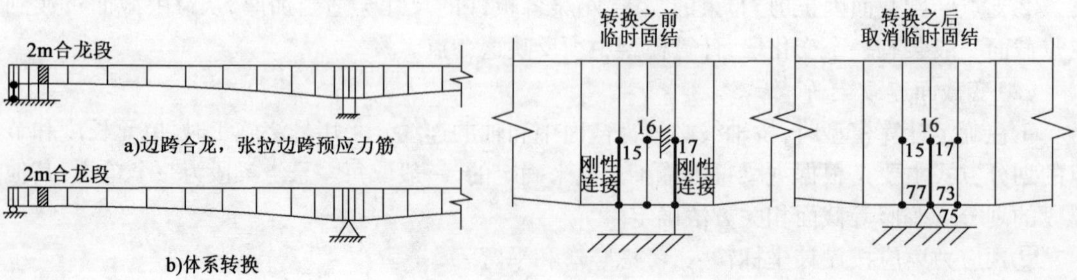

图8-52　悬浇施工体系转换的模拟

8.6.3 分析实例

1)结构布置

某三跨预应力混凝土变截面连续梁桥,混凝土强度等级 C50,跨径布置 35m + 60m + 35m,设计荷载为公路—I 级。结构立面如图 8-53 所示。主梁采用直腹板单箱单室截面,支点和跨中截面的梁高分别为 3.5m 和 2m,梁底曲线为二次抛物线;顶板和底板宽分别为 11.5m 和 6.5m,悬臂长 2.5m;箱梁顶板厚度 28cm;底板厚度由跨中的 26cm 直线变至支点的 60cm;腹板厚度:支点截面 80cm,跨中截面 55cm,在 0 号块内变化。横断面如图 8-54 所示。

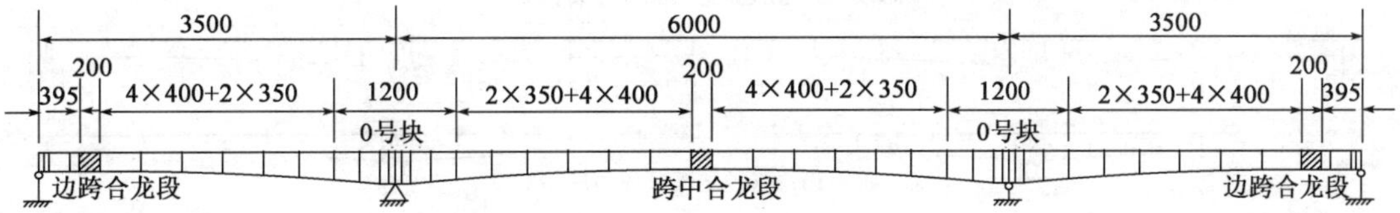

图 8-53 立面图(尺寸单位:cm)

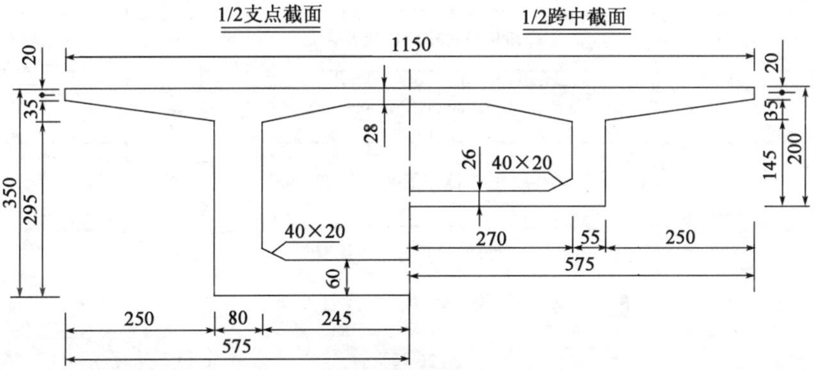

图 8-54 典型截面图(尺寸单位:cm)

采用对称悬臂浇筑主梁,0 号块长度为 12m,浇筑节段长度为 2 ×3.5m + 4 ×4m,边跨靠近边支点段搭设满堂支架施工,长度为 3.5m。边跨和中跨的合龙长度都为 2m。

2)施工程序介绍

下部结构施工完成后,采用墩旁托架现浇施工上部结构主梁 0 号块并张拉预应力筋;在 0 号块上安装挂篮,然后对称悬臂浇筑主梁,一直到最大悬臂阶段;完成边跨现浇段的施工;之后在边跨合龙口安装锁定装置、配重,浇筑混凝土,完成边跨合龙;张拉边跨后期预应力筋;进行体系转换;中跨合龙口采用劲性骨架锁定、配重,现浇实现合龙;张拉中跨后期预应力筋;拆除全部挂篮;作用二期恒载并投入运营。

这样,根据结构拟定的施工步骤,确定全桥共划分 21 个施工阶段,如图 8-55 所示。

3)建模及施工过程模拟

依照大桥的结构布置和施工程序,根据前述的建模要点,建立如图 8-56 所示的计算模型,共划分节点 69 个(临时节点 12 个)、单元 52 个。

4)分析荷载

荷载可分为施工阶段荷载和成桥阶段荷载。

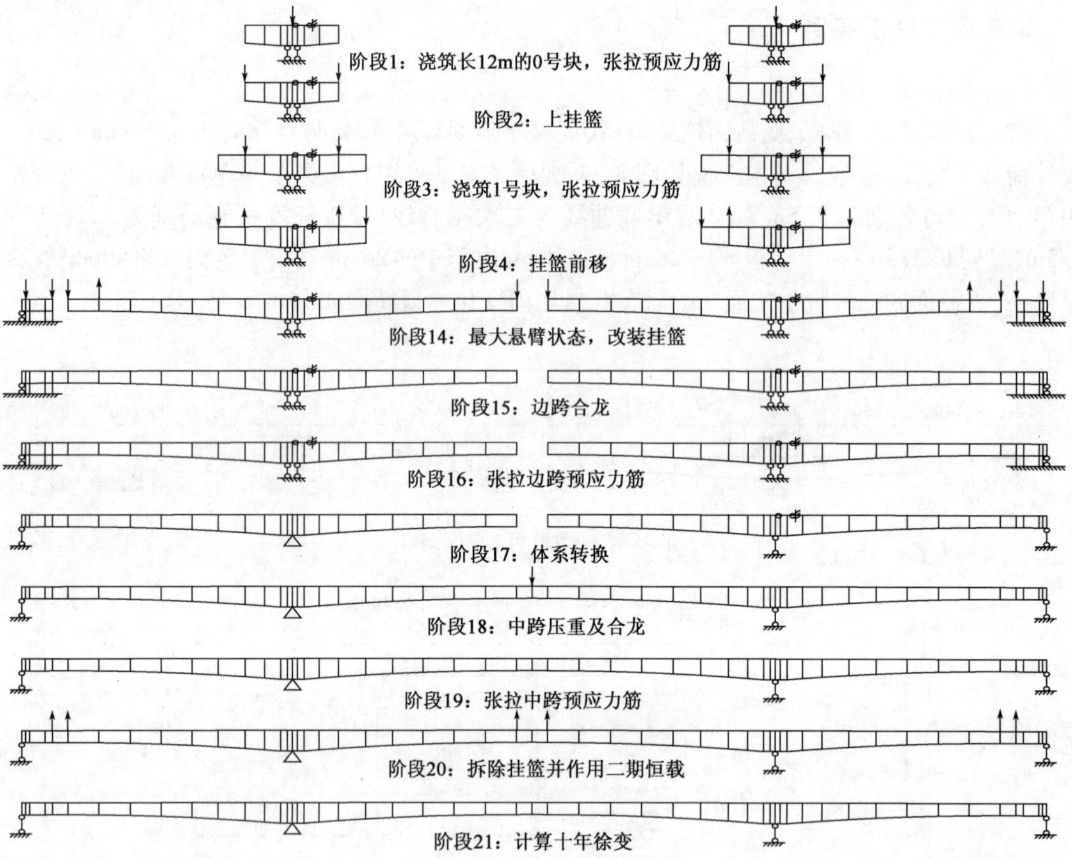

图 8-55　施工阶段的划分

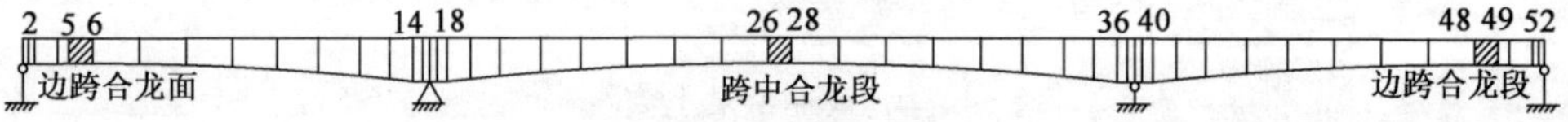

图 8-56　结构有限元离散图

(1)施工阶段荷载

在本桥中,施工阶段荷载如下。

自重荷载:梁体混凝土重度按 26kN/m³ 计,墩顶横隔板、预应力齿块作为荷载施加。

挂篮荷载:重量按 600kN 计,边跨和中跨合龙挂篮 100kN。

压重荷载:在边跨合龙前和中跨合龙前,每侧合龙口压重 193.2kN。

预应力:考虑预应力损失。

二期恒载:总计 49kN/m。

收缩徐变:混凝土收缩徐变的计算采用《公路钢筋混凝土及预应力混凝土桥涵设计规范》(JTG D62—2004)进行,混凝土加载龄期按 5d 计算。

(2)成桥阶段荷载

汽车荷载:按照公路—Ⅰ级、两车道考虑,横向折减系数为 1,冲击系数按照《公路桥涵设计通用规范》(JTG D60—2015)相关规定进行计算。

季节温差:两个工况,其中温升 20℃、温降 -20℃。

日照温差：两个工况，其中竖向日照正温差计算模式采用《公路桥涵设计通用规范》（JTG D60—2015）相关规定，T_1 取 14℃，T_2 取 5.5℃；而负温差为正温差乘以 -0.5。

支座沉降：每个桥墩沉降值按照 5mm 考虑，隔墩沉降。

当然，还可以考虑汽车制动力、地震荷载、船撞力、风荷载等。

5）荷载组合

依据《公路钢筋混凝土及预应力混凝土桥涵设计规范》（JTG D62—2004）规定，对桥梁结构进行正常使用和承载能力两种极限状态下的荷载组合分析。

6）计算结果及校核

完成结构分析后，首先要进行计算结果的校核，只有结果正确，才能作为设计、评价结构的依据。

按阶段划分进行结构分析，得到结构在成桥状态下的内力、应力结果分别如图 8-57 ~ 图 8-60所示。结构考虑十年的徐变附加内力、应力结果示于图 8-61 ~ 图 8-64 中。同时进行结构成桥状态下在各种作用下的内力分析及汽车、人群作用下的最不利加载分析。根据以上内力计算结果，依据规范规定进行正常使用和承载能力两种极限状态下的荷载组合分析，结果列于图 8-65 ~ 图 8-68 中。

由图 8-57 ~ 图 8-59 可知，在不考虑十年徐变的情况下：

最大弯矩为 22888.8kN · m，最小弯矩为 -8267.5kN · m；

最大轴力为 -76146.2kN（受压）；

最大剪力为 9245.5kN，最小剪力为 -9247.9kN。

由图 8-60a）可知，主梁上缘均受压，最大压应力为 9.7MPa。

由图 8-60b）可知，主梁下缘均受压，最大压应力为 8.4MPa。

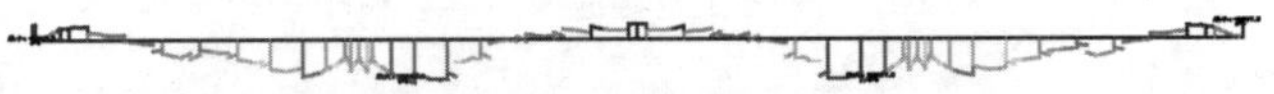

图 8-57　成桥状态下的结构弯矩图（单位：kN · m）

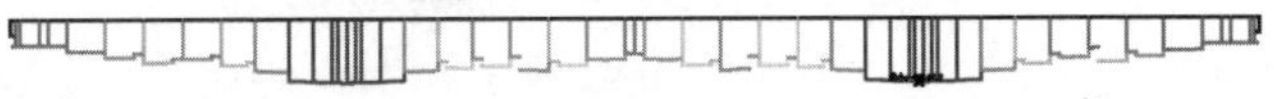

图 8-58　成桥状态下的结构轴力图（单位：kN）

图 8-59　成桥状态下的结构剪力图（单位：kN）

a)上缘应力图

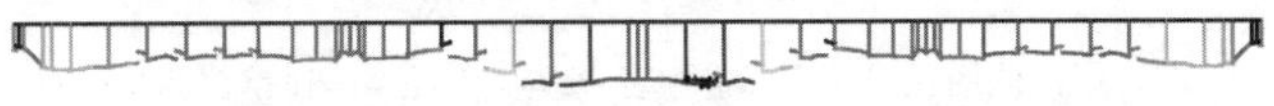

b)下缘应力图

图 8-60　成桥状态下的主梁上下缘应力图（单位：MPa，拉为 +，压为 -）

由图 8-61 ~ 图 8-63 可知，在考虑十年徐变的情况下：

最大弯矩为 16985.9kN · m，最小弯矩为 -7930.5kN · m；

最大轴力为 -73551.1kN(受压);

最大剪力为8560.4kN,最小剪力为 -8561.2kN。

由图8-64a)可知,主梁上缘均受压,最大压应力为8.8MPa。

由图8-64b)可知,主梁下缘均受压,最大压应力为8.1MPa。

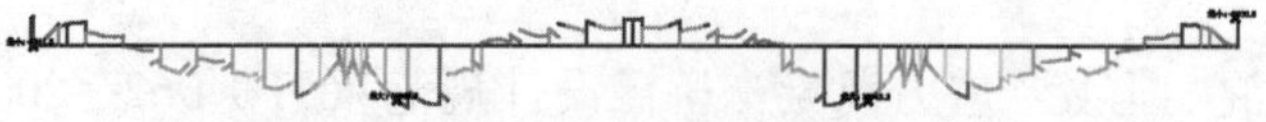

图8-61　十年徐变下的结构弯矩图(单位:kN·m)

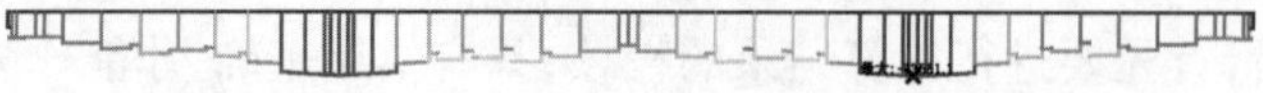

图8-62　十年徐变下的结构轴力图(单位:kN·m)

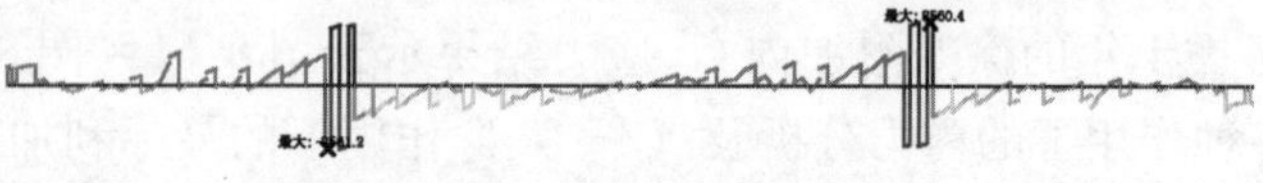

图8-63　十年徐变下的结构剪力图(单位:kN)

a)上缘应力图

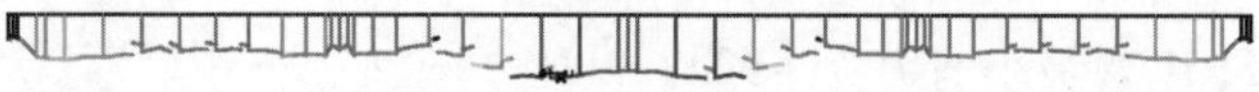

b)下缘应力图

图8-64　十年徐变下的主梁上下缘应力图(单位:MPa,拉+压-)

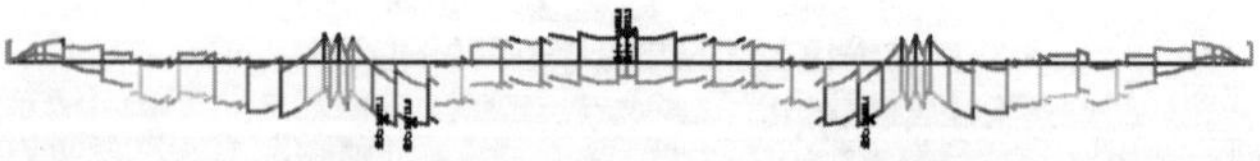

图8-65　正常使用极限状态短期组合:结构弯矩包络图(单位:kN·m)

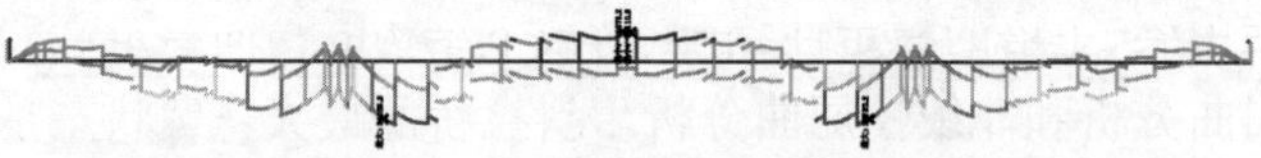

图8-66　正常使用极限状态长期组合:结构弯矩包络图(单位:kN·m)

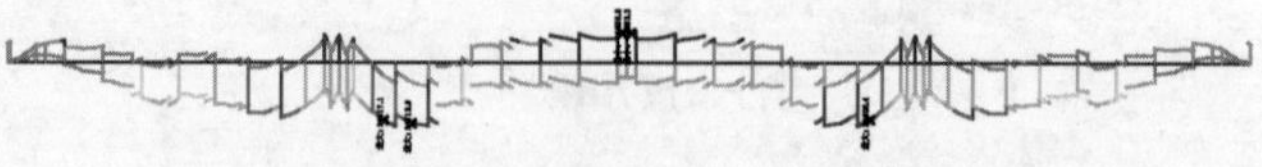

图8-67　正常使用极限状态标准组合:结构弯矩包络图(单位:kN·m)

图8-68　承载能力极限状态基本组合:结构弯矩包络图(单位:kN·m)

8.7 斜拉桥的建模与验算

斜拉桥是最富于变化的一种桥型，不仅结构形式多种多样，而且跨径适应性极广，跨径在150～800m的桥梁结构，斜拉桥在技术上和经济上都具有相当优越的竞争能力。斜拉桥结构在力学上属高次超静定结构，是所有桥型中受力最为复杂的一种结构，随着斜拉索初张力的不同和施工方法的不同，其最终的成桥受力状态会出现明显不同。因此，重视斜拉桥的建模和分析，拟定合适的施工程序，特别是拟定初张力的大小，非常重要。

8.7.1 分析内容

基于斜拉桥结构体系的复杂性，其结构分析的内容非常多，主要包括以下几个大方面：

1）施工阶段分析

斜拉桥结构布置复杂，其建造过程和施工程序也非常繁琐和复杂，且对最终的成桥内力影响非常大，因此必须对其施工过程进行细致深入的分析。进行施工计算时，应计入施工中可能出现的所有施工荷载，包括架设机具和材料、施工人群、桥面堆载、临时配重以及风荷载等，用以考虑结构施工的安全性。施工阶段的计算内容主要是斜拉索的初张拉索力、结构内力、截面应力、支座反力、索塔及主梁变位等。同时要注意结构体系转换、不平衡力以及临时墩的计算。

2）静力分析

结构进行静力分析时考虑的主要作用包括结构自重、拉索的初张力；汽车荷载、汽车冲击力和制动力、人群荷载；作用于主梁、墩、索塔及拉索上的风荷载以及温度作用。温度作用应按照当地具体的施工环境和所使用的材料施工条件来计算结构的温度效应，主要包括体系温差，主梁、索塔局部温差，斜拉索与主梁和索塔之间的温差，索塔两侧面之间的温差，组合梁内钢梁与混凝土面板之间的温差，混凝土主梁上下缘的温差。静力计算的主要内容包括斜拉索的初张力和调整力、斜拉索垂度效应、索塔的内力和变位、局部分析、主要构件的强度验算、基础的计算以及收缩徐变效应。

3）稳定性分析

稳定性分析包括主梁、主塔的稳定性，静风荷载下结构的横向稳定性。斜拉桥的稳定性分析类型包括特征值屈曲分析和非线性屈曲分析。斜拉桥的最大悬臂状态是比成桥状态更为危险的状态，为保证施工安全，必须对施工过程的结构稳定性进行分析。对于进行施工阶段分析的结构考虑屈曲分析时，首先要确定计算哪些荷载工况的稳定系数。

4）动力分析

动力分析主要包括空气动力稳定性分析和抗震分析。空气动力稳定性又包括颤振、驰振、涡激振动和抖振以及斜拉索的风振和风雨振。

以上列出的是比较典型的分析内容，不同的结构布置，可能还需要其他更多的分析内容，如扭转分析、索梁锚固区分析、局部稳定分析等，不同的分析内容，需要建立不同的分析模型，如进行动力分析（抗风、抗震）时，结构动力特性的计算就非常重要，主梁的建模也非常重要；对于一些局部分析，需要建立空间实体有限元模型进行分析。

限于篇幅，本节主要介绍斜拉桥结构的整体静力分析，以平面或空间杆系模型为主。

8.7.2 整体分析计算要点

斜拉桥结构的整体受力分析主要指施工阶段和成桥阶段的受力分析,目标是获得合理的成桥受力状态,以使得成桥结构受力均匀,并确定合理的施工状态。

1)合理成桥状态的确定

对于一个斜拉桥结构体系,在主梁和索塔构造以及施工方法已经明确的情况下,确定合理成桥状态的主要内容就是初张索力的调整和优化,其主要方法有简支梁法、刚性支承连续梁法、可行域法等。

2)合理施工状态的确定

斜拉桥成桥后的主梁线形和结构恒载内力与所采用的施工方法、安装程序有着十分密切的联系。在施工阶段随着斜拉桥结构体系和荷载状态的不断变化,结构内力和变形亦随之不断发生变化。为实现所确定的成桥状态,必须确定合理的施工程序,其核心内容就是确定斜拉索的初张拉索力。

一般来说,斜拉桥的静力计算过程就是一个结构的设计过程。在进行结构设计时,斜拉索索力是未知的,无法精确确定拉索的面积。计算时先根据初估的拉索面积和结构布置,采用适当方法确定一个初步的成桥恒载状态,并得到相应的成桥索力。此时,可根据斜拉索的安全系数和规格确定斜拉索面积。再将拉索面积替换初估值,进行活载内力和其他附加内力计算,确定结构在最不利荷载组合下的受力状态。根据结构最不利荷载组合下的合理受力要求,进一步通过索力调整和预应力布置,重新确定成桥状态,以此为目标来确定施工过程中的控制参数,如斜拉索初张力、立模高程等。

初拉力的确定是斜拉桥设计中比较繁琐的工作,要经过多次试算和调整才能得到满意的结果。施工索力必须满足两个方面的要求,一是施工过程中结构的安全;二是成桥后结构能够尽量接近合理成桥状态。确定合理施工状态的计算方法主要有倒拆法、考虑非线性因素的倒拆法、倒拆—正装迭代法、无应力状态法及正装迭代法。

3)几何非线性效应

引起斜拉桥几何非线性的因素主要是拉索垂度效应、大变形效应以及梁柱效应,几乎所有的斜拉桥结构都必须考虑拉索垂度效应,特别是在施工阶段斜拉索索力偏小,导致拉索的垂度效应明显,须根据 Ernst 公式对斜拉索进行垂度修正,以计入其不利影响。另外,斜拉桥结构体系的几何非线性表现明显,特别是对于大跨径或者超大跨径斜拉桥结构(主跨跨径 300m 以上较为明显),梁柱效应和大变形效应非常明显,在结构计算过程中必须予以考虑。

8.7.3 建模方法

(1)整体建模和单元类型的选择。斜拉桥主要有三大构件:塔、梁、索。一般而言,在采用杆系结构进行静力分析时,混凝土结构中的塔和梁均可采用平面梁单元或者空间梁单元模拟,结果足够精确。单索面斜拉桥中还需要分析结构扭转对结构受力的影响。对于钢箱梁截面的空间效应,最好是采用带第 7 个畸变自由度的空间梁单元来进行分析。

主梁单元和节点的划分方式主要跟主梁的施工方法有关,在横梁相接处、典型截面位置、拉索锚固点、不同材料相接处、施工缝等这些位置都需要划分节点。

全桥整体杆系模型必须考虑竖曲线(图 8-69)。

(2)桥塔主要采用混凝土材料,也有采用钢壳混凝土、钢的。对于混凝土索塔或者钢塔,在整体计算时可采用梁单元进行模拟,在索塔锚固,单元长度控制在 2 ~ 4m;而对于钢壳混凝土索塔,一般忽略钢壳与混凝土之间的组合作用,直接采用在两个节点之间形成钢壳单元和混凝土单元来模拟。

(3)斜拉索的模拟可以采用两种方式(图 8-70)。对于近千米或者超千米的斜拉桥而言,拉索受力具有非常明显的非线性效应,建议使用考虑大变形的索单元或者悬链线单元来模拟;对于中小跨径斜拉桥结构,其斜拉索的模拟建议使用考虑 Ernst 公式修正的等效桁架单元(只受拉)。但是在计算活载效应的时候,拉索都可采用桁架单元来模拟。

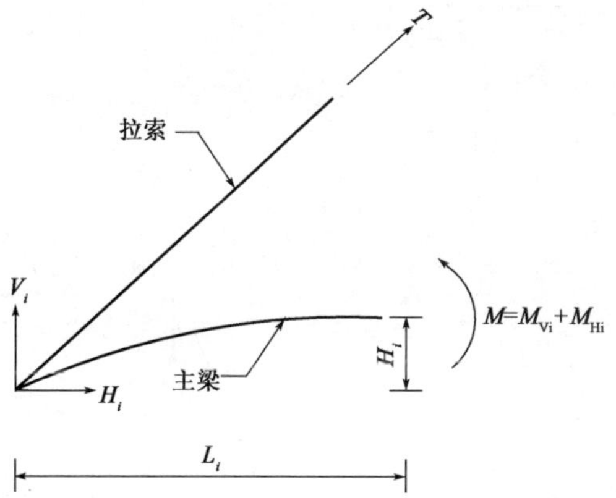

图 8-69 竖曲线对主梁内力的影响

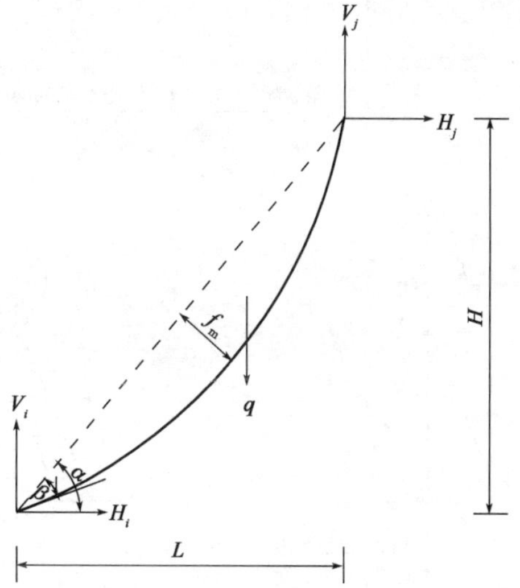

图 8-70 拉索分析模型

(4)辅助墩的模拟。斜拉桥一般以双塔三跨、单塔双跨的结构布置为主,为了提高主跨的刚度,减小活载作用的变形,根据结构受力的需要,可在边跨内布置一个或两个辅助墩,这样布置可以大大地限制主跨主梁的变形,从而提高结构的刚度。但从受力上来说,辅助墩受力较为复杂,特别是在活载作用下,辅助墩可能会承受较大的拉力,但不能承担水平力,这样在结构设置上需要设置拉力支座。模拟时必须将辅助墩支座按照单向受压,或者单向受拉,或者有一个较小的受拉间隙的支座来模拟。

(5)索梁锚固、索塔锚固的模拟。拉索在梁和塔上的锚固点一般不与主梁、索塔截面的中性轴位置相重合,之间都会有一段距离,如图 8-71 所示,此时需在拉索锚固点和主梁、索塔节点之间设置刚臂,以保证内力的顺利传递。

(6)塔、梁、墩三者关系的模拟。根据塔、梁、墩三者之间的关系,斜拉桥主要分为固结体系(塔梁墩三者完全固结)、半漂浮体系(主梁支承于墩顶横梁上的支座上、塔墩固结)、漂浮体系(塔墩固结、主梁与塔墩在相接处没有任何联系)。显然,对于这三个不同体系,塔、梁、墩之间须采用不同的方法来模拟,如图 8-72 所示。

(7)对于单索面斜拉桥结构,一般必须考虑主梁的扭转效应所带来的不利影响。

(8)斜塔桥结构中需要特别注意施工程序的不同,若为先梁后塔,则模拟时需要仔细考虑索塔施工中的不平衡问题。

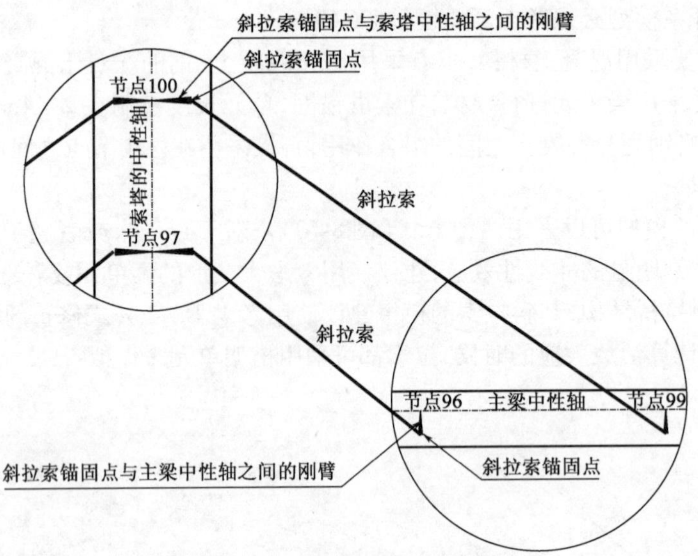

图 8-71　拉索在塔、梁上锚固大样建模

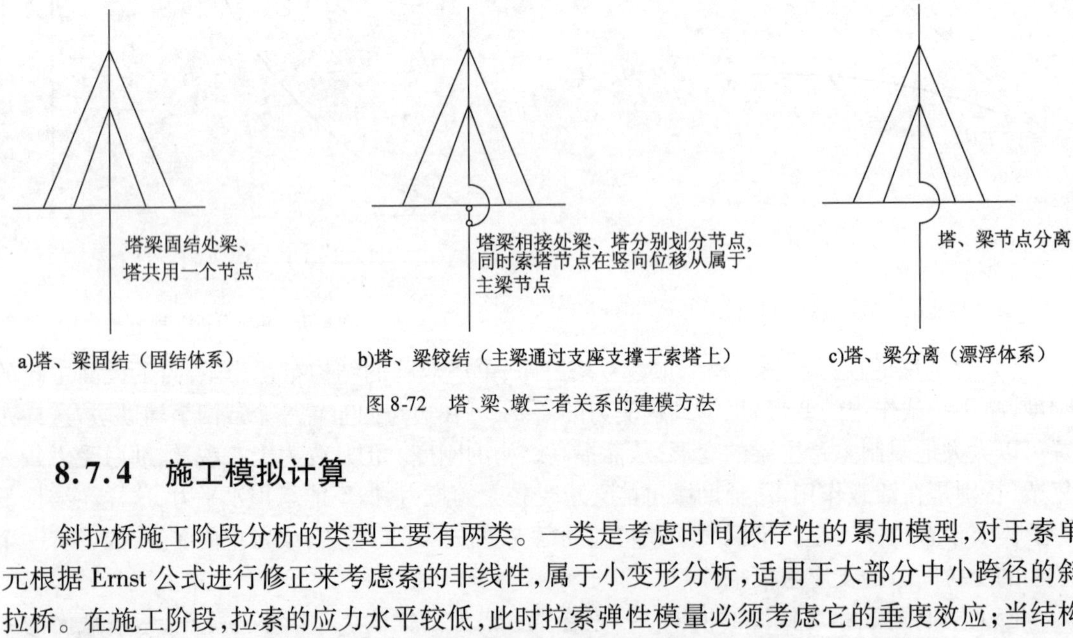

图 8-72　塔、梁、墩三者关系的建模方法

8.7.4　施工模拟计算

斜拉桥施工阶段分析的类型主要有两类。一类是考虑时间依存性的累加模型，对于索单元根据 Ernst 公式进行修正来考虑索的非线性，属于小变形分析，适用于大部分中小跨径的斜拉桥。在施工阶段，拉索的应力水平较低，此时拉索弹性模量必须考虑它的垂度效应；当结构在成桥状态下时，斜拉索的应力水平较高，此时拉索弹性模量折减将很小。另一类是考虑非线性的累加模型，对于索单元按悬索单元进行大变形分析，适用于千米级的斜拉桥。

斜拉桥一般采用悬臂施工，包括悬臂拼装和悬臂浇筑。挂篮与混凝土湿重作为施工荷载加在节点上，通过荷载的激活与钝化来模拟挂篮的前进。对于非塔梁固结的体系，通过修改不同阶段的边界条件来模拟结构体系转换。

8.7.5　计算实例

斜拉桥的建模是非常复杂的，本小节以一座典型的双塔三跨预应力混凝土斜拉桥为例，阐述斜拉桥的建模、分析的全过程。

1)结构布置

某双塔双索面漂浮体系斜拉桥,跨径布置为 110m + 250m + 110m,荷载等级为公路—Ⅰ级。总体布置如图 8-73 所示。

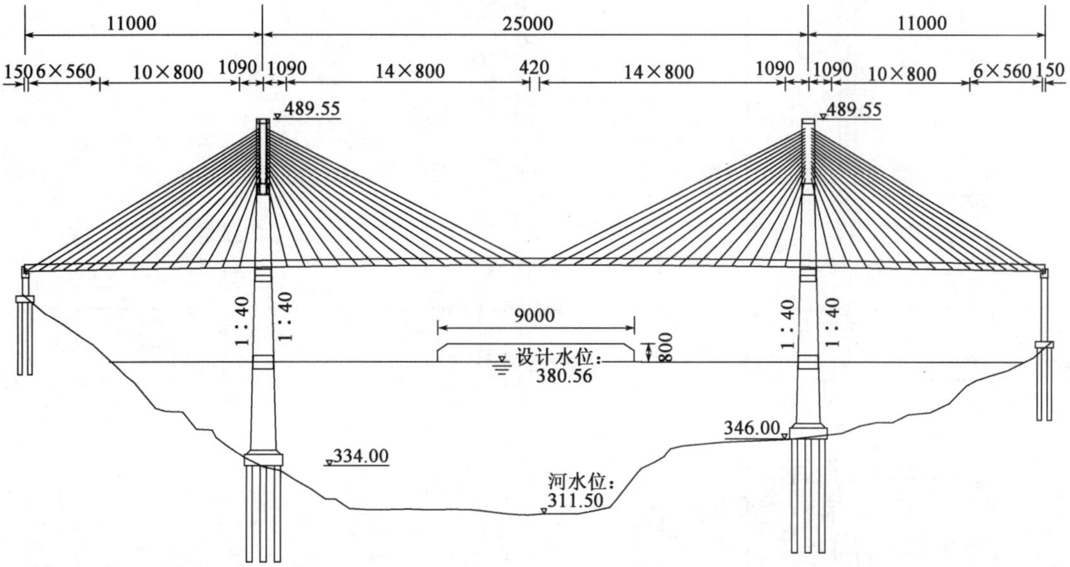

图 8-73　立面布置图(尺寸单位:cm)

主梁采用整体肋板式断面,如图 8-74 所示。全宽 19m,桥面宽 18.5m。两主肋高 2.7m,板厚 32cm。主梁采用 C60 预应力混凝土悬浇,中跨 8m 一个节段,主肋宽为 1.8m;边跨分为 5.6m和 8m 两种节段,5.6m 节段的主肋宽为 5m,中间两个 8m 节段的主肋宽为 3.4m,其他边跨的 8m 节段的主肋宽为 1.8m。

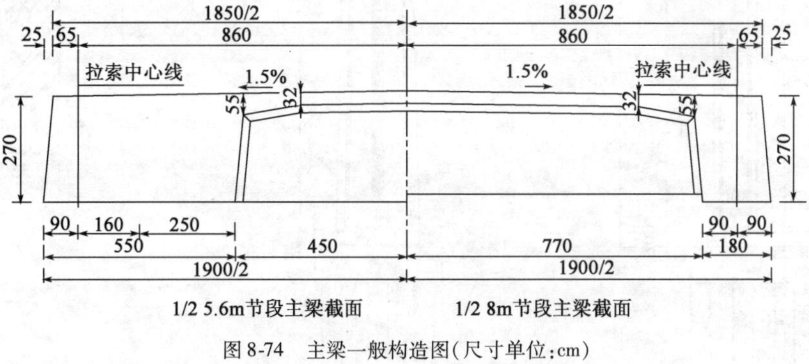

图 8-74　主梁一般构造图(尺寸单位:cm)

索塔采用宝石形,中间设一道横梁。塔高出桥面 61.33m。塔身及横梁均采用 C50 预应力混凝土空心截面,塔身锚固壁厚 180cm。顺桥向塔身段宽 6.0m,塔腿渐变至根部宽 11.72m,传力锚固直柱高 34m。索塔构造如图 8-75 所示。

双斜面索呈扇形布置,塔每边各 16 对索,全桥共 64 对索。边跨最外索索长 124.283m,倾角 30.688°,最内索长 40.429m,倾角 76.497°,中跨最外索长 135.596m,倾角 26.588°,最内索长 40.050m,倾角 76.367°,拉索采用 $\phi^{J}15.2$mm 低松弛 PC 钢绞线(1 ×7 标准型),标准强度 1860MPa,HDPE 套管防护,OVM-250 群锚。斜拉索共分 4 种规格,分别为 GJ15-31、GJ15-37、GJ15-43 和 GJ15-55。拉索编号参见图 8-76 和表 8-4。

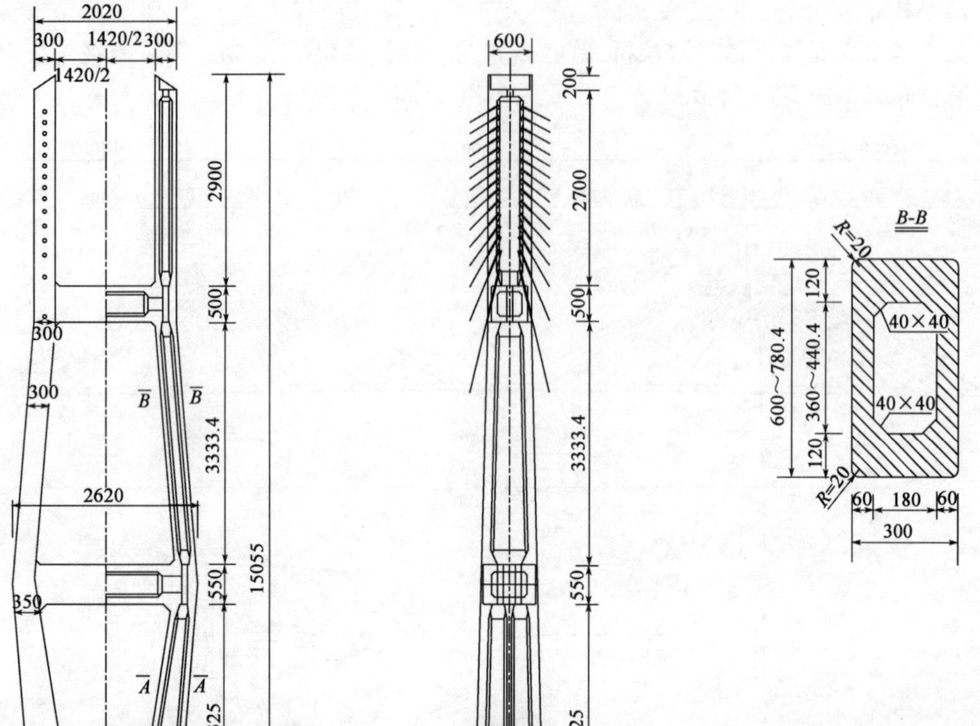

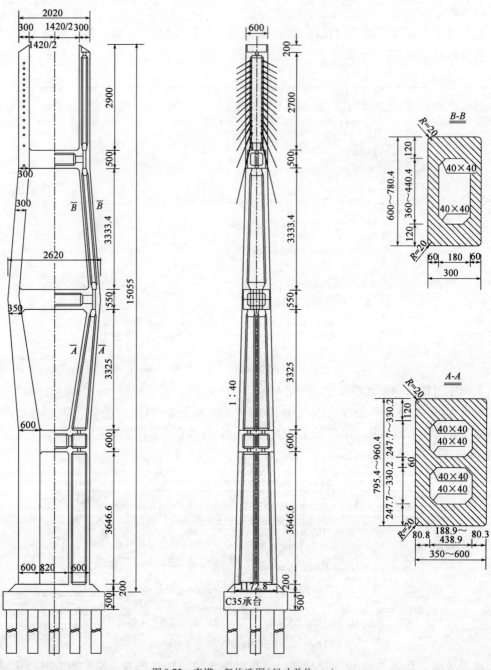

图 8-75　索塔一般构造图(尺寸单位:cm)

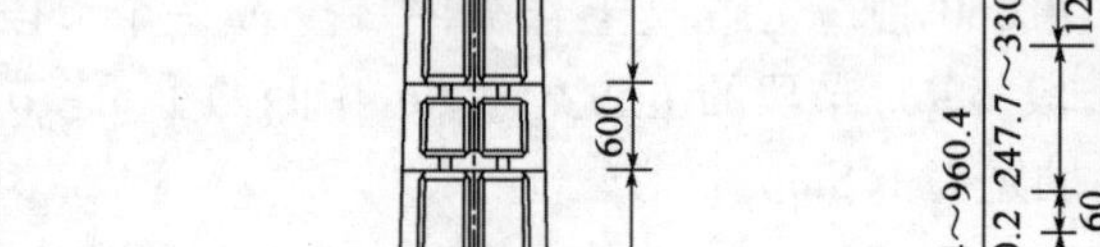

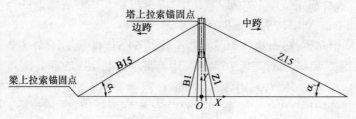

图 8-76　拉索编号示意图

拉索规格 表8-4

规　格	面积(cm^2)	对应索号	备　注
GJ15-31	43.09	B1 ~ B4,Z1 ~ Z5	B为边跨索号 Z为中跨索号
GJ15-37	51.43	B5 ~ B6,B6 ~ Z8	
GJ15-43	59.77	B13 ~ B15,Z9 ~ Z11	
GJ15-55	76.45	B7 ~ B12,Z12 ~ Z15	

2)施工程序

大桥的施工过程描述列于图8-77中。

3)结构模型的建立和静力分析

该大桥共划分644个节点、508个梁单元,其中斜拉索采用只受拉的桁架单元模拟。计算模型如图8-78所示。按施工顺序共分为40个阶段进行模拟。

4)分析目标

在拟定初张力和施工程序以确定合理成桥状态时,确定的具体目标如下。

索力分布:索力分布要均匀,通常短索的索力小,长索的索力大,呈递增趋势,但局部位置应允许索力有突变,如0号索、1号索的索力通常会较大。

主梁弯矩:在成桥状态下,主梁的弯矩要控制在"可行域"内。

主塔弯矩:在恒载状态下,主塔的弯矩应考虑活载和混凝土后期收缩徐变的影响。在活载作用下,主塔靠岸侧的弯矩一般会比靠河侧的弯矩大,并且混凝土收缩、徐变的影响往往使塔朝河侧偏。因此,在成桥恒载状态下,塔宜向岸侧有一定的预弯矩,并根据塔的徐变偏量大小适当设置反偏量。

边墩和辅助墩支座反力:一般应保证边墩和辅助墩支座在恒载下有足够的压力储备,最好在活载下也不至于出现负反力。通常可采用配重来满足,否则就必须设置拉力支座以抵抗负反力。

5)分析荷载和荷载组合

分析荷载包括:各施工阶段的永久作用分析、活载分析、附加荷载(温度作用、支座强迫位移、地震荷载、船撞力、风荷载等),具体如下。

(1)施工阶段的分析:包括结构自重、预应力、混凝土的收缩徐变、二期恒载,当然还有斜拉索的初张力。其中混凝土重度按照26.5kN/m^3考虑,横隔板作为重量考虑,挂篮重量按照2000kN考虑。

(2)整体温度变化考虑体系温差±25℃。

(3)除了考虑主梁截面温度梯度之外,还考虑拉索与梁塔温差±10℃、桥塔日照温差等4种工况。

(4)计入纵、横向风荷载。

(5)支座沉降:考虑隔墩沉降$L/100$。

(6)考虑若干年后斜拉索的更换,在换索中应能保证结构安全。

(7)线性和非线性分析:对于中小跨径斜拉桥,一般非线性因素影响较小,而对于大跨径斜拉桥,斜拉索的垂度效应、大位移效应以及梁柱效应不容忽视,在设计计算中必须考虑。本桥跨径不大,主要考虑拉索的垂度效应。

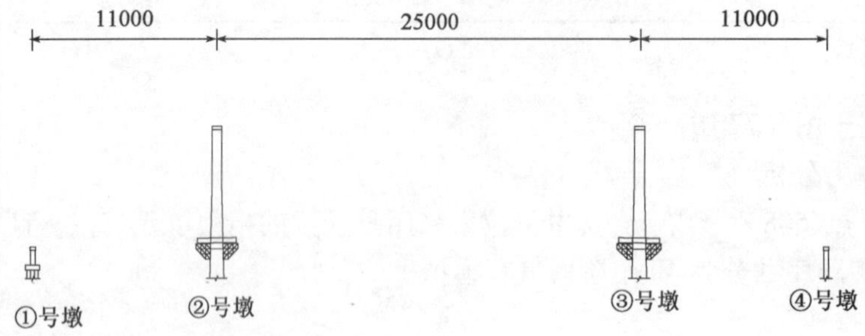	1.主塔及交接墩基础施工完毕。 2.利用提升模板法完成主塔施工，完成交接墩施工，并养生待强。交接墩盖梁背墙及挡块混凝土先不浇筑，待主桥边跨墙部预应力束全部张拉完成，并锚固灌浆封锚后再浇筑。 3.在2号、3号桥塔上安装盆式橡胶支座，安装塔、梁临时固结构件。 4.在桥梁上架设托架，在托架上浇筑主梁J0号节段，养生待强后，对称张拉J0号梁段内纵向施工预应力，随后张拉梁段内横向预应力，张拉塔、梁临时固结预应力，完成塔、梁临时固结。 5.在托架上浇筑主梁JB1、JZ1号梁段,养生待强后，对称张拉梁段内施工纵向预应力，随后张拉梁段内横向预应力。 （注：混凝土养生待强要求主梁混凝土强度必须达到设计强度的96%以上，且龄期不小于7d）
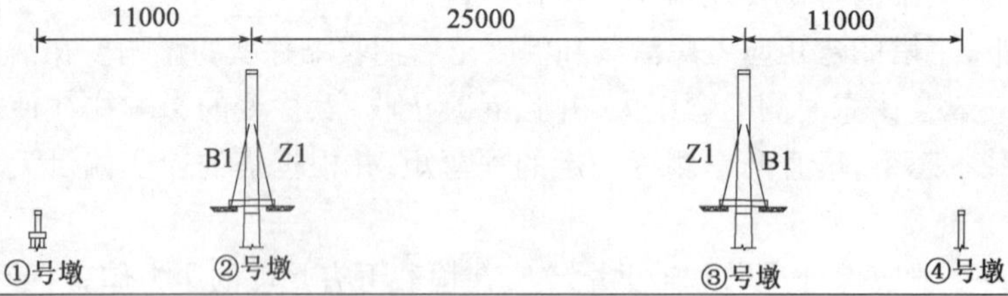	1.安装并同步张拉B1、Z1号斜拉索直至初拉力到位。 2.拆除托架。 3.前支点挂篮构件在梁上全部安装就位
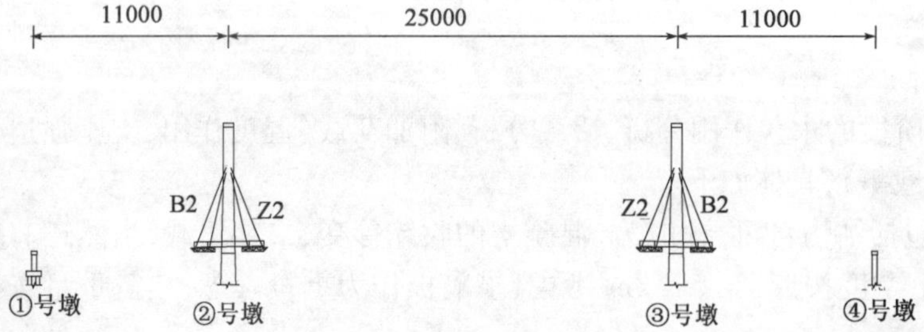	1.安装并第一次同步张拉B2、Z2号斜拉索。 2.同步浇筑主梁JB2、JZ2号梁段，至该节点混凝土数量的一半时， 第二次同步张拉B2、Z2斜拉索。 3.浇筑主梁JB2、JZ2号梁段剩余混凝土，并养生待强。 4.对称张拉梁段内施工纵向预应力，随后张拉梁段内横向预应力。 5.体系转换,将挂篮前索B2、Z2的索力从挂篮上转移到主梁上。 6.第三次同步张拉B2、Z2斜拉索直至初拉力到位。 （注:前混凝土挂篮要求主梁混凝土强度必须达到设计强度的96%以上，且龄期不小于7d）
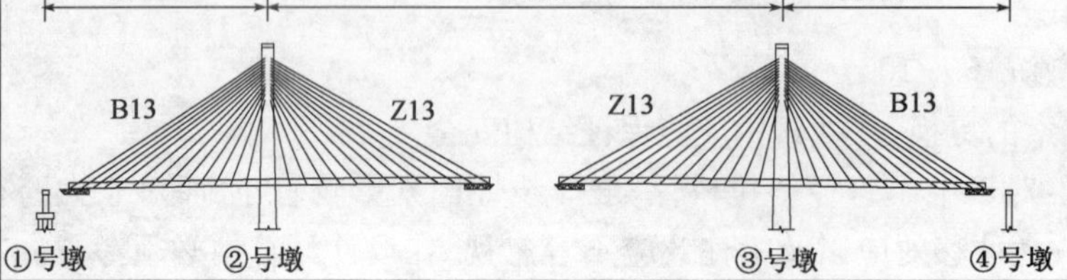	参照JB2、JZ2节段施工步骤继续施工JB3～JB13、JB3～JZ13节段。 （注：节段施工过程中，要注意桥塔两侧均衡、对称的原则，必要时应采取配重等平衡措施）

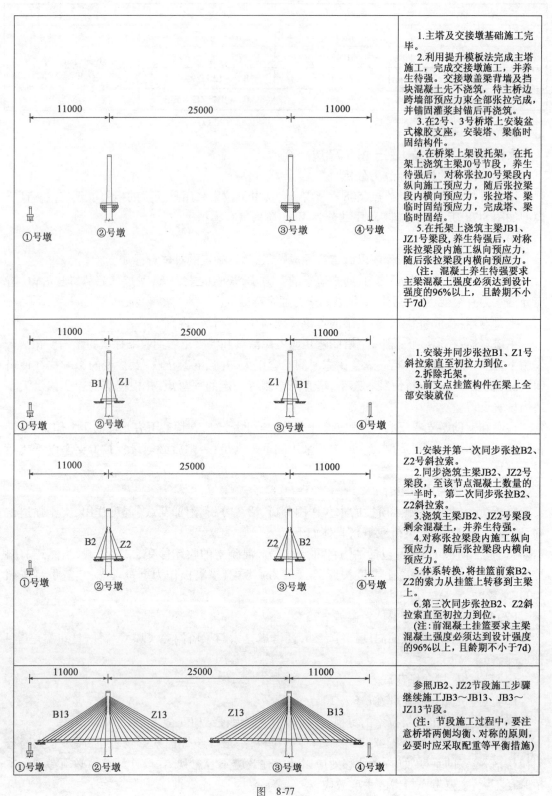

图 8-77

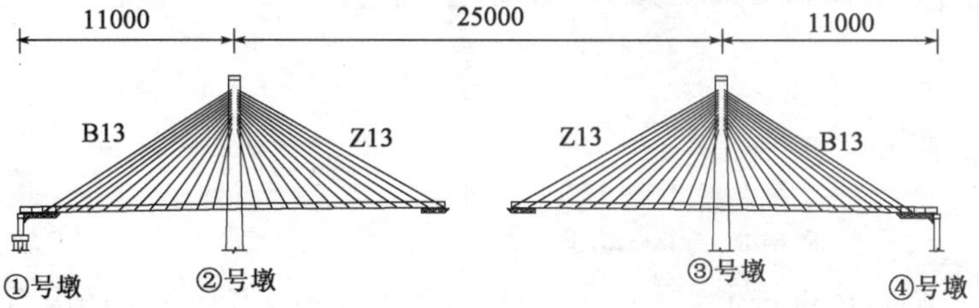	1.安装1号、4号桥墩支架。 2.在托架上浇筑JB14梁段混凝土，养生待强后，对称张拉梁段内施工纵向预应力，随后张拉梁段内横向预应力。 3.安装1号、4号桥墩主桥侧盆式橡胶支座。 4.在托架上浇筑JB15梁段混凝土，养生待强后，对称张拉梁段内施工纵向预应力，随后张拉梁段内横向预应力。 5.张拉边跨BB3、BB4、BB5、BT3号后期预应力束。 (注:混凝土养生待强要求主梁混凝土强度必须达到设计强度的96%以上，且龄期不小于7d)
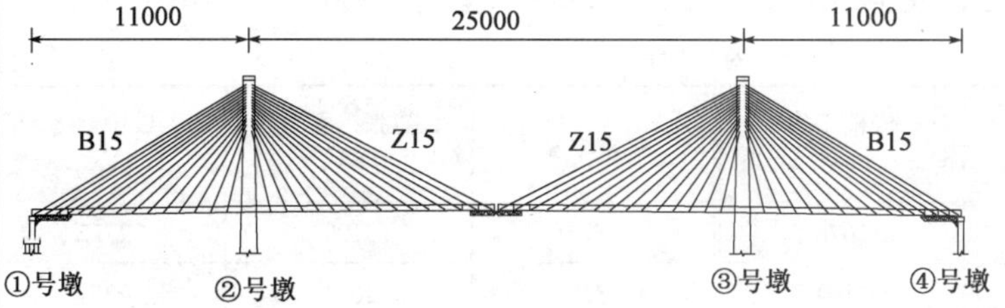	1.中跨前支点挂篮前移就位。 2.安装并第一次同步张拉B14、Z14号斜拉索。 3.浇筑中跨主梁JZ14号梁段，至该节段混凝土数量的一半时，第二次同步张拉B14、Z14斜拉索。 4.浇筑中跨主梁JZ14号梁段剩余混凝土，并养生待强。 5.对称张拉梁段内施工纵向预应力，随后张拉梁段内横向预应力。 6.体系转换,将挂篮前索Z14的索力从挂篮上转移到主梁上。 7.第三次同步张拉B14、Z14斜拉索直至初拉力到位。 8.中跨前支点挂篮前移就位。 9.参照中跨JZ14节段施工步骤继续施工中跨JZ15节段。 10.按原先长束后短束的原则，张拉边跨剩余后期预应力束。 11.拆除塔、梁临时固结设施。 (注：混凝土养生待强要求主梁混凝土强度必须达到设计强度的95%以上，且龄期不小于7d)
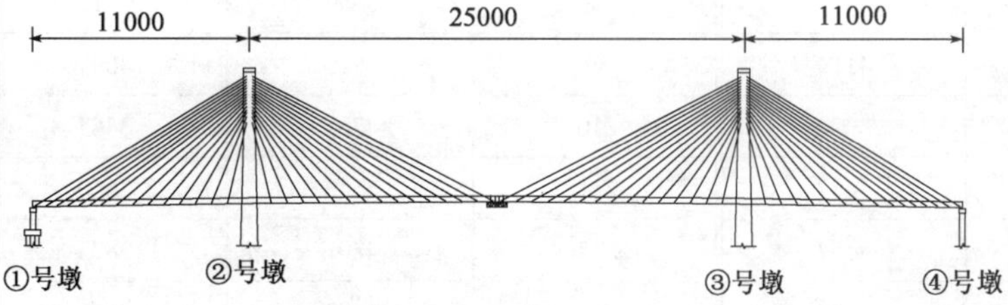	1.拆除中跨配重荷载。 2.拆除边跨吊架，安装中跨合龙段吊架。 3.在中跨合龙段两侧加水箱平衡压重。 4.安装中跨合龙段劲性骨架并在接近设计合龙温度15℃时将其焊死，张拉中跨ZB7、ZB6、ZT6钢束至10%的张拉吨位作为临时合龙束并锚固，但不灌浆。 5.浇筑中跨JHL合龙段梁段混凝土，同时分级拆除水箱平衡重。 6.合龙段混凝土养生待强后，先张拉中跨ZB7、ZB6、ZT6至设计吨位，再按照光长束后焊束的原则，张拉中跨剩余后期预应力束。 7.拆除中跨合龙段挂篮。 (注：混凝土养生待强要求主梁混凝土强度必须达到设计强度的95%以上，且龄期不小于7d)
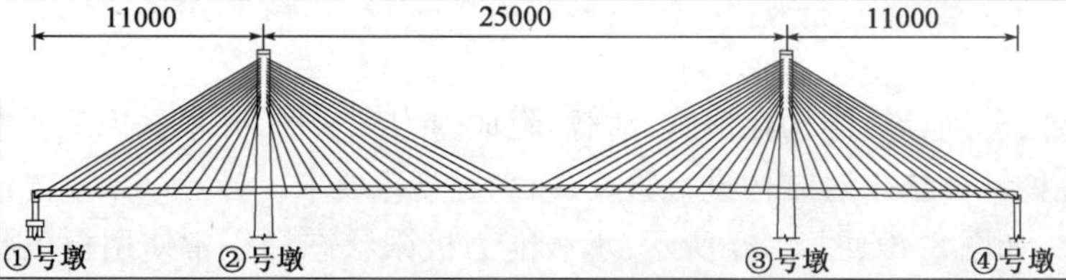	1.浇筑1号、4号桥墩盖梁背墙及挡块混凝土，并养生。 2.在桥面凿毛清洗干净后，制作、安装和浇筑人行道系、桥面铺装，灯柱与附属设施

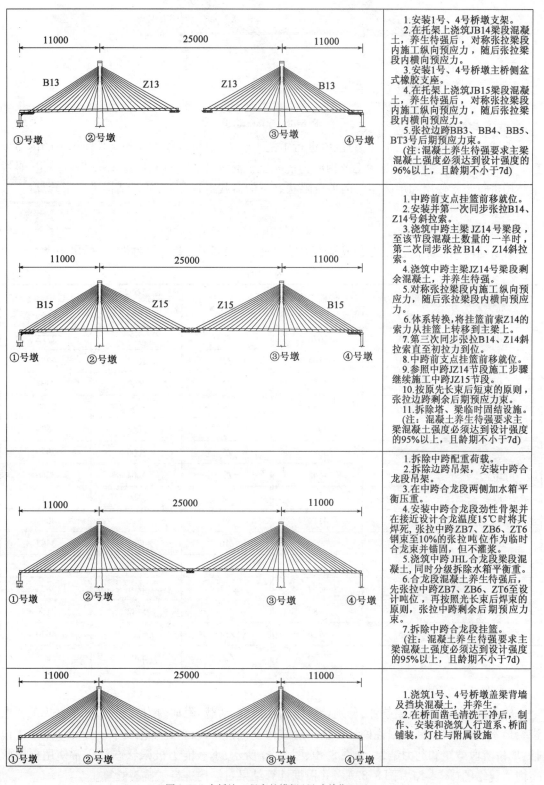

图8-77 大桥施工程序的模拟(尺寸单位:cm)

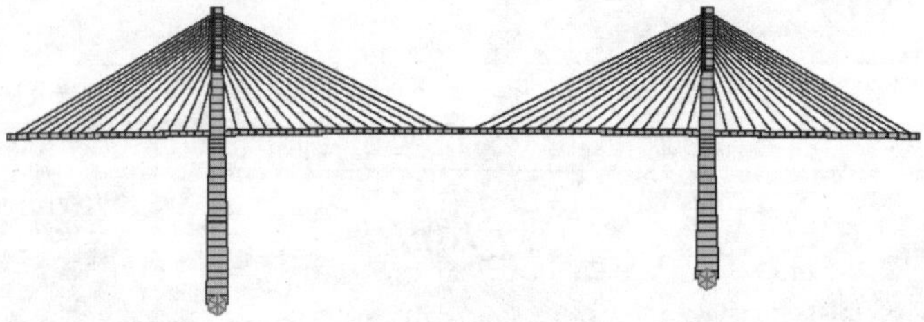

图 8-78　计算模型图

按此计算模型及荷载条件，对该桥进行了施工阶段、成桥阶段等各种荷载作用下的内力分析。最后，依据《公路钢筋混凝土及预应力混凝土桥涵设计规范》(JTG D62—2004)规定，对桥梁结构进行正常使用和承载能力两种极限状态下的荷载组合分析，并对结构进行了验算。

6)主要计算结果

(1)初张拉和成桥索力

大桥所有斜拉索的初张力和成桥索力结果列于表 8-5 中(基于对称性，只列出一半)。

拉索内力结果　　表 8-5

拉索编号	初张拉索力(kN)	成桥索力(kN)	拉索编号	初张拉索力(kN)	成桥索力(kN)
B1	3100	2676	Z1	3100	2722
B2	2623	2164	Z2	2623	2257
B3	2623	2153	Z3	2627	2304
B4	3037	2739	Z4	2757	2506
B5	3061	2917	Z5	2866	2698
B6	3075	3057	Z6	3006	2929
B7	4001	4642	Z7	3204	3246
B8	4032	4511	Z8	3559	3212
B9	4036	4114	Z9	3925	3099
B10	4088	3920	Z10	4285	3465
B11	4094	3687	Z11	4640	3660
B12	4368	3757	Z12	4801	3875
B13	4580	3788	Z13	5182	4169
B14	5795	3926	Z14	6769	4620
B15	5407	4756	Z15	5305	5008

(2)静力分析结果

根据计算模型和荷载条件，分别计算结构在恒载、活载、附加内力和变形，并根据规范要求进行最不利荷载组合，根据各种计算结果对结构进行验算，以满足规范要求。计算结果主要包括：成桥阶段弯矩和剪力结果，如图 8-79、图 8-80 所示；承载能力极限状态和正常使用极限状态内力包络图(图 8-81 ~ 图 8-83)。并根据计算结果对结构进行了抗裂验算。

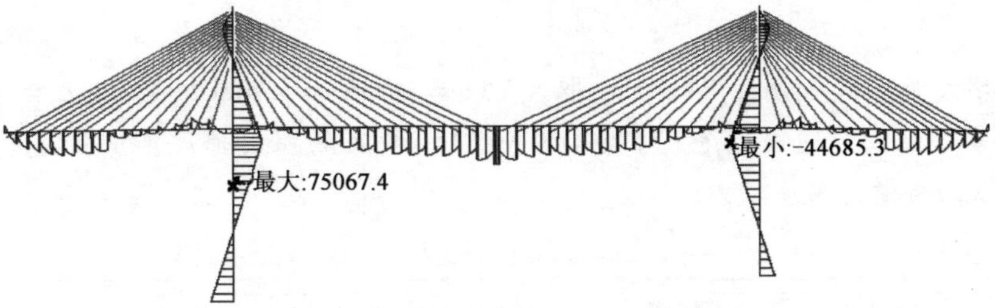

图 8-79　成桥状态弯矩图(单位:kN · m)

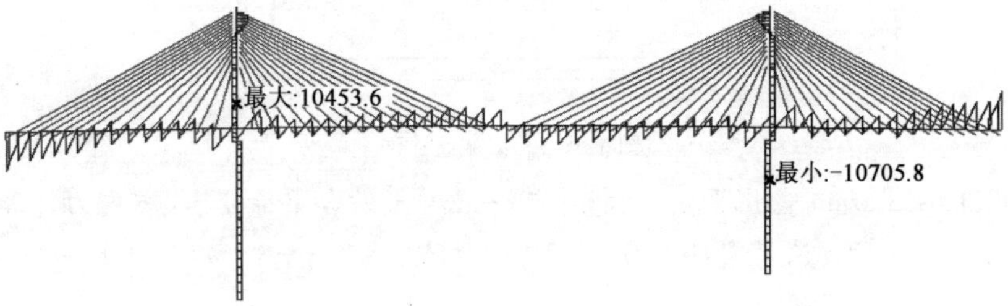

图 8-80　成桥状态剪力图(单位:kN)

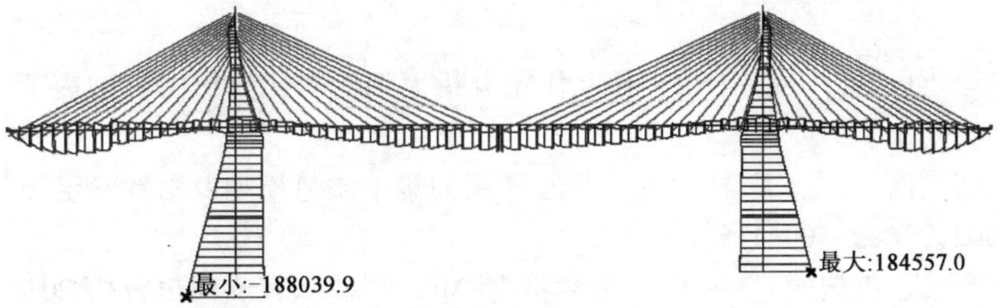

图 8-81　承载能力极限状态弯矩包络图(单位:kN · m)

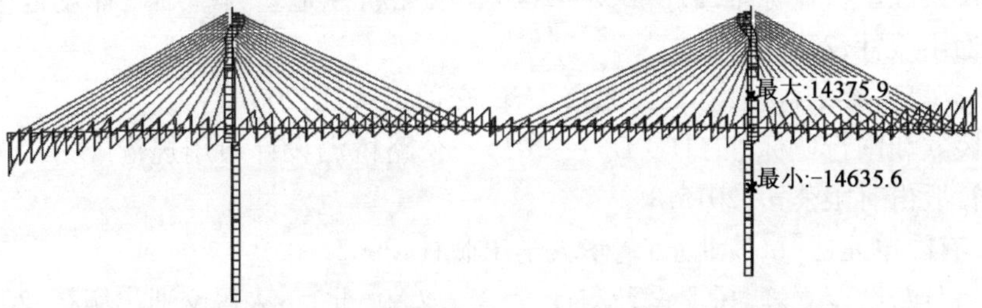

图 8-82　承载能力极限状态剪力包络图(单位:kN)

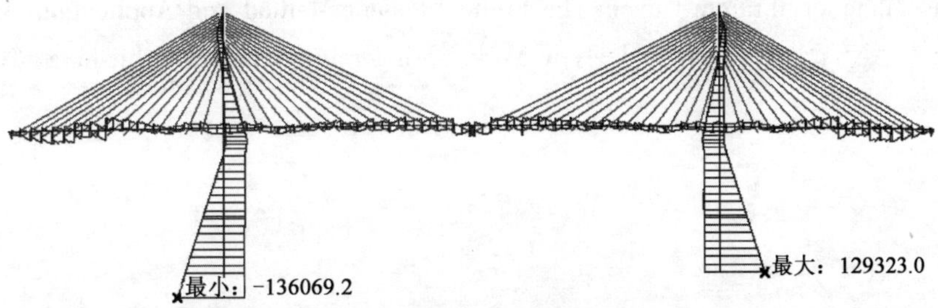

图 8-83　正常使用极限状态弯矩包络图(单位:kN · m)

【思考题】

1. 某箱梁截面形式如图 8-84 所示,取尺寸 $b=4\text{m}$, $b_1=3.4\text{m}$, $b_2=2\text{m}$, $h=2\text{m}$, $t_1=t_2=0.2\text{m}$,按《公路桥涵设计通用规范》(JTG D60—2015)规定的温度梯度作用分布形式,计算箱形简支梁的纵向与横向温度应力分布。

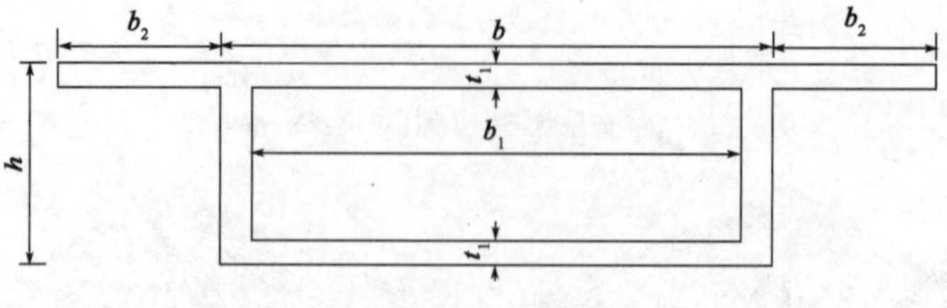

图 8-84　箱梁截面示意

2. 试采用 Tröst-Bažant 老化系数法,推导钢—混凝土结合梁徐变、收缩内力计算公式。

3. 常见的局部分析方法有哪些?分别有何优缺点?

本章参考文献

[1] 刘立平,李英民,韩军. 桩-土动力相互作用分析模型的对比分析[J]. 地震工程和工程振动,2009,29(2):191-197.

[2] 孙利民,张晨南,潘龙,等. 桥梁桩土相互作用的集中质量模型及参数确定[J]. 同济大学学报,2002,30(4):409-415.

[3] 葛俊颖. 桥梁工程软件 midas Civil 使用指南[M]. 北京:人民交通出版社,2013.

[4] 王文涛. 刚构-连续组合梁桥[M]. 北京:人民交通出版社,1995.

[5] 中华人民共和国行业标准. JTG D63—2007　公路桥涵地基与基础设计规范[S]. 北京:人民交通出版社,2007.

[6] 项海帆. 高等桥梁结构理论[M]. 北京:人民交通出版社,2001.

[7] 中华人民共和国行业标准. JTG D60—2015　公路桥涵设计通用规范[S]. 北京:人民交通出版社股份有限公司,2015.

[8] 王勖成. 有限单元法[M],北京:清华大学出版社,2003.

[9] 邵旭东,程翔云,李立峰. 桥梁设计与计算[M]. 2 版. 北京:人民交通出版社,2012.

[10] 黄炎. 局部应力及其应用[M]. 北京:机械工业出版社,1986.

[11] Erdogan Madenci, Ibrahim Guven. The Finite Element Method and Applications in Engineering Using ANSYS[M]. 2nd Ed. New York: Springer International Publishing, 2015.

第 9 章

桥梁结构动力效应

引言:桥梁结构在服役期内,会承受风、地震、车辆等动力作用,桥梁在这些作用下的动力效应常不容忽视,这就要求工程师掌握准确分析桥梁的动力响应并依此合理设计桥梁的能力。本章第 1 ~3 节首先系统地介绍了有限元动力学基础知识,包括方程的建立、动力特性的求解以及动力学方程的解法,这部分内容延续了前面章节的有限元内容,为具体的动力作用下桥梁结构响应计算做铺垫;第 4 ~6 节分别介绍了风、地震及移动荷载作用下桥梁结构的振动响应,其中在桥梁结构地震效应模拟中仅给出一致激励的动力方程,关于非一致激励的相关内容可参考文献[4];第 7 节以这三种作用下的计算示例说明具体动力效应计算的流程,并通过结果向读者说明这几种作用下结构的主要响应特征。

9.1 有限元动力学方程的建立

9.1.1 动力学的有限元求解步骤

三维弹性动力学的基本方程为:

平衡方程 $$\sigma_{ij,j} + f_i - \rho u_{i,tt} - \mu u_{i,t} = 0 \quad (\text{在 } V \text{ 域内}) \tag{9-1}$$

几何方程 $$\varepsilon_{ij} = \frac{1}{2}(u_{i,j} + u_{j,i}) \quad (\text{在 } V \text{ 域内}) \tag{9-2}$$

物理方程 $$\sigma_{ij}=D_{ijkl}\varepsilon_{kl}(\text{在 } V \text{ 域内}) \tag{9-3}$$

边界条件 $$\begin{cases}u_i=\bar{u}_i(\text{在 } s_u \text{ 边界上})\\ \sigma_{ij}n_j=\bar{T}_i(\text{在 } s_\sigma \text{ 边界上})\end{cases} \tag{9-4}$$

初始条件 $$\begin{cases}u_i(x,y,z,0)=u_i(x,y,z)\\ u_{i,t}(x,y,z,0)=u_{i,t}(x,y,z)\end{cases} \tag{9-5}$$

式(9-1)中,ρ 是质量密度;μ 是阻尼系数;$u_{i,tt}$、$u_{i,t}$ 分别表示 i 方向的加速度和速度;$-\rho u_{i,tt}$、$-\mu u_{i,t}$ 分别代表惯性力和阻尼力。惯性力和阻尼力作为体积力的一部分出现在平衡方程中,是动力学与静力学的主要区别之一。由于荷载是时间的函数,因此位移、应变、应力也是时间的函数,也正因为如此,动力学问题的定解条件中还应包括初始条件式(9-5)。

现以三维实体动力分析为例,用有限元法构建动力学方程的步骤为:

1)连续区域的离散化

在动力分析中,因为引入了时间坐标,处理的是四维问题。在有限元分析中,一般只对空间域进行离散,这与静力分析时相同。

2)构造插值函数

由于只对空间域进行离散,所以单元内位移 u、v、w 的插值分别表示为:

$$\begin{cases}u(x,y,z,t)=\sum_{i=1}^{n}N_i(x,y,z)u_i(t)\\ v(x,y,z,t)=\sum_{i=1}^{n}N_i(x,y,z)v_i(t)\\ w(x,y,z,t)=\sum_{i=1}^{n}N_i(x,y,z)w_i(t)\end{cases} \tag{9-6}$$

或写成:

$$\boldsymbol{u}=\boldsymbol{N}\boldsymbol{a}^e \tag{9-7}$$

其中,

$$\boldsymbol{u}=\begin{pmatrix}u(x,y,z,t)\\ v(x,y,z,t)\\ w(x,y,z,t)\end{pmatrix}$$

$$\boldsymbol{N}=[\boldsymbol{N}_1\quad \boldsymbol{N}_2\quad \cdots\quad \boldsymbol{N}_n]\quad \boldsymbol{N}_i=N_i\boldsymbol{I}_{3\times3}\quad (i=1,2,\cdots,n)$$

$$\boldsymbol{a}^e=\begin{pmatrix}a_1\\ a_2\\ \vdots\\ a_n\end{pmatrix}\quad \boldsymbol{a}_i=\begin{pmatrix}u_i(t)\\ v_i(t)\\ w_i(t)\end{pmatrix}\quad (i=1,2,\cdots,n)$$

上列各符号的意义与静力分析情形相同,只是节点参数 $\boldsymbol{a}^e$ 和 $\boldsymbol{a}_i$ 现在是时间的函数。

3)形成系统的求解方程

平衡方程式(9-1)及荷载的边界条件式(9-5)的等效积分形式的伽辽金提法可表示如下:

$$\int_V \delta u_i(\sigma_{ij,j}+f_i-\rho u_{i,tt}-\mu u_{i,t})\mathrm{d}V-\int_{s_\sigma}\delta u_i(\sigma_{ij}n_j-\bar{T}_i)\mathrm{d}s=0 \tag{9-8}$$

对上式的第一项 $\int_V \delta u_i\sigma_{ij,j}\mathrm{d}V$ 进行分部积分,并代入物理方程,则从上式可以得到:

$$\int_V (\delta\varepsilon_{ij} D_{ijkl} \varepsilon_{kl} + \delta u_i \rho u_{i,tt} + \delta u_i \mu u_{i,t}) \mathrm{d}V = \int_V \delta u_i f_i \mathrm{d}V + \int_{s_\sigma} \delta u_i \overline{T_i} \mathrm{d}s \tag{9-9}$$

将空间离散后的位移表达式(9-7)(现在情况下,$u_1 = u, u_2 = v, u_3 = w$)代入式(9-9),并注意到节点位移变化 δa 的任意性,最终得到系统的求解方程(在动力学问题中,又称运动方程)如下:

$$\boldsymbol{M}\ddot{\boldsymbol{a}}(t) + \boldsymbol{C}\dot{\boldsymbol{a}}(t) + \boldsymbol{K}\boldsymbol{a}(t) = \boldsymbol{Q}(t) \tag{9-10}$$

式中:$\ddot{\boldsymbol{a}}(t)$、$\dot{\boldsymbol{a}}(t)$——系统的节点加速度向量和节点速度向量;

$\boldsymbol{M}$、$\boldsymbol{C}$、$\boldsymbol{K}$、$\boldsymbol{Q}(t)$——系统的质量矩阵、阻尼矩阵、刚度矩阵和节点荷载向量。

$\boldsymbol{M}$、$\boldsymbol{C}$、$\boldsymbol{K}$、$\boldsymbol{Q}(t)$分别由各自的单元矩阵和向量集成,即

$$\begin{cases} \boldsymbol{M} = \sum_e \boldsymbol{M}^e & C = \sum_e C^e \\ \boldsymbol{K} = \sum_e \boldsymbol{K}^e & \boldsymbol{Q} = \sum_e \boldsymbol{Q}^e \end{cases} \tag{9-11}$$

其中

$$\begin{cases} \boldsymbol{M}^e = \int_{V_e} \rho \boldsymbol{N}^{\mathrm{T}} \boldsymbol{N} \mathrm{d}V & \boldsymbol{C}^e = \int_{V_e} \mu \boldsymbol{N}^{\mathrm{T}} \boldsymbol{N} \mathrm{d}V \\ \boldsymbol{K}^e = \int_{V_e} \boldsymbol{B}^{\mathrm{T}} \boldsymbol{D} \boldsymbol{B} \mathrm{d}V & \boldsymbol{Q}^e = \int_{V_e} \boldsymbol{N}^{\mathrm{T}} \boldsymbol{f} \mathrm{d}V + \int_{S_\sigma^e} \boldsymbol{N}^T \boldsymbol{T} \mathrm{d}s \end{cases} \tag{9-12}$$

式中:$\boldsymbol{M}^e$、$\boldsymbol{C}^e$、$\boldsymbol{K}^e$、$\boldsymbol{Q}^e$——单元的质量矩阵、阻尼矩阵、刚度矩阵和荷载向量。

如果忽略阻尼的影响,则运动方程简化为:

$$\boldsymbol{M}\ddot{\boldsymbol{a}}(t) + \boldsymbol{K}\boldsymbol{a}(t) = \boldsymbol{Q}(t) \tag{9-13}$$

如果上式的右端项为零,则上式进一步简化为:

$$\boldsymbol{M}\ddot{\boldsymbol{a}}(t) + \boldsymbol{K}\boldsymbol{a}(t) = \boldsymbol{0} \tag{9-14}$$

这是系统的自由振动方程,又称为动力特性方程。因为从它可以解出系统的固有频率和固有振型。

9.1.2 协调质量矩阵和集中质量矩阵

式(9-12)所表达的单元质量矩阵 $\boldsymbol{M}^e = \int_{V_e} \rho \boldsymbol{N}^T \boldsymbol{N} \mathrm{d}V$ 称为协调质量矩阵或一致质量矩阵,这是因为导出它时,和导出刚度矩阵所根据的原理(伽辽金法)及所采用位移插值函数是一致的。此外,在有限元法中还经常采用所谓集中(或团聚)质量矩阵,它规定单元的质量集中在节点上,这样得到的质量矩阵是对角线矩阵。

将单元协调质量矩阵$\boldsymbol{M}^e$ 转换为单元集中质量矩阵$\boldsymbol{M}_l^e$,即对$\boldsymbol{M}^e$ 进行对角化的方法,有多种方案可供选择,以下分实体单元和结构单元进行讨论。

1)实体单元

现在介绍两种常用的方法,即

(1)第一种方法

$$(\boldsymbol{M}_l^e)_{ij} = \begin{cases} \sum_{k=1}^{n_e} (\boldsymbol{M}^e)_{ik} = \sum_{k=1}^{n_e} \int_{V_e} \rho \boldsymbol{N}_i^{\mathrm{T}} \boldsymbol{N}_k \mathrm{d}V & (j = i) \\ \boldsymbol{0} & (j \neq i) \end{cases} \tag{9-15}$$

式中,n_e 是单元的节点数。该式的力学意义是:$\boldsymbol{M}_l^e$ 中每一行的主元素等于$\boldsymbol{M}^e$中该行所有元素之和,而非主元素为零。

(2)第二种方法

$$(\boldsymbol{M}_l^e)_{ij}=\begin{cases}a\,(\boldsymbol{M}^e)_{ii}-a\int_{V_e}\rho\boldsymbol{N}_i^{\mathrm{T}}\boldsymbol{N}_i\mathrm{d}V & (j=i)\\ \boldsymbol{0} & (j\neq i)\end{cases}\tag{9-16}$$

此式的力学意义是:$\boldsymbol{M}_l^e$ 中每一行的主元素等于$\boldsymbol{M}^e$ 中该行主元素乘以缩放因子 a,而非主元素为零。因子 a 根据质量守恒原则确定,即$\boldsymbol{M}_l^e$ 中对应于每一方向的所有自由度的元素之和应等于整个单元的质量。对于实体单元,则有:

$$\sum_{i=1}^{n_e}(\boldsymbol{M}_l^e)_{ii}=a\sum_{i=1}^{n_e}(\boldsymbol{M}^e)_{ii}=W\boldsymbol{I}_d=\rho V_e\boldsymbol{I}_d\tag{9-17}$$

式中:d——单元在几何空间的维数;

V_e——单元的体积。

2)结构单元

对$\boldsymbol{M}^e$ 进行对角化常用的简便方法是忽略$\boldsymbol{M}^e$ 中对应于转动自由度的元素。对于$\boldsymbol{M}^e$ 中与位移自由度相关的元素则采用式(9-15)或式(9-16)进行处理。

在实际分析中,协调质量矩阵和集中质量矩阵都有应用,一般情况下,两者给出的结果也相差不多。从式(9-12)可以看到,质量矩阵积分表达式的被积函数是插值函数的平方项,而刚度矩阵则是其导数的平方项。因此在相同精度要求条件下,质量矩阵可用较低阶的插值函数,而集中质量矩阵从实质上看,正是这样一种替换方案。替换的好处是使计算得到简化,特别是采用直接积分的显式方案求解运动方程时,如果阻尼矩阵也采用对角矩阵,可以省去等效刚度矩阵的分解步骤,这点在非线性分析中将有更明显的意义。

另外,对于节点参数中包含转动的梁、板、壳一类单元,由于集中质量矩阵中略去了与转动相关的项,如果采用显式直接积分方法求解运动方程,还可以使方程的自由度数相应地减少,从而提高计算效率,而此种简化对振动的低阶频率成分的精度影响很小。

最后需要指出,虽然质量矩阵 $\boldsymbol{M}$ 在理论上是正定的,但通常需要在计算中对 $\boldsymbol{M}^e=\int_{V_e}\rho\boldsymbol{N}^{\mathrm{T}}\boldsymbol{N}\mathrm{d}V$ 进行精确积分才能保证此性质。如果计算中采用低阶的积分,则 $\boldsymbol{M}$ 可能是奇异的,这将使后续的动力分析发生困难,因此在选择$\boldsymbol{M}^e$ 的积分阶次时应予注意。

9.1.3 振型阻尼矩阵

式(9-12)所表示的单元阻尼矩阵为:

$$\boldsymbol{C}^e=\int_V\mu\boldsymbol{N}^{\mathrm{T}}\boldsymbol{N}\mathrm{d}V$$

基于和协调质量矩阵同样的理由,称为协调阻尼矩阵。它是假定阻尼力正比于质点运动速度的结果,一般将介质阻尼简化为这种情况。这时单元阻尼矩阵比例于单元质量矩阵。

除此而外,还有比例于应变速度的阻尼,例如由于材料内摩擦引起的结构阻尼通常可简化为这种情况。这时阻尼力可表示成$\mu\boldsymbol{D}\dot{\boldsymbol{\varepsilon}}$,这样一来,可以得到单元阻尼矩阵:

$$\boldsymbol{C}^e=\mu\int_{V_e}\boldsymbol{B}^{\mathrm{T}}\boldsymbol{D}\boldsymbol{B}\mathrm{d}V\tag{9-18}$$

此单元阻尼矩阵比例于单元刚度矩阵。

在以后的讨论中将知道,系统的固有振型对于 $\boldsymbol{M}$ 和 $\boldsymbol{K}$ 是具有正交性的,因此固有振型对于比例于 $\boldsymbol{M}$ 和 $\boldsymbol{K}$ 的阻尼矩阵 $\boldsymbol{C}$ 也是具有正交性的。所以这种阻尼矩阵称为比例阻尼或振型。今后还知道,利用系统的振型矩阵对运动方程进行坐标变换时,振型阻尼矩阵经变换后和质量矩阵及刚度矩阵的情况相同,将是对角矩阵。这样一来,经变换后运动方程的各个自由度之间将是互不耦合的,因此每个方程可以独立地求解,这将对计算带来很大方便。

但应指出,式(9-12)和式(9-18)中的比例系数,在一般情况下是依赖于频率的。因此在实际分析中,要精确地决定阻尼矩阵是相当困难的。通常允许将实际结构的阻尼矩阵简化为 $\boldsymbol{M}$ 和 $\boldsymbol{K}$ 的线性组合,即

$$\boldsymbol{C} = \alpha\boldsymbol{M} + \beta\boldsymbol{K} \tag{9-19}$$

其中,α 和 β 是不依赖于频率的常数,这种振型阻尼称为 Rayleigh 阻尼。

9.2 动力特性求解

9.2.1 动力特性求解方法

从有限元动力学方程(9-10)中略去阻尼矩阵和作用荷载向量,就能得到无阻尼自由振动体系的运动方程:

$$\boldsymbol{M}\ddot{\boldsymbol{a}}(t) + \boldsymbol{K}\boldsymbol{a}(t) = 0 \tag{9-20}$$

它的解可以假设为以下形式:

$$\boldsymbol{a} = \boldsymbol{\phi}\sin\omega(t - t_0) \tag{9-21}$$

其中,$\boldsymbol{\phi}$ 是 n 阶向量,ω 是向量 $\boldsymbol{\phi}$ 的振动频率,t 是时间变量,t_0 是由初始条件确定的时间常数。

将式(9-21)代入式(9-20),就得到一个广义特征值问题,即

$$\boldsymbol{K}\boldsymbol{\phi} - \omega^2\boldsymbol{M}\boldsymbol{\phi} = 0 \tag{9-22}$$

求解以上方程可以确定 $\boldsymbol{\phi}$ 和 ω,结果得到 n 个特征解($\omega_1^2,\boldsymbol{\phi}_1$),($\omega_2^2,\boldsymbol{\phi}_2$),…,($\omega_n^2,\boldsymbol{\phi}_n$)。其中特征值 $\omega_1,\omega_2,\cdots,\omega_n$ 代表系统的 n 个固有频率,并有 $0 \leqslant \omega_1 < \omega_2 < \cdots < \omega_n$;特征向量 $\boldsymbol{\phi}_1$,$\boldsymbol{\phi}_2$,…,$\boldsymbol{\phi}_n$ 代表系统的 n 个固有振型。

由于在一般的有限元分析中,系统的自由度很多,同时在研究系统的响应时,往往只需要了解少数较低的特征值及响应的特征向量,因此在有限元分析中,发展了一些适应上述特点而效率较高的解法,其中应用较广泛的是矩阵逆迭代法和子空间迭代法。前者算法简单,比较适合于只要求得到系统的较少数目特征解的情况,后者实质是将前者推广用于同时应用若干个向量进行迭代的情况,可以用于要求得到系统多一些特征解的情况。另外,由于里兹向量直接叠加法和 Lanczos 向量直接叠加法具有更高的计算效率,引起了有限元工作者广泛的兴趣。它们共同的特点是直接生成一组里兹向量或 Lanczos 向量,对运动方程进行减缩,然后通过求解减缩了的运动方程的特征值问题,进而得到原系统方程的特征解,从而避免了矩阵逆迭代法和子空间迭代法中的迭代步骤。由于矩阵逆迭代法在工程中应用广泛,这里仅就矩阵逆迭代

法进行讨论,其余方法可参见文献[1]。

应用迭代法计算结构的基本振型在很早之前就被应用,矩阵逆迭代法是其中的一种,这个方法的起点是无阻尼自由振动方程 $\boldsymbol{K\phi}_n=\omega_n^2\boldsymbol{M\phi}_n$,其具体流程如下:

(1)先假设迭代初始时的位移振型 $\boldsymbol{\phi}_1^{(0)}$。

(2)代入无阻尼自由振动惯性力一侧并省去频率,得到 $\boldsymbol{K}\,\overline{\boldsymbol{\phi}}_1^{(1)}=\boldsymbol{M\phi}_1^{(0)}$。

(3)为了得到 $\overline{\boldsymbol{\phi}}_1^{(1)}$,可以将刚度矩阵求逆变为柔度矩阵,并令 $\boldsymbol{D}=\boldsymbol{K}^{-1}\boldsymbol{m}$,形成动力矩阵进行计算。但是柔度矩阵不具有刚度矩阵的窄带性质,计算效率会非常低下,因此将刚度矩阵 $\boldsymbol{K}$ 进行 $\boldsymbol{LDL}^{\mathrm{T}}$ 分解为一个下三角矩阵与一个上三角矩阵的乘积,将迭代分两步进行来避免求逆,则可以更高效地求出 $\overline{\boldsymbol{\phi}}_1^{(1)}$。

(4)在进行下一步迭代前,为控制 $\overline{\boldsymbol{\phi}}_1^{(1)}$ 的幅值在计算机可处理的位数之内,需要将其规格化,规格后的振型成为 $\boldsymbol{\phi}_1^{(1)}$,然后重复上述步骤进行下一步的迭代。

将上述的迭代过程重复足够多的次数,则导出的形状就逐渐逼近于第一振型,求得的频率也就是第一频率。为了能够获得更精确的结果,以最大位移所在的自由度计算是最好的选择,则最终第一频率可以表示为:

$$\omega_1^2=\frac{\max[\boldsymbol{\phi}_1^{(s-1)}]}{\max[\overline{\boldsymbol{\phi}}_1^{(s)}]}=\frac{1}{\max[\overline{\boldsymbol{\phi}}_1^{(s)}]}\tag{9-23}$$

除此之外,也可以按照 Rayleigh Quotient 判断准则来得到第一频率,即

$$\rho=\frac{\boldsymbol{\phi}_1^{(s)\mathrm{T}}\boldsymbol{K\phi}_1^{(s)}}{\boldsymbol{\phi}_1^{(s)\mathrm{T}}\boldsymbol{M\phi}_1^{(s)}}\tag{9-24}$$

当两次迭代计算得到的 ρ 值的差值满足精度要求时,此时的 ρ 就是第一频率 ω_1^2。一般说来,认清迭代过程所包含的计算内容的本质,就能证明它必定收敛到第一振型。它首先计算与所假设形状对应的惯性力,然后计算由这些力产生的挠度,接着再计算由所算得的挠度而产生的惯性力,如此往复。

对于求得的固有振型的幅度可按以下要求规定:

$$\boldsymbol{\phi}_i^{\mathrm{T}}\boldsymbol{M\phi}_i=1\quad(i=1,2,\cdots,n)\tag{9-25}$$

这样规定的固有振型又称为正则振型,今后所用的固有振型,只指这种正则振型,以下阐述固有振型的性质。

将特征解$(\omega_i^2,\boldsymbol{\phi}_i)$,$(\omega_j^2,\boldsymbol{\phi}_j)$代回方程式(9-22),得到:

$$\boldsymbol{K\phi}_i=\omega_i^2\boldsymbol{M\phi}_i\quad\boldsymbol{K\phi}_j=\omega_j^2\boldsymbol{M\phi}_j\tag{9-26}$$

将上式前一式两端前乘以 $\boldsymbol{\phi}_j^{\mathrm{T}}$,后一式两端前乘以 $\boldsymbol{\phi}_i^{\mathrm{T}}$,并由 $\boldsymbol{K}$ 和 $\boldsymbol{M}$ 的对称性推知:

$$\boldsymbol{\phi}_j^{\mathrm{T}}\boldsymbol{K\phi}_i=\boldsymbol{\phi}_i^{\mathrm{T}}\boldsymbol{K\phi}_j\tag{9-27}$$

所以可以得到:

$$(\omega_i^2-\omega_j^2)\boldsymbol{\phi}_j^{\mathrm{T}}\boldsymbol{M\phi}_i=0\tag{9-28}$$

由上式可见,当 $\omega_i\neq\omega_j$ 时,必有:

$$\boldsymbol{\phi}_j^{\mathrm{T}}\boldsymbol{M\phi}_i=0\tag{9-29}$$

上式表明固有振型对于矩阵 $\boldsymbol{M}$ 是正交的,和式(9-25)在一起,可将固有振型对于 $\boldsymbol{M}$ 的正则正交性质表示为:

$$\boldsymbol{\phi}_i^{\mathrm{T}}\boldsymbol{M}\boldsymbol{\phi}_j=\begin{cases}1 & (i=j)\\0 & (i\neq j)\end{cases} \tag{9-30}$$

将上式代回到式(9-26),可得:

$$\boldsymbol{\phi}_i^{\mathrm{T}}\boldsymbol{K}\boldsymbol{\phi}_j=\begin{cases}\omega_i^2 & (i=j)\\0 & (i\neq j)\end{cases} \tag{9-31}$$

如果定义:

$$\boldsymbol{\Phi}=[\boldsymbol{\phi}_1 \quad \boldsymbol{\phi}_2 \quad \cdots \quad \boldsymbol{\phi}_n]$$

$$\boldsymbol{\Omega}=\begin{bmatrix}\omega_1^2 & & & & 0\\ & \omega_2^2 & & & \\ & & \ddots & & \\ & & & \ddots & \\ 0 & & & & \omega_n^2\end{bmatrix} \tag{9-32}$$

则特征解的性质还可表示成:

$$\boldsymbol{\Phi}^{\mathrm{T}}\boldsymbol{M}\boldsymbol{\Phi}=\boldsymbol{I} \quad \boldsymbol{\Phi}^{\mathrm{T}}\boldsymbol{K}\boldsymbol{\Phi}=\boldsymbol{\Omega} \tag{9-33}$$

式中,$\boldsymbol{\Phi}$ 和 $\boldsymbol{\Omega}$ 分别称为固有振型矩阵和固有频率矩阵。利用它们,原特征值问题可表示为:

$$\boldsymbol{K}\boldsymbol{\Phi}=\boldsymbol{M}\boldsymbol{\Phi}\boldsymbol{\Omega} \tag{9-34}$$

应予指出的是,在有限元分析中,特别是在动力分析中,方程的阶数即系统的自由度数 n 很高,但是无论是求解系统的动力特性本身,还是进一步求解系统的动力响应,实际需要求解的特征解的个数通常是远小于系统自由度数 n 的。这类方程阶数很高而求解的特征解又相对较少的特征值问题,称之为大型特征值问题。

如果需要获取第二阶乃至更高阶次的振型和频率,则需要利用振型关于质量矩阵正交的特性,将第一振型对假设振型的贡献净化掉,这样迭代的结果将收敛于第二振型,对于更高阶次的振型求解方法与这个想法类似。但应注意到,为求解出更高阶次的振型,会用到之前已经得到的低阶振型,这就要求低阶振型的求解精度非常高,才不会使高阶振型的求解精度太差,这也反映出矩阵迭代法具有误差累积的特性。

通过上面的讨论,了解到如果想要获得高阶的振型和频率,必须通过滤型矩阵将低阶的贡献净化掉,但是随着振型阶次的提高,建立滤型矩阵的计算量也越大,使得迭代收敛效率显著降低。为了更高效地计算高阶振型,在矩阵迭代法中引入"移位"的概念,从而避免耗费大量的资源来计算滤型矩阵。

所谓"移位"就是如图9-1那样将频率轴的原点进行移动,使原点距离所求阶次频率最近,则最终迭代的结果将收敛于移位后的所求阶次的频率,实际的频率应该由移位后的频率加上移位值。关于移位逆迭代法的具体内容可参考文献[4]。

经过上述分析,适当的选择移位原点,可以使迭代分析收敛于结构体系任何一个想要的频率。另外,当移位原点与所求频率非常接近时,可以加快收敛速度,因此,移位值 μ 的选取就非常重要。

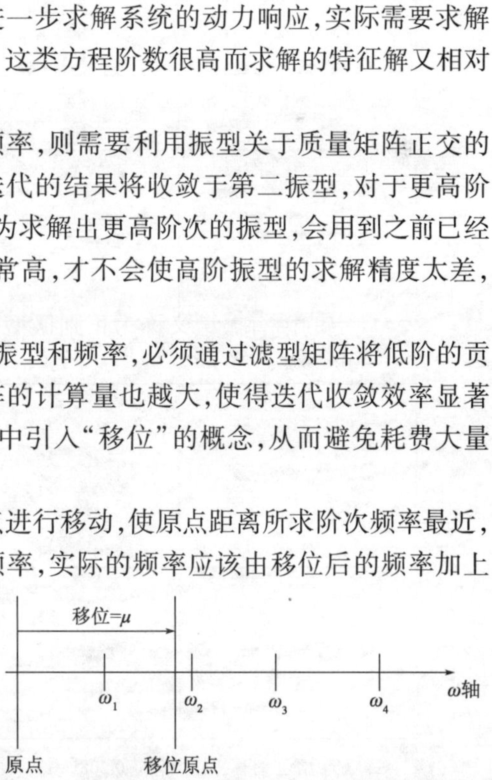

图9-1 在频率轴上的移位说明

Rayleigh Quotient 判断准则是结构频率的近似,所以可以通过它来得到移位原点的位置。

9.2.2 大跨度桥梁的关键模态

大跨度的斜拉桥及悬索桥是轻柔结构,所关心的振型与研究的对象有关。如果研究对象为主梁,则只关心主梁的一些振型而忽略拉索或吊杆的模态;如果是研究拉索的动力学问题,则拉索的振型就显得非常重要。一般而言,主梁的关键模态为前几阶的竖弯、侧弯及扭转振型,其中一阶对称与反对称的竖弯、侧弯及扭转模态最为关键。图 9-2 和图 9-3 分别为国内某典型悬索桥及斜拉桥的关键模态。

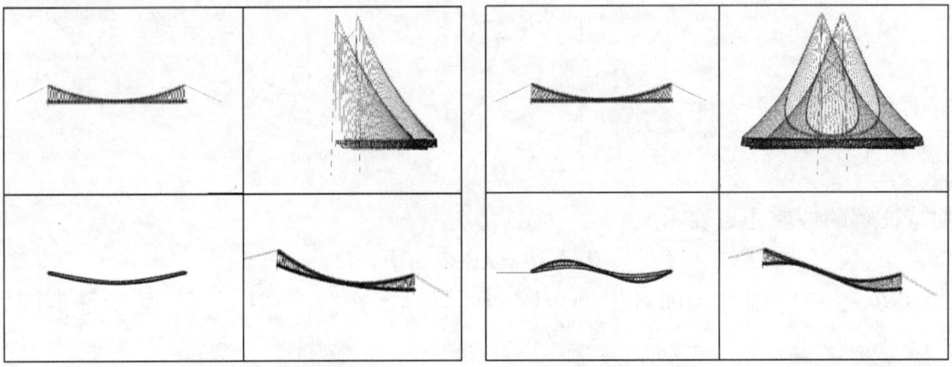

a) 一阶正对称侧弯(1阶, 0.038Hz)　b) 一阶反对称侧弯(2阶, 0.073Hz)

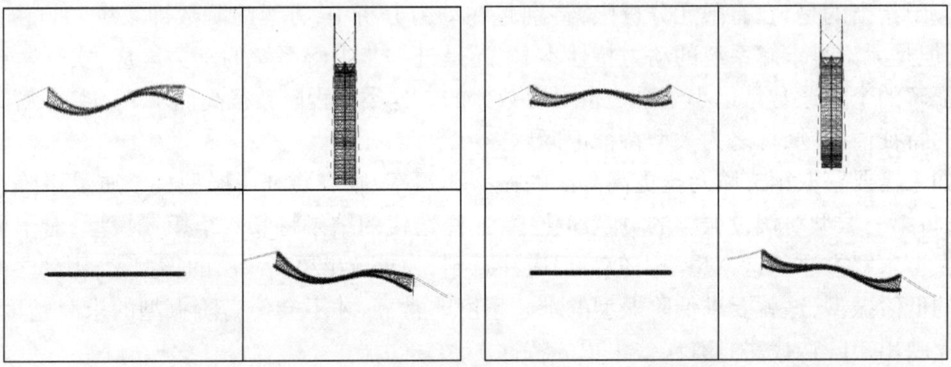

c) 一阶正对称竖弯(3阶, 0.077Hz)　d) 一阶反对称竖弯(4阶, 0.108Hz)

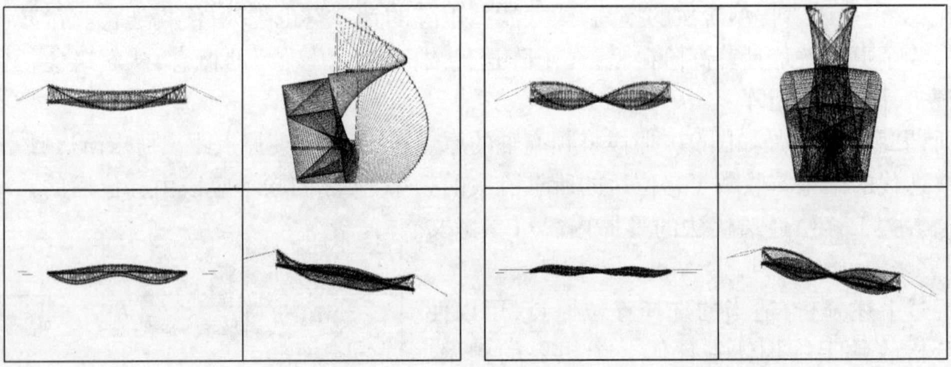

e) 一阶正对称扭转(10阶, 0.208Hz)　f) 一阶反对称扭转(18阶, 0.288Hz)

图 9-2　悬索桥关键模态

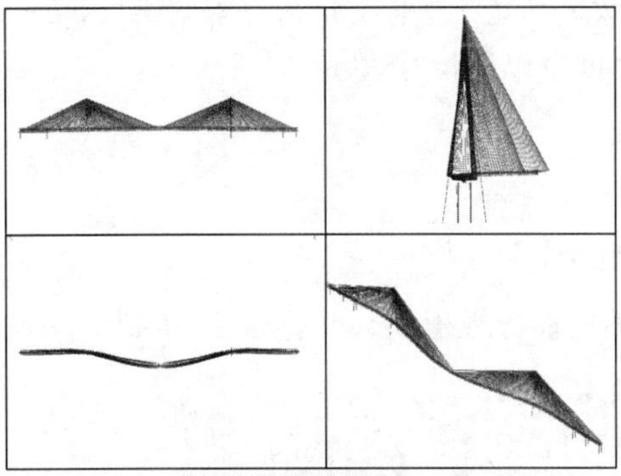

a) 一阶正对称侧弯(2阶，0.114Hz)

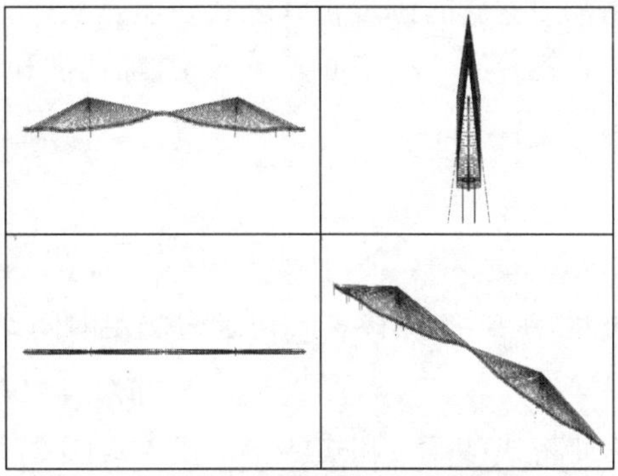

b) 一阶正对称竖弯(3阶，0.189Hz)

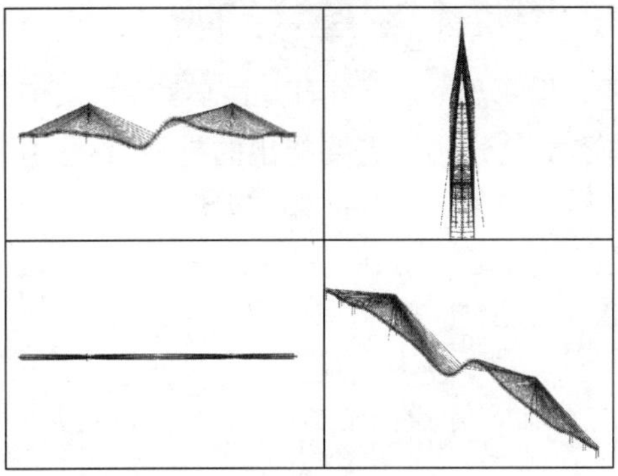

c) 一阶反对称竖弯(4阶，0.231Hz)

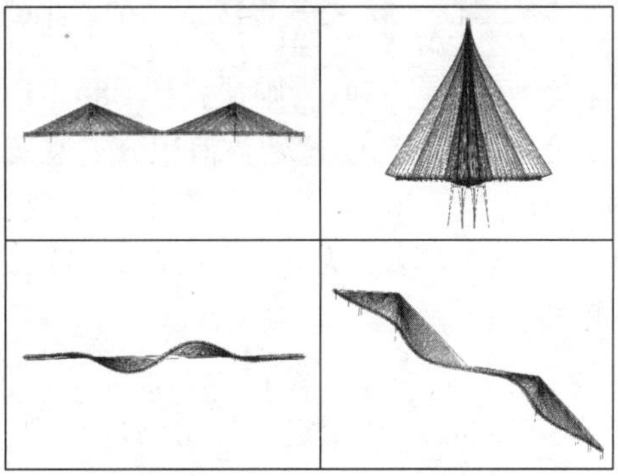

d) 一阶反对称侧弯(5阶，0.319Hz)

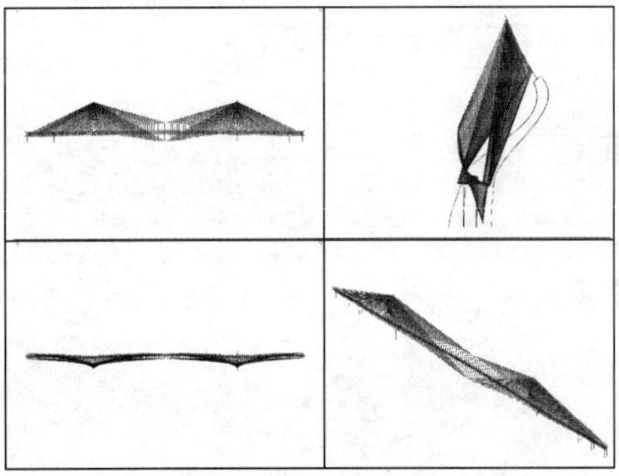

e) 一阶正对称扭转(10阶，0.496Hz)

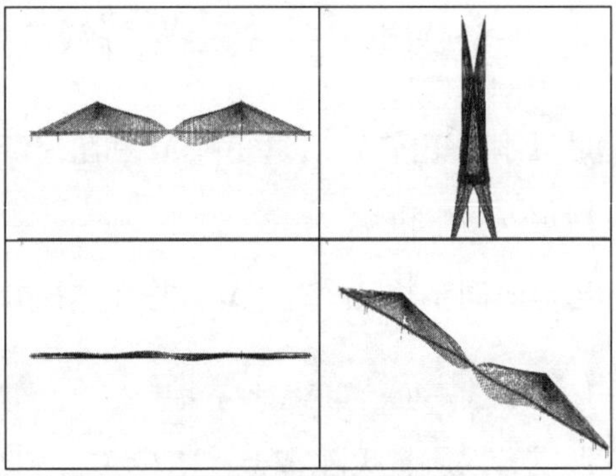

f) 一阶反对称扭转(23阶，0.781Hz)

图 9-3　斜拉桥关键模态

9.3　动力学方程的解法

9.3.1　直接积分法

1) 中心差分法

对于数学上是二阶常微分方程组的运动方程式(9-10)，理论上，不同的有限差分表达式都可以用来建立它的逐步积分公式。但是从计算效率考虑,这里仅介绍在求解某些问题时很有效的中心差分法。在中心差分法中,加速度和速度可以用位移表示,即

$$\ddot{a}_t=\frac{1}{\Delta t^2}(a_{t-\Delta t}-2a_t+a_{t+\Delta t})\tag{9-35}$$

$$\dot{a}_t=\frac{1}{2\Delta t}(-a_{t-\Delta t}+a_{t+\Delta t})\tag{9-36}$$

时间 $t+\Delta t$ 的位移 $a_{t+\Delta t}$ 可通过满足时间 t 的运动方程得到,即由下式而得到:

$$\boldsymbol{M}\ddot{a}_t+\boldsymbol{C}\dot{a}_t+\boldsymbol{K}a_t=\boldsymbol{Q}_t\tag{9-37}$$

为此将式(9-35)和式(9-36)代入式(9-37)即可得到中心差分法的递推公式:

$$\left(\frac{1}{\Delta t^2}\boldsymbol{M}+\frac{1}{2\Delta t}\boldsymbol{C}\right)a_{t+\Delta t}=\boldsymbol{Q}_t-\left(\boldsymbol{K}-\frac{2}{\Delta t^2}\boldsymbol{M}\right)a_t-\left(\frac{1}{\Delta t^2}\boldsymbol{M}-\frac{1}{2\Delta t}\boldsymbol{C}\right)a_{t-\Delta t}\tag{9-38}$$

若已经求得 $a_{t-\Delta t}$ 和 a_t,则从式(9-38)可以进一步解出 $a_{t+\Delta t}$。所以式(9-38)是求解各个离散时间点解的递推公式,这种数值积分方法又称逐步积分法。需要指出的是,此算法有一个起步问题。因为当 $t=0$ 时,为了计算 $a_{\Delta t}$,除了已知初始条件 a_0 以外,还需要知道 $a_{-\Delta t}$,所以必须用一专门的起步方法。为此,利用式(9-35)和式(9-36)可以得到

$$a_{-\Delta t}=a_0-\Delta t\,\dot{a}_0+\frac{\Delta t^2}{2}\ddot{a}_0\tag{9-39}$$

其中,a_0 和 $\dot{a}_0$ 可从给定的初始条件得到,而 $\ddot{a}_0$ 则可以利用 $t=0$ 时的运动方程式(9-37)得到。

$$\ddot{a}_0=\boldsymbol{M}^{-1}(\boldsymbol{Q}_0-\boldsymbol{C}\,\dot{a}_0-\boldsymbol{K}a_0)\tag{9-40}$$

至此,可将利用中心差分法逐步求解运动方程的算法步骤归结如下:

(1)初始计算。

①形成刚度矩阵 $\boldsymbol{K}$、质量矩阵 $\boldsymbol{M}$ 和阻尼矩阵 $\boldsymbol{C}$。

②给定 a_0、$\dot{a}_0$ 和 $\ddot{a}_0$。

③选择时间步长 Δt,$\Delta t<\Delta t_{cr}$,并计算积分常数 $c_0=\frac{1}{\Delta t^2}$,$c_1=\frac{1}{2\Delta t}$,$c_2=2c_0$,$c_3=\frac{1}{c_2}$。

④计算 $a_{-\Delta t}=a_0-\Delta t\,\dot{a}_0+c_3\,\ddot{a}_0$。

⑤形成有效质量矩阵 $\hat{\boldsymbol{M}}=c_0\boldsymbol{M}+c_1\boldsymbol{C}$。

⑥三角分解 $\hat{\boldsymbol{M}}$:$\hat{\boldsymbol{M}}=\boldsymbol{LDL}^{\mathrm{T}}$

(2)对于每一时间步长($t=0,\Delta t,2\Delta t\cdots$):

①计算时间 t 的有效荷载,$\hat{\boldsymbol{Q}}_t=\boldsymbol{Q}_t-(\boldsymbol{K}-c_2\boldsymbol{M})a_t-(c_0\boldsymbol{M}-c_1\boldsymbol{C})a_{t-\Delta t}$。

②求解时间 $t+\Delta t$ 的位移,$\boldsymbol{LDL}^{\mathrm{T}}a_{t+\Delta t}=\hat{\boldsymbol{Q}}_t$。

③如果需要,计算时间 t 的加速度和速度,$\ddot{a}_t=c_0(a_{t-\Delta t}-2a_t+a_{t+\Delta t})$,$\dot{a}_t=c_1(-a_{t-\Delta t}+a_{t+\Delta t})$。

2)Newmark 方法

在 $t\sim t+\Delta t$ 的时间区域内,Newmark 积分方法采用下列的假设,即

$$\dot{a}_{t-\Delta t}=\dot{a}_t+[(1-\delta)\ddot{a}_t+\delta\,\ddot{a}_{t-\Delta t}]\Delta t\tag{9-41}$$

$$a_{t+\Delta t}=a_t+\dot{a}_t\Delta t+\left[\left(\frac{1}{2}-\alpha\right)\ddot{a}_t+\alpha\,\ddot{a}_{t+\Delta t}\right]\Delta t^2 \tag{9-42}$$

其中,α 和 δ 是按积分精度和稳定性要求决定的参数。另一方面,α 和 δ 取不同数值则代表了不同的数值积分方案。当 $\alpha=1/6$ 和 $\delta=1/2$ 时,式(9-41)和式(9-42)相应于线性加速度法。因为这时它们可以由时间间隔 Δt 内线性假设的加速度表达式的积分得到。

$$\ddot{a}_{t+\tau}=\ddot{a}_t+(\ddot{a}_{t+\Delta t}-\ddot{a}_t)\tau/\Delta t \quad (0\leqslant\tau\leqslant\Delta t) \tag{9-43}$$

当 $\alpha=1/4$ 和 $\delta=1/2$ 时,Newmark 方法相应于常平均加速度法这样一种无条件稳定的积分方案。此时,Δt 内的加速度为:

$$\ddot{a}_{t+\tau}=\frac{1}{2}(\ddot{a}_t+\ddot{a}_{t+\Delta t}) \tag{9-44}$$

和中心差分法不同,Newmark 方法中的时间 $t+\Delta t$ 的位移解答 $a_{t+\Delta t}$ 是通过满足时间 $t+\Delta t$ 的运动方程得到的,即由下式得到的

$$\boldsymbol{M}\ddot{a}_{t+\Delta t}+\boldsymbol{C}\dot{a}_{t+\Delta t}+\boldsymbol{K}a_{t+\Delta t}=\boldsymbol{Q}_{t+\Delta t} \tag{9-45}$$

为此首先从式(9-32)解得:

$$\ddot{a}_{t+\Delta t}=\frac{1}{\alpha\Delta t^2}(a_{t+\Delta t}-a_t)-\frac{1}{\alpha\Delta t}\dot{a}_t-\left(\frac{1}{2\alpha}-1\right)\ddot{a}_t \tag{9-46}$$

将上式代入式(9-41),然后再一并代入式(9-45),则得到从 a_t、$\dot{a}_t$、$\ddot{a}_t$ 计算 $a_{t+\Delta t}$ 的两步递推公式

$$\left(\boldsymbol{K}+\frac{1}{\alpha\Delta t^2}\boldsymbol{M}+\frac{\delta}{\alpha\Delta t}\boldsymbol{C}\right)a_{t+\Delta t}=\boldsymbol{Q}_{t+\Delta t}+\boldsymbol{M}\left[\frac{1}{\alpha\Delta t^2}a_t+\frac{1}{\alpha\Delta t}\dot{a}_t+\left(\frac{1}{2\alpha}-1\right)\ddot{a}_t\right]+$$
$$C\left[\frac{\delta}{\alpha\Delta t}a_t+\left(\frac{\delta}{\alpha}-1\right)\dot{a}_t+\left(\frac{\delta}{2\alpha}-1\right)\Delta t\,\ddot{a}_t\right] \tag{9-47}$$

至此,可将利用 Newmark 方法逐步求解运动方程的算法步骤归结如下:

(1)初始计算。

①形成刚度矩阵 $\boldsymbol{K}$、质量矩阵 $\boldsymbol{M}$ 和阻尼矩阵 $\boldsymbol{C}$。

②给定 a_0、$\dot{a}_0$ 和 $\ddot{a}_0$,$\ddot{a}_0$ 由式(9-40)得到。

③选择时间步长 Δt 及参数 α 和 δ,并计算积分常数。这里要求:$\delta\geqslant0.50$,$\alpha\geqslant0.25(0.5+\delta)^2$。

$$c_0=\frac{1}{\alpha\Delta t^2}\quad c_1=\frac{\delta}{\alpha\Delta t}\quad c_2=\frac{1}{\alpha\Delta t}\quad c_3=\frac{1}{2\alpha}-1$$

$$c_4=\frac{\delta}{\alpha}-1\quad c_5=\frac{\Delta t}{2}\left(\frac{\delta}{\alpha}-2\right)\quad c_6=\Delta t(1-\delta)\quad c_7=\delta\Delta t$$

④形成有效刚度矩阵 $\hat{\boldsymbol{K}}$:$\hat{\boldsymbol{K}}=\boldsymbol{K}+c_0\boldsymbol{M}+c_1\boldsymbol{C}$。

⑤三角分解 $\hat{\boldsymbol{K}}$:$\hat{\boldsymbol{K}}=\boldsymbol{LDL}^{\mathrm{T}}$。

(2)对于每一时间步长($t=0,\Delta t,2\Delta t\cdots$):

①计算时间 $t+\Delta t$ 的有效荷载。

$$\hat{\boldsymbol{Q}}_{t+\Delta t}=\boldsymbol{Q}_{t+\Delta t}+\boldsymbol{M}(c_0a_t+c_2\,\dot{a}_t+c_3\,\ddot{a}_t)+\boldsymbol{C}(c_1a_t+c_4\,\dot{a}_t+c_5\,\ddot{a}_t)$$

②求解时间 $t+\Delta t$ 的位移。

$$LDL^{\mathrm{T}}a_{t+\Delta t}=\hat{Q}_{t+\Delta t}$$

③计算时间 $t+\Delta t$ 加速度和速度。

$$\ddot{a}_{t+\Delta t}=c_0(a_{t+\Delta t}-a_t)-c_2\dot{a}_t-c_3\ddot{a}_t$$

$$\dot{a}_{t+\Delta t}=\dot{a}_t+c_6\ddot{a}_t+c_7\ddot{a}_{t+\Delta t}$$

9.3.2 振型叠加法

分析直接积分法的计算步骤可以看到,对于每一时间步长,其运算次数和半带宽 b 与自由度数 n 的乘积成正比,如果采用有条件稳定的中心差分法,还要求时间步长 Δt 比系统最小的固有振动周期 T_n 小得多(例如 $\Delta t=T_n/10$)。当 b 较大,且时间历程 $T\gg T_n$ 时,计算将是很费时的。而振型叠加法在一定条件下正是一种好的替代,可以取得比直接积分法高的计算效率。其要点是在积分运动方程以前,利用系统自由振动的固有振型,将方程组转换为 n 个相互不耦合的方程(即 $b=1$ 的方程组),对这种方程可以采用解析法或数值法进行积分。当采用数值方法时,对于每个方程可以采取各自不同的时间步长,即对于低阶振型可采用较大的时间步长。这两者结合起来相对于直接积分法是有很大的优点,因此当实际分析的时间历程较长,同时只需要少数较低阶振型的结果时,采用振型叠加法将是十分有利的。

1)位移基向量的变换

引入变换

$$\boldsymbol{a}(t)=\boldsymbol{\Phi}\boldsymbol{x}(t)=\sum_{i=1}^{n}\boldsymbol{\phi}_i x_i \tag{9-48}$$

其中,

$$\boldsymbol{x}(t)=(x_1\quad x_2\quad\cdots\quad x_n)^{\mathrm{T}}$$

此变换的意义是将 $\boldsymbol{a}(t)$ 看成 $\boldsymbol{\phi}_i(i=1,2,\cdots,n)$ 的线性组合,$\boldsymbol{\phi}_i$ 可以看成是广义的位移基向量,x_i 是广义的位移值。从数学上看,是将位移向量 $\boldsymbol{a}(t)$ 从以有限元系统的节点位移为基向量(又称为物理坐标)的 n 维空间转换到以 $\boldsymbol{\phi}_i$ 为基向量(又称为振型坐标或模态坐标)的 n 维空间。

将此变换代入运动方程式(9-10),两端前乘以 $\boldsymbol{\Phi}^{\mathrm{T}}$,并注意到 $\boldsymbol{\Phi}$ 的正交性,则可得到新基向量空间内的运动方程:

$$\ddot{\boldsymbol{x}}(t)+\boldsymbol{\Phi}^{\mathrm{T}}\boldsymbol{C}\boldsymbol{\Phi}\dot{\boldsymbol{x}}(t)+\boldsymbol{\Omega}\boldsymbol{x}(t)=\boldsymbol{\Phi}^{\mathrm{T}}\boldsymbol{Q}(t)=\boldsymbol{R}(t) \tag{9-49}$$

初始条件也相应地转换成:

$$x_0=\boldsymbol{\Phi}^{\mathrm{T}}\boldsymbol{M}a_0\qquad \dot{x}_0=\boldsymbol{\Phi}^{\mathrm{T}}\boldsymbol{M}\dot{a}_0 \tag{9-50}$$

在式(9-49)中的阻尼矩阵如果是振型阻尼,则从 $\boldsymbol{\Phi}$ 的正交性可得:

$$\boldsymbol{\phi}_i^{\mathrm{T}}\boldsymbol{C}\boldsymbol{\phi}_j=\begin{cases}2\omega_i\xi_i & (i=j)\\ 0 & (i\neq j)\end{cases} \tag{9-51}$$

或

$$\boldsymbol{\Phi}^{\mathrm{T}}\boldsymbol{C}\boldsymbol{\Phi}=\begin{bmatrix}2\omega_1\xi_1 & & & \\ & 2\omega_2\xi_2 & & 0\\ & & \cdots & \\ & 0 & & 2\omega_n\xi_n\end{bmatrix} \tag{9-52}$$

其中，$\xi_i(i=1,2,\cdots,n)$是第 i 阶振型阻尼比。在此情况下，式(9-49)就成为 n 个相互不耦合的二阶常微分方程：

$$\ddot{x}_i(t)+2\omega_i\xi_i\dot{x}_i(t)+\omega_i^2x_i(t)=r_i(t)\quad(i=1,2,\cdots,n) \tag{9-53}$$

上列每一个方程相当于一个单自由度系统的振动方程，可以比较方便地求解。式中 $r_i(t)=\boldsymbol{\Phi}^{\mathrm{T}}\boldsymbol{Q}(t)$是荷载向量 $\boldsymbol{Q}(t)$在振型 $\boldsymbol{\phi}_i$ 上的投影。若 $\boldsymbol{Q}(t)$是按一定的空间分布模式而随时间变化的，即

$$\boldsymbol{Q}(t)=\boldsymbol{Q}(s,t)=\boldsymbol{F}(s)q(t) \tag{9-54}$$

$$r_i(t)=\boldsymbol{\Phi}_i^{\mathrm{T}}\boldsymbol{F}(s)q(t)=f_iq(t) \tag{9-55}$$

上式中引入符号 s 表示空间坐标，f_i 表示 $\boldsymbol{F}(s)$在 $\boldsymbol{\phi}_i$ 上的投影，是一常数。如 $\boldsymbol{F}(s)$和 $\boldsymbol{\phi}_i$ 正交，则 $f_i=0$，从而得到 $r_i(t)\equiv0$，$x_i(t)\equiv0$。这表明结构响应中不包含 ϕ_i 的成分。亦即 $\boldsymbol{Q}(s,t)$不能激起与 $\boldsymbol{F}(s)$正交的振型 $\boldsymbol{\phi}_i$。另一方面，如果对 $q(t)$进行傅立叶分析，可以得到它所包含的各个频率成分及其幅值。根据其中应予考虑的最高阶频率 $\overline{\omega}$，可以确定对式(9-53)进行积分的最高阶数 ω_p，例如选择 $\omega_p\approx10\overline{\omega}$。综合以上两个因素，通常在实际分析中，需要求解的单自由度方程数远小于系统的自由度数 n。

顺便指出，如果 $\boldsymbol{C}$ 是 Rayleigh 阻尼，即

$$\boldsymbol{C}=\alpha\boldsymbol{M}+\beta\boldsymbol{K}$$

则式(9-52)还提供了一个确定常数 α 和 β 的方法。如果根据试验或相近似结构的资料，已知两个振型的阻尼比 ξ_i 和 ξ_j，从式(9-51)可以得到两个方程，从而解得常数 α 和 β。

$$\begin{cases}\alpha=\dfrac{2(\xi_i\omega_j-\xi_j\omega_i)}{\omega_j^2-\omega_i^2}\omega_i\omega_j\\[2ex]\beta=\dfrac{2(\xi_j\omega_j-\xi_i\omega_i)}{\omega_j^2-\omega_i^2}\end{cases} \tag{9-56}$$

2)求解单自由度系统振动方程

单自由度系统的振动方程式(9-53)的求解，可采用上节讨论的直接积分方法，并可以针对不同方程，取不同的积分步长，以达到提高计算效率的目的。在振动分析中，除直接积分法外，也常常采用杜哈梅(Duhamel)积分，又称为叠加积分。这个方法的基本思想是将任意激振力 $r_i(t)$分解为一系列微冲量的连续作用，分别求出系统对每个微冲量的响应，然后根据线性系统的叠加原理，将它们叠加起来，得到系统对任意激振的响应。杜哈梅积分的结果是：

$$x_i(t)=\frac{1}{\omega_i}\int_0^t r_i(\tau)\mathrm{e}^{-\xi_i\overline{\omega}_i(t+\tau)}\sin\omega_i(t-\tau)\mathrm{d}\tau+\mathrm{e}^{-\xi_i\overline{\omega}_it}(a_i\sin\overline{\omega}_it+b_i\cos\overline{\omega}_it) \tag{9-57}$$

其中，$\overline{\omega}_i=\omega_i\sqrt{1-\xi_i^2}$，$a_i$、$b_i$ 是由起始条件决定的常数。上式右端前一项代表 $r_i(t)$引起的系统强迫振动项，后一项代表在一定起始条件下的系统自由振动项。

当阻尼很小，即 $\xi_i\to0$ 时，$\overline{\omega}_i=\omega_0$，这时杜哈梅积分的结果是：

$$x_i(t)=\frac{1}{\omega_i}\int_0^t r_i(\tau)\sin\omega_i(t-\tau)\mathrm{d}\tau+a_i\sin\omega_it+b_i\cos\omega_it \tag{9-58}$$

杜哈梅积分式(9-57)或式(9-58)，在一般情况下，也需利用数值积分方法进行计算，但是对于少数简单情形，可以得到解析的结果。

3)振型叠加得到系统的响应

在得到每个振型的响应以后,按式(9-48)将它们叠加起来就得到系统的响应,亦即每个节点的位移值是:

$$\boldsymbol{a}(t)=\sum_{i=1}^{n}\boldsymbol{\phi}_i x_i(t)$$

9.4 桥梁结构风致效应模拟

9.4.1 静风荷载与静力失稳

桥梁风荷载的研究是一个三维问题,但是如果可以用二维流场去解释这个三维问题,就会使过程和结果简化很多,条带假定可以帮助我们实现这一转化。条带假定认为如果桥梁足够长且是平直的,则每一桥梁断面的风荷载都可以代表其他断面的风荷载。

平均风会产生静风荷载是因为风是流动的,气流作用就相当于一个静荷载,平均风作用会使桥梁结构产生静力变形,对于斜拉桥和悬索桥这种大跨轻柔结构来说,静风荷载所产生的变形是极其重要的。

在桥梁设计中,静风荷载对桥梁的影响非常大,如果桥梁设计不合理,则会产生静风失稳现象,对于不同的桥型,其失稳形式也不相同。对于斜拉桥和悬索桥来说,静风失稳是指由扭矩引起的主梁扭转发散和阻力引起的主梁侧向弯扭屈曲。由于扭转发散可能发生在颤振前,所以较为危险。而对于拱桥而言,阻力是作用在主拱圈上的主要静风荷载,且主拱变形对风荷载的影响不大,因此主拱圈的侧向屈曲失稳是拱桥失稳的主要表现形式。

若不考虑桥梁自身的振动,则桥梁断面可以看作固定不动的刚体。风经过这一刚体时,会发生绕流现象,使流线分布发生变化。对于任意一根流线,依照伯努利方程:

$$\frac{1}{2}\rho U^2+P=常数 \tag{9-59}$$

式中:ρ——空气密度;

U——平均风速;

P——压强。

由式(9-59)可知,桥梁表面上的压强与风速有关,风速越大,压强越小,则桥梁断面各表面间会有压强差。主梁所受到的升力是将桥梁断面上下表面压强差进行面积分。同理,主梁所受到的阻力是将桥梁断面前后表面压强差进行面积分。由于升力和阻力的合力作用点与截面形心不重合,所以会产生对形心的扭矩。升力、阻力和扭矩就是风荷载对桥梁结构的三分力。

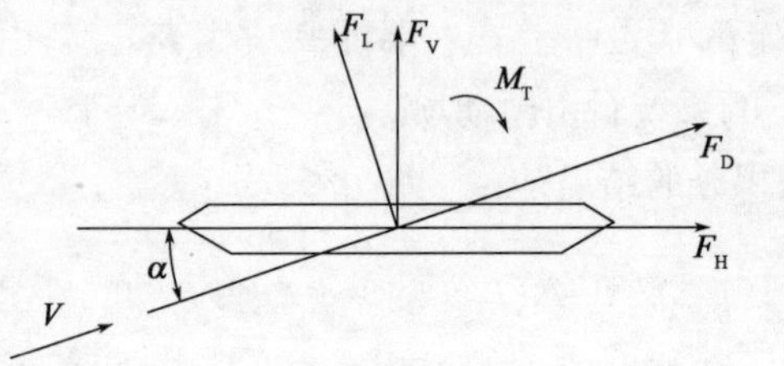

图9-4 静风荷载在体轴坐标系和风轴坐标系下的三分力

三分力按照桥梁断面自身的体轴坐标系进行分解,则称为体轴坐标系下的三分力,记为升力 F_V、阻力 F_H、扭矩 M_T。而按照风轴坐标系下来测定的三分力,则记为升力 F_L、阻力 F_D、扭矩 M_T。图9-4就是静风荷载在体轴坐标系和风轴坐标系下的升力、阻力和扭矩。无论是在体轴

坐标系下还是在风轴坐标系下,扭矩都是相同的,升力、阻力在两种坐标系下的换算关系为:

$$\begin{cases} F_{\mathrm{V}} = F_{\mathrm{D}}\sin\alpha + F_{\mathrm{L}}\cos\alpha \\ F_{\mathrm{H}} = F_{\mathrm{D}}\cos\alpha - F_{\mathrm{L}}\sin\alpha \end{cases} \tag{9-60}$$

式中:α——风攻角。

此外,对于风荷载的动力作用在体坐标系与风轴坐标系之间的转换,式(9-60)也是适合的。

流场分布特性的改变是风荷载产生的原因,形状相似桥梁断面的静风荷载与它们的尺寸成比例,这些断面静风荷载的共同特征可用无量纲的静力三分力系数来描述。在体轴坐标系下,利用三分力系数,可得出桥梁结构单位长度的静风荷载,表示为:

$$\left.\begin{aligned} &\text{升力} \quad F_{\mathrm{V}} = \frac{1}{2}\rho U^2 C_{\mathrm{V}} B \\ &\text{阻力} \quad F_{\mathrm{H}} = \frac{1}{2}\rho U^2 C_{\mathrm{H}} B \\ &\text{扭矩} \quad M_{\mathrm{T}} = \frac{1}{2}\rho U^2 C_{\mathrm{M}} B^2 \end{aligned}\right\} \tag{9-61}$$

式中: U——平均风速;

ρ——空气密度;

C_{V}、C_{H}、C_{M}——体轴坐标系下的升力、阻力和扭矩系数;

B——桥梁断面宽度。

我们可以这样理解三分力系数的意义:$0.5\rho U^2$ 是来流的动压,它与无量纲系数 C_{V}、C_{H}、C_{M} 的乘积是由于断面阻碍而产生的动压折损,它转化成了断面的静压增量,这个静压增量与断面宽度的乘积就是单位长度所受到的升力、阻力和扭矩。

同理,在风轴坐标系下,利用三分力系数,可得出桥梁结构单位长度的静风荷载为:

$$\left.\begin{aligned} &\text{升力} \quad F_{\mathrm{L}} = \frac{1}{2}\rho U^2 C_{\mathrm{L}} B \\ &\text{阻力} \quad F_{\mathrm{D}} = \frac{1}{2}\rho U^2 C_{\mathrm{D}} B \\ &\text{扭矩} \quad M_{\mathrm{T}} = \frac{1}{2}\rho U^2 C_{\mathrm{M}} B^2 \end{aligned}\right\} \tag{9-62}$$

式中:C_{L}、C_{D}、C_{M}——风轴坐标系下的升力、阻力和扭矩系数。

从三分力在风轴坐标系和体轴坐标系之间的转换公式可知,静力风荷载与风攻角 α 有关,故三分力系数是 α 的函数。三分力系数是由一定比例的节段模型通过风洞试验得到的,然后通过式(9-62)得到风轴坐标系下的静风荷载,并且通过坐标变换得到在体轴坐标系下的静风荷载。近年来,随着计算流体力学的发展,三分力系数的提取和静风荷载的数值模拟也可以通过计算流体力学实现。

9.4.2 气动自激力——驰振与颤振

如果浸没在气流中的弹性体本身发生变形或振动,那么这种变形或振动相当于气体边界条件的改变,从而引起气流力的变化,气流力的变化又会使弹性体产生新的变形或振动,这种气流力与结构相互作用的现象称为气动弹性现象。气动力不稳定是一种典型的气动弹性现象。气流中的结构在某种力的作用下挠曲振动,这种初始挠曲又相继引起一系列具有振荡或发散特点的挠曲,这就是我们所说的气动弹性不稳定。一切气动弹性不稳定现象都必含有因物体运动而作用在物体上的气动力,这种气动力就是自激力。桥梁结构的驰振与颤振是两种最主要的气动弹性不稳定现象,并可能造成严重的灾难性后果。驰振(Galloping)是细长物体因气流自激作用产生的一种纯弯曲大幅振动,理论上是发散的,即不稳定的。这种振动最先发现于结冰的电线,振动激发的波在两根电杆之间快速传递,犹如快马奔腾,振幅可达电线直径的10倍,因此称为驰振。颤振(Flutter)最先发现于薄的机翼,是扭转发散振动或弯扭复合的发散振动,也是动力不稳定性的表现。著名的旧塔科马桥事故,就是一种典型的由颤振不稳定引发的灾害。就桥梁结构而言,塔柱、吊杆与拉索有可能出现驰振现象,较宽的桥面扭转效应显著,应保证颤振稳定性。驰振与颤振研究的内容包括确定气动自激力,预测发生驰振、颤振的临界风速与临界状态,找出提高气动稳定性的措施。

1)准定常气动力与驰振稳定性

当气流经过一个在垂直气流方向上处于微振动状态的细长物体时,即使气流是攻角与风速都不变的定常流,物体与气流之间的相对攻角也在不停地随时间变化。由气动三分力曲线可以看出,相对攻角的变化必然导致三分力的变化,三分力的这一变化部分形成了动力荷载,即气动自激力。由于按相对攻角变化建立的气动自激力理论,忽略了物体周围非定常流场的存在,仍将气流看作是定常的,因此这种理论称为准定常理论(Qussi-Steady Theory),相应的气动力称为准定常力。经验证明,在静态条件下所得到的三分力系数随攻角变化的曲线,已经足以作为建立驰振现象的理论基础,也就是说,驰振基本是由准定常力控制的。本书只介绍经典驰振,尾流驰振可参看相关文献。

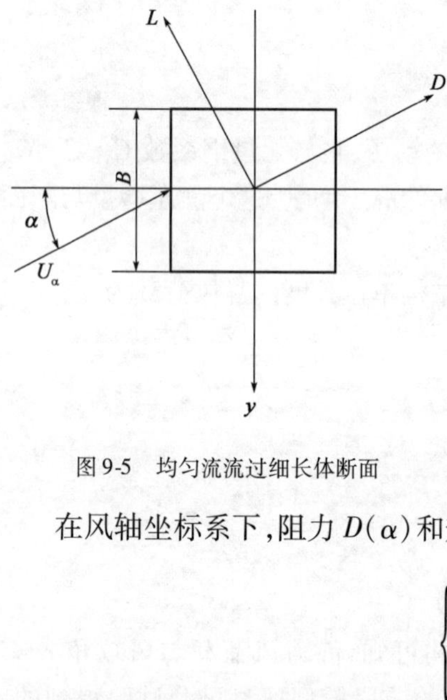

图 9-5　均匀流流过细长体断面

为导出准定常气动力公式,我们先研究图9-5的二维定常流问题。均匀流以攻角 α、速度 U_α 流过一个细长体的断面。

在风轴坐标系下,阻力 $D(\alpha)$ 和升力 $L(\alpha)$ 分别为:

$$\begin{cases} D(\alpha) = \dfrac{1}{2}\rho U_\alpha^2 BC_{\mathrm{D}}(\alpha) \\ L(\alpha) = \dfrac{1}{2}\rho U_\alpha^2 BC_{\mathrm{L}}(\alpha) \end{cases} \tag{9-63}$$

它们在竖直方向(y 轴向下)的作用力为:

$$F_y = -D(\alpha)\sin\alpha - L(\alpha)\cos\alpha \tag{9-64}$$

为了下面应用的方便,我们将 F_y 改记为另一种形式:

$$F_y = \frac{1}{2}\rho U^2 BC_{F_y}(\alpha) \tag{9-65}$$

这里 U 是 U_α 的水平分量:

$$U = U_\alpha\cos\alpha \tag{9-66}$$

于是:

$$
\begin{aligned}
F_y &= \frac{1}{2}\rho U_\alpha^2 B[-C_D(\alpha)\sin\alpha - C_L\cos\alpha] \\
&= \frac{1}{2}\rho U^2 B[-C_D(\alpha)\sin\alpha - C_L\cos\alpha]\frac{1}{\cos^2\alpha} \\
&= \frac{1}{2}\rho U^2 B(-C_D\tan\alpha - C_L)\sec\alpha
\end{aligned}
\tag{9-67}
$$

与式(9-65)比较后，可以得到 C_{F_y} 的定义式：

$$
C_{F_y}(\alpha) = -(C_L + C_D\tan\alpha)\sec\alpha \tag{9-68}
$$

现在，我们应用式(9-68)来导出准定常力的解。如图9-5所示，均匀来流垂直流过细长体，当物体不动时风速为 U，攻角为零。现在物体本身有垂直于来流方向(横风向)的微振动，速度为 $\dot{y}$，依据相对运动原理，可以看作物体不动，来流以一个相对攻角流过物体。来流速度与攻角分别为：

$$
U_\alpha = (U^2 + \dot{y}^2)^{\frac{1}{2}} \quad \alpha = \arctan\frac{\dot{y}}{U} \tag{9-69}
$$

于是横风向的力正好可用式(9-65)表示。

由于是微振动，可以近似认为：

$$
\alpha \approx \frac{\dot{y}}{U} \to 0 \tag{9-70}
$$

将 F_y 在 $\alpha=0$ 处关于 α 作一阶泰勒展开：

$$
F_y(\alpha) = F_y(0) + \left.\frac{\partial F_y}{\partial\alpha}\right|_{\alpha=0} \cdot \alpha + \Delta(\alpha^2) \tag{9-71}
$$

式中，$F_y(0)$ 是不随时间变化的，在动力响应问题中可以略去。$\Delta(\alpha^2)$ 表示气动力中与 α^2 同阶的余项，也可以略去。于是：

$$
F_y(\alpha) \approx \left.\frac{\partial F_y}{\partial\alpha}\right|_{\alpha=0} \cdot \alpha = \frac{1}{2}\rho U^2 B \cdot \left.\frac{dC_{F_y}}{d\alpha}\right|_{\alpha=0} \cdot \frac{\dot{y}}{U} \tag{9-72}
$$

由式(9-68)可知：

$$
\left.\frac{dC_{F_y}}{d\alpha}\right|_{\alpha=0} = -\left.\left(\frac{dC_L}{d\alpha} + C_D\right)\right|_{\alpha=0} \tag{9-73}
$$

于是我们得到准定常气动力的表达式：

$$
F_y(\alpha) = -\frac{1}{2}\rho U^2 B\left.\left(\frac{dC_L}{d\alpha} + C_D\right)\right|_{\alpha=0} \cdot \frac{\dot{y}}{U} \tag{9-74}
$$

2)颤振

传统的二维颤振分析方法是提取桥梁结构的对称或反对称的弯扭基频进行分析。其依据是同一模态振型下的扭转基频和竖弯基频是参与颤振的基本振型，而其他的振型对最终的耦合振型影响较小。但随着研究的逐步深入、提取气动导数方法的改进和计算机的发展，发展桥梁的三维颤振分析方法就变得十分有必要了。因为研究成果已经表明，对于某些悬索桥，二维分析方法得到的结果并不是如人们以前所认为的那样是偏于安全的，需建立三维的结构振动方程,然后引入一种通用的数值处理。"PK－F"法是一种通过求解等效颤振模态方程来确定颤振临界风速的方法,适用于复杂结构、变截面桥梁以及施工阶段复杂等情况下的颤振分析。因此,通过建立三维的结构振动方程,然后引入一种通用的数值处理方法即"PK－F"法来求解颤振方程。

将桥梁结构离散为由杆和梁单元组成的三维空间杆系结构,结构的振动方程可表达为:

$$\boldsymbol{M}_{s}\ddot{\boldsymbol{q}}+\boldsymbol{C}_{s}\dot{\boldsymbol{q}}+\boldsymbol{K}_{s}\boldsymbol{q}=\boldsymbol{F} \tag{9-75}$$

式中:$\boldsymbol{M}_s$、$\boldsymbol{C}_s$、$\boldsymbol{K}_s$——结构的整体质量、整体阻尼和整体刚度矩阵;

$\ddot{\boldsymbol{q}}$、$\dot{\boldsymbol{q}}$、$\boldsymbol{q}$——结构振动的加速度、速度和位移;

$\boldsymbol{F}$——作用在结构上自激力的等效节点荷载。

处于气流中的桥面主梁,作用于其单位长度上的升力 L_h、阻力 D_p 和升力矩 M_α 与竖向位移 h、水平位移 p 和扭转位移 α 的关系表达式采用美国风工程研究中通常采用的线性表达式:

$$L_h=\frac{1}{2}\rho U^2(2B)\left(KH_1^*\frac{\dot{h}}{U}+KH_2^*\frac{B\dot{\alpha}}{U}+K^2H_3^*\alpha+K^2H_4^*\frac{h}{B}+KH_5^*\frac{\dot{p}}{U}+K^2H_6^*\frac{p}{B}\right) \tag{9-76}$$

$$D_p=\frac{1}{2}\rho U^2(2B)\left(KP_1^*\frac{\dot{p}}{U}+KP_2^*\frac{B\dot{\alpha}}{U}+K^2P_3^*\alpha+K^2P_4^*\frac{p}{B}+KP_5^*\frac{\dot{h}}{U}+K^2P_6^*\frac{h}{B}\right) \tag{9-77}$$

$$M_\alpha=\frac{1}{2}\rho U^2(2B)\left(KA_1^*\frac{\dot{h}}{U}+KA_2^*\frac{B\dot{\alpha}}{U}+K^2A_3^*\alpha+K^2A_4^*\frac{h}{B}+KA_5^*\frac{\dot{p}}{U}+K^2A_6^*\frac{p}{B}\right) \tag{9-78}$$

式中:H_i^*、P_i^*、A_i^*($i=1\sim6$)——量纲为1的气动导数,它表示了力与位移和速度之间的关系,是折算频率 $K=B\omega/U$ 的函数;

B——桥面宽度;

ω——振动圆频率;

U——平均风速;

ρ——空气密度。

欲求解颤振运动方程(9-75),首先必须处理作用在结构单元上的自激力,然后通过单元组集将其转化为作用在结构节点上的等效自激节点力 $\boldsymbol{F}$。目前,计算单元上等效自激力的方法主要有两种,一种是利用有限单元的概念,用与分析单元刚度类似的方法,计算结构每个单元上的等效节点力,也称为一致法;另一种是将作用于单元上的自激力简单地堆积于单元两端的节点上,也称为集中法。

(1)一致法

采用前面提及的气动导数表达的自激力模型,作用在主梁单位展长上的自激力可表达如下矩阵形式:

$$\boldsymbol{F}_{oe}=\boldsymbol{F}_d\boldsymbol{\phi}+\boldsymbol{F}_v\dot{\boldsymbol{\phi}} \tag{9-79}$$

式中:$\boldsymbol{F}_{oe}$——单位展长上的自激力列向量,其表达式为:

$$\boldsymbol{F}_{oe}=(F_m^L\quad F_m^D\quad F_m^M) \tag{9-80}$$

$\boldsymbol{\phi}$——关于主梁截面弹性中心(现假定其与质心重合)的广义位移列向量;

$\dot{\boldsymbol{\phi}}$——广义速度列向量;

$\boldsymbol{F}_d$、$\boldsymbol{F}_v$——相当于刚度和阻尼系数矩阵,其表达式分别为:

$$F_{\mathrm{d}}=\frac{1}{2}\rho U^{2}(2B)\begin{bmatrix}K^{2}H_{4}^{*} & K^{2}H_{6}^{*} & K^{2}H_{3}^{*}\\ K^{2}P_{6}^{*} & \dfrac{K^{2}P_{4}^{*}}{B} & K^{2}P_{3}^{*}\\ K^{2}A_{4}^{*} & K^{2}A_{6}^{*} & K^{2}A_{3}^{*}B\end{bmatrix} \tag{9-81}$$

$$F_{\mathrm{v}}=\frac{1}{2}\rho U(2B)\begin{bmatrix}KH_{1}^{*} & KH_{5}^{*} & KH_{2}^{*}B\\ KP_{5}^{*} & KP_{1}^{*} & KP_{2}^{*}B\\ KA_{1}^{*}B & KA_{5}^{*}B & KA_{2}^{*}B\end{bmatrix} \tag{9-82}$$

对于主梁上第 k 个单元,单元局部坐标系及单元等效自激节点力的正方向如图 9-6 所示。

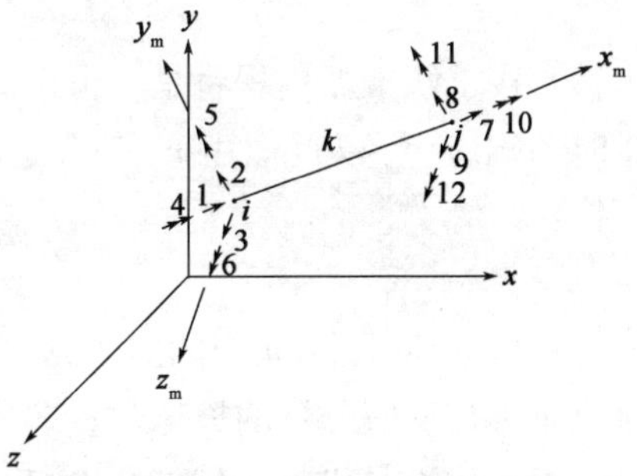

图 9-6 单元局部坐标系及单元等效自激节点力的正方向

单元位移矢量 $\boldsymbol{\delta}_k$ 与广义矢量 $\boldsymbol{\phi}_k$ 通过单元位移形函数 $\boldsymbol{N}_k(x)$ 矩阵描述为:

$$\boldsymbol{\phi}_k=\boldsymbol{N}_k(x)\boldsymbol{v}_k \tag{9-83}$$

根据虚功原理,作用在第 k 个单元上的等效自激节点力为:

$$\overline{\boldsymbol{F}}_{\mathrm{oe}}^{k}=\int_{0}^{L_k}(\boldsymbol{N}_k^{\mathrm{T}}\boldsymbol{F}_{\mathrm{d}}^{k}\boldsymbol{N}_k\boldsymbol{v}_k+\boldsymbol{N}_k^{\mathrm{T}}\boldsymbol{F}_{\mathrm{v}}^{k}\boldsymbol{N}_k\dot{\boldsymbol{v}}_k)\,\mathrm{d}x=\boldsymbol{K}_{\mathrm{oe}}^{k}\boldsymbol{v}_k+\boldsymbol{C}_{\mathrm{oe}}^{k}\dot{\boldsymbol{v}}_{\mathrm{k}} \tag{9-84}$$

式中:$\boldsymbol{K}_{\mathrm{oe}}^{k}$、$\boldsymbol{C}_{\mathrm{oe}}^{k}$——第 k 个单元的气动刚度和气动阻尼矩阵。

(2)集中法

集中法组集单元等效自激节点力时,是直接将作用在单元上的自激力堆积到单元的两端节点中,是有限元分析处理中通常采用的较简单的处理方法。将作用在第 k 个单元上的等效自激节点力表达为:

$$\overline{\boldsymbol{F}}_{\mathrm{oe}}^{k}=\boldsymbol{K}_{\mathrm{oe}}^{k}\boldsymbol{v}_k+\boldsymbol{C}_{\mathrm{oe}}^{k}\dot{\boldsymbol{v}}_k \tag{9-85}$$

则主梁单元 k 的气动刚度矩阵 $\boldsymbol{K}_{\mathrm{oe}}^{k}$ 的显式表达式为:

$$\boldsymbol{K}_{\mathrm{oe}}^{k}=\begin{bmatrix}\boldsymbol{K}_{\mathrm{oc}}^{k} & \boldsymbol{0}\\ \boldsymbol{0} & \boldsymbol{K}_{\mathrm{oc}}^{k}\end{bmatrix}_{12\times12} \tag{9-86}$$

$$\boldsymbol{K}_{\mathrm{oc}}^{k}=\frac{1}{2}\rho U^{2}L_kK_k^{2}\begin{bmatrix}0&0&0&0&0&0\\0&H_4^{*}&-H_6^{*}&-BH_3^{*}&0&0\\0&-P_6^{*}&P_4^{*}&BP_3^{*}&0&0\\0&-BA_4^{*}&BA_6^{*}&B^{2}A_3^{*}&0&0\\0&0&0&0&0&0\\0&0&0&0&0&0\end{bmatrix} \tag{9-87}$$

式中:K_k——第 k 个单元的折算频率;

L_k——第 k 个单元的长度。

主梁单元 k 的气动阻尼矩阵 $\boldsymbol{C}_{\mathrm{oe}}^{k}$ 的显式表达式为:

$$\boldsymbol{C}_{\mathrm{oe}}^{k}=\begin{bmatrix}\boldsymbol{C}_{\mathrm{oc}}^{k} & \boldsymbol{0}\\ \boldsymbol{0} & \boldsymbol{C}_{\mathrm{oc}}^{k}\end{bmatrix}_{12\times12} \tag{9-88}$$

$$\boldsymbol{C}_{\mathrm{oc}}^{k}=\frac{1}{2}\rho UBL_{k}K_{k}\begin{bmatrix}0 & 0 & 0 & 0 & 0 & 0\\ 0 & H_1^* & -H_5^* & -BH_2^* & 0 & 0\\ 0 & -P_5^* & P_1^* & BP_2^* & 0 & 0\\ 0 & -BA_1^* & BA_5^* & B^2A_2^* & 0 & 0\\ 0 & 0 & 0 & 0 & 0 & 0\\ 0 & 0 & 0 & 0 & 0 & 0\end{bmatrix} \tag{9-89}$$

组集了结构的等效自激节点力 $\boldsymbol{F}$ 后，颤振运动方程就可以写成：

$$\boldsymbol{M}_{\mathrm{s}}\ddot{\boldsymbol{q}}+(\boldsymbol{C}_{\mathrm{s}}-\boldsymbol{C}_{\mathrm{oe}})\dot{\boldsymbol{q}}+(\boldsymbol{K}_{\mathrm{s}}-\boldsymbol{K}_{\mathrm{oe}})=\boldsymbol{0} \tag{9-90}$$

直接求解颤振方程将是十分困难而费时的计算过程。在模态分析中，结构在颤振临界状态时的响应，可以近似由 m 个选定的模态叠加来表示，所以选取几阶模态振型对 $\boldsymbol{q}$ 作广义变换：

$$\boldsymbol{q}=\boldsymbol{\Phi\xi} \tag{9-91}$$

这里 $\boldsymbol{\Phi}$ 是 n 行 m 列的矩阵，$\boldsymbol{\xi}$ 是 m 行的广义坐标向量，n 对应于结构总的动力自由度，m 对应于参与反应分析的模态数量。

把式(9-91)代入式(9-90)，方程两边同时左乘 $\boldsymbol{\Phi}'$，得到：

$$\boldsymbol{M}_{\mathrm{s}}^{\mathrm{g}}\ddot{\boldsymbol{\xi}}+(\boldsymbol{C}_{\mathrm{s}}^{\mathrm{g}}-\boldsymbol{C}_{\mathrm{oe}}^{\mathrm{g}})\dot{\boldsymbol{\xi}}+(\boldsymbol{K}_{\mathrm{s}}^{\mathrm{g}}-\boldsymbol{K}_{\mathrm{oe}}^{\mathrm{g}})\boldsymbol{\xi}=\boldsymbol{0} \tag{9-92}$$

式中，$\boldsymbol{M}_{\mathrm{s}}^{\mathrm{g}}$、$\boldsymbol{C}_{\mathrm{s}}^{\mathrm{g}}$、$\boldsymbol{K}_{\mathrm{s}}^{\mathrm{g}}$ 为广义质量、广义阻尼和广义刚度矩阵，均为对角阵，体现了它们相互间的非耦合性；如果选取的振形向量 $\boldsymbol{\Phi}$ 是关于质量单位化的，则$\boldsymbol{M}_{\mathrm{s}}^{\mathrm{g}}$、$\boldsymbol{C}_{\mathrm{s}}^{\mathrm{g}}$、$\boldsymbol{K}_{\mathrm{s}}^{\mathrm{g}}$可以进一步简化为 I（单位矩阵）、$\mathrm{diag}(2\zeta_i\omega_i)$、$\mathrm{diag}(\omega_i^2)$，其中 ω_i 和 ζ_i 分别为第 i 阶模态的固有频率和阻尼比。$\boldsymbol{C}_{\mathrm{oe}}^{\mathrm{g}}$、$\boldsymbol{K}_{\mathrm{oe}}^{\mathrm{g}}$为广义气动刚度和广义气动阻尼矩阵，为非对称非对角矩阵，体现了各模态间的气动耦合作用。这样颤振运动方程式(9-90)就从 $n\times n$ 阶降到了式(9-92)的 $m\times m$ 阶。

由于颤振反应是简谐振动，所以可以假设广义坐标向量有阻尼的简谐运动形式：

$$\boldsymbol{\xi}=\boldsymbol{R}\mathrm{e}^{\mu t} \tag{9-93}$$

式中，$\boldsymbol{R}$ 为反应幅值；$\mu=(\delta+i)\omega$，δ 为反应的对数衰减率，ω 为反应圆频率，$i=\sqrt{-1}$。式(9-93)可以变换为折算频率 K 的形式，$K=\omega B/U$。

$$\xi=R\cdot\exp\left[\frac{U}{B}K(\delta+i)t\right] \tag{9-94}$$

定义一个复数形态的运算变量 p 为：

$$p=K(\delta+i) \tag{9-95}$$

把式(9-94)和式(9-95)代入式(9-92)，则颤振运动方程变为：

$$\left[\boldsymbol{M}_{\mathrm{s}}^{\mathrm{g}}\left(\frac{U}{B}\right)^2p^2+(\boldsymbol{C}_{\mathrm{s}}^{2}-\boldsymbol{C}_{\mathrm{oe}}^{2})\frac{U}{B}p+(\boldsymbol{K}_{\mathrm{s}}^{2}-\boldsymbol{K}_{\mathrm{oe}}^{2})\right]R\cdot\exp\left(\frac{U}{B}pt\right)=0 \tag{9-96}$$

因为气动力通过试验所得的气动导数来反应，阻尼通过广义阻尼矩阵 $\boldsymbol{D}^{\mathrm{g}}$ 来计算，因此，式(9-96)中，对应广义气动阻尼矩阵中的复数变量 p 只考虑非阻尼的反应，只计算 p 对应的虚部 iK。这样式(9-96)写成最终的形式：

$$\left[\boldsymbol{M}_{\mathrm{s}}^{\mathrm{g}}\left(\frac{U}{B}\right)^2p^2+\boldsymbol{C}_{\mathrm{s}}^{2}\left(\frac{U}{B}\right)p+(\boldsymbol{K}_{\mathrm{s}}^{2}-\boldsymbol{K}_{\mathrm{oe}}^{2})-\boldsymbol{C}_{\mathrm{oe}}^{2}\left(\frac{U}{B}\right)iK\right]R\cdot\exp\left(\frac{U}{B}pt\right)=0 \tag{9-97}$$

9.4.3 随机振动——抖振

抖振是指在风荷载作用下桥梁结构所产生的随机振动，桥梁结构的抖振响应是无法完全消除的，我们所能做的是通过各种措施来减小这种振动，防止动力失稳现象的发生。结构的抖振现象主要有结构物自身尾流引起的抖振和脉动风引起的抖振。这其中，脉动风所引起的桥梁抖振响应影响最大。

桥梁结构在随机风荷载作用下的响应计算可分为频域法和时域法两大类。频域方法采用傅立叶变换技术，通过激励的统计特性，来确定结构响应的统计特性，如均值与方差等。这是一个标准的随机振动分析方法，在结构是线性以及激励是平稳随机过程的假设前提下，通过频域的方法建立结构输入与输出的响应关系具有简单高效的优点。时域方法是通过模拟随机荷载的统计特性，将激励转化为时间系列，通过动力有限元的方法确定结构的响应，这是地震工程中经常使用的方法。由于地面运动以及结构的响应基本上是一瞬态过程，因此通过频域的方法来确定其统计特性有一定局限性。近年来在风工程领域中，考虑到气动力的非线性以及大跨度柔性结构的几何非线性等影响因素，越来越多的学者采用时域的方法进行桥梁的抖振研究。

准定常抖振力模型是由 Davenport 创建的，由于准定常假设，脉动风不会影响桥梁断面的三分力系数，故在瞬时风轴坐标系下，桥梁断面在平均风与脉动风作用下的三分力可以表示为：

$$L'(t)=\frac{1}{2}\rho U^2 C_{\mathrm{L}}(\alpha_0+\Delta\alpha)B \tag{9-98}$$

$$D'(t)=\frac{1}{2}\rho U^2(t) C_{\mathrm{D}}(\alpha_0+\Delta\alpha)B \tag{9-99}$$

$$M'(t)=\frac{1}{2}\rho U^2(t) C_{\mathrm{M}}(\alpha_0+\Delta\alpha)B^2 \tag{9-100}$$

当桥梁断面在平衡位置的振动幅度较小时，升力系数、阻力系数和扭矩系数就可以按照泰勒级数展开，取其线性项得：

$$\begin{cases}C_{\mathrm{L}}(\alpha_0+\alpha)=C'_{\mathrm{L}}(\alpha)\cdot\alpha+C_{\mathrm{L}}(\alpha_0)\\ C_{\mathrm{D}}(\alpha_0+\alpha)=C'_{\mathrm{D}}(\alpha)\cdot\alpha+C_{\mathrm{D}}(\alpha_0)\\ C_{\mathrm{M}}(\alpha_0+\alpha)=C'_{\mathrm{M}}(\alpha)\cdot\alpha+C_{\mathrm{M}}(\alpha_0)\end{cases} \tag{9-101}$$

式中：$C'_{\mathrm{L}}(\alpha)$、$C'_{\mathrm{D}}(\alpha)$、$C'_{\mathrm{M}}(\alpha)$——升力系数、阻力系数、扭矩系数对攻角的导数，对于断面形式已知的桥梁，上述三项是确定的函数。

假设某一时刻平均风攻角为 α_0，脉动风引起的附加攻角为 $\Delta\alpha(t)$。将瞬时风轴坐标系下的三分力在平均风轴下表示为：

$$\begin{cases}L(t)=L'(t)\cdot\cos(\Delta\alpha)+D'(t)\sin(\Delta\alpha)\\ D(t)=D'(t)\cdot\cos(\Delta\alpha)-L'(t)\sin(\Delta\alpha)\\ M(t)=M'(t)\end{cases} \tag{9-102}$$

如果竖向脉动风速远小于平均风速，则：

$$\begin{cases}\sin(\Delta\alpha)\approx\tan(\Delta\alpha)=\dfrac{w(t)}{U+u(t)}\approx\dfrac{w(t)}{U}\approx\Delta\alpha\\ \cos(\Delta\alpha)\approx 1-\dfrac{\Delta\alpha^2}{2}\end{cases} \tag{9-103}$$

将式(9-101)和式(9-103)代入到式(9-102)中并忽略高阶项,可得:

$$\begin{cases} L(t)=L_{\mathrm{b}}(t)+L_{\mathrm{st}}=\dfrac{1}{2}\rho U^2B\left\{C_{\mathrm{L}}(\alpha_0)\cdot 2\dfrac{u(t)}{U}+[C'_{\mathrm{L}}(\alpha_0)+C_{\mathrm{D}}(\alpha_0)]\cdot\dfrac{w(t)}{U}\right\}+ \\ \qquad\dfrac{1}{2}\rho U^2B\cdot C_{\mathrm{L}}(\alpha_0) \\ D(t)=D_{\mathrm{b}}(t)+D_{\mathrm{st}}=\dfrac{1}{2}\rho U^2B\left[C_{\mathrm{D}}(\alpha_0)\cdot 2\dfrac{u(t)}{U}+C'_{\mathrm{D}}(\alpha_0)\cdot\dfrac{w(t)}{U}\right]+ \\ \qquad\dfrac{1}{2}\rho U^2B\cdot C_{\mathrm{D}}(\alpha_0) \\ M(t)=M_{\mathrm{b}}(t)+M_{\mathrm{st}}=\dfrac{1}{2}\rho U^2B^2\left[C_{\mathrm{M}}(\alpha_0)\cdot 2\dfrac{u(t)}{U}+C'_{\mathrm{M}}(\alpha_0)\cdot\dfrac{w(t)}{U}\right]+ \\ \qquad\dfrac{1}{2}\rho U^2B^2\cdot C_{\mathrm{M}}(\alpha_0) \end{cases} \tag{9-104}$$

式(9-104)中,前面为脉动风引起的抖振力,后面为平均风引起的静风力。故可以得到 Davenport 抖振力模型为

$$\begin{cases} L_{\mathrm{b}}(t)=\dfrac{1}{2}\rho U^2B\left[2C_{\mathrm{L}}\dfrac{u(t)}{U}+(C'_{\mathrm{L}}+C_{\mathrm{D}})\dfrac{w(t)}{U}\right] \\ D_{\mathrm{b}}(t)=\dfrac{1}{2}\rho U^2B\left[2C_{\mathrm{D}}\dfrac{u(t)}{U}+C'_{\mathrm{D}}\dfrac{w(t)}{U}\right] \\ M_{\mathrm{b}}(t)=\dfrac{1}{2}\rho U^2B^2\left[2C_{\mathrm{M}}\dfrac{u(t)}{U}+C'_{\mathrm{M}}\dfrac{w(t)}{U}\right] \end{cases} \tag{9-105}$$

式中: ρ——空气密度;

C_{L}、C_{D}、C_{M}——升力、阻力和扭矩系数;

C'_{L}、C'_{D}、C'_{M}——升力、阻力、扭矩系数对攻角的导数;

U——平均风速;

u、w——纵风向和竖向脉动风速。

Davenport 抖振力模型基于准定常假设,而在该假设下,桥梁结构的静力三分力系数与脉动风频率特性无关,而且风荷载沿桥宽度方向是完全相关的。这个假定在紊流尺度远大于桥面宽度时,能较为准确地反映结构的受力状况,但是对于高频段紊流,这个假定下的抖振力会偏差很大。所以我们需要引入气动导纳函数,来修正 Davenport 抖振力模型中的非定常特性。

基于势流理论 Sears 曾推导出机翼的非定常升力表达式,在其中存在一个转换函数,被称为 Sears 函数,同时也是机翼在升力作用下的气动导纳,表达式为:

$$\theta(k)=[J_0(k)-iJ_1(k)]C(k)+iJ_1(k) \tag{9-106}$$

$$C(k)=F(k)+iG(k) \tag{9-107}$$

把桥梁断面假定为理想的二维片条,在来流风中会存在纵向和竖向两个方向的脉动风,它们都会影响桥梁的三分力,所以应该需要六个气动导纳来修正 Davenport 抖振力模型,修正后的模型表示为:

$$
\begin{cases}
L_{\mathrm{b}}(t)=\dfrac{1}{2}\rho U^{2}B\left[2C_{\mathrm{L}}\chi_{\mathrm{L}}\dfrac{u(t)}{U}+(C_{\mathrm{L}}'+C_{\mathrm{D}})\chi_{\mathrm{L}}'\dfrac{w(t)}{U}\right]\\
D_{\mathrm{b}}(t)=\dfrac{1}{2}\rho U^{2}B\left[2C_{\mathrm{D}}\chi_{\mathrm{D}}\dfrac{u(t)}{U}+C_{\mathrm{D}}'\chi_{\mathrm{D}}'\dfrac{w(t)}{U}\right]\\
M_{\mathrm{b}}(t)=\dfrac{1}{2}\rho U^{2}B^{2}\left[2C_{\mathrm{M}}\chi_{\mathrm{M}}\dfrac{u(t)}{U}+C_{\mathrm{M}}'\chi_{\mathrm{M}}'\dfrac{w(t)}{U}\right]
\end{cases}
\tag{9-108}
$$

式中：χ_{L}、χ_{L}'、χ_{D}、χ_{D}'、χ_{M}、χ_{M}'——气动导纳。

对于扁平状的桥梁断面，气动导纳采用 Sears 函数较为合理。但 Sears 函数较为复杂，不便于实际工程应用，后来，Liepmann 给出了足够精确表示扁平状桥梁断面气动导纳的简化表达式：

$$
|\chi(k)|^{2}=\frac{1}{1+2\pi k}=\frac{1}{1+\dfrac{\pi\omega B}{U}}
\tag{9-109}
$$

由于桥梁结构形式各异，桥梁断面复杂多变，所以很难求出气动导纳的精确解，经验公式也很难适用于各种断面，要想更为准确地计算桥梁结构的抖振响应，需要经过风洞试验来确定气动导纳函数。在未经试验得出适合桥梁断面气动导纳的情况下，可用平板断面的 Liepmann 公式做近似估计。有人曾对杭州湾跨海大桥主梁断面进行气动导纳分析，认为用 Sears 函数尚不如将气动导纳函数考虑为 1 与试验值接近。

Davenport 抖振力模型的另一个假定是将桥梁结构刚性化，忽略气动弹性现象，结构振动与风荷载之间不相互影响。而实际上，结构的振动与风场会形成一种反馈关系，桥梁结构的振动相当于改变了气体边界条件，从而引起风荷载的变化，严重时会出现动力失稳，造成灾难性后果，如驰振和颤振现象。桥梁结构与风场的反馈其实质为结构刚度特性与阻尼特性的变化，形成气动刚度和气动阻尼。Davenport 的抖振力模型中未考虑的气动弹性现象通常用 Scanlan 自激力来进行修正，修正后的三分力为：

$$
\begin{cases}
L=L_{\mathrm{b}}+L_{\mathrm{ae}}\\
D=D_{\mathrm{b}}+D_{\mathrm{ae}}\\
M=M_{\mathrm{b}}+M_{\mathrm{ae}}
\end{cases}
\tag{9-110}
$$

式中，下标是 b 的是 Davenport 抖振力；下标为 ae 的是 Scanlan 气动自激力。

9.4.4 涡激共振

涡激振动是大跨度桥梁在低风速下很容易出现的一种风致振动现象。涡激振动带有自激性质，但振动的结构反过来会对涡脱形成某种反馈作用，使得涡振振幅受到限制，因此涡激共振是一种带有自激性质的风致限幅振动。尽管涡激振动不像颤振、驰振一样是发散的毁灭性的振动，但由于是低风速下常发生的振动，且振幅之大足以影响行车安全，因而在施工或者成桥阶段，避免涡激共振或限制其振幅在可接受的范围之内具有十分重要的意义。

精确地计算来流与结构的相互作用，需要求解 Navier-Stokes 方程，此方向的研究工作目前局限于二维情况，对桥梁的涡激振动目前主要是通过风洞试验来研究。由于涡脱落过程的复杂性，涡振力的计算都是基于各种半经验模型，这些半经验模型可以分为尾流振荡器双振子模型和结构单振子模型两大类。后者由于形式较简单，故而在复杂结构的涡振计算中得到了广泛应用。Simiu 和 Scanlan 提出的半经验半解析的涡激力模型，后来 Goswami、Larsen 等做了改进，称作 Scanlan 第二模型。此模型不需要额外的涡运动自由度，加上条带假设就可以很方便地得出结构有限元模型的外激励力。Ehsan 等采用此模型和桥梁结构的简化连续模型,推导了一个单一振型的涡振振幅计算方法。实际上结构总是多模态共同作用的,很难说有绝对分离的单一弯曲或扭转振型。与抖振问题计算的思路类似,时程响应的计算可以考虑这些多振型作用,并计入大跨度桥梁中常见的各种几何非线性,具有更高的适应性。Barhoush 与 Namini 等人用 Newmark 积分法来求解涡振方程在锁定时的响应,在计算前先设定锁定频率,计算涡激气动阻尼也只取预先设定的锁定频率时的值。南條正洋、白石成人等提议用与抖振问题类似的思路进行时域积分的涡振时程计算。

涡振的时程计算与抖振时程计算相比有其特点,简单的抖振计算是线性计算,而涡振中即使不考虑结构非线性,也存在一个频域的非线性自限项。为此本书采用时、频域混合变换的 AFT 法计算涡振时程响应,时、频域的混合计算能够较简单地计算作为时间与频率混合函数的涡振气动力,应用 FFT 技术可以使本方法具有合理的计算量。

1)涡激力模型与运动方程

在锁定区涡振具有 Van der Pol 性,是一种自激和自限同时存在的振动。根据 Goswami、Jones、Scanlan 等基于试验研究所提出的涡振子模型式(9-111),涡振力被分解为由涡规则脱落引起的小幅度的 Strouhal 频率的谐激励项,激发振幅的负阻尼线性自激项,和与结构响应有关的非线性自限项,后两者是频率的函数,在锁定时起主要作用,使涡振成为一种类似极限环的有限振幅周期响应。

$$F = q(2D)Y_1(K)\left[1 - \varepsilon(K)\frac{y^2}{D^2}\right]\frac{\dot{y}}{U} + q(2D)Y_2(K)\frac{y}{D} + q(2D)C_L(K)\sin(\omega_{st}t + \phi) \tag{9-111}$$

式中: y——垂直风速方向的位移;

ω_{st}——Strouhal 频率,$\omega_{st} = \dfrac{2\pi S_t U}{D}$,$S_t$ 是 Strouhal 数;

K——折算频率,$K = \dfrac{\omega D}{U}$;

Y_1、Y_2、ε——折算频率 K 的函数;

q——流体动压,$q = \dfrac{1}{2}\rho U^2$;

D——作为特征尺寸的断面高度。

涡振做有限元计算时,气动力的计算与颤振有限元计算时的气弹力计算类似,需要两个相对独立的步骤:首先通过节段模型试验测定各气动参数;然后应用条带假设即可得到用于有限元计算的气动力项。有限元法组集的桥梁涡振运动方程为:

$$\boldsymbol{M}\ddot{\boldsymbol{y}} + \boldsymbol{C}\dot{\boldsymbol{y}} - (\boldsymbol{C}_L + \boldsymbol{C}_{NL})\dot{\boldsymbol{y}} + \boldsymbol{K}\boldsymbol{y} = \boldsymbol{f}(\omega, t) \tag{9-112}$$

式中:$\boldsymbol{M}$、$\boldsymbol{C}$、$\boldsymbol{K}$——结构的质量、阻尼和刚度矩阵;

$\boldsymbol{C}_L$——线性负阻尼气动矩阵;

$\boldsymbol{C}_{NL}$——非线性正阻尼气动矩阵;

$\ddot{\boldsymbol{y}}$、$\dot{\boldsymbol{y}}$、$\boldsymbol{y}$——结构的节点加速度、速度和位移列向量；

$\boldsymbol{f}(\omega,t)$——涡规则脱落引起的谐激励项。

采用堆聚式气动阻尼阵，得：

$$C_{\mathrm{L}}(2,2) = -qY_1(K)L/U = C_{\mathrm{L}}(8,8) \tag{9-113}$$

$$C_{\mathrm{NL}}(2,2) = q\varepsilon Y_1(K)Ly^2/(DU) = C_{\mathrm{NL}}(8,8) \tag{9-114}$$

其他各元素为零。L 是作用涡激力的节点对应的单元长度。第 j 个节点上作用的谐激励力为

$$f_j = q(2D_j)C_{\mathrm{L}}(K)\sin(\omega_{\mathrm{st}}t) \tag{9-115}$$

Barhoush 和 Namini 采用一致式推导了涡振的气动阻尼阵，由于涡振自限项是结构运动的非线性函数，采用堆聚式比一致式要简化很多。加劲梁之外，桥塔上也作用有涡振激励力。

2）时频混合格式的涡振时程计算法

对涡振方程作振型主坐标变换，由 $\boldsymbol{y}=\boldsymbol{\Phi q}$ 得：

$$\ddot{\boldsymbol{q}} + \boldsymbol{D}\dot{\boldsymbol{q}} + \boldsymbol{\Lambda q} - [\boldsymbol{D}_{\mathrm{L}}^{(1)}(\omega) + \boldsymbol{D}_{\mathrm{L}}^{(2)}(\omega) - \boldsymbol{D}_{\mathrm{NL}}(\omega,y)]\dot{\boldsymbol{q}} = \boldsymbol{F}_{\mathrm{s}}(t) \tag{9-116}$$

式中：$\boldsymbol{D}=\mathrm{diag}(2\xi_1\omega_1 \quad \cdots \quad 2\xi_n\omega_n)$——结构振型阻尼矩阵；

$\boldsymbol{\Lambda}=\mathrm{diag}(\lambda_1 \quad \cdots \quad \lambda_n)$——特征值矩阵；

$\boldsymbol{F}_{\mathrm{s}}(t)$——广义力，$\boldsymbol{F}_{\mathrm{s}}(t)=\boldsymbol{\Phi}^{\mathrm{T}}\cdot\boldsymbol{f}(t)$；

$\boldsymbol{D}_{\mathrm{L}}^{(1)}(\omega)$——主坐标下线性涡力阻尼矩阵的对角部分；

$\boldsymbol{D}_{\mathrm{L}}^{(2)}(\omega)$——主坐标下线性涡力阻尼矩阵的非对角部分；

$\boldsymbol{D}_{\mathrm{NL}}(\omega,y)$——主坐标下的非线性涡力阻尼矩阵。

对式(9-116)，应用 FFT 技术的频域求解是非常高效的，只是频域计算无法计算非线性问题，因此取式(9-116)的参考线性系统的动力刚度矩阵：

$$\boldsymbol{S}_0(\omega) = -\boldsymbol{I}\omega^2 + i\omega[\boldsymbol{D} - \boldsymbol{D}_{\mathrm{L}}^{(1)}(\omega)] + \boldsymbol{\Lambda} \tag{9-117}$$

$\boldsymbol{I}$ 是单位矩阵。此动力刚度矩阵是对角矩阵，可以解耦计算出初始位移为：

$$[\hat{\boldsymbol{q}}(\omega)]^{(0)} = [\boldsymbol{S}_0(\omega)]^{-1}\hat{\boldsymbol{F}} \tag{9-118}$$

$\hat{\boldsymbol{q}}$ 与 $\hat{\boldsymbol{F}}$ 是广义位移与广义力的傅立叶变换。把 $\boldsymbol{D}_{\mathrm{L}}^{(2)}$、$\boldsymbol{D}_{\mathrm{NL}}$ 有关项移往方程右边，作傅立叶变换得频域内的非线性效应的拟力序列为：

$$\hat{\boldsymbol{F}}_{\mathrm{p}}(\omega) = \mathrm{FT}(\boldsymbol{D}_{\mathrm{L}}^{(2)}\dot{\boldsymbol{q}} - \boldsymbol{D}_{\mathrm{NL}}\dot{\boldsymbol{q}}) \tag{9-119}$$

FT( )表示傅立叶变换。$\boldsymbol{D}_{\mathrm{NL}}(\omega,y)$ 无论单独在时域还是频域都无法直接计算，但是可以在时频域交替计算求出 $\boldsymbol{D}_{\mathrm{NL}}\dot{\boldsymbol{q}}$ 的傅立叶变换。由此得时频混合变换(AFT)的拟力迭代格式如下。

步骤1：计算参考线性系统的动力刚度 $\boldsymbol{S}_0(\omega)$，右端广义力作傅立叶变换，按式(9-118)在频域内求出初始反应值。

步骤2：在时域内求拟力，作傅立叶变换后与右端力项的傅立叶变换叠加，得新的右端力项。

步骤3：对新的右端力项，求出在此激励力下参考线性系统的响应值。

步骤4：判断前后两次的响应值是否收敛，若收敛则计算结束，否则重复步骤2。

在时域与频域的来回变换通过 FFT 来进行，计算必须采用 $N=2^M$ 模式，并满足 Nyquist 采样定律。频域计算是对 N 个点同时计算的全局性方法，在做拟力迭代计算时，容易造成局部计算误差的扩散，使计算不稳定。所以引入分段时间推进的技巧来克服这一问题。

图 9-7　分段推进法的时间划分

如图 9-7 所示，分段推进法将全部要计算的总持续时间 T 分为多个时间段 $T_i(i=1,\cdots,P)$，每段 T_i 包含总时间段的一部分时间步数，然后迭代由第一个时间段 T_1 向最后一个时间段 T_P 推进。在 $t>t_i$ 时刻的激励对 t_i 时刻的响应并无影响，所以在对时间段 T_1 做迭代的时候，在它之后的拟力都设为零。在前面的计算中已经收敛的拟力也都应该保持它们以前收敛的值不变，而仅仅改变正在迭代的节段内的拟力。

9.5　桥梁结构地震效应模拟

9.5.1　桥梁结构地震振动方程的建立

对一般桥梁结构进行地震反应分析时，首先要选择合适的地震输入，然后建立有限元模型对原型结构的受力特性进行数学描述，即将结构离散为一系列相互关联的数学单元，建立地震振动方程，最后选择合适的地震反应分析方法，进行地震反应计算。本节主要介绍基于有限元方法的地震振动方程的建立。

基于有限元方法，在各支承点采用一致地震输入时，多质点体系的地震振动方程为：

$$\boldsymbol{M}\ddot{\boldsymbol{\delta}}+\boldsymbol{C}\dot{\boldsymbol{\delta}}+\boldsymbol{K}\boldsymbol{\delta}=-\boldsymbol{M}\boldsymbol{I}\ddot{\boldsymbol{\delta}}_{\mathrm{g}}(t) \tag{9-120}$$

式中：$\boldsymbol{M}$、$\boldsymbol{C}$、$\boldsymbol{K}$——n 质点的质量矩阵、阻尼矩阵和刚度矩阵；

$\boldsymbol{\delta}$——质点对地面的相对位移矢量，是时间 t 的函数；

$\boldsymbol{I}$——列阵，如仅有纵桥向的地震输入，则对应于纵桥向自由度取 1，其余为 0；

$\ddot{\boldsymbol{\delta}}_{\mathrm{g}}(t)$——地面震动加速度时程。

1）总刚度矩阵

结构总刚度矩阵由各单元刚度矩阵经坐标变换拼装而成。如假定结构单元的恢复力特性是线性的，则单元刚度矩阵为弹性刚度矩阵，对应的地震反应分析为线性地震反应分析。但是，在强震作用下，桥梁结构的构件将会进入塑性工作阶段，要模拟结构进入塑性阶段逐步开裂、损坏甚至倒塌的全过程，结构构件的恢复力模型应假定为非线性的，则刚度矩阵将是变系数的，所对应的地震反应分析为非线性的地震反应分析。桥梁结构的非线性，除了构件材料的物理非线性（恢复力与位移的非线性关系）以外，还有支承连接条件的非线性，大跨度桥梁在变形状态下还有几何非线性问题。

2）总质量矩阵

结构总质量矩阵由各单元质量矩阵经坐标变换拼装而成。严格来说，单元质量矩阵应与单元刚度矩阵一样，采用有限元方法推导得到，这种质量矩阵称为一致质量矩阵（具有非零非对角元素）。但在实际的结构动力分析中，一般都采用集中（堆聚）质量矩阵，即直接将整个单元的质量人为地集中（堆聚）在单元节点上，这样得到的质量矩阵为对角矩阵。分析比较表明，采用集中质量矩阵计算结构动力特性的结果，并不比采用一致质量矩阵时差（与经验值相比），有时甚至还更好些，而且相应计算工作量少。

3）总阻尼矩阵

大部分的桥梁结构基本上是均质的，可以认为阻尼不引起振型耦合，这样的阻尼即我们通

常所说的比例阻尼。比例阻尼一般采用瑞利阻尼假设,即结构阻尼矩阵可由结构质量矩阵和刚度矩阵线性组合而得:

$$C = \alpha_0 M + \alpha_1 K \tag{9-121}$$

此时,阻尼矩阵具有正交性,即

$$\phi_j^{\mathrm{T}} C \phi_i = 0 \quad (i \neq j) \tag{9-122}$$

式中:ϕ_i、ϕ_j——结构的第 i、j 阶振型矢量。

由式(9-121)可得:

$$\xi_n = \frac{a_0}{2\omega_n} + \frac{a_1 \omega_n}{2} \tag{9-123}$$

因此,根据瑞利阻尼假定,阻尼比和频率的关系可由图9-8表示。

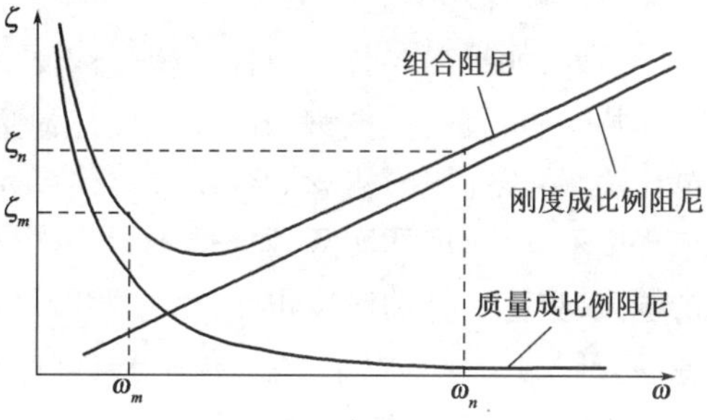

图9-8 阻尼比和频率的关系(瑞利阻尼假定)

一般情况下,可以认为控制频率 ω_n、ω_m 的阻尼比相等,即 $\xi_m = \xi_n = \xi$,代入式(9-123),可得:

$$\begin{pmatrix} a_0 \\ a_1 \end{pmatrix} = \frac{2\xi}{\omega_n + \omega_m} \begin{pmatrix} \omega_n \omega_m \\ 1 \end{pmatrix} \tag{9-124}$$

可见,确定结构的阻尼矩阵,关键在于确定结构的振型阻尼比 ξ,以及两阶控制频率 ω_n、ω_m。对于混凝土梁式桥,振型阻尼比 ξ 一般取5%,ω_n 一般取基频频率,ω_m 则可取后几阶对结构振动贡献大的振型的频率。

9.5.2 桥梁结构动力计算模型

采用有限元模型描述桥梁结构的力学特性时,必须将结构离散化,这包括结构本身(上部结构、下部结构)的单元划分、支承连接部位的特殊处理,墩台基底支承的边界处理等。对于城市高架桥,有时还要考虑后续结构的影响。

为了真实地模拟结构的力学特性,所建立的计算模型必须如实地反映结构构件的几何、材料特性,以及各构件的边界连接条件。

1)上部结构的计算模型

一般来说,桥梁上部结构的设计主要由运营荷载控制。震害资料也表明,上部结构自身的震害非常少见。在桥梁抗震设计中,也希望上部结构在设计地震下基本保持弹性。因此,进行桥梁抗震分析时,一般不采用复杂的三维实体单元或板单元,而是采用能够反映上部结构质量分布和刚度特征的简化脊梁模型(梁单元)来模拟上部结构的工作特性。

桥梁结构的地震惯性力主要集中在上部结构,控制下部结构(抗震设计的重点)设计的主要是上部结构通过支座传递下来的水平惯性力。而这一惯性力,主要取决于上部结构的质量、下部结构的刚度以及支座连接条件,因此,在桥梁抗震设计中,桥梁上部结构的刚度模拟不必太精细,在许多情况下甚至可以假设为刚体,但上部结构的质量必须尽可能正确模拟。

2)墩柱的计算模型

在桥梁地震反应分析中,墩柱是关键的结构构件。上部结构的重力和地震力通过墩柱传递给基础,而地震输入又通过墩柱传递给上部结构。另一方面,目前普遍接受的抗震设计思想一般要求墩柱具备一定的非弹性变形及耗能能力。因此,正确建立墩柱的计算模型,即正确模拟墩柱的刚度和质量分布非常重要。

桥梁墩柱一般采用梁单元模拟,但单元的划分要恰当。因为单元的划分决定了堆聚质量的分布,从而决定振型的形状和地震惯性力的分布。对于一般的混凝土梁桥,上部结构的惯性力贡献对墩柱的地震反应起控制作用,墩柱自身的贡献。这时,墩柱的单元划分可以适当粗糙。反之,如果是重力式桥墩或者高墩,桥墩自身的贡献则比较大,此时,墩柱的单元划分就不能太粗糙。

在地震反应分析中,为了考虑桥梁钢筋混凝土桥墩的带裂缝工作状态,往往需要采用开裂截面惯性矩代替毛截面惯性矩。

另外,如果需要分析墩柱的弹塑性反应,则应采用适当的弹塑性单元模拟潜在塑性铰区的工作特性。目前,模拟钢筋混凝土墩柱弹塑性性能的方法很多,主要有实体有限元方法、纤维单元法、基于屈服面概念的弹塑性梁柱单元、弹簧模型等。这些方法的离散化程度和模型的粗细程度不同,难度和实际效果也不大一样。一般来说,越精细的模型,所要求的计算量和存储量越大,数值计算的难度也越大,结构的稳定性也越差。反之,简单易行的方法却往往能得到稳定合理的结果。由于地震动本身是随机的,而且混凝土材料离散性又比较大,因此在地震反应分析中过分追求精度没有多大意义。所以,对实际桥梁工程进行弹塑性地震反应分析时,基于屈服面的弹塑性梁柱单元能正确把握墩柱的整体弹塑性性能,是目前比较实用的一种分析方法。

3)支座连接的计算模拟

支承连接条件的变化,对桥梁的动力特性、内力和位移反应均有很大的影响。在地震反应分析中,固定支座一般可采用主从关系(从节点的位移与主节点一致)进行处理;而桥梁中广泛采用的各种橡胶支座、抗震支座以及各种限位装置(如各种挡块)等,严格地说都是非线性的,需要采用特殊的非线性单元进行处理。

各种支承的可活动方向与约束性是很复杂的,很难进行准确的模拟。在工程应用中,对支承条件的非线性特性大多采用较简单的恢复力模型来表达。一般来说,在地震作用下,支座的水平刚度对桥梁主体结构的地震反应影响较大。因而在地震反应分析中,支座在竖向和三个转动方向的刚度可简化处理。对于可活动的自由度,刚度可取0,对于不能移动的自由度,可设为主从(即支座两节点一起运动,位移相等);而支座在水平方向的刚度则要尽可能地真实模拟,对于不能移动的自由度,可设为主从,对于可移动的自由度,则应根据支座的特点选取合适的恢复力模型。

4)基础及边界条件的模拟

地震时,桥梁上部结构的惯性力通过基础传给地基,会使地基产生变形。在较硬土层中,这种变形远比地震产生的变形小。因此,当桥梁建在坚硬的地基上时,往往可以忽略这一变形,即假定地基是刚性的。然而,当桥梁建于软弱土层时,地基的变形则不会很小,不仅会使上部结构产生移动和摆动,而且会改变结构的地震输入,此时,按刚性地基假定的计算结构就会有较大的误差,这是由地基与结构的动力相互作用引起的。

在较坚硬的场地土中,桥梁基础往往采用刚性扩大基础,此时,桥梁墩底一般可采用固定边界条件,即进行固结处理。

而在软弱土层中,桥梁基础的最常用形式是桩基础。桩—土—结构动力相互作用使结构的动力特性、阻尼和地震反应发生改变,而忽略这种改变并不总是偏安全的。对于中小跨度桥梁,可以简单地仅考虑基础的柔度,即在墩底用六根等效弹簧(刚度取决于基础设计和土质条件)模拟基础六个方向上的刚度(三个平动和三个转动)。但是,对大跨度桥梁进行地震反应分析时,一般应考虑桩—土—结构相互作用。目前的常用方法是集中质量法,即将地基和基础离散为质量—弹簧—阻尼系统,并与上部结构系统联合作为一个整体,沿深度方向输入相应土层的地震动进行地震反应分析。

9.5.3 桥梁结构地震反应分析

对于桥梁结构的地震反应分析,常用的有三种方法,分别为静力法、动力反应谱法和动态时程分析法。

1)静力法

静力法是早期采用的分析方法,假定结构物与地震具有相同的振动,把结构物在地面运动加速度 $\ddot{\delta}_g$ 作用下产生的惯性力视作静力作用于结构物上做抗震计算。惯性力的计算公式为:

$$F = m\ddot{\delta}_g \tag{9-125}$$

式中:m——结构物的质量。

由于静力法忽略了结构的动力特性这一重要因素,把地震加速度看作是结构地震破坏的单一因素,因而有很大的局限性,只适用于刚度很大的结构,如重力式桥台等。

2)动力反应谱法

动力反应谱法同时考虑了地面运动和结构的动力特性,比静力法有很大进步。

(1)反应谱的概念

反应谱的基本概念,可以通过如图 9-9 所示的单质点振子的地震响应来阐明。单自由度振子的质量、刚度和阻尼系数分别可以表示为 m、k 和 c,其基底受到地面运动加速度为 $\ddot{\delta}_g$ 的地震作用。

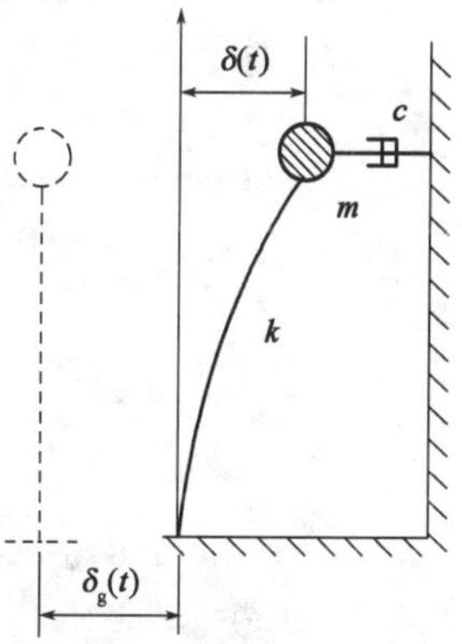

图 9-9 单质点振子的力学图式

单自由度振子的地震振动方程为:

$$m(\ddot{\delta}_g + \ddot{\delta}) + c\dot{\delta} + k\delta = 0 \tag{9-126}$$

进一步可以表示为如下形式:

$$\ddot{\delta} + 2\xi\omega\,\dot{\delta} + \omega^2\delta = -\ddot{\delta}_g \tag{9-127}$$

式中:ξ——阻尼比,$\xi = \dfrac{c}{2\sqrt{km}}$;

ω——无阻尼圆频率,$\omega = \sqrt{\dfrac{k}{m}}$。

上述振动方程的解可以用杜哈梅积分公式来表示:

$$\delta(t) = \frac{1}{\omega_d}\int_0^t e^{-\xi\omega(t-\tau)}\delta_g(\tau)\sin[\omega_d(t-\tau)]\,d\tau \tag{9-128}$$

式中:ω_d——有阻尼圆频率,$\omega_d = \omega\sqrt{1-\xi^2}$。

由于工程结构的阻尼比一般很小,所以 $\omega_d \approx \omega$。此外,相位差 α 也可以忽略不计。这样,对式(9-128)分别求一次和两次导数,可得单自由度振子在地震作用下的相对速度和绝对加速度反应的积分公式:

$$\dot{\delta}(t)=-\int_0^t \mathrm{e}^{-\xi\omega(t-\tau)}\ddot{\delta}_{\mathrm{g}}(\tau)\cos[\omega_{\mathrm{d}}(t-\tau)]\mathrm{d}\tau \tag{9-129}$$

和

$$\ddot{\delta}(t)+\ddot{\delta}_{\mathrm{g}}(t)=\omega\int_0^t \mathrm{e}^{-\xi\omega(t-\tau)}\ddot{\delta}_{\mathrm{g}}(\tau)\sin[\omega_{\mathrm{d}}(t-\tau)]\mathrm{d}\tau \tag{9-130}$$

由于地震加速度 $\ddot{\delta}_{\mathrm{g}}$ 是不规则的函数，上述积分公式难以直接求积，一般要通过数值积分的办法来求得反应的时间变化规律，即时程曲线。

如图9-10所示，对不同周期和阻尼比的单自由度体系，在选定的地震加速度 $\ddot{\delta}_{\mathrm{g}}$ 输入下，可以获得一系列的相对位移 δ、相对速度 $\dot{\delta}$ 和绝对加速度 $\ddot{\delta}_{\mathrm{g}}+\ddot{\delta}$ 的反应时程曲线，并可从中找到他们的最大值。以不同单自由度体系的自振周期 T_i 为横坐标，以不同阻尼比 ξ 为参数，就能绘制出最大相对位移、最大相对速度和最大绝对加速度的谱曲线，分别称为相对位移反应谱、拟相对速度反应谱和拟加速度反应谱（分别简称为位移反应谱、速度反应谱和加速度反应谱），并用符号记为SD、PSV和PSA，这三条反应谱曲线合起来简称为反应谱。在相对速度和加速度反应谱前面加上“拟”字，表示忽略小阻尼比的影响。

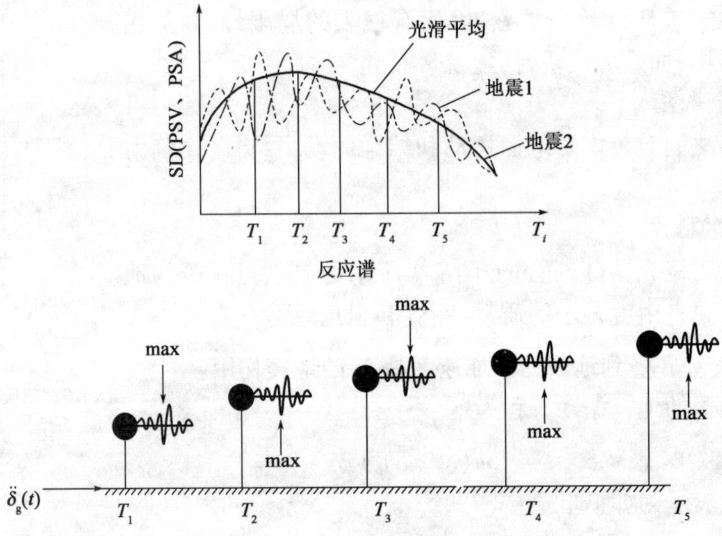

图9-10　反应谱概念

比较式(9-128)、式(9-130)可见，在忽略小阻尼比的影响情况下，有：

$$\mathrm{PSA}=\omega^2\mathrm{SD} \tag{9-131}$$

从式(9-128)、式(9-129)、式(9-130)中还可以看出，反应谱具有以下两条基本特性：

绝对刚性结构($\omega=\infty$)：$\mathrm{SD}=0$，$\mathrm{SV}=0$，$\mathrm{SA}=\ddot{\delta}_{\mathrm{g,max}}$；

无限柔性结构($\omega=0$)：$\mathrm{SD}=\delta_{\mathrm{g,max}}$，$\mathrm{SV}=\dot{\delta}_{\mathrm{g,max}}$，$\mathrm{SA}=0$。

(2)规范反应谱

一个场地记录到的地震动与多种因素有关，比如场地条件、震中距和震源深度、震级、震源机制和传播路径等。由于诸多因素的影响，使得由不同记录得到的加速度反应谱具有很大的随机性。只有在大量地震加速度记录输入后绘制得到众多反应谱曲线的基础上，再通过平均与光滑化后，才可以得到供设计使用的规范反应谱曲线。

比如我国《公路桥梁抗震设计细则》(JTG/T B02-01—2008)采用的反应谱是通过对823条水平强震记录统计分析得到的,如图9-11所示。其中,场地条件分为4类,每一场地条件对应一个特征周期 T_g。

需要指出的是,阻尼比是影响反应谱值得一个重要参数。规范反应谱曲线是取阻尼比为5%时绘出的,当结构阻尼比与5%明显不同时,需要按规范公式进行修正。

(3)单质点体系的地震反应分析

对于如图9-12所示单质点体系,其最大地震力为:

$$P = M\,|\ddot{\delta}_g + \ddot{\delta}|_{max} = M \cdot S(T) \tag{9-132}$$

式中:M——体系的总质量;

$S(T)$——加速度反应谱谱值,根据选定的反应谱曲线及体系的自振周期 T 确定。

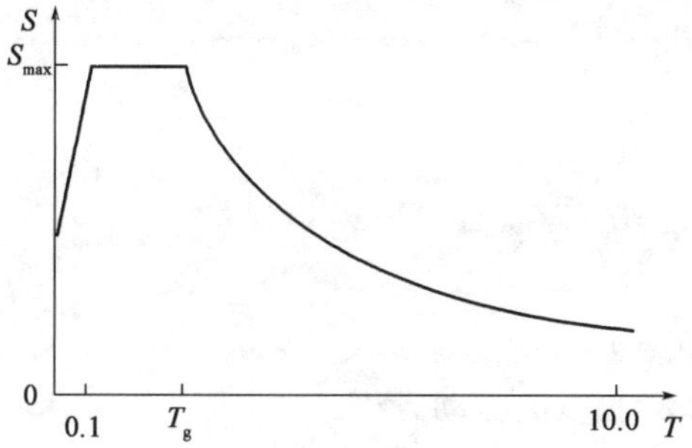

图9-11 水平设计加速度反应谱

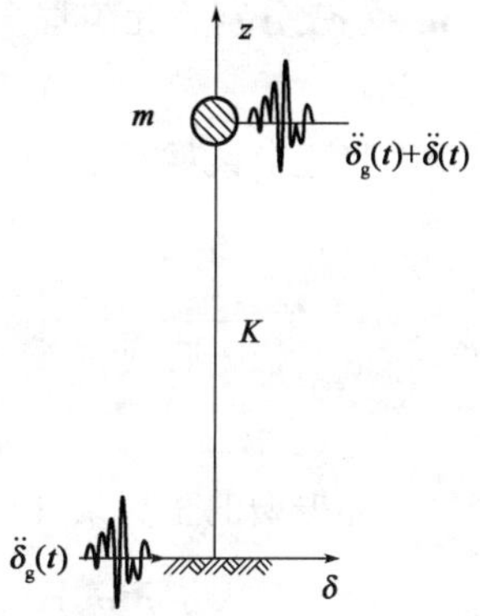

图9-12 单质点体系示意

(4)多质点体系的地震反应分析

采用有限元法。可得到与式(9-126)类似的多质点体系的地震振动方程:

$$\boldsymbol{M}\ddot{\boldsymbol{\delta}} + \boldsymbol{C}\dot{\boldsymbol{\delta}} + \boldsymbol{K}\boldsymbol{\delta} = -\boldsymbol{M}\boldsymbol{I}\ddot{\boldsymbol{\delta}}_g(t) \tag{9-133}$$

式中:$\boldsymbol{M}$、$\boldsymbol{C}$、$\boldsymbol{K}$——n 质点体系的质量矩阵、阻尼矩阵和刚度矩阵;

$\boldsymbol{\delta}$——质点对地面的相对位移量,为时间 t 的函数;

$\boldsymbol{I}$——列阵,如仅考虑纵向地震的作用,则 $\boldsymbol{I}$ 对应于纵桥向自由度取1,其余为0;

$\ddot{\boldsymbol{\delta}}_g(t)$——地面地震时程。

这一联立微分方程组通常可以用振型分解法求解,即利用振型的正交性,将联立微分方程组分解成一系列相互独立的振动方程,于是将多质点体系的复杂振动分解为各个振型的独立振动,从而可以采用单质点体系的反应谱理论来计算各振型最大反应。

将质点位移列向量 $\boldsymbol{\delta}(t)$ 分解为(图9-13):

$$\boldsymbol{\delta}(t) = \sum_{i=1}^{n} \boldsymbol{\phi}_i Y_i(t) = \boldsymbol{\phi}\boldsymbol{Y}(t) \tag{9-134}$$

式中:$\boldsymbol{\phi}$——振型矩阵,$\boldsymbol{\phi} = (\boldsymbol{\phi}_1 \quad \boldsymbol{\phi}_2 \quad \cdots \quad \boldsymbol{\phi}_n)$;

$\boldsymbol{\phi}_i$——第 i 振型列矢量;

$\boldsymbol{Y}(t)$——$\boldsymbol{Y}(t) = (Y_1(t) \quad Y_2(t) \quad \cdots \quad Y_n(t))^T$,$Y_i(t)$ 是不同的时间函数,称为振型坐标,为广义坐标。

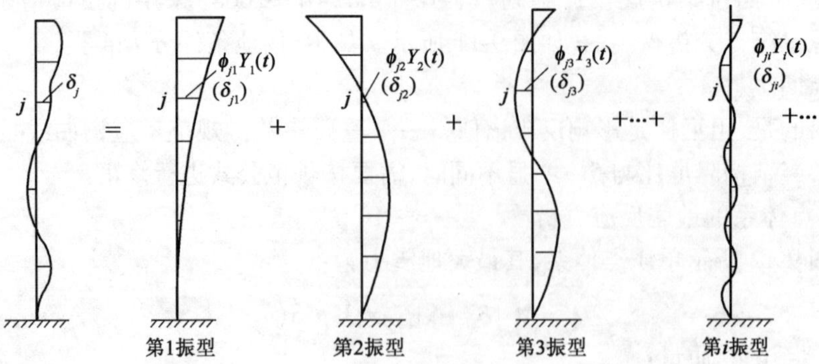

图 9-13　振型分解示意

令 ω_i 及 $\boldsymbol{\phi}_i$ 分别为无阻尼多质点体系的第 i 阶圆频率及其相应的振型,则有:

$$\boldsymbol{K}\boldsymbol{\phi}_i = \omega_i^2 \boldsymbol{M}\boldsymbol{\phi}_i \tag{9-135}$$

振型满足正交条件:

$$\boldsymbol{\phi}_j^{\mathrm{T}}\boldsymbol{M}\boldsymbol{\phi}_i = 0$$

$$\boldsymbol{\phi}_j^{\mathrm{T}}\boldsymbol{K}\boldsymbol{\phi}_i = 0$$

对于比例阻尼矩阵,有:

$$\boldsymbol{\phi}_j^{\mathrm{T}}\boldsymbol{C}\boldsymbol{\phi}_i = 0$$

利用上述振型的正交条件,进一步可得一系列独立的振动方程:

$$\boldsymbol{\phi}_i^{\mathrm{T}}\boldsymbol{M}\boldsymbol{\phi}_i\ddot{Y}_i(t) + \boldsymbol{\phi}_i^{\mathrm{T}}\boldsymbol{C}\boldsymbol{\phi}_i\dot{Y}_i(t) + \boldsymbol{\phi}_i^{\mathrm{T}}\boldsymbol{K}\boldsymbol{\phi}_i Y_i(t) = -\boldsymbol{\phi}_i^{\mathrm{T}}\boldsymbol{M}\boldsymbol{I}\ddot{\boldsymbol{\delta}}_{\mathrm{g}}(t) \tag{9-136}$$

上式两边再同时除以 $\boldsymbol{\phi}_i^{\mathrm{T}}\boldsymbol{M}\boldsymbol{\phi}_i$,有

$$\ddot{Y}_i(t) + 2\xi_i\omega_i\dot{Y}_i(t) + \omega_i^2 Y_i(t) = -\boldsymbol{\gamma}_i\ddot{\boldsymbol{\delta}}_{\mathrm{g}}(t) \tag{9-137}$$

式中:$\boldsymbol{\gamma}_i$——第 i 阶振型的振型参与系数,$\boldsymbol{\gamma}_i = \dfrac{\boldsymbol{\phi}_i^{\mathrm{T}}\boldsymbol{M}\boldsymbol{I}}{\boldsymbol{\phi}_i^{\mathrm{T}}\boldsymbol{M}\boldsymbol{\phi}_i}$。

第 i 阶振型第 j 质点的位移为 $\delta_{ji}(t) = \phi_{ji}Y_i(t)$,代入式(9-137),有

$$\ddot{\delta}_{ji}(t) + 2\xi_i\omega_i\dot{\delta}_{ji}(t) + \omega_i{}^2\delta_{ji}(t) = -\gamma_i\phi_{ji}\ddot{\delta}_{\mathrm{g}}(t) \tag{9-138}$$

上式与单质点体系的地震振动方程式(9-127)相比,仅在右端项多了常数因子 $\gamma_i\phi_{ji}$。由此可以推得,第 j 质点纵桥向由第 i 振型引起的最大地震力为:

$$P = K_h\beta\gamma_i\phi_{ji}W_j \tag{9-139}$$

需要注意的是,各个振型所引起的反应最大值不一定同时发生,因此不能直接求代数和,必须考虑不同振型最大反应值的组合问题。

目前,振型组合问题已经得到了较好的解决。国内外学者提出了多重反应谱组合方法。目前应用最广泛的是基于随机振动理论提出的各种组合方案,如 CQC、SRSS 方法等。

CQC 方法的表达式为:

$$R_{\max} = \sqrt{\sum_{i=1}^{n}\sum_{j=1}^{n}\rho_{ij}R_{i,\max}R_{j,\max}} \tag{9-140}$$

式中:ρ_{ij}——振型组合系数。

对于所考虑的结构,若地震动可看作宽带随机过程,则噪声(能量随频率均匀分布的随机过程)下的 ρ_{ij} 值是实际情况的一个良好近似,此时:

$$\rho_{ij}=\frac{8\sqrt{\xi_i\cdot\xi_j}(\xi_i+\gamma\xi_j)\cdot\gamma^{3/2}}{(1-\gamma^2)^2+4\xi_i\cdot\xi_j\cdot\gamma(1+\gamma^2)+4(\xi_i^2+\xi_j^2)\gamma^2} \tag{9-141}$$

其中 $\gamma=\omega_j/\omega_i$，若采用等效阻尼比，即 $\xi_i=\xi_j=\xi$，则：

$$\rho_{ij}=\frac{8\xi^2\cdot(1+\gamma)\cdot\gamma^{3/2}}{(1-\gamma^2)^2+4\xi^2\cdot\gamma(1+\gamma^2)} \tag{9-142}$$

体系的自振周期相隔越远，则 ρ_{ij} 值越小。如当

$$\gamma>\frac{\xi+0.2}{0.2} \tag{9-143}$$

则 $\rho_{ij}<0.1$，便可认为 ρ_{ij} 近似为0，则退化为 SRSS 方法，即

$$R_{\max}=\sqrt{\sum_{i=1}^{n}R_{i,\max}^2} \tag{9-144}$$

在多方向地震动作用下，利用反应谱方法计算结构的地震反应时，还涉及空间组合问题，即各个方向输入引起的地震反应的组合。目前主要还是采用经验方法组合，如：

①各分量反应最大值绝对值之和（SUM），给出反应最大值的上限估计值；

②各分量反应最大值平方和的平方根（SRSS）；

③各分量反应最大值中的最大者加上其他分量最大值乘以一个小于1的系数。

一般来说，梁式桥等中小跨度桥梁一般可采用 SRSS 方法组合，这也是我国现行桥梁抗震规范采用的组合方法；大跨度桥梁一般可采用 CQC 方法组合。

反应谱方法通过反应谱概念巧妙地将动力问题静力化，概念简单，计算方便，可以用较少的计算量获得结构的最大反应值，目前世界各国规范都把它作为一种基本的分析手段。

但是，反应谱方法也存在一些缺陷。如反应谱只是弹性范围内的概念，当结构在强烈地震下进入塑性工作阶段时即不能直接应用；另外，地震作用是一个时间过程，但反应谱方法只能得到最大反应，不能反映结构在地震过程中的经历，也不能反映地震持续时间的影响；对多振型反应谱法，还存在振型组合问题等。此外，基于弹性反应谱理论的现行规范设计方法，还往往使设计者只重视结构强度，忽略了结构所应具有的非弹性变形能力即延性。

3）动态时程分析法

动态时程分析法是随着强震记录的增多和计算机技术的广泛应用而发展起来的，是公认的精细分析方法。目前，大多数国家除对常用的中小跨度桥梁仍采用反应谱方法计算外，对重要、复杂、大跨的桥梁抗震计算都建议采用动态时程分析法。

动态时程分析法从选定合适的地震动输入出发，采用多节点多自由度的结构有限元动力计算模型建立地震振动方程，然后采用逐步积分方法对方程进行求解，计算地震过程中每一瞬时结构的位移、速度和加速度反应，从而分析出结构在地震作用下弹性和非弹性阶段的内力变化以及构件逐步开裂、损坏直至倒塌的全过程。

根据分析是否考虑结构的非线性行为，动态时程分析法可分为线性动态时程分析和非线性动态时程分析两种。不管是哪一种，计算过程都相当完整，需借助专用计算程序完成。其执行步骤如下：

（1）将振动过程分为一系列相等或不相等的微小时间间隔 Δt。

（2）假定在 Δt 时间间隔内，位移、速度、加速度按一定规律变化（有常加速度、线性加速度、Newmark-β 法或 Wilson-θ 法等）。

(3)求解 $t+\Delta t$ 时刻结构的地震反应。$t+\Delta t$ 时刻结构的动力平衡方程可以表示为如下的增量形式:

$$\boldsymbol{K}_{\mathrm{D}}\Delta\boldsymbol{\delta}_{t+\Delta t}=\Delta\boldsymbol{F}_{\mathrm{D}} \tag{9-145}$$

式中:$\boldsymbol{K}_{\mathrm{D}}$、$\boldsymbol{F}_{\mathrm{D}}$——结构等效动力刚度和等效荷载向量。

动态时程分析法可以精确考虑地基和结构的相互作用,地震时程相位差及不同地震时程多分量多点输入,结构的各种复杂非线性因素(几何、材料、边界条件非线性)以及分块阻尼等问题。此外,动态时程分析法可以使得桥梁的抗震设计从单一的强度保证转入强度、变形(延性)的双重保证,同时使得桥梁工程师更清楚认识结构地震动力破坏的机理和正确提高桥梁抗震能力的途径。

9.6 移动车辆荷载作用下桥梁振动响应分析

对于公路桥梁,早期学者往往由于公路交通荷载较小而忽略车桥振动问题。随着中国公路交通建设的飞速发展,车辆载重及行驶速度均显著提高,公路桥梁的车桥耦合振动问题已无法忽视,逐渐受到国内外众多学者的广泛关注。本节以重载车辆以不同速度通过简支梁桥时桥梁的响应为例,说明有限元在车桥耦合振动中的应用。

1)有限元模型建立及求解流程

针对公路桥梁在常见交通荷载下的车桥耦合振动问题,本节采用的有限元软件为 ANSYS,利用编程语言进行二次开发,实现单车辆与多车辆在匀速、匀变速等复杂行驶工况下的车桥耦合振动响应分析求解。

(1)桥梁模型的建立

ANSYS 是桥梁结构分析中常用的软件之一,其多样的单元类型及丰富的分析类型可对各种结构体系桥梁进行仿真分析。简支梁桥采用 BEAM4 单元进行模拟。

(2)车辆模型的建立

将车辆模型与桥梁模型建立于同一个 ANSYS 工作环境下,各自独立。利用 MASS21、COMBIN14、BEAM4 等单元对车辆模型进行建模分析。车辆简化为两系的弹簧—阻尼—质量系统,在此以平面双轴重载车辆为例,车辆模型图如图 9-14 所示。

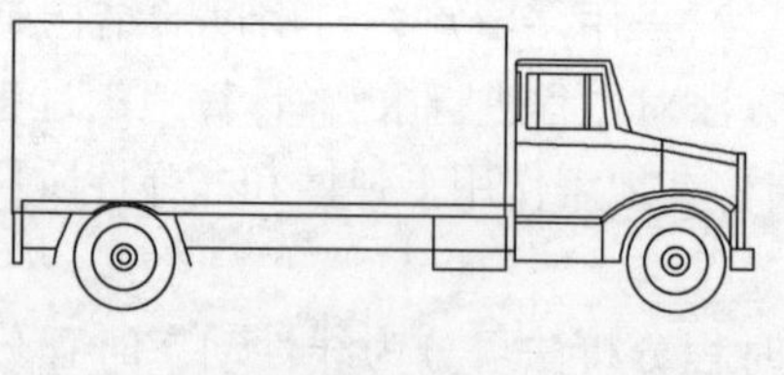

a)平面双轴车辆外观

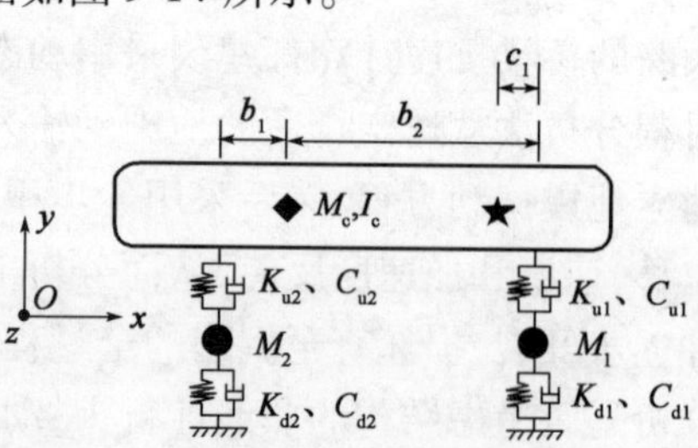

b)平面双轴车辆模型立面图

图 9-14　车辆模型

(3)车桥耦合振动分析求解流程

①运用 ANSYS 建立桥梁模型;

②确定计算工况,并输入对应的各车辆建模参数:作用于桥面的车辆数量,各车辆模型的

类型及尺寸，各车辆的质量、刚度、阻尼参数；

③输入以下各车辆的行驶参数，并生成车辆模型：各车辆的上桥时间、行驶初速度、加速度，各车辆的作用主梁、行驶方向、偏心距、行驶路面不平整度等参数；

④进入 ANSYS 瞬态动力分析，确定时间步长，赋予初始条件，可得到 t_i 时刻节点 n 的以下参数：各车轮与桥梁的接触点坐标，该坐标处节点位移 $D(n,t)$，该坐标处节点速度 $V(n,t)$，该坐标处节点加速度 $A(n,t)$；

⑤根据车辆与桥梁接触点的位移协调条件及以上参数，求得 t_i 时刻车辆与桥梁间的相互作用力；

⑥通过 ANSYS 瞬态动力分析，可得到 t_{i+1} 时刻节点 n 的以下参数：各车轮与桥梁的接触点坐标、坐标处节点位移 $D(n,t_{i+1})$，该坐标处节点速度 $V(n,t_{i+1})$，该坐标处节点加速度 $A(n,t_{i+1})$；

⑦根据车辆与桥梁接触点的位移协调条件及以上参数，求得 t_{i+1} 时刻车辆与桥梁间的相互作用力；

⑧循环迭代，直到所有车辆下桥，进入 ANSYS 的 POST26 时间历程后处理器，查看任意截面挠度时程曲线。

2）车轮位置处与桥梁相关节点处竖向荷载与挠度的转换

车辆在确定任意时刻 t 的各轮坐标后，由于该坐标点未必处于桥梁节点处，故存在车轮位置处与桥梁节点处竖向荷载与挠度的转换问题。

（1）车轮位置最近处节点的等效荷载。

如图 9-15 所示，梁单元等效荷载转换可通过式（9-146）所示梁单元的荷载等效原理进行计算，转换结果见式（9-147）。

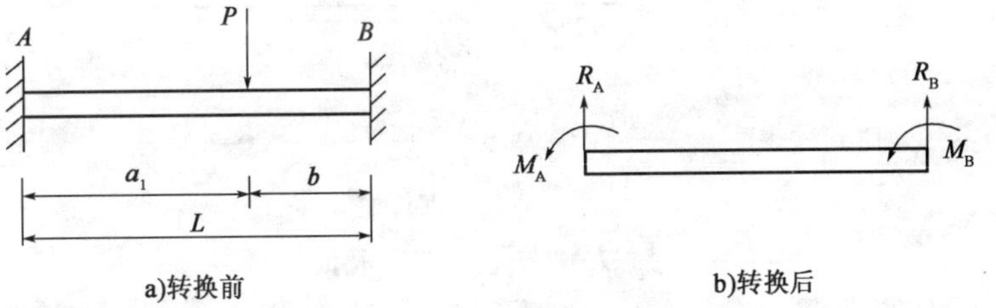

图 9-15 梁单元的等效荷载转换

$$W^e = \int_l \bar{p}(x)v(x)\mathrm{d}x = [\int_l \bar{p}(x)\boldsymbol{N}(x)\mathrm{d}x]\boldsymbol{q}^e = (R_A \quad M_A \quad R_B \quad M_B)\boldsymbol{q}^e \tag{9-146}$$

$$\begin{cases} R_A = -(Pb^2/L^3)/(3a_1+b) \\ R_B = -(Pa_1^2/L^3)/(a_1+3b) \\ M_A = -Pa_1b^2/L^2 \\ M_B = Pa_1^2b/L^2 \end{cases} \tag{9-147}$$

式中：W^e——单元外力功；

$\bar{p}(x)$——荷载密度函数；

$v(x)$——位移函数；

$\boldsymbol{N}(x)$——单元形状函数矩阵；

$\boldsymbol{q}^e$——节点位移列阵。

(2)车轮位置处的竖向位移插值函数。如图 9-16 所示,纯弯梁单元的竖向挠度推导结果为式(9-148)。

$$v(x)=(1-3\xi^2+2\xi^3)v_1+l(\xi-2\xi^2+\xi^3)\theta_1+(3\xi^2-2\xi^3)v_2+l(\xi^3-\xi^2)\theta_2 \quad (9\text{-}148)$$

$$\xi=\frac{x}{l}$$

式中:v_1、θ_1、v_2、θ_2——梁单元两端节点的挠度与转角;

l——单元长度。

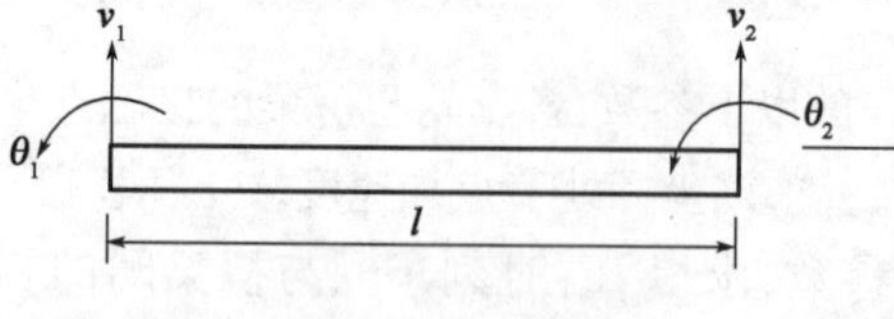

图 9-16 梁单元位移转化

此外,扭矩的荷载及位移转化可根据线性规律进行计算,不再赘述。

3)车辆模型匀速通过简支梁时的车桥耦合振动分析

按照本节方法建模计算,将车辆以不同行驶速度行驶时简支梁跨中挠度的分析结果进行整理,结果如图 9-17 所示。

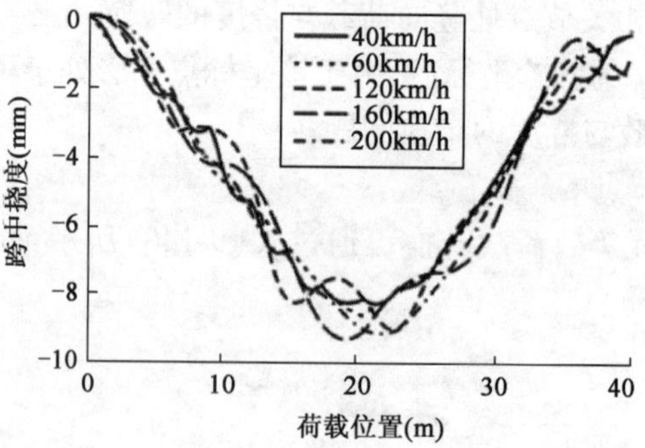

图 9-17 简支梁跨中挠度

9.7 示 例

9.7.1 桥梁结构风致振动示例

桥梁结构的抖振属于强迫振动,这种振动不会造成结构的破坏,而是在长期低速紊流风作用下,使结构发生局部疲劳问题或使行人有不舒适感以及发生行车安全等方面的问题。本节以东海大桥抖振响应计算为例来阐述有限元在桥梁结构风致振动中的应用。

1)桥位设计风速

东海大桥良态气候模式风况主要依据桥区大戢山海洋站、嵊泗站和岱山站长期测风资料(20 年以上),并结合小洋山(观音山)站 1997.8 ~2001.7 间测风资料进行综合分析,选用极值Ⅰ型分布律计算公式,推算重现期最大风速值,参照各测风站的计算结果,可以确定桥区不同重现期最大风速值,极值风速预测结果见表 9-1。按风荷载规范中全国风压分布图,东海大桥桥位处于 1200Pa 风压等值线处,由此可以换算得出桥位设计基准风速及主梁高度处设计风速,并汇总极值风速抽样拟合结果,预测结果见表 9-2。比较两种结果可知,由基本风压换算结果较大,极值Ⅰ型按年抽样拟合结果较小。偏于安全起见,本节选用基本风压换算结果10m高度48.7m/s作为计算风速。

东海大桥以极值Ⅰ型按年抽样中不同重现期10min时距极值风速预测结果(m/s)　　表9-1

距地面高度(m)	重现期(年)			
	25	50	100	200
10	35.5	38.9	42.2	45.4
20	38.1	41.7	45.2	48.7
30	39.7	43.4	47.1	50.7
40	40.8	44.7	48.4	52.2
50(主梁高度)	41.8	45.7	49.5	53.4

东海大桥100年重现期10min时距极值风速不同预测方法结果比较　　表9-2

预测方法	10m高度	50m主梁高度
极值Ⅰ型按年抽样	42.2	49.5
台风气候模式模拟	38.0	41.5
基本风压换算	48.7	57.2

2)静风位移

考虑48.7m/s的基本风速,当场地类别取为Ⅱ类场时(风剖面指数取为0.1),按指数律换算得出桥面设计风速57.2m/s。考虑大气边界层的强风,尽管主要是水平方向,但可能有+3°~-3°攻角范围的微小变化,式(9-62)中的三分力系数C_L、C_D和C_M随攻角有相应的变化,一般应偏安全地取+3°~-3°内三分力系数的最大值。此时计算跨中的静风位移为$\Delta L=-0.065$m、$\Delta D=0.026$m。

3)动力特性分析

结构风振分析软件Wind运用子空间迭代法进行东海大桥结构动力特性分析,结果如表9-3所示,与ANSYS动力特性计算结果相比,结果非常接近。大跨桥梁为柔性结构,仅对脉动风的低频成分作用敏感,因此考虑大跨度桥梁的前数十阶振型,足可以保证计算结果精度。

东海大桥主桥动力特性　　表9-3

阶数	Wind计算结果		ANSYS7.0计算结果	
	频率(Hz)	振型	频率(Hz)	振型
1	0.130	纵飘	0.140	纵飘
2	0.364	一阶对称竖弯	0.368	一阶对称竖弯
3	0.445	一阶对称侧弯(带扭转)	0.443	一阶对称侧弯(带扭转)
4	0.516	一阶反对称竖弯	0.521	一阶反对称竖弯
5	0.547	一阶对称扭转(带侧弯)	0.543	一阶对称扭转(带侧弯)
6	0.771	二阶对称竖弯	0.785	二阶对称竖弯
7	0.966	二阶反对称竖弯	0.986	二阶反对称竖弯
8	1.054	一阶反对称扭转	1.058	一阶反对称扭转
9	1.067	三阶对称竖弯	1.069	三阶对称竖弯

续上表

阶数	Wind 计算结果		ANSYS7.0 计算结果	
	频率(Hz)	振型	频率(Hz)	振型
10	1.080	塔反向侧弯	1.030	塔反向侧弯
11	1.080	塔同向侧弯	1.035	塔同向侧弯
12	1.191	三阶反对称竖弯	1.182	三阶反对称竖弯
13	1.255	一阶反对称侧弯	1.247	一阶反对称侧弯
14	1.353	四阶对称竖弯	1.434	四阶对称竖弯
15	1.440	五阶反对称竖弯	1.524	五阶对称竖弯

4）抖振响应计算

暂不考虑斜拉索、桥塔上作用的气动力和气动导纳修正（导纳函数取为1），按抖振力谱法和脉动风速模拟结果，换算生成东海大桥主梁各节点随机风荷载，考虑初始恒载作用下结构几何刚度修正，计算方法采用时域内的振型叠加法，计入了动力特性分析的前20阶固有模态，振型的广义坐标采用Duhamel积分求得，各阶模态阻尼统一采用0.01。计算512s时段内东海大桥跨中（Y向）、四分点（Y向）和桥塔顶端（X向）位移响应时程（图9-18）。表9-4给出了以上三点位移响应的统计特性。图9-19给出了主梁跨中竖向、横向和扭转位移响应的功率谱密度函数，由图可知，大跨度斜拉桥中多模态参与效应非常明显。

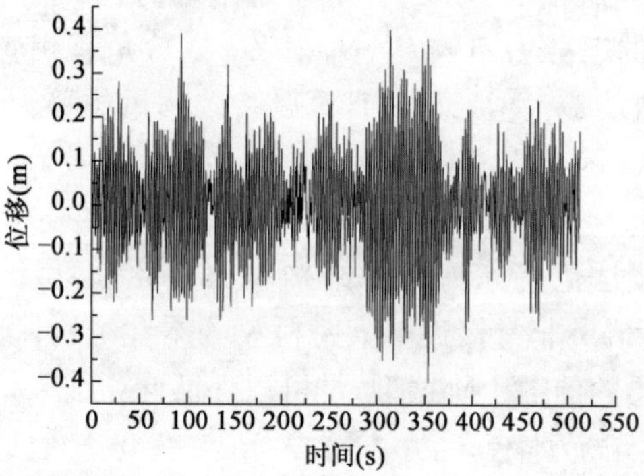

a)跨中

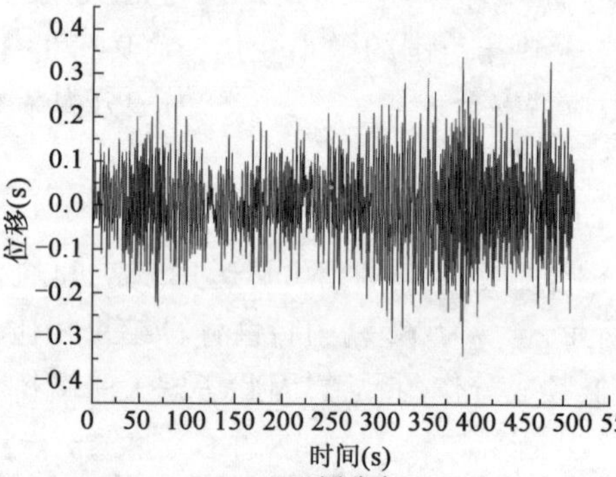

b)四分点

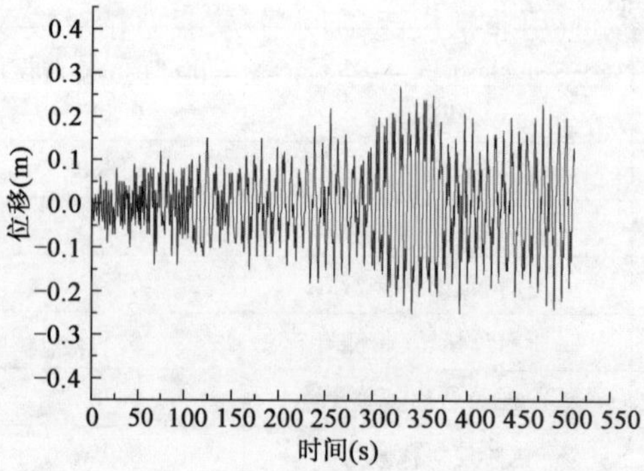

c)塔顶

图9-18 东海大桥跨中、四分点和塔顶位移响应时程

结构响应统计特性 表 9-4

位置	最大位移响应	峰值数目	位移均值	位移均方值	速度均方值	加速度均方值
跨中	0.40	451	0.004	0.120	0.29	0.80
四分点	0.34	525	0.003	0.100	0.28	0.90
塔顶	0.27	417	-0.004	0.094	0.13	0.32

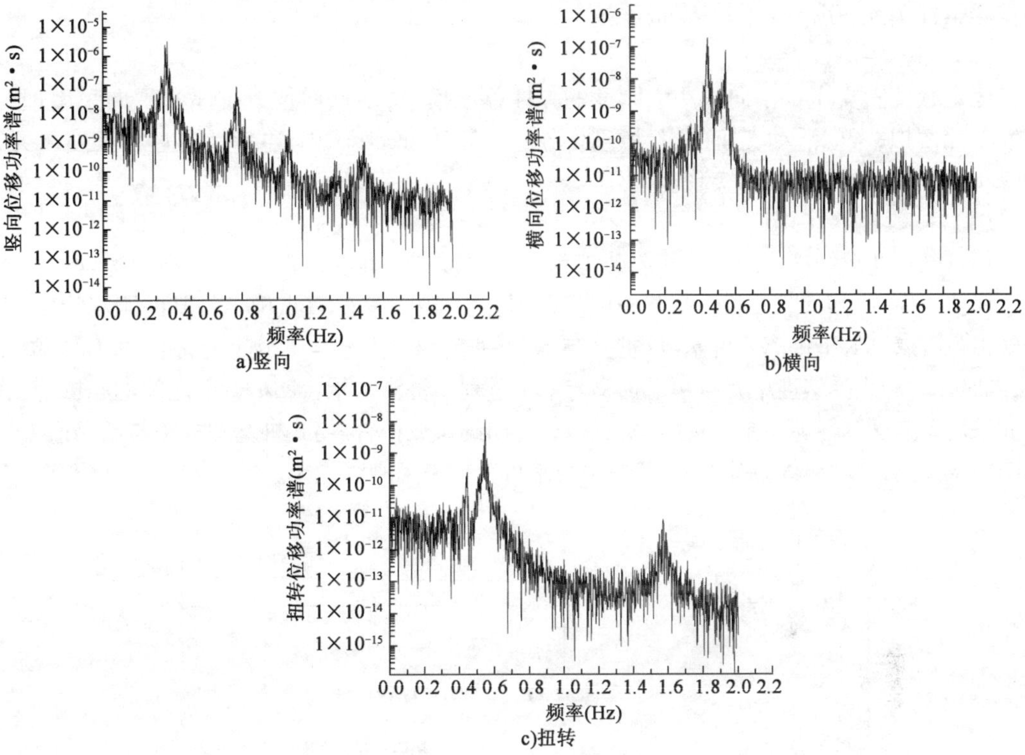

图 9-19 主梁跨中抖振位移响应的功率谱密度函数

9.7.2 桥梁结构地震效应示例

群桩基础在桥梁结构中应用非常广泛,但水平承载力相对较弱,是抗震设计的薄弱环节。同济大学提出了提离式群桩基础的设计方案,研究表明,提离式群桩基础设计方案可有效减轻桩基在地震作用下的损伤,具有良好的自复位能力。本节以提离式桩基础在地震动作用下的内力分析为例,来阐述桥梁结构有限元在桥梁结构地震效应中的应用。

1)有限元模型建立

本节所进行的分析和计算工作主要基于 Opensees 软件平台,该程序具有先进的建模功能,并包含大量的材料类型、单元和求解算法,能较好地模拟包括钢筋混凝土结构、桥梁、岩土工程在内众多的实际工程和振动台试验项目。

(1)主梁模拟

主梁集中了桥梁绝大部分质量,是地震时结构惯性力的主要来源。实际震害资料表明,主梁因自身遭受震害而被毁坏的情形比较少见。对于主梁主要模拟其分布质量和刚度特征,本节中采用 Opensees 弹性梁柱单元(Elastic Beam Column),二期恒载模拟为分布质量。

(2)墩柱模拟

在桥梁的地震分析中,墩柱是关键的结构构件。上部结构的重力和地震惯性力主要由墩柱结构承担并由墩柱传递至基础。从墩柱的性能目标上看,延性结构体系容许墩柱进入塑性并在构造设计上保证足够的变形与耗能能力,而基于减隔震或者低损伤、快恢复的性能目标,则希望墩柱只经历较小的非弹性变形,甚至保持弹性。为此,本节基于这两种性能要求,分别按弹性和塑性单元来模拟墩柱,其中,弹性状况采用弹性梁柱单元,塑性状况采用 Fiber 截面的位移梁柱单元(Disp Beam Column)。

(3)支座模拟

固定墩位置支座水平向采用大刚度的弹性单元模拟,活动墩位置支座水平向采用理想弹塑性单元模拟,考虑活动支座的滑动摩擦效应。在 Opensees 中上述特性通过零长度单元,分别赋予 Elastic 和 Steel 材料实现。

(4)桩基与承台模拟

桩基础在桥梁结构系统中属于隐蔽工程,发生损伤后,难以检查和修复,所以通常选择作为能力保护构件进行设计。因此,本节中桩基采用弹性梁柱单元,重点模拟桩基的刚度特性,而承台模拟为质点。对于提离式桩基础,桩基与承台的连接模拟,轴向采用只压不拉的 GAP 单元模拟,同时并联理想弹塑性单元以考虑提离与复位过程中桩头与承台凹槽侧壁之间的摩擦力,剪切方向采用大刚度弹性剪切单元模拟,所有转动方向约束放松,提离式桩基础桩头与承台连接示意如图 9-20 所示。对于普通桩模型,各桩顶与承台直接采用刚臂连接。

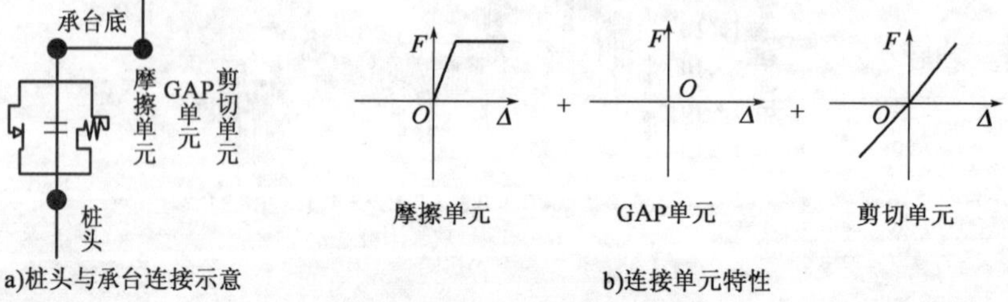

图 9-20 提离式桩基础桩头与承台连接示意

2)地震动输入

本书根据《城市桥梁抗震设计规范》(CJJ 166—2011)水平向设计加速度谱,见式(9-149),$S_{max}=2.25A$,A 为加速度峰值,反应谱特征周期 T_g 取 0.65s,阻尼比为 0.05,阻尼调整系数 η_2 取 1.0,曲线衰减指数 γ 取 0.9,5 倍特征周期至 6s 区段下降斜率调整系数 η_1 取 0.02。

$$S=\begin{cases}0.45S_{max} & (T=0s)\\ \eta_2 S_{max} & (0.1s<T\leqslant T_g)\\ \eta_2 S_{max}\left(\dfrac{T_g}{T}\right)^{\gamma} & (T_g<T\leqslant 5T_g)\\ [\eta_2 0.2^{\gamma}-\eta_1(T-5T_g)]S_{max} & (5T_g<T\leqslant 6s)\end{cases} \tag{9-149}$$

为得到非线性时程分析所需的加速度时程,采用 SIMQKE 软件拟合计算,得到与设计加速度谱匹配的 3 条人工地震波,其时间间隔为 0.01s,持时为 20s。同时从 Peer(太平洋地震工程研究中心)网站选取与设计加速谱相匹配的 3 条实际地震波记录,分别为 Imperial Valley 波,记录号 0006;Chi-Chi 波-Taiwan,记录号 1597;Kocaeli 波-Turkey,记录号 1177。地震动加速度峰值 0.1g 时,6 条地震波和天然地震加速度时程如图 9-21 所示,反应谱曲线如图 9-22所示。

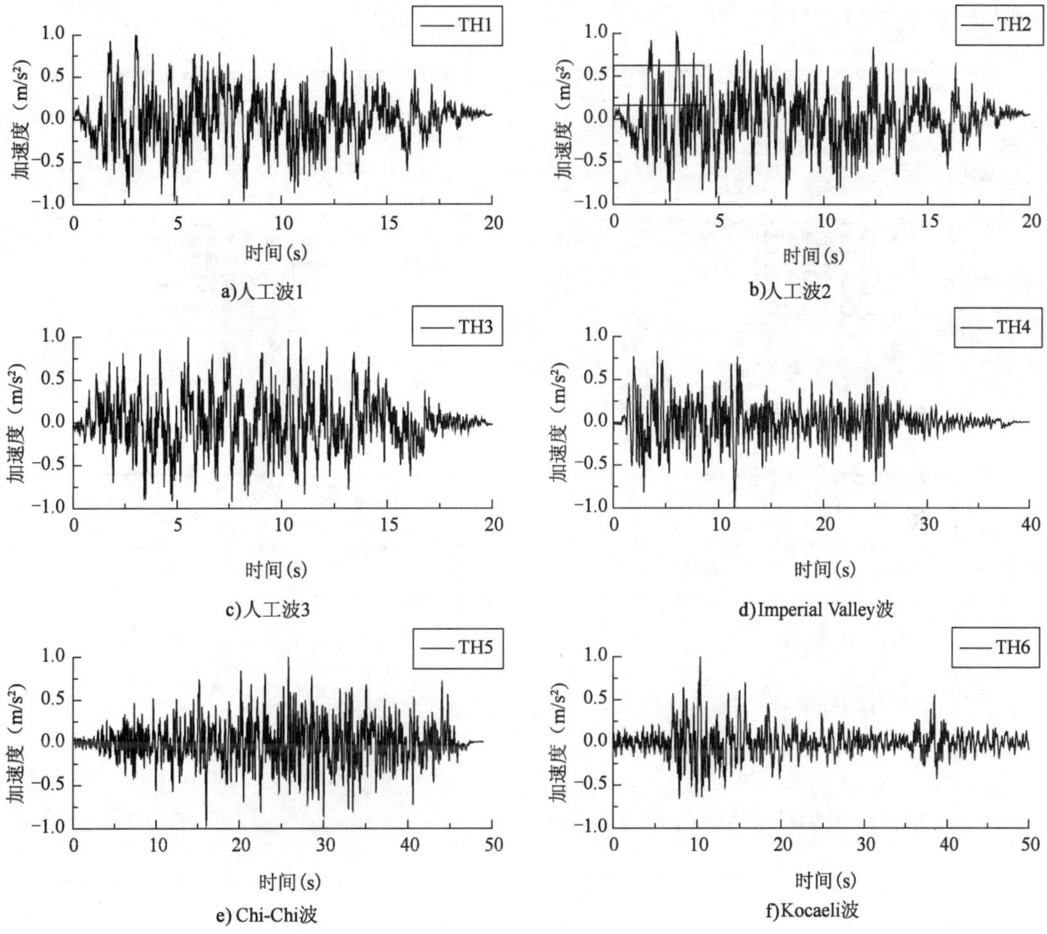

图 9-21　地震动时程

3)基础内力分析

以地震动峰值加速度 0.3g 为例,图 9-23 和图 9-24 分别给出了提离桩和普通桩基础桥梁固定墩位置顺桥向和横桥向承台底部剪力、弯矩随墩高变化曲线。可以看出,提离桩基础承台底的剪力和弯矩需求总体上小于普通桩,其中以横桥向地震下的承台底弯矩差异最为明显,两种基础随着墩高增大,承台底剪力降低,弯矩总体上呈增大的趋势。峰值 0.3g 时,固定墩位置最不利单桩(承台角桩位置)桩身最大剪力、最大弯矩随墩高变化曲线如图 9-25 和图 9-26 所示,可以发现墩高较低时提离桩基础桩身最大弯矩、最大剪力需

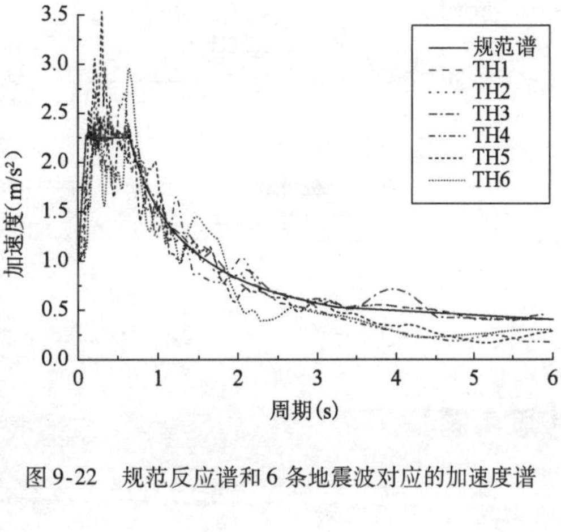

图 9-22　规范反应谱和 6 条地震波对应的加速度谱

求明显小于普通桩,随着墩高增大,二者差异减小,尤其在顺桥向,墩高大于14m后,桩身弯矩基本接近。图9-27给出了单桩最大的拉力,可以看出,各个墩高范围,普通桩基础单桩承受相当大的轴向拉力,提离桩拉力最大为桩头与承台凹槽侧壁之间摩擦力,数值很小。主梁水平加速度与墩高关系图见图9-28。

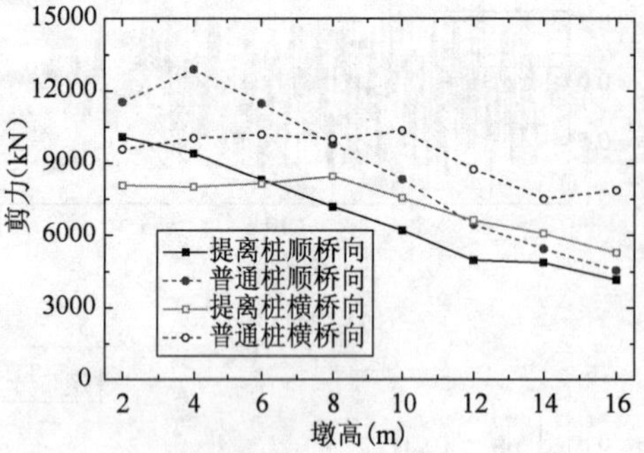

图9-23 承台最大剪力(0.3g)

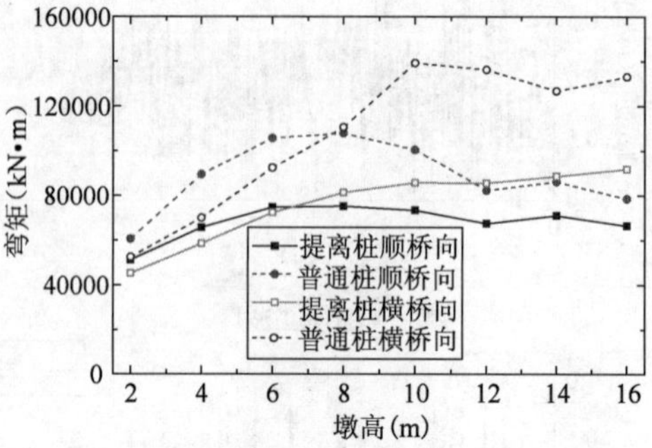

图9-24 承台最大弯矩(0.3g)

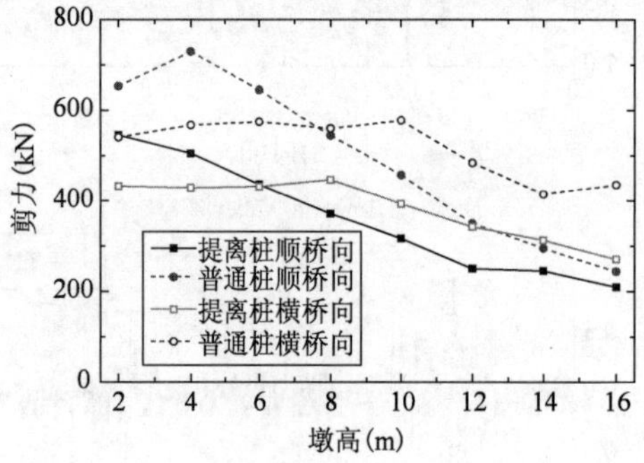

图9-25 桩身最大剪力(0.3g)

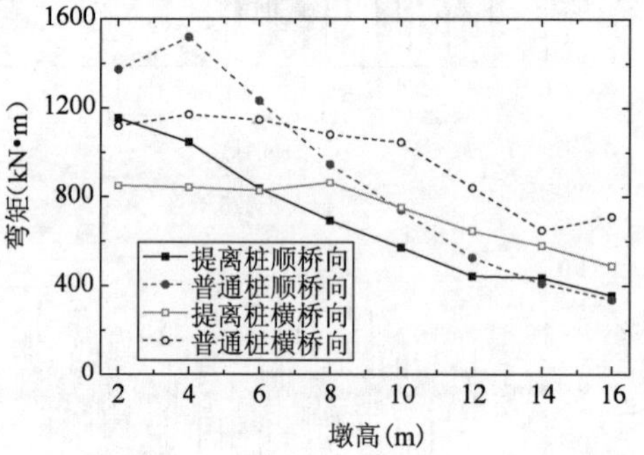

图9-26 桩身最大弯矩(0.3g)

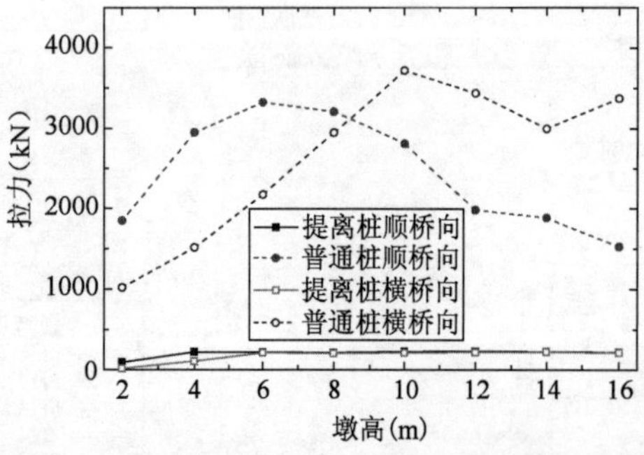

图9-27 桩身最大拉力(0.3g)

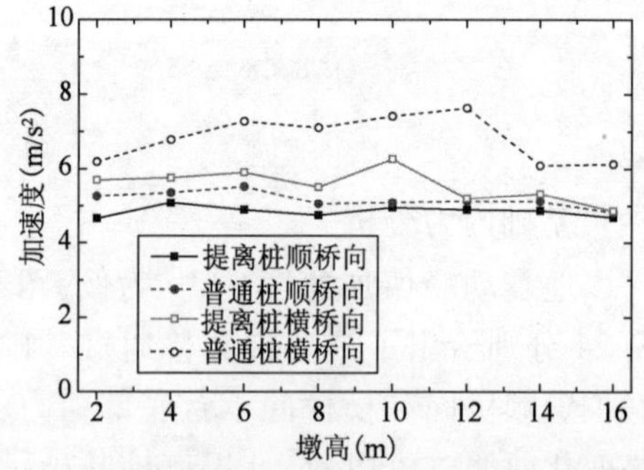

图9-28 主梁水平加速度(0.3g)

【思考题】

1.比较动力学和静力学的有限元方程和求解方法,它们的相同点和不同点是什么?

2. 为什么说中心差分法是显式算法？它的求解过程有什么特点？

3. 中心差分法中如何假设速度、加速度和位移之间的关系式？如何建立各个时间点解的递推公式？什么是它的起步条件？如何建立？

4. 如何选择 Newmark 方法中的计算参数？它们对解有什么影响？它们取何值时，解是无条件稳定的？

5. 比较动力分析中的直接积分法和振型叠加法的相同点和不同点，在实际分析中如何在它们之间进行选择？

6. 阻尼矩阵有哪几种形式？各自的物理意义是什么？

7. Newmark 方法中如何假设位移、速度和加速度之间的关系？如何建立各个时间点解的递推公式？什么是它的起步条件？如何建立？

本章参考文献

[1] 王勖成. 有限单元法[M]. 北京：清华大学出版社，2003.

[2] 陈惠发. 弹性与塑性力学[M]. 北京：中国建筑工业出版社，2014.

[3] K. J. Bathe. Finite Element Procedure[M]. Prentice-Hall Inc.，1996.

[4] 克拉夫，彭津. 结构动力学[M]. 北京：高等教育出版社，2006.

[5] 陈政清. 桥梁风工程[M]. 北京：人民交通出版社，2005.

[6] 叶爱君，管仲国. 桥梁抗震[M]. 北京：人民交通出版社股份有限公司，2017.

[7] 陈兵. 斜拉桥拉索的风雨激振和风载性能气动控制[D]. 上海：同济大学，2017.

[8] 夏禾，张楠. 车辆与结构动力相互作用[M]，北京：科学出版社，2005.

[9] 蒋培文，贺栓海，宋一凡，等. 简支梁车桥耦合振动及其影响因素[J]. 长安大学学报，2013，33(1)：59-66.

[10] 赵林. 风场模式数值模拟与大跨桥梁抖振概率评价[D]. 上海：同济大学，2003.

[11] 仲浩然. 提离式桩基础抗震性能与适用性分析[D]. 上海：同济大学，2017.

[12] 王小松. 车—桥—风相互作用的理论分析[D]. 上海：同济大学，2007.

第 10 章

结构稳定问题

引言：结构失稳是指结构或构件在外力增加到某一量值时，开始丧失稳定平衡状态，在轻微扰动下，结构变形迅速增大，失去正常工作能力的现象。稳定问题是力学中一个重要分支，是桥梁工程中经常遇到的问题。本章结合桥梁结构的实际特征，介绍了稳定的分类、求解方法，同时给出了基于有限单元法的稳定问题在桥梁工程中的运用。

10.1 稳定问题的分类

10.1.1 概述

历史上出现了许多桥梁结构失稳事故。1875 年，俄罗斯的克夫达敞开式桥，因上弦压杆失稳而引起全桥破坏；1907 年，加拿大的魁北克桥在架设过程中，由于悬臂端下弦杆的腹板翘曲而引起严重破坏事故；1969 年，奥地利维也纳多瑙河 4 号桥，箱梁下翼缘由于施工时的恒载效应和温度效应叠加，所受压应力过大，发生局部失稳；1970 年，澳大利亚墨尔本的西门桥在架设合龙整孔左右两半（截面）钢箱梁时，上翼板在跨中失稳，导致 112m 的整垮倒塌；1970 年，联邦德国科布伦茨桥，箱形梁翼缘板的纵向加劲肋在接头处有空隙，使板在空隙处失去支撑，发生局部失稳破坏。

随着对桥梁跨径需求的不断提高，使得桥塔高耸化、箱梁薄壁化以及材料高强度化。桥梁结构的整体和局部刚度下降,导致稳定问题比以往更为突出。失稳破坏与材料强度破坏具有本质的差异,并且前者的荷载大小远低于后者。此外,由于结构失稳一般比较突然,并且受几何缺陷、载荷偏差等因素的影响,往往还带有一定的随机性,以致失稳后结构不能继续工作,甚至造成完全垮塌的灾难性后果。因此,桥梁结构的稳定问题必须受到足够的重视和充分的研究。

10.1.2 稳定问题的分类

根据结构在加载过程中平衡形式是否发生质变,可将失稳问题分为三大类。

1)第一类失稳(分支点失稳)

图 10-1a)所示为一根两端铰支的理想弹性直杆,受到理想中心受压荷载 F_P 作用。当荷载 F_P 小于某个特定值 $F_{P_{cr}}$ 时,杆件保持直线平衡状态,不发生弯曲变形。在任意外界微小扰动下,压杆偏离直线平衡状态(如发生微弯),但在去除扰动后,压杆又能恢复直线平衡状态,则称原来的直线平衡状态是稳定的。当荷载 F_P 达到或大于此临界值 $F_{P_{cr}}$ 时,压杆仍可能具有直线的平衡状态。在受到轻微外界扰动并在扰动去除后,杆件无法恢复原来的直线平衡状态,而是在某一弯曲状态下达到新的平衡,则称原来的直线平衡状态是不稳定的。当荷载值 F_P 等于 $F_{P_{cr}}$ 时,在受到轻微外界扰动并在扰动去除后,杆件在微弯形式下维持平衡,即杆件处于随遇平衡,这种出现平衡分支的情况称为分支点失稳,是第一类稳定问题。图 10-1b)中 A 处为结构开始出现分支点失稳的时刻,对应的荷载大小称为屈曲临界荷载 $F_{P_{cr}}$,路径"O-A-B"是结构第一类失稳的荷载—位移曲线。除了简支压杆可能发生分支点失稳以外,其他结构也可能出现分支点失稳。图 10-2 所示为不同结构的第一类失稳现象。

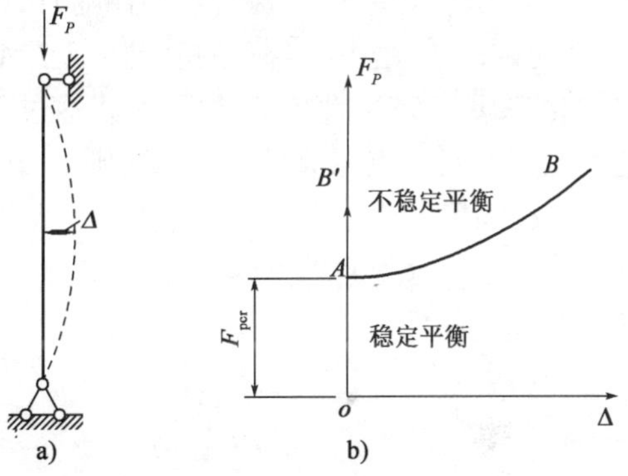

图 10-1 第一类失稳 F_P—Δ 曲线

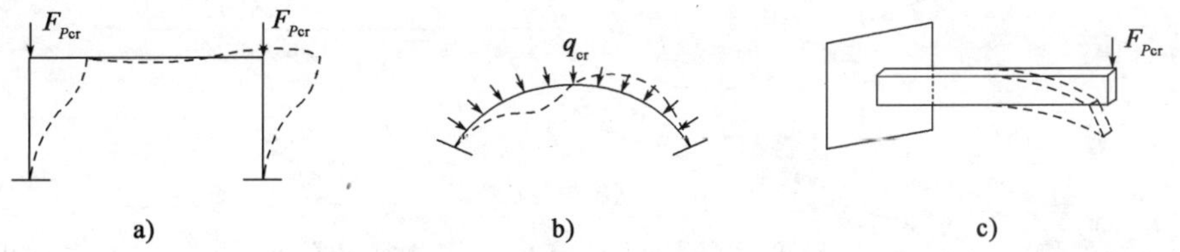

图 10-2 不同结构的第一类失稳现象

2)第二类失稳(极值点失稳)

图 10-3a)、b)所示为具有初曲率或承受偏心荷载的非完善体系压杆,从最初加载就处于弯曲平衡状态。按照小挠度理论,加载初始阶段,压杆挠度增加较慢。随着荷载增大,挠度增加逐渐变快。当荷载 F_P 接近于临界荷载 $F_{P_{cr}}$ 时,挠度趋于无限大。压杆的荷载位移曲线如图 10-3c)中"O-A"路径。按照大挠度理论,由于初偏心与初弯曲的存在,杆受压的一侧已达到了屈服点。在加载初始阶段,压杆挠度迅速增大。但在塑性区扩大的阶段,荷载 F_P 与挠度 Δ 的关系曲线仍有向上的趋势,即曲线斜率为正。随着塑性区加大,曲线斜率逐渐变小至零,随后

结构就失去了支撑刚度，B 点为极值点，对应的荷载称为临界荷载。在极值点处，平衡状态由稳定平衡转变为不稳定平衡。这种失稳形式称为极值点失稳，即第二类失稳。

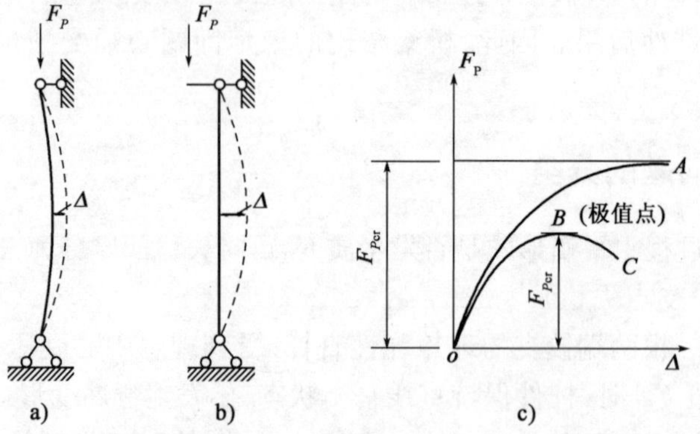

图 10-3　第二类失稳 F_P—Δ 曲线

3）第三类失稳（跃越失稳）

对于扁拱式结构，失稳时可能伴随有“跳跃现象”，称为跃越失稳。如图 10-4 所示杆系结构，在荷载F_P 作用下，当荷载持续加载至 A 点时，变形突然增加到 B 点，继续加载，则变形沿 BC 继续发展。若由此持续减载，则将通过 B 点沿 BD 线发展，到达与 D 点对应的荷载值时，又急剧地减少到 E 点，如再继续减载，则沿 EO 发展。这种变形突然变化的现象称为跃越，是第三类失稳问题。

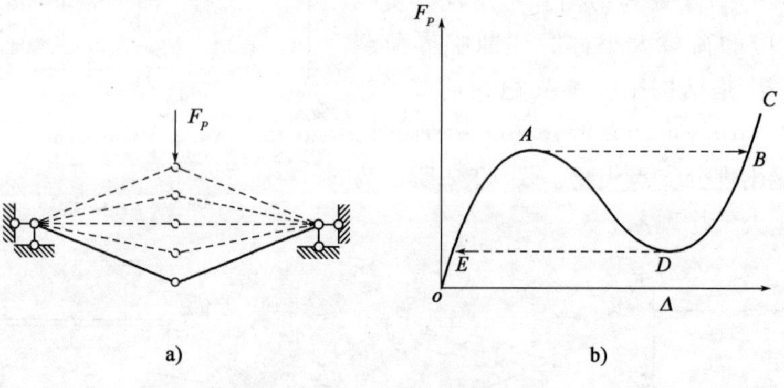

图 10-4　跃越失稳示意图

上述三类失稳中，分支点失稳形式的特征是存在平衡路径的分叉，在分支点出现平衡形式的二重性。极值点失稳形式的特征是只存在一个平衡路径，但是在平衡路径上出现极值点。跃越失稳则是一种比较特殊的情况，在桥梁工程中则不太可能发生。除了按上述平衡形式的质变，稳定问题还可以按照其他方式分类：

（1）按照破坏部位，桥梁结构的失稳可分为整体（体系）失稳和局部失稳。整体失稳是指整个结构或构件出现的失稳，例如压杆的失稳和梁的侧倾。局部失稳是指结构或个别构件的板件局部区域出现的失稳，例如组成压杆的板和板梁腹板的翘曲等。

（2）根据构件的类型，失稳问题可以分为杆系结构失稳、板壳结构失稳等。

（3）根据荷载类型，失稳问题可以分为动力失稳、静力失稳。

10.2 稳定问题的求解方法

结构稳定分析的基本方法有静力法、能量法及有限单元法等。其中,静力法是基于临界状态的静力特征提出的,能量法则是基于临界状态的能量特征提出的,有限单元法则是随着计算机技术发展而形成的。对于第一类稳定问题(分支点失稳),临界状态的静力特征是平衡形式的二重性,而其能量特征是势能为驻值,且位移有非零解。本节以两端铰接的理想中心压杆为例,分别通过静力法、能量法及有限单元法推导其失稳临界荷载。

10.2.1 静力法

图10-5所示为一根长度为l、两端铰支的理想弹性直杆,受到理想中心受压荷载F_P作用。现采用静力法分析其在临界力作用时处于微弯状态下的平衡问题。

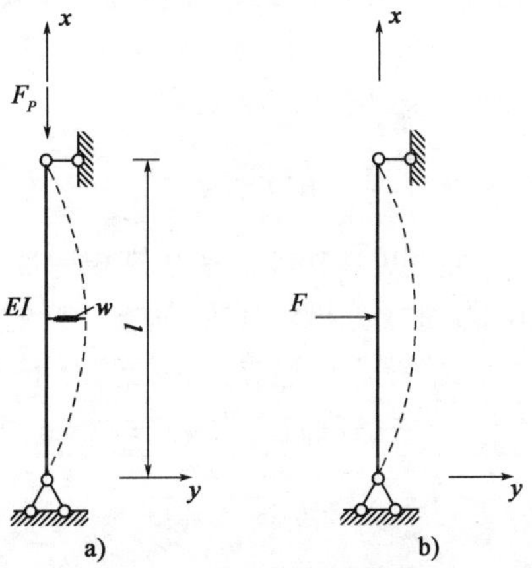

图10-5 理想中心压杆与横向F作用下的杆

在荷载F_P作用下,压杆任意位置x的截面弯矩为:

$$M(x)=F_P w(x) \tag{10-1}$$

由小挠度微分方程可知:

$$M(x)=-EI\frac{\mathrm{d}^2 w(x)}{\mathrm{d}x^2} \tag{10-2}$$

令:

$$k^2=\frac{F_P}{EI} \tag{10-3}$$

则式(10-2)可改写为如下形式:

$$\frac{\mathrm{d}^2 w}{\mathrm{d}x^2}+k^2 w=0 \tag{10-4}$$

式(10-4)为压杆在微弯曲状态下的平衡微分方程。方程的通解可以表示为如下形式:

$$w=A\sin kx+B\cos kx \tag{10-5}$$

引入两端的边界条件:

$$w(0)=0 \quad w(1)=0 \tag{10-6}$$

杆的临界荷载可以表示为:

$$F_{P_{\mathrm{cr}}}=\frac{n^2\pi^2 EI}{l^2} \tag{10-7}$$

当$n=1$时,所得到的就是具有实际意义的、最小临界荷载值:

$$F_{P_{\mathrm{cr}}}=\frac{\pi^2 EI}{l^2} \tag{10-8}$$

式中:E——压杆材料的弹性模量;

I——压杆横截面的形心主惯性矩。

由于式(10-7)最早由欧拉(L. Euler)提出,所以称为欧拉公式。

通过静力法推导,可以得到不同杆端约束下细长中心受压直杆的临界荷载表达式。

（1）一端固定，一端铰支：

$$F_{P_{cr}}=\frac{\pi^2 EI}{(0.7l)^2} \tag{10-9}$$

（2）两端固定：

$$F_{P_{cr}}=\frac{\pi^2 EI}{(0.5l)^2} \tag{10-10}$$

（3）一端固定，一端自由：

$$F_{P_{cr}}=\frac{\pi^2 EI}{(2l)^2} \tag{10-11}$$

可以看出，杆端约束越强，杆的抗弯能力就越大，其临界荷载就越大。对于各种杆端约束情况，细长中心受压等直杆临界荷载的欧拉公式可写成统一的形式：

$$F_{P_{cr}}=\frac{\pi^2 EI}{(\mu l)^2} \tag{10-12}$$

式中：μ——压杆的长度因数，与杆端的约束情况有关。

μl 称为有效长度。需要注意的是，上述临界荷载公式，只有在压杆的微弯曲状态仍然处于弹性状态时才是成立的。

10.2.2 能量法

同样以图 10-5 的受压理想弹性直杆为例，采用能量法中里兹法对其在临界力作用时的平衡问题进行分析。其中，简支压杆的位移边界条件为：当 $x=0$ 和 $x=1$ 时，$y=0$。

在满足上述边界条件的情况下，选取三种不同的变形形式进行计算。

（1）假设挠曲线为抛物线：

$$y=a_1\frac{4x(l-x)}{l^2} \tag{10-13}$$

$$y'=\frac{4a_1}{l^2}(l-2x) \tag{10-14}$$

$$y''=-\frac{8a_1}{l^2} \tag{10-15}$$

计算弯曲应变能：

$$V_\varepsilon=\frac{1}{2}\int_0^l EI(y'')^2\mathrm{d}x=\frac{32EIa_1^2}{l^3} \tag{10-16}$$

计算荷载势能：

$$V_P=-F_P\frac{1}{2}\int_0^l (y')^2\mathrm{d}x=-\frac{8F_P}{3}\frac{a_1^2}{l} \tag{10-17}$$

计算体系势能：

$$E_P=\frac{32EIa_1^2}{l^3}-\frac{8F_P a_1^2}{3\ l} \tag{10-18}$$

根据势能驻值条件$\frac{\mathrm{d}E_P}{\mathrm{d}a_1}=0$ 可知：

$$\left(\frac{64EI}{l^3}-\frac{16F_P}{3l}\right)a_1=0 \tag{10-19}$$

为了获得非零解,令 a_1 的系数为零,得:

$$F_{P_{cr}}=\frac{\frac{64EI}{l^3}}{\frac{16}{3l}}=\frac{12EI}{l^2} \tag{10-20}$$

(2)假设挠曲线为跨中作用集中力 F 时的变形形状[图 10-5b)],则当 $x \leqslant l/2$ 时:

$$y''=-\frac{M}{EI}=-\frac{1}{EI}\frac{F}{2}x \tag{10-21}$$

$$y'=-\frac{F}{EI}\left(\frac{x^2}{4}-\frac{l^2}{16}\right) \tag{10-22}$$

计算弯曲应变能:

$$V_\varepsilon=\frac{1}{2}\int_0^l EI(y'')^2\mathrm{d}x=\int_0^{l/2}EI(y'')^2\mathrm{d}x=\frac{F^2l^3}{96EI} \tag{10-23}$$

计算荷载势能:

$$V_P=-F_P\frac{1}{2}\int_0^l(y')^2\mathrm{d}x=-F_P\int_0^{l/2}(y')^2\mathrm{d}x=-\frac{F_PF^2l^5}{960E^2I^2} \tag{10-24}$$

按照前面的求解过程,可求得:

$$F_{P_{cr}}=\frac{10EI}{l^2} \tag{10-25}$$

(3)假设挠曲线为正弦曲线:

$$y=a\sin\frac{\pi x}{l} \tag{10-26}$$

$$y'=a\frac{\pi}{l}\cos\frac{\pi x}{l} \tag{10-27}$$

$$y''=-a\frac{\pi^2}{l^2}\sin\frac{\pi x}{l} \tag{10-28}$$

计算弯曲应变能:

$$V_\varepsilon=\frac{1}{2}\int_0^l EI(y'')^2\mathrm{d}x=\frac{EIa^2}{2}\left(\frac{\pi}{l}\right)^4\int_0^l\sin^2\frac{\pi x}{l}\mathrm{d}x=EIa^2\left(\frac{\pi}{l}\right)^4\frac{l}{4} \tag{10-29}$$

计算荷载势能:

$$V_P=-F_P\frac{1}{2}\int_0^l(y')^2\mathrm{d}x=-\frac{F_P}{2}a^2\left(\frac{\pi}{l}\right)^2\int_0^l\cos^2\frac{\pi x}{l}\mathrm{d}x=-F_Pa^2\left(\frac{\pi}{l}\right)^2\frac{l}{4} \tag{10-30}$$

按照前面的求解过程,可求得:

$$F_{P_{cr}}=\frac{\pi^2EI}{l^2} \tag{10-31}$$

由上述分析可以看出,假定挠曲线为正弦曲线求得的临界荷载与静力法所求的结果相等。这是因为正弦曲线是失稳时的真实变形曲线,所以由它求得的临界荷载是精确解。若假设挠曲线为抛物线,求得的临界荷载值与精确值相比,误差为22%,这是因为抛物线与实际的挠曲线差别较大。若采用跨中集中力作用下的变形形式作为挠曲线进行计算,求得的临界荷载值与精确值相比,误差为1.3%,精确度比前者大为提高。若采用均布荷载作用下的变形形式作为挠曲线进行计算,则精度还可以进一步提高。

10.2.3 有限单元法

除了用静力法和能量法来计算各种构件的屈曲临界荷载,还可以通过有限单元法来计算。T. L 列式下,结构增量形式的平衡方程可表示为如下形式:

$$({}^{0}\boldsymbol{K}_{\mathrm{e}}+{}^{0}\boldsymbol{K}_{\mathrm{G}}+{}^{0}\boldsymbol{K}_{\mathrm{u}})\Delta\boldsymbol{u}={}^{0}\boldsymbol{K}\Delta\boldsymbol{u}=\Delta\boldsymbol{R} \tag{10-32}$$

式中:${}^{0}\boldsymbol{K}_{\mathrm{e}}$——单元弹性刚度矩阵;

${}^{0}\boldsymbol{K}_{\mathrm{G}}$——几何刚度矩阵;

${}^{0}\boldsymbol{K}_{\mathrm{u}}$——单元初位移刚度矩阵或单元大位移刚度矩阵;

${}^{0}\boldsymbol{K}$——三个刚度矩阵之和,称为单元切线刚度矩阵;

$\Delta\boldsymbol{u}$——位移矩阵;

$\Delta\boldsymbol{R}$——荷载矩阵。

U. L 列式下,结构的平衡方程可表示为如下形式:

$$({}^{t}\boldsymbol{K}_{\mathrm{e}}+{}^{t}\boldsymbol{K}_{\mathrm{G}})\Delta u={}^{t}\boldsymbol{K}\Delta\boldsymbol{u}=\Delta\boldsymbol{R} \tag{10-33}$$

在发生第一类失稳前,结构满足线性假设,处于初始构形线性平衡状态。在小变形情况下,$\boldsymbol{K}_{\mathrm{G}}$ 与应力水平成正比,应力与外荷载也为线性关系,则式(10-32)中大位移矩阵${}^{0}\boldsymbol{K}_{\mathrm{u}}$ 应该为零。在 U. L 列式中不再考虑每个荷载增量步引起的构形变化,所以,不论 T. L 列式还是U. L 列式,其表达形式是统一的,即

$$(\boldsymbol{K}_{\mathrm{e}}+\boldsymbol{K}_{\mathrm{G}})\Delta\boldsymbol{u}=\Delta\boldsymbol{R} \tag{10-34}$$

当结构处在临界状态时,$\Delta\boldsymbol{R}\to 0$,$\Delta\boldsymbol{u}$ 有非零解。因而:

$$|\boldsymbol{K}_{\mathrm{e}}+\boldsymbol{K}_{\mathrm{G}}|=0 \tag{10-35}$$

因此,若某种参考荷载 $\overline{P}$ 对应的结构几何刚度阵为$\overline{\boldsymbol{K}}_{\mathrm{G}}$,临界荷载为 $P_{\mathrm{cr}}=\lambda\overline{P}$,那么在临界荷载作用下结构的几何刚度矩阵可表示为:

$$\boldsymbol{K}_{\mathrm{G}}=\lambda\overline{\boldsymbol{K}}_{\mathrm{G}} \tag{10-36}$$

式(10-35)可写成:

$$|\boldsymbol{K}_{\mathrm{e}}+\lambda\overline{\boldsymbol{K}}_{\mathrm{G}}|=0 \tag{10-37}$$

式(10-37)就是第一类稳定问题的控制方程。稳定问题实质上是求解方程最小特征值问题,相应的特征向量就是失稳模态。

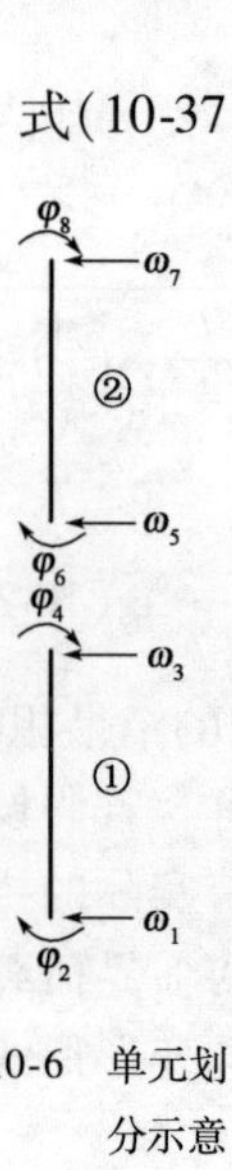

图 10-6 单元划分示意

下面采用有限元平衡方程对图 10-5 中杆件在临界力作用时的平衡问题进行分析。此例的边界条件有:两端位移为零,同时中点处的斜率为零。可将其分为两个长度为 $l/2$ 的单元进行分析(图 10-6),其中单元长度 $l_1=l/2$。

对于单元①,其边界条件为:$\omega_1=0,\varphi_4=0$。因而,单元①的刚度矩阵可表示为如下形式:

$$\boldsymbol{K}^{1}=\boldsymbol{K}_{\mathrm{e}}^{1}+\boldsymbol{K}_{\mathrm{G}}^{1}=\begin{bmatrix}\dfrac{4EI}{l_1} & -\dfrac{6EI}{l_1^2}\\[2mm] -\dfrac{6EI}{l_1^2} & \dfrac{12EI}{l_1^3}\end{bmatrix}+\begin{bmatrix}-\dfrac{2F_P l_1}{15} & \dfrac{F_P}{10}\\[2mm] \dfrac{F_P}{10} & -\dfrac{6F_P}{5l_1}\end{bmatrix} \tag{10-38}$$

对于单元②,其边界条件为:$\omega_7=0,\varphi_6=0$。因而,单元②的刚度矩阵可表示为如下形式:

$$\boldsymbol{K}^2=\boldsymbol{K}_e^2+\boldsymbol{K}_G^2=\begin{bmatrix}\dfrac{12EI}{l_1^3} & \dfrac{6EI}{l_1^2}\\ \dfrac{6EI}{l_1^2} & \dfrac{4EI}{l_1}\end{bmatrix}+\begin{bmatrix}-\dfrac{6F_P}{5l_1} & -\dfrac{F_P}{10}\\ -\dfrac{F_P}{10} & -\dfrac{2F_Pl_1}{15}\end{bmatrix} \tag{10-39}$$

单元刚度矩阵可形成结构整体刚度矩阵：

$$\boldsymbol{K}=\boldsymbol{K}^1+\boldsymbol{K}^2 \tag{10-40}$$

由于 $\varphi_8=-\varphi_2$，上式可简化为：

$$\boldsymbol{K}=\boldsymbol{K}^1+\boldsymbol{K}^2=\begin{bmatrix}\dfrac{4EI}{l_1}-\dfrac{2F_Pl_1}{15} & -\dfrac{6EI}{l_1^2}+\dfrac{F_P}{10}\\ -\dfrac{6EI}{l_1^2}+\dfrac{F_P}{10} & \dfrac{24EI}{l_1^3}-\dfrac{6EI}{5l_1}\end{bmatrix} \tag{10-41}$$

由式(10-36)可知，稳定特征方程为：

$$|\boldsymbol{K}|=\begin{vmatrix}\dfrac{4EI}{l_1}-\dfrac{2F_Pl_1}{15} & -\dfrac{6EI}{l_1^2}+\dfrac{F_P}{10}\\ -\dfrac{6EI}{l_1^2}+\dfrac{F_P}{10} & \dfrac{24EI}{l_1^3}-\dfrac{6EI}{5l_1}\end{vmatrix}=0 \tag{10-42}$$

解得临界荷载：

$$F_{P_{cr}}=\frac{9.8EI}{l^2} \tag{10-43}$$

通过有限单元法计算得到的临界荷载与精确解 $F_{P_{cr}}=\pi^2EI/l^2$ 相比，误差为0.7%。随着分析单元数目增加，计算精度将进一步提高。

对于两端铰接受压柱的稳定计算，上述三种方法的计算结果列于表10-1。

不同计算方法所求结果对比 表10-1

计算方法	静力法	能量法(与挠曲线形状有关)			有限单元法
		抛物线	跨中受横向荷载的挠曲线	正弦曲线	
计算结果	$\dfrac{\pi^2EI}{l^2}$	$12\dfrac{EI}{l^2}$	$10\dfrac{EI}{l^2}$	$\dfrac{\pi^2EI}{l^2}$	$9.8\dfrac{EI}{l^2}$
误差	0	22%	1.3%	0	0.7%

从表中结果可以看出，采用静力法可以获得结构第一类稳定的临界荷载精确解。采用能量法的计算精度与其所假设的挠曲线形状有很大关系，挠曲线形状和实际的变形形态越接近，计算结果越准确。采用有限单元法的计算精度与单元划分的数目有关，单元数越多，结果精度越高。

10.3 第一类稳定

前一节主要阐述稳定问题的三种求解方法：静力法、能量法、有限单元法。本节结合第一类稳定问题的求解方法，对梁、杆、拱及板等工程中常见结构的第一类稳定问题进行阐述。

10.3.1 杆、梁的稳定

相比静力法和能量法，采用有限单元法对实际结构的稳定问题进行分析，更具广义性。由10.2.3节的推导以及10.2.4节的算例可知，有限单元法的核心是确定弹性刚度矩阵及应力刚度矩阵。以下对杆、梁的刚度矩阵推导进行简要阐述。

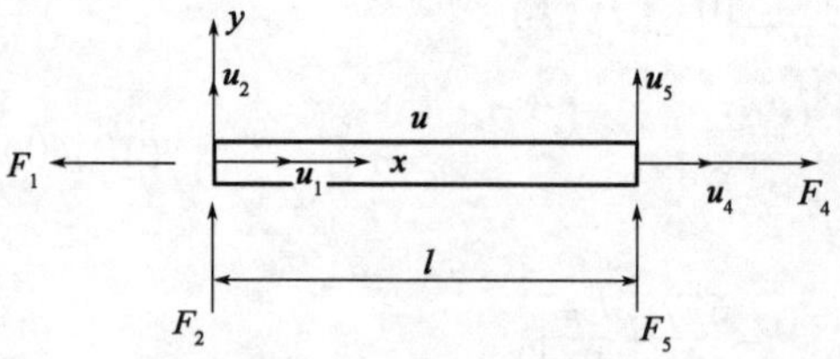

图10-7 杆单元示意

1）杆单元的刚度矩阵

图10-7所示为一平面杆单元，单元各端包含两个位移分量，分别为 u_1 和 u_2，u_4 和 u_5。单元两端的节点力分别为 F_1 和 F_2，F_4 和 F_5。将杆单元表示为一般的6×1阶的向量如下所示：

$$\boldsymbol{d} = (u_1 \quad u_2 \quad u_3 \quad u_4 \quad u_5 \quad u_6)^{\mathrm{T}} \tag{10-44}$$

$$\boldsymbol{F} = (F_1 \quad F_2 \quad F_3 \quad F_4 \quad F_5 \quad F_6)^{\mathrm{T}} \tag{10-45}$$

设 u_x 和 u_y 分别为各截面中心沿 x 和 y 的位移。假定杆单元的位移函数如下所示：

$$u_x = a_1 x + a_2 \tag{10-46}$$

$$u_y = b_1 x + b_2 \tag{10-47}$$

由边界条件可知：

$$u_x = (N_1^x \quad 0 \quad 0 \quad N_4^x \quad 0 \quad 0)\boldsymbol{d} = \boldsymbol{N}_x \boldsymbol{d} \tag{10-48}$$

$$u_y = (0 \quad N_2^y \quad 0 \quad 0 \quad N_5^y \quad 0)\boldsymbol{d} = \boldsymbol{N}_y \boldsymbol{d} \tag{10-49}$$

式中，$N_1^x = N_2^y = 1 - \left(\dfrac{x}{l}\right)$；$N_4^x = N_5^y = \dfrac{x}{l}$。

杆单元的正应变可以表示为如下形式：

$$\varepsilon_x = \frac{\partial u_x}{\partial x} + \frac{1}{2}\left(\frac{\partial u_y}{\partial x}\right)^2 \tag{10-50}$$

单元的应变能为：

$$U^e = \frac{1}{2}\int_V E\varepsilon_x \mathrm{d}x = U^e = \frac{E}{2}\int_0^l \left\{\iint_A \left[\left(\frac{\partial u_x}{\partial x}\right)^2 + \frac{\partial u_x}{\partial x}\left(-\frac{\partial u_y}{\partial x}\right)^2 + \frac{1}{4}\left(-\frac{\partial u_y}{\partial x}\right)^4\right]\mathrm{d}A\right\}\mathrm{d}x \tag{10-51}$$

略去高阶微量，上式可以简化为如下形式：

$$U^e = \frac{EA}{2}\int_0^l \left(\frac{\partial u_x}{\partial x}\right)^2 \mathrm{d}x + \frac{EA}{2}\int_0^l \frac{\partial u_x}{\partial x}\left(\frac{\partial u_y}{\partial x}\right)^2 \mathrm{d}x \tag{10-52}$$

其中，

$$\frac{\partial u_x}{\partial x} = \frac{\partial \boldsymbol{N}_x}{\partial x}\boldsymbol{d} = \boldsymbol{B}_x \boldsymbol{d} = \left[-\frac{1}{l} \quad 0 \quad 0 \quad \frac{1}{l} \quad 0 \quad 0\right]\boldsymbol{d} \tag{10-53}$$

$$\frac{\partial u_y}{\partial x} = \frac{\partial \boldsymbol{N}_y}{\partial x}\boldsymbol{d} = \boldsymbol{G}_y \boldsymbol{d} = \left[0 \quad -\frac{1}{l} \quad 0 \quad 0 \quad \frac{1}{l} \quad 0\right]\boldsymbol{d} \tag{10-54}$$

$$\left(\frac{\partial u_x}{\partial x}\right)^2 = \boldsymbol{d}^{\mathrm{T}}\boldsymbol{B}_x^{\mathrm{T}}\boldsymbol{B}_x\boldsymbol{d} \tag{10-55}$$

令：

$$P = EA\frac{\partial u}{\partial x} = \frac{EA}{l}(u_4 - u_1) \tag{10-56}$$

$$\boldsymbol{K}_{\mathrm{e}} = EA\int_0^l \boldsymbol{B}_x^{\mathrm{T}}\boldsymbol{B}_x \mathrm{d}x \tag{10-57}$$

$$\boldsymbol{K}_{\mathrm{G}} = P\int_0^l \boldsymbol{N}_y^{\mathrm{T}}\boldsymbol{N}_y \mathrm{d}x \tag{10-58}$$

式(10-51)可表示为：

$$U^{\mathrm{e}} = \frac{1}{2}\boldsymbol{d}^{\mathrm{T}}\boldsymbol{K}_{\mathrm{e}}\boldsymbol{d} + \frac{1}{2}\boldsymbol{d}^{\mathrm{T}}\boldsymbol{K}_{\mathrm{G}}\boldsymbol{d} \tag{10-59}$$

荷载势能可以表示为：

$$U^{\mathrm{F}} = -\boldsymbol{F}\boldsymbol{d} \tag{10-60}$$

单元总势能为：

$$U = U^{\mathrm{e}} + U^{\mathrm{F}} \tag{10-61}$$

利用总势能驻值条件 $\delta U = 0$，可以计算得到杆单元的弹性刚度矩阵和几何刚度矩阵如下所示：

$$\boldsymbol{K}_{\mathrm{e}} = \begin{pmatrix} \frac{EA}{l} & 0 & 0 & -\frac{EA}{l} & 0 & 0 \\ 0 & 0 & 0 & 0 & 0 & 0 \\ 0 & 0 & 0 & 0 & 0 & 0 \\ -\frac{EA}{l} & 0 & 0 & \frac{EA}{l} & 0 & 0 \\ 0 & 0 & 0 & 0 & 0 & 0 \\ 0 & 0 & 0 & 0 & 0 & 0 \end{pmatrix} \quad \boldsymbol{K}_{\mathrm{G}} = \begin{pmatrix} 0 & 0 & 0 & 0 & 0 & 0 \\ 0 & -\frac{P}{l} & 0 & 0 & -\frac{P}{l} & 0 \\ 0 & 0 & 0 & 0 & 0 & 0 \\ 0 & 0 & 0 & 0 & 0 & 0 \\ 0 & -\frac{P}{l} & 0 & 0 & -\frac{P}{l} & 0 \\ 0 & 0 & 0 & 0 & 0 & 0 \end{pmatrix} \tag{10-62}$$

2）梁单元的刚度矩阵

在推导梁单元的刚度矩阵之前，首先建立考虑轴力作用的转角位移方程。图 10-8 所示为两端收到轴力 P 的压杆。压杆两端转角分别为发 φ_{A} 和 φ_{B}；两端相对变形为 Δ。杆端弯矩分别为 M_{AB} 和 M_{BA}，剪力为 Q。

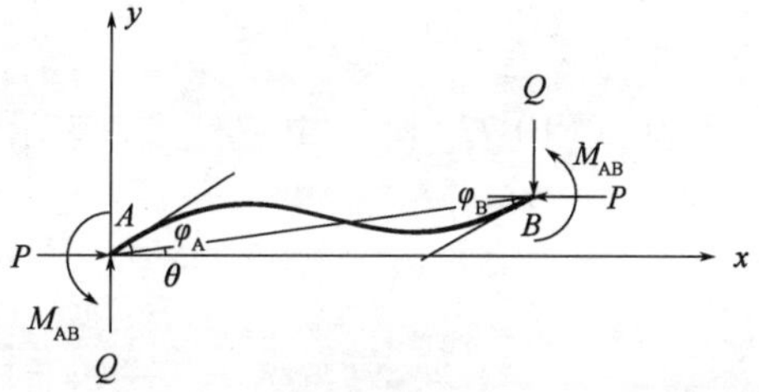

图 10-8　梁单元示意

根据平衡微分方程可得到：

$$EIy'' = -(M_{\mathrm{AB}} + Qx + Py) \tag{10-63}$$

$$\sum M_{\mathrm{B}} = M_{\mathrm{AB}} + M_{\mathrm{BA}} + Ql + P\Delta = 0 \tag{10-64}$$

$$\theta = \frac{\Delta}{l} \tag{10-65}$$

$$Q = -\frac{(M_{\mathrm{AB}} + M_{\mathrm{BA}})}{l} = -P\theta \tag{10-66}$$

结合式(10-63)和式(10-66)可得：

$$EIy'' + Py = -M_{\mathrm{AB}}\left(1 - \frac{x}{l}\right) + M_{\mathrm{BA}}\frac{x}{l} + P\theta x \tag{10-67}$$

上述微分方程的通解为：

$$y = A\sin\frac{\alpha x}{l} + B\cos\frac{\alpha x}{l} - \frac{M_{\mathrm{AB}}}{P}\left(1 - \frac{x}{l}\right) + M_{\mathrm{BA}}\frac{x}{l} + \theta x \tag{10-68}$$

式中:A 和 B 为未知参数,$\alpha = l\sqrt{\dfrac{P}{EI}}$。

结合压杆两端的边界条件:

$$x=0, y=0;\quad x=l, y=\theta l \tag{10-69}$$

参数 A 和 B 可以由下式计算:

$$\begin{cases} A = -\dfrac{1}{P\sin\alpha}(M_{\mathrm{BA}} + M_{\mathrm{AB}}\cos\alpha) \\ B = \dfrac{M_{\mathrm{AB}}}{P} \end{cases} \tag{10-70}$$

将参数 A 和 B 代入式(10-68)可得:

$$y = \frac{M_{\mathrm{AB}}}{P}\left[\frac{\sin\alpha\left(1-\dfrac{x}{l}\right)}{\sin\alpha} - 1 + \frac{x}{l}\right] - \frac{M_{\mathrm{BA}}}{P}\left(\frac{\sin\dfrac{\alpha x}{l}}{\sin\alpha} - \frac{x}{l}\right) + \theta x \tag{10-71}$$

通过上式求导,并引入边界条件,可得到两端的转角的计算公式:

$$\varphi_{\mathrm{A}} = \frac{M_{\mathrm{AB}}}{Pl}(1-\alpha\cot\alpha) - \frac{M_{\mathrm{BA}}}{Pl}(1-\alpha\csc\alpha) + \theta \tag{10-72}$$

$$\varphi_{\mathrm{B}} = \frac{M_{\mathrm{AB}}}{Pl}(1-\alpha\csc\alpha) - \frac{M_{\mathrm{BA}}}{Pl}(1-\alpha\cot\alpha) + \theta \tag{10-73}$$

令

$$i = \frac{EI}{l} = \frac{Pl}{\alpha^2} \tag{10-74}$$

$$\phi_n = \frac{1}{\alpha^2}(1-\alpha\cot\alpha) \tag{10-75}$$

$$\phi_f = -\frac{1}{\alpha^2}(1-\alpha\csc\alpha) \tag{10-76}$$

则式(10-72)和式(10-73)可以表示为如下形式:

$$\varphi_{\mathrm{A}} = \frac{M_{\mathrm{AB}}}{i}\phi_n - \frac{M_{\mathrm{BA}}}{i}\phi_f + \theta \tag{10-77}$$

$$\varphi_{\mathrm{B}} = \frac{-M_{\mathrm{AB}}}{i}\phi_f + \frac{M_{\mathrm{BA}}}{i}\phi_n + \theta \tag{10-78}$$

根据以上两式可以得到考虑轴向力作用的转角位移方程:

$$M_{\mathrm{AB}} = i[a_n\varphi_{\mathrm{A}} + a_f\varphi_{\mathrm{B}} - (a_n + a_f)\theta] \tag{10-79}$$

$$M_{\mathrm{BA}} = i[a_f\varphi_{\mathrm{A}} + a_n\varphi_{\mathrm{B}} - (a_n + a_f)\theta] \tag{10-80}$$

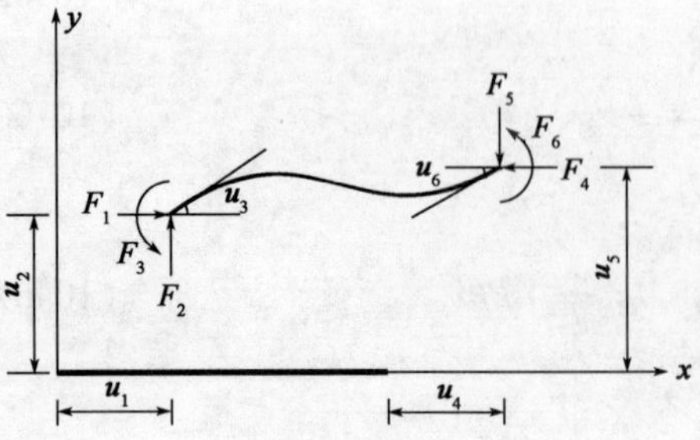

图 10-9　梁单元示意

式中:

$$a_n = \frac{\phi_n}{\phi_n^2 - \phi_f^2} \quad a_f = \frac{\phi_f}{\phi_n^2 - \phi_f^2} \tag{10-81}$$

以下对梁单元的刚度矩阵进行推导。图 10-9 所示为等截面梁单元。假定节点位移列向量和节点力列向量分别为:

$$\boldsymbol{d} = (u_1 \quad u_2 \quad u_3 \quad u_4 \quad u_5 \quad u_6)^{\mathrm{T}} \tag{10-82}$$

$$\boldsymbol{F} = (F_1 \quad F_2 \quad F_3 \quad F_4 \quad F_5 \quad F_6)^{\mathrm{T}} \tag{10-83}$$

由式(10-79)和式(10-80)可知：

$$F_3=\frac{i(a_n+a_f)}{l}u_2+ia_nu_2-\frac{i(a_n+a_f)}{l}u_5+ia_fu_6 \tag{10-84}$$

$$F_6=\frac{i(a_n+a_f)}{l}u_2+ia_fu_2-\frac{i(a_n+a_f)}{l}u_5+ia_nu_6 \tag{10-85}$$

根据平衡条件可知：

$$\begin{aligned}F_2=-F_5&=\frac{F_3+F_6}{l}-\frac{F_4(u_5-u_2)}{l}\\&=\left(\frac{2ia_n+2a_f}{l^2}+\frac{F_1}{l}\right)u_1+\frac{ia_n+ia_f}{l}u_3+\left(\frac{2ia_n+2a_f}{l^2}+\frac{F_1}{l}\right)u_2+\frac{ia_n+ia_f}{l}u_6\end{aligned} \tag{10-86}$$

由胡克定律可知：

$$F_1=-F_4=-\frac{EA}{l}(u_1-u_2) \tag{10-87}$$

综合式(10-84)~式(10-87)，可得到梁单元的刚度方程及相应的刚度矩阵：

$$\boldsymbol{F}=\boldsymbol{Kd} \tag{10-88}$$

$$\boldsymbol{K}=\begin{pmatrix}\frac{EA}{l}&0&0&-\frac{EA}{l}&0&0\\0&\frac{2ia_n+2ia_f}{l^2}-\frac{P}{l}&\frac{ia_n+ia_f}{l}&0&-\frac{2ia_n+2ia_f}{l^2}+\frac{P}{l}&-\frac{ia_n+ia_f}{l}\\0&\frac{ia_n+ia_f}{l}&ia_n&0&-\frac{ia_n+ia_f}{l}&ia_f\\-\frac{EA}{l}&0&0&\frac{EA}{l}&0&0\\0&-\frac{2ia_n+2ia_f}{l^2}+\frac{P}{l}&-\frac{ia_n+ia_f}{l}&0&\frac{2ia_n+2ia_f}{l^2}-\frac{P}{l}&-\frac{ia_n+ia_f}{l}\\0&\frac{ia_n+ia_f}{l}&ia_f&0&-\frac{ia_n+ia_f}{l}&ia_n\end{pmatrix} \tag{10-89}$$

由式(10-75)、式(10-76)和式(10-81)可知

$$a_n+a_f=\frac{\phi_n+\phi_f}{\phi_n^2-\phi_f^2}=\frac{\alpha^2}{2}\left(\frac{\tan\frac{\alpha}{2}}{\tan\frac{\alpha}{2}-\frac{\alpha}{2}}\right) \tag{10-90}$$

利用三角函数的级数展开式，并略去高阶项，可以得到以下近似表达式：

$$k_{22}=\frac{12EI}{l^3}-\frac{6P}{5l}\quad k_{23}=\frac{6EI}{l^2}-\frac{P}{10}\quad k_{33}=\frac{4EI}{l}-\frac{2Pl}{15}\quad k_{36}=\frac{2EI}{l}+\frac{Pl}{30} \tag{10-91}$$

由此可以计算得到梁单元的弹性刚度矩阵和几何刚度矩阵如下所示：

$$
\boldsymbol{K}_{\mathrm{e}}=\begin{pmatrix}
\frac{EA}{l} & 0 & 0 & -\frac{EA}{l} & 0 & 0 \\
0 & \frac{12EI}{l^3} & \frac{6EI}{l^2} & 0 & -\frac{12EI}{l^3} & \frac{6EI}{l^2} \\
0 & \frac{6EI}{l^2} & \frac{4EI}{l} & 0 & -\frac{6EI}{l^2} & \frac{2EI}{l} \\
-\frac{EA}{l} & 0 & 0 & \frac{EA}{l} & 0 & 0 \\
0 & -\frac{12EI}{l^3} & -\frac{6EI}{l^2} & 0 & \frac{12EI}{l^3} & -\frac{6EI}{l^2} \\
0 & \frac{6EI}{l^2} & \frac{2EI}{l} & 0 & -\frac{6EI}{l^2} & \frac{4EI}{l}
\end{pmatrix}
\quad
\boldsymbol{K}_{\mathrm{G}}=\begin{pmatrix}
0 & 0 & 0 & 0 & 0 & 0 \\
0 & -\frac{6P}{5l} & -\frac{P}{10} & 0 & \frac{6P}{5l} & -\frac{P}{10} \\
0 & -\frac{P}{10} & -\frac{2Pl}{15} & 0 & \frac{P}{10} & \frac{Pl}{30} \\
0 & 0 & 0 & 0 & 0 & 0 \\
0 & \frac{6P}{5l} & \frac{P}{10} & 0 & -\frac{6P}{5l} & \frac{P}{10} \\
0 & -\frac{P}{10} & \frac{Pl}{30} & 0 & \frac{P}{10} & -\frac{2Pl}{15}
\end{pmatrix}
\tag{10-92}
$$

采用上述方法,可以推导得到空间梁单元的弹性刚度矩阵及几何刚度矩阵如下所示:

$$
\boldsymbol{K}_{\mathrm{e}}=\begin{pmatrix}
\frac{EA}{l} & 0 & 0 & 0 & 0 & 0 & -\frac{EA}{l} & 0 & 0 & 0 & 0 & 0 \\
0 & \frac{12EI_z}{l^3} & 0 & 0 & 0 & \frac{6EI_z}{l^2} & 0 & -\frac{12EI_z}{l^3} & 0 & 0 & 0 & \frac{6EI_z}{l^2} \\
0 & 0 & \frac{12EI_y}{l^3} & 0 & -\frac{6EI_y}{l^2} & 0 & 0 & 0 & -\frac{12EI_y}{l^3} & 0 & -\frac{6EI_y}{l^2} & 0 \\
0 & 0 & 0 & \frac{GJ_d}{l} & 0 & 0 & 0 & 0 & 0 & -\frac{GJ_d}{l} & 0 & 0 \\
0 & 0 & -\frac{6EI_y}{l^2} & 0 & \frac{4EI_y}{l} & 0 & 0 & 0 & \frac{6EI_y}{l^2} & 0 & \frac{2EI_y}{l} & 0 \\
0 & \frac{6EI_z}{l^2} & 0 & 0 & 0 & \frac{4EI_z}{l} & 0 & -\frac{6EI_z}{l^2} & 0 & 0 & 0 & \frac{2EI_z}{l} \\
-\frac{EA}{l} & 0 & 0 & 0 & 0 & 0 & \frac{EA}{l} & 0 & 0 & 0 & 0 & 0 \\
0 & -\frac{12EI_z}{l^3} & 0 & 0 & 0 & -\frac{6EI_z}{l^2} & 0 & \frac{12EI_z}{l^3} & 0 & 0 & 0 & -\frac{6EI_z}{l^2} \\
0 & 0 & -\frac{12EI_y}{l^3} & 0 & \frac{6EI_y}{l^2} & 0 & 0 & 0 & \frac{12EI_y}{l^3} & 0 & \frac{6EI_y}{l^2} & 0 \\
0 & 0 & 0 & -\frac{GJ_d}{l} & 0 & 0 & 0 & 0 & 0 & \frac{GJ_d}{l} & 0 & 0 \\
0 & 0 & -\frac{6EI_y}{l^2} & 0 & \frac{2EI_y}{l} & 0 & 0 & 0 & \frac{6EI_y}{l^2} & 0 & \frac{4EI_y}{l} & 0 \\
0 & \frac{6EI_z}{l^2} & 0 & 0 & 0 & \frac{2EI_z}{l} & 0 & \frac{6EI_z}{l^2} & 0 & 0 & 0 & \frac{4EI_z}{l}
\end{pmatrix}
\tag{10-93}
$$

$$
\boldsymbol{K}_{\mathrm{G}}=\begin{pmatrix}
0&0&0&0&0&0&0&0&0&0&0&0\\
0&\frac{6P}{5l}&0&0&0&\frac{P}{10}&0&-\frac{6P}{5l}&0&0&0&\frac{P}{10}\\
0&0&\frac{6P}{5l}&0&-\frac{P}{10}&0&0&0&-\frac{6P}{5l}&0&-\frac{P}{10}&0\\
0&0&0&\frac{I_y+I_z}{Al}&0&0&0&0&0&-\frac{I_y+I_z}{Al}&0&0\\
0&0&-\frac{P}{10}&0&\frac{2Pl}{15}&0&0&0&\frac{P}{10}&0&-\frac{Pl}{30}&0\\
0&\frac{P}{10}&0&0&0&\frac{2Pl}{15}&0&-\frac{P}{10}&0&0&0&-\frac{Pl}{30}\\
0&0&0&0&0&0&0&0&0&0&0&0\\
0&-\frac{6P}{5l}&0&0&0&-\frac{P}{10}&0&\frac{6P}{5l}&0&0&0&-\frac{P}{10}\\
0&0&-\frac{6P}{5l}&0&\frac{P}{10}&0&0&0&\frac{6P}{5l}&0&\frac{P}{10}&0\\
0&0&0&-\frac{I_y+I_z}{Al}&0&0&0&0&0&\frac{I_y+I_z}{Al}&0&0\\
0&0&-\frac{P}{10}&0&-\frac{Pl}{30}&0&0&0&\frac{P}{10}&0&\frac{2Pl}{15}&0\\
0&\frac{P}{10}&0&0&0&-\frac{Pl}{30}&0&-\frac{P}{10}&0&0&0&\frac{2Pl}{15}
\end{pmatrix}
\tag{10-94}
$$

10.3.2 简支梁算例

一工字形钢简支梁，计算跨径 $L=10\mathrm{m}$，梁高 800mm，梁宽 $B=500\mathrm{mm}$，顶、底板厚度 $t_2=12\mathrm{mm}$，腹板厚 $t_1=10\mathrm{mm}$。材料弹性模量 $E=200\ 000\mathrm{MPa}$，泊松比 $\nu=0.3$。结构基本布置如图 10-10 所示。试分析该工字梁在跨中截面顶面、质心、底面分别作用一单位垂直集中力时的侧倾屈曲荷载。

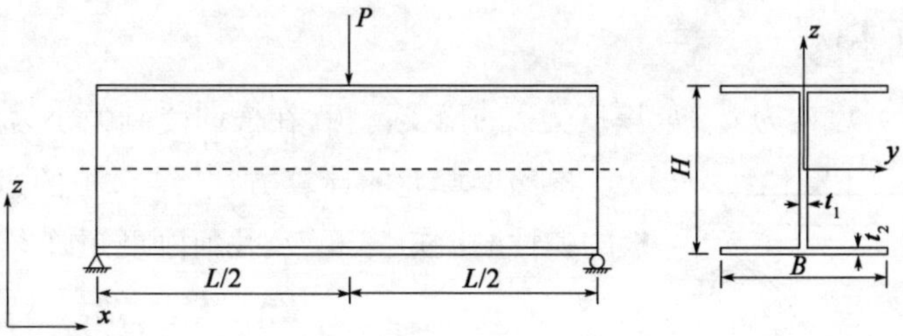

图 10-10 模型基本尺寸示意

分析思路：采用空间单元模拟此工字梁，模拟荷载作用位置时，结合单元截面的偏置功能来实现。采用分块兰索斯法进行屈曲分析，提取前 5 阶失稳模态，所得结果如表 10-2 和图 10-11所示。

简支工字梁的前 5 阶屈曲系数 表 10-2

阶数	1	2	3	4	5
屈曲系数	1100	5760	13543	24671	38154

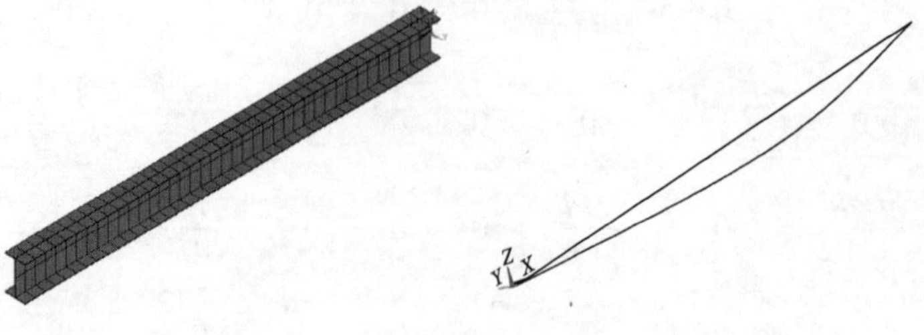

a) b)

图 10-11 简支工字梁有限元模型与一阶屈曲模态

对于受跨中集中荷载的简支工字梁,其临界屈曲荷载有相应的理论公式:

$$\frac{P_{\mathrm{cr}}l}{4}=M_{\mathrm{cr}}=1.3659\,\frac{EI_y\pi^2}{l^2}\left[-0.5536a+\sqrt{0.3065a^2+\frac{I_w}{I_y}\left(1+\frac{GI_tl^2}{\pi^2EI_w}\right)}\right] \tag{10-95}$$

式中: l——简支梁长度;

a——荷载作用点至剪心距离(作用点在剪心上部为正);

I_y——截面对 y 轴抗弯惯性矩;

I_t——截面抗扭惯性矩;

I_w——截面翘曲惯性矩,$I_w=I_1I_2h^2/I_y$;

I_1、I_2——受拉翼缘和受压翼缘对 y 轴抗弯惯性矩。

表 10-3 中不同加载位置的理论屈曲荷载值与有限元分析结果基本一致。从表中可看出,不同加载位置的屈曲荷载有明显不同。

理论值与有限元结果对比 表 10-3

位 置	上 翼 缘	质 心	下 翼 缘
理论计算值	673.6	1121.7	1868.0
有限元分析结果	652.7	1100.4	1841.6
误差	3.1%	1.9%	1.4%

10.3.3 板的稳定

如图 10-12 所示,尺寸为 $a\times b$、厚度为 t 的简支薄板,在横向受到大小为 p 的均布荷载。

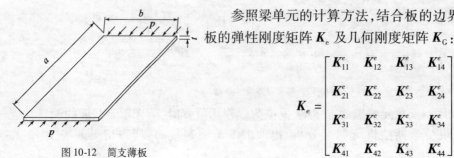

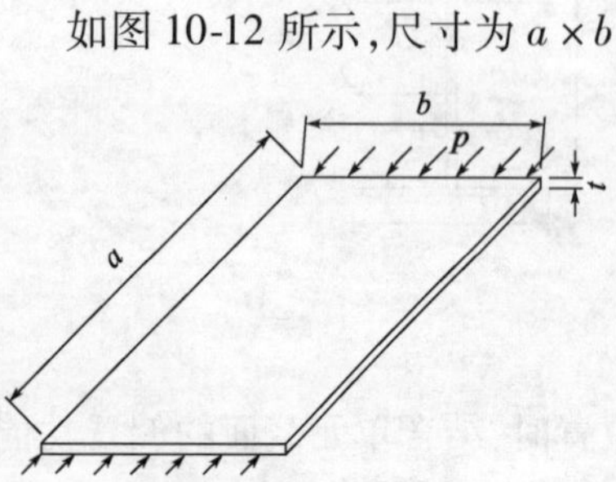

图 10-12 简支薄板

参照梁单元的计算方法,结合板的边界条件可以获得板的弹性刚度矩阵 $\boldsymbol{K}_{\mathrm{e}}$ 及几何刚度矩阵 $\boldsymbol{K}_{\mathrm{G}}$:

$$\boldsymbol{K}_{\mathrm{e}}=\begin{bmatrix}\boldsymbol{K}_{11}^e & \boldsymbol{K}_{12}^e & \boldsymbol{K}_{13}^e & \boldsymbol{K}_{14}^e\\ \boldsymbol{K}_{21}^e & \boldsymbol{K}_{22}^e & \boldsymbol{K}_{23}^e & \boldsymbol{K}_{24}^e\\ \boldsymbol{K}_{31}^e & \boldsymbol{K}_{32}^e & \boldsymbol{K}_{33}^e & \boldsymbol{K}_{34}^e\\ \boldsymbol{K}_{41}^e & \boldsymbol{K}_{42}^e & \boldsymbol{K}_{43}^e & \boldsymbol{K}_{44}^e\end{bmatrix} \tag{10-96}$$

$$\boldsymbol{K}_{ij}^{e} = \iint \boldsymbol{B}_i^{\mathrm{T}} \boldsymbol{D} \boldsymbol{B}_i t \mathrm{d}x\mathrm{d}y \tag{10-97}$$

式中：$\boldsymbol{B}_i = \frac{1}{4ab}\begin{bmatrix} b\xi_i(1+\eta_0) & 0 \\ 0 & a\eta_i(1+\xi_0) \\ a\eta_i(1+\xi_0) & b\xi_i(1+\eta_0) \end{bmatrix}$；

$\boldsymbol{D}$——弹性矩阵。

$$\boldsymbol{K}_{\mathrm{G}} = \begin{bmatrix} \boldsymbol{K}_{11}^{G} & \boldsymbol{K}_{12}^{G} & \boldsymbol{K}_{13}^{G} & \boldsymbol{K}_{14}^{G} \\ \boldsymbol{K}_{21}^{G} & \boldsymbol{K}_{22}^{G} & \boldsymbol{K}_{23}^{G} & \boldsymbol{K}_{24}^{G} \\ \boldsymbol{K}_{31}^{G} & \boldsymbol{K}_{32}^{G} & \boldsymbol{K}_{33}^{G} & \boldsymbol{K}_{34}^{G} \\ \boldsymbol{K}_{41}^{G} & \boldsymbol{K}_{42}^{G} & \boldsymbol{K}_{43}^{G} & \boldsymbol{K}_{44}^{G} \end{bmatrix} \tag{10-98}$$

$$\boldsymbol{K}_{ij}^{G} = \iint \boldsymbol{G}_i^{\mathrm{T}} \boldsymbol{M} \boldsymbol{G}_i t \mathrm{d}x\mathrm{d}y \tag{10-99}$$

式中：$\boldsymbol{G}_i = \frac{1}{ab}\begin{bmatrix} b\xi_i(1+\eta_i\eta_j)/4 & 0 \\ 0 & b\xi_i(1+\eta_i\eta_j)/4 \\ a\eta_i(1+\xi_i\xi_j)/4 & 0 \\ 0 & a\eta_i(1+\xi_i\xi_j)/4 \end{bmatrix}$；

$\boldsymbol{M} = \begin{bmatrix} \sigma_x & 0 & \tau_{xy} & 0 \\ 0 & \sigma_x & 0 & \tau_{xy} \\ \tau_{xy} & 0 & \sigma_y & 0 \\ 0 & \tau_{xy} & 0 & \sigma_y \end{bmatrix}$。

10.3.4 薄板算例

计算图 10-12 所示薄板在短边作用轴向应力下的屈曲荷载。其中，$a = 600\mathrm{mm}$，$b = 600\mathrm{mm}$，板厚 $t = 14\mathrm{mm}$。板的弹性模量为 $2.06 \times 10^5\mathrm{MPa}$。

分析思路：建模时采用非线性板壳单元模拟，单元长度控制在 0.05m。边界条件为四边简支，并在短边施加单位轴向荷载。通过子空间迭代法进行求解。有限元模型及第一阶屈曲模态如图 10-13 所示。

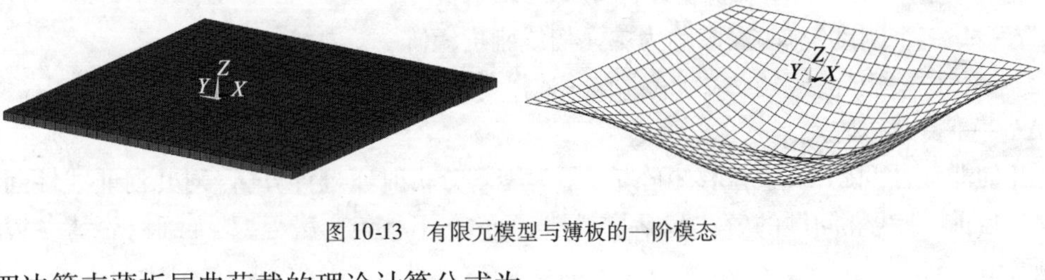

图 10-13 有限元模型与薄板的一阶模态

四边简支薄板屈曲荷载的理论计算公式为：

$$P = k\frac{\pi^2 D}{b^2} \tag{10-100}$$

式中：D——$D = \frac{Et^3}{12(1-\nu^2)}$，板的抗弯刚度；

b——板的宽度；

k——$k=\left(\frac{\alpha}{m}+\frac{m}{\alpha}\right)^2,\alpha=\frac{a}{b}$,$m$ 为整数。

根据上式计算得到的板的一阶屈曲荷载为 5676.6kN,与有限元分析结果 5604.8kN 基本一致。以上例为基础,对 α 进行调整,计算得到不同长宽比 α 的四边简支板的屈曲荷载结果,如表 10-4 所示。

薄板屈曲荷载结果　　表 10-4

长宽比 α	1	2	3	4	5
模态	1 个半波	2 个半波	3 个半波	4 个半波	5 个半波
有限元结果	5604.8	5645.3	5669.7	5687.2	5710.1

10.4 第二类稳定

根据 10.1 节的阐述可知,第二类稳定问题的实质是几何和材料双重非线性问题。目前,此类问题大多采用有限单元法来分析。在有限单元法中,非线性问题中的结构刚度矩阵与结构的应力状态、变形状态等有关,故第二类稳定理论是建立在大位移非线性理论基础上,通过全过程分析方法求解,得到的是强度与稳定统一的极限荷载,真正揭示出复杂稳定问题的实质。在这种情况下,第二类稳定问题不仅需要对几何非线性进行考虑,而且对材料非线性也要进行研究。以下对这两个非线性问题进行简要阐述。

10.4.1 几何非线性问题

大位移问题的应变—位移关系是非线性的,即所谓的几何非线性。在 T. L 列式中,结构增量形式的平衡方程可表示为如下形式:

$$({}^0\boldsymbol{K}_{\mathrm{e}}+{}^0\boldsymbol{K}_{\mathrm{G}}+{}^0\boldsymbol{K}_{\mathrm{u}})\Delta\boldsymbol{u}={}^0\boldsymbol{K}\Delta\boldsymbol{u}=\Delta\boldsymbol{R} \tag{10-101}$$

式中:${}^0\boldsymbol{K}_{\mathrm{e}}$——单元弹性刚度矩阵;

${}^0\boldsymbol{K}_{\mathrm{G}}$——几何刚度矩阵;

${}^0\boldsymbol{K}_{\mathrm{u}}$——单元初位移刚度矩阵或单元大位移刚度矩阵;

${}^0\boldsymbol{K}$——三个刚度矩阵之和,称为单元切线刚度矩阵;

$\Delta\boldsymbol{u}$——位移矩阵;

$\Delta\boldsymbol{R}$——荷载矩阵。

在几何非线性问题中,大位移矩阵${}^0\boldsymbol{K}_{\mathrm{u}}$ 不为零。分析时通过计算${}^0\boldsymbol{K}_{\mathrm{u}}$ 对几何非线性问题进行考虑。目前,非线性问题的解法包括增量法、Newton-Raphson 法等,其详细内容请参考非线性问题章节。

10.4.2 材料非线性问题

桥梁结构在经受超载作用时,会出现部分构件的应力超过材料弹性极限的现象。虽然这种现象往往是局域性的,但破坏与损伤却由这些区域开始,进而导致结构失效。当应力超过材料弹性极限后，材料弹性模量 E 成为应力的函数，导致基本控制方程中的${}^0\boldsymbol{K}_u$ 变为非线性，即材料非线性问题。

在材料非线性中，屈服准则、流动准则、强化准则是三个重要的问题。其中，屈服准则规定材料进入塑性的应力状态。较常使用的屈服准则有 Von Mises 屈服准则、Hill 屈服准则、广义 Hill 屈服准则和 DP 屈服准则。流动准则定义塑性应变增量的分量和应力分量及应力分量增量分量之间的关系，用来描述屈服时塑性应变的方向。强化准则定义的是材料进入塑性变形后的后继屈服面的变化，即在随后的加载或卸载时，材料何时再次进入屈服状态。对于硬化材料，其强化准则分为三类：等向强化准则、随动强化准则和混合强化准则。

10.4.3 简支工字钢算例

与 10.3.2 节算例尺寸完全相同的一简支工字钢，结构布置和材料同前述，屈服强度为 335MPa。结构基本布置如图所示。材料按理想弹塑性考虑，分析该工字钢的极限承载能力。

分析思路：本例采用空间梁单元来模拟。材料本构关系采用双线性随动强化模型 BKIN 进行模拟。在跨中施加集中力。所求得的变形图和结构的荷载—挠度曲线如图 10-14 所示。

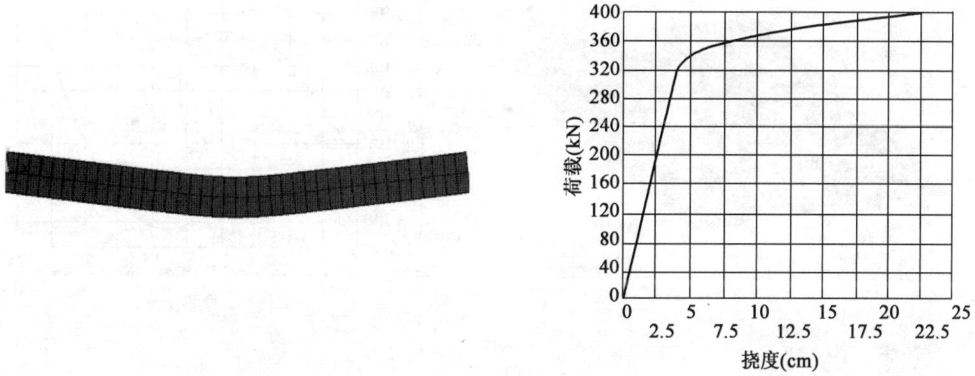

a) b)

图 10-14 有限元模型与荷载—挠度曲线

10.5 跃越失稳

10.5.1 跃越失稳问题

如 10.1 节所述，跃越失稳是第一类失稳及第二类失稳之外的一类特殊失稳问题。相比其他两种失稳问题，跃越失稳既无平衡分岔点，又无极值点，它是在丧失稳定平衡之后跳跃到另一个稳定平衡状态。跃越失稳主要发生在受均布压力的扁球壳、坦拱等。

10.5.2 薄壳算例

一圆柱形薄壳，壳中心作用一垂直集中力（图 10-15）。薄壁壳半径 $R = 2000\text{mm}$，壳长度 $L = 200\text{mm}$，壳厚 $t = 4\text{mm}$，$\theta = 0.1\text{rad}$。材料弹性模量 $E = 2000000\text{MPa}$，泊松比 $\nu = 0.3$。集中力

大小 $P=1000\text{N}$。对薄壳进行非线性屈曲分析。

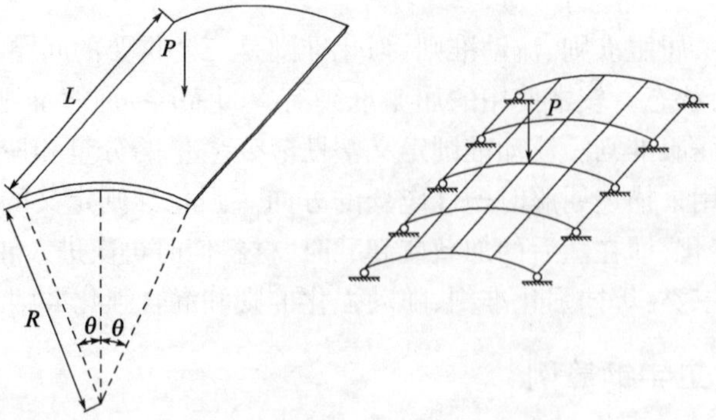

图 10-15　薄壳结构布置图

分析思路：采用壳单元模拟薄壳，如图 10-16a) 所示，共划分 64 个单元，左右两侧采用线约束，约束 3 个平动自由度，薄壳中心施加一节点荷载。求解时打开弧长法开关。

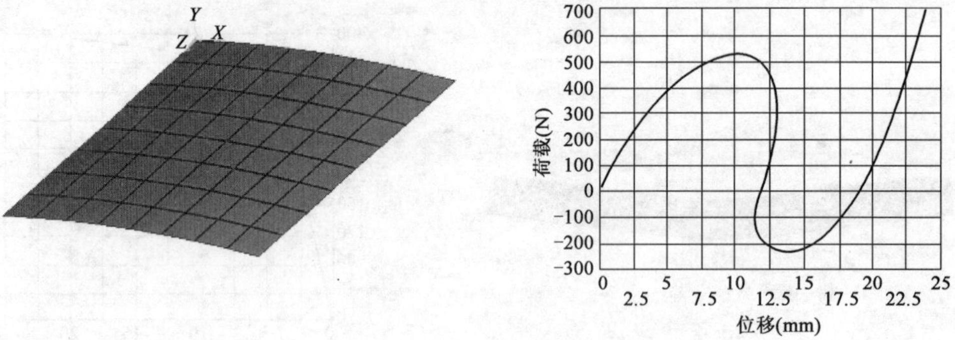

a)　　　　b)

图 10-16　有限元模型与薄壳中点荷载—位移曲线

结果分析：此例属于几何非线性问题，采用弧长法进行非线性屈曲分析，得到薄壳中点位置的荷载—位移曲线，如图 10-16b) 所示。由荷载—位移曲线可知，薄壳在加载过程中发生明显“跳跃”现象，即发生了跃越失稳。此例和 10.5 节所述桁架的经典跳跃问题类似，其分析过程也基本一致。对于较复杂的几何非线性屈曲问题，通过有限元法来进行分析会更方便而准确。

10.6　桥梁稳定分析案例

拱桥是一类典型的以受压为主的桥型。拱圈或拱肋在压力作用下容易发生平面内的纯弯屈曲失稳或平面外的弯扭侧倾失稳。因此，稳定是设计中需要考虑的一项重要内容。由于实际桥梁构件繁多，受力复杂，因而精确的稳定分析大多通过有限元分析方法计算。本节介绍拱桥稳定验算分析流程及方法。

图 10-17 所示的下承式拱桥，拱轴线为圆弧线，跨径为 78m，矢高 17.1m。C50 混凝土，弹性模量为 34500MPa，吊杆采用高强度平行钢丝，弹性模量为 2.06×10^5MPa。吊杆为圆形截

面，直径为10cm，其他截面尺寸参见结构布置图。分析拱桥在汽车偏载下屈曲荷载及屈曲模态。

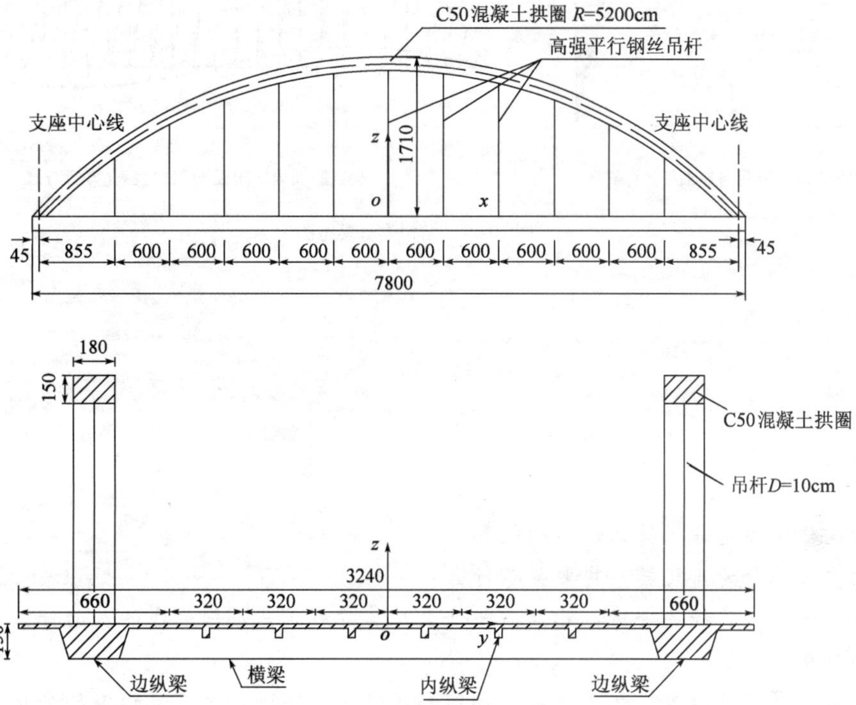

图10-17 拱桥示意图(尺寸单位:cm)

解题思路：建模时，主拱圈采用空间梁单元、吊杆采用空间杆单元进行模拟，主梁采用梁格法进行建模，分为8根纵梁以及13根虚拟横梁，均采用空间梁单元进行模拟。其中，纵梁包括边纵梁和内纵梁两个截面，横梁分为两侧端横梁及内横梁三个截面。为保证主梁顶面齐平，纵梁及横梁截面的参考点均设置在顶面。由于纵横梁模型桥面板部分面积重合，为避免重量的重复计算，横梁的密度采用扣除重复面积计算得到的等效密度。边界条件：两根边纵梁两端同时约束所有平动自由度。荷载工况：分析时考虑结构自重和车辆荷载。汽车荷载为6个车道，纵向折减系数按规范取为0.55，车道宽度3.75m，考虑偏载情况施加在最近的纵梁上。有限元模型如图10-18所示。

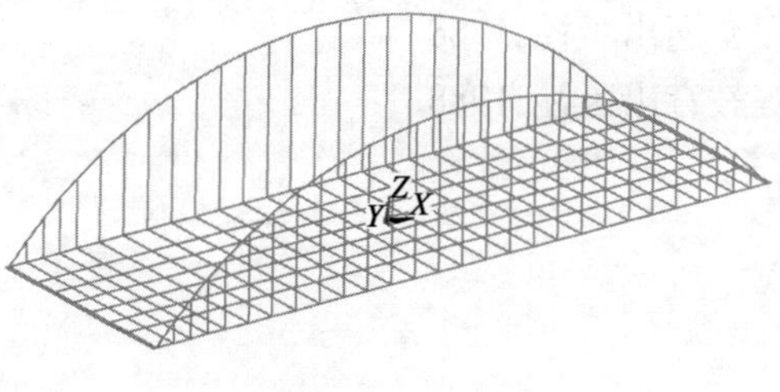

图10-18 有限元模型

拱桥在汽车偏载下的一阶面内及面外的屈曲模态以及屈曲荷载系数如表10-5所示，相应的模态如图10-19所示。

拱桥面内及面外屈曲系数及模态 表10-5

阶 数	模 态	屈曲荷载系数
1	拱肋面外同向1阶屈曲	4.27
5	拱肋面内反向1阶屈曲	22.04

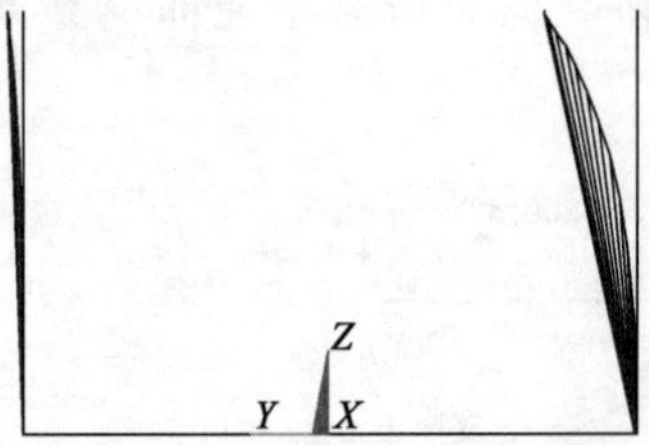

a)拱肋面外一阶同向屈曲模态(第1阶)

b)拱肋面内一阶反向屈曲模态(第5阶)

图 10-19　结构失稳模态图

【思考题】

1. 结构稳定性是分析什么性质的问题?

2. 结构失稳分为哪几类? 主要关心什么?

3. 什么是第一类稳定分析? 其性质是什么? 其方程式是如何形成的? 为什么要进行第一类稳定的分析?

4. 什么是第二类稳定? 其方程式是如何形成的? 如何进行第二类稳定的分析?

本章参考文献

[1] 项海帆. 高等桥梁结构理论[M]. 北京:人民交通出版社,2013.
[2] 李国豪. 桥梁结构稳定与振动[M]. 北京:中国铁道出版社,1992.
[3] 刘光栋,罗汉泉. 杆系结构稳定[M]. 北京:人民交通出版社,1988.
[4] 夏志斌,潘有昌. 结构稳定理论[M]. 北京:高等教育出版社,1988.

附录1

标量、矢量与张量

附 1.1　矢量空间和运算法则

附 1.1.1　矢量空间

在矢量空间中本书只采用右手笛卡尔坐标系。在三维空间中笛卡尔坐标系用三个互相垂直的轴表示，分别记为 x_1 轴、x_2 轴和 x_3 轴。任何具有相同原点的右手坐标系，都可以将一个坐标系转到另一个坐标系上，使之重合。

矢量既有大小又有方向，在坐标系中矢量通常用箭头表示，箭头的方向为矢量的方向，箭头的长度与矢量大小成比例。

附图 1-1 中表示沿三个相互垂直轴方向的单位矢量 $\boldsymbol{e}_1$、$\boldsymbol{e}_2$ 和 $\boldsymbol{e}_3$。例如，单位矢量 $\boldsymbol{e}_1$ 为单位长度（从原点量起）并沿 x_1 轴，因而必须垂直另外两个坐标轴 x_2 和 x_3。

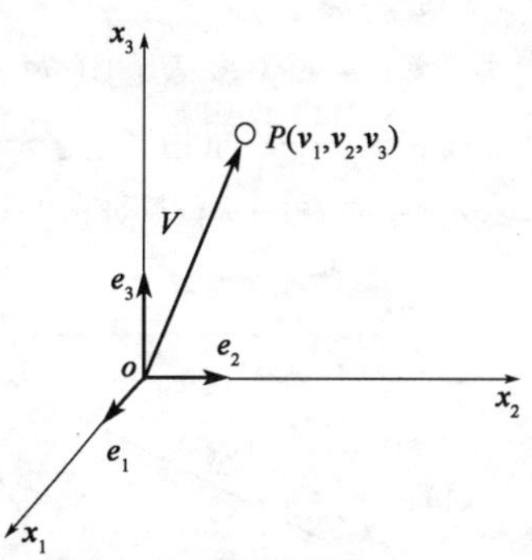

附图 1-1　右手笛卡尔坐标系中的位置矢量与单位矢量

对空间中任意一点 P，坐标是 v_1、v_2 和 v_3，可以表示为矢量 $\boldsymbol{OP}$ 或 $\boldsymbol{V}$。这个矢量 $\boldsymbol{V}$ 可以想象为矢量 $\boldsymbol{V}_1$、$\boldsymbol{V}_2$ 和 $\boldsymbol{V}_3$ 的组合，故有

$$\boldsymbol{V}=\boldsymbol{V}_1+\boldsymbol{V}_2+\boldsymbol{V}_3 \tag{附 1-1}$$

或根据单位矢量得:

$$\boldsymbol{V}=v_1\boldsymbol{e}_1+v_2\boldsymbol{e}_2+v_3\boldsymbol{e}_3 \tag{附 1-2}$$

其中,v_1、v_2 和 v_3 为标量值。进一步简化,上式可简写为:

$$\boldsymbol{V}=(v_1 \quad v_2 \quad v_3) \tag{附 1-3}$$

附 1.1.2　矢量运算法则

若两个矢量 $\boldsymbol{V}$ 和 $\boldsymbol{U}$ 的分量相等,则定义他们相等,相等的条件为:

$$v_1=u_1 \quad v_2=u_2 \quad v_3=u_3 \tag{附 1-4}$$

或紧凑地表示为:

$$v_i=u_i \quad (i=1,2,3) \tag{附 1-5}$$

通常,更简洁地表示为:

$$v_i=u_i \tag{附 1-6}$$

由于下标 i 没有特殊指明,可以认为他代表了三种可能下标中的任一个。

如果矢量 $\boldsymbol{V}$ 乘以一个正的标量 α,则结果 $\alpha\boldsymbol{V}$ 定义为一个新的矢量,方向与 $\boldsymbol{V}$ 相同,大小为 $\boldsymbol{V}$ 的 α 倍。如果 α 为负值,则负号表示相反的方向。

由平行四边形法则得到两个矢量 $\boldsymbol{U}$ 与 $\boldsymbol{V}$ 之和的定义,如附图 1-2 所示。显然,矢量的加减可以定义为其分量的加减。

$$\begin{aligned}\boldsymbol{W}&=\boldsymbol{U}\pm\boldsymbol{V}\\&=(u_1\pm v_1)\boldsymbol{e}_1+(u_2\pm v_2)\boldsymbol{e}_2+(u_3\pm v_3)\boldsymbol{e}_3\end{aligned} \tag{附 1-7}$$

根据这些分量,有:

$$(w_1,w_2,w_3)=(u_1\pm v_1)+(u_2\pm v_2)+(u_3\pm v_3) \tag{附 1-8}$$

或采用

$$w_i=u_i\pm v_i \tag{附 1-9}$$

矢量有两种乘法,即标量积(点积或内积)和矢量积(叉积),这是因为前者计算结果是一标量,后者计算的结果是一矢量而得名的。本节只考虑标量积。

矢量 $\boldsymbol{U}$ 和 $\boldsymbol{V}$ 的标量积定义为:

$$\boldsymbol{U}\times\boldsymbol{V}=|\boldsymbol{U}||\boldsymbol{V}|\cos\theta \tag{附 1-10}$$

式中:$|\boldsymbol{U}|$——矢量 $\boldsymbol{U}$ 的绝对长度;

θ——平面角,它是矢量 $\boldsymbol{U}$ 和 $\boldsymbol{V}$ 在包含它们的平面内的夹角。

必要时,可平行移动它们中的一个,使得它们具有一个共同起点,如附图 1-3 所示。

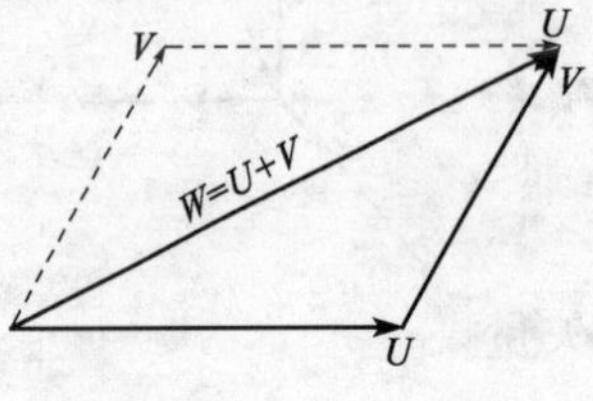

附图 1-2　矢量相加

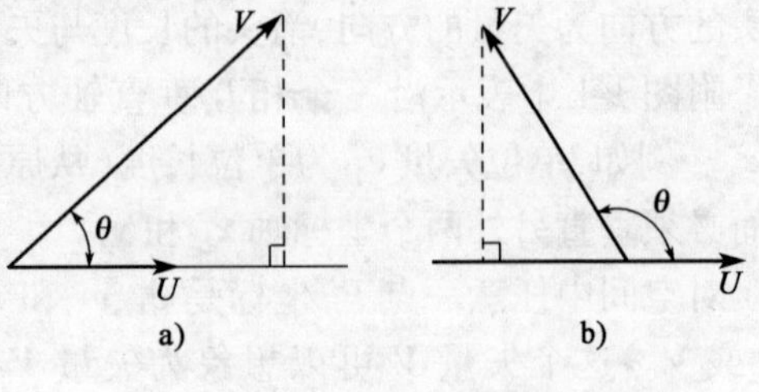

附图 1-3　矢量的标量积

注意到,任何两个矢量的标量积可简单的表示成:

$$\begin{aligned}\boldsymbol{U}\cdot\boldsymbol{V} &= (u_1\boldsymbol{e}_1 + u_2\boldsymbol{e}_2 + u_3\boldsymbol{e}_3)\cdot(v_1\boldsymbol{e}_1 + v_2\boldsymbol{e}_2 + v_3\boldsymbol{e}_3)\\ &= u_1v_1 + u_2v_2 + u_3v_3\\ &= \sum_{i=1}^{3}u_iv_i\end{aligned} \tag{附 1-11}$$

矢量积不同于点积,两矢量的点积为一标量,而两矢量的矢量积为垂直于两矢量平面的一个矢量。采用右手坐标系,$\boldsymbol{U}\times\boldsymbol{V}$ 的矢量积为附图 1-4 所示方向的矢量 $\boldsymbol{W}$,长度等于 $|\boldsymbol{U}||\boldsymbol{V}|\sin\theta$,如果 $\boldsymbol{U}$ 和 $\boldsymbol{V}$ 在图纸平面内,则 $\boldsymbol{W}$ 垂直于图纸平面。这时,采用右手螺旋法则的方向指向读者。即如果将一个这样的螺旋与 $\boldsymbol{W}$ 同轴,$\boldsymbol{U}$(第一命名的矢量)绕 $\boldsymbol{W}$ 旋转一个小角 θ 到 $\boldsymbol{V}$(第二命名的矢量),则 $\boldsymbol{W}$ 沿着螺旋前进的方向指向读者。矢量积的标记为“×”。

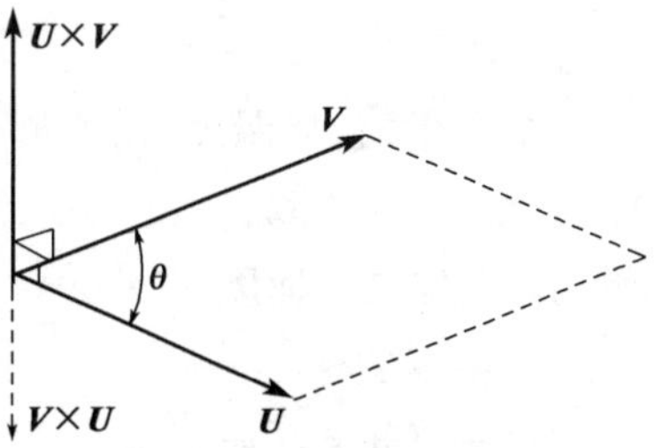

附图 1-4　矢量的矢量积

$$\boldsymbol{W}=\boldsymbol{U}\times\boldsymbol{V} \tag{附 1-12}$$

矢量积 $\boldsymbol{U}\times\boldsymbol{V}$ 为 3 × 3 阶行列式的值,其元素为单位矢量,$\boldsymbol{U}$ 和 $\boldsymbol{V}$ 的矢量积为式(附 1-13)。在该行列式中,第一矢量的元素构成第二行,第二矢量的元素构成第三行。

$$\begin{aligned}\boldsymbol{W}=\boldsymbol{U}\times\boldsymbol{V} &= \begin{vmatrix}\boldsymbol{e}_1 & \boldsymbol{e}_2 & \boldsymbol{e}_3\\ u_1 & u_2 & u_3\\ v_1 & v_2 & v_3\end{vmatrix}\\ &= \boldsymbol{e}_1(u_2v_3-u_3v_2)+\boldsymbol{e}_2(u_3v_1-u_1v_3)+\boldsymbol{e}_3(u_1v_2-u_2v_1)\end{aligned} \tag{附 1-13}$$

三个矢量 $\boldsymbol{U}$、$\boldsymbol{V}$ 和 $\boldsymbol{W}$ 的点积和叉积可以得到几种有意义的乘积形式 $(\boldsymbol{U}\cdot\boldsymbol{V})\cdot\boldsymbol{W}$、$\boldsymbol{U}\cdot(\boldsymbol{V}\times\boldsymbol{W})$ 和 $\boldsymbol{U}\times(\boldsymbol{V}\times\boldsymbol{W})$,下面的关系式成立并且有用。

(1)通常有:

$$(\boldsymbol{U}\cdot\boldsymbol{V})\cdot\boldsymbol{W}\neq\boldsymbol{U}\cdot(\boldsymbol{V}\cdot\boldsymbol{W}) \tag{附 1-14}$$

(2)$\boldsymbol{U}\cdot(\boldsymbol{V}\times\boldsymbol{W})=\boldsymbol{V}\cdot(\boldsymbol{W}\times\boldsymbol{U})=\boldsymbol{W}\cdot(\boldsymbol{U}\times\boldsymbol{V})$ 为一个以 $\boldsymbol{U}$、$\boldsymbol{V}$ 和 $\boldsymbol{W}$ 为边的平行六面体的体积或该体积的负值,这要根据 $\boldsymbol{U}$、$\boldsymbol{V}$ 和 $\boldsymbol{W}$ 是不是构成右手坐标系而定。如果

$$\boldsymbol{U}=u_1\boldsymbol{e}_1+u_2\boldsymbol{e}_2+u_3\boldsymbol{e}_3,\ \boldsymbol{V}=v_1\boldsymbol{e}_1+v_2\boldsymbol{e}_2+v_3\boldsymbol{e}_3$$
$$\boldsymbol{W}=w_1\boldsymbol{e}_1+w_2\boldsymbol{e}_2+w_3\boldsymbol{e}_3$$

那么:

$$\boldsymbol{U}\cdot(\boldsymbol{V}\times\boldsymbol{W})=\begin{vmatrix}u_1 & u_2 & u_3\\ v_1 & v_2 & v_3\\ w_1 & w_2 & w_3\end{vmatrix}=(\boldsymbol{U}\times\boldsymbol{V})\cdot\boldsymbol{W} \tag{附 1-15}$$

乘积 $\boldsymbol{U}\cdot(\boldsymbol{V}\times\boldsymbol{W})$ 称为三重标量或框积,可用 $[\boldsymbol{U},\boldsymbol{V},\boldsymbol{W}]$ 来表示。在这种乘积中,圆括号有时可以省略,乘积可写成 $\boldsymbol{U}\cdot\boldsymbol{V}\times\boldsymbol{W}$ 或 $\boldsymbol{U}\times\boldsymbol{V}\cdot\boldsymbol{W}$。可见在三重标量积中,点积与叉积可以互换面,不影响其结果。

(3)

$$\begin{cases}\boldsymbol{U}\times(\boldsymbol{V}\times\boldsymbol{W})=(\boldsymbol{U}\cdot\boldsymbol{W})\boldsymbol{V}-(\boldsymbol{U}\cdot\boldsymbol{V})\boldsymbol{W}\\ (\boldsymbol{U}\times\boldsymbol{V})\times\boldsymbol{W}=(\boldsymbol{U}\cdot\boldsymbol{W})\boldsymbol{V}-(\boldsymbol{V}\cdot\boldsymbol{W})\boldsymbol{U}\end{cases} \tag{附 1-16}$$

乘积$(\boldsymbol{U}\times\boldsymbol{V})\times\boldsymbol{W}$称为三重矢量积,在这种乘积中,必须采用圆括号。

(4)结合律不适合叉积。

$$\boldsymbol{U}\times(\boldsymbol{V}\times\boldsymbol{W})\neq(\boldsymbol{U}\times\boldsymbol{V})\times\boldsymbol{W} \tag{附 1-17}$$

附 1.2　标量场和矢量场

一个标量值,如温度,由空间中一点的位置决定,可以根据该点的坐标表示为一个函数$f(x_1\quad x_2\quad x_3)$。函数$f(x_1\quad x_2\quad x_3)$ = 常数,表示三维空间的一个面,则该函数被认为是一个标量场。流体粒子速度$\boldsymbol{V}(x_1\quad x_2\quad x_3)$是矢量场的一个例子,它依赖于位置和方向。

1)标量场的梯度

假定在空间某区域定义一个标量ϕ,那么可以得到ϕ分别对三个坐标x_1、x_2、x_3的导数,即

$$G_i=\frac{\partial\phi}{\partial x_i}\quad(i=1,2,3) \tag{附 1-18}$$

其中,三个G_i为矢量$\boldsymbol{G}$的分量,称为ϕ的梯度,习惯用下式表示他们之间的关系:

$$\boldsymbol{G}=\mathrm{grad}\phi=\nabla\phi \tag{附 1-19}$$

其中,符号∇表示为一矢量算子,其分量为$\partial/\partial x_1$、$\partial/\partial x_2$和$\partial/\partial x_3$。

一般情况下,梯度垂直于标量场$\phi(x_1\quad x_2\quad x_3)$的表面,这一点很有意义,因为他代表最陡的斜度。对于标量场$\phi(x_1\quad x_2\quad x_3)$相应的矢量$\nabla\phi$,通常读作 grad$\phi$,表示如下:

$$\nabla\phi=\boldsymbol{e}_1\frac{\partial\phi}{\partial x_1}+\boldsymbol{e}_2\frac{\partial\phi}{\partial x_2}+\boldsymbol{e}_3\frac{\partial\phi}{\partial x_3}=\left(\frac{\partial\phi}{\partial x_1},\frac{\partial\phi}{\partial x_2},\frac{\partial\phi}{\partial x_3}\right) \tag{附 1-20}$$

应强调指出,ϕ为一标量,$\nabla\phi$为一矢量,其方向垂直于$\phi(x_1\quad x_2\quad x_3)$ = 常数的曲面。这个结论在下面会证实。

考虑一个曲面,$\phi(x_1\quad x_2\quad x_3)=c$,$c$为常数。假设$\boldsymbol{r}$为该面上任一点$P(x_1\quad x_2\quad x_3)$的位置矢量,即

$$\boldsymbol{r}=x_1\boldsymbol{e}_1+x_2\boldsymbol{e}_2+x_3\boldsymbol{e}_3 \tag{附 1-21}$$

那么,$\mathrm{d}\boldsymbol{r}=\mathrm{d}x_1\boldsymbol{e}_1+\mathrm{d}x_2\boldsymbol{e}_2+\mathrm{d}x_3\boldsymbol{e}_3$位于曲面$\phi(x_1\quad x_2\quad x_3)=c$在$P$点的切平面内。但对于常数$\phi$,有:

$$\begin{aligned}\mathrm{d}\phi=0&=\frac{\partial\phi}{\partial x_1}\mathrm{d}x_1+\frac{\partial\phi}{\partial x_2}\mathrm{d}x_2+\frac{\partial\phi}{\partial x_3}\mathrm{d}x_3\\&=\left(\frac{\partial\phi}{\partial x_1},\frac{\partial\phi}{\partial x_2},\frac{\partial\phi}{\partial x_3}\right)\cdot(\mathrm{d}x_1,\mathrm{d}x_2,\mathrm{d}x_3)\\&=\nabla\phi\cdot\mathrm{d}\boldsymbol{r}\end{aligned}$$

即$\nabla\phi\cdot\mathrm{d}\boldsymbol{r}=0$,这样$\nabla\phi$垂直于$\mathrm{d}\boldsymbol{r}$,因而垂直于$\phi$ = 常数的表面。

矢量$\nabla\phi$的长度可由$\nabla\phi$与其自身点积并取点积的平方根得到,即

$$|\nabla\phi|=(\nabla\phi\cdot\nabla\phi)^{1/2} \tag{附 1-22}$$

再则,像分量$\partial\phi/\partial x_1$,可以通过$\nabla\phi$与单位矢量($\boldsymbol{e}_1$)的点积得到一个相应的分量,如

$$\frac{\partial\phi}{\partial x_1}=\boldsymbol{e}_1\cdot\nabla\phi \tag{附 1-23}$$

更一般的情况,∇作为一个算子

$$\nabla = \boldsymbol{e}_1 \frac{\partial}{\partial x_1} + \boldsymbol{e}_2 \frac{\partial}{\partial x_2} + \boldsymbol{e}_3 \frac{\partial}{\partial x_3} \tag{附1-24}$$

它可以和右面的一个矢量做运算。

下面将可以看到,算子矢量∇,其自身没有实际意义,而是一种方便运算的符号。

2)矢量的散度

算子∇与一个矢量的点积定义为这个矢量的散度。

$$\nabla \cdot \boldsymbol{V} = \mathrm{div}\boldsymbol{V} = \frac{\partial v_1}{\partial x_1} + \frac{\partial v_2}{\partial x_2} + \frac{\partial v_3}{\partial x_3} \tag{附1-25}$$

注意到,$\nabla \cdot \boldsymbol{V}$是一标量;在空间的任一点,他只有一个值,不像矢量那样有三个分量。

显而易见,$\boldsymbol{V} \cdot \nabla$不存在,因而点积$\nabla \cdot \boldsymbol{V}$不能互相交换:

$$\nabla \cdot \boldsymbol{V} \neq \boldsymbol{V} \cdot \nabla \tag{附1-26}$$

3)矢量的旋度

$\boldsymbol{V}$的散度由∇与$\boldsymbol{V}$的标量积获得;同样∇与$\boldsymbol{V}$的叉积可写成$\nabla \times \boldsymbol{V}$的形式,称之为$\boldsymbol{V}$的旋度。他有分量形式:

$$\nabla \times \boldsymbol{V} = \mathrm{curl}\boldsymbol{V} = \begin{vmatrix} \boldsymbol{e}_1 & \boldsymbol{e}_2 & \boldsymbol{e}_3 \\ \dfrac{\partial}{\partial x_1} & \dfrac{\partial}{\partial x_2} & \dfrac{\partial}{\partial x_3} \\ v_1 & v_2 & v_3 \end{vmatrix} \tag{附1-27}$$

注意到,在行列式的展开式中,算子$\partial/\partial x_1$、$\partial/\partial x_2$和$\partial/\partial x_3$应分别放在v_1、v_2和v_3之前。

如果ϕ、Ψ、V的偏导数存在,那么以下结论很容易证明:

(1)$\nabla \cdot \nabla \phi = \dfrac{\partial^2 \phi}{\partial x_1^2} + \dfrac{\partial^2 \phi}{\partial x_2^2} + \dfrac{\partial^2 \phi}{\partial x_3^2} = \nabla^2 \phi$,称为$\phi$的拉普拉斯算子;

(2)$\nabla \cdot (\phi \Psi) = \phi \nabla \Psi + \Psi \nabla \phi$,式中,$\phi$和$\psi$为标量场;

(3)$\nabla \cdot (\phi \boldsymbol{V}) = \phi \nabla \boldsymbol{V} + \boldsymbol{V} \nabla \phi$;

(4)ϕ的梯度的旋度 curl grad$\phi = \nabla \times (\nabla \phi) = 0$;

(5)$\boldsymbol{V}$的旋度的散度 div curl$\boldsymbol{V} = \nabla \cdot (\nabla \times \boldsymbol{V}) = 0$。

附1.3 张量性质

附1.3.1 指标记法与求和约定

在三维空间里,矢量有三个分量,采用一般化的指标将它们用一个简单的分量进行缩写是有用的。因此,在指标记法中,v_i代表矢量V的所有分量。这意味着,当V写作v_i时,指标i的值从1到3变化。

求和约定是指标记法的补充,并考虑到在处理求和时进一步简化,我们采用下面的约定:只要一个下标在同一式子中出现两次,就理解为这个下标是从1到3进行求和。

将上述有关下标的约定可以总结为以下三条规则：

(1)如果在一个方程或表达式的一项中，一种下标只出现一次，则称之为“自由指标”。这种自由指标在表达式或方程的每一项中必须只出现一次。

(2)如果在一个表达式或方程的一项中，一种指标正好出现两次，则称之为“哑标”。它表示从 1 到 3 进行求和。哑标在其他任何项中可以刚好出现两次，也可以不出现。

(3)如果在一个表达式或方程的一项中，一种指标出现的次数多于两次，则是错误的。微分也可用指标记法表示，在下标中，用一个逗号表示微分，第一个指标表示分量，逗号表示关于第二个指标的偏导数，第二个指标对应于相应的坐标轴。

附 1.3.2 克朗内克符号与交错张量

克朗内克(Kronecker)符号 δ_{ij} 可看作是一个单位矩阵的缩写形式，见式(附 1-28)。

$$\delta_{ij}=\begin{bmatrix}1&0&0\\0&1&0\\0&0&1\end{bmatrix} \tag{附 1-28}$$

所以，当 $i=j$ 时，δ_{ij} 的分量是 1；当 $i\neq j$ 时，δ_{ij} 的分量是 0，可表达为式(附 1-29)。

$$\delta_{11}=\delta_{22}=\delta_{33}=1;\delta_{12}=\delta_{21}=\delta_{13}=\delta_{31}=\delta_{23}=\delta_{32}=0 \tag{附 1-29}$$

一个矢量 v_i 可以认为是一个具有 3 个元素的张量，矩阵 a_{ij} 为 9 个元素的张量。通常，如果 p 为下标的个数，则张量 $b_{ij\cdots n}$ 有 3^p 个元素。

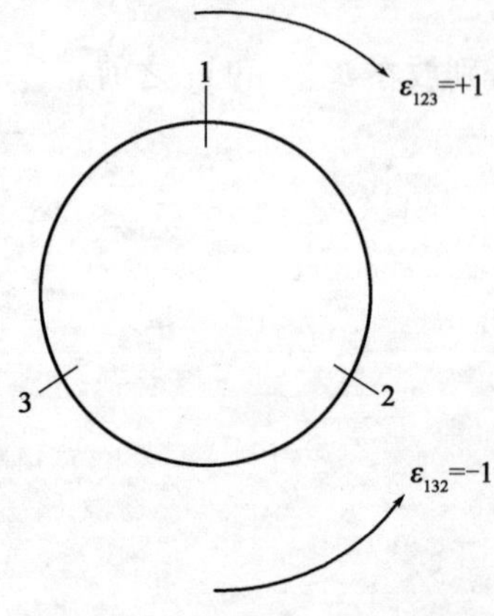

附图 1-5 交错张量 ε_{ijk} 的符号图解

交错张量 ε_{ijk} 符号有 27 个元素，这些元素根据下标值规定为 +1、−1 或 0。如果下标交换次数为偶数，则元素的值为 1；若下标交换次数为奇数，则元素的值为 −1；如果下标出现重复，则元素的值为 0。在实际应用中不必将下标进行位置交换，而采用附图 1-5 交替的图解，确定交错张量的符号。假设将数字 1、2、3 按顺时针顺序放在一个圆的圆周上，如果下标是按相同的(顺时针)顺序放置，则符号为正。例如 ε_{123} 具有按这种顺序的下标，所以 $\varepsilon_{123}=1$。ε_{132} 具有按相反的顺序(逆时针)的下标，因而 $\varepsilon_{132}=-1$。

利用交错张量 ε_{ijk} 和克朗内克 δ_{ij} 的定义，可用实际展开的方法容易地验证式(附 1-30)，该式被称为 ε-δ 恒等式。

$$\varepsilon_{ijk}\varepsilon_{ist}=\delta_{js}\delta_{kt}-\delta_{jt}\delta_{ks} \tag{附 1-30}$$

附 1.3.3 坐标变换与笛卡尔张量

矢量 $\boldsymbol{V}$ 的分量值，表示成 v_1、v_2 和 v_3 或简单表示成 v_i，与所选择的坐标轴方向有关。常常需要重新取参考轴，并在新的坐标系中重新计算 $\boldsymbol{V}$ 的分量值。

假设 x_i 和 x_i' 是共原点的两个笛卡尔右手坐标系的轴，那么矢量 $\boldsymbol{V}$ 在两个坐标系中的分量分别为 v_i 和 v_i'。由于矢量是同一个，所以一定可以采用 x_i' 轴与 x_i 轴正向夹角的余弦将其分量联系起来。

如果 l_{ij} 表示 $\cos(x_i',x_j)$，即 x_i' 轴与 x_j 轴夹角的余弦，i 和 j 从 1 到 3 变化，可以表示为 $v_i'=$

$l_{ij}v_j$ 和 $v_i = l_{ji}v'_j$，这些余弦值可方便地从附表 1-1 中查到，坐标变换的图形描述如附图 1-6 所示，l_{ij}的元素不对称，即 $l_{ij} \neq l_{ji}$。

方 向 余 弦（l_{ij}） 附表 1-1

轴	轴		
	x_1	x_2	x_3
x'_1	l_{11}	l_{12}	l_{13}
x'_2	l_{21}	l_{22}	l_{23}
x'_3	l_{31}	l_{32}	l_{33}

在前面的变换规则中，新坐标系中每一个新矢量的分量是原来分量的一个线性组合，这种变换规则很方便且有很多用途。下面，我们将它作为矢量的定义，并代替以前认为矢量是具有大小和方向的量的定义。采用这种矢量新定义的根本原因在于它容易推广，以便应用于称为张量的更复杂的物理量中，而只有“方向和大小”的定义则不能。

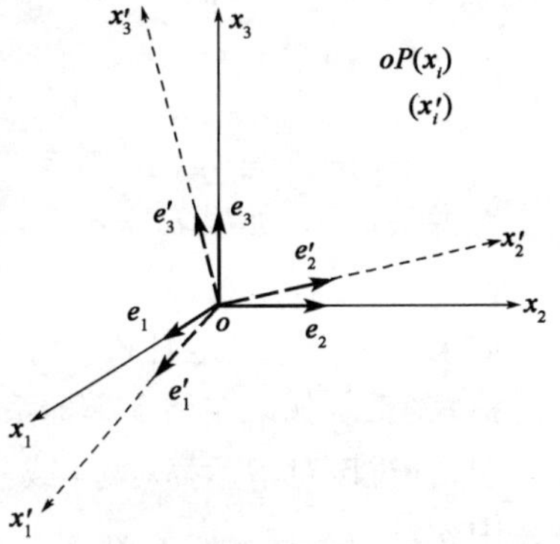

附图 1-6 坐标变换

在学习弹性力学和电子学的初期，曾遇到过很复杂特性的量，这些量原叫“并矢量”。现在，并矢量被称为二阶张量。名称“张量”起源于它与应力(张力)有关的历史。

张量可以有任意阶，从前面的定义中可明显地得出一般的变换规则。由于受笛卡尔坐标系的限制，所以所有这些张量均称为笛卡尔张量。

附 1.4 张量运算法则

张量的运算方法与矢量相类似。当两个张量对应的分量相等时，则定义它们相等。例如，张量 a_{ij}和 b_{ij}相等的条件是

$$a_{ij} = b_{ij} \tag{附 1-31}$$

两个同阶张量的和(或差)仍是一个张量，且同阶。运算结果所得的张量定义为这两个张量相应分量的相加(或相减)。例如，两个二阶张量 a_{ij}和 b_{ij}相加，结果得到的 9 个分量 c_{ij}仍为一个二阶张量，定义为

$$c_{ij} = a_{ij} + b_{ij} \tag{附 1-32}$$

如前所述，一个张量方程在一个坐标系中成立，则在所有坐标系中都成立。如果在 x_i 坐标系中，两个张量满足 $a_{ij} = b_{ij}$，则可以在所有坐标系中定义 $c_{ij} = a_{ij} - b_{ij}$。然后由前面的推导可知，c_{ij}也是一个张量。现在知道 c_{ij}在 x_i 坐标系中为 0，那么在所有坐标系中都为 0。这一点也可以很容易从 c'_{ij}在所有坐标系中都为 c_{ij}的线性组合这一事实中看出。

一个张量 a_{ij}与一个标量 α 的乘积构成一个同阶的张量 b_{ij}。

$$b_{ij} = \alpha a_{ij} \tag{附 1-33}$$

考虑两个张量，a_i 为一阶，b_{ij}为二阶。因此，可以由所谓的张量相乘方法得到一组新的张量 c_{ijk}。

$$c_{ijk} = a_i b_{ij} \tag{附 1-34}$$

当然可知,在其他坐标系中可应用同样的定义规则。

$$\begin{aligned} c'_{ijk} &= a'_i b'_{jk} = (l_{im} a_m)(l_{jn} l_{ko} b_{no}) \\ &= l_{im} l_{jn} l_{ko} a_m b_{no} = l_{im} l_{jn} l_{ko} c_{mno} \end{aligned} \tag{附 1-35}$$

从式(附 1-35)可知,c_{ijk}为一个三阶张量。通常,张量相乘构成一个新的张量,其阶数是原张量的阶数之和。

考虑张量 a_{ijk}(有 27 个量),如果将两个指标赋给相同的字母,即将 j 用 k 代替,得到 a_{ijk},那么只存在三个量,每个量都是三个原分量之和。很容易证明该组的三个量为一阶张量。对于三阶张量 a_{ijk},有:

$$a'_{ijk} = l_{ip} l_{jq} l_{kr} a_{pqr} \tag{附 1-36}$$

所以

$$a'_{ijk} = l_{ip}(l_{jq} l_{kr}) a_{pqr} = l_{ip} \delta_{qr} a_{pqr} = l_{ip} a_{peqr} \tag{附 1-37}$$

这就是对一阶张量的变换规则,即 a_{ijk} 为一个一阶张量。

考虑张量 a_{ij},如果 $a_{ij} = a_{ji}$,列称之为对称张量;如果 $a_{ij} = -a_{ji}$,则称之为斜对称张量。注意,对于一个对称张量,其分量 $a_{ii} = 0$(不求和)。

如果一个张量只是对某一对特定指标对称(或斜对称),则称之为对这对指标对称的(或斜对称)张量。如果在一个坐标系中,一个张量对某一对指标对称(或斜对称),那么在所有坐标系中,它对该对指标都对称(或斜对称)。例如,如果在 x_i 坐标系中 $a_{ijk} = a_{ikj}$,那么,在 $x_i{}'$坐标系中 $a'_{ijk} = a'_{ikj}$,这是从处理一个张量方程的实际中直接得出的。上面考虑的张量 a_{ijk} 是对 j 和 k 对称的,但如果 $a_{ijk} = -a_{ikj}$,那么它是对 j 和 k 斜对称的。

注意到,任何一个二阶张量 a_{ij} 都可唯一地分解成一个对称张量与一个斜对称张量之和,即

$$a_{ij} = \frac{1}{2}(a_{ij} + a_{ji}) + \frac{1}{2}(a_{ij} - a_{ji}) = b_{ij} + c_{ij} \tag{附 1-38}$$

式中:b_{ij}——对称的;

c_{ij}——斜对称的。

通过之前的介绍可知,张量具有简化表达式的作用,能够做到在不失去物理意义的前提下简化物理公式。为了体现张量的优势,用张量形式表达的部分弹性力学基本方程如附表 1-2 所示。

弹性力学基本方程的张量形式 附表 1-2

内部各点应力平衡方程	$\sigma_{ij,j} + F_i = 0$
表面各点应力平衡方程	$\overset{n}{T}_i = \sigma_{ij} n_j$
偏应力张量	$s_{ij} = \sigma_{ij} - p\delta_{ij}$
应变与位移关系	$\varepsilon_{ij} = \frac{1}{2}(u_{i,j} + u_{j,i})$
位移协调	$\varepsilon_{ij,kl} + \varepsilon_{kl,ij} - \varepsilon_{ik,jl} - \varepsilon_{jl,ik} = 0$
偏应变张量	$e_{ij} = \varepsilon_{ij} - p'\delta_{ij}$
弹性应力应变关系	$\sigma_{ij} = \frac{E}{1+\nu}\varepsilon_{ij} + \frac{\nu E}{(1+\nu)(1-2\nu)}\varepsilon_{kk}\delta_{ij}$

附 1.5 示 例

附表 1-3 给出了 x_i 和 x'_i 坐标系的方向余弦值。证明在 x_i 坐标系中的点(0,1,-1)与 x'_i 坐标系中的点$\left(-\frac{29}{25},\frac{4}{5},-\frac{3}{25}\right)$一致。

方向余弦(l_{ij}) 附表 1-3

新坐标轴	老坐标轴		
	x_1	x_2	x_3
x'_1	$\frac{12}{25}$	$-\frac{9}{25}$	$\frac{4}{5}$
x'_2	$\frac{3}{5}$	$\frac{4}{5}$	0
x'_3	$-\frac{16}{25}$	$\frac{12}{25}$	$\frac{3}{5}$

【证明】

在 x_i 和 x'_i 两个坐标系中,点的坐标之间的关系为

$$x'_i = l_{ij}x_j$$

其中,$x_j=(0,1,-1)$,所有该点在 x'_i 中的坐标可算出。对于 $i=1$,有

$$x'_1 = l_{ij}x_j$$

将附表 1-3 中的数据代入,得到

$$\begin{aligned} x'_1 &= l_{11}x_1 + l_{12}x_2 + l_{13}x_3 \\ &= \left(\frac{12}{25}\right)(0) + \left(-\frac{9}{25}\right)(1) + \left(\frac{4}{5}\right)(-1) \\ &= -\frac{9}{25} \end{aligned}$$

同样的,有

$$x'_2 = l_{2j}x_j = l_{21}x_1 + l_{22}x_2 + l_{23}x_3$$

和

$$x'_3 = l_{3j}x_j = l_{31}x_1 + l_{32}x_2 + l_{33}x_3$$

从附表 1-3 中代入数据,得

$$x'_2 = \frac{4}{5} \text{和} x'_3 = -\frac{3}{25}$$

所以,在 x_i 的坐标系中的点(0,1,-1)和 x'_i 坐标系中的点$\left(-\frac{29}{25},\frac{4}{5},-\frac{3}{25}\right)$一致。